欧洲少数群体
权利保护理念探析

杨友孙 著

上海三联书店

目 录

前　言

在长期对欧洲乃至世界民族问题的研究中,笔者越来越发现,如果不搞清楚各国对少数群体权利保护的基本理念、原则和思路,就无法真正了解各国少数群体政策的具体情况,长处和短处。而要搞清楚各国对少数群体保护的基本理念、原则和思路,不能仅仅停留在国际组织、各国政府对少数群体的法律、制度和政策层面,更需要去观察这些法律、制度和政策在具体实践中遇到了什么样的问题,国家或国际组织是如何对待和处理所遇到问题的。只有这样,才能触及少数群体保护问题的内核,真正摆脱研究民族问题时的乏力感。正如毛泽东在《矛盾论》中所言:由此看来,不论研究何种矛盾的特性——各个物质运动形式的矛盾,各个运动形式在各个发展过程中的矛盾,各个发展过程的矛盾的各方面,各个发展过程在其各个发展阶段上的矛盾以及各个发展阶段上的矛盾的各方面,研究所有这些矛盾的特性,都不能带主观随意性,必须对它们实行具体的分析。离开具体的分析,就不能认识任何矛盾的特性。

基于这个思路,笔者决定对欧洲少数群体保护制度的具体实践进行细致的观察,于是选择了一些少数群体保护实践中的争端案例,从正反两方面去审视每种保护理念的优缺点。具体来说,本研究的目的主要是:(1)在微观层面,从欧洲少数群体保护的一些焦点问题出发,围绕欧洲人权法院、欧洲法院、欧洲各国国内法院、欧洲社会权利委员会、联合国人权委员会、联合国消除种族歧视委员会等司法和准司法机构审理的相关经典案例进行研讨,展示各方面对案例所揭示问题的理念、观点和立场,在此基础上,笔者对每个案例所涉及的问题进行了评论和分析。(2)在中观层面,分析欧洲乃至世界上少数族群保护方面的一些理论、理念,例如"少数群体"概念,"少数族群""少数民族"的认定标准;"歧视""直接歧视""间接歧视"的概念及适用情况;少数群体身份的"自我认同"原则;官方语言与少数语言的关系;少数群体保护的范围及边界、程度及限度;少数群体保护的"战斗性民主""平衡原则""积极责任"等理念。(3)在宏观层面,总结欧洲少数族群权利保护的经验与特点、存在问题及其根源、发展趋势,以对民族理论研究和民族工作实践提供一些有益启示,同时推进国内对"欧洲"的区域研究。

国内外学术界对为什么要保护少数群体进行了深入研究,但更为重要的问题是——少数群体保护究竟要实现一个什么样的目标?对于这个问题的研究却十分罕见。从本书反映的欧洲少数群体保护理念来看,"平等"是少数群体保护要实现的核心目标,甚至是唯一的目标,但对于"平等"内涵的分析却并未深入。欧洲少数群体保护体现的"平等"主要是基本权利的平等,这既是其优势所在,也是其不足之源。从基本权利入手来解决少数群体问题,容易实现"形式平等"而非"事实平等"。自冷战结束以来,欧洲少数群体权利保护已出现了集体权利保护的转向,但尚未最终转向以集体权利为核心目标;从三代权利保护来看,欧洲在第一代权利——指传统的自由权和公民权或"消极的权利"(即保护公民自由免遭侵犯的权利)做得较好,在第二代权利——社会经济权利,如受教育权利,居住、健康等需要由国家采取积极行动来配合实现的权利——明显逊色一些,而在第三代权利——集体权、自决权、经济和社会发展权、健康环境权、自然资源权等方面覆盖更少。

事实上,少数群体权利在更多时候是一种"非基本权利",例如特殊的语言权利、文化权利、自治权利,需要获得优惠政策。或者说,非基本权利并不仅仅集中在"权利"领域,还需要对一些非权利领域的问题进行正本清源,例如种族歧视问题、社会地位问题、资源禀赋问题、族群差异与差距问题等,但欧洲少数群体保护的不足是它主要聚焦在权利领域。在非基本权利方面,少数群体保护的目标更适当地说是"公平""公正"而非"平等",因为非基本权利与个人、群体能力、自然禀赋、自身体质差异有关,而这些方面的差异几乎是永远不可能抹平的,因而非基本权利很难以"平等"为目标,或者说,"事实平等"实际上是很难实现的,它可能仅是空中楼阁,而次优——公平——才是现实中应该追求的,即每个人得到他该得到的。社会主义时期的"按劳分配"正是为了实现"公平"而非"平等"。但从少数群体保护来看,实现群体间"公平"的非基本权利的论述较为罕见,绝大多数研究仍然未能脱离"平等"的窠臼,欧洲少数群体保护实践也同样如此。

严格来说,"少数群体保护"和"少数群体权利保护"并非一回事,只是在大多数情况下研究者并未给予区别对待。少数群体保护除了对权利的保护之外,还可能涉及优惠待遇,对一些民族的地位的特殊安排,国家本身为了保护少数民族而作出的国家结构、政治体制安排,国际双边或多边条约的约定等。欧洲少数群体保护最大的特点是形成了较为成熟的以(个体)权利为中心的保护模式,因而称为"少数群体权利保护"更合适一些。但"权利保护"思路既是其长处,又是其短处。因为若过于局限于权利保护,可能导致从形式平等,或者静态模式看待少数群体保护,而非将少数群体保护视为一个需要不断优化、多管齐下的过程;也可能因凸显少数群体保护的"官方性质事务",而忘记了它本身是一个"社会综合事务",虽然很多社会组织积极参与少数群体权利保护,但这并不是欧洲国家主动号召它们发挥作用的,而且它们发挥的作用远远无法和政府、司法机构相比。

本研究选择的争端均为影响广泛的司法案例或准司法案例,这些案例受到的关注众多,少数民族、政府、社会组织、国内法院、国际法院、学术界均对这些案例进行了分析、评述,因而是观测各种理念、观点的最佳方式。正如詹姆斯·戈德斯通(James A. Goldston)所指出,司法案例影响绝不仅仅在于司法领域或法律领域,它对社会思潮、社会思维甚至人类的思想的变化会有直接的推动力。司法案例太少的话,社会转变的潜能就会受到约束。① 有时即使是在诉讼中失败了的案例,仍然可能有巨大的价值,因为它会增加国内、国际社会对该案例及同类问题的关注和思考。

本研究是一个多学科的综合研究,从案例角度看,选择的基本都是司法、准司法案例,笔者鉴于自身的知识、学术局限,有意避开了对一些法律问题进行专门探讨,例如"比例性原则""可克减权利与不可克减权利""自由裁量权"等。笔者将本研究定位于以民族学为基础,民族学、国际法、政治学、国际政治的综合研究,希望通过多视角展现欧洲各个层面对少数民族保护的观点、思路以及存在的问题和争议,在此基础上,力图对欧洲国家少数群体保护的理念、理论、逻

---

① James A. Goldston, "Roma Rights, Roma Wrongs," *Foreign Affairs*, vol. 81, no. 2, 2002, pp. 146 - 162.

辑进行分析。

当前,区域国别学强势兴起,准确地说,本研究也很适合"区域国别学"这个学科。作为一个"区域",如果仅仅具有共同地理空间,是远远不够的。因为"共同的地理空间"不过是人为划分的结果。如果换一种视角来看,北部非洲因离"欧洲"更近,归属"欧洲"更为适当,而不是和遥远的南部非洲绑在一起成为"非洲"。因此,"区域"还必须共享一些与其他地区有差异的人类规则和共同历史、文化。从这个层面来看,"区域"主要是一种"文化结构"而非"地理结构"。

比起国际关系、政治学、文学、艺术等领域,"欧洲"在民族问题领域是更自然、最恰当的"区域"存在。在"官方"机构层面,绝大多数欧洲国家都同时受到欧洲委员会、威尼斯委员会、欧安组织、欧盟、欧洲人权法院、欧洲法院等的管辖;在"制度"层面,绝大多数欧洲国家共享《欧洲人权公约》《欧洲少数民族保护框架公约》《欧洲区域或少数民族语言宪章》《欧洲社会宪章》等制度安排;在民间机制层面,欧洲更是具有众多颇具影响的少数群体保护组织,例如"欧洲反对种族主义和不容忍委员会"(European Commission against Racism and Intolerance)、"欧洲少数群体权利中心"(The European Centre for Minority Issues)、"欧洲罗姆权利中心"(European Roma Rights Centre)、"欧洲少数群体权利组织"(Minority Rights Group Europe)、"欧洲民族联盟"(Federal Union of European Nationalities)、欧洲反种族主义网络(European Network Against Racism)等。区域高度组织化、制度化,是本研究中"欧洲"得以成立的前提。

本研究既涉及欧洲区域层面,也涉及欧洲国别层面的少数群体保护制度。根据不同领域的问题,选择不同的争端案例,所有的问题和案例都经过精心挑选,力求能代表更多的欧洲国家,以及欧洲国家不同层面的问题。本研究深度聚焦案例约30个,而涉及的案例近千个。这些案例力图突出"四个覆盖":第一,"覆盖"大多数欧洲国家。本研究集中分析了近40个欧洲国家的少数群体保护制度及实践,有助于较为全面地了解欧洲在少数群体保护方面的进展情况、存在问题及国别差异。第二,"覆盖"欧洲大多数重要的少数群体。本研究涉及欧洲大多数人口较多的少数群体面,例如罗姆人、穆斯林、萨米人、犹太人、波罗的海国家的俄罗斯人、波黑的非构成民族、波兰的西里西亚人、土耳其库尔德人、摩尔多瓦的罗马尼亚人、德国的弗里斯兰人,并通过案例将这些群体在当代社会面临的核心问题展现出来。第三,"覆盖"欧洲少数群体保护的众多领域问题,包括"平等"与"非歧视"原则,少数群体文化、教育问题,语言权利问题,经济、社会权益问题,政治参与问题等,以揭示欧洲少数群体保护在不同领域的进展状况及存在的难点问题。第四,"覆盖"欧洲少数群体保护的重大热点问题。选择了近年来欧洲少数群体保护的热点问题,包括招聘中的族群歧视问题、官方语言和少数语言的关系问题、萨米人的传统生活方式保护问题、罗姆人居住"大篷车"问题、犹太人特殊屠宰方式的管理问题、锡克人的"头巾帽"问题等。在每个案例中,均有辩诉双方正反两方面的观点交锋,有学术界、政界、法学界和社会组织的反响与观点,有笔者的评述与反思,通过这样的形式全方位透视这些案例中折射出来的少数群体保护的各种问题、难点所在及保护理念的不同面相的交锋。

本书分为十章。第一、第二章为基础部分,涉及的是背景性的知识和欧洲国家少数群体保护的一些宏观性问题,其中第一章主要探讨欧洲少数群体保护的历史背景、发展脉络和基本内容;第二章探讨欧洲少数群体的界定与认定问题。第三至第九章是核心部分,按照问题领域对欧洲少数群体的保护理念进行分别探讨,这些问题领域分别是:"非歧视"原则及其实践、少数群体传统生活方式保护理念、少数群体语言权利保护理念、少数群体教育权利保护理念分析、其他文化权利保护理念分析(主要涉及少数群体个人身份、集体身份确立问题,少数族群传统婚姻形式问题)、少数群体经济社会权益保护理念、少数群体政治参与权利保障理念等。第十章是总结部分,对欧洲少数群体保护的进展、特点与不足进行了反思。

总体来看,本书既是一个学术性研究,也在一定程度上是对第二次世界大战以来欧洲少数群体保护问题实践的全面展示,希望对学术研究、民族实践工作、了解欧洲文化与社会均有所助益。同时,本书也具有很强的可读性,若能让读者在愉快的阅读中获得一些启示,则笔者甚幸!

第一章

欧洲少数群体保护的理念问题：历史背景及主要内容

　　中国台湾地区学者梁崇民指出，21世纪有两大特质，一是人权的伸张，二是资讯的无疆界，这种情况导致"少数族群、语言所形成的'少数人权'问题，也愈来愈为世人所关注。冷战结束之后，'和平共存原则'已成为国际社会之共识。科技发展所带来的全球化、地球村现象，进一步缩短了人与人之间的距离。大环境的改变，不但使得世人较以往更重视多元价值和基本人权。就人权之'客体'而言，经济权和社会福利权已渐次成为人权内涵之一环。就人权'主体'而言，已经延伸至各类弱势群体及'少数族群'"①。

　　由于欧洲历史上频繁的国家兴亡和领土变更，使欧洲各民族杂居、混居现象十分明显，几乎每个国家都有数量众多、人口众多的"少数群体"。② 冷战结束以来，人权越来越成为国际社会关注的问题，与此有关的少数群体保护也越来越受到广泛关注，21世纪初期这种趋势愈发明显。

　　冷战结束之后，中东欧大量新建国家成立，欧洲国家从冷战前的31个变为目前的40多个，少数群体数量大大增加了。而随着民族意识复苏和加强、一些

---

① 梁崇民：《欧盟对于权之保障——少数民族、少数语言个案分析》，载《欧美研究》2004年第34卷第1期，第51—93页。

② 在欧洲语境中，作为在族裔、民族、种族、肤色、宗教、语言等方面具有与其他群体不同特征的少数群体，常常使用"minority"，而中文没有明确的对应词。中文经常使用的"少数民族"(national minority)一词，在欧洲语境中只是"少数群体"(minority)的一小部分。而"minority"在中文中也没有统一的翻译方法，准确的译法应为"少数群体"，包括少数族群、少数民族、少数种族、宗教少数群体、语言少数群体等，但本书重点涉及"少数民族"和"少数族群"。此外，"少数群体"与"弱势群体"有较大交集，但也存在明显差异，少数群体可能是弱势群体，也可能不是弱势群体，弱势群体也可能是少数群体，也可能不是少数群体。

国家对族群人口的重新统计等,使少数群体人口也大幅增加,并使欧洲的少数群体问题大大复杂化了。根据 2003 年的一个调查,欧洲共有 329 个少数群体,人口达到 8600 多万,占欧洲总人口的 11.45%;而 30 年前欧洲只有 90 个少数群体及 3800 万少数群体人口。[①]

　　除了极少数国家之外,绝大多数欧洲国家都有众多少数群体。据一些学者统计,欧洲国家的少数群体数量在 3—45 个之间,其中俄罗斯、乌克兰、罗马尼亚等国名列前茅。少数群体所占比例在一些国家占 30% 以上,例如拉脱维亚、摩尔多瓦、马其顿、爱沙尼亚、塞尔维亚-黑山共和国。[②] 表 1.1 反映了冷战后欧洲部分国家少数群体的基本情况:

表 1.1　2003 年部分欧洲国家少数群体情况表[③]

国家	总人口 (百万)	主体民族人口 比例%	少数群体数量	少数群体 人口(万)
1. 阿尔巴尼亚	3.087	97.2	5	8.6
2. 奥地利	8.033	89.0	6	17.2
3. 白俄罗斯	10.045	83.0	7	176.9
4. 比利时	10.310	91.3	1	2.2
5. 波黑	3.964	90.4	5	29.6
6. 保加利亚	7.933	78.8	12	162
7. 克罗地亚	4.437	89.6	14	32.9
8. 捷克	10.293	93.8	8	32.3
9. 丹麦	5.330	95.1	4	123
10. 爱沙尼亚	1.454	65.1	12	49.7
11. 芬兰	5.181	92.1	6	33.2
12. 法国	58.519	86.1	7	813.3

[①②] Thomas Benedikter, *Minorities in Europe: Legal Instruments of Minority Protection in Europe — An overview*, report of "Society for Threatened Peoples", Bolzano/Bozen, November 30, 2006, http://www.gfbv.it/3dossier/eu-min/autonomy-eu.html.

[③] 资料来源(当时塞尔维亚和黑山尚未单独建国):Christoph Pan, Beate Sibylle Pfeil, *National Minorities in Europe: handbook*, W. Braumüller (series of Ethnos), 2003, p.10.

续 表

国家	总人口（百万）	主体民族人口比例％	少数群体数量	少数群体人口（万）
13. 德国	82.260	91.0	4	17.2
14. 希腊	10.260	97.4	7	22.9
15. 匈牙利	10.162	89.2	13	109.6
16. 爱尔兰	3.917	99.4	1	7.4
17. 意大利	56.306	93.3	12	279.4
18. 拉脱维亚	2.340	58.3	11	95.5
19. 立陶宛	3.653	82.1	10	65.3
20. 马其顿	1.937	66.5	5	60.2
21. 摩尔多瓦	4.264	64.5	9	151.3
22. 荷兰	15.987	92.6	3	52
23. 挪威	4.521	91.3	4	8.6
24. 波兰	38.644	96.7	14	165.7
25. 葡萄牙	10.356	97.5	3	14.7
26. 罗马尼亚	21.698	88.3	19	251.3
27. 俄罗斯	117.091	79.4	45	2415.6
28. 斯洛伐克	5.380	85.8	10	70.3
29. 斯洛文尼亚	1.948	88.7	4	1.5
30. 西班牙	40.847	75.9	6	893.6
31. 瑞典	8.883	86.5	4	60.6
32. 瑞士	7.280	80.8	2	3.8
33. 土耳其	62.866	88.3	14	738.3
34. 乌克兰	48.400	72.7	23	1392.3
35. 英国	58.789	98.6	6	83.7
36. 塞尔维亚-黑山	10.616	62.6	13	336.4
总计	756.991	88.55	329	8667.4

由上表可见,在民族构成方面,欧洲国家平均主体人口为 88.55%,少数群体人口占比平均为 11.45%。8667.4 万少数群体总人口,却包含了 329 个少数群体,意味着大多数少数群体都是人口较少的民族。其中,受到关注较多的少数群体主要包括:广泛分布在欧洲各国,尤其是在保加利亚、罗马尼亚、捷克、斯洛伐克等国的罗姆人;波罗的海国家的俄罗斯族;北欧国家的萨米人;希腊、保加利亚的马其顿人;主要分布在英国、法国等国的锡克人;主要分布在西欧的犹太人。还有一些主要分布在个别国家或者个别地区的群体,例如波兰的西里西亚人、丹麦格陵兰岛的因纽特人、德国的弗里斯人等。穆斯林群体虽然人数众多,但被普遍认为是一个"宗教群体"而非族裔群体。

欧洲国家鲜明的"多样性"社会的事实,使其少数群体问题十分突出,对少数群体权利保护也显得十分迫切。冷战结束之后,随着第三波民主化浪潮的扩展和深入,尤其是以下方面现实的发展,少数群体权利保护越来越成为国家内部和国际关系之间的重要问题:

首先,少数民族问题是东西欧融合、消弭冷战伤痕的重大事务。冷战期间,大国争霸是国际关系中的核心问题,少数群体保护仅是相当次要的问题,即"权力"争夺压倒"权利"保护成为国内、国际政治的核心话语。而且,在冷战期间,由于东欧和西欧分属两个对抗性阵营,少数群体保护制度被分割为西欧的保护制度和东欧的保护制度。冷战结束后,苏东阵营解体,铁幕退去,两个欧洲开始融合,开启了以中东欧国家"回归欧洲"为特征的欧洲一体化,"权利"意识苏醒。在少数群体保护方面,中东欧也融入了以欧洲委员会、欧安组织、欧盟的制度框架为主的制度体系。相对西欧来说,中东欧国家更是以"民族万花筒"著称。在中东欧 120 多万平方千米的土地上,有 16 个国家,大多数国家有 10 多个国家承认的或者公认的少数群体,例如匈牙利官方承认的少数民族有 13 个,而波兰则承认国内存在 9 个"少数民族"、4 个"少数族群"、1 个"少数语言群体",[①]克罗地亚则有多达 22 个少数民族。而且中东欧民族问题还与该地区多样性的语言、宗教缠绕在一起,使民族问题更为复杂。尽管欧洲当前的民族问题和民族主义总体上并未大幅走向民族分离,但民族之间的矛盾仍然十分尖锐,例如波黑的两个实体、三个"构成民族"(constituent peoples)之间的矛盾,以及构成民

---

① "Charakterystyka mniejszości narodowych i etnicznych w Polsce"(波兰民族和少数族裔的特点),http://mniejszosci. narodowe. mswia. gov. pl/mne/mniejszosci/charakterystyka-mniejs/6480Charakterystyka-mniejszosci-narodowych-i-etnicznych-w-Polsce. html.

族和非构成民族之间的矛盾,罗马尼亚的匈牙利人与罗马尼亚人的矛盾,分散于欧洲各国的罗姆人和主体民族、其他民族之间的矛盾,欧洲国家普遍存在的官方语言群体和少数语言群体的矛盾,仍肉眼可见。在很大程度上可以说,少数群体权利保护是欧洲一体化的"软肋",也是欧洲一体化过程中的难点,很难"一劳永逸"地得以解决,将持续地影响欧洲一体化的未来,也将在很长时期内成为欧洲国际组织的重要事务。

其次,冷战结束之后,来自国际、欧盟、少数民族等多方面的关注和压力,推动了欧洲国家,尤其是中东欧国家对少数民族权利的保护。一方面,欧安组织、欧洲委员会和欧盟不断加强对少数民族权利保护的重视,推动了少数民族保护理念也从消极的个体人权保护转变为积极的集体人权保护[1],这使少数民族权利保护的标准提高了。欧盟在1993年的哥尔哈根入盟标准中,已将保护少数民族作为中东欧国家加入欧盟的条件之一,并推出了专门的监测机制,给希望加入欧盟的国家以强大约束力。而欧洲委员会及其少数群体权利保护制度,尤其是《欧洲少数民族保护框架公约》(以下简称《框架公约》),给中东欧国家明确了少数群体权利保护的具体标准,即使当时还没有入盟前景的塞尔维亚,也在2002年出台《少数民族权利法》,主要是为了符合欧洲委员会的《欧洲少数民族保护框架公约》的考虑。[2] 另一方面,冷战结束之后,在国际社会,以集体人权保护为主的理念逐渐代替了以个体人权保护为主的理念,集体权利才是维系少数群体身份的重要支柱。《框架公约》被认为是保护少数群体语言权利、以母语接受教育的权利、文化权利、政治参与权利等集体权利的重要进展,甚至有学者认为,《框架公约》第5条和第15条内在地包含了对少数民族实行文化自治的要求。[3] 集体权利保护理念的出现,使少数群体维护群体身份的努力获得了制度性承认,从而为唤醒、激活其群体认同带来了巨大动力。

---

[1] 参见:Lynn M. Tesser, "The Geopolitics of Tolerance: Minority Rights Under EU Expansion in East-Central Europe," *East European Politics and Societies*, 2003, pp.483 - 532.

[2] Asjbørn Eide, "The Council of Europe Framework Convention for the Protection of National Minorities", in *Synergies in Minority Protection — European and International Law Perspective*, Kristin Henrard and Robert Dunbar eds., Cambridge University Press, 2009, pp.139 - 141.

[3] 《框架公约》第5、15条分别为:维护和发展其文化,保存其特征如宗教、语言、传统和文化遗产的权利;创造条件,尤其是那些影响他们的公共事务所必须的条件,使"属于少数民族的人"有效参与文化、社会和经济生活及公共事务。"Framework Convention for the Protection of National Minorities," Strasbourg, February 1, 1995, https://www.coe.int/en/web/conventions/full-list/-/conventions/rms/090000168007cdac.

　　再次,少数民族权利保护是欧洲国际、国家安全的需要。冷战结束后,欧洲一些地区出现了民族矛盾冲突升级,有的演变为流血事件或战争,这在中东欧地区尤其明显。在原南斯拉夫地区,民族矛盾导致了南斯拉夫联盟的常年战争和多轮解体;在罗马尼亚,特兰西瓦尼亚的罗马尼亚人和匈牙利人发生过流血冲突;波罗的海国家的俄罗斯人的国籍、权利保护问题也成为地区热点问题;中东欧国家的罗姆人,在冷战之后也普遍建立市民社会组织,开始了联合维权的道路。

　　欧洲国家大多数少数民族、少数族群是跨境民族,如果说西欧国家的跨境民族很多是由于移民造成的,那么,中东欧的跨境民族产生则主要是由于历史上反复出现的国家领土变动或者领土争夺而形成的。也正是这个原因,它们和母国常常具有一种强烈的亲近感和归属感,历史上,它们曾经是同一片国土上的同一民族,而周边亲缘国也通常会非常关注散落在邻国的同胞。这使民族问题和国际关系、国际安全紧密联系在一起。正如匈牙利前首相霍恩·久洛(Horn Gyula János)所说,在中东欧地区,"不解决少数民族问题,国家之间关系的正常化是不可能的,这些问题可能暂时被掩盖,但将是一个造成紧张的潜在危险。如果没有解决这些问题,该地区将持续紧张下去"[①]。

　　总之,冷战结束后,不少国家出现了民族意识觉醒、民族关系紧张的情况,而中东欧国家不仅面临民主过渡的挑战,也面临对多民族的国家进行民族整合和新的国家建构的艰巨任务,这带来了少数民族和主体民族、国家之间的权力、权利争夺。民主转轨和民族国家建构的艰巨任务在冷战后新独立出来的国家——斯洛伐克、斯洛文尼亚、克罗地亚、马其顿、塞尔维亚、波黑、黑山等——尤其明显,这使它们在少数群体保护方面的注意力明显不够。而且,少数群体保护并非欧洲一体化过程中的核心事务。作为欧洲一体化的"三驾马车"的欧洲委员会、欧盟、欧安组织需要依赖于各国政府去实施各项制度,因而对各国总体采取"表扬为主"的方针。因此,中东欧国家在更多时候仅仅是为了加入欧盟而快速"移植"相关制度,在制度实施方面进展相对缓慢。而作为老欧盟成员国,欧盟的约束力十分有限。

[①] Arie Bloed and Piiter Van Dijk eds., *Protection of Minority Rights through Bilateral Treaties: The Case of Central Europe*, Kluer Law International published, 1999, p.159.

第一节　欧洲少数群体权利保护的历史背景及发展脉络

一、第一次世界大战前少数群体权利的局部实践阶段

从古罗马帝国建立到 19 世纪,不同群体的宗教差异和纷争是欧洲国际舞台的一个突出主题,甚至也是国家间战争和冲突的重要原因,因而宗教少数群体权利的保护一直是少数群体保护的核心内容。从古罗马时期基督教与犹太教的斗争,到 10—12 世纪的十字军东征、15—16 世纪宗教改革运动、1618—1648 年期间的三十年战争,都具有宗教冲突的性质。因此,对宗教少数群体的保护,就成为这个时期少数群体保护的主要内容。

这个时期,为了保护少数群体,民族国家和欧洲国际组织两个层次都做出了一定的努力。不过,由于当时"权利"意识并不浓厚,尚未衍生出制度化的少数群体权利,因而大多数国家以签订条约或国内命令的形式保护少数群体,使少数群体的保护附着在一些并不稳定的条约或国王的命令之中。其中比较著名的有:(1)法国的《南特敕令》(Edict of Nantes)。1562 年,胡格诺派与天主教派的斗争发展为宗教战争。在战争过程中,胡格诺派逐渐取得了胜利,并获得了一些权利。1598 年 4 月 13 日,亨利四世颁布宽容胡格诺派的《南特敕令》,承认一国两教,历时 36 年的宗教战争至此结束。《南特敕令》规定,将过去在农村每村固定一个地点进行宗教仪式增加为两个;胡格诺派教徒享有各项与天主教教徒同样的公民权利,在获得公职、上大学等方面实行平等;胡格诺派有权开展宗教会议和政治聚会;在议会层面还建立了专门委员会,以处理胡格诺派的相关事宜。[1] (2)《奥利瓦条约》(the Treaty of Oliva)。1654 年,由于瑞典在其占领的利沃尼亚地区歧视和打压包括波兰人在内的天主教徒,引起了波兰的不满,双方发生战争。在法国的调解下,双方自 1659 年开始谈判,1660 年 4 月 23日,签订《奥利瓦条约》,结束了波瑞长年积怨。在少数民族保护方面,条约规定,波兰承认瑞典占有美拉尼亚、利沃尼亚和里加城,瑞典则保证被割让领土上

---

[1] Antony Evelyn Alcock, *A History of the Protection of Regional Cultural Minorities in Europe*, St. Martin's Press, LLC, 2000, pp. 6 - 7.

的天主教居民(主要是波兰人)享有宗教信仰自由。[①] (3)《威斯特伐利亚和约》。1648 年,三十年战争之后,欧洲各国签署了《威斯特伐利亚和约》。和约给予新教教徒宗教信仰自由。(4)1815 年联合荷兰王国成立文件。1815 年,在法兰西第一帝国统治下,成立了联合荷兰王国(The United Kingdom of the Netherlands),包括三部分:北部的前尼德兰七省联合共和国领土、南部的前奥地利荷兰(Austrian Netherlands)以及前烈日省(Liège)。不同部分的语言和宗教不尽相同,存在着法语与荷兰语、天主教与新教的差异。为了防止可能出现的民族、宗教和语言歧视,维也纳会议在一个文件中针对该国制定了以下制度,"不应改变关于确保给予所有宗教信仰者同等的保护和权益的条款,并且确保所有公民,无论其宗教信仰如何,都有权担任公职和高级职位"。此外,宣布荷兰王国所有公民都享有同等的商业或其他权利;所有居住在联合荷兰王国的人享有平等的宪法权利,这些权利不应该受到危害。[②] (5)希腊王国成立文件。1830 年,在英国、法国和俄罗斯的主持下,签订了"希腊王国成立文件"。在这个文件中,要求在新成立的国家内,所有臣民,不论其信仰何种宗教,均可获得公共职务和荣誉,受到完全平等对待。[③]

这些早期少数群体保护条约,对当时欧洲的少数群体,尤其是宗教少数群体的保护发挥了积极作用,为后来少数群体保护积累了经验。但这个时期的少数群体保护措施也存在明显的历史局限:首先,受到保护的少数群体因领土变更而成为少数群体的人,或者在特定领土内的某个少数群体。这种保护具有"画地为牢"的色彩,不仅容易因国家之间领土的变更而再度改变,也容易在被保护者与其他人之间人为地建立一堵隔离之墙,不利于民族关系的真正融洽。其次,这个时期少数群体保护的重点主要是宗教信仰自由,在一定程度上略微涉及少数语言使用问题,而少数群体的文化、社会、经济等维度的权利还未受到广泛关注。再次,这个时期少数群体保护主要由亲缘国推动和监督,而未形成国际保护机制,很容易因为执政者的更替或双边关系的变化而变化,所获权利

[①] 参见龚刃韧:《国际法上人权保护的历史形态》,1990 年《中国国际法年刊》,第 226 页;也可参见 Patrick Thornberry, *International Law and the Rights of Minorities*, Clarendon Press, 1991, p.25; Antony Alcock, *A History of the Protection of Regional Cutural Minorities in Europe*, St. Martin's Press, LLC, 2000, p.7.

[②] Lucy Mair, *The Protection of Minorities: the working and scope of the minorities treaties under the League of Nations*, Christophers, 1928, p.30.

[③] 同上,p.31.

并不稳定。

总之,这个时期对少数群体的保护,具有明显的"权宜"色彩。弱者获得的某些权利仅仅是作为缓解国家间冲突的临时手段,它暂时缓解了矛盾,而未真正解决问题。当国家间强弱关系发生变化之时,相关条约的有效性可能瞬间丧失。

二、第一次世界大战后少数群体保护的"国联体系"

1918 年 1 月 8 日,威尔逊总统发布了十四点和平计划。除了提出了废除秘密外交、公海航海自由、归还领土、创建国际组织外,针对民族争端与少数民族问题提出了民族自决原则,对世界少数群体的发展影响深远。[①] 1918 年 2 月 11 日,威尔逊再次发表激情演讲,总结了十四点和平计划的几个原则,包括战后安排必须有利于永久和平、尽量满足每个民族成立国家的愿望、每个领土变更必须照顾居住在领土上的人民的愿望等。[②]

盟国胜利后的第一件事情就是对包括民族自决权在内的十四点计划作出反应。由于奥匈帝国、奥斯曼帝国、俄罗斯、德国的解体或垮台,欧洲国家,尤其是中东欧国家出现了大量希望独立建国的民族。显然,按照民族主义古典理论的"一族一国"建立民族国家是不可能的[③],也是一种灾难。在无法给予所有民族自决权的情况下,只能根据历史和现实需要满足部分较大民族的自决权。因此,大多数中东欧新生国家仍然是多民族国家。而如何使新生的多民族国家不至于因民族纷争继续瓦解或导致战争,就成为巴黎和会上大国需要着重考虑的问题。因而,在巴黎和会前后,由大国主导签订了一系列少数民族保护的国际条约。"国联"成立之后,对这些由巴黎和会产生的条约系统进行了确认,接管

---

① 威尔逊并不是"民族自决权"的首创者,但他提的"民族自决权"对"一战"后的民族争端的解决产生了较大的影响。关于"民族自决权"的提出及其发展,可以参见:白桂梅:《国际法上的自决权与少数者权利》,《中外法学》1997 年第 4 期;陈祥福:《民族自决权:历史、现实及困境》,《西藏民族学院学报》(哲学社会科学版)2004 年第 3 期;朱晓未:《民族自决权的历史演进及晚近发展》,《法制与社会》2006年第 16 期。

② Antony Alcock, *A History of the Protection of Regional Cutural Minorities in Europe*, St. Martin's Press, LLC, 2000, p.40.

③ 民族主义古典理论与"一族一国"理论,参见:朱伦,《民族共治论——对当代多民族国家族际政治事实的认识》,《中国社会科学》2001 年第 4 期;纳日碧力戈,《以名辅实和以实正名:中国民族问题的"非问题处理"》,《探索与争鸣》2014 年第 3 期。

了这些条约的监管任务,从而形成了少数群体保护的"国联体系"。"国联体系"要求保护少数群体的生命权、免受歧视的权利,宗教信仰自由、平等享受公民与政治权利,法律面前的平等与事实上的平等、平等就业、在法庭使用少数民族语言的权利,在少数民族聚集区成立少数民族事务机构的权利,通过少数民族语言接受教育的权利,以及确保少数民族政治参与、反对强制同化、保护少数民族的集体身份等。

少数群体保护的"国联体系"具体包括以下内容:(1)由巴黎和会产生并得到国联确认的条约和宣言,例如《圣日尔曼条约》《特里亚农条约》《纳依条约》《洛桑条约》,以及战胜国与新创立的捷克斯洛伐克、希腊、波兰、罗马尼亚、南斯拉夫等国签订的《少数民族条约》。以波兰为例,1919年6月28日,协约国与波兰签订了《少数民族条约》,一共十二个条款。第1条指出,波兰同意将本条约的第2—8条——关于少数群体保护的基本原则写进波兰的基本法律之中,这些原则不能受到任何法律、法令和行政法案的破坏。第2条要求波兰确保保护所有在其领土上居住的人的生命和自由,不论其出生、民族、语言、种族、宗教;所有居民都可以在公共场合和私人场合进行宗教实践,不论这种宗教和信仰是否和主流价值一致。第3、4、5条要求给予居住在波兰境内的德国人、奥地利人、俄罗斯人以公民权。第6条规定所有在波兰领土上出生的无他国国籍者可以成为波兰人。第7条规定,所有公民均有从事公共职务的权利及其他职业之权利。所有人均能够在私人场合,在商业上和宗教中使用自己国家的语言。第8条规定种族、语言、宗教少数群体可以建立和管理自己的宗教、社会组织和学校,并在这些机构中使用自己的民族语言。第9条要求波兰在少数群体占比较大的地区,在教育方面采取"积极平等"的措施,在初级学校中采取"充分措施"促使少数群体公民享有以母语接受教育的权利。第10条规定学校对少数语言的教授也适用于犹太人。第11条规定,不应该存在任何强制措施危害犹太人的安息日。第12条规定波兰上述国际义务受到"国联"的监督,在没有经过"国联"理事会多数同意不得修改;波兰同意,所有的"国联"成员国都有权在波兰违反了该条约时提请"国联"理事会干预,"国联"理事会有权采取它认为适当的措施。[①](2)建立了申诉制度,即个人、民间组织和政府均有权向"国

[①] Mair Lucy, *The Protection of Minorities: the working and scope of the minorities treaties under the League of Nations*, Christophers, 1928, p. 37; Antony Alcock, *A History of the Protection of Regional Cutural Minorities in Europe*, St. Martin's Press, LLC, 2000, pp. 48 - 51.

联"提交违反少数民族保护的申诉和报告。1920年10月25日"国联"建立了管理少数民族事务的"三人委员会",主要职责是收集少数民族信息、对申诉进行具体了解、协调处理少数民族问题,但是重点在于检查所有送交日内瓦的破坏或危及少数民族条款的申诉或情报,在调查属实时敦促国家予以改进。(3)"国联"常设法院对少数群体问题的司法裁决制度。申诉到达"国联"后,不仅"国联"执行委员会,"国联"常任理事国可以作出反应,有些疑难问题还将最终提交给"国联"常设国际法院(Permanent Court of International Justice),一经裁决,就具有强制执行力。(4)"国联"专门对某些涉及少数民族归属的领土问题进行了仲裁行动,解决了石勒苏益格、上西里西亚、奥兰群岛、克莱佩达等地的归属权问题,事实上为这些地区的少数群体实现"民族自决权"提供了条件,也在很大程度上化解了民族间的冲突。[①]

少数群体保护的"国联体系"遵循"发现问题、解决问题"的路径,属于"问题解决型"保护理念,少数群体的"权利"保护制度仍未成为核心问题,保护少数群体的目的是消弭国家间的冲突和战争,尽管它客观上有利于保护少数群体的权利。这种"问题解决型"理念的特征是:第一,不诉不理。在出现了申诉和问题的情况下"国联"才介入,是一种事后介入和被动介入。第二,以解决问题为目标,以达成国家、少数群体之间妥协的方式解决问题,相对来说,站在偏袒国家的立场来看待和处理少数群体问题。解决问题之后,该问题就告终结,"国联"不再介入。第三,有常设机构,但未形成常规性保护制度或标准。这些问题的存在,使"国联"解决少数民族问题时总是采取权宜之策,而不着眼于长治久安,加上"国联"中的英、法等国对少数民族保护问题不够积极,使少数民族保护的"国联体系"并不成功。

1934年,波兰以"国联"在签订和未签订《少数民族条约》的国家之间制造不平等为借口,宣布不再接受该条约的束缚,给予了"国联体系"以致命的一击。1939年,第二次世界大战的爆发在宣告"国联"破产的同时,也宣告了"国联"少数群体保护体系的破产。

---

① 关于国际联盟"民族自决权"在欧洲的实践,参见杨友孙:《国际联盟'民族自决'原则的欧洲实践考察》,《历史教学问题》2014年第5期。

三、第二次世界大战后"个体人权"保护理念

由于"国联"体系的失败,1945 年联合国成立后,开启了以"个体人权"保护为特征的少数群体保护之路。[①] 在"二战"之后很长一段时间里,包括"联合国宪章"和联合国其他制度、文件中都未提到少数群体(minority)、"少数民族"(national minority)或者"少数族群"(ethnic minority)的权利。联合国试图将少数群体保护纳入人权保护的框架之内,因为"通过个体人权和非歧视原则保护每个人,包括少数群体成员,是适当的手段"[②]。

1945 年出台和生效的"联合国宪章"有意避开了"少数群体"一词。宪章强调,为了确保社会稳定,需要保护个人人权,并遵守人与人之间平等和非歧视的原则。[③] 这使"平等""非歧视"成为联合国在较长一段时间内对少数群体保护的基本理念。

1948 年 12 月 10 日,联合国大会通过了影响深远的《世界人权宣言》(联合国大会第 217 号决议,A/RES/217),它是一份旨在维护人类基本权利的文献。

---

① 个体人权(个人人权)与集体人权(群体人权)是依照人权主体的不同而对人权所作的一种分类。个体人权是基于个人基础上的,每一个人都应享有的人权,其权利主体是个人。集体人权是相对于个人人权而言的某一类人所应享有的人权,其权利主体是某一类特殊社会群体。个体人权是人权的主要形式。从历史发展看,个体人权的内容是在不断扩展与丰富的。在人类文明已发展到今天的条件下,个体人权大致包含如下三个方面的基本内容:一是人身人格权利,如生命权、健康权、人身自由权、思想自由权、人格尊严权、通信自由权、住宅不受侵犯权、私生活秘密权等;二是政治权利与自由,如选举权、被选举权、言论自由权、出版自由权、集体自由权、结社自由权、游行示威自由权、信息权、知情权、监督权等;三是经济、文化和社会权利,如财产权、就业权、享受劳保福利权、同工同酬权、休息权、受教育权、家庭权、参加工会权、享受社会福利权等。集体人权包括国内集体人权与国际集体人权两类。国内集体人权,又称特殊群体权利。这主要是指:少数民族的权利、儿童的权利、妇女的权利、老年人的权利、残疾人的权利、罪犯的权利、外国侨民与难民的权利等。国际集体人权,又称民族人权,按照现今国际社会通常的理解与承认,它主要是指民族自决权、发展权,此外还有和平与安全权、环境权、自由处置自然财富和资源权、人道主义援助权等。少数民族的集体人权主要是少数民族发展自身语言、宗教等文化权利和实现少数民族参政或少数民族自治等政治权利。具体可以参见学术界的一些研究,例如邱本:《论有限集体人权》,《社会科学战线》2008 年第 3 期;陈瑛:《人权:从集体主义角度看》,《道德与文明》2003 年第 6 期;李步云:《论个人人权与集体人权》,《中国社会科学院研究生院学报》1994 年第 6 期。

② N. Lerner, "The Evolution of Minority Rights in International Law", in Catherine Brolmann, Rene Lefeber and Marjoleine Zieck eds., *Peoples and Minorities in International Law*, 1993, p.87.

③ 参见《联合国宪章》(Charter of the United Nations)第 1(3)、13、55、76 条。《联合国宪章》具体条款, http://www.un.org/aboutun/charter/.

"宣言"也未使用"少数群体"或"少数民族""少数族群"等措辞，它仅仅从个体权利保护的角度为少数群体作了模糊的保护。[1] 与少数群体相关的主要是第26条，该条呼吁促进"种族、宗教群体之间的理解、宽容和友谊"[2]。但这并非少数群体保护条款，对国家责任或积极措施缺乏要求。而且，《世界人权宣言》仅为宣言性质，而无强制约束力。

20世纪60年代之后，联合国认识到了"个体人权"保护的不足，出现了一些涉及"集体人权"保护的条约、条款。1965年联合国出台《消除一切形式种族歧视国际公约》(Convention on the Elimination of All Forms of Racial Discrimination，ICERD)，虽然使用的是"种族"措辞，但由于"种族"在一定程度上涵盖了"民族"或"族群"，因而它也覆盖了少数群体权利保护。该公约"前言"指出，鉴于《世界人权宣言》宣示人生而自由，在尊严及权利上平等，人人有权享受该宣言所载的一切权利与自由，无分轩轾，尤其不因种族、肤色或民族而分轩轾……决心采取一切必要措施迅速消除一切种族歧视形式及现象，防止并打击种族学说及习例，以期促进种族间的谅解，建立毫无任何形式的种族隔离与种族歧视的国际社会。"公约"第1(4)条指出，专为使若干须予必要保护的种族或民族团体或个人获得充分进展而采取的特别措施以期确保此等团体或个人同等享受或行使人权及基本自由者，不得视为种族歧视，但此等措施的后果须不致在不同种族团体间保持个别行使的权利，且此等措施不得于所定目的达成后继续实行。第2(1)款规定，缔约国谴责种族歧视并承诺立即以一切适当方法实行消除一切形式种族歧视与促进所有种族间的谅解的政策；第2(1)款规定，缔约国应于情况需要时在社会经济、文化及其他方面，采取特别具体措施确保属于各国的若干种族团体或个人获得充分发展与保护，以期保证此等团体与个人完全并同等享受人权及基本自由，此等措施所定目的达成后，绝不得产生在不同种族团体间保持不平等或个别行使权利的后果。[3]

可见，《消除一切形式种族歧视国际公约》已明确要求缔约国采取特别措

[1] Antonija Petričušić, "The Rights of Minorities in International Law," *Croatian International Relations Review*, vol.11, no.38/39, 2005.
[2] 《世界人权宣言》，http://www.un.org/Overview/rights.html.
[3] 联合国《消除一切形式种族歧视公约》(1965年12月21日通过，1969年1月4日生效)，https://www.un.org/zh/documents/treaty/files/A-RES-2106(XX).shtml.

施消除种族歧视,实际上已涉及"事实平等"问题。这是国际社会第一次以公约的形式解释对种族、民族团体或个人的特别措施不属于"逆向歧视"[①],而且"公约"强调,一旦实现了事实平等,特别措施不得于所定目的达成后继续实行。

鉴于《世界人权宣言》重在强调个人权利,忽视政治参与、经济、社会权利的弊端,1966 年,联合国又通过了《公民权利与政治权利国际公约》和《经济、社会及文化权利国际公约》。这两个公约虽然也未提到"少数群体",却有一些条款可以包容少数群体保护,并经常被援引。例如《公民权利与政治权利国际公约》第 2(1)、26、27 都可能覆盖少数群体权利。[②] 第 2(1)条规定:本公约每一缔约国承担尊重和保证在其领土内和受其管辖的一切个人享有本公约所承认的权利,不分种族、肤色、性别、语言、宗教、政治或其他见解、国籍或社会出身、财产、出生或其他身份等任何区别。第 26 条规定:所有的人在法律前平等,并有权受法律的平等保护,无所歧视。在这方面,法律应禁止任何歧视并保证所有的人得到平等的和有效的保护,以免受基于种族、肤色、性别、语言、宗教、政治或其他见解、国籍或社会出身、财产,出生或其他身份等任何理由的歧视。第 2(1)条和第 26 条仍然是基于非歧视和无差别的个体权利保护理念,而第 27 条则涉及少数群体的语言、文化保护问题,它指出:在那些存在着族群、宗教或语言少数群体的国家中,不得否认这种少数人同他们的集团中的其他成员共同享有自己的文化、信奉和实行自己的宗教或使用自己的语言的权利。

第 27 条对世界各个地区的少数群体保护都产生了重要影响,并被广泛援引。

各方面对第 27 条的评价褒贬不一。有学者认为它"措辞讲究、内容宏大,虽在字面上仅仅给予少数群体个体权利,但实际上允许集体权利保护"[③]。也有一些学者提出了严厉批评。托穆沙特(Tomuschat)认为,第 27 条实际上只保护了个人而没有保护少数群体;联合国人权问题特别报告人凯博多蒂(Capotorti)认为,在宽容基础上的消极人权保护并不能保证平等;苏恩(Sohn)

---

① 周少青:《少数民族权利保护的国际共识和国家义务》,《中国民族报》(理论版)2012 年 7 月 6 日。
② 《公民权利与政治权利国际公约》具体条款,http://www1.umn.edu/humanrts/instree/b3ccpr.htm.
③ Florence Benoit-Rohmer, *The Minority Question in Europe*, Council of Europe Publishing, 1996, p.23.

认为，这是回避给予少数群体以国际人格。[①] 该条款实际上还暗示着国家对少数群体的"存在与否"享有自由裁量权，之所以给予国家部分权限，是因为在1966年制定该条约时，一些移民国家反对给予某些群体以特殊权利，多民族国家担心导致民族分离主义。此外，由于少数群体本身的多样性，以及每个国家国情的差异性，这个条款保持一定的模糊空间也是必要的，不然可能由于过度具体化而无法普遍适用。

《经济、社会及文化权利国际公约》第13(1)款和第13(3)款也和少数群体保护存在着紧密联系。第13(1)款规定：本公约缔约各国承认，人人有受教育的权利。它们同意，教育应鼓励人的个性和尊严的充分发展，加强对人权和基本自由的尊重，并应使所有的人能有效地参加自由社会，促进各民族之间和各种族、人种或宗教团体之间的了解、容忍和友谊，和促进联合国维护和平的各项活动；第13(3)款规定：本公约缔约各国承担，尊重父母和（如适用时）法定监护人的下列自由：为他们的孩子选择非公立的但系符合于国家所可能规定或批准的最低教育标准的学校，并保证他们的孩子能按照他们自己的信仰接受宗教和道德教育。可见，第13(1)款只是推动不同群体之间的了解、友谊和交流，基本未涉及少数群体自身的权利保护；而第13(3)款则涉及少数群体的受教育权利，尤其是需要保证少数群体的孩子也能按照父母的信仰接受宗教和道德教育。后来《欧洲人权公约》第一议定书第2条也对此进行了专门规定。

1986年6月，联合国众多国际法专家、法学与人权理论家在荷兰马斯特里赫特通过了落实《经济、社会及文化权利国际公约》的"林堡原则"[②]，不久为联合国采用。"林堡原则"要求国家采取特别保护措施来保护土著人民（indigenous peoples）和少数群体的权利，并采取措施改善贫穷与弱势群体的生活水平（A. 14点）；采取适当措施，包括立法、行政、司法、经济、社会和教育措施，履行本公约的义务（B. 17点）；禁止私人或私人机构在公共生活中采取歧视行为（B. 40点）。

---

① 转引自：N. Lerner, "The Evolution of Minority Rights in International Law," in Catherine Brolmann, Rene Lefeber and Marjoleine Zieck eds. , *Peoples and Minorities in International Law*, 1993, p.90.

② "Limburg Principles on the Implementation of the International Covenant on Economic," *Social and Cultural Rights*, UN doc. E/CN.4/1987/17.

"林堡原则"还提出了充分、最大限度利用一切资源实现公约权利、保证权利的充分实现、国家间相互合作、国家之间相互揭发违约行为等理念。此外,对与权利保护有关的一些词语及其运用进行了解释与说明,例如"非歧视"(non-discrimination)、"有法律规定"(prescribed bylaw)、"在民主社会中"(in a democratic society)、"在民主社会是必要的"(necessary in a democratic society)、"国家安全"(national security)、"公共秩序"(public order)、"他人权利与自由"(rights and freedoms of others)等。

1978 年 11 月 27 日联合国通过的《种族与种族偏见问题宣言》[①],虽然仅是"宣言"性质而非有约束力的文件,但它非常明确表达了对少数群体集体权利进行保护的意愿。例如第 2(1)款指出:任何主张种族或民族群体存在固有差别、意指某民族有权统治或排斥其他被认为是低劣民族的理论,或任何以种族差别评价为依据的理论,均没有科学根据,均违背人类伦理与道德原则;第 3 条指出:受种族主义思想驱使的、基于种族、肤色、民族血统或宗教上不容忍的任何区别、排斥、限制或优惠,均与公正的并保证尊重人权的国际秩序的要求相抵触;第 5(2)款指出,各国根据其宪法的原则和程序同所有其他有关当局及整个教育界一样,有责任保证各国的教育部门均起着反对种族主义的作用,特别要保证课程和课本包括有关人类团结和多样化的科学与伦理的内容,及对任何民族不得加以恶意地区别;并为此目的,训练师资,向居民中所有群体现有的教育系统提供资助,而不受任何种族的限制或歧视;以及采取适当措施,消除某些种族或民族群体由于他们的教育与生活水平而遭受苦难的不利因素,尤其要防止这些不利因素继续影响其后代;第 9(1)款指出,全人类和各国人民不论其种族、肤色及血统,在尊严和权利上一律平等,是得到普遍接受和承认的国际法原则。因而实行任何形式的种族歧视即构成侵犯国际法的行为,应当承担国际责任;第 9(2)款指出,必要时,应采取特别措施,以保障个人或群体在尊严和权利上一律平等,同时保证这些措施不带有种族歧视的色彩。在这方面,应特别关心在社会或经济上处于不利地位的种族或民族群体,以便完全平等地、不加歧视或限制地在法律和规章上对这些人予以保护,并使现行的社会措施符合其利益,特别是关于住房、就业和保健方面;尊重其文化及价值准则的正当性,特别是通过教育促使其社会及职业状况的改善。尤其是第 9(2)款强

---

① 联合国《种族与种族偏见问题宣言》,参见:http://www.110.com/fagui/law_349922.html.

调应采取特别措施保障平等、应特别关心在社会或经济上处于不利地位的种族和民族群体、尊重少数群体文化及价值准则的正当性,都明确表达了集体人权保护理念,甚至也认可了采取特别措施来保证少数群体享有平等权利的做法。

事实上,少数群体的个体权利保护与集体权利保护并不矛盾,前者是后者的基础和前提。1987年联合国人权委员会对法国呈交的《公民权利与政治权利国际公约》实施报告的意见中也表示:"所有个人享有平等权利以及所有个人在法律面前平等的事实并不排除一个国家事实上存在少数群体,也没有排除他们与群体中其他人共同享有其文化,实践其宗教,使用其语言的权利。"[①]

四、冷战结束后对少数群体集体权利的承认

冷战结束之后,以联合国为核心的国际组织对少数群体的集体权利予以了部分承认,出台了一些涵盖了集体权利的少数群体权利保护文件,但仍未出现具有普遍约束力的少数群体保护国际公约。

1992年12月18日联合国大会通过的第47/135号决议——《在民族或族裔、宗教和语言上属于少数群体的人的权利宣言》[②]是少数群体保护的重大进展,"宣言"第2、3条明确了少数群体的各项权利,例如第2(1)条指出,在民族或族裔、宗教和语言上属于少数群体的人(下文简称"属于少数群体的人")有权私下和公开、自由而不受干扰或任何形式歧视地享受其文化、信奉其宗教并举行其仪式以及使用其语言;第2(2)条指出,属于少数群体的人有权有效地参加文化、宗教、社会、经济和公共生活;第2(4)条为:属于少数群体的人有权成立和保持他们自己的社团。第1、4、5、6、7、8条均是关于国家在少数群体保护方面的责任。例如第1(1)条要求各国应在各自领土内保护少数群体的存在及其民族或族裔、文化、宗教和语言上的特征并鼓励促进该特征的条件;第1(2)条指出,各国应采取适当的立法和其他措施以实现这些目的。最后一条(第9条)涉及联合国系统内的各专门机构的职责。尽管它仅是政治无约束力,但"宣言"

① ICCPR/C/79/Add. 80, http://193. 194. 138. 190/tbs/doc. nsf/(Symbol)/bfd68d7522f679b-e8025653100621983?Opendocument.

② 该宣言的中文版本,参见:https://www.un. org/zh/documents/treaty/files/A-RES-47-135. shtml.

是少数民族保护的重要国际文献之一，具有非常重要的道义权威。① 它包含着较强的集体权利保护，但和《公民权利与政治权利国际公约》一样，强调保护的是"属于少数群体的人"的权利而非少数群体的权利。对于国家责任，大量使用了"各国应采取措施""考虑采取适当措施""酌情采取措施"等明显具有"建议"性质的温和措辞，降低了"宣言"的权威性。

1994 年 4 月 8 日，联合国人权委员会（Human Rights Committee）专门出台了第 23 号一般性意见②，对《公民权利与政治权利国际公约》第 27 条进行了具体阐释，主要内容包括：

（1）在存在少数族群、宗教或语言上的少数群体的那些国家，与这些群体的其他成员共同生活的人，不应被剥夺属于这些少数群体的人享有维持其文化、语言，实践其宗教的权利。该权利不同于作为个人与其他所有人共同拥有的所有其他权利（第 1 点）。（2）第 27 条的少数群体权利不包含只有"人民"（peoples）才能享有的民族自决的权利（第 3.1 点）。（3）享有第 27 条的权利并不能损害缔约国的主权和领土完整，尽管少数群体权利的某些方面可能与领土和其资源的使用密切相关，特别土著少数群体（第 3.2 点）。③（4）《公民权利与政治权利国际公约》第 27 条与第 2（1）条、第 26 条的区别在于，前者为专门保护少数群体的条款，而后者则是保护包括少数群体成员在内的一切个体的条款（第 4 点）。（5）缔约国不得将第 27 条规定的权利仅限于其公民，即少数群体也应包含那些没有获得公民身份的群体（第 5.1 点）。（6）第 27 条赋予的权利的主体是在缔约国"存在"的少数群体。鉴于该条所涉及权利的性质和范围，"存在"一词所暗示的持久程度并不重要。而某个缔约国是否存在种族、宗教或语言上的少数群体，并不取决于该缔约国的决定，而是需要根据客观标准来确定（第 5.2 点）。（7）应将第 27 条所保护的权利与《公民权利和政治权利国际公约》第 14.3（f）相区分；在任何其他情况下，第 14.3（f）条均不赋予被告在法庭诉讼程序中使用他们选择的语言的权利。（8）缔约国有义务采取积极措施，确

① Florence Benoit-Rohmer, *The Minority Question in Europe*, Council of Europe Publishing, 1996, p.24.

② "CCPR General Comment" no.23, article 27 (Rights of Minorities), adopted at the Fiftieth Session of the Human Rights Committee, on 8 April 1994, CCPR/C/21/Rev.1/Add.5, General Comment no.23 (General Comments), https://www.refworld.org/docid/453883fc0.html.

③ 第 23 号一般性意见第 3.2 点提到"对于构成少数群体的土著人来说尤其如此"，可见，联合国人权委员会认为"土著人"可以同时属于"少数群体"。

保第 27 条的权利的存在和行使,这可能出现对于少数群体和主体群体的区别对待,但是,只要这些措施旨在纠正那些妨碍或损害享有第二十七条所保障的权利的条件,而且这些措施是基于合理和客观的标准,那么就是合理的区别对待(第 6.2 点)。(9)委员会认为,文化以多种形式表现出来,包括与土地资源使用有关的一种特殊生活方式,对土著人民来说尤其如此。

笔者认为,将第 27 条及第 23 号一般性意见结合起来看,能发现集体权利保护理念的存在,因为均强调采取积极、特别措施或区别对待的方式去实现事实上平等。而且,第 23 号"一般性意见"强调,国家是否存在少数群体,应根据客观标准来确定,即限制国家"限定"少数群体以自我免责的可能。

2007 年 9 月 13 日,第 61 届联合国大会以压倒性多数通过了《土著人民权利宣言》。"宣言"清晰地表明了国际社会将致力于保护土著人民的个人权利和集体权利,尤其是它对集体人权的强调在国际人权法上达到了前所未有的程度。[①]《土著人民权利宣言》与《少数人权利宣言》有较大的相似度,毕竟土著人民也属于少数群体,但前者的措辞相对更为强势。[②] 而且,土著人民还享有一些其他少数群体所不具备的集体权利,尤其是自决权、土地权利和自然资源权利。例如,(1)第 3 条指出,土著人民享有自决权。基于这一权利,他们可自由决定自己的政治地位,自由谋求自身的经济、社会和文化发展。(2)不得强迫土著人民迁离其土地或领土。如果未事先获得有关土著人民的自由知情同意和商定公正和公平的赔偿,并在可能时提供返回的选择,则不得进行迁离(第 10 条)。(3)土著人民有权保持和加强他们同他们传统上拥有或以其他方式占有和使用的土地、领土、水域、近海和其他资源之间的独特精神联系,并在这方面继续承担他们对后代的责任(第 25 条)。(4)土著人民对他们传统上拥有、占有或以其他方式使用或获得的土地、领土和资源拥有权利;有权拥有、使用、开发和控制因他们传统上拥有或其他传统上的占有或使用而持有的,以及他们以其他方式获得的土地、领土和资源(第 26 条)。(5)不得在土著人民的土地或领土上进行军事活动,除非是基于相关公共利益有理由这样做,或经有关的土著人民自由同意,或应其要求这样做(第 30 条)。

此外,一些其他方面的国际制度也部分涉及少数群体保护。例如:(1)1948

---

①② 林其敏,土著人民权利的国际保护——兼评《联合国土著人民权利宣言》,《民族学刊》2011 年第 6 期。

年的《防止及惩治灭绝种族罪公约》，主要是对于第二次世界大战对少数群体大屠杀的一种防范，该条约禁止对包括少数群体的各种群体的屠杀，它比起《世界人权宣言》来说，该条约明显体现了集体人权保护观念。[①] (2)联合国教科文组织 1960 年 12 月 14 日通过的《反对教育歧视公约》第 5 条涉及少数群体的教育权利，包括父母或法定监护人保证他们的孩子能按照他们自己的信仰接受宗教和道德教育；确认少数民族的成员有权进行他们自己的教育活动，包括维持学校及按照每一国家的教育政策使用或教授他们自己的语言在内。(3)1993 年 6 月 25 日联合国大会世界人权会议通过的《维也纳宣言和行动纲领》[②]，纲领强调应防止和打击一切形式的种族主义、种族歧视、仇外情绪或与之相联的不容忍及其表现；保护土著人民的经济、社会和文化福利；支持所有民族的自决权利，即他们能自由地决定自己的政治地位，促进自己的经济、社会和文化发展。此外，联合国《禁止并惩治种族隔离罪行国际公约》(1973)、《发展权利宣言》(1986)、国际劳工组织第 169 号公约（即《土著人部落人民公约》，1989)、《儿童权利公约》(1989)、《世界语言权宣言》(1996)、《世界文化多样性宣言》(2001)等都或多或少涉及少数群体保护问题。

第二节　欧洲少数群体权利保护制度及其理念

欧洲少数群体保护的发展进程基本契合国际少数群体保护的发展脉络，或者也可以说，在很大程度上，欧洲少数群体保护问题一直是国际少数群体保护的重心。

英国阿尔斯特大学历史学家安东尼·阿尔科克（Antony Evelyn Alcock）将欧洲少数群体保护的历史分为五个阶段：第一个阶段从 16 世纪的宗教改革运动到 1789 年法国大革命，重点是保护宗教少数；第二个阶段从法国大革命到第二次世界大战，重点是从保护宗教少数过渡到保护语言少数；第三个阶段从"二战"结束到 20 世纪 60 年代末，强调通过个体人权保护的途径保护少数民

---

① 该观点也可参见：Marjoleine Zieck ed., *Peoples and Minorities in International Law*, Martinus Nijhoff Publishers, 1993, p.87.

② 《维也纳宣言和行动纲领》，https://www. un. org/zh/documents/treaty/files/A-CONF-157-23. shtml.

族,而不突出少数民族群体的特殊权利;第四个阶段从 20 世纪 70 年代到 80 年代末,由于欧洲一体化的发展及西班牙独裁统治的结束,少数群体特殊权利受到重视;第五个阶段是从 20 世纪 80 年代末苏东巨变至 2000 年,中东欧地缘政治的变化使欧洲国家的民族构成发生巨大变化,开始全面调整少数群体政策。[①]

笔者认为,上述第一阶段和第二阶段,均为少数群体特殊权利的局部实践阶段,总体上可以视为欧洲少数群体保护的第一个阶段;两次世界大战期间少数群体保护的"国联体系",可以视为第二阶段;第三第四阶段均通过保护个体权利来保护少数民族权利,可视为少数群体保护的第三阶段;第四个阶段是 20世纪 80 年代末苏东剧变至 21 世纪初,开始转向集体权利的保护方式,在这个阶段,欧洲出现一些新的少数群体保护政策,包括民族"文化自治""功能自治",同时推动少数群体"社会融入",但这些新政策的出现,仍是在个体人权保护理念基础上,对少数群体集体权利的承认的表现。

欧洲层面直接针对少数群体权利保护的制度、政策在冷战后期才逐渐出现,但涉及少数群体权利保护的制度在第二次世界大战结束之初就存在。这些制度先是在欧洲委员会出现,然后逐渐扩展到欧盟、欧安组织及其他欧洲国际组织。下面择其要作简要介绍。

一、欧洲委员会出台的相关制度

1.《欧洲人权公约》

1949 年 5 月 5 日在伦敦成立了欧洲委员会(Council of Europe)。原为西欧 10 个国家组成的政治性组织,现已扩大到几乎整个欧洲范围。其宗旨是保护欧洲人权、议会民主;在欧洲范围内达成协议以协调各国社会和法律;促进实现欧洲文化的统一性。欧洲委员会通过审议各成员国共同关心的除防务以外的其他重大问题,推动各成员国政府签订公约和协议,以及通过向成员国政府提出建议等方式,谋求在政治、经济、社会、人权、科技和文化等领域采取统一行动,并对重大国际问题发表看法。

---

① Antony Evelyn Alcock, *A History of the Protection of Regional Cultural Minorities in Europe*, St. Martin's Press, LLC, 2000.

1950 年 11 月 4 日,欧洲委员会出台《保护人权和基本自由公约》,即《欧洲人权公约》(European Convention on Human Rights),它是第一个区域性国际人权公约,也是欧洲最重要的人权条约,对欧洲其他人权条约或条款的出台发挥了基础性作用,所有的欧洲委员会成员都必须签署该公约。[①] 截至 2018 年底,有 47 个国家签署了该公约。鉴于该公约存在一些缺陷和不足,后来陆续增加了 16 个附加议定书。该公约本身并无少数群体权利保护的内容,也未出现"少数群体"的措辞。1950 年,根据该公约成立了"欧洲人权法院"[②],负责处理缔约国的争端案例,对维护包括少数群体在内的个体权利,发挥着重要作用。1977 年欧洲委员会、欧共体委员会、欧洲议会签署了一个三方宣言,所有欧盟的成员国和候选国都必须签署《欧洲人权公约》,这使欧共体具备了一定的对成员国和候选国人权状况进行监督的权限。

《欧洲人权公约》直接涉及少数群体保护的条款主要是第 14 条,它规定,"应当保障人人享有本公约所列举的权利与自由。任何人在享有本公约所规定的权利与自由时,不得因性别、种族、肤色、语言、宗教、政治的或者是其他见解、民族或者社会的出身、与少数民族的联系、财产、出生或者其他地位而受到歧视"。欧洲人权法院的大量判例都涉及这一条。但是,与联合国《公民权利与政治权利国际公约》第 26 条(非歧视条款)不同的是,《欧洲人权公约》第 14 条还需要和该公约的其他条款结合起来才能有效。例如欧洲人权委员会 1977 年在处理"X. vs. Austria 案例"时认为,由于原告(少数民族成员)仅指责政府侵犯了《欧洲人权公约》第 14 条,未能援引其他具体条款,不足以构成侵害少数民族成员权利的理由。[③]

虽然《欧洲人权公约》在一定程度上涵盖了少数群体权利保护,而且随着时间的推移,涵盖范围逐渐扩大,但《欧洲人权公约》的弱点是十分明显的。它主

[①] 该条约具体内容及欧洲委员会所有其他条约都可参见欧洲委员会网站:http://conventions.coe.int/Treaty/Commun/ListeTraites.asp?CM=8&CL=ENG.

[②] 成立时由人权委员会和人权法院两部分组成,受理的案件首先由委员会审议,然后视情况决定是否交给欧洲人权法院判决。1993 年欧委会首脑会议决定,将两个机构合并。1997 年欧洲委员会首脑会议决定,从 1998 年 11 月起正式成立单一的欧洲人权法院,每个成员国可推荐一名法官候选人,由议会投票任命。欧洲人权法院可接受成员国公民的申诉,从而增强了它在全欧人权事务中的权威性。

[③] "ECHR Commission," application no. 8142/78, X. vs. Austria,转引自 Catherine Brolmann, Rene Lefeber and Marjoleine Zieck eds., *Peoples and Minorities in International Law*, Martinus Nijhoff Publishers, 1993, p.275.

要是个体人权保护条款,在少数群体的集体权利保护方面缺乏力度。欧洲一些社会组织呼吁应通过一个保护少数群体的专门附加议定书,但未能如愿。这也导致欧洲人权法院在处理少数群体权利问题时,经常有意回避集体权利问题。这表明,在较长时期里,欧洲人权委员会仅仅按照"个体权利"理念来处理少数群体权利问题,在 90 年代之后,这种理念才逐渐有所转变。[①]

《欧洲人权公约》及欧洲人权法院还存在其他一些弊端,例如,只有国内的司法救济已经"穷尽"时,个人才可以向欧洲人权法院提起诉讼。[②] 后来,《公民权利与政治权利国际公约》第 41 条第 3 款[③]也规定,申诉人需要先穷尽国内的权利救助手段,才能向人权委员会(Human Rights Committee)申诉。不过,因案件数量迅速增加,1998 年,欧洲委员会对欧洲人权法院的诉讼程序进行了一定的修改。1998 年 11 月 1 日生效的第 11 号议定书首先撤销关于"穷尽"国内法律手段的条款,缔约国公民和非政府组织可以直接向欧洲人权法院提起诉讼。其次是撤销了欧洲人权委员会。1998 年以前,所有的诉讼案件在到达欧洲人权法院之后,需要先由欧洲人权委员会决定是否受理,只有它认为值得受理,才会将案件转达欧洲人权法院进行司法审判。再次,同类案件原则上只选择其中一个进行审理,以加强效率。因而一经审理,事实上对相似争端的处理具有"示范"作用。

《欧洲人权公约》虽然主要涉及个体权利,但一些条款在司法中被延伸至少数群体权利保护方面,最主要的是第 8 条(私人与家庭生活权利)、第 9 条(思想、良心及宗教自由权利)、第 10 条(表达自由权利)、第 11 条(集会和结社权利),以及《欧洲人权公约》第一议定书第 2 条(受教育权),这些条款的内容、相关争端案例及其处理方式在后文有详细论述。

2.《欧洲区域或少数语言宪章》

1992 年欧洲委员会通过了《欧洲区域或少数语言宪章》(European Charter

---

① Rannne M. Letschert, *The Impact of Minority Rights Mechanism*, T. M. C. Asser Press, 2005, pp. 207—208.

② 《欧洲人权公约》第 35 条第 1 款规定:委员会只有在一切国内补救方法用尽后,才可以依照公认的国际法规则,并从作出最后决定之日起六个月内处理此事。

③ 该款规定:(丙)委员会对于提交给它的事项,应只有在它认定在这一事项上已按照普遍公认的国际法原则求助于和用尽了所有现有适用的国内补救措施之后,才加以处理。在补救措施的采取被无理拖延的情况下,此项通知则不适用。

for Regional or Minority Languages)①,1998 年 3 月 1 日生效。公约要求缔约国在教育、司法、行政和公共服务、媒体、文化活动、经济与社会生活等领域关注少数语言的学习和使用问题。"宪章"强调集体权利保护,它要求缔约国在促进群体的语言使用、教育和文化方面采取肯定行动,以促进这些语言的使用者与其他群体的平等,而这种措施"不应该被认为是对更广泛使用语言的群体的歧视行为"(第 7.2 条);应采取措施推动地区或少数语言进入学前教育,至少应进入小学阶段的学习内容(第 8 条)。缔约国每三年需向欧洲委员会呈交其采取的措施及其进展。

"宪章"存在明显弱点。首先,它只是一个建议性质的文件,没有法定约束力;其次,它仅保护缔约国国民传统上所使用的语言和被承认的少数群体语言,却排除外来移民的语言;再次,哪种区域或少数语言能够受到何种程度的保护,均由缔约国决定,这使一些语言——例如波兰的西里西亚语一直未被确认为区域语言或少数语言。

3.《欧洲少数民族保护框架公约》

欧洲委员会在少数群体保护方面的最重要成果是 1995 年通过、1998 年 2 月 1 日生效的《欧洲少数民族保护框架公约》(Framework Convention for the Protection of National Minorities)②,简称《框架公约》,是世界上第一个区域性少数民族保护公约。它可以被视为替代《欧洲人权公约》少数群体权利保护附加议定书的一个文件,但它仅涉及"少数民族"而未涵盖"少数族群"或其他少数群体。该公约是国际上少数群体保护的巨大进展,对少数民族权利、国家义务等都进行了阐述,它首次全面阐述了少数群体应该享有的权利,确定了缔约国确保有效保护这些权利和自由的义务范围。③ 为了监督各国对《框架公约》的落实和执行情况,设立了"咨询委员会"(Advisory Committee),缔约国需在签约后一年内提交进展报告,此后每五年提交一次进展报告,而咨询委员会则对各国的进展报告进行评估并提出改进建议。

---

① 根据该文件的英文"The European Charter for Regional or Minority Languages",国内有翻译为"欧洲区域或少数民族语言宪章",本书翻译为"欧洲区域或少数语言宪章"。欧洲委员会的"欧洲区域或少数语言宪章"及其他相关条约,参见:http://conventions.coe.int/Treaty/Commun/ListeTraites.asp?CM=8&CL=ENG.

② 《欧洲少数民族保护框架公约》及其"解释报告",参见:http://conventions.coe.int/Treaty/Commun/ListeTraites.asp?CM=8&CL=ENG.

③ 廖敏文:《〈欧洲保护少数民族框架公约〉评述》,《民族研究》2004 年第 5 期。

《框架公约》列举了众多少数民族权利，例如维护和发展其文化，保存宗教、语言、传统和文化遗产等特征的权利（第 5 条）；表明宗教或信仰以及建立宗教机构、组织和社团的权利（第 8 条）；在私下或公开场合，以口头或书面形式自由地使用少数民族语言而不受干涉的权利（第 10 条）；建立和管理自己的私立教育和培训机构的权利（第 13 条）；学习本民族语言的权利（第 14 条）；创造"属于少数民族的人"有效参与文化、社会和经济生活，有效参与公共事务，尤其是那些影响他们的公共事务所必须的条件（第 15 条）等。同时，要求缔约国采取积极措施提高少数民族地位，保护和发展"属于少数民族的人"的经济、社会、文化、政治等权利。

《框架公约》保护的是个体权利还是集体权利？对此，《框架公约》"解释报告"（Explanatory Report）第 13 条进行了说明："公约"并不意味着承认了集体权利，其重点是保护属于少数民族的成员，他们可以单独地享有"公约"权利，也可以和其他同族成员共同享有"公约"权利。[1] 对《框架公约》条款的评论之第 3 (37)条指出，可以单独或与他人共同行使源自《框架公约》原则的权利和自由，但这不同于集体权利的概念；"其他"一词应在尽可能广泛的意义上加以理解，它应包括属于同一少数民族、另一少数民族或主体民族的人。[2] 因此，《框架公约》在谈到权利主体时使用的仍然是"属于少数民族的人"而非"少数民族"。但是，从它需要实现的权利、目标及要求国家采取积极行动等方面来看，仍然需要而且必然涵盖少数民族的集体权利。正如阿兰·菲利普（Alan Phillips）所指出，《框架公约》的绝大多数条款都具有集体权利维度，而且在实践中，只能通过属于少数民族的个人共同地享有。[3]

《框架公约》也存在较大缺陷。首先是"少数民族"的涵盖面并不广，而且还需要各国去认定。法国、希腊和塞浦路斯没有接受"少数民族"这个概念，卢森堡和马耳他只是声明它们领土之内不存在少数民族（但未宣布不存在其他少数群体）。其次，它只有一个原则性"公约"，需要缔约国二次立法后才能推行。再

---

① Council of Europe, "Explanatory Report of the Framework Convention for the Protection of National Minorities".

② "Commentary on the Provisions of the Framework Convention," http://conventions. coe. int/Treaty/Commun/ListeTraites. asp?CM=8&CL=ENG.

③ Alan Phillips, "The Framework Convention for the Protection of National Minorities: A Policy Analysis, Briefing of Minority Rights Group International," *Policy Paper*, September 2002, http://providus. lv/article_files/1531/original/FCNMBriefingAug2002. pdf?1331902461.

次,很多国家在签署时,都有专门的声明条款,使公约的效用大打折扣。此外,它还存在措辞含糊、缺乏保证机制等缺陷①,导致无法真正发挥少数民族保护"里程碑"功能,甚至比起《欧洲人权公约》对少数民族权利的保护都要逊色得多。

另外,欧洲委员会议会出台的一些建议和决议也涉及少数群体保护问题,例如 1990 年的"1134 号建议"、1992 年的"1177 号建议"、1990 年的"456 号决议"、1992 年的"474 号决议"。最值得注意的是 1993 年 2 月 1 日出台的"关于少数群体权利的《欧洲人权公约》附加议定书"的建议,即"1201 号建议",在该建议中,欧洲委员会议会不仅对少数群体定义作了界定,并明确了国家需要采取的一些肯定行动,甚至还主张给予少数群体以自治权利。② 该建议虽然未为各方接受,但它体现了欧洲少数群体保护的努力方向。

二、欧共体/欧盟涉及少数群体保护的条约、条款

1. 欧共体时期

在 20 世纪 50 年代欧洲一体化的初始时期,在对欧洲事务的安排中,普遍的认识是,由 1949 年成立的欧洲委员会负责处理欧洲的政治事务(包括民主、人权、法治等问题),而欧洲各共同体则着力于欧洲大陆的经济复兴。由于共同体将经济问题放在首位,结果其他问题都相对靠后了。③

因此,欧共体早期并不存在专门的少数群体保护政策,甚至也无专门的人权政策。但是,由于人权问题和共同体的"四大自由"(商品、人员、服务、资金自由流动),尤其是与人员的自由流动联系紧密,因而人权保护成为欧共体无法绕过的问题,这就使少数群体保护问题间接成了欧共体事务。

欧共体早期没有少数群体保护条约和条款,从《罗马条约》《欧洲人权公约》《世界人权宣言》《公民权利与政治权利国际公约》中衍生出的少数群体保护的法律依据,仅是在遵守"非歧视"和"平等"原则基础上,通过个体人权保护来处

---

① 廖敏文:《〈欧洲保护少数民族框架公约〉评述》,《民族研究》2004 年第 5 期。

② Recommendation 1201(1993), "On an Additional Protocol on the Rights of National Minorities to the European Convention on Human Rights," http://assembly. coe. int/Documents/AdoptedText/ta93/EREC1201. HTM.

③ Gabriel Toggenburg, "Minority Rights in Europe," *European Minorities and Languages*, vol. 1, 2000.

理少数群体保护问题。

由于少数群体保护常常与共同市场的四大流通自由相冲突，为了维护共同市场建设，需要在一定程度上牺牲少数群体保护，即不采取积极措施维持身份和文化多样性，只是在语言方面稍有例外，例如 1977 年出台了一个法令，要求欧盟成员国给予那些移民和工人子女接受东道国语言教育的权利，以促使他们融入；同时，又要求成员国能够给予这些孩子以自己语言接受教育的权利，以使他们将来也能重新融入其母国。[①]

在欧共体创立者的眼里，在市场没有失灵的情况下，欧共体的角色只是提供完全流动性的条件，而非干涉各成员国的能力。它的主要目的是建立一个共同市场，包括产品（商品与服务）和生产要素（劳动力与资金）的自由流动；消除影响劳动力、商品、资金和服务自由流动的人为障碍，确保资源的最佳配置与利用。共同体法律的主导原则就是"取消成员国之间一切阻止人员、服务、资本自由流通的障碍"[②]。因而人权保护基本上从属于劳动者权利保护，当时的目标是取消劳动力流动的障碍，实现欧洲范围的劳动力市场。因此，需要内部劳动力的平等待遇。欧洲煤钢共同体在成立之初便确立反国籍歧视原则，《罗马条约》第 119 条还规定了男女同工同酬、同值同酬原则。与四大流通自由无关的权利保护问题在一体化初期还是各国内部事务，超国家机构及其权力尚未延伸至该领域，更未出现"少数群体保护"的措辞。但这并不意味着欧共体条约框架和法律框架之内少数群体保护事务完全无章可循，实际上，涉及人权问题和间接地与少数群体保护相关的条款还是存在的。

1957 年签署的《建立欧洲经济共同体条约》（即《罗马条约》）虽然没有直接的人权和少数群体权利保护条款，但它的前言声明"保护和促进和平与自由"，部分条款中可以涵盖人权和少数群体权利保护。欧盟法专家阿兰·范阿姆（Alain Van Hamme）认为，《罗马条约》作为欧共体重要的法律框架之一，应被理解为包含基本人权保证，因为这是欧洲民主社会的核心。[③] 法国欧盟法学者德尼·西蒙（Denys Simon）则认为，作为欧共体法院的基本文件的《罗马条约》，在签署时，人权保护并非谈判者的优先目标，其在基本权利的保护方面是

---

① Directive 77/486 of July 1977, OJ 1977, no. L 199, p. 32.

② 《罗马条约》第二部分，第 3 条(c)。

③ Alain Van Hamme, "Human Rights and the Treaty of Rome", in L. Heffernan, James Kingston, Walter Carlsnaes and Steve Smith eds. , *Human Rights-A European Perspective*, Sage, 1994.

很薄弱的。[1] 但两者共同点是均不否认《罗马条约》涵盖人权保护。具体来说，《罗马条约》涉及人权的条款主要是以下几条：

1. 第 6 条，反对基于国籍的不同对成员国国民实行歧视；

2. 第 7 条，关于国家应该保证商品、人员、服务、资金的自由流动；

3. 第 48 条(1)、(2)款，规定的劳动力自由流动的权利，这种自由流动要求消除在就业、报酬、工作、就业等方面的基于国籍的歧视；

4. 第 8 条(a)款，规定公民有在共同体内自由选择地点居住的权利；

5. 第 8 条(b)款，规定公民在其居住地享有选举权和被选举权；

6. 第 8 条(d)、(e)款，规定每个公民有向共同体各组织进行申诉和报告的权利；

7. 第 126 条(1)款、第 128 条(1)款，关于共同体尊重成员国和地区语言和文化多样性；

8. 第 128 条，共同体将致力于促进成员国文化发展、文化交流，尊重国家、地区文化多样性；

9. 第 130 条(2)款，共同体积极促进成员国民主、法治、尊重人权与基本自由。

《罗马条约》中规定的上述权利，都是为了促进共同市场的发展，而第 128 条是与权利保护联系最密切的条款。但《罗马条约》保护的主要是基于无差别的权利，即人与人之间的"消极平等"与"非歧视"原则，不允许少数群体权利与其他人的权利出现差别，从而成为人员自由流动的障碍，而不是要去采取特殊保护维护少数群体的特殊权利。捷克学者伊沃(Iva Pospisil)在对欧共体早期的人权保护分析中指出，欧共体法律在人权保护方面的支配原则就是平等与非歧视。[2]

总之，欧共体权利保护的"非歧视"、(消极)"平等"理念，与联合国、欧洲委员会在同时期的人权保护理念大体一致。细微差别在于，联合国、欧洲委员会

---

[1] Denys Simon, "Des Influences Réciproques entre CJCE et CEDH: Jet'aime, moi non plus?"，载于《卢森堡和斯特拉斯堡的欧洲法院》专辑，法国 Pouvoir《权力》杂志，2001 年第 96 卷，第 32 页。转引自赵海峰：《论欧洲人权法院和欧洲共同体法院在人权保护方面的关系》，《欧洲法通讯》(第 5 辑)，法律出版社 2003 年版。

[2] Ivo Pospisil, "The Protection of National Minorities and the Concept of Minority in the EU Law"，2006 年 9 月 21—23 在土耳其的伊斯坦布尔召开的泛欧会议提交的会议报告，参见：http://www.jhubc.it/ecpr-istanbul/virtualpaperroom.cfm。

在人权保护时，设定了一些边界，例如不能危害国家安全和公共秩序，欧盟的人权保护则必须服从一个更高的目标：建立一个共同市场，实现商品、服务、劳动力与资金的自由流动。

2. 欧盟时期

20世纪90年代初，一方面由于国际上出现少数群体保护浪潮，一方面出于东扩的需要，欧盟开始大幅度加强少数群体权利保护。1993年，欧盟出台了接纳新成员国的"哥本哈根标准"，其中之一就是"尊重和保护少数群体"（Respect for and protection of minorities）。此后，欧盟对少数群体从消极保护转变为积极保护。2005年5月17日，欧盟与欧洲委员会在华沙达成关于两个机构关系的指导原则，欧盟承诺，将促使欧洲委员会的文件在欧盟中具有效力。由于欧盟成员国也全部加入了欧洲委员会，因此，可以认为，欧盟基本接受了欧洲委员会的少数群体保护制度。但除此之外，欧盟也仍然存在一些自身的少数群体保护制度和政策，主要体现在以下方面：

1. 1992年的《马斯特里赫特条约》（即《欧洲联盟条约》）和1997年的《阿姆斯特丹条约》

尽管两个条约均未提到"少数群体"，但相比过去已大有进步。例如"马约"第151条规定，成员国应该尊重"民族与地区的多样性"。"阿约"第6条规定，成员国需尊重自由、民主、人权与法治；第49条规定，任何遵守第6条所规定的原则的国家，都可以申请成为欧盟的成员国。"阿约"第6条和第49条是否包含了少数群体保护？对此，欧盟委员会在2002年的报告中作了解释："《阿姆斯特丹条约》生效后，哥本哈根政治标准已经作为一个宪法原则被欧盟条约所覆盖。"[1]同时，由于欧盟要求候选国在入盟前必须批准《框架公约》，而该公约第一条就明确，少数民族保护是"国际人权保护的不可缺少的一部分"。由此可见，欧盟对"阿约"第6条作宽泛理解，认为在"人权"框架内包含着少数群体保护。[2]

---

[1] 欧盟委员会年度报告，2002年，http://ec.europa.eu/enlargement/archives/key_documents/reports_2002_en.htm.

[2] Hoffmeister F., "Changing Requirements for Membership," in A. Ott and K. Inglis eds., Handbooks on European Enlargement, TMC Asser Press, 2002, pp. 90 - 102. 也可参见：Frank Hoffmeister, "Monitoring Minirity Rights in the Enlarged European union," in Gabriel N. Toggenburg ed., *Minority Protection and the Enlargement European Union: the Way forward*, Local Government and Public Service Reform Initiative, 2004, p.88.

经阿姆斯特丹会议签订的《欧洲共同体条约》第 13 条是新引进的条款。该条规定："在不影响本条约其他条款的情况下和在本条约授予共同体的权限范围内，理事会可根据委员会的提案并同欧洲议会磋商后，以全体一致同意采取适当的旨在同基于性别、种族、宗教信仰、残疾、年龄或性生活取向的歧视作斗争的行动。"①另外，其他一些条款也有涉及少数群体保护，例如第 126 条（经《阿姆斯特丹条约》的调整为第 149 条）关于尊重成员国文化、语言等方面差异，进行教育合作，提高教育质量的规定；《欧洲联盟条约》第 128 条（经《阿姆斯特丹条约》调整为第 151 条）关于促进成员国文化繁荣，尊重民族文化传统，保存具有欧洲意义的民族文化。

2. "哥本哈根入盟标准"与欧盟委员会的监测报告

1993 年 6 月 21—22 日，欧盟出台了著名的"哥本哈根入盟标准"，包括政治标准（民主制度、尊重人权、法治、尊重与保护少数群体）、经济标准（必须具备有效的市场经济体制）、能力标准（有能力执行共同体法的规定）。此后，欧盟委员会开始通过"年度报告"对中东欧申请入盟的国家入盟标准达标情况进行监测，而少数群体保护是"年度报告"中关注的重要内容，尤其是对捷克、斯洛伐克、保加利亚、罗马尼亚等国的罗姆人和波罗的海国家的俄罗斯族关注最多。在"设定标准"方面，欧盟虽然不如欧洲委员会，但欧盟以其强大的入盟条件约束为后盾，在"推动执行"方面，影响力不输欧洲委员会。

3.《欧盟基本权利宪章》和《欧洲社会宪章》

2000 年 10 月 2 日，欧洲理事会、欧洲议会和欧洲委员会共同出台《欧盟基本权利宪章》（同年 12 月 7 日生效），"宪章"提到欧盟尊重"文化、宗教和语言多样性"，禁止对"少数民族成员"的歧视，较之"马约"和"阿约"，有所进步。2009 年 12 月 1 日，《欧盟基本权利宪章》被纳入《里斯本条约》，成为有约束力的"硬法"。"宪章"第 21 条第 1 款规定："任何基于诸如性别、种族、肤色、人种或社会出身、基因特征、语言、宗教或信仰、政治的或其他方面的意见、少数族裔成员之身份、财产、出身、残障、年龄或性取向等基础上的歧视，均应予以禁止"；第 22 条规定："尊重文化、宗教与语言的多样性。"②不过，由于权利保护仍不是欧盟的核心事务，《欧盟基本权利宪章》对少数群体保护的作用并不明显。

---

① "阿约"及欧盟其他系列条约参见：http://europa.eu/documentation/legislation/index_en.htm.

② "Charter of Fundamental Rights of the European Union," October 2, 2000, https://eur-lex.europa.eu/legal-content/EN/TXT/PDF/?uri=CELEX:12012P/TXT&from=EN.

此外,欧洲理事会 1961 年 10 月 18 日在意大利都灵签订了《欧洲社会宪章》,是关于经济和社会权利的区域性公约。它虽然是一个个体权利保护制度,但它涉及移民工权利、工作权利、获得收入和社会服务的权利、儿童受教育的权利,这些方面都间接地涉及少数群体保护。此外,1989 年 12 月 9 日出台了《共同体工人基本社会权利宪章》[①],规定了欧盟工人就业和获得报酬的权利(第 4—6 条)、获得社会保护的权利(第 10 条)、获得职业培训的权利(第 15 条)、儿童和青少年获得保护的权利(第 20—23 条),也可以说,在保护普通工人权利的制度中对少数群体工人有着间接的保护作用。

4. 欧盟理事会 2000 年出台的《种族平等指令》和《就业平等指令》

2000 年出台的《就业平等指令》[②]及《种族平等指令》[③]是欧盟在打击歧视、实现平等方面的重要进展。《就业平等指令》要求不论宗教、民族、信仰、是否残疾、年龄、性取向,在就业和培训领域实现平等。但与少数群体保护有着更紧密联系的是《种族平等指令》。"指令"前言指出,其目的是"确保民主、宽容的社会的发展,这种社会允许所有人——不论其种族和族群出身——参与其中"。为了实现这个目标,该指令规定要在教育、社会安全、健康服务、社会福利、获得商品和服务方面,采取特殊措施打击种族和族群歧视。在具体内容方面,"指令"要求实现不同民族和种族出身的人的平等待遇;采取保护措施以达成在就业、培训、教育、社会安全、健康等方面的平等;允许采取"肯定行动"以达到事实上的平等;给受到歧视的人以行政和司法帮助;将歧视区分为"直接歧视"与"间接歧视",并分别做出界定。

不过,欧盟《种族平等指令》不能直接作用于欧盟范围内的个人。欧盟规定,15 个老成员国必须在 2003 年 7 月 19 日前,通过制定国内相关法律,使其"内化"到成员国的国内法中。而对于候选国波兰、捷克、匈牙利、斯洛伐克、斯洛文尼亚、塞浦路斯、爱沙尼亚、拉脱维亚、立陶宛、马耳他等 10 国,要求在

---

① "The Community Charter of the Fundamental Social Rights of Workers," adopted on 9 December 1989, https://www.eesc.europa.eu/resources/docs/community-charter-en.pdf.

② Council Directive 2000/78/EC of 27 November 2000, "Establishing a General Framework for Equal Treatment in Employment and Occupation," http://ec.europa.eu/employment_social/fundamental_rights/pdf/legisln/2000_78_en.pdf.

③ Council of the European Union, Directive 2000/43/EC, "Implementing the Principle of Equal Treatment Between Persons Irrespective of Racial or Ethnic Origin", Brussels, June 20, 2000, http://ec.europa.eu/employment_social/fundamental_rights/pdf/legisln/2000_43_en.pdf.

2004 年 5 月 1 日入盟之前完成该法的内化；罗马尼亚和保加利亚则被要求在 2007 年 1 月 1 日入盟前完成内化。虽然大多数国家如期完成了制度上的内化进程，但也稀释了"指令"的效力，而且多数国家没有专门负责落实的机构。

总体来看，比起欧洲委员会，欧盟的人权保护是为了消除劳动力流动的障碍，或者为了打击就业市场中的歧视和不合理的区别对待。不过，欧盟也存在一些支持并采取"肯定行动"维护少数群体的"集体权利"的措施。1993 年 10 月，欧盟要求有意愿入盟的中东欧国家签订双边条约，条约中必须包含互相保护双方少数民族语言、文化、政治权利等内促进睦邻友好关系。[①] 在欧盟的压力下，1995 年 3 月 20—21 日《稳定公约》签署之时，欧洲地区一共签署了 92 个双边"友好合作条约"，这些条约中都包含积极保护双方少数群体集体权利的内容。"法尔计划"、欧盟结构基金和团结基金的款项都有部分是欧盟指定用于少数民族保护项目的。其中尤以"法尔计划"闻名，它是为推进中东欧候选国在经济、政治、司法等方面进行改革和发展的资助项目。"法尔计划"有一部分要求中东欧国家用于加强少数民族地区基础设施建设，比如用于修建公路、创办少数民族医院和少数民族学校等。"法尔计划"从 20 世纪 90 年代中期一直延续到中东欧国家入盟之前。例如在保加利亚，欧盟 2003 年和 2004—2006 年两个"法尔计划"援助保加利亚罗姆人的款项达到 344.7 万欧元，建立了一些罗姆学校、罗姆医院，培训了一批罗姆医疗教育人才。[②]

三、"欧安组织"的少数民族保护

欧洲安全与合作组织（简称"欧安组织"，OSCE）前身是 1975 年召开的欧洲安全与合作会议。冷战结束后，随着它的职能不断增加，自 1995 年 1 月 1 日起更名为"欧洲安全与合作组织"。

欧安会议曾经在 1975 年召开后签订了著名的《欧洲安全与合作会议最后文件》，即"赫尔辛基文件"，文件一共有四个"篮子"，包括欧洲安全问题，经济、科学、技术合作，人员、思想、文化领域合作与人权保护。该文件还在第一个"篮

---

① European Commission, *The European Councils: Conclusion of the Presidency 1992—1994*, Commission of the European Communities, 1995, p.117.

② 由一些机构发起，对各国执行"罗姆融入十年倡议（2005—2015）"情况定期做观察报告，本报告是对保加利亚的观察报告，参见：http://www.romadecade.org/index.php?content=6.

子"——欧洲安全问题的第一项成果"指导与会国之间关系的原则的宣言"的第7条中涉及权利保护问题,该条规定:存在少数群体的参与国,应该尊重少数群体成员在法律面前的平等地位,确保其人权和基本自由得到充分保护,并保障他们的合法利益。[①]

欧安会议从70年代中期开创"人权轨道",到90年代逐渐发展出权利保护政策领域,并出现集体权利保护理念。1990年欧安会议的"哥本哈根文件"认为,"民主、人权、冲突预防、权利保护"四个问题是紧密联系在一起的,因此权利问题不可忽视。[②] 该文件也是一个少数群体保护较为全面的文件,但它使用的词语是"少数民族",这并非出于偶然,因为"少数民族"通常比"少数族群"具有更强的冲突潜力,因而受到欧安组织的优先关注。"哥本哈根文件"第四部分为人权政策,包含了一系列的保护少数民族特殊权利的条款,包括:少数民族成员有选择民族归属的权利、使用本民族语言的权利,通过自己语言接受教育的权利,免于歧视的权利等。例如34条规定参与国要"尽力保证成员,尽管需要学习官方语言和与国家有关的语言,有充分的机会接受其母语教育和通过母语接受教育,同时,在可能和需要的所有情况下,在公共机构中使用其民族语言"[③]。

"欧安组织"1990年11月21日签署了《新欧洲巴黎宪章》[④],重申推进少数民族权利的决心,并要求国家积极采取肯定行动。1991年7月19日,欧安组织的权利专家在日内瓦会议通过的文件中,规定了国家在权利保护方面需要采取的具体肯定行动,包括:成立权利事务机构、自治、保证通过其语言接受教育的权利、资助语言教育以及政府对其他方面的资助等。为了积极保护权利和防止针对的冲突事件,"欧安组织"还在1992年设立了少数民族事务高级委员的职位,主动介入少数民族事务。不过高级委员关注更多的是缓解民族之间的冲突,而非少数民族权利保护问题,它关注的焦点区域在于民族冲突较为严重的东南欧地区,对于西欧国家的少数民族事务介入相对较少。1998年,"欧安组

---

① "Text of the Helsinki Agreement", in *Keesing's Contemporary Archives*, vol. 21, 1975, p. 2730,转引自 Antony Alcock, *A History of the Protection of regional Cultural Minorities in Europe*, *Macmillan Press*, p. 182.

② "Chapter 4 of the Document of the Copenhagen Meeting of the Conference on the Human Dimension of the CSCE," June 1990, http://www.osce.org/docs/english/1990-1999/hd/cope90e.htm.

③ "哥本哈根文件"可参见:http://www.minelres.lv/osce/cope90e.htm.

④ "Charter of Paris for A New Europe," November 19 – 21, 1990, https://www.osce.org/files/f/documents/0/6/39516.pdf.

织"出台了"少数民族语言权利"系列文件,对少数语言的使用作了详细规定。

"欧安组织"还出台了一些少数群体保护的专门制度,例如:关于少数族群教育权利的"海牙建议书"(1996)①、奥斯陆有关少数族群语言权建议书及说明(1998)②、关于少数民族有效参与公共生活的"隆德建议"(1999)③。例如"隆德建议"提出,给予少数群体在中央政府机构的代表权——包括在议会给予保留席位,在内阁中、在宪法法院及其他高层法院、在中央其他高级机构中保留职位(第6段);选举制度应该有利于少数群体参与政府及其决策(第7—10段);给予少数民族区域自治或非区域自治(或两者混合)的地位(第14—21段)。"自治权"属于高级别集体权利,超越了欧盟、欧洲委员会提出的少数群体保护标准。虽然这些制度都是"参考"或"建议"性质,而非有约束力的多边条约,但这代表着欧洲少数群体保护的一种趋势和前景。

欧安会议/"欧安组织"在权利保护方面的一个突出特点就是将权利问题与安全问题挂钩,从而为欧洲和平大厦奠定基础。因此,"欧安组织",尤其是其少数民族事务高级委员,在一些涉及多个国家的少数民族问题上,通过调解、斡旋等方式,在调解原南斯拉夫地区民族冲突,匈牙利和斯洛伐克、罗马尼亚的关于少数民族问题的争端中,"欧安组织"都发挥了不可忽视的作用。但它的重点并非少数群体的权利保护,而是预防冲突和避免冲突升级。

四、欧洲议会相关文件

欧洲议会虽为欧盟机构,但特别关注人权问题,它曾宣称"重视文化、种族与民族少数群体在社会与政治决策中的参与",并要求自己"代表欧洲的文化多样性"。④ 至今为止,欧洲议会出台了不少关于少数群体保护的决议,虽无约束

---

① "The Hague Recommendations Regarding the Education Rights of National Minorities," OSCE, October 1, 1996, https://www.osce.org/files/f/documents/e/2/32180_0.pdf.

② "The Oslo Recommendations regarding the Linguistic Rights of National Minorities," Explanatory Note, February, 1998.

③ "隆德建议"也称"隆德报告",它是欧洲安全与合作组织出台的影响最为广泛的少数民族保护文件。参见:"The Lund Recommendations on the Effective Participation of National Minorities in Public Life & Explanatory Note," Published by the OSCE High Commissioner on National Minorities (HCNM), September, 1999, https://www.osce.org/files/f/documents/0/9/32240.pdf.

④ "European Parliament's Resolution on Racism, Xenophobia and Anti-Semitism and on Further Steps to Combat Racial Discrimination," 1999, p.488.

力,但对欧盟及其成员国也具有一定影响。

1973 年 4 月 4 日,欧洲议会出台决议,要求在共同体法起草时,应"考虑欧共体成员国公民的基本人权保护"①。该建议在 1976 年 6 月 15 日为欧共体采纳。1977 年,欧洲议会出台另一决议,要求给予欧共体公民以特别权利。②1977 年 2 月 10 日,欧洲议会发表政治宣言,确立关于基本人权定义的几个政治原则。欧共体理事会和委员会在不久之后采纳了该建议。

1979 年,欧洲议会出台决议,敦促欧共体接纳《欧洲人权公约》,并着手起草《欧盟基本权利宪章》。1983—1984 年期间欧洲议会要求欧共体以宪法的方式纳入基本权利。1989 年 12 月,欧洲议会出台"基本权利宣言",要求作为未来欧盟宪法的一部分。2004 年,欧盟出台"宪法条约草案",将基本权利部分放在草案的第二部分。

1981 年,欧洲议会出台"关于区域语言和文化群体宪章和少数群体权利宪章的决议"③。"决议"要求中央、地方政府允许并促进从幼儿园到大学的各类学校中开设地方语言和文化课程;允许并确保地方电台和电视的传播;确保个人可以在公共场合与社会事务中使用自己的母语;地方政府应该给予地区文化和经济项目以资助;决议呼吁欧共体委员会重新审议可能对少数语言造成歧视的所有共同体法律和措施。

1982 年,在欧洲议会的坚持下,欧共体设立"B3 - 1006"预算项目,即"促进区域或少数语言和文化的保护"拨款项目。为了执行该项目,欧盟设立了"少数语言局"④。"少数语言局"为欧共体时期少数群体权利保护最有效的一个重要轨道。

1983 年,欧洲议会出台"采取措施支持语言与文化少数群体的决议"⑤。决

---

① OJC 26, April 4, 1973,转引自英国议会的报告: Vaughne Miller: *Human Rights in the EU: the Charter of Fundamental Rights*, research paper 00/32, March 20, 2000, http://www. parliament. uk/commons/lib/research/rp2000/rp00-032. pdf.
② OJC 299, November 16, 1977, See Vaughne Miller, *Human Rights in the EU: the Charter of Fundamental Rights*, research paper 00/32, March 20, 2000, http://www. parliament. uk/commons/lib/research/rp2000/rp00-032. pdf.
③ European Parliament, "Resolution on a Community Charter of Regional Languages and Cultures and on a Charter of Rights of Ethnic Minorities", October 16, 1981.
④ Ó Riagáin, Dónall, The European Union and Lesser Used Languages, *IJMS: International Journal on Multicultural Societies*, vol. 3, no. 1, 2001, pp. 33 - 43.
⑤ European Parliament, "Resolution on Measures in Favour of Linguistic and Cultural Minorities," Draft prepared by Gaetano Arfé, adopted by the European Parliament on 11 February 1983, OJ 1983 no. C 68, p. 103.

议指出,考虑到欧共体有 3 千万公民的母语为地方语言或较少使用的语言,议会要求各方积极采取措施落实 1981 年的"关于区域语言和文化群体宪章和少数群体权利宪章的决议",并呼吁欧共体委员会在权利保护领域加强努力;希望欧共体委员会能够向议会汇报在权利保护方面的进展及今后计划;呼吁欧洲理事会确保议会要求的一些权利保护原则得以落实。

1987 年,欧洲议会出台"欧共体区域与族裔群体语言与文化决议",即"库帕斯决议"(Kujpers Resolution)。[1] 决议对欧共体在少数群体保护方面的进展表示遗憾,并建议成员国在教育、大众传媒、文化设施、经济与社会生活、国家行政与司法机构中加强少数群体保护,例如:在少数群体存在的地方,应为地方与少数语言的使用提供直接的法律依据;重新审议对少数语言造成歧视的政府条文和措施;在中央政府和其他政府机构,允许地方与少数语言的使用;在地名、公共路标、商标等方面增加使用少数族裔的语言;呼吁欧共体增加在少数族裔保护方面的拨款等。

20 世纪 90 年代之后,欧洲议会仍然十分重视权利保护问题,并出台了很多决议。例如 1994 年的"关于欧共体少数语言群体的决议"[2],1995 年的"关于保护罗马尼亚权利与人权的决议"[3]和"关于针对罗姆歧视的决议"[4]等。不过,由于 90 年代之后,少数群体保护开始受到欧盟其他机构,尤其是欧盟委员会的关注,从而冲淡了欧洲议会在少数群体保护方面的重要性。

五、欧洲其他层面少数群体权利保护制度

还有一些欧洲其他国际组织出台的文件,直接或间接涉及少数群体保护。例如 1994 年 11 月,"中欧倡议国"组织(Central European Initiative)出台"少数

---

[1] European Parliament, "Resolution on the Languages and Cultures of the Regional and Ethnic Groups in the European Community," by Willy Kujpers, adopted on 30 October 1987, OJ 1987 no. C 318, p.160, https://ospcom.files.wordpress.com/2011/10/lc4.pdf.

[2] "Resolution on Linguistic Minorities in the European Community," OJ 1994 no. C 61, p.110. 主要内容是要求成员国确认其少数语言群体并创造条件保护少数语言。

[3] "Resolution on the Protection of Minority Rights and Human Rights in Romania," OJ 1995 no. C 249. 主要内容是要求罗马尼亚加强少数群体权利保护,尤其是对少数语言的保护,取消学校等场所关于限制少数语言使用的法律条文。

[4] "Resolution on Discrimination on Roma," OJ 1995 no. C 249. 主要内容是要求各方认识到罗姆文化的存在,并要求欧盟委员会加强措施保护罗姆族,以融入社会。

群体权利保护的'中欧倡议国'协约"①，"协约"要求各国承认少数民族（national minorities）的存在，因为他们是社会的组成部分，并保证为促进他们的身份创造适当条件（第 1 条）。"协约"对"少数民族"进行了如下界定：是指人数少于该国其他人口的群体，其成员为该国国民，具有不同于其他人口的种族、宗教或语言特征，并以维护其文化、传统、宗教或语言的意愿为指引（第 1 条）。此外，"协约"对"属于少数民族的人"的语言、文化等权利进行了承认，包括：为促进少数族裔与其他人之间的平等或适当考虑其特殊条件而采取的有利于少数民族的特殊措施，不应视为歧视行为（第 5 条）；第 6 条指出：国家应采取有效措施保护基于民族、种族、族群、宗教的个人或群体免于歧视、敌视或仇恨，包括反犹主义；第 7 条指出，缔约国认识到罗姆人的特殊问题，它们将采取所有法律、行政、教育等措施保护罗姆人身份，采取特别措施推动罗姆人的社会融入，消除对罗姆人的一切形式的不宽容。"协约"还提到欧洲反犹主义和罗姆人社会融入问题，体现了"差别化"对待不同少数群体的信号。

再如，为了更好地推动东南欧国家加入欧盟，1999 年 6 月 10 日，欧盟与除塞尔维亚和黑山、摩尔多瓦外的所有东南欧国家签订了《稳定公约》，作为东南欧国家加入欧盟的前提。在《稳定公约》中，人权保护和少数群体权利保护是重要内容。

还有很多非政府组织也在欧洲少数群体保护中发挥着重要作用。例如成立于 1949 年的欧洲民族联盟（Federal Union of European Nationalities, FUEN）是一个欧洲非政府组织联盟，30 多个欧洲国家、100 多个少数群体保护组织参与了该联盟。联盟代表欧洲境内的族裔、语言和民族群体，在推动《欧洲区域或少数民族语言宪章》和《保护少数民族框架公约》的出台中发挥了重要作用。

在集体权利理念出现后，欧洲出台了一些保护少数群体语言、文化、政治参与权利的制度，"少数群体权利保护"开始成为少数群体保护的核心内容。但欧洲少数群体权利保护同样存在明显缺陷，例如各国仍然从自身利益出发，对"少数群体"的界定、认定，对于《框架公约》的执行仍然存在着较大问题。而且，虽

---

① "CEI Instrument for the Protection of Minority Rights," 1994, https://www.mzv.cz/file/18350/CEI_Instrument_for_the_Protection_of_Minority_Rights.pdf.

然出现了集体权利保护理念,但主导面仍然是从个体人权维度来保护少数群体。① 从这点上来看,欧洲少数群体权利保护仍未真正摆脱《欧洲人权公约》的窠臼。

---

① Geoff Gilbert, "The Council of Europe and Minority Rights," *Human Rights Quarterly*, no. 18, 1996, pp. 160 – 189.

第二章

欧洲"少数群体"的界定与认定

"少数群体"界定和认定,是两个既有联系又有区别的问题。从功效性角度来看,认定是比界定更为重要的问题,因为"认定"会带来相应的权利和责任,界定也通常是为认定服务的;一旦脱离了认定,那么界定就丧失了意义。一种理想的状态是,国际上制定一个可供各国参考的"少数群体"概念,然后各国按照这个概念去认定各自的少数群体。但由于各种原因,这种方式在实践证明无法实现,即使在一个洲级层面也同样如此。如果由各个群体自己来认定是否为"少数群体",而国家却要对它们认定群体负责,这样又违反了"权责一致"的原则和逻辑。因而,界定和认定少数群体,即使在一体化程度很高的欧洲,也只能各主权国家自己去解决。而各主权国家对界定和认定少数群体的做法并不一样,有的国家通过界定来认定,例如波兰、波黑、瑞士、荷兰;有的国家界定与认定脱节,或有界定而无认定——例如爱沙尼亚、拉脱维亚,或有认定而无界定——例如挪威、克罗地亚、斯洛文尼亚;有的国家界定是为了否定少数群体的存在,例如卢森堡。

欧洲国家普遍都对少数群体中的"少数民族"进行了严格界定,毕竟"少数民族"需要受到《欧洲少数民族保护框架公约》以及国内法的保护,需要国家承担较高的保护成本。而对于"少数族群"则多数倾向于不进行界定,或进行较为宽泛的界定,毕竟"少数族群"并不受《欧洲少数民族保护框架公约》的保护,保护级别也更低,因而对它的认定也非重要事务。

第一节　国际社会对"少数群体"及相关概念的界定

一、"少数群体"及与之相关词语之辨

　　尽管少数群体问题越来越受到国际、地区、国家等三个级别的关注,但"少数群体"的定义问题却至今一直没有解决,即世界上没有一个比较统一的定义。不仅如此,甚至连对它的措辞也未统一。在国际上,并无与中文"少数民族"相吻合的词语,英语中的"national minority"虽然可以翻译为"少数民族",但"national minority"明显比中文"少数民族"概念更为狭窄。20 世纪初以前,英文中更多使用"racial minority",但该词语过分重视生物学的种族特征,近年逐渐淡出国际社会文件之中,或者仅在指代"少数种族"时使用。而"ethnic minority"与"national minority"则更为常用。两者的区别在于前者是社会、文化概念,后者主要是政治概念。[①]

　　1919 年,国际社会在巴黎和会上正式提出了"少数群体"(minority)概念,但未进行界定。从 1922 年到 1940 年,"国联"常设法院处理了 29 个涉及国家之间争议的案例,并针对这些案例发布了 27 个咨询意见,其中很大一部分涉及少数群体保护问题。[②] 国际常设法院在提及少数群体时,常常使用"minority""community"等词语,强调它们的特点是在宗教、语言和传统方面异于其他人口。1930 年,在处理希腊与保加利亚的少数民族争议问题时,国际常设法院对"community"进行了如下界定:

---

① 斯蒂夫・芬顿著,劳焕强等译:《族性》,中央民族大学出版社 2009 年版,第一章、第三章。此外,艾德与桑伯里均认为"ethnic minority"含义更为宽泛,它包含了"national minority"。参见:Asbjorn Eide, "Second Progress Report to the Sub-Commission on the Study of Possible Ways and Means of Facilitation, the Peaceful and Constructive Solution of Problems Involving Minorities," UN Doc. E/Sub 2/1992/37, para.98; Thornberry, "The UN Declaration on the Rights of Persons Belonging to National or Ethnic, Religious and Linguistic Minorities: Background, Analysis, Observations and an Update," in Alan Phillips and Allan Rosas eds., *Universal Minority rights*, Minority Rights Group, Finland, 1995, p.33.

② 这些案例的具体情况可以参见:Manley O. Hudson, *the Permanent Court of International Justice 1920 - 1942*, Macmillan, 1943.

"居住在特定国家或地区的一群人,他们拥有自己的种族、宗教、语言和传统,并通过这种种族、宗教、语言和传统身份团结在一起,以维护他们的传统,保持他们的礼拜形式,确保按照其种族的传统及精神教育和养育自己的孩子并互相帮助。"①

可见,国际常设法院强调"少数群体"是种族、宗教、语言和传统某个方面或者多个方面具有特殊性的群体。不过,在此后国际社会的文件中,采用"minority"指代普通的"少数群体",而享有自决权的群体称为"people",有时也使用具有社会学意义或"社群"含义的"community"。第一次世界大战之后在"国联"主持下签订的少数群体保护条约和制度,主要采用"minority"或"minorities"的措辞。②

但"minority"与中文的"少数民族"并不对应,最适当的译法为"少数群体",包括少数民族、少数族裔、语言少数群体、宗教少数群体,有时甚至也包括土著人群体等。在较长一段时间里,我国不少学者将"minority"或"minorities"译为"少数人"③,笔者认为这存在以下弊端:

首先,"minority"是一个集合、抽象概念,它涵盖了"少数民族、少数族群、宗教少数、语言少数"等群体,翻译为"少数人"则有具体概念之感;其次,"少数人"可能与"多数人"相对应而产生歧义,易产生"占少数的人"的错觉;再次,1992年联合国出台了"在民族或族裔、宗教和语言上属于少数群体的人的权利宣言",在这里,如果译为"属于少数人的人"显然不大适当。当然,在欧洲国家,也常常出现将"minority""national minority""ethnic minority""ethnic group"混用的情况,或者不同的国家、学者对这些词语有不同的偏好,有的国家将"national minority"与"ethnic minority"截然分开,例如波兰用"national

① "The Greco-Bulgarian 'Communities'," PCIJ Series B, no 17, p.19, 1930.
② 参见:L.P. Mair, *the Protection of Minorities*, Christophers, 1928; Antony Alcock, *A History of the Protection of Regional Cultural Minorities in Europe: From the Edict of Nantes to the Present Day*, Macmillan Press Ltd, 2000, pp.39–87.
③ 例如:周勇:《少数人权利的法律》,社会科学文献出版社2002年版;周少青:《民主权利的制衡与少数人权利保护》,《中央民族大学学报》(哲学社会科学版)2015年第5期;李林、李西霞、丽狄娅·R.芭斯塔·弗莱纳(Lidija R. Basta Fleiner):《少数人的权利》,社会科学文献出版社2010年版;严庆、于浩宇、谭野:《少数人权利保护:联合国视域中的民族事务定位及其作为》,《贵州民族研究》2019年10期;吴双全:《论"少数人"概念的界定》,《兰州大学学报》(社会科学版)2010年1月;李涵伟:《"少数人"概念意涵及其与国家认同的关系》,《中南民族大学学报》(人文社会科学版)2020年第3期;陈志平、曾茜:《国际法上少数人与土著人民的保护》,《云南大学学报》(法学版)2016年第3期。

minority"指有亲缘母国的少数民族，"ethnic minority"指无亲缘母国的少数族群；荷兰用"ethnic minority"指移民荷兰的弱势群体，而"national minority"指世居民族。

笔者发现，大约从 2010 年之后，我国学者将"minority"翻译为"少数群体"的明显增多，表明学术界对这个词语的理解正在趋向一致。[①] 当然，也有将"minority"视为"少数人群体"的，但相对少见。[②]

与此相关的另一个问题是，"少数群体"到底包括哪些群体？在"国联"国际常设法院的定义中，"少数群体"包括种族、宗教、语言和传统等方面具有一定特征的群体；1966 年联合国出台的《公民权利与政治权利国际公约》第 27 条对"少数群体作了如下界定：在那些存在着族群、宗教或语言少数群体的国家中，不得否认这种少数人同他们的集团中的其他成员共同享有自己的文化、信奉和实行自己的宗教或使用自己的语言的权利。可见，该定义列举了"族群、宗教或语言少数群体（ethnic, religious or linguistic minorities）"。在专门阐释该条款的"第 23 号一般性意见"中进行了进一步明确：在存在少数族群、宗教或语言上的少数群体的那些国家，与这些群体的其他成员共同生活的人，不应被剥夺属于这些少数群体的人享有维持其文化、语言，实践其宗教的权利。[③] 而 1992 年联合国的"在民族或族裔、宗教和语言上属于少数群体的人的权利宣言"中[④]，列

[①] 例如：威尔·金里卡著，周少青、和红梅译：《政治哲学和国际法中的少数群体权利》，《国外理论动态》2019 年 3 期；周少青：《权利的价值理念之维：以少数群体保护为例》，中国社会科学出版社 2016 年版；阎孟伟、张欢：《少数群体权利的合理性问题——评多元文化主义与自由主义之争》，《南开学报》（哲学社会科学版）2019 年 1 期；吕普生：《多民族国家中的少数群体权利保护：理论分歧与反思》，《民族研究》2013 年第 6 期；威尔·金里卡著，张慧卿、高景柱译：《少数群体权利的国际化》，《政治思想史》2010 年第 2 期；龚微：《欧洲债务危机与欧盟少数群体权利保护》，《世界民族》2014 年第 1 期；孙军：《威尔·金里卡少数群体集团权利思想述析》，《大连海事大学学报》2017 年第 2 期；白帆：《理性主义抑或多元文化主义？——对少数群体人权问题的审视》，《人权》2019 年第 1 期；周少青：《美国宗教少数群体抱团取暖》，《中国民族报》2017 年 3 月 7 日；夏瑛：《差异政治、少数群体权利与多元文化主义》，《马克思主义与现实》2016 年第 1 期。

[②] 例如：程春华、青觉：《当代少数人群体特殊政策：理论依据与法律来源》，《黑龙江民族丛刊》2015 年第 5 期。

[③] "CCPR General Comment no. 23: article 27 (Rights of Minorities)," adopted at the Fiftieth Session of the Human Rights Committee, on 8 April 1994 CCPR/C/21/Rev. 1/Add. 5, General Comment no. 23 (General Comments), https://www.refworld.org/docid/453883fc0.html.

[④] 在有的文本中，将"ethnic"译为"种族"，显然不够准确，因为"种族"有专门的词语"race"或"racial"，它们与"ethnic"存在显而易见的区别。《在民族或族裔、宗教和语言上属于少数群体的人的权利宣言》的中文版本参见：https://www.un.org/zh/documents/treaty/files/A-RES-47-135.shtml.

举了民族、族裔、宗教、语言等四个方面的少数群体。

因此,大致可以认为,"少数群体"可以指任何在族群、宗教、族裔、语言等方面与其他群体有差异的群体,但它不包括"残疾人""同性恋""移民"等没有明显的民族、语言、族群或宗教特殊性的群体。

在英文中,与"少数群体"相近似的词语还有"nation""race""nationality""people""indigenous peoples"等。不过,"nation"和"race"与"minority"还是存在着明显区别的。"nation"是指具有强烈政治意味的国族,是"民族国家"(nation-state)的重要结构与核心。郝时远曾指出:"民族(nation)是人类依托于民族国家而形成的现代形式。作为通俗的理解,一个民族就是一个民族国家的全体居民或全部享有该国家国籍的人的总称。因此,将'nation'理解为'国族'事实上是非常贴切的。"[1]我国学者朱伦也认为,"nation"是指国族,是对本地人民的界定,包含着对区域领土权利的承认,它主要是一种政治实体而非文化群体概念。[2]

"种族"(race)则是一种拥有共同的外在特征,例如肤色、发色的群体。一些学者认为,"种族"与继承性特征有着更加广泛联系,而"族群"(ethnicity)[3]有着更多文化特性。[4] 2005年欧洲人权法院在审理关于俄罗斯歧视车臣族问题——"Timishev v. Russia案例"中指出:"种族"意味着根据肤色或者脸部特征等形态特点将人类进行生物学分类,而"族群"概念则是指具有共同民族,部落归属,宗教信仰,共同语言,文化或传统起源、背景等的社会群体。[5]

由于"种族"曾经被用作区分不同群体智商、能力、贵贱的词语,甚至被希特

---

① 郝时远:《类族辨物:"民族"与"族群"概念之中西对话》,中国社会科学出版社2013年版,第253页。

② 朱伦:《西方的"族体"概念系统——从"族群"概念在中国的应用错位说起》,《中国社会科学》2005年第4期。

③ "ethnicity"一词在我国常常被翻译为"族性",可以简单理解为族群的特性。斯蒂夫·芬顿认为,族性是指血统与文化的社会建构、血统与文化的社会动员以及围绕它们建立起来的分类系统的逻辑内涵与含义。笔者认为,在与"race"相对应而谈时,"ethnicity"也可以直接译为"族群"。关于"族性"的相关论述,参见:斯蒂夫·芬顿著,劳焕强等译:《族性》,中央民族大学出版社2009年版,第3—4页;严庆:《族群动员:一个化族裔认同为工具的族际政治理论》,《广西民族研究》2010年第3期。

④ Jonathan Burton, Alita Nandi, Lucinda Platt, "Who are the UK's Minority Ethnic Groups? Issues of Identification and Measurement in a Longitudinal Study," Understanding Society Working Paper Series, no. 2008 - 02.

⑤ "Case of Timishev v. Russia," Applications nos. 55762/00 and 55974/00, Judgment Strasbourg, December 13, 2005.

勒作为屠杀的理由,因而有学者质疑"种族"一词的合法性。[①] 也有学者认为,"种族"一词并不是能够区分人类的有效的生物学类别。[②] 这句话在理论上确实难以辩驳,毕竟作为强调外部特征的"种族",有时并无明显的群体界限。例如美国,一个黑人和一个白人所生的混血儿,它既可以是"白人",也可能是"黑人",但根据美国"一滴血"原则,它又只能归类为"黑人",导致"种族"这个概念在现实中存在主客观错位。但是,在国际上,尤其移民国家仍然高频率使用着"种族"一词;在一些非移民国家,历史上"种族主义"至今并未祛魅。因而"种族"一词并未彻底退出历史舞台,例如联合国在 1965 年出台了《消除一切形式种族歧视国际公约》,英国 1965 年出台了《种族关系法案》(The Race Relations Act),欧盟在 2000 年出台了《种族平等指令》。

不过,在英美国家人口统计中,常常将"族群"和"种族"混在一起,这受到众多学者的批评。[③] 例如英国自 1991 年人口普查将"族群"分为五个大类十八个小类:白人(英格兰人/威尔士人/苏格兰人/北爱尔兰人/大不列颠人、爱尔兰、吉卜赛或爱尔兰旅居者、其他白人);混血(白人与加勒比海黑人混血、白人与非洲黑人混血、白人与亚裔混血、其他混血);亚裔(印度人、巴基斯坦人、孟加拉人、中国人、其他亚裔);黑人(非洲黑人、加勒比海黑人、其他黑人);其他(阿拉伯人、其他族群)。[④]

"少数群体"和作为"人民"(peoples)的群体也截然不同。[⑤] 威尔逊在"十四点和平计划"提到的"民族"自治、自决时分别使用了"people""nationalities"来指代"民族",但此后不久在议会的讲话中,他指出,"民族(people)目前应由它

---

① Ashley Montagu ed. , *the Concept of Race*, Macmillan, 1964.

② Cornell S. and Hartmann D. , *Ethnicity and Race: Making Identities in a Changing World*. Pine Forge Press, 1998, p.23.

③ David I. Kertzer, Dominique Arel eds. , "Censuses, identity formation, and the struggle for political power," *Census and Identity: The Politics of Race, Ethnicity, and Language in National Censuses*, Cambridge University Press, 2002, pp. 1 – 42; Roger Ballard, "Negotiating race and ethnicity: Exploring the implications of the 1991 census," *Patterns of Prejudice*, 1996, vol.30, no. 3, pp.3 – 33.

④ "How has ethnic diversity grown 1991 – 2001 – 2011?" report prepared by ESRC Centre on Dynamics of Ethnicity (CoDE), December, 2012, https://web. archive. org/web/20150724032955/http://www. ethnicity. ac. uk/medialibrary/briefings/dynamicsofdiversity/how-has-ethnic-diversity-grown-1991-2001-2011. pdf.

⑤ 英文中"peoples"在中文中常常翻译为"人民"或"民族"。准确地说,"peoples"是指那些被殖民、被异族压迫的民族实体。

们自己的意志支配和统治,'自决'不仅仅是一个词语,它是一个紧迫的行动原则"①。可见,他倾向于认为"people"才享有自决权。不过,列宁在谈到民族自决权时,总是将"nation"(нация)、"nationality"(национальность)和"people"(народ)当成同义词混用。② 1941 年 8 月,罗斯福和丘吉尔在共同签署的《大西洋宪章》第 3 条强调,要尊重所有人民(all peoples)自由选择政府形式的权利,希望曾经被武力剥夺自治权和主权的人民重新获得主权和自治。③ 1945 年的《联合国宪章》第 1 条指出,该组织的宗旨之一就是"发展国际间以尊重人民平等权利及自决原则(self-determination of peoples)为根据之友好关系"④。1960 年 12 月 14 日,联合国大会通过了《给予殖民地国家和人民独立宣言》(Declaration on the Minuting of Independence to Colonial Countries and Peoples),使用的也是"人民"(peoples)的措辞。既然"少数群体"和"人民"(people)群体存在差异,两者之间享有的权利自然也有差异。1994 年联合国人权委员会(the Human Rights Committee)"第 23 号一般性意见"也强调,第 27 条的"少数群体"不包含只有"人民"才能享有的民族自决的权利(第 3.1 点)。⑤

可见,"民族自决权"是只有特定时期特定的民族或人民才享有的权利,即"peoples"是有特定背景的高语境词语,它明显异于普通的少数群体或少数民族,也与"土著人"存在明显区别。

"土著人民"有时也被称为"土著人"、"原住民"(aboriginal peoples),是 20 世纪 70 年代之后被广泛使用的一个概念。2007 年 9 月 13 日,联合国大会第 61/295 号决议通过了《联合国土著人民权利宣言》(United Nations Declaration on the Rights of Indigenous Peoples)。⑥ 中文官方版本中将"indigenous peoples"翻译为"土著人民",它与普通的少数群体(minority)共同之处在于"处

---

① President Wilson's Address to Congress, "Analyzing German and Austrian Peace Utterances," February 11, 1918.

② М·Б·克留科夫著,贺国安、蔡曼华译:《重读列宁——一位民族学者关于当代民族问题的思考》,《民族译丛》1988 年第 5 期。

③ Atlantic Charter, August 14, 1941, https://avalon.law.yale.edu/wwii/atlantic.asp.

④ UN Charter, article 1, para. 2.

⑤ CCPR General Comment no. 23: Article 27 (Rights of Minorities), adopted at the Fiftieth Session of the Human Rights Committee, on 8 April 1994, CCPR/C/21/Rev.1/Add.5, General Comment no. 23 (General Comments), https://www.refworld.org/docid/453883fc0.html.

⑥ 《联合国土著人民权利宣言》的中文版本参见:https://www.un.org/zh/documents/treaty/files/A-RES-61-295.shtml.

于社会的非支配地位""具有与主体民族不同的文化、语言或宗教信仰""具有保护其独特身份的愿望"等,但也存在明显区别,同时也区别于"人民"群体。土著人民反对用"少数群体"来形容自己①,尽管它们无疑拥有所有"少数群体"的权利。

联合国土著人民权利特别报告人詹姆斯·安奈亚(James Anaya)将土著人民界定为:受侵略之前的居民的后代,当前他们居住的土地被其他人所统治。他们是具有文化差异的群体,但他们被帝国和征服力量带来的定居者所吞噬。②

可见,"土著人民"与"少数群体"是存在着较大差异的,最主要的是前者与殖民、侵略紧密联系在一起,而后者则未必。"土著人民"与"人民"(peoples)的差异主要在于前者强调特定土地上的"原生"群体,他们是土地的最早居住者,因而也被称为"原住民"。其土地后来被外来者占领,他们的社会被外来者所蚕食,但他们并未被同化或走向现代化,而是在世界已经现代化后仍然延续着前现代生活方式。在非殖民化运动基本结束之后,享有自决权的"人民"群体的问题得到了很大程度的解决。而"土著人民"问题的核心并非"自决权",主要是要确定它们的土地权、资源权,保护它们的语言、文化、身份和恢复社会活力等问题。③

如果说"少数群体"需要国家根据群体情况来判断,那么"土著人民"往往需要国际确认。在欧洲,被联合国所承认的"土著人民"主要包括:北欧和俄罗斯的萨米人,俄罗斯北部的涅涅茨人(Nenets)、萨摩耶人(Samoyed)、科米人(Komi),俄罗斯的切尔克斯人(Circassians),乌克兰的鞑靼人(Tatars),芬兰格陵兰岛的因纽特人(Inuit)等。④

"土著人民"虽然与"少数群体"不一样,但从广义上来看,也是"少数群体"的一部分,它们的诉求与少数群体有着较大的重合,世界上保护少数群体的制

① Panayote Elias Dimitras, "Recognition of Minorities in Europe: Protecting Rights and Dignity," briefing of Minority Rights Group International, April, 2004.

② S. James Anaya, *Indigenous Peoples in International Law*, 2nd ed., Oxford University press, 2004, p.3.

③ Sandrine Amiel, "Who are Europe's Indigenous Peoples and What are Their Struggles?" *Euronews*, September 8, 2019, https://www.euronews.com/2019/08/09/who-are-europe-s-indigenous-peoples-and-what-are-their-struggles-euronews-answers.

④ Sandrine Amiel, "Who are Europe's Indigenous Peoples and What are Their Struggles?" *Euronews*, September 8, 2019.

度,也大都适用于"土著人民"。2007 年联合国出台的"土著人民权利宣言"第7(2)条指出:土著人民享有作为独特民族,自由、和平、安全地生活的集体权利,不应遭受种族灭绝或任何其他暴力行为的侵害,包括强行将一个族群的儿童迁移到另一个族群。[①] 可见,联合国认为,土著人民是一种"独特民族",如果使用"少数民族"则不妥,但土著人民是享有高于普通"少数民族"权利的"独特民族"。《框架公约》咨询委员会也强调:被确定为"土著人民",并不剥夺这个群体仍然享有《框架公约》的权利。[②]

从权利享有的程度来看,少数族群、少数宗教群体、少数语言群体相似。在权利享有的领域来看,由于宗教少数群体和语言少数群体仅仅是在某个要素层面构成"少数群体",而"少数族群"则一般在多个层面具有独特性,因而享有的权利一般比"少数语言群体"和"少数宗教群体"要广泛一些。"少数族群""少数民族""土著人"在享有权利的程度和领域来看,呈现"三级阶梯"的态势,即"少数民族"享有的权利,在程度上高于"少数族群"、在领域上宽于"少数族群";而土著人享有的权利,在程度上又高于"少数民族"、在领域上宽于"少数民族"。

金里卡对少数民族做了很有意思的区分,他认为,"少数民族"是指这样的群体:在被合并进更大的国家之前,他们在自己的历史家园内已经形成了完整的和运作正常的社会。他将少数民族进一步划分为两种范畴:"亚国家民族"和"土著人"。前者是指目前没法形成以自己为多数人的国家,但他们过去曾经经历过这样的国家或者他们一直在试图建立这样的国家的民族;后者是指这样的人:传统上拥有的土地被外来定居者剥夺了,并且他们被强制性地或通过协议与外来人所建立的国家合并在了一起。[③] 可见,金里卡一方面对"少数民族"做了苛刻界定,一方面又将"土著人"视为少数民族。笔者将个别"土著人"纳入本研究的"少数群体"范畴之内,但仍然承认两者存在很大差异。

在"G and E v Norway 案例"[④]中,欧洲人权委员会认为,尽管欧洲人权法

---

① 《联合国土著人民权利宣言》,2007 年 9 月 13 日,参见:https://www.un.org/esa/socdev/unpfii/documents/DRIPS_zh.pdf.

② "Advisory Committee on the Framework Convention for the Protection of National Minorities," ACFC/INF/OP/I(2003)005, opinion on the Russian Rederation, adopted 13 September 2002.

③ 威尔·金里卡著,刘莘译:《当代政治哲学》,上海译文出版社 2011 年版,第 442—443 页。

④ "G and E v Norway," EMHR(欧洲人权委员会),application no.9278/81 & 9415/81,3 decision of 3 October 1983, https://hudoc.echr.coe.int/eng#{"display":[2],"languageisocode":["ENG"],"appno":["9278/81"],"itemid":["001-74157"]}.

院没有保证少数群体成员的特别权利,但是,萨米人可以依据《欧洲人权公约》第 8 条,要求尊重他们的生活方式。可见,作为被欧洲公认的"土著人民"——萨米人,是被欧洲人权委员会认为受到《欧洲人权公约》保护的。弗朗西斯卡·伊波利托(Francesca Ippolito)及萨拉·伊格莱西亚斯·桑切斯(Sara Iglesias Sánchez)等认为,欧洲人权委员会裁定挪威政府违反了欧洲人权公约第 8(1)条,即对萨米人的牧养驯鹿、打猎和捕鱼活动带来了不利影响。在这里,欧洲人权委员会实际上对第 8 条的"私人与家庭生活"的范围进行了拓展,即它包含了土著人的文化身份和文化传统,这就使《欧洲人权公约》第 8 条涵盖了对土著人权利的保护了。[①]

与"少数群体"非常难以区分的词语是"nationality"。"nationality"一词常常与"多民族国家"中的民族有着紧密关系。朱伦认为,《毛泽东选集》英文版把"中华民族"和"民族国家"翻译为"nation",把"少数民族"翻译为(minority nationalities),把汉族人、藏族人、维吾尔族人、苗族人等民族翻译为"nationalities",是对我国民族观念的正确理解。[②]

恩格斯在"工人阶级同波兰有什么关系?"一文中,对"nation""nationality""people"三个词语进行了比较,至今仍有启发意义。他将波兰、德国、意大利等与国家相联系的大民族称为"nation",而将许多"更小的民族"和"多民族国家"中的"民族"称为"nationalities",例如威尔士人,英格兰人及苏格兰山区的克尔特人,就属于不同的"民族"(nationality)。而"peoples"则是指"历史上的一些大民族",即该词有着显著的历史含义。[③]

笔者认为,如果说"nation"是资本主义出现之后的具有政治含义的现代"国族",那么,"peoples"则是在资本主义出现之前就存在的前现代"民族",但不论"nation"还是"peoples",都与国家、主权有着紧密关系,而"nationalities"则与独立、主权没有直接联系,而是享有一定自治地位的次一级的民族实体。

在国际制度中,"nationalities"很少出现。在欧洲民族和族群语境中,这个词语也较为少见。大致来看,这个词语仅仅适合部分国家。相比之下,"minority"

---

① Francesca Ippolito, "Sara Iglesias Sánchez," *Protecting Vulnerable Groups: The European Human Rights Framework*, Hart Publishing Ltd., 2015, pp.167-168.
② 《毛泽东选集》英文版(第 2 卷),人民出版社 1965 年版,第 306 页;朱伦:《西方的"族体"概念系统——从"族群"概念在中国的应用错位说起》,《中国社会科学》2005 年第 4 期。
③ 弗·恩格斯:《工人阶级同波兰有什么关系?》,《马克思恩格斯全集》(第 16 卷),人民出版社 2007 年版,第 170—183 页。

常常仅有文化、心理认同含义和微弱的政治含义及领土联系,而"nationalities"除了文化含义之外,也有更强的政治含义和领土联系,是应享有较高自治地位的群体。我国少数民族普遍享有较高的自治地位,因而翻译为"nationalities"相对贴切,也容易与西方对话。①

由上可见,国际条约及欧洲相关条约和文件中,多数情况使用"minority",包括少数民族、少数族群、"宗教少数群体"(religious minority)、语言少数群体(linguistic minority)等群体,有时也包括"土著人民",本研究持广义"少数群体"概念,将它们都纳入"少数群体"研究范畴,但重点是少数民族和少数族群。

尽管"少数民族""少数族群"相比"少数群体"来说,外延更小、范围更窄,但有时在指代"少数群体"时,不同的国际组织、不同地区、不同国家使用的词语有所不同。联合国文件中,使用"少数群体"(minority,minorities)为主;在有些文件中,例如《公民权利与政治权利国际公约》中,使用的是"族裔、宗教或语言少数群体"(ethnic,religious or linguistic minorities),1992年《在民族或族裔、宗教和语言上属于少数群体的人的权利宣言》中使用的是"民族或族裔、宗教和语言少数群体"(National or Ethnic,Religious and Linguistic Minorities);欧安组织则更多时候使用"少数民族";欧洲委员会的《框架公约》使用了"少数民族"一词。欧洲不同的国家,使用的词语也不一样,除了个别国家——例如波兰、斯洛文尼亚——明确将"少数民族"和"少数族群"区别对待之外,大多数国家倾向于使用其中一种称呼或者两者混用。

二、国际社会对"少数群体"的概念界定

国际上并没有关于"少数群体"的统一界定。由于"少数群体"本身的差异以及各国国情差异,使得出台一个统一适用的"少数群体"定义不大可能。欧洲各大国际组织也未统一"少数群体"或"少数民族""少数族群"的定义,甚至欧洲委员会在《欧洲少数民族保护框架公约》中也未给"少数民族"定义,主要原因是"达成可以受到欧洲委员会所有成员国支持的定义是不可能的"。② 法国、比利

---

① 我国学者潘蛟也曾指出,将"民族"翻译为"nationality"是妥当的。参见潘蛟:《"族群"及其相关概念在西方的流变》,《广西民族大学学报》2003年第5期。

② Council of Europe, "Framework Convention for the Protection of National Minorities and Explanatory Report," adopted February 1995.

时、希腊、卢森堡等甚至反对统一定义。对少数群体权利保护来说,缺乏定义多少会带来一些不利影响。[①] 由于如果没有统一定义,使不同国家拥有了界定和认定"少数群体"的核心权力。

国际上曾经很多次尝试对少数群体进行界定。1933 年,国际常设法院在处理希腊与保加利亚少数民族纷争时,对"community"进行了界定(参见前文)。

1948 年 12 月 10 日,联合国通过了《世界人权宣言》。为了使与人权有密切联系的少数群体权利问题受到关注,联合国通过了名为"少数群体之命运"的"217III C"号决议[②],决议指定联合国人权委员会下的防止歧视暨保护小组委员会全面研究少数群体保护问题。1950 年,该小组委员会对"少数群体"进行了界定:

"'少数群体'是指在人口中不占支配地位的群体,该群体具有并力图维护其与其他群体的差异,具有稳定的民族、宗教或语言传统,还必须有足够的人口以维系自身的特点。"[③]

该定义已经勾勒出后来较为公认的少数群体的基本要素,即:人口不占支配地位,具有民族、宗教或语言等特征,具备一定的人口,具有维护其群体特征的主观愿望等。

1971 年,联合国人权委员会曾经指定特别报告人凯博多蒂(Francesco Capotorti)起草一个报告,并要求给出"少数群体"定义。凯博多蒂在 1978 年完成了报告:《关于隶属于种族的、宗教的和语言的权利研究》,提出了广为人知的少数群体概念:"一个群体,它的人数在数量上少于该国的其余人口,处于国家的非支配地位,它的成员——属于该国国民——在种族、宗教或语言特征上与其余人口不同,表现出(至少隐性地)团结感,要求保护他们的文化、传统、宗教和语言。"[④]

---

① 对于缺乏少数群体定义,会不会给少数群体权利保护带来不利影响,也是有争论的。参见 Rianne M. Letschert, *the Impact of Minority Rights Mechanism*, T. M. C., Asser Press, 2005, pp. 244 – 425.

② UN. General Assembly, Fate of minorities, A/RES/217 (III)〔C〕, "Resolutions Adopted by the General Assembly During its 3rd Session," volume 1, September 21-December 12, 1948, https:// digitallibrary. un. org/record/666856/files/A_RES_217%28III%29%5BC%5D-EN. pdf.

③ UN Doc. E/CN. 4/Sub. 2/85, Bagley T. H., "General Princles and Problems in the International Protection of Minorities(R)," Imprimeries Populaires, 1950, pp. 180 – 181.

④ 凯博多蒂对"少数群体"定义的英文原文为:"A group numerically inferior to the rest of the population of a State, in a non-dominant position, whose members-being nationals of the State-possess ethnic, religious or linguistic characteristics differing from those of the rest of the population (转下页)

这个概念显然过于狭窄,首先,要求国民身份,排除了很多不具备国民身份的群体。当然,他没有排除那些已获得公民身份的移民及其后代被承认为"少数群体"的可能。其次,将很多不具有团结感,或不具有共同宗教的群体排除在外。因此,该定义将大量群体排除在外,难以为各方接受。

有鉴于此,根据 1966 年的《公民权利与政治权利国际公约》第 27 条,朱尔斯·戴斯尼斯(Jules Deschênes)在提交给联合国的"对'少数群体'一词的界定建议"报告中,提出了以下定义:"国家的一个公民群体,在该国在数量上占少数,处于非支配地位,具有与主体民族不同的族群、宗教或语言特征,互相之间有团结感,具有为生存而动员起来的集体愿望(至少是隐性的),他们的目的是获得与主体民族在法律上和事实上的平等。"[①]

该定义相对宽泛一些,省略了要求保护该群体的文化、传统和宗教等内容,而是代之以取得事实上和法律上的平等、集体生存愿望等,但仍然保留了"公民"条件,这使未获得"公民"身份的群体无法被承认为"少数群体",例如冷战结束之初,新成立的国家爱沙尼亚和拉脱维亚拒绝给予俄罗斯族以公民地位,按照该定义,这两国的俄罗斯人被排除在"少数群体"之外,即,国家可以通过剥夺公民身份来拒绝承认一个群体为"少数群体",这显然是不妥的。

1990 年,欧洲委员会"第 1134 号建议"对"少数民族"进行了界定:"'少数民族'是指在一个国家的领土上明确界定和组织的独立的或不同的群体,其成员是该国国民,他们具有某些宗教,语言,文化或其他与主体民族相异的特征。"[②]这个概念同样强调国民身份,具有宗教、语言、文化或其他方面的特征,但未强调维护民族文化和身份的主观意图。

1993 年,奥斯陆大学著名人权问题专家、联合国"防止歧视和保护少数群体小组委员会"特别报告人艾德(Asbjørn Eide)对"少数群体"进行了新的界

（接上页）and show, if only implicitly, a sense of solidarity, directed towards preserving their culture, traditions, religion or language." Francesco Capotorti, *Study on the Rights of Persons belonging to Ethnic, Religious and Linguistic Minorities*, Center of Human Rights Geneva, 1991, p.96.

① Jules Deschênes, "Proposal Concerning a Definition of the Term 'Minority'," UN Document E/CN. 4/Sub.2/1985/31(1985); Yoram Dinstein and Mala Tabory eds., *the Protection of Minorities and Human Rights*, Martinus Nijhoff Publishers, 1992, p.12.

② Council of Europe, Recommendation 1134 — "On the Rights of Minorities," adopted 1 October 1990, http://assembly.coe.int/Main.asp?link=/Documents/AdoptedText/ta90/EREC1134.htm.

定："是指居住在一个主权国家内,少于该国社会人口半数,其成员具有与其他人口不同的种族、宗教或语言的共同特征的任何群体。"[①]同年,渥太华大学人权研究与教育中心教授约翰·帕克(John Packer)也提出了一个类似的极简定义:一个为了既定目标而结合起来的一群人,他们具有与主体群体不同的共同愿望。[②] 这种界定太过宽泛,根据该界定,几乎所有的人群都可能构成"少数群体",少数群体和移民几乎没有明显区别,显然不可能为国际社会接受。

1993 年 2 月 1 日,欧洲委员会出台关于《欧洲人权公约》附加议定书的"1201 号建议",将"少数群体"界定为:"在一个国家中的一群人,他们(a)居住在该国家并由此而成为公民,(b)与那个国家保持长期的稳定、巩固和持续的联系。"[③]

该定义同样要求"公民"身份,这被 1994 年 4 月 8 日联合国委员会"第 23 号一般性意见"[④]所明确否决,"意见"第 5(1)点指出,缔约国不得将第 27 条规定的权利仅限于其公民。此外,该定义的第 2 点"与那个国家保持长期的稳定、巩固和持续的联系"是非常抽象和模糊的说法,可能导致有公民地位的妇女、儿童、残疾人、老年人、移民都成为"少数群体",这显然偏离了"少数群体"的本意。

1994 年 11 月,"中欧倡议国组织"出台的"权利保护制度"文件对"少数群体"进行了定义,认为应该符合下面三个条件:[⑤]

(1) 与该国其他人口相比在人数上属于少数地位的少数群体;

(2) 具备民族、宗教和语言方面的特征;

(3) 具有保护该群体文化、传统、宗教和语言的愿望。

值得注意的是,该定义中未包含"公民身份"条件,这似乎是一个好的转向,

---

① 参见: Asbjørn Eide, *Study on Possible Ways and Means of Facilitating the Peaceful and Constructive Solution of Problems Involving Minorities*, E/CN. 4/Sub. 2/1993/34, 10, August 1993, p.30.

② J. Packer and K. Myntti eds., "On the Definition of Minorities," In *The Protection of Ethnic and Linguistic Minorities in Europe*, Åbo Akademi, 1993, pp.23 – 65.

③ Recommendation 1201(1993), "On an Additional Protocol on the Rights of National Minorities to the European Convention on Human Rights," http://assembly.coe.int/Documents/AdoptedText/ta93/EREC1201.HTM.

④ CCPR General Comment no.23: article 27 (Rights of Minorities), adopted at the Fiftieth Session of the Human Rights Committee, on 8 April 1994 CCPR/C/21/Rev.1/Add.5, General Comment No. 23 (General Comments), https://www.refworld.org/docid/453883fc0.html.

⑤ Snežana Trifunovska ed., *Minority Rights in Europe: European Minorities and Languages*, T.M. C., Asser Press, 2000, pp.333 – 338.

此后,"公民身份"要求明显淡化。

2000 年,荷兰鹿特丹大学学者克里斯汀(Kristin Henrard)在综合各方概念的基础上,提出了新的定义:少数群体是指在族群、宗教、语言等特征上有别于其他人的一个群体,它在社会上处于非支配地位,人口数量占少数,并具有维持其特殊身份的愿望。[①] 这个定义也未要求"公民身份"。虽然这在理论上是一种进步,但在实践中,难以为欧洲国家所接受。

《框架公约》也未给"少数民族"定义,而是将其留给成员国解决。因此,奥地利、丹麦、爱沙尼亚、德国、波兰、斯洛文尼亚、瑞典、瑞士、荷兰、马其顿等国在批准该条约时,都对"少数民族"做了界定或声明,实质是"抬高"了"少数民族"标准。

国际上对于"少数群体"的定义的争议点主要集中在以下几个方面:(1)是否需要统一"少数群体"的定义。在欧洲,对于是否需要有一个统一的"少数群体"定义,存在着不同意见,欧洲国家多数持消极态度,法国、比利时、希腊、卢森堡等国更是坚决的反对者。在学术界,也有部分学者持消极态度,例如桑伯里(Patrick Thronberry)认为,是否有统一的定义,并不影响人们对该词的理解。[②] 不过,多数学者认为,没有统一参考定义,不仅可能导致各种不合理的权利诉求并造成社会关系的紧张与冲突,也难以衡量国家对少数群体的保护状况。[③] (2)对"少数群体"作宽泛理解还是狭隘理解?如果进行宽泛理解,将使"少数群体"的内涵减少而外延增加,标准过低;如果作狭隘理解,将使"少数民族"的内涵增加而外延减小,导致标准过高。(3)强调"少数群体"的集体权利保护还是"个体人权"的保护。有的国家侧重少数群体的集体权利保护,例如匈牙利、芬兰、波兰;有的国家不愿意过多地关注谁是"少数群体",对"少数群体"的定义及其独特性也不感兴趣,而是强调"少数群体"与其他群体共同的"公民"权利及义务,例如法国、希腊、意大利、罗马尼亚,而法国尤为典型。

另一个需要稍加注意的问题是,"少数民族"(或少数族群)和"民族"(或族群)是否存在着本质的差异呢?从现有文献来看,笔者未发现有文献对两

---

① Kristin Henrard, *Devising an Adequate System of Minority Protection: Individual Human Rights, Minority Rights and the Right to Self-Determination*, Kluwer, 2000, p.48.

② Patrick Thronberry, *International law and the Rights of Minorities*, Clarendon Press, 1991, p. 164.

③ John Packer ed., "On the content of minority rights," *Do we need minority rights? Conceptual Issues*, Martinus Nijhoff Publishers, 1996, p.121.

者进行本质上的区分,可以认为,"少数民族"是"民族"的一部分。除了"少数民族"是指人口处于少数和非支配地位的民族之外,两者的特征、形成过程和兴衰规律并不存在本质差异。因此,对于"少数民族"或"少数族群"的理解,可以在很大程度上借鉴各方面"民族"或"族群"的理解。对于"民族"和"族群"的起源或形成的理解,在很大程度上决定了国家如何对"少数民族""少数族群"进行界定和认定。

在民族起源和形成方面,以"建构论"和"原生论"为两大主要理论分野。[①] 尽管有学者认为,集体的文化身份是自然形成的,它由集体所有成员共同拥有的一些客观的核心特点所构成[②],但大多数学者却认为,集体文化身份不是自然形成的,它主要是一种社会现象,是在历史和政治过程中构建而成的。[③] 而且,群体文化身份的社会构建过程会永不停息。[④] 著名的"建构论"者马克斯·韦伯认为,"族群"(ethnic groups)是这样的人类群体,由于身体类型或习俗或两者的相似性,或由于对殖民和迁徙的记忆,而主观相信他们的共同血统,而实际上是否存在客观血缘关系并不重要。[⑤] 可见,马克斯·韦伯强调的主要是一种主观信念,即主观上认为他所在的群体具有某种客观共性,他的理解具有强烈的抽象性,即把族群抽象成一种心理信念,但其短处也很明显,它使这个概念变得具有强烈的并难以捕捉的心理学意味和神秘色彩。本尼迪克特·安德森(Benedict Anderson)则将这种主观心理感受和神秘色彩发挥到了极致,认为对祖先的感知和想象是民族(nation)形成的关键因素,因而民族是

---

① 关于西方族群理论的"原生论"和"建构论",参见杨四代、关凯:《当代中国民族问题的知识坐标:基于对西方族群理论的反思》,《西北民族研究》2020 年第 2 期。

② C. Calhoun ed., "Social Theory and the Politics of Identity," *Social Theory and the Politics of Identity*, Blackwell, 1994, pp. 9 - 36.

③ K. A. Cerulo, "Identity Construction: New Issues, New Directions," Ann. Rev. SOCIOL., nr. 23,1997, pp. 385 - 409, esp. 387 - 391; C. Calhoun, op. cit., note 7; S. Hall, D. Held and T. McGrew eds., The Question of Cultural Identity, in *Modernity and Its Futures: Understanding Modern Societies*, Polity Press, 1992, pp. 273 - 316; A. J. Norval, "Thinking Identities: Against a Theory of Ethnicity," in E. N. Wilmsen and P. McAllister eds., *Premises in a World of Power*, University of Chicago Press, 1996, pp. 59 - 70.

④ S. Hall, "Cultural Identity and Diaspora," in J. Rutherford ed., *Identity-Community, Culture, Difference*, Lawrence and Wishart, 1990, pp. 222 - 237, p. 222.

⑤ Max Weber(1922), *Economy and Society*, in G. Roth and C. Wittich eds., University of California Press, 1978, p. 389. 关于韦伯"种族、少数群体"的理解,也可以参见:John Stone, Race, ethnicity, and the Weberian legacy, *American Behavioral Scientist*, vol. 38, no. 3, January 1995, pp. 391 - 406.

一种"想象的共同体"。①

另一位著名的美国政治科学学者理查德·舍默尔霍恩（Richard
Schermerhorn）则认为，族群是在一个大社会中的一个群体，他们具有真实或假
定共同的集体祖先、对共同历史的回忆，以及对一种象征性元素的文化关注，这
些象征性元素被定义为族群的缩影。此类象征性元素包括：亲属关系、体质传
承、宗教归属、语言或方言形式、部落派别、国籍、表型特征或这些元素的任意组
合。② 可见，理查德·舍默尔霍恩对族群的理解是一种更强调族群自然成长与
客观存在的"原生论"，它的不足主要在于，它把民族（nation）视为一种仅仅是
客观实在的社会文化共同体，"从而使'民族'与'族群''种族'等概念的内涵变
得模糊不清，使民族等同于先于作为现代性现象的"民族"而存在的社会共同
体，而忽略了民族区别于其他社会文化共同体的最本质的核心要素——源于现
代性的政治性"③。持"原生论"观点的国家，对于少数群体的理解，也会更强调
客观因素。

也有学者持融合论的观点，一方面强调原生的因素，一方面强调文化、心理
方面的特征。例如 1977 年英国著名历史学家和政治科学家塞顿-沃特森
（Hugh Seton-Watson）提出关于"民族"的标准是：客观标准方面，民族应有共
同的历史、文化、习惯和语言；主观标准方面，民族应有自我意识和具有主导性
声音。④ 再如奥托·鲍威尔（Otto Bauer）认为：民族不是从命运同一性产生的，
而是从命运共同性产生的性格共同体。语言对民族的重要意义也就在此，我同
我与之交往极为密切的人们创造一种共同的语言；而我同我与之有着共同语言
的人们交往极为密切。⑤ 这里强调了早期语言、共同命运等客观因素与共同性
格这个主观因素导致了民族的产生。

相比主体民族，少数民族、少数族群是具有更强的"客观性"，还是具有更强
的"主观性"呢？少数群体是否具有更强的"想象的共同体"性质？学术界对这

① Benedict Anderson, *Imagined Communities: Reflections on the Origins and Spread of Nationalism*, Verso, 1991.
② Richard *Schermerhorn, Comparative Ethnic Relations: A Framework for Theory and Research*, Random House, 1974, p.12.
③ 杨四代、关凯：《当代中国民族问题的知识坐标：基于对西方族群理论的反思》，《西北民族研究》2020年第2期。
④ Seton-Watson H., *Nations and States*, Westview Press, 1977.
⑤ 奥托·鲍威尔著，殷叙彝编：《鲍威尔文选》，人民出版社 2008 年版，第12页。

些问题并未进行十分深入研究。从欧洲少数群体的界定和认定来看,笔者认为,欧洲国家对少数群体比主体民族具有更高的要求,除了需要更强的客观要素,也要有十分强的主观意愿。从这个意义上看,"少数民族"有不同于主体民族的要素,尤其在涉及"承认"问题之时。

三、"少数群体"的标准与构成要素解读

由上可见,尽管欧洲不同国家、不同学者对"少数群体"的界定是多种多样的,但仍然存在着一些较为公认的标准和要素。2018 年 10 月 24 日,欧洲议会公民自由、法治与内务委员会(Committee on Civil Liberties, Justice and Home Affairs)向欧洲议会提交了"关于欧盟内部少数群体最低标准报告"[①],"报告"对"少数群体"的"最低"标准,即需要满足的最低条件或要素进行了阐释。

"报告"第 1 条指出,欧盟成员国具有保证其"少数群体"充分享有人权——不论是个体人权还是作为一个群体的人权——的责任;以下几个方面是判断一个群体是否属于"少数群体"的标准:

(1)居住在某国领土上并且是该国公民;

(2)与该国保持长期、牢固和持久的联系;

(3)展现出鲜明的族群、文化、宗教或语言特征;

(4)具有足够的代表性,尽管数量少于该国其余人口或在某个地区少于其余人口;

(5)它们因为关注共同的身份,包括文化、传统、宗教或语言而动员起来。

可见,欧洲议会公民自由、法治与内务委员会提到的上述五项条件与国际上对"少数群体"的定义中的条件基本类似,但欧洲这个"最低标准"实际上要高于上述大多数"少数群体"概念中的标准。其中,第 2、4 条有着较大的主观性和模糊性,因为"长期、牢固和持久的联系""具有足够的代表性"含义不明,而少数群体的最低人口基数也难以准确给定。

此外,欧洲对于"少数群体"或"族群"的认知,并不强调鲍威尔主张的"命运共同性",也非艾伯纳·科恩(Abner Cohen)所强调的"族群是政治经济的利益

---

① "Report on Minimum Standards for Minorities in the EU (2018/2036 (INI))," https://www.europarl.europa.eu/doceo/document/A-8-2018-0353_EN.html.

集团"①,而是强调它的客观基础,即"原生性",这与欧洲对个体族群身份的建构性——即"自我认同"原则——形成了内在矛盾。

(一)"公民"身份

公民身份是欧洲少数群体定义中最有争议的一个因素。早期,联合国特别报告人凯博多蒂要求"少数群体"需要有"国民身份"。② 但 20 世纪 90 年代之后联合国的定义中,基本未要求公民身份。联合国人权委员会对《公民权利与政治权利国际公约》的"第 23 号一般性意见"第 5.1 条指出:第 27 条旨在保护具有共同文化、宗教和/或语言的群体;这也意味着它所保护的个人不必需要获得缔约国的公民身份。③ 大多数学者认为,"公民身份"标准太过严苛,应该排除。④ 因为国家可以单方面给予或剥夺某些个人的公民身份,如果对少数群体强加公民条件,可能导致国家通过剥夺公民身份而排斥或拒绝承认少数群体。⑤

有时,公民身份成为国家拒绝承认一些群体为少数群体的原因,有时,少数群体本身成为国家剥夺公民身份的潜在原因。根据 2017 年联合国难民署发布的"2017 年全球趋势报告",目前全球约有 1000 万无国籍的人,它们或多或少都和少数群体身份有关。⑥ 在爱沙尼亚,截至 2020 年 7 月 1 日,还有 69993 人未能获得国籍,占全国总人口的 6%,其中大多数为俄语群体。⑦ 而根据 2021

① 艾伯纳·科恩认为,族群是政治经济的利益集团而非血缘集团,家庭、宗族、仪式等文化要素不过是用来维持这个利益集团边界的符号工具,即"利益"重于"血缘","血缘"为"利益"服务。参见:Abner Cohen, "Variables in Ethnicity," in Charles F. Keyes eds., *Ethnic Change*, University of Washington Press, 1981, pp.307—331.
② 国民身份和公民身份严格来说存在一些差别,"国民身份"指向外部,暗含"本国人"和"他国人"的差异;而"公民身份"指向内部,暗含内部群体中具有国籍的人和不具有国籍的人的差异,即"公民"与"非公民"的差别。本研究不严格区别两个概念。
③ CCPR General Comment no.23: article 27 (Rights of Minorities), adopted at the Fiftieth Session of the Human Rights Committee, on 8 April 1994 CCPR/C/21/Rev. 1/Add. 5, https://www.refworld.org/docid/453883fc0.html.
④ Kristin Henrard, *Devising an Adequate System of Minority Protection*, Kluwer Law International, 2000, p.48.
⑤ 该观点可参见:EU Network of Independent Experts on Fundamental Rights, Thematic Comment no 3 on "The Protection of Minorities in the EU", April 25, 2005, p.10.
⑥ Global Trends 2017 report, UNHCR, https://www.unhcr.org/5b27be547.pdf.
⑦ J. Stacevicius, "Estonia's Mainly Russian Stateless Population Continues to Decline," LRT English Newsletter, July 13, 2020, https://www.lrt.lt/en/news-in-english/19/1196438/estonia-s-mainly-russian-stateless-population-continues-to-decline.

年 1 月的数据,在拉脱维亚,无国籍的人更是达到 209007 人,约占总人口的10.1%,其中大多数是俄罗斯族人。①

尽管国际制度以及学术界主流观点均认为"少数群体"不应包含"公民"身份条件,但在欧洲政治实践中,几乎一致支持作为少数群体需要"公民"身份条件。那些对"少数群体"进行了界定的欧洲国家,也大都包含了"公民"身份条件。支持者的主要观点是,如果不将"公民"身份作为"少数民族"的一个条件,那么临时的外来工和旅游者,都可能成为"少数民族"并享有"少数民族"权利。② 但反对者认为,一个国家的人权保护不因是否为公民而有明显差异,因此在少数民族方面,也不应人为区分公民与非公民。③ 2018 年,欧洲议会将"公民"条件列为"少数群体"的最低条件之一,表明至少在欧盟范围内,在这个问题上达成了共识。这对于众多领土较小,人口流动十分频繁,而且是移民、难民重要目的国的欧洲国家来说,具有一定的必然性,或者说,在某种程度上也是无奈之举。

(二)与该国保持长期、牢固和持久的联系

"与该国保持长期、牢固和持久的联系"是一个较为抽象,并且主观色彩较浓的一个条件,因为很难确定什么样的联系是"长期、牢固、持久"的联系。上文提到的"少数群体"定义,基本上不包含这个条件。因此,这个条件也是欧洲议会添加的条件。实际上,这个条件可以大致简化为"居住时长"。联合国人权委员会针对《公民权利与政治权利国际公约》第 27 条的第 23 号"一般性意见"第5.2 条专门指出,《公民权利与政治权利国际公约》第 27 条提到的"存在"少数群体的国家,这个"存在"与居住的持久程度并无关系,只要"存在"着的少数群体,就能享受相关权利……和这个群体是否具有国民或公民身份一样,他们也不必然需要是该国的永久居民。④ 尽管如此,艾德(Asbjørn Eide)在提交给联合国人权促进和保护委员会(United Nations Sub-Commission on the Promotion and Protection of Human Rights)的报告认为,在某国境内居住了

① "Population of Latvia by Ethnicity and Nationality," Office of Citizenship and Migration Affairs, https://www.pmlp.gov.lv/sites/pmlp/files/media_file/isvn_latvija_pec_ttb_vpd.pdf.

② Patrick Thornberry, "The UN Declaration on the Rights of Persons Belonging to National or Ethnic, Religious and Linguistic Minorities: Background, Analysis, Observations and an Update," in Alan Phillips and Allan Rosas eds., *Universal Minority rights*, Abo Akademi and Minority Rights Group, 1995, p.32.

③ Manfred Nowak, "U.N. Covenant on Civil and Political Rights: CCPR Commentary," N.P. Engel, 1993, p.488.

④ CCPR General Comment no.23: article 27 (Rights of Minorities).

很长时间的群体,比起那些近期到来的群体来说,应享有更高一些的权利······
而处理这个问题的"最佳方式"是,如联合国"在民族或种族、宗教和语言上属于
少数群体的人的权利宣言"所强调,"老"少数群体具有比"新"少数群体更强的
权利,而不是绝对地将"新"少数群体与"老"少数群体分开,使前者被排除在外
而后者被包含在内。[1]

　　大多数欧洲国家或多或少规定了作为"少数群体"或"少数民族"的居住时
长。1993 年匈牙利《少数民族与族群权利法》规定,必须在匈牙利生活了 100
年以上的群体,才可能成为匈牙利的少数民族或少数族群。[2] 2005 年 1 月,波
兰出台《少数族群、民族与地区语言法案》也同样将"在波兰居住 100 年以上"作
为"少数民族"和"少数族群"的基本条件之一。[3] 其他大多数欧洲国家的普遍
做法是,将"第二次世界大战"作为分水岭,即该群体的祖辈必须在二战之前就
居住于该国,如果二战之后来到各国,则被划分为"移民",即所谓"新少数群体"
(new minorities),不享有少数群体权利。波罗的海三国——爱沙尼亚、拉脱维
亚、立陶宛则情况特殊,由于 1940 年 6 月,苏联相继占领并兼并了波罗的海三
国,1990—1991 年三国脱离苏联独立之后,均不承认 1940 年 6 月苏联占领之
后到来的移民及其后代为公民地位,自然也使这些群体——主要是俄罗斯
族——无法享有少数群体地位。

　　欧洲之所以对"少数群体"规定较为严苛的"居住时长"这个标准,是由于欧
洲的特殊历史和民族情况而造成的。由于欧洲国家之间相互移民的情况十分
频繁,而且来源广泛、人数众多,如果不规定居住时间,则不少欧洲国家,尤其是
一些小国,可能随时面临"少数群体"成为主体民族的局面。但规定"居住时间"
导致不少居住时间较短的群体无法成为"少数群体",即使它已符合"少数群体"
的其他所有条件。

---

① United Nations Sub-Commission on the Promotion and Protection of Human Rights, "Commentary of the Working Group on Minorities to the United Nations Declaration On The Rights of Persons Belonging to National or Ethnic, Religious and Linguistic Minorities," April 4, 2005, E/CN.4/Sub. 2/AC.5/2005/2, http://www.ohchr.org/Documents/Events/Minority2012/G0513385_en.pdf.

② "Act LXXVII of 1993 on the Rights of National and Ethnic Minorities," http://www.szmm.gov. hu/download.php?ctag=download&docID=14123.

③ "Act of 6 January 2005 on National and Ethnic Minorities and on the Regional Languages (Ustawa o mniejszościach narodowych i etnicznych oraz o języku regionalnym)," http://ksng.gugik.gov.pl/ english/files/act_on_national_minorities.pdf.

(三) 族群、文化、宗教或语言因素

"族群、文化、宗教或语言"方面具有共同的特征,是少数群体最核心的特征,是少数群体区别于其他群体——例如性少数群体、移民群体、残疾人群体——的核心特征。几乎所有关于少数群体的界定,都包含这个要素,虽然措辞稍有不同。

国际常设法院在处理希腊与保加利亚少数民族纷争时,强调的是"在肤色、宗教、语言和传统方面有自身特征"。1950 年,联合国防止歧视暨保护少数群体小组委员会对"少数群体"进行界定时,强调的是"具有稳定的民族、宗教或语言传统"。凯博多蒂 1978 年对"少数群体"界定时,强调的是"在种族、宗教或语言特征上与其余人口不同"。联合国大会在 1992 年"在民族或族裔、宗教和语言上属于少数群体的人的权利宣言"第 2(1)款指出:在民族或族裔、宗教和语言上属于少数群体的人有权私下和公开、自由而不受干扰或任何形式歧视地享受其文化、信奉其宗教并举行其仪式以及使用其语言。这里强调的是"民族,族裔,宗教,语言",至少需要在某一个方面具有区别于其他群体的独特特征。波兰 2005 年的"少数民族、少数族群与地区语言法案"①强调的是"语言、文化或传统方面与其他公民有很大区别"。德国联邦政府强调"少数民族"应具有"语言、文化、历史以及独特的身份"。② 荷兰要求"少数民族""在语言、文化和历史方面有异于主体人口"。③

但是,这些看似客观的特征事实上由于涉及隐私问题、操作困难等原因而演变成具有十分浓厚主观色彩的特征,即使在相对客观的宗教、语言方面,也存在着一些主观或者人为判断因素。例如波兰的西里西亚语,它到底是一种符合《欧洲区域或少数语言宪章》的区域或少数民族语言,还是波兰语的一种土话,目前尚无定论。西里西亚人认为它们在历史、语言、文化等客观方面具备了少数民族的标准,但波兰政府认为它仅仅是"波兰语方言"而非单独的地区语言,

---

① ACT of 6 January 2005 on National and Ethnic Minorities and on the Regional Languages.

② 德国联邦内务部报告:"Nationalminorities, Minority and Regional Languages in Germany," 2015, https://www. bmi. bund. de/SharedDocs/downloads/EN/publikationen/2016/national-minorities-minority-and-regional-languages-in-germany. pdf?_blob=publicationFile.

③ "Council of Europe: Secretariat of the Framework Convention for the Protection of National Minorities," report submitted by the Netherlands Pursuant to article 25, paragraph 1 of the Framework Convention for the Protection of National Minorities, July 16, 2008, ACFC/SR(2008) 001, http://www.coe.int/t/dghl/monitoring/minorities/3_fcnmdocs/PDF_1st_SR_TheNetherlands_en. pdf.

波兰的主流语言学界也持这一观点。①

在少数族群、少数文化身份的判断方面,由于"文化""族群"这两个词语的判断标准并不像肤色、发色、体貌这样容易分得清楚,因而在区分族群和文化是否具有"差异性"时,包含一定的主观判断。

(四) 人口因素

上述所有关于"少数群体"的定义,都强调人口数量相对较少作为条件之一。但这里有几个争议之处,需要不断进行探索和明确。一是"人口数量少"一般是相对"其余人口"(the rest of the population)而言,但"其余人口"常常是由多个民族组成的,这就有可能出现每个民族的人口都少于"其余人口"的特殊情况。例如波黑,穆斯林人口占 43.7%,塞尔维亚人占 31.5%,克罗地亚人占17.3%,剩下的是南斯拉夫人、弗拉赫人,斯拉夫马其顿人和罗姆人②,按照上述"少数民族"定义,波黑所有民族都是少数民族。但如果一个国家所有民族都是少数民族的话,不仅违反常理,也违反界定"少数民族"并对其进行保护的本意。因而"其余人口"是不够准确的措辞。

二是所有定义和标准均未能确定"少数群体"的人口下限,因为一两个人是无法构成"少数民族"及享有少数民族权利的。③ 这就需要为"少数群体"设立一个人口下限,然而这在现实中又不大可行,因为"少数群体"本身属于模糊集概念而非清晰集概念。1953 年联合国防止歧视与少数民族保护小组委员会指出,作为"少数群体",必须具有保持其传统特征的"足够人口"(sufficient number)。④《欧洲少数民族保护框架公约》第 10(2)、11(3)、14(2)使用了"相当数量"的人口(substantial numbers),以使他们能够保护群体身份和族群特点而不被主体民族所淹没。瑞典政府曾经设定过 100 人的下限,而波兰的个别少数族群也不过只有几十个人而已。这个数量标准显然很难为欧洲其他国家所接受。

---

① Nijakowski, L. M. O ed., "procesach narodowotwórczych na Śląsku"(西里西亚的民族身份构建过程),*Nadciągają Ślązacy*(«西里西亚人即将来临»),Wydawnictwo Naukowe Scholar, 2004, pp.132 - 156.

② 戴维·莱文森编,葛公尚、于红译,《世界各国的族群》,中央民族大学出版社 2009 年版,第 23 页。

③ Manfred Nowak, "U. N. Covenant on Civil and Political Rights: CCPR Commentary(M)," N. P. Engel, 1993, p.488.

④ UN Doc. E/CN.4/703,1953, para.200, in Javaid Rehman, *International Human Rights Law: A Practical Approach*, Pearson Education Ltd., 2003, p.300.

第三个需要明确的是,数量上"占少数",是指全国范围内"占少数"还是在某个地区"占少数"？欧洲学者克里斯汀·拉马加(Philip Vuciri Ramaga)等倾向于应同时考虑到国家和国家内部的地区存在"少数群体"的两种情况。[①] 上文提到的"1201 号建议"也提到包括国家层面的少数群体和地区层面的少数群体。但欧洲国家大多数仅从国家层面去界定少数群体,仅有马其顿、斯洛伐克、匈牙利等部分国家从国家和地区两个层面对少数群体进行界定和考虑。例如在马其顿,只有在某个地区阿尔巴尼亚人口达到 20％以上的情况下,才可以在政府机关及相关国家单位中使用阿尔巴尼亚语、发展阿尔巴尼亚民族高等教育。在斯洛伐克,2009 年 6 月 30 日国民议会通过的"国家语言法"修正案规定,在正式场合谈到地名时必须使用斯洛伐克语,在某少数民族人口超过 20％的居民区,公共服务人员,尤其是医疗机构的工作人员才可以使用某种少数民族语言,也就是说可以享受某些少数民族集体权利。但这种人为地机械地划定一个固定的比例,而不是综合考虑历史、文化、政治和少数民族的意愿的做法,很容易使"承认"变成伤害,即因"承认"一个而"伤害"其余。

(五) 保护群体独特性的主观意愿

作为"少数群体"还需要有意识到群体的独特性并具有保护群体独特性的主观意愿。问题在于,如何确定某个群体具有这个主观愿望,是否必须明确表达出该意愿？凯博多蒂认为,某个群体不是必须从语言上表达这种意愿,而只需要在一段时期内一直保持着其群体独特性,就可以被视为表达了意愿。[②] 不过,曾任欧安组织首任"少数民族高级委员"的马克斯·范德尔斯图尔(Max van der Stoel)对此看法稍有不同,他说:"尽管我可能没有关于什么是少数群体的定义,但当我看到少数群体时,我敢说我能判断它是否为少数群体。首先,少数群体在语言、族裔或文化特征方面有异于主体群体;第二,少数群体通常不仅寻求保持其身份,而且试图更有力地表达这种身份。"[③]显然,马克斯·范德尔斯图尔比凯博多蒂更加看重少数群体维护身份意愿的表达,只有少数群体的主观意图客观地表达出来了,才能被外人所感知和识别。

---

① Philip Vuciri Ramaga, Relativity of the Minority Concept, *Human Rights Quarterly*, vol. 14, no. 1, 1992, pp. 104 – 119.

② Francesco Capotorti, *Study on the rights of persons belong to ethnic, religious and linguistic minorities*, United Nations Pubns, December, 1991, p. 96.

③ Max van der Stoel, "CSCE Human Dimension Seminar on 'Case Studies on National Minority Issues: Positive Results'," Warsaw, May 24, 1993, http://www.osce.org/hcnm/38038.

此外,也有一些定义提到了少数群体的"非支配地位",由于"非支配地位"往往是人口相对较少导致的,因此它和人口少有密切的内在联系。但是,在强调人口相对较少的同时,又强调"非支配地位",表明两者仍存在明显区别,"非支配地位"不仅强调"少数群体"在数量上的特征,也强调在社会、经济、文化方面处于弱势,尤其是与政治权力疏远。[1] "非支配地位"是"少数群体"与"弱势群体"的共同特点。当然,这种"非支配地位",不应该理解为暗含着次等的或者被压迫的地位。[2]

联合国人权委员会第 23 号"一般性意见"[3]第 5.2 点强调,一个国家是否存在着族群、宗教或语言少数群体,并不依赖于国家的决定,而是取决于客观标准。但问题在于,由于每个国家的国情不同,每个少数群体的特点也不同,不论是联合国,还是欧洲委员会,都无法制定可以供各国接受、操作的"客观标准",仍然需要各国去认定。而每个国家在认定中,都有各自偏重的因素。

第二节　欧洲国家对"少数群体"的界定及认定

对于"民族""族群""少数民族""少数族群"等概念,确实很难从国际层面或者地区层面去界定。事实上,有些人称之为"族裔"或"族群"的东西,另一些人则可能会认为是"国籍"或"外国血统"。在西欧,"族群"和"民族"有着明显差异,"少数族群"更多是指那些自愿脱离民族母体而来到欧洲的族裔群体,它与"来源地""移民"或多或少存在联系。而在中东欧国家,"(少数)民族"和"(少数)族群"差异相对较小。联合国 1998 年发表的《人口普查原则和建议》认为,"族群"(ethnic groups)应在国家的背景下去界定,而且国际上也不可能去穷尽识别"族群"的具体特征。[4] 作为国家,具有最合适的地理范围和最大权威对本

---

① Philip Vuciri Ramaga, "Relativity of the Minority Concept," *Human Rights Quarterly*, vol. 14, no. 1, 1992, p. 113.

② K. Henrard, *Devising an Adequate System of Minority Protection: Individual Human Rights, Minority Rights and the Right to Self-Determination*, Kluwer Law International, 2000, p. 36.

③ CCPR General Comment no. 23: article 27.

④ The Principles and Recommendations for censuses, published by the UN in 1998, 转引自: Patrick Simon, "'Ethnic' Statistics and Data Protection in the Council of Europe Countries," ECRI report 2007, https://ec. europa. eu/migrant-integration/?action= media. download&uuid = 29B1BAB0-07A3-821C-40CAAE81482D3D28.

国的"(少数)民族"或"(少数)族群"进行界定或认定。

大约有一半的欧洲国家对"少数民族"或"少数族群"进行了界定或简要说明。[1] 但是,对"少数民族"或"少数族群"进行界定并不必然意味着根据这种界定去直接认定哪些群体属于"少数民族"或"少数群体",有时,概念界定仅仅作为事实承认某些少数群体的参考。

欧洲各国对"少数民族"或"少数族群"的界定或说明与欧洲议会公民自由、法治与内务委员会的"关于欧盟内部少数群体最低标准报告"提出的标准基本相吻合,但有的国家提出了更为苛刻的标准。

与"少数民族"界定紧密相关的另一个问题是,国家是否需要去正式"认定"哪些群体属于"少数群体"? 对此,不同方面虽提出了不同意见,但核心是否定国家有权垄断该项权力。

早在1935年,国际联盟常设法院在"阿尔巴尼亚少数群体学校"案例中表示,少数群体的存在是一个"历史事实问题",而非一个"法律问题"。[2] 也就是说,国家没有权力去决定在它的境内是否存在着某个少数群体,而是应由"历史事实"决定,这个原则后来被联合国所继承。

1994年,联合国人权委员会(Human Rights Committee)对《公民权利与政治权利国际公约》第27条[3]的第23号"一般性意见"[4]明确指出:

第二十七条赋予"存在"于缔约国的少数民族以权利。鉴于该条所设想的权利的性质和范围,这些权利与"存在"一词所指的持久性程度无关。这些权利仅仅是,不应被剥夺属于这些少数群体的个人在与其群体成员共同享受群体文化、信奉其宗教和使用其语言的权利。正如他们不需要成为国民或公民一样,

---

① 欧洲国家很少对"少数群体"(minority)进行界定,主要界定"少数民族""少数族群",有的国家还对"少数语言""少数宗教"进行了界定或认定,本部分主要涉及对"少数民族""少数族群"的界定或认定情况。

② Minority Schools in Albania, Advisory Opinion, PCIJ (April 6, 1935), in Hudson, Manley O. edited, *World Court Reports: A Collection of the Judgment Orders and Opinions of the Permanent Court of International Justice*, 1932–1935, pp. 484–512.

③ 《公民权利和政治权利国际公约》第27条规定:凡有种族、宗教或语言少数团体之国家,属于此类少数团体之人,与团体中其他分子共同享受其固有文化、信奉躬行其固有宗教或使用其固有语言之权利,不得剥夺之。该公约中文版参见:https://www.un.org/zh/documents/treaty/files/A-RES-2200-XXI-2.shtml.

④ CCPR General Comment no. 23: article 27 (Rights of Minorities), adopted at the Fiftieth Session of the Human Rights Committee, on 8 April 1994 CCPR/C/21/Rev.1/Add.5, General Comment no. 23, https://www.refworld.org/docid/453883fc0.html.

他们也不需要成为永久居民……一个国家是否存在着族群、宗教或语言少数群体不取决于该国的决定,但需要符合一些客观标准。

1998年,联合国消除种族歧视委员会的第24号"一般性建议"指出:一些缔约国承认在其领土上的一些群体为少数民族、族群或土著人,但又拒绝承认其他的一些群体为少数民族、族群或土著人。国家应将一些标准平等地运用于所有群体,尤其是在人口数量,在种族、肤色、血统、民族或族群出身方面有异于主体民族的群体。[1]

在欧洲层面,早在1993年,欧安组织首任少数民族事务高级专员马克斯·范德斯图尔曾强调,少数群体的存在是一个"事实问题"而非"定义问题"。[2] 1998年,欧洲人权法院在"Sidiropoulos and Others v. Greece 案例"[3]中也强调,某个少数群体是否存在属于"一个历史事实问题",作为一个民主国家,必须根据国际法原则,宽容、保护、支持满足"历史事实"标准的群体成为一个被官方认可的少数群体。

1999年8月,欧洲少数群体问题中心(European Centre for Minority Issues)在关于执行《少数民族保护框架公约》的建议报告中,提出了一个设问:"是否需要一个有权得到保护的少数群体名单?"对此,"建议"指出,政府没有必要对少数群体的存在及权利进行"承认"(recognition),也不应在签署《框架公约》时作保留声明,因为少数群体的存在是一个事实问题。列举出有权获得保护的少数群体名单将带来的问题是——经常需要重新考量这份名单的内容。[4]

2001年,威尼斯委员会对克罗地亚宪法序言中列举少数民族的做法提出了以下意见:列举少数群体名单的做法……与欧洲委员会及欧安组织少数民族事务高级委员的主张相反。因为那么做容易引发少数群体权利保护的法律问

---

① Committee on the Elimination of Racial Discrimination, General Recommendation 24, "Information on the Demographic Composition of the Population," U. N. Doc. A/54/18, annex V at 103, 1999, http://hrlibrary. umn. edu/gencomm/genrexxiv. htm.

② Max van der Stoel, CSCE Human Dimension Seminar on "Case Studies on National Minority Issues: Positive Results", Warsaw, May 24, 1993, http://www.osce.org/hcnm/38038.

③ Case of Sidiropoulos and Others v. Greece, (57/1997/841/1047), Judgement Strasbourg, July 10, 1998, para. 41, https://uprdoc. ohchr. org/uprweb/downloadfile. aspx? filename = 6013&file = Annexe4.

④ María Amor Martín Estébanez and Kinga Gál, "Implementing the Framework Convention for the Protection of National Minorities," ECMI Report # 3, European Centre for Minority Issues (ECMI), August, 1999, https://www.files. ethz. ch/isn/25741/report_03. pdf.

题(尤其是对于事实存在却未在名单上的少数群体来说)。认定少数群体的做法,损失超过了收益,应该在具体情况下考虑是否给予特殊权利。①

2001年1月,欧洲委员会议会出台的"1492号建议"指出:谴责部分成员国拒绝"承认"一些少数群体及其权利的做法……安道尔、法国、土耳其等国还未签署《框架公约》,但这些国家同样存在着需要保护的重要的少数民族。② 2003年7月,欧洲委员会议会在"1623号建议"中进一步指出:缔约国没有无条件决定其领土内哪些群体为符合《框架公约》意义上的少数民族的权利。议会呼吁:(1)尚未批准的成员国(即安道尔、法国和土耳其)迅速签署和批准《框架公约》,无须保留或声明;(2)已签署但尚未批准的成员国(比利时、格鲁吉亚、希腊、冰岛、拉脱维亚、卢森堡和荷兰)迅速批准《框架公约》,无须保留或声明;(3)那些已批准《框架公约》但作出声明或保留的缔约国,放弃这些声明或保留,以排除任意和不合理的区别少数群体,以及不承认某些少数群体的做法。"缔约国无权无条件决定它们境内的哪个群体属于受到'框架公约'保护的少数民族……那些签署'框架公约'并作出保留声明的国家,应放弃保留声明以免出现武断的、不公平的区别对待,以及对一些少数群体的不承认。"③

2014年,《框架公约》咨询委员会对上述意见进行了总结:某个群体是否被确定或认定为"少数群体",需要符合主观条件和客观条件。主观条件就是有人提出来,而客观条件是,不能对少数群体的认定强加外在条件或限制,而主要考虑认同这个群体的人的意见。④

不过,在欧洲,由于个人族群身份实行较为自由的"个体认同"原则⑤,以及族群身份具有隐私性质,对族群集体身份的识别成为禁忌,即不存在,也不可能存在对民族是否客观存在的识别过程。在缺乏识别过程的背景下,国家并不能全部掌握各个族群是否客观存在,各个族群是否在主观上表达了族群存在的意愿;或者说,国家有可能假装对族群事实上存在的主客观情况视而不见。

---

① Venice Commission, Opinion on the Amendments of 9 November 2000 and 28 March 2001 to the Constitution of Croatia, adopted by the Venice Commission at its 47th Plenary Meeting, https://www.venice.coe.int/webforms/documents/default.aspx?pdffile=CDL-INF(2001)015-e.

② Rights of National Minorities, Recommendation 1492, adopted by the Assembly on 23 January 2001, https://assembly.coe.int/nw/xml/XRef/Xref-XML2HTML-en.asp?fileid=16861&lang=en.

③ Rights of National Minorities, Recommendation 1623, adopted by the Assembly on 29 September 2003, http://assembly.coe.int/nw/xml/XRef/Xref-XML2HTML-en.asp?fileid=17146&lang=en.

④ ACFC, Third Opinion on Bulgaria, adopted on 11 February 2014, para.28.

⑤ 参见杨友孙:《欧洲国家个人族群身份自我认同的原则和实践》,《民族研究》2021年第4期。

一、欧洲国家对"少数民族"或"少数族群"的界定

通常来说,界定是认定的基础。虽然国际上或欧洲地区无法出台统一的"少数群体"定义,但作为一个国家,统一定义的难度就大大降低了,很多欧洲国家都对少数群体进行了界定或简要说明。这些界定和 2018 年 10 月欧洲议会公民自由、法治与内务委员会对"少数群体"的"最低"标准大体一致,但各国的界定又有各自的特点,大致可以分为以下几类:

1. 正式界定"少数民族"

对少数群体进行界定的国家之中,大多数界定的是"少数民族"而非"少数族群"。之所以对"少数民族"而非"少数群体"进行界定,主要出于两个层面的原因。

首先,在欧洲语境中,"少数民族"是比"少数族群"更加复杂和更加敏感的问题,它常常是因为领土变更而非人口迁移形成的,即前者主要是被迫形成而后者主要是自愿形成。

"少数民族"一词与"民族"(nation)存在着密切联系,"少数民族"来源于"民族",是从"民族"中分离出来,却居住在外国的一部分同胞群体。[1] 欧洲著名的少数民族问题专家托芙·H. 马洛伊(Tove H. Malloy)也认为,在欧洲的国际政治中,"少数民族"与移民和其他族裔群体的区别在于它的"历史性",即在历史上这个群体必须与某个"国家"结合在一起,只有那些与国家平等的"民族"才能被承认为"民族"或"少数民族"。[2] "少数民族"被迫形成的主要原因是国家领土的变更,因而它们不大可能去融入新加入的国家,并倾向于与原先国家保持紧密联系,而亲缘母国也通常十分关注这些群体,使它们可能与分离主义存在隐秘联系,稍有不慎,可能引起少数民族居住国和亲缘母国之间的摩擦。

其次,欧洲国家重视对"少数民族"进行界定的直接原因是《框架公约》的出台使"少数民族"享有了比其他少数群体更高层次的保护,因而就需要对它进行十分明确的界定和认定。也正因为上述原因,欧洲国家对"少数民族"的界定比

---

[1] 从族体上看,"少数民族"是某个国外民族的一部分,或者更准确地说,是某个国外"国族"的一部分,这种理解比较适合欧洲对于"少数民族"的理解,该观点参见:Mihail Ivanov, "Interpreting the Term 'National Minority'," *Balkanologie*, 1998, vol.2, no.1.

[2] Tove H. Malloy, *National Minority Rights in Europe*, Oxford University Press, 2005, p.16.

较苛刻,条件较多、标准较高,尽量避免揽责。

德国联邦政府认为,"少数民族是指满足以下五个条件的群体:(1)他们是德国国民;(2)在以下方面有异于主体人群:有自己的语言、文化、历史以及独特的身份;(3)希望维护他们的身份;(4)传统上居住在德国(通常持续几个世纪);(5)生活在德国一些传统居住区域。"①根据德国的定义和标准,它的"少数民族"要求很高,除了满足欧洲议会的"最低标准"之外,还要求"通常生活在德国几个世纪""生活在传统居住区域"。根据这些标准,德国政府承认的"少数民族"有两个:"丹麦人""索布人";而"弗里斯兰人""辛提人"及"罗姆人"则为"少数族群"。这就将少数民族、少数族群和那些定居不久的"移民"区别开来了。另外,虽然德国也还有世居的犹太人,但德国犹太人并不自认为一个"民族",而是一个宗教群体。

根据国际上及欧洲相关公约及文件,荷兰对"少数民族"做了较为苛刻的界定,指"传统上居住在国家境内的公民群体,他们居住在传统/祖先定居的区域,在语言、文化和历史方面有异于主体人口——即他们有自己的独特身份——而且希望保护这种身份"②。这个定义和德国的定义差不多,特别强调"居住在传统/祖先定居的区域",因此排除了众多群体。荷兰认为只有弗里斯兰人达到了作为"少数民族"的标准,享受《框架公约》的所覆盖的权利。③尽管存在着很多反对意见,尤其是传统上生活在荷兰的犹太人、罗姆人和辛提人希望政府承认他们为"少数民族"而非仅仅是"少数群体",但未获同意。

1999年12月,瑞典出台的第"1998/99:143"号政府令指出,"少数民族"是指满足以下条件的群体:(1)具有明显亲密关系的群体,在数量方面和社会其他群体相比处于非支配地位;(2)在宗教、语言、传统和/或语言方面有异于主体群体;(3)该群体应具有保持其身份的意图;(4)该群体应该与瑞典保持着"历史性

---

① Report submitted by Germany Pursuant to Article 25, Paragraph 1 of the Framework Convention for the Protection of National Minorities, ACFC/SR (2000)1, 1999 (received on 24 February 2000), https://rm.coe.int/168008af08.

② Council of Europe, "Secretariat of the Framework Convention for the Protection of National Minorities," report submitted by the Netherlands Pursuant to article 25, paragraph 1 of the Framework Convention for the Protection of National Minorities, July 16, 2008, ACFC/SR(2008) 001, http://www.coe.int/t/dghl/monitoring/minorities/3_fcnmdocs/PDF_1st_SR_TheNetherlands_en.pdf.

③ Council of Europe, Report Submitted by the Netherland, 2008.

或长期的联系"。① 2007 年瑞典"一体化与性别平等部"（Ministry for Integration and Gender Equality）也对"少数民族"做了类似界定。② 从瑞典对"少数民族"的界定中可以发现，瑞典的"少数民族"标准基本符合欧洲议会的"最低标准"，虽未直接要求"公民身份"，但实践中还是需要公民身份；此外，只对于如何理解"历史性或长期的联系"，瑞典政府也做了解释，认为应该在 20 世纪之前就存在于瑞典。③

爱沙尼亚没有明确区分"少数民族""少数群体"和"少数族群"等词语。1993 年，新独立的爱沙尼亚通过了"少数民族文化自治法"④，宣布对"少数民族"实行"文化自治"。该法第 1 条指出，"少数民族"是指满足以下四个条件的爱沙尼亚公民：（1）居住在爱沙尼亚领土之内；（2）与爱沙尼亚保持持久、稳定和紧密的联系；（3）与爱沙尼亚人存在着族群归属、文化、宗教传统、语言特征等方面的差别；（4）表现出保持共同的文化传统、宗教、语言等共同特征的愿望。这和爱沙尼亚在签署《框架公约》时的声明基本一致。⑤ 可见，爱沙尼亚的标准和大多数国家差不多，稍有争议的是第 2 点，这个要求较为抽象和主观。但在实践中，爱沙尼亚政府理解的"持久、稳定、紧密的联系"是指在 1940 年 6 月 16 日苏联兼并爱沙尼亚之前就已经生活在爱沙尼亚领土上的群体，这显然是有意排除大多数俄罗斯人和俄语言群体，因为他们绝大多数都是苏联兼并爱沙尼亚之后移民而来的。1992 年爱沙尼亚的《国籍法》也以这一天作为少数群体获得"公民身份"的条件。对此，国际特赦组织专门发表了如下意见：爱沙尼亚俄语

---

① Council of Europe, "Secretariat of the Framework Convention for the Protection of National Minorities," Report Submitted by Sweden Pursuant to Article 25, Paragraph 1 of the Framework Convention for the Protection of National Minorities, June 8, 2001, ACFC/SR (2001)003, http://www.coe.int/t/dghl/monitoring/minorities/3_FCNMdocs/PDF_1st_SR_Sweden_en.pdf.

② Ministry for Integration and Gender Equality, "National Minorities and Minority Languages A Summary of the Government's Minority Policy," July 2007, https://www.government.se/49b72e/contentassets/bb53f1cff8504c5db61fb96168e728be/national-minorities-and-minority-languages.

③ "Advisory Committee on the Framework Convention for the Protection of National Minorities: Fourth Opinion on Italy," ACFC/OP/IV (2015) 006, July 12, 2016, https://rm.coe.int/16806959b9.

④ "National Minorities Cultural Autonomy Act," passed 26.10.1993, entry into force 28.11.1993, https://www.riigiteataja.ee/en/eli/519112013004/consolide.

⑤ 爱沙尼亚在签署《框架公约》时提出了"少数民族"标准，与 1993 年的基本一致，只有个别措辞稍稍不同。《框架公约》签署时各国的保留意见和声明参见：https://www.coe.int/en/web/conventions/full-list?module=declarations-by-treaty&numSte=157&codeNature=0.

群体的存在,是一个客观事实,是根据合理和客观的标准可以得到的结论;爱沙尼亚政府应根据它已签署的《公民权利与政治权利国际公约》第 27 条,承认并保护这个群体。而且,鉴于联合国人权委员会在第 23 号"一般性意见"强调,少数族群、宗教、语言在某国是否存在,不取决于这个国家的决定,而是需要根据一些客观标准来判断……国家不能单方面限制公民享有第 27 条的权利。因此,建议爱沙尼亚修改关于"少数民族"的定义,承认俄语群体的客观存在,以包含所有 1991 年之前生活在爱沙尼亚的俄语群体及其后代,即使他们没有公民身份。[①] 在国际压力下,爱沙尼亚态度有所软化,部分修改了《公民法》,使大多数俄语人口获得了公民身份。

和爱沙尼亚一样,拉脱维亚没有明确区分"少数群体""少数族群""少数民族"等词语,但对"少数民族"做了界定,因而事实上将"少数民族"和其他群体区分开来。2005 年 6 月 6 日拉脱维亚在批准《框架公约》时强调,"少数民族"是指"传统上已在拉脱维亚生活了几代的拉脱维亚公民群体,他们在文化、宗教、语言方面与拉脱维亚人相异,认为自己是拉脱维亚国家和社会的一部分,并希望发展他们的文化、宗教和语言的公民群体"[②]。

匈牙利的处理方式相对特殊一些,它未区分"少数民族"和"少数族群",而是统称"少数民族与族群",1993 年匈牙利"少数民族与族群权利法"对"少数民族与族群"(National and Ethnic Minorities)做了如下界定:"少数民族与族群是指在匈牙利居住时间超过一个世纪的族群,其人口占匈牙利公民的少数,其成员是匈牙利公民,在语言、文化、传统方面有与其他人口相异的特点,并表现相互保护其特点和利益的群体归属感。"[③]该界定要求"少数民族和族群"必须在匈牙利生活了一个世纪,比起很多国家的要求相对更高一些。不过,由于克罗地亚族、卢森尼亚族等认为"少数"具有轻蔑之意,因而反对使用"少数民族与族群"的措辞。2011 年,匈牙利将《少数民族与族群权利法》改称《民族权利法》(Right of Nationalities),使用了"nationalities"指代各"少数民族"。

---

① Estonia, "Linguistic Minorities in Estonia: Discrimination must end," report of Amnesty International, AI Index: EUR 51/0022006, https://www.amnesty.org/download/Documents/76000/eur510022006en.pdf.

② "Declaration Contained in the Instrument of Ratification Deposited on 6 June 2005," https://www.coe.int/en/web/conventions/search-on-treaties/-/conventions/treaty/157/declarations.

③ "Act LXXVII of 1993 on the Rights of National and Ethnic Minorities," http://www.szmm.gov.hu/download.php?ctag=download&docID=14123.

1976 年"奥地利族裔法"第 1(2)条对"族群"(Volksgruppen,即 ethnic group)做了如下界定:族群是在奥地利联邦领土的部分地区居住的奥地利公民群体,他们并非以德语为母语,而且拥有自己的传统。① 而奥地利在签署《框架公约》的声明中,对"少数民族"做了和"族群"大致相当的界定:"少数民族"是指符合 1976 年"奥地利族裔法"的群体,他们传统上生活在奥地利联邦的某些领土上,为奥地利公民,德语非其母语,并具有他们自己的族群文化。"②可见,奥地利并不严格区分"少数民族"和"族群"群体。

捷克 2001 年 7 月出台的《关于少数民族成员权利及对一些法案的修改之第 273/2001 号法案》第 2 条对"少数民族"进行了如下界定:少数民族是指捷克共和国的一个公民群体,他们生活在目前捷克共和国领土之内,一般来说,其成员与其他公民相比,有着自身共同的族群出身、语言、文化和传统;他们代表着公民中的一类少数群体并希望被视为少数民族,以便维护与发展其身份、语言及文化,同时表达并维护他们在历史上形成的群体利益。③

瑞士指出,"少数民族"是指"在国家或某个州,人数少于其余人口的群体,他们具有瑞士国籍,与瑞士保持着长期、稳固和持续的联系,具有保护其共同身份尤其是保护其文化、传统、宗教和语言的意愿"④。该定义的特点是使少数民族涵盖国家层面的少数民族和州层面的少数民族。

卢森堡将"少数民族"界定为:传统上已在卢森堡领土上生活了很多代的群体,具备卢森堡国籍,在族群、语言方面保持自身的独特性。卢森堡政府认为,根据该定义,卢森堡不存在少数民族。⑤

---

① "Bundesgesetz vom. 7 Juli 1976 über die Rechtsstellung von Volksgruppen in Österreich," StF: BGBl, Nr. 396/1976, https://www.wipo.int/edocs/lexdocs/laws/en/at/at108en.pdf.

② 《框架公约》签署时各国的保留意见和声明,参见:http://conventions.coe.int/Treaty/Commun/ListeDeclarations.asp?CL=ENG&NT=157&VL=1.

③ "Act no. 273/2001 on Rights of Members of National Minorities and Amendment of Some Acts," July 10, 2001, https://www.legislationline.org/download/id/7669/file/Czech_Act_rights_national_minorities_2001_en.pdf.

④ Federal Department of Foreign Affairs, Council of Europe Framework Convention for the Protection of National Minorities, 21. 06. 2019, https://www.eda.admin.ch/eda/en/home/foreign-policy/international-law/un-human-rights-treaties/rahmenuebereinkommen-europarat-schutz-nationaler-minderheiten.html#.

⑤ "Declaration Contained in a Letter from the Permanent Representative of Luxembourg," dated 18 July 1995, handed to the Secretary General at the time of signature, on 20 July 1995, https://www.coe.int/en/web/conventions/search-on-treaties/-/conventions/treaty/157/declarations.

2002 年，塞尔维亚和黑山共和国出台《关于保护少数民族权利和自由的南斯拉夫法律》，即"少数民族权利和自由保护法"，法律第 2 条指出："少数民族"是南斯拉夫联盟共和国的任何公民群体，其人数应具有足够的代表性，他们与南斯拉夫联盟共和国领土有长期和牢固的联系，在语言、文化、民族或族裔归属、出身或信仰等方面具有异于其他群体的特征，其成员因关心维护共同身份，包括他们的文化、传统、语言或宗教而具有独特性。^① 塞尔维亚和黑山分别独立后，这些法律基本被继承下来。值得注意的是，黑山对"少数群体"使用了一个特别的词语：少数民族及其他少数民族群体（minority nations and other minority national communities），并在 2006 年的"少数群体权利与自由法"^②中，对该词进行了界定：它指黑山的公民群体，在人数上少于主体民族，具有区别于其余人口的共同的族群、宗教或语言特征，与黑山存在历史联系，希望并表达出保持民族、族群、文化、语言和宗教身份的愿望。

根据 2003 年波黑的"少数民族权利法"第 3 条第 1 段，"少数民族"是指属于波黑的公民群体，但不属于三个构成民族的任何一个，该群体成员拥有相同或相近的族群出身、传统、习俗、宗教、语言、文化、精神，有相关或相近的历史或其他特点。^③

1992 年 6 月 25 日乌克兰出台了"少数民族法"，对"少数民族"进行了界定："少数民族"是指那些非乌克兰族的乌克兰公民，他们相互之间具有民族认同和亲近感。^④ 1996 年 6 月 28 日通过的乌克兰宪法^⑤第 11 条规定："国家促进巩固和发展乌克兰民族，包括其历史意识、传统和文化，发展乌克兰所有土著人民和少数民族的族裔、文化、语言和宗教特性。"这表明，乌克兰理解的"少数民

---

① "Law on the Protection of Rights and Freedoms of National Minorities," 2002, Official Gazette of FRY no. 11 of 27 February 2002, https://www.refworld.org/pdfid/4b5d97562.pdf.

② "Consolidated Text of the Law on Minority Rights and Freedoms," http://www.mmp.gov.me/ResourceManager/FileDownload.aspx? rid = 332479&rType = 2&file = The% 20Law% 20on% 20Minority%20Rights%20integral%20text.pdf.

③ "Law on Rights of National Minorities," Official Gazette of Bosnia and Herzegovina 12/03, https://advokat-prnjavorac.com/legislation/LAW_ON%20RIGHTS_OF%20NATIONAL_%20MINORITIES_BOSNIA.pdf.

④ "The Law of Ukraine on National Minorities in Ukraine," http://zakon2.rada.gov.ua/laws/anot/en/2494-12.

⑤ "Constitution of Ukraine," adopted at the Fifth Session of the Verkhovna Rada of Ukraine on June 28,1996, https://www.refworld.org/pdfid/44a280124.pdf.

族",包括在族裔、文化、语言、宗教方面具有自身特色的群体,也就是说,"少数民族"包含了少数族裔群体、少数文化群体、少数语言群体和少数宗教群体。

2005 年 1 月克罗地亚出台了《关于少数民族权利的宪法性法律》①,其中第5 条对"少数民族"进行了如下界定:一个克罗地亚公民群体,其成员在克罗地亚共和国领土上居于传统定居地,在族群、语言、文化和/或宗教特征方面有异于其他人口,而且他们存在维护其特征的愿望。

由上可见,大多数国家对"少数民族"的界定都和欧洲议会对"少数群体"的"最低标准"十分吻合,都要求公民身份、居住时间较长,与居住国保持持久联系、具有文化、传统、宗教或语言方面的特殊性并有维护其特殊性的主观意图。对于欧洲议会较为模糊的第四点——"具有足够的代表性"(人口基数)——则没有严格的要求。而德国、荷兰要求"少数民族"需要有其传统居住区域,这稍稍高于"最低标准"。对于居住时间,大多数国家都比"最低标准"更为具体或者更为苛刻,提出了"几个世纪""100 年以上""20 世纪以前""1940 年苏联兼并之前"等标准。

2. 分别界定"少数民族"与"少数族群"

对"少数民族"与"少数族群"进行了严格的区分并进行分别界定的国家主要是波兰。2005 年 1 月,波兰出台"少数族群、民族与地区语言法案",将"少数民族"和"少数族群"区分开来,这在欧洲乃至全世界都是罕见的做法。根据该法案,"少数民族"是指,必须是一群波兰公民,他们共同满足如下条件:(1)在数量上少于波兰的其他人口;(2)在语言、文化或传统方面与其他公民有很大区别;(3)努力保护其语言、文化和传统;(4)知晓其历史、民族群体,并致力于表达与保护自己;(5)其祖先在波兰持续生活了 100 年以上;(6)认同某个民族国家。

而"少数族群"也同样应该满足六个条件,其中前五个条件和"少数民族"的条件完全一样,区别在于第 6 条,即"不认同某个民族国家"。换句话说,"少数民族"必须有一个亲缘"母国",而"少数族群"则不存在亲缘"母国"。和"少数族群"相比,"少数民族"拥有更高的政治权利,例如在国家议会选举中,"少数民族"的政党或组织的候选人可以不受 5% 的当选门槛限制而直接进入波兰议会。波兰对少数民族拥有亲缘"母国"的要求不仅超过了欧洲议会的"最低标

---

① "The Constitutional Law on Rights of National Minorities," 155/02, https://www.sabor.hr/sites/default/files/uploads/inline-files/SABOR_ustavni_manjine-ENG_0.pdf.

准"，也超过了大多数国家的标准。按照这个标准，有些群体——例如伊拉克、伊朗、土耳其等国的库尔德人，波兰的西里西亚人——无论如何都没法成为少数民族。不过，这个标准也不是完全没有根据，例如，2001年欧安组织的一个文件就规定，作为"少数民族"，一般需要有一个邻国作为其"母国"。①

不过，波兰的"少数族群"标准和国际较为认可的"少数民族"标准或"少数群体"标准大致相当，但要求"少数族群"和"少数民族"一样，必须在波兰持续生活了100年以上（从该法生效之时计算），还是超过了多数欧洲国家的标准。究其根源，1918年波兰复国之后，追求国家"纯洁性"的热情至今仍未消逝，并在很大程度上影响着少数民族政策。

3. 界定谁是"属于少数民族的人"

有的国家没有界定"少数民族"或"少数族群"，而是界定谁是"属于少数民族的人"，例如摩尔多瓦和白俄罗斯。这种界定可以说是对"少数民族"的间接界定。2001年7月19日，摩尔多瓦出台了"摩尔多瓦共和国属于少数民族成员权利及其组织的法律地位之法律"——即"少数民族权利法"②，法律虽然未对"少数民族"进行界定，但对哪些人"属于少数民族"进行了说明，可视为对"少数民族"的间接界定。该法第1条指出：在本法中，属于少数民族的人应包括居住在摩尔多瓦共和国领土上，具有摩尔多瓦公民身份，具有不同于大多数人口的族裔、文化和语言特征并认为自己具有不同族裔出身的人。

白俄罗斯1992年通过的《少数民族法》③，该法律和摩尔多瓦的少数民族法律相似，第1条指出了哪些人为"属于少数民族的人"：是长期居住在白俄罗斯共和国领土上并具有白俄罗斯共和国公民身份的人，其出身、语言、文化或传统与共和国主体人口不同。这个界定和摩尔多瓦相比，未强调主观条件。

4. 对"族群"或"少数族群"进行了简要说明

有的国家虽然未对"少数民族"或"少数族群"进行界定，但出于认定少数民

① Pamphlet No. 9, "The High Commissioner on National Minorities of the Organization for Security and Cooperation in Europe," https://www.ohchr.org/Documents/Publications/GuideMinorities9en.pdf.

② "Law of the Republic of Moldova on the Rights of Persons Belonging to National Minorities and the Legal Status of their Organizations," no. 382 - XV, July 19, 2001.

③ Belarus, Law no. 1926 - XII of 1992 on National Minorities, https://www.refworld.org/pdfid/409208774.pdf.

族或少数群体的需要,或者出于人口统计的需要,对"少数民族",尤其是"少数族群"进行了一些简要说明,反映了这些国家对"少数族群""少数民族"的理解。

除了正式界定"少数民族"之外,为了打击歧视,实现真正的平等,荷兰还对"少数群体"进行了简要说明。在"1983 少数群体政策"(1983 Minority Policy)中,强调"少数群体政策"适用于"那些政府认为对其有特殊责任(因为殖民历史或者他们曾被政府招募入伍),并且属于少数的移民群体"。① 可见,荷兰对"少数群体"的理解与其他欧洲国家差异很大,强调社会生活状况劣于荷兰本土人的群体,而这个群体主要是由移民构成的,国家认为有义务帮助他们生活得更好。也就是说,荷兰所指的"少数群体"并未强调其族群、文化、宗教、语言方面的特征,也未强调"公民身份",这种理解使"少数群体"类似于"弱势群体",或者说,它仅仅是"弱势群体"的一部分。这些"少数群体"主要获得国家的优惠政策,但不能获得像"少数民族"那样的特别保护。

保加利亚在 2001 年人口统计中,对"族群"进行了简要阐释:"族群"是指一个人民群体,在出身和语言方面彼此相关,在生活方式和文化方面彼此接近。②

上述国家强调族群、语言、文化方面具有共性,大都未强调公民身份、主观意图等方面,但这并不影响它们根据这些简要说明来"认定"少数族群。荷兰根据"少数民族"定义和"少数群体"的简要说明认定了一个"少数民族"和十四个"少数群体";保加利亚认为不存在少数民族,但事实上存在少数族群、语言和宗教群体。

法国、比利时、英国、立陶宛等国都未对"少数民族""少数族群"或"少数群体"进行界定。法国、比利时都否认存在"少数民族",因而界定毫无意义。英国和立陶宛事实上承认存在少数族群,却未给予界定。国家层面概念的缺乏,会导致少数族群群体本身及其享有权利的模糊性,而凸显或保留国家在少数族群政策中的"主动""上风"位置,但这很可能给少数族群权利、地位带来不确定性。

---

① Virginie Guiraudon, Karen Phalet and Jessika ter Wal, "Monitoring ethnic minorities in the Netherlands," UNESCO report, 2005, published by Blackwell Publishing Ltd, https://core.ac.uk/download/pdf/12900102.pdf.

② "Cultrual Policies and Trends in Europe, Population by Ethnic Group and Mother Tongue," September 23, 2015.

二、欧洲国家对"少数民族"或"少数族群"的认定

少数群体的界定和认定存在一些联系,但又不是必然联系。多数国家界定之后会进行认定,但有些国家界定却不认定,也有国家认定却不界定。在欧洲,对少数群体的"认定"大致有三种做法:第一,官方正式"认定"某些群体为少数民族或少数族群,使之享有明显高于其他群体的权利,大约一半欧洲国家属于这类。第二,在人口统计或者官方政策中"事实承认"某些群体为少数民族或少数族群,英国是这种做法的代表。也有的国家不承认存在"少数民族",但承认事实上存在少数族群,例如保加利亚。第三,否认存在少数民族或少数族群,例如法国和卢森堡。

1. "官方认定"少数民族或少数族群

德国

德国根据自己的"少数民族"定义,承认了四个少数民族和族群,其中丹麦人、索布人为少数民族;弗里斯兰人、辛提/罗姆人为"少数族群"。[①] 辛提/罗姆人虽然总体处于散居状态,但完全满足其他条件,所以也被承认为"少数族群"。不过,在签署《框架公约》时,德国区别对待了这四个群体,认为丹麦人、索布人为"少数民族",而弗里斯兰人、辛提/罗姆人则为同样受到《框架公约》保护的传统"族群"。德国向《框架公约》咨询委员会提交报告时,也主要汇报这四个群体的保护情况。

犹太人虽然传统上生活在德国,并且也生活在一些传统居住区域,但德国犹太人认为他们属于"宗教群体"而非"少数民族"。[②] 二战之后移民德国的"客工"及其家属、后代,难民等群体都只是"移民"而非少数民族。

另外,根据"欧洲区域或少数语言宪章",德国承认受到保护的"少数语言"

---

① 辛提人和罗姆人有共同语言——罗姆语,有共同的生活方式和族群特点,但两者有何区别,德国并没有明确,笔者认为德国采用"辛提及罗姆人"或"辛提人/罗姆人"的措辞,模糊地将两者统称,以能全部地涵盖这个群体。不过,1999年,德国在对《框架公约》咨询委员会汇报报告中提到,辛提人从14或15世纪就来到德国生活,而罗姆人则更晚一些。参见:Report submitted by Germany pursuant to Article 25, Paragraph 1 of the Framework Convention for the Protection of National Minorities, February 24, 2000.

② Federal Ministry of the Interior Building and Community (BMI), National minorities, 参见德国联邦内政、建设和家园部网站:https://www.bmi.bund.de/EN/topics/community-and-integration/national-minorities/national-minorities-node.html.

包括：丹麦语、上索布语、下索布语、北弗里斯兰语、萨特兰弗里斯兰语（Saterland Frisian）、罗姆语；而低地德语（Low German）为"区域语言"。

"少数民族""少数语言""地区语言"能够获得来自联邦政府和州政府的特别保护和优惠政策。在特别保护方面，例如石勒苏益格－荷尔斯泰因州宪法规定，有义务保护丹麦族，弗里斯兰族以及辛提人/罗姆人，这些群体的父母可以选择将子女送到少数民族学校就读；在公立学校保护和推广弗里斯兰语和低地德语等语言课程；石勒苏益格－荷尔斯泰因州的公民可以使用丹麦语、弗里斯兰语或低地德语和公共行政部门沟通或提交文件，而不收取翻译费用，不过丹麦语和弗里斯兰语仅限于该州的某些地区，低地德语可以在该州所有范围内的公共场合使用。[1]

对少数群体的优惠政策也有很多，例如 2016 年 2 月 15 日，德国联邦政府、萨克森州和勃兰登堡州共同签署了第三次资助索布族人基金会的协议。该协议覆盖期限为 2016 年至 2020 年，拨款总金额为 1860 万欧元；不来梅的汉萨市长期资助"辛提人和罗姆人不来梅协会"。[2]

不过，德国对少数群体的拨款主要是资助群体而不直接针对个人，因而避免了个人因为利益原因而出现的工具性的"自我认同"。

荷兰

二战之后，很多国外的劳动力进入荷兰务工，在较长一段时间内，荷兰将他们称为"外国人"，1979 年之后，才逐渐开始将这些人称为"少数族群"（Etnische minderheden）。[3] 不过，荷兰并未界定"少数族群"，而是界定了"少数民族"。根据"少数民族"定义，荷兰认为只有弗里斯兰人达到了"少数民族"标准，享有《框架公约》的权利。根据"1983 少数群体政策"，荷兰还确定了以下群体为"少数群体"：苏里南人（Surinamese）、安的列斯和阿鲁巴人（Antilleans and Arubans）、马鲁古人（Moluccans）、土耳其人（Turks）、摩洛哥人（Moroccans）、

---

[1] Verfassung des Landes Schleswig-Holstein in der Fassung vom 2, Dezember, 2014, http://www.gesetze-rechtsprechung. sh. juris. de/jportal/?quelle＝jlink&query＝Verf＋SH&psml＝bsshoprod. psml&max＝true&aiz＝true.

[2] Fifth Report submitted by Germany Pursuant to Article 25, paragraph 2 of the Framework Convention for the Protection of National Minorities, ACFC/SR/V（2019）001, received on 31 January 2019, https://rm.coe. int/5th-state-report-germany-english-language-version/16809232ba.

[3] Alana Helberg-Proctor, Agnes Meershoek, Anja Krumeich and Klasien Horstman, "Foreigners, Ethnic Minorities, and non-Western Allochtoons: an Analysis of the Development of "Ethnicity" in Health Policy in the Netherlands from 1970 to 2015," BMC Public Health, 2017, no.17, p.132.

意大利人(Italians)、西班牙人(Spaniards)、葡萄牙人(Portuguese)、希腊人(Greeks)、南斯拉夫人(Yugoslavs)、突尼斯人(Tunisians)、佛得角人(Cape Verdians)、罗姆/辛提人(Roma/Sinti)、大篷车定居者(caravan dwellers)等十四类,一共约450000人。[①] 犹太人不满于未被认定为"少数群体",罗姆人和辛提人则不满于仅仅被认为是"少数群体"而非"少数民族"。尽管这些群体表达了不满,但政府并未改变政策。

荷兰还承认了弗里斯兰语、下萨克森语、意第绪语、罗姆语、林堡语(Limburgish)等语言为"少数语言",受到"欧洲区域或少数语言宪章"的保护。犹太人虽然未被承认为少数群体,但"意第绪语"被认定为"少数语言",使犹太群体能受到一定保护。

瑞典

根据1999年的"少数民族"定义,瑞典认定了五个少数民族:萨米人、托尔尼达尔芬兰人(Tornedal Finns)、瑞典芬兰人、罗姆/吉卜赛人、犹太人。萨米人同时也是被承认了的"土著人民"。此外,瑞典还出台了"少数语言"的两个标准:其一,它必须是一种单独的语言,而非某种语言的方言;其二,它必须无间断地被使用过至少三代人或者100年。第一个标准和"欧洲区域或少数语言宪章"的精神一致,但第二个标准超出了"宪章"精神。在2009年出台的《瑞典少数民族与语言法》中,瑞典认定了五种"少数语言":芬兰语、意第绪语、梅安语(Meänkieli)、罗姆语(Romani Chib)、萨米语。[②]

对于其他少数群体,尤其是二战之后的移民群体,瑞典仍未承认。虽然瑞典1975年通过的一个法律,提出了文化多元化,并提出了对待少数群体的三个基本政策:平等,选择自由和合作。[③] 但随着移民及其引发的问题增多,瑞典逐渐改变政策。1997年,瑞典政府出台"瑞典、未来和多样性——从移民政策到融合政策",使瑞典对移民及其他少数群体,尤其是移民政策开始出现转向,根

---

① Virginie Guiraudon, Karen Phalet and Jessika ter Wal, "Monitoring ethnic minorities in the Netherlands," UNESCO report, 2005.

② "Lag om nationella minoriteter och minoritetsspråk"(瑞典少数民族与语言法), utfärdad den 11 juni 2009, http://www.ilo.org/dyn/natlex/docs/ELECTRONIC/84393/93787/F1810240750/SWE84393.pdf.

③ Lundh, Christer & Ohlsson, Rolf, *Frånarbetskraftsimport till flyktinginvandring*, SNS Förlag, 1999, p.108.

据该法案,政府的首要目标是推动他们融入瑞典社会。①

奥地利

奥地利没有区别"少数民族""少数族群""少数群体"。不过,根据 1976 年《奥地利族裔法》以及其后的一些相关法律,奥地利区分了两类"少数群体",一类是"法定少数族群",包括斯洛文亚人、克罗地亚人、匈牙利人、捷克人、斯洛伐克人;另一类是"事实少数群体",包括罗姆/辛提人、犹太人、外国工人等群体。前者享受特殊保护和优惠待遇,后者主要是享受一些优惠待遇。

意大利

在意大利,"族群""族裔"是一个非常模糊并且在法律上无足轻重的词语,因而它未对"少数民族"或"少数族群"进行界定。它对少数群体的区分的主要要素是语言。

意大利对于少数群体的称呼是"语言少数群体"(linguistic minorities)或"历史性语言少数群体"(historical linguistic minorities),这在 1947 年宪法和 1999 年《历史性语言少数群体保护法》(Protection of Historical Linguistic Minorities in Italy, Law 482/1999)中都有体现。根据"历史性语言少数群体保护法",意大利确立了需要法律保护的十二个"历史性语言少数群体":阿尔巴尼亚语群体、加泰罗尼亚语群体、德语群体、希腊语群体、斯洛文尼亚语群体、克罗地亚语群体、拉丁语群体、法语群体、法兰克-普罗旺斯语群体(Franco-Provençal)、奥克语群体(Occitans)、弗留利语群体(Friuli)、撒丁语群体(Sardinians)。

意大利一方面借鉴法国的共和主义模式,一方面从语言的角度而不是从族群或者民族的角度来给予不同群体一定的保护,并在国家一级和区域一级制定了不同的保护法律,以在保护少数群体和国家整体一致性方面进行平衡。不过,它虽然保护某种共同的语言身份,却反对在语言之外出现更强的族群或民族身份认同,被认为是一种非常巧妙而成功的少数群体保护方式。② 但意大利从语言角度认定少数群体,无法涵盖很多族裔、文化群体,因而饱受

---

① Sverige, framtiden och mångfalden-från invandrarpolitik till integrationspolitik, Prop. 1997/98:16, September 11, 1997, https://www. regeringen. se/contentassets/6cf1db3cc2254ab8a3e70038272f09e4/sverige-framtiden-och-mangfalden-fran-invandrarpolitik-till-integrationspolitik.

② S. van der Jeught, "The Protection of Linguistic Minorities in Italy: A Clean Break with the Past," *Journal on Ethnopolitics and Minority Issues in Europe*(*JEMIE*), vol 15, no.3, 2016, pp.57 – 81.

诟病。

瑞士

瑞士没有区分"少数民族""少数族群",但对"少数民族"进行了界定①,这个界定并没有什么特别之处,但瑞士对少数民族的认定中,语言特征却超越了其他特征,占了相当大的分量。也就是说,它和意大利类似,强调语言作为少数民族的"主要特征",但有意回避其他方面的差别。瑞士官方认定的"少数民族"主要有:少数语言民族群体(主要是讲法语的法兰西人,讲意大利语的意大利人、罗曼什语群体);犹太人;叶尼什人(Yenish);辛提人(Sinti);马努什人(Manouches)。②

挪威

挪威未对"少数民族""少数群体"或"少数族群"进行界定。但使用较多的是"少数民族"的措辞。挪威政府对"少数民族"的理解,主要依据它参与的联合国《公民权利与政治权利国际公约》第 27 条,该条的精神也被写入了 1999 年的"挪威人权法"。根据挪威政府的理解,"少数民族"的关键要素是——与挪威有持久联系的群体,这些群体参与塑造了挪威的文化传统;而对于多久是"持久",挪威的理解为 100 年。③ 据此,挪威政府认定了五个"少数民族":犹太人、克文人/挪威芬兰人(Kvens/Norwegian Finns)、罗姆人、罗曼人/泰特人(Romani people/Tater)及森林芬兰人(Forest Finns)。萨米人则是与"少数民族"不同的土著人民,它们享有比"少数民族"更高的权利。萨米语、克文语、罗姆语、罗曼/泰特语则被认定为受到"欧洲区域或少数语言宪章"保护的少数语言群体。而波黑人、巴基斯坦人、土耳其人等都只被认为是移民群体。

---

① 瑞士将"少数民族"界定为:"在国家或某个州,人数少于其余人口的群体,他们具有瑞士国籍,与瑞士保持着长期、稳固和持续的联系,具有保护其共同身份尤其是保护其文化、传统、宗教和语言的意愿。"Federal Department of Foreign Affairs, Council of Europe Framework Convention for the Protection of National Minorities, 21.06.2019, https://www.eda.admin.ch/eda/en/home/foreign-policy/international-law/un-human-rights-treaties/rahmenuebereinkommen-europarat-schutz-nationaler-minderheiten.html#.

② Federal Department of Foreign Affairs, Council of Europe Framework Convention for the Protection of National Minorities, 21.06.2019.

③ Norway's National Minorities, The Norwegian Directorate for Education and Training 2015, https://www.udir.no/globalassets/filer/samlesider/nasjonale-minoriteter/nasjonale_minoriteter_eng_trykk-01.02.pdf.

波兰

2005 年 1 月波兰出台的《少数族群、民族与地区语言法案》对"少数民族""少数族群"分别进行了正式界定,根据这个界定,波兰将国内的"少数群体"分为三类:

第一类是"少数民族"(mniejszości narodowych, national minorities),一共有九个,即白俄罗斯族、捷克族、立陶宛族、德意志族、亚美尼亚族、俄罗斯族、斯洛伐克族、乌克兰族、犹太族;

第二类是"少数族群"(mniejszości etnicznych, ethnic minorities),一共有四个,即卡拉伊姆人(Karaim)、兰科人(Lemko)、罗姆人(Roma)、鞑靼人(Tatars);

第三类是"地区语言群体"(społeczność posługująca sięjęzykiem regionalnym, community of the users of language Kaszubi),即生活在波兰北部沿海地区的卡舒比语群体。[①]

波兰将"少数民族"和"少数族群"明确区分的做法稍显武断。那些没有母国的少数群体,无论族裔特征多强,都不能成为少数民族。此外,波兰将最大的少数群体——西里西亚人排除在上述三类群体之外,引起了西里西亚人的不满。当前,西里西亚人正在人为"复兴""构建"作为"少数族群"的语言、文化等因素,争取获得"少数族群"地位。

匈牙利

根据 1993 年匈牙利"少数民族与族群权利法"[②]第 61 条,匈牙利承认其境内有十三个少数族群(ethnic groups):保加利亚族、罗姆族、希腊族、克罗地亚族、波兰族、德意志族、亚美尼亚族、罗马尼亚族、罗塞尼亚族、塞尔维亚族、斯洛伐克族、斯洛文尼亚族、乌克兰族。这些少数群体不仅享受《框架公约》的保护,而且,还享有在全国、地区、地方三级实现民族文化自治的权利。[③]

---

① "Charakterystyka mniejszości narodowych i etnicznych w Polsce"(波兰民族和少数族裔的特点),参见波兰少数民族内务与行政事务部网站:http://mniejszosci. narodowe. mswia. gov. pl/mne/mniejszosci/charakterystyka-mniejs/6480, Charakterystyka-mniejszosci-narodowych-i-etnicznych-w-Polsce. html.

② 1993 年 7 月,匈牙利制定了《少数民族与族群权利法》(Act LXXVII of 1993 on the Rights of National and Ethnic Minorities),参见:http://www. regione. taa. it/biblioteca/minoranze/ungheria2. pdf, accessed January 3, 2020.

③ 关于匈牙利少数族群文化自治问题,参见杨友孙、曾一丹《冷战结束后匈牙利民族文化自治制度初探》,《比较政治学研究》2020 年第 2 期。

捷克

根据 2001 年 7 月出台的《关于少数民族成员权利及对一些法案的修改之第 273/2001 号法案》对"少数民族"的定义,捷克认定了十四个"少数民族":白俄罗斯人、保加利亚人、克罗地亚人、匈牙利人、德意志人、波兰人、罗姆人、卢森尼亚人、俄罗斯人、希腊人、塞尔维亚人、斯洛伐克人、乌克兰人、越南人。被政府认定的 14 个少数民族享有高于其他未被认定的少数群体的权利,例如享有在公共场合、司法、行政机构中使用民族语言的权利,设立民族广播电视频道的权利,享有学习母语即以母语接受教育的权利等。而且,这十四个少数民族还可以在捷克政府的少数民族委员会中享有代表权。

值得注意的是,越南人"二战"之后大规模移民捷克,2013 年被承认为"少数民族",这是"移民"或"新少数民族"被承认为"少数民族"的典型个案,也是越南人在欧洲"再民族化"的成功范例,有可能带动越南人在其他欧洲国家,或者其他国家的移民向"少数民族"地位前进。

斯洛文尼亚

斯洛文尼亚没有对"少数民族""少数族群"或"少数群体"进行界定,但它执行着比较特殊的少数群体分类制度——三级管理制度。这种分类制度在 1991 年宪法中已有初步体现,并在其后法律中得以进一步明确。第一类为享有最高级权利的"土著民族群体"(autochthonous national communities),包括匈牙利人、意大利人两个群体。这两个群体在特定的领土和特定事务领域享有非常广泛的权利,主要包括:以母语受教育的权利;建立文化自治组织、实行文化自治的权利;在地方政府和国民议会中的代表权;在涉及它们的民族事务时可以在斯洛文尼亚议会和市政府中行使否决权。第二类是"土著罗姆人"(autochthonous Roma),根据 1991 年斯洛文尼亚宪法及 2007 年《罗姆群体法》(Roma Community Act),罗姆人享有"法律规定的特殊权利",主要集中在教育、文化发展、生活环境保护方面。1998 年 3 月 25 日,斯洛文尼亚在批准《框架公约》时声明,《框架公约》除了适用于两个土著少数民族之外,也适用于罗姆人,从而使罗姆人获得了比其他少数群体更高的权利。第三类为"其他少数群体",包括一些少数语言、族群和宗教群体,例如阿尔巴尼亚人、克罗地亚人、波斯尼亚克人、黑山人、科索沃人、塞尔维亚人、穆斯林群体、犹太人、匈牙利人、德意志人等。

斯洛文尼亚对少数群体的分类,是依据少数群体的历史,并考虑到双边关系而定的,和这个少数群体的人口关系不大。根据 2002 年的人口统计,斯洛文尼亚较大的少数群体(人口1万以上)依次为塞尔维亚人、克罗地亚人、波斯尼亚克人、穆斯林群体,而匈牙利人、意大利人、罗姆人则依次只有7713人、3762人、3246人。[①]而且,匈牙利族和意大利族的人口老龄化严重,人口总量预计将持续减少。对于斯洛文尼亚少数群体人口与其权利出现的较大程度的"倒挂""成反比"现象,国际组织和斯洛文尼亚众多少数群体均颇有微词。

克罗地亚

根据1990年克罗地亚宪法[②],克罗地亚是具有公民身份的克罗地亚族、其他"土著少数民族"(autochthonous national minorities)组成的国家,"土著少数民族"包括二十二个:塞尔维亚族、捷克族、斯洛伐克族、意大利族、匈牙利族、犹太族、德意志族、奥地利族、乌克兰族、卢森尼亚族、波斯尼亚克族、斯洛文尼亚族、黑山族、马其顿族、俄罗斯族、保加利亚族、波兰族、罗姆族、罗马尼亚族、土耳其族、瓦拉几族、阿尔巴尼亚族。[③]这些"土著少数民族"享有比其他少数群体更高的权利。对于其他少数群体,则采取事实承认法。据2011年的人口统计,克罗地亚族占总人口90.42%,少数民族数量较多,但每个民族的人口规模和占比较小,其中最大的塞尔维亚族占4.36%,以下依次为:波斯尼亚克族——0.73%,意大利人——0.42%,阿尔巴尼亚人——0.41%,罗姆人——0.40%,匈牙利人——0.33%,斯洛文尼亚人——0.25%,捷克人——0.22%,斯洛伐克人——0.11%,黑山人——0.11%,马其顿人——0.10%,其他少数群体都低于0.10%。[④]1990年克罗地亚宪法第15条规定,要确保少数民族的文化自治权利,这在此后宪法修改中都得到了确认。2002年12月,克罗地亚出台"关于少数民族权利的宪法性法律"[⑤],接纳了《框架公约》《欧洲区域或少数语言宪章》等少数民族保护标准,法律赋予少数民族建立民族理事会,实行文

---

① "Population Census Results of Slovenia," 2002, https://www.stat.si/popis2002/en/rezultati_slovenija_prebivalstvo_dz.htm.

② Preamble of the Constitution of the Republic of Croatia (consolidated text), Official Gazette 85/2010.

③ 因奥地利族和德意志族常常被一并统计,因此有时也认为克罗地亚具有二十一个少数民族。克罗地亚宪法英文版可参见:https://www.wipo.int/edocs/lexdocs/laws/en/hr/hr060en.pdf。

④ "Census of Population, Households and Dwellings 2011," population by Citizenship, Ethnicity, Religion and Mother Tongue (Croatia), https://www.dzs.hr/Hrv_Eng/publication/2012/SI-1469.pdf.

⑤ "The Constitutional Law on Rights of National Minorities," 155/02, https://www.sabor.hr/sites/default/files/uploads/inline-files/SABOR_ustavni_manjine-ENG_0.pdf.

化自治的权利。"宪法性法律"第 24 条规定,在某个少数民族人口超过自治地方总人口 1.5% 的行政区域内,或者在地方自治政府范围内,有超过 200 个某少数民族的成员居住,或在某个地区自治政府范围内,有超过 500 个某少数民族成员居住,则该少数民族成员享有选举产生少数民族理事会的权利。

波黑

根据 1995 年的《代顿协议》,波黑建设成为一个由两个实体、三个构成民族(constituent peoples)组成的国家,两个实体为穆克联邦和塞族共和国,三个构成民族为波斯尼亚克族、克罗地亚族、塞尔维亚族。根据 2003 年"少数民族权利法"第 3 条第 1 段对"少数民族"的定义,波黑认定了十七个"少数民族":阿尔巴尼亚人、捷克人、德意志人、匈牙利人、意大利人、犹太人、马其顿人、黑山人、波兰人、罗姆人、罗马尼亚人、俄罗斯人、卢森尼亚人、斯洛伐克人、斯洛文尼亚人、土耳其人、乌克兰人。《少数民族权利法》规定,确保十七个少数民族的平等,而且,这些少数民族还享有在历史、文化、习俗、传统、语言、教育、宗教信仰自由等方面的特殊权利。尽管如此,对于少数民族的歧视、少数民族与构成民族之间的地位和权利差距,仍然是引起众多争议的问题。①

北马其顿

北马其顿没有专门的法律界定"少数民族"或"少数族群"。阿尔巴尼亚族为该国最大的少数群体,约占总人口 1/4,阿尔巴尼亚人希望成为北马其顿的"构成民族",但未获同意。② 不过,1991 年马其顿宪法强调,马其顿是由马其顿人民以及具有马其顿公民身份的阿尔巴尼亚人、土耳其人、瓦拉几人、罗姆人和生活在马其顿的其他民族(nationalities)共同建立的民族国家。在宪法第四修正案中,列举了 6 个少数民族:阿尔巴尼亚族(Albanian people)、土耳其族(the Turkish people)、瓦拉几族(the Vlach people)、塞尔维亚族(the Serbian people)、罗姆族(the Romany people)、波斯尼亚克族(the Bosniak people)。③

1991 年马其顿宪法规定了少数族群、文化和语言群体的众多权利,包括:

---

① 参见:Velibor LALIĆ, Vedran FRANCUZ, "Ethnic Minorities in Bosnia and Herzegovina-Current State, Discrimination and Safety Issues," *Balkan Social Science Review*, vol. 8, December, 2016, pp. 153 – 179.

② Koinova M., *Ethnonationalist conflict in postcommunist states: varieties of governance in Bulgaria, Macedonia and Kosovo*, University of Pennsylvania Press, 2013.

③ Constitution of North Macedonia, https://www.wipo.int/edocs/lexdocs/laws/en/mk/mk014en.pdf.

所有人在法律面前一律平等;少数民族享有建立文化、艺术、教育、科学组织的权利,以母语接受教育的权利;宗教自由权利;在少数语言人口超过20％的地方,该少数语言也应为官方语言等。这些权利在2001年8月的"奥赫里德框架协定"(Ohrid Framework Agreement)①进行了进一步确认。北马其顿在2004年6月对《框架公约》作了补充说明,《框架公约》适用于具有北马其顿公民身份的以下"少数民族":阿尔巴尼亚族、土耳其族、瓦拉几族、塞尔维亚族、罗姆族、波斯尼亚克族。

2. "事实承认"存在着少数民族或少数族群

这类国家一般不刻意区分"少数民族"和"少数族群",而是将它们视为大致一类的群体。但在具体政策中,有的国家仍然会区别对待"事实承认"的不同少数群体,区别的标准主要根据族群人口或族群历史。

爱沙尼亚

爱沙尼亚虽然有明确的"少数民族"定义,却未明确哪些群体为"少数民族"。在1989年人口统计中,大约有100种族裔群体,其中人数最多的为俄罗斯人,占少数群体人口的80％以上;此外还有乌克兰人、白俄罗斯人、芬兰人、鞑靼人、拉脱维亚人、犹太人、立陶宛人、德意志人等,但超过3000人的只有俄罗斯人、乌克兰人、白俄罗斯人、芬兰人、鞑靼人。②

尽管爱沙尼亚没有列举哪些群体属于"少数民族",却明确了哪些"少数民族"能够享受"文化自治"权利,即四个"历史性"少数民族:德意志人、犹太人、俄罗斯人和瑞典人;而"其他少数民族"则必须超过3000人口才能享有"文化自治"的权利。四个享有"文化自治"的少数民族,只有俄罗斯人的人口超过了3000,而"其他少数民族"中,也只有超过3000人的乌克兰人、白俄罗斯人、芬兰人、鞑靼人享受"文化自治"的权利。对爱沙尼亚区别对待"少数民族",《框架公约》的监督机构"咨询委员会"(Advisory Committee)在2015年第四轮评估报告中提出了批评。③ 诚然,这种区别对待,不容易找到客观而合理的理由,因而

---

① Ohrid Framework Agreement, signed at Skopje, Macedonia on 13 August 2001, https://www.osce.org/files/f/documents/2/8/100622.pdf.

② "Minorities and Majorities in Estonia: Problems of Integration at the Threshold of the EU," ECMI Report ♯2, March, 1999, https://www.files.ethz.ch/isn/25735/report_02.pdf.

③ Advisory Committee on the Framework Convention for the Protection of National Minorities, Fourth Opinion on Estonia, adopted on 19 March 2015, ACFC/OP/IV(2015)002, https://www.coe.int/en/web/minorities/estonia.

存在直接歧视的嫌疑。

拉脱维亚

和爱沙尼亚一样,拉脱维亚也没有根据"少数民族"定义确定哪些群体为"少数民族"。人口统计显示,较大的少数群体为俄罗斯人、白俄罗斯人、乌克兰人、波兰人,其他较少的少数群体包括:摩尔多瓦人、阿塞拜疆人、格鲁吉亚人、里维人(Livs,Livonians),犹太人、立陶宛人等。波兰人、立陶宛人、犹太人常常被认为是较早居住在拉脱维亚的"历史性"少数民族(historic minorities),而里维人则被拉脱维亚确定为"土著人民"。[1] 1991年3月19日出台,经修改后于1994年6月15日正式实施的《关于拉脱维亚民族族裔群体无限制发展与文化自治权之法律》[2]也规定,在拉脱维亚的所有少数民族和族群,都有享有文化自治的权利。

2005年5月26日,当拉脱维亚议会在批准《框架公约》时强调,那些未获得拉脱维亚或其他国籍的人,如果一直合法生活在拉脱维亚,并认同他们为少数民族,只要符合拉脱维亚签署《框架公约》时所做的"少数民族"定义,也同样享有《框架公约》的权利[3],毕竟拉脱维亚未能获得公民身份的人还占据着很高比例。[4]

立陶宛

在少数民族问题方面,立陶宛和波罗的海其他两国存在一些差异。其一是,它民族的同质性更高,据2011年的人口统计,立陶宛族占总人口的84.1%[5];其二,立陶宛是三国中唯一没有对"少数族群"或"少数民族"进行界

---

① Minority Rights Group International, "World Directory of Minorities and Indigenous Peoples: Latvia," https://minorityrights. org/country/latvia/.

② "Lawon the Unrestricted Development and Right to Cultural Autonomy of Latvia's National and Ethnic Groups," https://www. eui. eu/Projects/InternationalArtHeritageLaw/Documents/NationalLegislation/Latvia/lawculturalautonomy. docx.

③ "Framework Convention for the Protection of National Minorities of the Council of Europe," Ministry of Foreign Affairs of the Republic of Latvia, 19. 02. 2015, https://www. mfa. gov. lv/en/policy/society-integration/integration-policy-in-latvia-a-multi-faceted-approach/ratification-of-the-council-of-europe-framework-convention-for-the-protection-of-national-minorities.

④ 截至2006年2月1日,拉脱维亚未获得公民身份常住人口占总人口的约1/5。Rights of National Minorities in Latvia, Report of Committee on Legal Affairs and Human Rights, Doc. 11094, November 8, 2006, http://assembly. coe. int/nw/xml/XRef/X2H-Xref-ViewHTML. asp? FileID=11490&lang=en.

⑤ "Database of Indicators," Statistics Lithuania. http://www. osp. stat. gov. lt/en/web/guest/statistiniurodikliu-analize1.

定的国家,在签署《框架公约》时,也未对"少数民族"进行界定或发布声明。

1989 年,立陶宛出台《少数族群法》[1],给予少数族群发展自己的语言、文化的权利,以母语受教育权利、免于歧视的权利,规定国家有义务资助少数族群发展其语言和文化。法律的出台说明立陶宛"事实承认"存在着少数族群。

立陶宛对少数群体的"事实承认法"也有一些基本标准,在立陶宛宪法中已有体现,主要是"公民身份、具有群体的专门语言、具有群体专门的文化和习俗"[2]。但它没有最低人口规定,也未强调主观认同。相对来说,属于较低的少数群体承认标准。不过,对于语言标准,欧洲委员会部长会议曾经批评道:立陶宛对少数族群的语言要求与立陶宛其他的一些法律不相符,也违背了立陶宛宪法和《框架公约》的相关条款。[3]

人口统计也是确定少数群体是否"事实存在"的重要途径。在人口统计中,立陶宛的"少数族群"主要有:波兰族、俄罗斯族、白俄罗斯族、乌克兰族、犹太人、鞑靼人。此外,还有一些较小的族群,例如亚美尼亚人、阿塞拜疆人、德意志人、卡拉伊姆人(Karaims, Karaites),拉脱维亚人、摩尔多瓦人、罗姆人、鞑靼人、乌兹别克人等。

丹麦

丹麦没有对"少数民族"或"少数族群""少数群体"进行界定。虽然 2003 年出台了《族裔平等对待法》[4],但该法未对"种族""族群"或"少数族群""少数群体"进行任何界定或说明。仅要求反对针对所有人——不论其种族或族群出身如何——的歧视。可以理解为,对于种族或族裔少数群体,丹麦仅仅强调实现"非歧视"或"形式平等",而非实现事实平等。丹麦只承认了南日德兰(southern Jutland)的德意志人享有"少数民族"地位,享受《框架公约》的保护,其他群体,例如犹太人、格陵兰因纽特人、法罗人、罗姆人只是事实存在的少数

---

① "Law on Ethnic Minorities"(1989 出台,1991 年 1 月 29 日修订),参见:http://www. minelres. lv/ NationalLegislation/Lithuania/Lithuania_Minorities_English. htm.

② Hanna Vasilevich, "Lithuania's Minority related Legislation: Is There a Legal Vacuum?" ECMI-Working Paper #70, September, 2013, https://www. files. ethz. ch/isn/170346/WP_70_Final. pdf.

③ Resolution CM/ResCMN(2012)19 on the implementation of the Framework Convention for the Protection of National Minorities by Lithuania, the Committee of Ministers on 28 November 2012, https://wcd. coe. int/ViewDoc. jsp?id=2009951&Site=CM.

④ Act on Ethnic Equal Treatment, "Danish Ministry of Refugee, Immigration and Integration Affairs," ref. no. 2002/5000 - 6, https://www. legislationline. org/download/id/4961/file/Denmark _ act _ ethnic_equal_treatment_2003_en. pdf.

群体或少数族群。官方仅正式"承认"一个少数民族的做法曾经受到《框架公约》咨询委员会的批评[①]，但丹麦并未改进。

罗马尼亚

罗马尼亚也未对"少数民族"或"少数族群"进行界定，也没有法律上认定为少数群体的名单，而是采取事实承认法。根据2011年的人口统计，罗马尼亚事实上存在的族裔群体主要是：匈牙利人、罗姆人、乌克兰人/卢森尼亚人、德意志人；此外，还有一些较小的族群，例如俄罗斯-立波瓦尼亚人、土耳其人、鞑靼人、保加利亚人、克罗地亚人、塞尔维亚人、斯洛伐克人、希腊人、犹太人、捷克人、波兰人、意大利人、亚美尼亚人、马其顿人等。另外，罗马尼亚给予匈牙利人进入议会的特别通道，同时给予十八个少数族群——阿尔巴尼亚人、亚美尼亚人、保加利亚人、克罗地亚人、捷克人、斯洛伐克人、德意志人、希腊人、意大利人、犹太人、利波维尼人（lipoveni）、马其顿人、波兰人、罗姆人、卢森尼亚人、塞尔维亚人、土耳其人、乌克兰人等在议会保留席位，以保证他们的代表性。可以认为，这是一种"间接认定"少数群体的做法。

斯洛伐克

斯洛伐克没有对"少数民族""少数族群"等进行界定，但通常称少数群体为"少数民族"，这在1999年《少数民族语言使用法案》（Act on the Use of Languages of National Minorities）中，以及斯洛伐克政府设立的"少数民族事务全权代表"（Slovak Government Plenipotentiary for National Minorities）中已有隐约交代。斯洛伐克对少数民族采取事实承认方式，根据斯洛伐克"少数民族文化资助计划2015—2017"，以下"少数民族"获得了政府文化资助资金：保加利亚人、捷克人、克罗地亚人、匈牙利人、摩拉维亚人、德意志人、波兰人、罗姆人、卢森尼亚人、俄罗斯人、塞尔维亚人、乌克兰人、犹太人。[②]

塞尔维亚

根据人口统计，塞尔维亚有超过15％的少数民族人口，有二十四个少数群体，人口最多的是匈牙利人，约25.3万，占总人口3.53％，几乎全部居住在与

① Minority Rights Group International, "World Directory of Minorities and Indigenous Peoples-Denmark," 2007, https://www.refworld.org/docid/4954ce0433.html.

② Fifth Report submitted by the Slovak Republic Pursuant to Article 25, paragraph 2 of the Framework Convention for the Protection of National Minorities, received on 31 January 2019, https://rm.coe.int/5th-sr-slovak-republic-en/1680923d76.

匈牙利接壤的伏伊伏丁纳自治省；其次为散居的罗姆人，约有14.7万，占总人口约2.05%；第三为波斯尼亚克人，14.5万，占总人口2.02%，他们聚居在西南部的桑扎克（Sandžak）的拉什卡地区（Raška）。①　其他少数民族还有克罗地亚人、斯洛伐克人、阿尔巴尼亚人、黑山人、瓦拉几人、罗马尼亚人、马其顿人、保加利亚人等。匈牙利人、波斯尼亚克人、阿尔巴尼亚人等较大的少数民族在政治上组织良好，在各个层级的政府机构都有代表，而罗姆人、斯洛伐克人、卢森尼亚人常常被视为"族群"，在国家政治中几乎没有真正的代表性。②

2002年塞尔维亚和黑山共和国出台《关于保护少数民族权利和自由的南斯拉夫法律》第2条对"少数民族"进行了界定。同年，塞尔维亚又出台了少数民族理事会的选举规则（Rules on the Work of the Assembly of Electors for the Election of Councils of National Minorities），建立了民族理事会管理下的民族文化自治制度。关于少数民族享有集体权利和建立民族理事会的相关条款也写进了塞尔维亚和黑山2003年宪法。2006年塞尔维亚单独建国之后，这些制度被延续下来。不过，上述法律缺乏具体内容。在匈牙利政党的积极推动下，2009年，塞尔维亚出台"少数民族民族理事会法"（Law on National Councils of National Minorities），对民族理事会的地位、职能、选举办法、资金来源进行了较为具体的规定。

不过，虽然塞尔维亚对"少数民族"进行了界定，但并没有对哪些群体为少数民族进行认定。理论上，符合定义的每一个群体都可以作为少数民族，但在实践中，建立一个少数民族全国性的民族理事会是对一个群体作为少数民族的间接认定或非正式承认，迄今已有二十一个少数群体建立了民族理事会。

乌克兰

虽然1992年6月25日乌克兰出台的《少数民族法》对"少数民族"进行了界定，但未明确认定哪些群体属于"少数民族"。根据2001年的人口统计，乌克兰人口较多的少数民族包括：俄罗斯族、白俄罗斯族、摩尔多瓦族、克里米亚鞑靼人（2014年后属于俄罗斯）、保加利亚族；较小少数民族包括波兰人、犹太人、

---

① Statistical Office of the Republic of Serbia, "Population, Ethnicity, Data by Municipalities and Cities", 2011 Census of Population, Households and Dwellingsin the Republic of Serbia, 2012, pp. 14 - 15.

② UNDP Country Office in Serbia, "Human Development Report 2005-Serbia-Strength of Diversity," UNDP, 2005, p. 62.

罗马尼亚人、亚美尼亚人、匈牙利人、罗姆人等,一共有 100 个群体被事实承认的"少数民族"。① 乌克兰对于个人民族身份采取"自我认同"原则,而非前苏联时期根据父母而定的"世系原则",在 2001 年的人口统计中,对于民族身份的统计为主观作答题而非勾选题,个人可以根据主观感受来认同民族身份。

2012 年 6 月 3 日,乌克兰出台《关于国家语言政策原则的第 5029 - VI 号法律》②,认定了十七种在某些地区使用人口超过 10% 的语言为"区域语言"。

摩尔多瓦

2001 年 7 月 19 日,摩尔多瓦出台了《摩尔多瓦共和国属于少数民族成员权利及其组织的法律地位之法律》,对哪些人属于"少数民族成员"进行了说明,但并未正式认定少数民族,而是采取事实承认法。根据 2014 年的人口统计,人口较多的少数民族包括罗马尼亚人、乌克兰人、嘎嘎乌兹人(Gagauz)、俄罗斯人、保加利亚人、罗姆人。不过,在 1994 年宪法中③,嘎嘎乌兹人被称为"人民",并获得了自治地位,表明它相比其他少数群体享有更高的保护地位。此外,宪法第 13 条强调,国家应承认,并对其境内使用的俄语及其他语言加以保护及发展。这也间接意味着,俄语为少数语言中获得更多保护的语言。

摩尔多瓦个人民族身份的认同是一个具有较大争议的问题。"摩尔多瓦共和国属于少数民族成员权利及其组织的法律地位之法律"第 2 条强调了民族身份选择的自由:属于少数民族的人都有权自由选择是否为少数民族身份,这种选择或行使与这种选择有关的权利不应使他/她处于不利地位。但是,这条是否意味着民族身份主观上的"自我认同"原则? 摩尔多瓦并未明确,因为这条规定,"属于少数民族的人"有权选择自己属于这个民族还是不属于这个民族,而不一定意味着它可以自由选择任何民族。实际上,摩尔多瓦仍然延续前苏联时期的做法,按照"世系原则",即根据父母民族身份确定自己的民族身份。在 2010 年欧洲人权法院审理的"Ciubotaru v Moldova 案例"中,④当事人因为无法证明其父母具有罗马尼亚族身份,而无法申请为罗马尼亚族身份。欧洲人权

---

① All-Ukrainian population census, 2001 data, https://web. archive. org/web/20111217151026/http://2001. ukrcensus. gov. ua/eng/results/general/nationality/.

② Law 5029-VI on Principles of the State Language Policy, https://zakon. rada. gov. ua/laws/anot/en/5029-17.

③ "Constitution of the Republic of Moldova," August 27, 1994, https://www. refworld. org/docid/3de4a8237. html.

④ Application no 27138/04, 27 April 2010 (ECtHR) Fourth Section.

法院注意到,摩尔多瓦的相关法律条款具有同《框架公约》第 3(1)条一致的内容,但在现实中,摩尔多瓦仍然延续前苏联时期的做法——根据父母身份确定民族身份。摩尔多瓦政府强调,在现实中未采取"自我认同"原则的原因是,"自我认同"原则会导致"严重的行政后果及造成与其他国家关系紧张"。对此,欧洲人权法院表示,不反对在个人民族身份认定时要求出示一定的客观证据,但是,当事人已经出示了基本的客观证据——包括语言、名字、共情——却仍然被摩尔多瓦政府拒绝他的罗马尼亚族身份申请,违反了欧洲人权公约第 8 条(隐私权)中国家所需承担的积极责任。本书后面章节对该案例及其涉及的个人族群认同问题进行详细分析。

白俄罗斯

白俄罗斯 1992 年通过的《少数民族法》虽然指出"哪些人属于少数民族",但并未认定少数民族或少数族群群体,而是采取事实承认法。根据人口统计,白俄罗斯主要的少数民族包括:俄罗斯人、波兰人、乌克兰人、犹太人等。不过,和大多数新独立后苏联地区国家一样,白俄罗斯面临着艰巨的"国族"建设任务,而对于各少数民族的身份维护与权利保护,则较少兼顾。

3. 否认存在"少数民族",但事实承认"少数族群"

西班牙

西班牙没有对"少数民族""少数族群"或"少数群体"进行界定。1978 年西班牙宪法宣布"西班牙国家不可分割的统一性"的同时,承认"民族(nationalities)和地区的自治权",这里的"民族"①包括加泰罗尼亚人、巴斯克地区的尤斯卡迪人(Euskadi)、加利西亚人,它们享有在聚居区实行自治的权利。

但在签署《框架公约》时声明:根据宪法原则和《框架公约》,西班牙不存在少数民族。不过,西班牙愿意按照《框架公约》的要求保护具有西班牙公民身份

---

① "nationalities"是一个很难在中文中找到相应翻译的词语,对它的理解也未统一。恩格斯在《工人阶级同波兰有什么关系?》一文中,对"nation""nationality""people"三个词语进行了比较。他将波兰、德国、意大利等与国家相联系的大的民族称为"nation",而将许多"更小的民族"和"多民族国家"中的"民族"称为"nationalities",例如苏格兰山区克尔特人和威尔士人和英格兰人,就属于不同的民族(nationality)。而"peoples"则是指"历史上的一些大民族",即该词有着较强的历史含义。郝时远认为,"nationalities"是指相对于国族(nation)次一级的民族。笔者赞同上述两种说法,同时认为,正如西班牙宪法所理解的一样,"nationalities"常常是指地方性民族,它具有比一般的族群(ethnic group)在政治、文化、经济等方面更完善的发展程度。参见:弗·恩格斯,《工人阶级同波兰有什么关系?》,《马克思恩格斯全集》(第 16 卷),人民出版社 2007 年版,第 170—183 页;郝时远:《类族辨物:"民族"与"族群"概念的中西方对话》,中国社会科学出版社 2013 年版,第 4、60 页。

的罗姆/吉卜赛人,尽管罗姆/吉卜赛人并非"少数民族"①,这可以视为承认罗姆/吉卜赛人为少数群体。

1999年西班牙《个人数据保护法案》②禁止对族群、宗教信仰等进行统计,但出于普遍利益的原因,在遵守法律和获得同意的情况下,可以统计种族出身(racial origin),即可以对少数群体的来源国进行统计。

根据人口统计,其他少数族群包括阿拉贡人(Aragoneses)、阿斯图里亚斯人(Asturians)、坎塔布里亚人(Cantabrians)、厄瓜多尔人、秘鲁人、哥伦比亚人、摩洛哥人等。此外,1978年西班牙宪法第3条规定,除了卡斯蒂利亚语为官方语言之外,在少数族群自治地区,根据相关规章制度,该少数语言也可以作为共同的官方语言。③ 这样,加泰罗尼亚语、巴斯克语、加利西亚语等都成了区域性官方语言。

葡萄牙

葡萄牙和法国一样,长期采取"公民国家"理念,强调实现葡萄牙公民无差别的平等,任何个人不得因族群原因获得优惠对待,也不能遭受歧视对待。因此,葡萄牙未正式承认该国存在着"少数民族",更未对"少数民族"进行界定。不过,葡萄牙并不否认其国内存在着族群、宗教、语言等少数群体。葡萄牙政府在提交给《框架公约》的报告曾经指出,事实上存在着的社会群体,不必然构成"少数民族"。④ 根据2011年的人口统计,葡萄牙事实上存在的较大的族群主要有:亚速尔群岛人(Azoreans)、马德拉人(Madeirans)和罗姆人;其他较小的族裔群体包括佛得角人、乌克兰人、巴西人、安哥拉人等。

比利时

比利时未对"少数民族""少数群体"或"少数族群"进行界定,比利时于2001年7月31日签署了《框架公约》,但由于国内存在反对意见,至今未能批准。⑤

---

① 西班牙签署"框架公约"的声明,参见:https://www.coe.int/en/web/conventions/full-list/-/conventions/treaty/157/declarations?p_auth=3WY2pb5Q.

② Spain, Personal Data Protection Act (Ley Orgánica de Protección de Datos de Carácter Personal) 15/1999, December 13, 1999, Article 7, https://www.boe.es/buscar/act.php?id=BOE-A-1999-23750.

③ The Spanish Constitution, October 31, 1978, https://www.boe.es/legislacion/documentos/ConstitucionINGLES.pdf.

④ Report Submitted by Portugal Pursuant to Article 25, Paragraph 1 of the Framework Convention for the Protection of National Minorities, ACFC/SR/(2004)002, December, 2004, https://rm.coe.int/168008b12e.

⑤ 《框架公约》的签署和批准情况,参见:https://www.coe.int/en/web/minorities/etats-partie.

比利时拒绝承认存在"少数民族",但事实承认存在着一些"少数群体"。少数群体的差异较为明显地体现在语言上面,除了占主体的荷兰语群体佛兰德人(也称佛莱芒人,Flemish,Flemings),语言少数主要是居住在瓦隆区的法语群体,即瓦隆人(Waloon),还有主要生活在东部的德语群体。但法语群体反对将自己视为少数民族或少数语言群体,而应是比利时两个主体群体之一。① 正是因为佛兰德人和瓦隆人的差异主要聚焦在语言方面,有的专家认为它们都是"社群"而非族群,因为一个人可以通过学会一种语言轻易地从一个社群转向另一个社群,而族群跨越则不仅仅是语言问题。② 不过,1961 年,比利时取消了官方的语言统计,以模糊国家在语言方面的裂痕,增强国家凝聚力。除此之外,其他大多数群体,均介于"移民"和"少数群体"之间,包括意大利人、土耳其人、阿拉伯人、犹太人、罗姆/辛提人。此外,比利时还认定了六种宗教的合法地位,保罗罗马天主教(主体宗教)、新教、安立甘教会、东正教、犹太教、伊斯兰教。

保加利亚

保加利亚在签署《框架公约》时表示不存在"少数民族",人口中存在的族群、文化、语言和宗教差异,并不必然导致保加利亚存在"少数民族"。不过,保加利亚认为,事实上存在着传统上居住在保加利亚并具有该国公民身份的族群、语言和宗教群体,它们受到《框架公约》的保护。③

在 2011 年的保加利亚人口统计中,只列出了三个族群选择:保加利亚人、土耳其人、罗姆人,使很多民族的"自我认同"受挫。④ 从统计中可见,土耳其人、罗姆人为保加利亚"事实承认"的少数族群,而其他少数族群无法享受与"事实承认"了的少数族群同样的地位和权利。例如马其顿人和波马克人(Pomaks,使用保加利亚语言的穆斯林)则长期被认为是保加利亚人,而非少数族群。

4. 否认"少数民族"和"少数族群"的事实存在

法国以"公民主义模式"著名,早在大革命时期,法国就试图建立一个"由个

---

① 例如在 2010 年比利时《少数群体条约》(The Minorities Treaty)草案中,法语群体明确表达了这种诉求,但该条约由于佛兰德人的反对最终未能通过。该条约参见:https://www.docu.vlaamserand.be/node/12902?language=en.

② 戴维·莱文森主编,葛公尚、于红译:《世界各国的族群》,中央民族大学出版社 2009 年版,第 22 页。

③ Mihail Ivanov, Interpreting the Term "National Minority", *Balkanologie*, 1998, vol. II, no. 1.

④ Advisory Committee on the Framework Convention for the Protection of National Minorities, "Third Opinion on Bulgaria," adopted on 11 February 2014, https://rm.coe.int/168008c669.

人而非由阶级组成的大协会,这个协会对其成员一视同仁,决不分三六九等"①。在这样一个社会中,"国家成了每个个体成员效忠和归属的对象,多元的族群或宗教集团降到了次级组织的地位上,公民身份、对法律的服从高于其他任何身份和团体"②。根据这个思路,法国政府拒绝提及任何民族、种族、族裔、宗教或语言上的少数民族,国家仅与个人互动,而不与任何"少数群体"互动,甚至也不与其他群体互动,以便对所有人给予平等待遇。"绝对平等"被视为确保所有公民融入社会、造福国家和公民自身的最佳途径。基于"公民主义模式"和"世俗主义传统",法国自 1872 年开始,就禁止收集个人种族、族群、宗教等信息,1978 年,又专门出台了禁止直接或间接收集关于个人种族、族群出身和宗教信仰的法案③,因而人口调查中也没有关于种族、族群、宗教的统计,这方面的信息只能依靠民间机构或学术机构的统计。法国基于"公民主义模式"的治国理念和"少数群体"理念,自然不会界定什么是"少数群体",也不会出台专门针对"少数群体"的政策。不过,法国可以统计各种语言使用情况,根据统计数据,法国文化与传播部承认了十四个境内少数语言和四十七个海外少数语言的地位。但对于少数语言群体,也只是承认而无专门优惠政策。1999 年,当法国批准了"欧洲区域或少数语言宪章"之后,法国宪法法院认为,由于"宪章"给予一些法国领土上的"群体"以某些权利,包括在"公共生活中"(public life)使用法语之外的语言的权利,这违反了法国的宪法的一些原则,例如违反了"法兰西共和国的不可分割性""在法律面前平等""法国的单一性"等原则。④

因此,法国没有专门针对少数种族、族群,宗教少数的政策,这些人只能享有法国的个体人权,并可能在法国对贫穷人口、弱势人口的优惠政策中获益。也就是说,法国没有针对少数群体的"特别保护"或"优惠政策",少数群体只有从其他政策领域中获得一些间接的"优惠",这种保护是"极弱"型少数群体保护。

---

① 皮埃尔·罗桑瓦龙著,高振华译:《法兰西政治模式:1789 年至今公民社会与雅各宾主义的对立》,生活·读书·新知三联书店 2012 年版,第 5 页。
② 常士訚:《族际合作治理:多民族发展中国家政治整合研究》,天津人民出版社 2019 年版,第 93 页。
③ Act No. 78 - 17 of 6 January 1978 on Information Technology, Data Files and Civil Liberties, https://www.cnil.fr/sites/default/files/typo/document/Act78-17VA.pdf.
④ Conseil constitutionnel [CC] [Constitutional Court] decision No. 99 - 412DC, June 15, 1999, Rec. 71, paras. 10 - 11. 法国批准"欧洲区域或少数语言宪章"的博弈,参见庄晨燕:《欧洲区域或少数语言宪章》与法国多样性治理:对西方选举政治的反思,《世界民族》2018 年第 5 期。

法国对于民族或族群采取"公民民主主义"(civil nationalism)而非族群民族主义(ethnic nationalism)的认同方式,是法国大革命以来法国塑造共和主义公民国家的一种傲慢式执拗,它很契合哈贝马斯的后民族主义理论或宪法爱国主义理想。哈贝马斯的后现代民族主义认为,现代社会的集体认同或社会团结应该建立在一系列抽象而普遍的法律规范之上,而不应建立在如民族主义者所主张的那种前现代的血缘、种族、语言、文化或传统生活方式之上;而宪法爱国主义强调应该淡化文化、语言或传统的前现代认同,而应加强基于共同宪法原则的认同,以宪法爱国主义代替浪漫的民族主义。①

然而,至少欧洲的实践反复证明,以血缘、种族、族群、文化、语言、传统、宗教等特征而结合起来的前现代的民族或族群身份,并不容易突然消亡,从而进入以国家政治制度或宪法认同为基础的后现代民族身份,两种认同的长期共存和此消彼长的争夺状态是必然的。毕竟,民族是人类最合理和最神圣的分类,而民族精神是最自然最合理的东西。② 当一个民族具有一种"性格"、一种"民族魂"和一种真实的民族文化后,个人便以他们民族的"性格"为特征,而这种"性格"对于民族的成员而言,即使迁居他国数代后,仍然不能消灭。③

社会现实是所有政治家、理论家、研究者无法忽略、随意夸大或者缩小的客观存在,法国"共和主义"模式虽然有其合理之处,但它忽略少数民族、族群客观存在的事实,引起了罗姆人、科西嘉人等少数群体越来越多的不满和反抗,也削弱了法国的"共和"根基和民主合法性。这种力图回避对少数群体进行界定的做法,也不能自我免除少数群体保护的责任。正如联合国少数群体保护特别报告人凯博多蒂所指出,如果某个群体满足了少数群体的标准却未被国家承认,那么国家同样也不能豁免于国际法责任和免于保护这个少数群体的责任。④

然而,一切理论和政策均需以事实为依据。当现实中确实存在着群体间的自然差异时,仍然试图政策性抹平一切差异的做法,恰如身处冲突环境中,通过

---

① 关于哈贝马斯的后现代民族认同及宪法爱国主义,参见哈贝马斯著,曹卫东译:《后民族结构》,上海人民出版社 2002 年版;马珂著:《后民族主义的认同及其启示——争论中的哈贝马斯国际政治理念》,上海人民出版社 2010 年版,第 3—4、54—62 页。

② 安东尼·史密斯著,叶江译,《民族主义:理论、意识形态、历史》,上海人民出版社 2011 年版,第 42 页。

③ 海斯著,帕米尔等译:《现代民族主义演进史》,华东师范大学出版社 2011 年版,第 23—24 页。

④ Francesco Capotorti, *Study on the Rights of Persons Belonging to Ethnic, Religious and Linguistic Minorities*, United Nations Pubns, 1991, p.96.

闭上眼睛来确保和平,容易将自己推向毁灭的结局。在当前民族认同还远未从前现代认同进入后现代认同的基本事实下,法国"共和主义"模式若不辅之以承认政治或至少具有工具主义色彩的族群政策——事实承认并给予优惠政策,则前景堪忧。

总之,官方"认定"少数民族或者"事实承认"少数群体存在的国家,比起拒绝承认少数民族或少数族群存在的国家来说,对于少数民族的保护程度、力度要好得多。不过,官方"认定"少数民族的国家是否明显或者必然优于"事实承认"少数群体存在的国家呢?一般来说是这样的,但又不尽然如此。例如德国,由于纳粹德国的种族屠杀的历史,"二战"后在人口统计中并不统计族群或民族身份,也不统计宗教信仰和语言使用情况,通常只统计移民来源国,凭此对民族、族群、语言、宗教等群体构成作出粗略估算,更多的相关数据只能依靠学术界或民间统计,而在个人民族身份的确认方面,则依据"自我认同"原则。问题在于,如果一个国家未承认某个群体为"少数民族""少数族群",或某种语言为"少数语言",个人的"自我认同"权利实际上是无法实现的。也就是说,"自我认同"这个自由主义民族认同理论,可能被"族群认定"门槛所架空,而成为"美丽的谎言"。《框架公约》咨询委员会曾经批评德国未按照辛提人和罗姆人的意愿将两者视为不同的"少数民族",而将两者视同为一个"少数民族";对于波兰族和波兰语,也未被承认为"少数民族"和"少数语言",导致这个群体的个人无法按照自己的意愿去"自我认同"民族和语言身份。[1] 再如意大利,虽然它通过法律确立了十二个受到强保护的"历史性语言少数群体",但《框架公约》咨询委员会指出,这种认定方式对于那些未被列入十二类语言群体的其他语言群体或者其他少数群体——例如罗姆人——来说,使他们变得更加弱势。[2]

---

① Fifth Report submitted by Germany Pursuant to Article 25, paragraph 2 of the Framework Convention for the Protection of National Minorities, ACFC/SR/V(2019)001, received on 31 January 2019, https://rm.coe.int/5th-state-report-germany-english-language-version/16809232ba.

② Advisory Committee on the Framework Convention for the Protection of National Minorities, Fourth Opinion on Italy adopted on 19 November 2015, ACFC/OP/IV(2015)006, https://rm.coe.int/16806959b9.

第三章

欧洲少数群体保护的"非歧视"原则

非歧视(non-discrimination)是国际人权法中的一个基本原则,也是一项基本权利——非歧视权利或免于歧视的权利(right to non-discrimination)。对个人权利和少数群体权利来说,非歧视原则是一个基础性原则。甚至可以说,免于歧视的原则和权利,是所有权利的基础,也是基本权利①的基础。本书出现的各种权利,大都属于"基本权利"范畴,《欧洲人权公约》全名为"《欧洲人权与基本自由公约》",即它保护的也主要是基本权利。

很多国际制度涉及非歧视的内容,虽然它们对非歧视的规定存在一定差异,但核心要义都是禁止基于种族、肤色、血统、民族或族群出身、性别、语言、宗教、政治或其他观点、财产、出生、性取向等方面的不平等对待。

非歧视问题涉及的方面很广,存在着很多尚未解决的理论争端。本章将首先介绍国际层面和欧洲层面关于非歧视原则的国际法和制度,在此基础上对涉及非歧视原则的一些理论问题进行阐述,然后选择几个涉及少数群体非歧视权

---

① 不少学者认为,人的权利和自由是分等级的,有的权利和自由更为重要、更为根本,属于"基本权利",例如"生存权""非歧视权""平等权"等,有的权利和自由则相对次要一些,例如晋升权、获得社会福利权等属于"非基本权利"。1999 年 3 月 8 日联合国大会决议通过《关于个人、群体和社会机构在促进和保护普遍公认的人权和基本自由方面的权利和义务宣言》中,将所有人权和基本自由并列规定,将普遍公认的人权和基本自由确认为"基本人权"。参见: Theodor Meron, "On a Hierarchy of International Human Rights," *American Journal of International Law*, Get access Volume 80, Issue 1 January 1986; Teraya Koji, "Emerging Hierarchy in International Human Rights and Beyond: From the Perspective of Non-derogable Rights," *European Journal of International Law*, Volume 12 Issue 5, December 1, 2001;韩荣和、关今华、关山虹:《简论基本人权》,《福建师范大学学报》(哲学社会科学版)2010 年第 4 期。

利的重要案例,来呈现欧洲国际社会、法律机构、欧洲国家政府、学术界对非歧视案例的理解。在此基础上笔者力图对欧洲少数群体保护中的非歧视原则进行评析。

第一节 "非歧视"理念的提出与发展

"非歧视"源于"歧视",而"歧视"是一个十分复杂的概念,也是一种十分复杂的行为,它几乎和任何人文社会学科都存在联系,包括经济学、社会学、心理学、政治学、民族学、法学等。它的本质是一种不公平、不合理的区别对待,其结果必然导致不平等。

歧视与平等虽然属于两个原则,但它们是一个硬币的两面。有学者指出,两者不同之处主要在于:"平等"是以积极的、作为的方式保护所有人的人权与自由;"非歧视"或说禁止歧视是从消极的、不作为的方式保护所有人的人权和基本自由。[①] 另外,"非歧视"与"反歧视"也并非完全一致,两者有相关关系,"非歧视"指代范围更广,而"反歧视"需要采取更积极有力的介入方式,它已接近"形式平等"的范畴。但这并不意味着"非歧视"仅仅具有消极含义或消极平等的含义,实际上,非歧视也需要国家采取积极行动才能实现,只是相对"反歧视"来说,其积极、主动程度略低一些。

歧视的产生有复杂的原因,包括经济的、道德的、心理的、社会的、政治的、法律的因素,这些因素有理性和非理性的,有情势性或结构性的,有显性和隐性的。从歧视主体来看,有机构歧视,也有个人歧视。从社会学的角度来看,歧视是"由于某些人是某一群体或类属之成员而对他们施以不公平或不平等的待遇"[②];从法律上看,"歧视是一种区别对待,其结果是排斥、否定或损害了某些人应享有的权利"[③]。

由于原生概念"歧视"的复杂性,"非歧视"概念也十分复杂,对它很难进行具体的界定,国际制度强调它是一个权利保护的重要原则而非一项可以直接操

[①] 朱晓青:《〈欧洲人权公约〉中的平等与非歧视原则》,《2006 年亚洲地区性别与法律研讨会论文集》,2010 年在线出版,第 124—133 页。

[②] 戴维·波普诺著,李强等译:《社会学》,中国人民大学出版社 2004 年版,第 306 页。

[③] 李薇薇:《反歧视法原理》,法律出版社 2012 年版,第 1 页。

作的标准或制度。

1986年6月,联合国出台关于实施《经济、社会及文化权利国际公约》的"林堡原则"①,虽然未对"非歧视"进行直接界定,但进行了一些解释,即"非歧视"意味着缔约国应立即废除任何影响享受经济、社会和文化权利的歧视性法律、法规和做法,从而消除法律上的歧视;由于缺乏资源或其他原因而造成的在享受经济、社会和文化权利方面的事实上的歧视应尽快终止;为确保某些团体或个人平等享有经济、社会和文化权利而采取的特别措施不应被视为歧视,但这些特别措施不应给某群体带来新的权利,也不会在实现其目标之后继续存在;禁止私人和团体在公共生活的任何领域实行歧视。

2009年联合国经济、社会与文化权利委员会第20号"一般性意见"指出,"非歧视"原则是寻求"保证人权的享有不因种族、肤色、性、语言、宗教、政治和其他观点、民族和社会出身、财产状况、出生和其他地位例如残疾、年龄、婚姻和家庭状况、性取向和性别身份、健康状况、住址、经济和社会状况而受到歧视。②

上述对"非歧视"的描述,共同之处在于:均从"歧视"的角度去衡量"非歧视";均涉及一些族群、文化、种族等群体的权利。

一、关于"非歧视"的国际层面制度

1945年成立的联合国是二战以来世界人权保护的重要机构,大多数国际层面的人权制度都是在联合国的框架下制定的。联合国涉及"非歧视"的公约、宣言非常之多,本部分择其要者以及与少数群体保护关系密切者进行简单介绍。

1948年12月10日联合国在巴黎大会上通过了《世界人权宣言》,为世界人权保护奠定了基础。此后,国际层面出台了80多项有关人权的公约和宣言,其中包括:"消除种族歧视和对妇女歧视的公约";"关于儿童权利、禁止酷刑和其他有辱人格的待遇、难民地位、防止及惩治灭绝种族罪的公约";"关于在民

---

① "Limburg Principles on the Implementation of the International Covenant on Economic, Social and Cultural Rights," UN doc. E/CN. 4/1987/17, https://www. right-to-education. org/sites/right-to-education. org/files/resource-attachments/UN_Limburg_Principles_1987_En. pdf.

② General comment No. 20: Non-discrimination in economic, social and cultural rights, UN Committee on Economic, Social and Cultural Rights (CESCR), E/C. 12/GC/20, July 2, 2009, https://www. refworld. org/docid/4a60961f2. html.

族、族裔、宗教和语言上属于少数群体的人的权利";"发展权利、人权捍卫者权利的各项宣言"。

不过,《世界人权宣言》仅仅是一个宣言性质的文件,并不具备法律效力。为了使它规定的权利具备法律约束力,同时丰富联合国人权保护体系,1966年12月16日,二十一届联合国大会通过了《经济、社会及文化权利国际公约》(又称"A公约",1976年1月3日生效)和《公民权利与政治权利国际公约》(又称"B公约",1976年3月23日生效);联合国大多数国家都是这两项公约的缔约国。这两项盟约与《世界人权宣言》一起,构成了国际人权制度的基本框架。

在《世界人权宣言》中,"歧视"(discrimination)一词一共出现过四次,第7条出现三次,第23条出现一次。其中第7条规定:法律面前人人平等,并有权享受法律的平等保护,不受任何歧视。人人有权享受平等保护,以免受违反本宣言的任何歧视行为以及煽动这种歧视的任何行为之害。第23条第2款规定:人人有同工同酬的权利,不受任何歧视。第七条涉及的是不受"任何歧视",第23条涉及的是在同工同酬方面不受歧视。虽然两个条款都没有直接使用"非歧视",但使用了"不受歧视"(without any discrimination)、反对歧视(against any discrimination)、平等(equal)等词语,都已表达了"非歧视"的含义。

另外,《世界人权宣言》第1、2条虽然没有直接使用"歧视"一词,但分别强调了"平等""不受区别对待"(without distinction)等,通常也被认为是与"非歧视"原则直接相关的条款。其中第1条规定:人人生而自由,在尊严和权利上一律平等。他们富有理性和良心,并应以兄弟关系的精神相对待。第2条是禁止"区别对待"的内容,与"非歧视"存在紧密关系:人人有资格享有本宣言所载的一切权利和自由,不分种族、肤色、性别、语言、宗教、政治或其他见解、国籍或社会出身、财产、出生或其他身份等任何区别。并且不得因一人所属的国家或领土的政治的、行政的或者国际的地位之不同而有所区别,无论该领土是独立领土、托管领土、非自治领土或者处于其他任何主权受限制的情况之下。①

根据这条,连基于国籍的区别对待也应禁止,但这实际上不符合国际惯例,因而并未进入后来的国际法之中。1965年联合国《消除一切形式种族歧视公约》规定,可以存在"国民待遇与非国民待遇的区别",但又强调,基于国籍的区

---

① 世界人权宣言(中文版)参见:https://www.un.org/zh/universal-declaration-human-rights/.

别对待当涉及种族歧视时无效。①《公民权利与政治权利国际公约》也同样不承认外国人与公民的同等权利,而负责监控该公约的联合国人权委员会认为,缔约国在"原则上"具有决定"谁可以进入或居住在其领土内"的权利,但同时也指出,缔约国的这种权利应基于非歧视的原则而限制使用。②

不过,在欧盟中,出于建立欧洲统一大市场的要求,各国公民之间在四大流通领域相互享有"国民待遇",因而这些方面的"国籍"区别是不允许的。

《公民权利与政治权利国际公约》第 4 条、第 20 条、第 24 条和第 26 条使用"歧视"一词表达了反歧视的内容,还有更多的条款使用了"平等"、禁止"区别对待"等词语,这些与反歧视也有联系。其中最为重要是第 2(1)条和第 26 条,第 2(1)条规定:

本公约每一缔约国承担尊重和保证在其领土内和受其管辖的一切个人享有本公约所承认的权利,不分种族、肤色、性别、语言、宗教、政治或其他见解、国籍或社会出身、财产、出生或其他身份等任何区别。

第 26 条规定:

所有的人在法律面前平等,并有权受法律的平等保护,无所歧视。在这方面,法律应禁止任何歧视并保证所有的人得到平等的和有效的保护,以免受基于种族、肤色、性别、语言、宗教、政治或其他见解、国籍或社会出身、财产、出生或其他身份等任何理由的歧视。

需要特别注意的是,《公民权利与政治权利国际公约》第 27 条是一个直接涉及少数群体③权利的条款,该条规定:

在那些存在着人种的、宗教的或语言的国家中,不得否认这种同他们的集团中的其他成员共同享有自己的文化、信奉和实行自己的宗教或使用自己的语言的权利。

该条没有直接提及"非歧视"或"平等",它强调少数群体具有享有自己的文化、宗教和语言权利,可以说内在地包含了"非歧视"原则。1994 年,联合国人

① David Weissbrodt, "The Protection of Non-Citizens in International Human Rights Law," in R. Cholewinski ed., *International Migration Law: Developing Paradigms and Challenges*, TMC Asser Press, 2007, p.221,225.

② 李先波、赵彩艳:《非歧视待遇原则在移徙工人权利保护中的适用》,《湘潭大学学报》(哲学社会科学版)2018 年第 5 期。

③ 该条使用的是"少数群体"(minorities)一词。

权委员会出台的"第23号一般性意见"对第27条进行了详细阐释,例如享有权利的主体不必是缔约国的公民;缔约国需要采取积极措施,确保权利的存在和行使等。①

《经济、社会与文化权利国际公约》包含"歧视"一词的只有第2条第2款和第10条第3款。其中第2条第2款规定:本盟约缔约国承允保证人人行使本盟约所载之各种权利,不因种族、肤色、性别、语言、宗教、政见或其他主张、民族本源或社会阶级、财产、出生或其他身份等等而受歧视。第10条第3款规定:所有儿童及少年应有特种措施予以保护与协助,不得因出生或其他关系而受任何歧视。

为了落实《公民权利与政治权利国际公约》和《经济、社会、文化权利的国际公约》,联合国成立了专门的监督机构——联合国人权委员会(UN Human Rights Committee)和联合国经济、社会和文化权利委员会(Committee on Economic, Social and Cultural Rights)。1989年11月10日,联合国人权委员会针对"非歧视"出台了第18号"一般性意见"②,经济、社会和文化权利委员会则于2009年7月2日出台了"经济、社会和文化权利的非歧视问题"第20号"一般性意见"(主要是阐释第2条第2款)。③

联合国人权委员会第18号"一般性意见"指出,非歧视要求在法律面前平等——即法律的平等保护是人权保护的基础,国家应采取措施及承担积极责任去实现这些原则。该"意见"没有对"歧视"进行界定,但指出,"歧视"是指基于种族、肤色、性别、语言、宗教、政治或其他观点、民族或社会出身、财产、出生或其他地位方面的区别、排斥、限制或优先对待,结果导致了人们在享有权利和自由方面的不平等。但"平等享有权利和自由"并不意味着在任何情况下都需要同样对待,例如本公约第6条就禁止对18岁以下的人和孕妇实施死刑。"意见"还指出,平等原则还意味着国家有时需要采取肯定措施去消除

① General Comment No. 23 on Article 27 (The Rights of Minorities), http://tbinternet.ohchr.org/_layouts/treatybodyexternal/Download.aspx?symbolno＝CCPR％2fC％2f21％2fRev.1％2fAdd.5&Lang＝en.

② UN Human Rights Committee (HRC), CCPR General Comment No. 18: Non-discrimination, November 10, 1989, http://www.refworld.org/docid/453883fa8.html.

③ Committee on Economic, Social and Cultural Rights, GENERAL COMMENT No. 20 Non-discrimination in economic, social and cultural rights (art. 2, para. 2, of the International Covenant on Economic, Social and Cultural Rights), http://www2.ohchr.org/english/bodies/cescr/docs/E.C.12.GC.20.doc.

引起歧视的因素。因此,不是每种区别对待都构成歧视,只要某种区别对待的标准是"合理的"(reasonable)和"客观的"(objective),区别对待的目的是"合法的"(legitimate),就不构成歧视。最后,"意见"强调,虽然第 2(1)条、第26 条都列举了基于种族、肤色、性别、语言、宗教、政治或其他观点、民族或社会出身、财产、出生等方面的平等或歧视,但并不意味着不存在基于其他方面的歧视。

经济、社会和文化权利委员会的第 20 号"一般性意见"指出,《经济、社会和文化权利国际公约》将非歧视原则扩展到住房、食物、教育、健康、用水、版权、工作、社会保障、老人、残疾人等方面。"意见"总结了国际社会以前的一些经验和理论,对"非歧视"的一些问题提出了较为深刻的理解。"意见"认为,"歧视"是直接或间接地基于某种所禁止的因素,采取差别、排斥、限制、优先或其他区别对待,具有消除平等享有公约权利的目的或后果的行为。"意见"对"歧视"的类型进行了划分,分析了"形式歧视"(formal discrimination)与"实质歧视"(substantive discrimination, discrimination in practice)、"直接歧视"(direct discrimination)①与"间接歧视"(indirect discrimination)、②"私人领域的歧视"(private spherediscrimination)和"系统性歧视"(systemic discrimination)③等概念。"意见"要求国家采取措施消灭各种形式的歧视,例如消灭"形式歧视"要求国家的宪法、法律和政策文件不出现公约所禁止的歧视。但仅仅消除"形式歧视"是不够的,还必须消除"实质歧视"。而消除"实质歧视"则要求国家充分关注那些在遭受着历史性偏见或持久偏见的群体或个人,而不是仅仅将他们与相似情况的他人或其他组织进行横向比较。国家必须立即采取必要措施防止、削弱或消除那些导致持久性实质歧视或事实歧视的条件。"意见"还对歧视的基础(grounds of discrimination),即"种族与肤色""性别""语言""宗教""政治或其他观点""民族或社会出身""财产""出生""残疾""年龄""国籍""婚姻与家庭状况""性取向与性别认同""健康状况""居住地""经济和社会状况"等进行了

---

① "当一个人和另一个人处于相似的状况,却因为(本公约——笔者加)所禁止的歧视原因而受到更差的对待时,就构成了直接歧视。"
② "间接歧视"是指,某种表面上看来是中立的政策或措施,却由于存在(本公约——笔者加)所禁止的歧视原因而对某些人享有本公约权利带来了不成比例的消极影响。
③ "私人领域的歧视"是指在家庭、工作场所或社会其他场所存在的具有私人性质的歧视;"系统性歧视"常常是针对某些群体的,深植于社会行为和组织之中的一种广泛的、持久的和深入的歧视,它常常是不受质疑的或者间接性的歧视。

列举和解释。"意见"还特别强调,需要注意有人或群体可能遭受多重歧视(multiple discrimination)的情况。

1965年12月21日联合国大会通过了《消除一切形式种族歧视国际公约》①,从"种族歧视"的角度对"非歧视"原则进行了具体规定,值得注意的有以下几点:第一是对"种族歧视"进行了界定:基于种族、肤色、世系、民族或人种的任何区别、排斥、限制或优惠,其目的或效果为取消或损害政治、经济、社会、文化或公共生活任何其他方面人权及基本自由在平等地位上的承认、享受或行使。第二,提出要反对"种族隔离"(racial segregation, apartheid),但未阐释"种族隔离"和"种族歧视"的关系。第三,公约认为,"种族"概念是广泛的,"种族歧视"包括"基于种族、肤色、世系、民族或族群出身"的歧视。第5条强调,"保证人人有不分种族、肤色、民族或族群在法律上没有差别地享有以下权利……"。

在2009年9月的第32号"一般建议"中,消除种族歧视委员会就《消除一切形式种族歧视国际公约》第1(1)条规定的非歧视原则的范围、特别措施的含义进行了更具体解释。它指出,根据《公约》原则适用的人权保护不是封闭性的,它可以延伸到缔约国公共当局规定的任何人权领域,可以包括任何个人、团体或组织的种族歧视……关于促进平等的特别措施还包括肯定措施、肯定行动或积极措施,但应当避免使用"积极歧视"这个具有内在矛盾的措辞。②

1989年6月27日国际劳工组织通过的《土著与部落人民公约》③有四个条款使用了"歧视"一词。其中,第3(1)条规定:土著和部落民族应不受障碍或歧视地享有充分的人权和各项基本自由。公约条款应无区别地适用于这些民族的男女成员。第4(3)条规定:此种专门措施绝不应妨碍有关民族不受歧视地享受公民的一般权利。第20(2)条规定:各政府应尽其所能防止有关民族的工

---

① 《消除一切形式种族歧视国际公约》(International Convention on the Elimination of All Forms of Racial Discrimination)的中英文版本分别参见:http://www.un.org/chinese/hr/issue/docs/15.PDF; http://www.ohchr.org/EN/ProfessionalInterest/Pages/CERD.aspx.

② General Recommendation no. 32, "The Meaning and Scope of Special Measures in the International Convention on the Elimination of All Forms of Racial Discrimination," September 24, 2009, https://www.refworld.org/docid/4adc30382.html.

③ "土著与部落人民公约"(Indigenous and Tribal Peoples Convention)中英文版本分别参见:http://www.ohchr.org/CH/Issues/Documents/other_instruments/11.PDF; http://www.ilo.org/dyn/normlex/en/f?p=NORMLEXPUB:12100:0::NO::P12100_INSTRUMENT_ID, P12100_LANG_CODE:312314, en.

人和其他工人之间的歧视,特别是有关:(a)招工,包括技术性工作以及晋升与提级;(b)同工同酬;(c)医疗和社会救济、职业安全与卫生、所有社会保障福利和任何与职业有关的其他福利,以及住房;(d)结社权和参加一切合法工会活动的自由,以及与雇主或雇主组织签订集体协会的权利。第24条规定:应逐步地扩展社会保障计划,以最终包括有关民族的全部成员,并且在实施此类计划时对其不得歧视。可见,国际劳工组织的这个公约侧重于反对经济与社会福利领域的歧视。

1992年12月18日联合国大会通过的《在民族或族裔、宗教和语言上属于少数群体的人的权利宣言》①使用"歧视"一词的有第2(1)、(5)条,第3(1)条,第4(1)条。其中第2(1)条规定:在民族或族裔、宗教和语言上属于少数群体的人有权私下和公开、自由而不受干扰或任何形式歧视地享受其文化、信奉其宗教并举行其仪式以及使用其语言。第2(5)条规定:属于少数群体的人有权在不受歧视的情况下与其群体的其他成员及属于其他少数群体的人建立并保持自由与和平的接触,亦有权与在民族或族裔、宗教或语言上与他们有关系的其他国家的公民建立和保持跨国界的接触。第3(1)条规定:属于少数群体的人可单独和与其群体的其他成员一起行使其权利,包括本宣言规定的权利,而不受任何歧视。第4(1)条规定:各国应采取必要的措施确保属于少数群体的人可在不受任何歧视并在法律面前完全平等的情况下充分而切实地行使其所有人权和基本自由。

该宣言赋予少数群体的人广泛的权利,甚至还包括与其他国家的公民建立和保持跨国接触的权利,并强调不受"任何歧视"和"完全平等"。但该文件仍然是宣言性质的文件,对缔约国不具备法律效力,也不能成为国际法院所援引的文件。

可见,上述国际制度中用列举方式禁止"种族与肤色""性别""语言""宗教""族群""政治或其他观点""民族或社会出身""财产""出生""残疾""年龄""国籍""婚姻与家庭状况""性取向与性别认同""健康状况""居住地""经济和社会状况"等方面的歧视,尽管未穷尽所有的歧视种类。同时,提出了"形式歧视"与

---

① 《在民族或族裔、宗教和语言上属于少数群体的人的权利宣言》(Declaration on the Rights of Persons Belonging to National or Ethnic, Religious and Linguistic Minorities),经联合国大会1992年12月18日第47/135号决议通过。中英文版本分别参见:http://www.un.org/zh/events/humanrightsday/2009/docs/GuideMinorities.pdf; http://www.un.org/documents/ga/res/47/a47r135.htm.

"实质歧视"、"直接歧视"与"间接歧视"等概念,强调国家在消除歧视方面具有积极责任的理念,都具有十分重要的意义。

此外,国际层面还有一些涉及"非歧视"的制度,例如联合国的《残疾人权利公约》《儿童权利公约》《消除对妇女一切形式歧视公约》《文化多样性宣言》《千禧年宣言》,国际劳工组织的《就业政策公约》《就业和职业歧视公约》等,但与少数群体保护的联系相对较弱,在此不再赘述。

二、关于"非歧视"的欧洲层面制度

1. 欧盟的"非歧视"原则

欧共体和欧盟对歧视问题的关注,首先是为了满足市场逻辑而出现的,因为欧共体从建立之初就十分强调"四大自由",这就需要建立一个基于非歧视的大市场。在市场非歧视的基础上,欧盟才逐渐发展出更为广泛的社会公正和基本权利概念,而欧洲法院则是推动和发展这些非歧视条款的重要机构。

欧盟有很多条约和条款涉及非歧视或禁止歧视问题。在早期的《建立欧洲共同体条约》[①]中,第13、20、21、39条涉及"非歧视"的内容。其中第13条要求成员国采取措施打击基于性别、种族或族群出身(racial or ethnic origin)、宗教或信仰、残疾、年龄或性取向等方面的歧视;第20条规定,欧共体范围内的一个成员国的公民在另一成员国内享有公民待遇;第21条规定,欧共体范围内的公民可以就遭受的不公平对待向欧洲议会、欧共体专员(European Ombudsman)和欧共体所有其他机构申诉。最重要的是第39条,包含4款:(1)保证共同体内劳动者自由流动。(2)为了确保劳动者自由流动,应消除成员国基于国籍不同而导致的在就业、报酬和其他条件方面的歧视。(3)应确保(劳动者)以下权利——这些权利应受到公共政策、公共安全或公共健康等理由的限制:(a)接受实际提供的就业机会;(b)以就业为目的在成员国境内自由行动;(c)按照法律、法规或行政行为雇佣某国国民的规定,留在该成员国就业;(d)在某成员国受雇后留在该国的领土内,但应受到何种限制要符合欧盟委员会制定的制度。(4)本条规定的权利不应应用于公共部门的就业。

---

① European Union Consolidated Versions of the Treaty on European Union and of the Treaty Establishing the European Community, 2002/C 325/01, http://eur-lex. europa. eu/legal-content/EN/TXT/?uri=CELEX%3A12002E%2FTXT.

从第 4 点看,即使在强调建立统一大市场的欧盟,也同样允许存在基于国籍的歧视,即国家的公共部门可以对外国国民采取歧视对待。不过,在欧共体早期,反对歧视重点在于反对基于国籍和性别的歧视,但禁止基于国籍的歧视也仅适用于公共部门。1976 年 2 月 9 日,欧共体就出台了"平等待遇指令"①,内容是推动男女在就业、职业培训、晋升、工作条件等方面的平等。1978 年 12 月 19 日,欧共体又出台"男性与女性之间在社会保障方面的平等待遇指令"(Directive 79/7/EEC),主要内容是打击在社会保障领域基于性别的直接歧视和间接歧视,以推动男女在该领域机会、责任、权益的平等。

冷战结束后,欧盟非歧视概念向更广泛的社会公正领域进展,反对歧视的类别也逐渐向种族、族群等方面扩展。1991 年 12 月修订的《欧洲联盟运行条约》(Treaty on the functioning of the European Union, TFEU)②第 13 条要求欧盟机构"采取适当措施打击基于性别、种族和族群出身、残疾、年龄或性取向方面的歧视"。1997 年的《阿姆斯特丹条约》允许欧盟理事会采取适当措施打击基于性别、种族和族群出身、宗教和信仰、残疾、年龄和性取向的歧视。由此,欧盟理事会出台了不同领域反对歧视的制度。③ 同时,欧盟的非歧视理念也开始向反歧视理念转变。2009 年 12 月 1 日,《里斯本条约》生效之后,欧盟进一步强调社会公正和基本人权,新调整的《欧洲联盟条约》第 2 条明确指出,欧盟建立在"尊重人的尊严、自由、民主、平等、法治和尊重人权,包括属于少数群体的人的人权等价值观基础之上"。而且,随着《里斯本条约》在 2009 年 12 月生效,2000 年出台的《欧洲联盟基本权利宪章》④也同时生效,具备了约束欧盟成员国的效力。其中第 21 条为"禁止歧视"条款:(1)禁止任何因性别、种族、肤色、族群或社会出身、基因特性、语言、宗教或世界观、政治或其他观念立场、属于少数群体、财产、出生、身心障碍、年龄或性取向之歧视。(2)不管欧盟各条约有什么特别规定,皆禁止因国籍而歧视。第 22 条则规定:欧盟尊重文

---

① 1976 年出台的"平等待遇指令"(Equal Treatment Directive)在 2002 年经过修改(Directive 2002/73/EC),2006 年经过重大修订而成为新的"平等待遇指令"(Equal Treatment Directive 2006/54/EC)。

② 2007 年 12 月 13 日由 27 个欧盟成员国和政府首脑签署了《里斯本条约》,并于 2009 年 12 月 1 日生效。它修订了两个基础条约——《欧洲联盟条约》和《建立欧洲共同体条约》,后一条约转变为《欧洲联盟运行条约》。

③ 例如欧盟理事会的三个指令(Council Directives)——2000/43/EC、2000/78/EC、2006/54/EC 和一个框架决定(Framework Decision 2008/913/JHA)。

④ Charter of Fundamental Rights of the European Union (2000/C 364/01), http://www.wipo.int/wipolex/zh/text.jsp?file_id=180670.

化、宗教和语言多样性。这条也常常被认为与保护少数群体和非歧视有紧密联系。

不过,上述条约性的内容,并不能为欧洲法院所直接援引。欧洲法院在审理涉及少数群体歧视案例的时候,主要援引的是 2000 年 6 月 29 日出台的旨在打击基于种族和族群、仇外情绪等方面歧视的《种族平等指令》①和 2000 年 11 月 27 日出台的旨在打击基于宗教信仰、残疾、年龄、性取向、国籍等方面歧视的《就业平等指令》②,两个指令都将"歧视"分为"直接歧视"和"间接歧视",并对这两个概念进行了界定。

根据两个指令的界定,"平等对待原则"(principle of equal treatment)是指,不存在基于指令中所列举的原因的直接歧视和间接歧视。根据《种族平等指令》,"直接歧视"是指:"某人与他人处于类似的情况,却因为种族或族群原因遭遇着——或遭遇过、将遭遇比其他人更差的对待。"而"间接歧视"是指:"一个明显的中立的规定、标准或做法,却使某个种族或族群出身的人与其他人相比处于特别的劣势,除非这种规定、标准或做法存在着客观的合法目标,同时为了实现这个目标采取了适当而必要的手段。"

两个指令还对"骚扰"(harassment)、歧视性教育(the instruction to discriminate)等相关概念进行了界定,并将其纳入"歧视"的范围之内,扩展了歧视的范围。第 2 条第 3 款涉及的是骚扰,当骚扰对于种族或族群出身的人形成了恐吓、敌视、贬低、羞辱时,也可以说形成了直接歧视,不过这还需要国内法进行界定。第 2 条第 4 款指出,当某种教育(instruction)导向对于种族和族群出身的人的歧视时,则属于直接歧视。

欧洲法院在涉及《种族平等指令》案例中,需要分别考虑"直接歧视"和"间接歧视"的存在情况。"直接歧视"存在的基本要素有:(1)不利对待(less favorable treatment)。这是直接歧视构成的"最核心"要素,包括被拒绝进入餐厅或公共场所、获得更少的报酬或养老金、遭受语言或身体暴力、禁止从事某些职业、剥夺某种受教育机会、被驱逐出境、被剥夺社会保险金、拒绝穿戴宗教标

---

① Council Directive 2000/43/EC of 29 June 2000, "Implementing the Principle of Equal Treatment between Persons Irrespective of Racial or Ethnic Origin," http://eur-lex. europa. eu/legal-content/EN/TXT/PDF/?uri=CELEX:32000L0043&from=EN.

② Council Directive 2000/78/EC of 27 November 2000, establishing a general framework for equal treatment in employment and occupation, https://eur-lex. europa. eu/legal-content/EN/TXT/PDF/?uri=CELEX:32000L0078&from=EN.

识等。① 但是,欧洲人权法院在一些案例中也强调,"当国家未对处于明显不同状况的个人进行区别对待时",也构成了歧视。② (2)可比对象。受到"不利对待"是相比处于类似状况的人而言,如果申诉"收入过低"时没有一个承担相似工作却获得更高收入的人作为比较,则不可能构成歧视。而且,己方受到歧视的原因,必须是相关法律中所列举的原因(例如性别、族群、肤色、宗教、语言等)。如果涉及基于族群的"直接歧视",其"可比对象"则是"其他族群成员",但不必然是"主体民族成员"。(3)歧视原因。《种族平等指令》第 1 条强调打击"基于种族和族群的歧视",但在第 3 条列举了更为详细的"实施领域",包括就业、创业、招聘、晋升、获得职业指导及培训、工作环境、收入、参与组织、社会保障和健康服务、社会优惠、教育、获得公共商品及服务等。不过,欧洲法院和欧洲人权法院在审理相关案例时,不会拘泥于《种族平等指令》将歧视原因定位在"种族""族群"方面。它们都可能援引欧盟或欧洲委员会其他相关制度中对歧视原因的列举。

"间接歧视"的构成需要参考以下因素:(1)"中立政策"。也就是说需要存在一个明显中立的政策、规则、标准或措施,它是对所有人实施的。(2)对某个种族或族群带来了特别不利的后果。其受害人不是一个人,而是族群中的很多人,因此,需要提供"特别不利的后果"及一定数量的受害者。这就需要有统计数据,以及一定数量的同族群的证人,这是"间接歧视"的难点。(3)歧视原因——这点和直接歧视类似。

此外,根据《种族平等指令》第 3 条和第 4 条,基于种族或族群原因的骚扰,以及教唆他人对种族或族群成员进行歧视也都构成了歧视。

2. 欧洲委员会关于"非歧视"的主要制度

在欧洲,欧洲委员会(Council of Europe)是保护人权——包括少数群体人权的主要机构,它制定了欧洲主要的人权保护制度,并建立了一些次级人权保护机构,其中,《欧洲人权公约》及欧洲人权法院是最重要的制度和机构。

《欧洲人权公约》中涉及"非歧视"条款的主要是第 14 条,该条的名称为"禁止歧视",它规定:

---

① European Union Agency for Fundamental Rights and Council of Europe, *Handbook on European nondiscrimination law*, Publications Office of the European Union, 2018, p.44.

② ECtHR, Thlimmenos v. Greece [GC], No. 34369/97, 6 April 2000, para. 44; ECtHR, Pretty v. the United Kingdom, No. 2346/02, April 29, 2002, para. 88.

对本公约所规定的任何权利和自由的享有应当得到保障,不应因任何理由比如性别、种族、肤色、语言、宗教、政治或其他观点、民族或社会出身、与某一少数民族的联系、财产、出生或其他情况等而受到歧视。①

"其他情况"(other status)包括哪些情况呢? 2020 年 8 月 31 日,欧洲人权法院在"关于公约第 14 条及第 12 号议定书第 1 条的指导原则"中强调,"其他情况"包括:年龄、性别身份、性取向、残疾、父母及婚姻状况、移民和就业状况。②

在欧洲人权法院的案例中,很多涉及少数群体的案例需要启动第 14 条。但是,第 14 条和《欧洲人权公约》其他条款一样,主要保护个体权利而非集体权利。而且,根据《欧洲人权公约》的相关规定,第 14 条缺乏自己的"独立生命"(independent life)。③ 也就是说,必须违反了某项公约规定的实质性条款,然后绑定第 14 条才构成有效诉讼,而不能单独诉讼第 14 条。因此,这条也常常被称为"灰姑娘条款"、"辛德瑞拉条款"(Cinderella provision)。这种做法,使《欧洲人权公约》及欧洲人权法院在反歧视领域的作用大大减小。不过,近些年欧洲人权法院扩展了第 14 条的适用范围,引进了欧洲法院的"间接歧视"理念,该条的作用有所上升。④ 例如在"Eweida and Others v. the United Kingdom 案例"⑤中,欧洲人权法院认为,未构成对申诉人的直接歧视,至于间接歧视,需要审查伊斯灵顿镇政府是否区别对待申诉人和她的同事,从而导致第 14 条所包含的间接歧视。

对于第 14 条合并其他条款的审理,欧洲人权法院首先判断"是否存在侵权

---

① 该条英文为:The enjoyment of the rights and freedoms set forth in this Convention shall be secured without discrimination on any ground such as sex, race, colour, language, religion, political or other opinion, national or social origin, association with a national minority, property, birth or other status.

② Council of Europe/European Court of Human Rights, "Guide on Article 14 of the European Convention on Human Rights and on Article 1 of Protocol No. 12 to the Convention," August 31, 2020, https://www.echr.coe.int/Documents/Guide_Art_14_Art_1_Protocol_12_ENG.pdf.

③ Council of Europe, "Short Guide to the European Convention on Human Rights," p. 120.

④ Rory O'Connell, "Cinderella comes to the Ball: Article 14 and the right to non-discrimination in the ECHR," *Legal Studies: the Journal of the Society of Legal Scholars*, 2009, vol. 29, no. 2, pp. 211 - 229.

⑤ Case of Eweida and Others v. the United Kingdom, applications nos. 48420/10, 59842/10, 51671/10 and 36516/10), JUDGMENT on 15 January 2013, http://hudoc.echr.coe.int/webservices/content/pdf/001-115881.

行为",或者说,是否存在着在相似情况下的区别对待？如果存在,则继续分析"侵权行为是否有'客观而合理'的理由",这点主要包括:侵权行为是否有法律规定、侵权行为是否有"合法目的"、是否为实现合法目的采取了比例相称的措施、侵权行为是否"在民主社会是必要的"等。[①] 不过,并非在每个案例中穷尽每一个方面,而是有所侧重,在有的案例中,只着重于分析区别对待是否存在"客观而合理的理由"。[②]

为了加强欧洲人权公约"非歧视"条款的力度,2000 年 11 月 4 日,欧洲委员会在罗马签订了第 12 号附加议定书(2005 年 4 月 1 日生效),这是一个专门针对"非歧视"问题的附加议定书,重点是第 1 条,该条规定:(1)对法律所规定的任何权利的享有应当得到保障,不应因任何理由比如性别、种族、肤色、语言、宗教、政治或其他观点、民族或社会出身、与某一少数民族的联系、财产、出生或其他情况等而受到歧视。(2)任何人都不应当因如上述所列事项的任何理由而受到任何公共机构的歧视。[③] 这一条被称为"普遍禁止歧视条款",将第 14 条延伸至绑定任何法律所规定的权利,以及公权力机关的任何行为——而不仅仅是《欧洲人权公约》所规定的权利,这是欧洲反歧视的巨大进展。

根据欧洲委员会对第 12 号议定书的解释报告,该议定书至少在以下 4 个方面拓展了《欧洲人权公约》第 14 条所覆盖的非歧视权利:(1)欧洲委员会缔约国国内法所保护的任何权利领域;(2)国内法所规定公共机构具有明确义务的领域,即当国内法规定公共机构需要以某种特别的方式采取行动的情况;(3)公共机构实施自由裁量权的领域(例如给予补贴);(4)公共机构所有行为或任务领域(例如执法人员在控制暴乱时的行为)。[④] 还需要特别注意的是,第 12 号议定书"解释报告"还强调,"第 1 条要求缔约国采取措施防止歧视,即使歧视发

---

① Council of Europe/European Court of Human Rights, "Guide on Article 14 of the European Convention on Human Rights and on Article 1 of Protocol No. 12 to the Convention," August 31, 2020, pp. 16-20, https://www.echr.coe.int/Documents/Guide_Art_14_Art_1_Protocol_12_ENG. pdf.

② 例如:Savez crkava "Riječ života" and Others v. Croatia (no. 7798/08, 9 December 2010), http://hudoc.echr.coe.int/eng#{"tabview":["document"],"itemid":["001-102173"]}.

③ Protocol No. 12 to the Convention for the Protection of Human Rights and Fundamental Freedoms, Rome, paragraph 22, November 4, 2000, https://www.echr.coe.int/Documents/Library_Collection_P12_ETS177E_ENG.pdf.

④ Explanatory Report to the Protocol No. 12 to the Convention for the Protection of Human Rights and Fundamental Freedoms, Rome, paragraph 24, November, 2000, https://rm.coe.int/09000016800cce48.

生在私人之间"。

不过,议定书的作用有多大还需要观察,不能过于乐观。截至 2017 年,欧洲委员会 47 国中,仅有 20 个国家批准了该议定书。而且,从该议定书生效以来,仅有少部分案例启动了第 12 号议定书第 1 条。

鉴于《欧洲人权公约》并无专门保护少数群体的条款,一些学者、国际组织和国家呼吁,应出台关于少数群体保护的附加议定书。欧洲委员会议会也多次建议,应出台区域或少数语言保护制度和关于少数群体保护的附加议定书。在这些呼吁下,1992 年 11 月 5 日,欧洲委员会出台《欧洲区域或少数语言宪章》[1],加强了区域语言和少数语言的保护,间接加强了少数群体的保护力度。但该宪章并不是一个有约束力的文件。"宪章"第 7(2)条涉及非歧视的问题,该条指出,缔约国应采取措施消除对使用区域或少数语言使用者的不合理的区别对待。

1993 年 2 月 1 日欧洲委员会议会出台的"1201 号建议"强调,对区域或少数语言采取特别措施,以促进这些语言和其他语言的使用者之间的平等,这种特别措施不应该被视为对使用通用语言者的歧视行为。"建议"肯定了《欧洲区域或少数语言宪章》,呼吁欧洲委员会出台一个区域性少数群体权利的附加议定书。在此推动下,1994 年 11 月 10 日出台(1998 年 2 月 1 日生效)了《欧洲少数民族保护框架公约》。[2] 该公约是世界上第一个关于少数民族权利保护的"公约"性质文件,不仅强调了"非歧视条款",更要求缔约国采取积极措施保护少数民族的语言、宗教、文化、政治等权利。不过,该公约只是一个"框架"或原则性文件,必须经过缔约国的国内化才能生效,因而不能被缔约国国内法院或者欧洲人权法院所直接援引。而且,多数国家在签订该公约时,都有保留声明,这些都削弱了它的效力。

《框架公约》第 4、6 条是与"非歧视"直接相关的条款。其中第 4 条规定:(1)缔约国应采取措施保证属于少数民族的成员享有在法律面前的平等权利和平等受到法律保护的权利。在这方面,应禁止任何基于少数民族身份的歧视。(2)缔约国应采取必要而充分的措施推动属于少数民族的成员和属于主体群体

---

[1] European Charter for Regional or Minority Languages Strasbourg, 5. XI. 1992, https://rm.coe.int/168007bf4b.

[2] Framework Convention for the Protection of National Minorities, adopted by the Committee of Ministers of the Council of Europe on 10 November 1994, https://rm.coe.int/16800c10cf.

的成员在经济、社会、政治和文化生活等方面的完全而真正的平等。在这方面,应充分考虑到属于少数民族的成员的特殊情况。(3)根据上一条而采取的措施,不应该被认为是一种歧视行为。第 6(2)条规定:缔约国应采取适当措施保护因为族群、文化、语言和宗教身份而可能遭受歧视威胁或歧视行为、敌视或暴力的人。

由此可见,比起《欧洲人权公约》第 14 条,《框架公约》的非歧视原则力度更强,更强调为了实现"非歧视",国家具有"积极责任"并采取"积极行动"。

此外,为了弥补《欧洲人权公约》重点关注公民权利、政治权利而忽略社会、经济权利的不足,欧洲委员会于 1961 年 10 月 18 日出台了《欧洲社会宪章》[①],《欧洲社会宪章》中涉及非歧视的条款主要是第 E 条,该条直接使用了"非歧视"的名称,该条规定:应保证本宪章所规定的权利,不应基于种族、肤色、语言、宗教、政治或其他观点、民族出身或社会出身、健康、属于某个少数民族、出生或其他地位而受到歧视。不过,欧洲社会宪章主要保障的是在就业和职业领域的平等和性别平等,对少数群体的个人只有间接的保护作用。

3. 欧洲司法中的"非歧视"理念

欧洲法院和欧洲人权法院均有一些涉及少数群体"非歧视"的司法判例。不过,相比起来,欧洲法院的"非歧视"仅为实现更高目标之手段,即以四大自由流通为基础的统一大市场建设;而欧洲人权法院的"非歧视",则更多是从少数群体权利本身出发进行考虑的。然而,由于欧洲人权法院是欧洲委员会的一个机构,而欧洲委员会又是一个国家间组织,因而欧洲人权法院在处理案例时,又需要平衡少数群体权利和成员国之间的关系。

欧洲法院的"非歧视"理念在上文已有论述,其主要内容是:首先,判断是否构成歧视,不需要看是否存在着歧视意图;再次,对于直接歧视,欧洲法院和欧洲人权法院不一样,它强调区别对待直接歧视和间接歧视,而不是仅仅笼统地强调歧视是区别对待而没有"客观而合理的理由";最后,欧盟相关制度对歧视的辩护理由,尤其是对直接歧视的辩护理由进行了严格限定,即只有符合《种族平等指令》第 5 条而采取的积极行动措施,才可以为直接歧视做出有效辩护。

欧洲人权法院对"非歧视"的理解相对更为详细和深刻,和欧洲法院相比,它对"歧视"的理解有以下核心内容:

首先,歧视和区别对待存在区别。在 2005 年 10 月 25 日的"Okpisz v

---

① 《欧洲社会宪章》(European Social Charter)在 1996 年 5 月 3 日经过修改,并于 1999 年 7 月 1 日生效。

Germany 案例"中表示："'歧视'是指区别对待处于相似处境中的个人,又不能提出客观及合理的理由。"①为了为区别对待辩护,就得提供合理而客观的理由。不过,"区别对待"是"歧视"的一个起点,或者说是"歧视"所必须经过的首要一步。从另外一个方面看,当区别对待有客观而合理的理由时,它不仅是合法的,而且是必要的。在没有客观而合理的理由时,它构成歧视。所以问题的关键转移到了"客观而合理的理由"上来了。

什么才是区别对待(相似处境中的个人)的"客观而合理"的理由呢？欧洲法院主要从这种歧视是否符合四大流通自由来处理问题,因而较容易判断。但欧洲人权法院有更广泛的理解,它强调"客观而合理的理由"主要是:当不区别对待会违反"非歧视"原则时,为了纠正"事实上不平等"而采取的措施,就符合"客观而合理"的理由。例如在 2000 年的"Thlimmenos v Greece 案例"中,欧洲人权法院指出:

"以纠正'事实上的不平等'而采取的区别对待是被允许的,这种情况下不采取区别对待的方式反而违反了'非歧视'原则。"②

有时采取同样的方式对待,反而会带来歧视的客观效果,即违反"非歧视"的原则,而采取区别对待的方法反而能纠正"事实不平等"和防止歧视结果的产生。也就是说,需要符合亚里士多德的基本的正义和平等理念:每个相同的人得到相同对待,每个不同的人得到不同对待,需要注意的是相同对待和不同对待的"数量平等"与"比值平等"。③ 米尔恩在阐述"比例相等"时指出,相等者必须受到平等对待,不相等者必须受到不平等的对待；待遇的相对不平等必须与情况的相对不同成比例。④ 但是,"数量平等""比值平等""成比例"有时并不是非常容易判断的,它包含着强烈的主观感受和个人见解。

其次,从歧视发生的整个过程来看,它可以分为三个阶段:歧视意图、歧视行为和歧视后果。但不是每种歧视、每个歧视案例都必然包含这三个阶段。例如"间接歧视"就通常不存在歧视意图和歧视行为,只存在歧视结果；而直接歧

---

① Okpisz v Germany, 59140/00, European Court of Human Right, October 25, 2005, http//：www. refworld. org/cases, ECHR, 4406d7ea4. html.

② Thlimmenos v Greece, application no. 34369/97, 6 April 2000, http://freecases. eu/Doc/CourtAct/ 4534915.

③ 亚里士多德:《政治学》,商务印书馆 1981 年版。

④ A. J. M. 米尔恩著,夏勇、张志铭译:《人的权利与人的多样性——人权哲学》,中国大百科全书出版社 1995 年版。

视的必要条件是歧视行为的存在，不必要求存在歧视意图和歧视后果。通常，欧洲人权法院在审理有关歧视案件的时候，需要歧视意图的存在，但在少部分案例中，欧洲人权法院只根据歧视行为就确定构成了歧视。[①]

当然，有的学者认为，《欧洲人权公约》和欧盟法在涉及歧视的条款中，都不考虑歧视意图，所以不论是欧洲人权法院还是欧洲法院，在审理歧视案件的时候，都不将歧视意图作为歧视对待的先决条件[②]，也就是说，歧视意图是否存在，并不对歧视的结果或判决结果造成影响。不过，欧洲人权法院在审理司法判例中，还是会审查歧视意图是否存在。但歧视意图是否存在是一个很难确定的事情，它具有很强的主观色彩，在很多时候具有隐蔽性，甚至连歧视者自己都难以判断清楚。而且，和思想本身不犯罪一样，歧视意图本身无法构成伤害。欧洲人权法院在很多时候强调歧视意图的存在，实际上是抬高了歧视的门槛。

再次，欧洲人权法院对于间接歧视的构成有着更加严格的要求。自 21世纪以来，欧洲人权法院开始接纳欧盟《种族平等指令》中将"歧视"区分为"直接歧视"和"间接歧视"的做法，这体现在一系列的案例审判之中。[③] 不过，也需要注意，欧洲人权法院只是部分借鉴这种分类方法，不意味着在反歧视方面，其法律依据和审判程序完全和欧洲法院趋同，更不是在所有案例中都采取这种分类方法。而且对于歧视的不同情况，欧洲人权法院有着更深刻的理解。

那么如何判断直接歧视还是间接歧视呢？有时是简单的，有时又是复杂的。直接歧视的关键词是区别对待，而间接歧视的关键词是对某种群体的中立

[①] Samantha Besson, Evolutions in Antidiscrimination law in Europe and North America, "Evolutions in Non-Discrimination Law within the ECtHR and the ESC Systems: it Takes Two to Tango in the Council of Europe," *The American Journal of Comparative Law*, Winter 2012, pp.147–180.

[②] Sina van den Bogaert, "Roma Segregation in Education: Direct or Indirect Discrimination?" An Analysis of the Parallels and Differences between Council Directive 2000/43/EC and Recent ECtHR Case Law on Roma Educational Matters, ZaöRV 71(2011), 719–753(741),注解 72, http://www.zaoerv.de/71_2011/71_2011_4_a_719_754.pdf.

[③] 相关案例如:Hugh Jordan v. the United Kingdom, 2001(Application no.24746/94); Hoogendijk v. the Netherlands, 2005 (Application no. 58641/00); Bączkowski and Others v. Poland, 2007 (Application no.1543/06); D. H. and Others v. the Czech Republic, 2007(Application no.57325/00); Biao v. Denmark, 2016(Application no.38590/10); Alexandru Enache v. Romania, 2017 (Application no.16986/12).

政策造成的后果。① 例如,将罗姆人放到特别的班级,可能是直接歧视也可能是间接歧视,甚至也可能不构成歧视,要看其动机、政策实施的具体情况。如果将所有有语言障碍的人放到一个特殊班级接受特别的教育,而罗姆人又成为这种班级的多数或者所有学生,那么这涉嫌间接歧视。如果语言标准是政府制定的,而且将罗姆儿童编入隔离班级的真正原因仅仅是因为他们是罗姆人,则构成了基于族群出身的直接歧视。② 但是,如果家长同意自己的孩子放在隔离学校或隔离班级学习,那么,官方创办隔离学校或隔离班级的做法是否违法呢?根据近来欧洲人权法院的一个裁决,即使初看起来构成歧视的隔离案例,只要入学儿童的父母自愿让其孩子上隔离学校,那么最终不构成歧视。③

最后,歧视的构成,是否还需要有明确的受害者呢? 在"CGKR v Firma Feryn NV 案例"④中,来自爱尔兰和英国的法官认为,必须要有明确的受害者,而欧洲法院认为,根据《种族平等指令》第 2 条第 2(a)款,并不需要有明确的受害者。欧洲人权法院也同意,歧视不必然需要明确的受害人。而且,欧洲人权法院还提出了"事实歧视"(de facto discrimination)概念。欧洲人权法院在审理"Zarb Adami v Malta 案例"⑤中认为,现实存在着的情况本身,也可能导致违反《欧洲人权公约》而形成歧视。这意味着,即使不存在着歧视性意图、歧视性行为和歧视性后果,仅仅某个事实,也可能构成歧视。从这点看,欧洲人权法院比欧洲法院增加了一种歧视类型。

---

① Kristin Henrard, "The First Substantive CJEU Judgment on the Racial Equality Directive: A Strong Message in a Conceptually Flawed and Responsively Weak Bottle," *Jean Monnet Working Paper*, 09/2009, p. 11.

② Sina van den Bogaert, "Roma Segregation in Education: Direct or Indirect Discrimination?" An Analysis of the Parallels and Differences between Council Directive 2000/43/EC and Recent ECtHR Case Law on Roma Educational Matters, *ZaöRV*, 2001, 71, pp. 719 - 753.

③ Lilla Farkas, "Segregation of Roma Children in Education: Addressing Structural Discrimination through the Race Equality Directive," a report of the European Commission, Directorate-General for Employment, Social Affairs and Equal Opportunities, July 2007.

④ Centrum voor gelijkheid van kansen en voor racismebestrijdingvFirma Feryn NV 案例(简称"CGKR v Firma Feryn NV 案例"),Case C - 54/07, European Court of Justice. "Centrum voor gelijkheid van kansen en voor racismebestrijding"为荷兰语,意思是"平等机会与反对种族主义中心"(Center for Equal Opportunities and Opposition to Racism),该判例参见:https://eur-lex. europa. eu/legal-content/EN/TXT/HTML/?uri=CELEX:62007CJ0054&from=EN.

⑤ Zarb Adami v Malta, judgment of 20 June 2006, http://hudoc.echr.coe.int/sites/eng/pages/search.aspx?i=001-75934#{"itemid":["001-75934"]}.

第二节 关于"非歧视"的典型案例分析

欧洲人权法院是处理欧洲"非歧视"争端最多的司法机构,不过,鉴于欧洲人权法院处理的案例主要是涉及《欧洲人权公约》第 14 条,它必须结合其他权利违反的条款才能有效,因而本书将这种绑定性的歧视案例放在后面章节之中。本部分主要涉及欧洲法院的两个案例和联合国"消除种族歧视委员会"的一个案例。联合国"消除种族歧视委员会"虽然不是欧洲机构,但案例来自欧洲,并且经过欧洲国内法院审理,从中既可以了解欧洲国家对该问题的态度,还可以比较欧洲和联合国对"非歧视"理解的差异。

自从 2000 年欧盟《种族平等指令》生效,欧洲法院只审理了四个直接涉及《种族平等指令》的案例。[①] 本部分将对其中三个案例进行分析,以考察欧洲法院乃至欧盟对待族群歧视或种族歧视的态度。其中一个案例是关于比利时公司公开拒绝雇佣移民的争议,另外两个涉及歧视罗姆人问题。

一、私人公司拒绝招聘特定族裔的问题:Feryn 案例[②]分析

"Feryn 案例"是欧盟的欧洲法院审理的招聘中的歧视案件。它的看点主要在于:第一,欧盟的"非歧视"原则是否覆盖私营公司的歧视行为? 第二,"招聘声明"本身是否构成歧视? 第三,没有受害人,是否可能构成歧视?

[①] 除了本章选择的三个案例之外,还有"Galina Meister v Speech Design Carrier Systems GmbH 案例"(Case C‐415/10)。该案件的案情为:申诉人 Galina Meister 女士为1961 年出生的俄罗斯国民,生活在德国。德国的 Speech Design 公司发布过两次招聘"软件开发师"的广告,她去应聘却未被聘用。她认为自己是因性别、年龄、族群出生而被拒绝聘用。她上诉到德国联邦劳动法院,该法院将案件转至欧洲法院并提出了一个重要问题:当一个人认为自己满足招聘广告的条件却未被聘用时,他或她是否有权知道雇主最终雇佣了谁,又是基于什么标准雇佣了他人? 欧洲法院给予了否定回答,即被拒绝聘用的人没有这个权利,而该案件的雇主——Speech Design 公司既未违反《种族平等指令》第 8 条,也未违反《就业平等指令》第 10 条。该案例参见:http://curia. europa. eu/juris/document/document. jsf? text=&docid=121741&pageIndex=0&doclang=EN&mode=req&dir=&occ=first&part=1&cid=832322.

[②] Centrum voor gelijkheid van kansen en voor racismebestrijdingvFirma Feryn NV 案例(简称"CGKR v Firma Feryn NV 案例"或"Feryn 案例"),Case C‐54/07, https://eur-lex. europa. eu/legal-content/EN/TXT/HTML/?uri=CELEX:62007CJ0054&from=EN.

（一）案情与国内审理

本案例是欧洲法院裁决的第一个涉及《种族平等指令》的案例，即"平等机会和反种族主义中心"诉比利时"Firma Feryn NV 公司"案。Feryn 公司是比利时销售和安装大门器材的公司，该公司在发布了一个招聘广告后，作为公司主管之一帕斯卡尔·费伦（Pascal Feryn）多次发布关于该公司拒绝招聘特定族裔移民的声明，并说明了理由：若雇员为移民，顾客不愿意让一个移民职员在工作需要时进入顾客的私人住所……我必须遵从顾客的要求。

事实上，在公司招聘中，并无移民因为其招聘政策而受到不公平对待，即无实际受害人。但比利时根据欧盟《种族平等指令》的规定，在涉及事实存在的或者潜在的种族歧视案例时，即使不存在实际受害人，仍可向相关机构或法院申诉，法律授权"平等机会与反对种族主义中心"在没有受害人时代为上诉。

"平等机会与反对种族主义中心"认为，该公司的招聘政策构成了直接歧视，违反了欧盟《种族平等指令》，于是向比利时劳动法庭（Belgian labour tribunal）上诉。但后者驳回了上诉。此后，"平等机会与反对种族主义中心"继续向"布鲁塞尔劳动法院"（Labour Court Brussels）上诉。2006 年 6 月 26 日，布鲁塞尔劳动法院宣布驳回了原告的诉讼请求，因为公共声明最多构成潜在歧视，而未构成歧视；而且没有证据显示存在实际受害人。不过，布鲁塞尔劳动法院建议将案例转交给欧洲法院，并希望欧洲法院澄清以下问题：

（1）根据欧盟《种族平等指令》第 2 条第 2(a) 款，如果一个雇主在发布了招聘公告后，再公开发布不雇佣移民的声明，是否构成了直接歧视。

（2）在有报酬的雇佣条件中，雇主在选择雇员时采取直接歧视性的标准时，就足以构成直接歧视吗？

（3）为了确认存在着《种族平等指令》第 2(2) 条①所规定的直接歧视的事实，是否可以考虑通过调查雇主所办的企业只雇佣本地人的做法来衡量他们的招聘政策是否有歧视性？或者说，是否仅凭借雇主只雇佣本地人就已构成歧视了呢？

---

① 欧盟《种族平等指令》第 2(2) 条有 a、b 两款，分别是关于"直接歧视"和"间接歧视"的定义。(a) 如果因种族或族裔原因而在可比的情况下对一个人的待遇不如另一个人，或将来或曾经受到这种待遇，应视为构成直接歧视；(b) 如果表面明显中立的规定、标准或惯例会使种族或族裔的人与其他人相比处于特别的劣势，则构成间接歧视，除非该规定、标准或惯例是出于合法目的，且实现该目的的手段是适当和必要的。

（4）如何理解欧洲《种族平等指令》第 8(1) 条的"可以被认定为存在直接歧视或间接歧视的事实"？

（5）当（被告）驳斥根据《种族平等指令》第 8(1) 条而提出的歧视指控时，国内法院在评判被告的反驳证词时应采取何种程度的严格标准？歧视指控是否可以仅仅因以下事实而遭到驳回呢：雇主在媒体上声明没有或者不再歧视少数群体；他招聘了突尼斯女清洁工；雇主事实上招聘了少数群体员工或者公开承诺遵守相关法律等。

（6）如何理解《种族平等指令》第 15 条中的"有效的，符合比例的和劝诫性的制裁"（effective, proportionate and dissuasivesanction）？①

（二）欧洲法院的观点

2008 年 7 月 10 日，欧洲法院第二庭进行了审理。欧洲法院指出，欧共体并未授予欧洲法院在案例中直接援引欧共体条约的权利，能援引的只是欧共体条约的解释性规定和一些指令。

对于第一和第二个问题，即是否构成直接歧视的问题，英国和爱尔兰派来的代表表示，歧视指控并不成立，因为该公司并未按照公开声明进行招聘，那么歧视只是一种假设，而假设存在的歧视不包含在《种族平等指令》之中；而且，没有证据表明存在受害者。② 佐审官（Advercate General）③珀亚雷斯·马杜罗（Poiares Maduro）表示，根据《种族平等指令》，在没有明确受害人的情况下，公共机构不能对歧视问题提起上诉。

---

① 该条规定：国家应该出台落实本指令的法律，该法律应该包括对于对损害平等待遇原则时的制裁。制裁（例如对受害人进行赔偿）必须是有效的，符合比例的和劝诫性的。

② 英国 1970 年的《平等工资法》(Equal Pay Act)、1975 年的《性别歧视法》(Sex Discrimination Act)、1976 年的《种族关系法》(Race Relations Act)、1995 年的《残疾歧视法》(Disability Discrimination Act)、2006 年的"就业平等条例"(Employment Equality Regulations)等都强调，歧视需要存在一个实际的受害人才能成立。

③ 欧洲法院共有 28 名法官，并有 11 个佐审官协助判决。欧洲法院法官分为若干个审判庭，每个审判庭 3—5 名法官，遇到重大案例，则由所有法官组成大法庭(Grand Chamber)共同审理，但这种情况越来越少。佐审官根据每个案例的具体需要而配备。欧洲法院自 1951 年起有佐审官制度，当时只有德国和法国可以各指派一名佐审官。佐审官主要负责就欧洲法院的案件提供法律意见。不过，和法院判决不同的是，佐审官的意见书是由佐审官独自作出的。佐审官的意见虽然不是正式裁决，但据估计，欧洲法院最终裁决有 80％ 左右和佐审官的意见一致。参见：Juliane Kokott, "There's no Macho Atmosphere at the European Court of Justice," *CAFEBABEL*, April 11, 2008, http://www. cafebabel. co. uk/culture/article/juliane-kokott-theres-no-macho-atmosphere-at-the-european-court-of-justice. html.

欧洲法院认为,《种族平等指令》第 2 条第 2(a)款规定:某人与他人处于类似的情况,却因种族或族群原因遭遇着——或遭遇过、将遭遇比其他人更差的对待,就构成了直接歧视。同样,《种族平等指令》第 7 条也要求成员国确保"所有因国家没有执行平等对待原则而认为自己遭到不平对待的人"以及"代表申诉人的公共机构"有提起诉讼的机会。但是,从这些条款并不能推导出——缺乏明确的申诉人就不构成直接歧视,因为《种族平等指令》的目的是"为培育社会包容性劳动力市场创造条件"。欧洲法院表示,为了实现这个目标,《种族平等指令》第 3(1a)款①包含了选人标准和招聘条件,如果《种族平等指令》仅仅局限于因受到直接歧视而未获得某个职位的受害人针对雇主提起诉讼的案例,则难以实现"为形成社会包容性劳动力市场培育条件"的目标。

欧洲法院进一步指出,雇主宣称拒绝招聘某个特定族群或种族的移民——例如提到"摩洛哥人将不被雇佣",实际上劝退了一些潜在求职者,阻碍了他们进入劳动力市场,构成了直接歧视——直接歧视并不需要一个明确受害人。《种族平等指令》也没有禁止在没有明确受害人的情况下就违反《种族平等指令》的现象提起诉讼。因此,尽管不存在明确的受害人或申诉人,仍然构成了《种族平等指令》第 2(2)条规定的直接歧视。

对于第三、第四和第五个问题,欧洲法院认为,实际上这三个问题都涉及《种族平等指令》第 8(1)条②的举证责任问题。申诉方已经根据第 8(1)条陈述了雇主的公开讲话已经构成了对一些少数群体歧视的事实,那么接下来应该由被告——Firma Feryn NV 公司举证证明它未违反平等对待原则。例如被控诉方可以举证证明,该公司事实上的招聘政策和领导人的公开声明不一样。而国内法院需要做的首先是确认申诉方陈述的歧视事实是否成立,其次是判断被控诉方提供的证据是否充分。

对于第六个问题,欧洲法院认为,该条是关于成员国对某种违反平等原则的当事方进行适当制裁,根据《种族平等指令》,这种制裁应是"有效的,符合比例的和劝诫性的",即使是在没有明确的受害人时也应执行这个原则。而"有效

---

① 该款规定:1. 在赋予共同体权力的范围内,本指令应适用于与以下方面有关的所有人:公共部门和私营部门,包括公共机构;(a)从事活动、个体经营和职业的条件,包括甄选标准和招聘条件,无论职业分支和职业层级,包括晋升。

② 《种族平等指令》第 8(1)条涉及的是歧视案例的举证责任问题。具体规定如下:当个人认为他因为成员国未执行平等对待原则而遭受到不公时,国家应根据法律采取措施确保其能够在法院或者其他机构陈述遭到直接或间接歧视的事实,之后应该由被控诉方举证证明并没有违反平等对待原则。

的、符合比例的和劝诫性"制裁包括：国内法院或相应行政机构可以就歧视问题展开调查，其过程应该完全公开，费用应由被控诉方负责；可以根据国内法律，对控诉方下达禁令，要求雇主停止歧视性做法，在适当的情况下，可以进行罚款；也可以对提交诉讼案的机构进行奖励等。

最后，欧洲法院对其观点进行了总结：（1）雇主公开声明不招聘某个特定族群或种族出身的员工，构成了《种族平等指令》第2（2a）条的直接歧视，因为声明"强烈地劝退了一些应聘者，阻碍了他们进入劳动力市场"。（2）公司领导人公开声明不招聘某个特定族群或种族的员工，使《种族平等指令》第8（1）条规定的直接歧视的事实成立，雇主须举证证明该公司在招聘中不存在歧视。（3）《种族平等指令》第15条要求成员国对违反法令的当事方进行制裁时应该是"有效的，符合比例的和劝诫性的，即使没有明确的受害人也一样。"

（三）反响与各方观点

由于欧盟劳动力市场中存在或潜在存在大量他国劳动力，本案例的裁决无疑具有重大影响。欧洲法院明确了"歧视不必然需要受害人""私人公司招聘同样要遵守非歧视原则""声明本身可以构成歧视""歧视不必然需要存在某种不良后果""无实际受害人时公共机构可以代理歧视案例"等原则。

"欧洲改善生活与工作条件基金会"（European Foundation for the Improvement of Living and Working Conditions）研究人员桑妮·麦凯依（Sonia McKay）指出，该案例意味着反歧视的一个重大进步，甚至是一个里程碑。强调歧视在"不存在明确的受害人"时也可成立；同时，如果《种族平等指令》仅仅局限于因受到直接歧视而未获得某个职位的受害人，则难以实现"为培育社会包容性劳动力市场创造条件"的目标。欧洲法院的这种态度将使欧洲雇主受到更大的制约和面临更有力的制裁，并给予了平等和反歧视机构新的重要权力。而且，欧盟的"欧洲社会伙伴组织"（European Social Partners）①也将获得质疑及调查一些公共声明的更大权威。②

英国约克大学教授夏洛特·奥布莱恩（Charlotte O'Brien）则提出了批评

---

① 欧盟的"欧洲社会伙伴组织"是代表欧洲企业雇主和员工利益的一些社会机构，主要目的是维护欧盟雇主和员工权益，推动"里斯本战略"的经济增长和社会凝聚目标。
② Sonia McKay, "Landmark ECJ Ruling on Discriminatory Recruitment Policies," European Observatory of Working Life, February 12, 2009, https://www.eurofound.europa.eu/observatories/eurwork/articles/landmark-ecj-ruling-on-discriminatory-recruitment-policies.

意见,认为该裁决体现了欧洲法院的一贯立场,即特别强调劳动力在欧盟市场范围的自由流动。欧洲法院强调,公开声明也可以构成歧视,因为公司领导人的歧视性声明,会使一部分人的选择多于另一些人,从而妨碍了后者在劳动力市场的自由流动。但是,欧洲法院及欧盟理事会都将主要注意力放在"非歧视"本身,而不是放在歧视的原因——种族等问题上。①

柏林自由大学研究人员安德列斯·埃里克森(Andrea Eriksson)则从正反两个方面看待了欧洲法院的裁决。从积极方面看,大大拓展了直接歧视的适用范围。从《种族平等指令》第2(2a)条的措辞来看,直接歧视需要一个明确的受害人,但欧洲法院的推理却不局限于该条的措辞,而是从该指令的目的——"为培育社会包容性劳动力市场创造条件"——来看待歧视问题,认为如果有潜在的求职者因主管的声明而放弃竞聘,则阻止了他进入了劳动力市场,未实现社会包容。可见,欧洲法院实际上认为,《种族平等指令》还保护那些潜在的少数群体的求职者。同时欧洲法院还禁止可能存在的歧视,大大扩展了非歧视的范围,即它不仅要禁止对于个人的歧视,还要创造一个无歧视的社会。从消极方面看,存在两个问题:第一,欧洲法院没有去分析案例中造成歧视的源头——Firma Feryn NV公司的客户偏好是否存在问题,法院是在认定客户偏好不存在问题的情况下来裁决的,结果出现了用种族主义来证明种族歧视的荒谬结果。第二,欧洲法院没有分析公司领导人的歧视性声明在多大程度上属于他的自由表达权利范围。因为根据欧洲法院过去的判例,对自由表达权利的限制必须是为了实现公共利益方面的客观目标,并采取了符合比例的手段。②

伦敦律师詹姆斯·沃伦(James Warren)指出,本案例扩展了关于歧视的法律的覆盖范围,接下来英国政府也必须采取一定的措施改变国内的法律。③ 但英国没有修改国内法律,2010年英国出台的《2010平等法》(Equality Act 2010)④中,仍认为歧视应该存在实际受害人才能成立。

---

① Charlotte O'Brien, *Unity in Adversity: EU Citizenship, Social Justice and the Cautionary Tale of the UK*, Hart Publishing, 2017, pp.117-118.

② Andrea Eriksson, European Court of Justice, "Broadening the Scope of European Nondiscrimination Law," *International Journal of Constitutional Law*, vol.7, no.4, October 1, 2009, pp.731-753, https://academic.oup.com/icon/article/7/4/731/733727.

③ Charles Forelle, "EU Ruling Extends Discrimination Law," *the Wall Street Journal*, July 11, 2008, Page A6, http://www.fosterglobal.com/news/EURulingExtendsDiscriminationLaw.pdf.

④ 英国《2010平等法》是将英国过去几十年以来关于性别、种族、年龄、残疾等方面的平等法律合并在一起的总法律。参见:https://www.legislation.gov.uk/ukpga/2010/15/contents.

在 2010 年英国就业上诉法庭审理的"Berry v Recruitment Revolution &
Ors UKEAT 案件"[1]中,申诉人 Berry 以一个招聘广告"只招聘已离开学校的人
或者 A 等学生"为由,认为对他构成了歧视。英国上诉法院认为,申诉人无意申
请该职位,他不是遭到歧视的实际受害人,因而不构成对他的歧视;英国并不为那
些认为自己受到某种招聘广告的歧视又无意申请那些职位的人提供某种收入来
源;那些试图利用相关规定来获得经济利益的人,正如"Investigo 案例"[2]中的申
诉人一样,将发现自己更倾向于遭受损失。此外,英国就业上诉法院还强调,就
算是在"Feryn 案例"中,欧洲法院也没要求被告补偿申诉人的经济损失。

(四) 评述与反思

笔者认为,欧洲法院借助本案例,拓展了"歧视",尤其是"直接歧视"的范
围。它不仅要求禁止招聘过程中的歧视行为、歧视政策,还明确禁止招聘中出
现的歧视性言论,即使这种言论没有转变成招聘行为或招聘政策,也没有明确
的受害人——因为它可能存在潜在的求职者,即"声明本身也可能构成歧视"。
本判决将对欧洲成员国的一些做法带来压力,也对包括私营公司在内的欧盟雇
主提出了更高要求。

长期以来,欧盟国家并未对雇主提出严厉的反歧视要求,尽管各国的法律
及其执行情况有所不同。例如在本案例之前,英国就禁止在招聘中或者招聘的
声明中表现出歧视的主观意图,所以这方面对英国影响并不大。不过,英国和
爱尔兰法律规定,在歧视案例中,只有存在明确的受害者,才能提起诉讼,这是
英国和爱尔兰认为不存在直接歧视的原因,也是英国和爱尔兰十分关注本案例
并派代表出席庭审的原因。在英国著名的"Cardiff Women's Aid v Hartup 案
例"[3]中,英国就业上诉法院认为,个人不能仅仅依据招聘单位的招聘广告而认
定自己受到了歧视,只有个人在招聘过程中确实遭受了歧视才行。如果在招聘
广告中声明"只要男性",那么,并不是所有女性都遭到了歧视,只有那些真正到

---

[1] Berry v Recruitment Revolution & Ors UKEAT, Appeal No. UKEAT/0190/10/LA, at the Tribunal
on 6 October 2010, http://www.employmentcasesupdate.co.uk/site.aspx?i=ed6848.

[2] Keane v Investigo and others,英国就业上诉法庭在 2010 年 3 月审判的一个类似案例。参见:Case of
the week: Keane v Investigo and others, https://www.personneltoday.com/hr/case-of-the-week-
keane-v-investigo-and-others/.

[3] "Cardiff Women's Aid v Hartup," United Kingdom Employment Appeal Tribunal, Case UKEAT
761_93_0802, at the Tribunal on 8 February 1992, http://www.bailii.org/uk/cases/UKEAT/
1992/761_93_0802.html.

该单位面试并且因为性别原因被拒绝的女性才遭到了歧视。

当然,对于英国国内的判决,申诉人仍然有权向欧洲法院上诉,而且获得胜诉的可能性较大。但申诉人若期待获得经济补偿,则可能性不大,而诉讼费用的支出却不可或缺。因此,一般来说,申诉人并不会选择继续向欧洲法院申诉。这也是为什么《种族平等指令》通过多年以来,欧洲法院接到的歧视案件不多的重要原因之一。欧洲法院的这种做法实际上也平衡了求职者和雇主的双方利益。对于雇主来说,尽管在招聘广告中出现歧视性言辞并不必然带来实际损失,但如果遭到起诉,会对名誉和形象产生消极影响,同时被迫卷入司法诉讼程序之中,成为一种不必要的消耗。

但总的来看,判决对欧盟雇主具有强大的威慑力。不过,英国并不遵循欧洲法院的判决结果,不仅表明了英国在欧盟范围内的特立独行,也反映出作为欧美法系的英国法律和主要反映欧洲大陆法系的欧盟法律之间,仍然存在着较大差异,融合起来难度较大。而法律方面的差异,也成为英国与欧盟分手的一个内在原因。

二、罗姆社区电表安装歧视问题:"Belov 案例"[①]和"CHEZ RB"案例[②]分析

这两个案例都是保加利亚电力公司将罗姆社区电表安装在反常高度而引起的。但因为程序方面的原因,欧洲法院未对"Belov 案例"进行分析,而对"CHEZ RB 案例"进行了分析,但要求保加利亚方面根据欧盟意见进行裁决。

(一)"Belov 案例"

1. 案情与国内处理

"Belov 案例"是由保加利亚蒙塔纳市(Montana)相关机构在罗姆人社区安装电表而引起。在蒙塔纳市,由 ChEZ Elektro Balgaria AD (CEB)公司负责供电,而 ChEZ Raspredelenie Balgaria AD (CRB)公司负责电力调配。这两个公

---

① Case C - 394/11, "Valeri Hariev Belov v. CHEZ Elektro Balgaria AD and Others," Judgment of the European Court of Justice(Fourth Chamber), January 31, 2013, https://eur-lex. europa. eu/legal-content/EN/TXT/PDF/?uri=CELEX:62011CJ0394&from=EN.

② Case C - 83/14, "CHEZ Razpredelenie Bulgaria AD V Komisia za zashtita ot diskriminatsia," Grand Chamber, July 16, 2015, http://curia. europa. eu/juris/document/document. jsf?docid=165912&doclang=EN.

司都需要接受保加利亚国家能源与用水委员会(State Energy and Water Regulation Commission, DKEVR)的监管。

在蒙塔纳市,每个家庭都用 CRB 公司配置的电表。在 1998—1999 年间,CRB 电力部门在装电表时,将蒙塔纳市的两个罗姆社区的家庭电表安装在高达 7 米的电杆上,而在非罗姆社区,电表一般安装在家庭的外墙上或者周围的篱笆上,高度为 1.7 米,便于用户了解电费使用情况。罗姆社区的用户如果想了解电表使用情况,只有两个办法:第一,提前三天向 CRB 提出申请,CRB 可免费派工作人员驾驶一种配备梯子的专用车为用户查看用电情况——但并没人采取过这种方法;其次,在家庭内装一个探测器,能够检测到电表使用情况,但需要收费。

作为罗姆居民,申诉人 Belov 向保加利亚执行欧盟《种族平等指令》的"反歧视委员会"申诉,认为 CEB 和 CRB 公司构成了基于族群出身的歧视。"反歧视委员会"将案件提交给了欧洲法院,并提出了以下问题:(1)该案例是否属于《种族平等指令》的管辖范围? (2)《种族平等指令》第 2(2a)条中的"遭到更差对待"(treated less favourably)应如何理解;第 2(2b)中的"使(少数)种族和民族出身的人处于特别的弱势"(put persons of a racial or ethnic origin at a particular disadvantage)又该如何理解? (3)根据第二个问题,如果《种族平等指令》第 2(2)条成立,即存在直接歧视或间接歧视,那么,"遭到更差对待"或者"使(少数)种族和民族出身的人处于特别的弱势"是否意味着一定侵犯了某种法定权利或利益呢? (4)根据欧盟相关法律,用户是否有权随时查看电表呢?如果国家规定电力公司可以决定如何安装电表,那是否意味着电力公司没有侵权呢? 是否一定要有明确的受害人,还是仅仅某种现象本身即可构成歧视呢?是否需要被告举证呢? 考虑到罗姆社区不仅仅有罗姆人居住,那么这个事实是否可以免除被告的举证责任呢? (5)根据《种族平等指令》,直接歧视或者骚扰是否因为追求合法目标并采取了必要而适当的手段而不成立呢? 该案例是属于直接歧视还是间接歧视呢? 除了将电表安装在 7 米高的地方,是否还有其他方法防止窃电和保护用电安全的方法呢?

2. 佐审官意见[1]

针对 CEB 和 CRB 的观点——保加利亚反歧视委员会并非一个客观公正

---

[1] Opinion of Advocate General Kokott, delivered on 20 September 2012(1), Case C – 394/11, Valeri Hariev Belov.

的机构,因为它常常站在受害人角度思考问题——佐审官指出,该机构有较多来自少数群体的工作人员,并不代表它所做出的决定是不客观和不独立的。至于 CEB 和 CRB 认为"保加利亚反歧视委员会并非司法机构"——佐审驳斥道,虽然它是一个行政机构,但并不排除它同时具有和法院一样的司法地位。它既可以自己做出裁决,也可以代替受害人上诉。

保加利亚政府代表及 CEB 和 CRB 代表还指出,如何安装电表,并且是免费安装电表,不属于共同市场的范围,即不属于《种族平等指令》第 3(1)条所指的"在欧盟权力范围内"。佐审官不同意该说法,她认为,电表是电力供应和消费者消费电力的方式,不能说不属于欧盟的管辖范围,尽管电表是免费安装的,但用电却是要收费的,如果没有电力供应和消费,电表就是无用的;而且,案例涉及的是基于族群和种族的歧视,属于《种族平等指令》的管辖范围。

佐审官指出,根据保加利亚法律,"遭到更差对待"是指某种法定的权利或利益受到直接或者间接的侵犯,如果没有权利侵犯,就不存在歧视。但《种族平等指令》却并没有这个规定,只要某个人或者群体遭到比其他人或群体更差的对待,就遭受到了歧视。

关于举证责任问题,佐审官认为,申诉人受到了不公对待的事实成立,根据《种族平等指令》第 8(1)条,应该由被告承担举证责任。

此外,佐审官还认为,电力公司为了防止有人窃电及用电安全,将电表安装在 7 米高的地方,这是符合欧盟法律的"合法目的"。但是,为了实现这个目的,是否只有一个方法? 实际上并非如此。将电表安装在 7 米高的地方使罗姆人没法查看电表,使他们与其他人相比"处于特别的弱势",不符合比例原则,也是不适当的措施。而且这仅在罗姆社区实施,虽然不仅仅针对罗姆人,但罗姆人受到了明显的不平等对待,构成了间接歧视。

3. 欧洲法院的观点

2013 年 1 月 31 日,欧洲法院第四庭对案例进行了审理。

欧洲法院同意佐审官的部分意见,例如根据《欧洲联盟条约》第 267 条,成员国的一些机构可以具有法院或法庭的功能,因而保加利亚反歧视委员会具备法院功能。但是,充当法院职能的国家行政机构,却没有足够的资格将案件转交给欧洲法院审理。因此,欧洲法院取消了对这个案例的裁决。

这是个令人遗憾的结果,因为欧洲法院错过了一个解释《种族平等指令》的绝好机会,同时也回避了一个很需要它主持公道的问题。

不过,在2015年7月16日欧洲法院对一个非常相似的案例——"CHEZ RB案例"——的裁决中,借机阐明了自己的观点。

(二)"CHEZ RB案例"

1. 佐审官意见

"CHEZ RB案例"发生在保加利亚的杜普尼察市(Dupnitsa)的罗姆人社区,电表安装公司将电表安装在了很不合理的高度——6—7米。但原告(Anelia Georgieva Nikolova)却不是罗姆人,而是在罗姆社区开店的保加利亚族人。申诉人认为她受到了直接歧视,而保加利亚政府和欧盟人权委员会认为,她受到的是间接歧视,电力公司则认为不存在着歧视,也不属于《种族平等指令》的管辖范围。

欧洲法院同样指定科克特(Juliane Kokott)为佐审官。在2015年3月12日的观点汇报[1]中,科克特认为,虽然Nikolova不是罗姆人,但她工作在罗姆社区,遭到了和罗姆人一样的对待,同样成为基于族群出身的歧视的受害者。但到底是直接歧视还是间接歧视呢?定位为直接歧视和间接歧视,将带来不同后果。如果是直接歧视,则只有在"极少的情况下"(in very limited circumstances)才可能为之辩护[2];如果是间接歧视,则只需要"客观上存在着合法目的"(objectively justified by a legitimate aim)即可为之辩护。[3] 而且,对于直接歧视行为实施者的处罚也要比对间接歧视行为实施者的处罚更重。

佐审官首先排除了直接歧视的存在。她认为,直接歧视行为必须直接指向受害者,例如针对孕妇的政策直接对女性产生影响,从而可能构成基于性别的直接歧视;而针对养老金的政策直接对老人产生影响,从而可能构成基于年龄的直接歧视。而电力公司在罗姆社区安装电表时,其受害人并不必然是罗姆人,整个社区的用户都将受到影响。所以,虽然主要是罗姆人因电表高度遭受不便,但直接指向的却不是罗姆人,不足以构成直接歧视。对于是否构成间接歧视,佐审官认为,电力公司将电表安装在6—7米高的地方,使罗姆社区的罗

---

[1] "Opinion of Advocate General Kokott," delivered on 12 March 2015, Original language: German, Case C-83/14 CHEZ Razpredelenie Bulgaria AD, https://eur-lex.europa.eu/legal-content/EN/TXT/PDF/?uri=CELEX:62014CC0083&from=EN.

[2] Recital 18 in the preamble to Directive 2000/43.

[3] Article 2(2b) of Directive 2000/43.

姆人相比其他社区的人来说,处于特别的弱势。电力公司辩称,罗姆社区和其他社区没有可比性。对此,佐审官进行了驳斥。她认为,所有用户都是可以比较的,如果有证据证明,在罗姆社区,存在更多的非法使用电表的情况,或者电力系统出现更多问题,那么就可以证明电力公司的区别对待是成立的,但实际上并不存在着这种情况。因此,构成了基于族群出身的间接歧视。

接着,佐审官分析了间接歧视行为是否可以被辩护,即是否存在着合法目的;采取的措施是否"符合比例"(proportionality),即是否"适当"(appropriateness/suitability)和是否"必要"(necessity)。在是否存在合法目的方面,佐审官指出,电力公司认为将电表安装在6—7米高的地方是为了防止窃电或滥用电表,保证用电质量,具有符合欧盟法律的合法目的。而该措施是否"适当",要看它是否能够实现其目的。将电表安装在6—7米高的地方,使用户一般无法接触到电表,有利于防止非法用电和干扰电力系统,也减少了发生故障的可能性,因此该措施是"适当"的。而一个措施是否"必要",要看为了实现目标是否还有其他更为温和的措施(more lenient means)。和"Belov案例"一样,为了防止窃电和保证用电质量,其实还可以采取其他更好措施,例如将电表安装在合适的高度,同时采取一些技术措施来防止非法用电,媒体曾报告过有一种新的电表,在有人非法用电时会引发自动警报。所以,电力公司将电表安装在6—7米高的地方是不"必要"的。

2. 欧洲法院的意见

由于不存在上一案例中因技术性问题而被欧洲法院拒绝审理的情况,所以欧洲法院接受了这个案例。欧洲法院指出,尽管它没有资格去评判成员国的法律是否和欧盟法律一致,但有必要告知国内法院所有观点:(1)欧洲法院同意佐审官的意见,认为《种族平等指令》中规定的歧视,可以延伸到那些非出身于少数种族或少数族群的群体。由于申诉人和罗姆人一样遭受了更差对待,因而对其构成了歧视,不论她是否认同自己是罗姆群体的成员。(2)欧洲法院同意佐审官的意见,认为构成歧视并不必然需要侵犯了某种法定权利和利益,即使是一个将要发生的可能使某人处于特别弱势的政策,也构成了歧视。(3)根据《种族平等指令》第2(2a)条,直接歧视必须是某种措施对某个族群出身的绝大多数人都产生了不利影响,国内法院必须考虑到各方面的情况并要求被告举证。(4)间接歧视中的"明显中立"(apparently neutral)的意思是,某条款必须在措辞上采取中立态度,即考虑到各种不同情况,而不存在保护性特点;而"特别的弱势"(particular disadvantage)不是指某种严重的、明显的和特别不平等的情况,而是指出身于特定族群的人因为某项制度、标准或措施处于弱势。电力公司将电表安装在6—7米高的地方,不构成《种族平等指令》第2(2a)条的直接歧视,而更倾向于构成了间接歧视,因为这种中立措施使罗姆出身的人处于"特别的弱势"。(5)欧洲法院赞同佐审官的意见,认为电力公司将电表安装在6—7米高的地方是存在合法目的的行为,但其措施是否"符合比例",即是否合适和必要,需要国内法院去思考——是否还有其他更好的措施,如果没有的话,电力公司才能进行合理辩护。

(三) 反响与各方观点

欧盟委员会法律事务官员罗森·格罗泽夫(Rossen Grozev)撰文对"CHEZ RB 案例"进行了分析。[①] 他认为,该案例对于国际社会打击种族歧视来说,是一个具有里程碑意义的案例,对发展《种族平等指令》至少有四方面的意义:(1)对《种族平等指令》的范围进行了确定。首先,通过该案例,罗姆人被明确纳入了《种族平等指令》的保护范围,同时确定了罗姆人为一个同质性的"族群"(ethnic group),使"罗姆人"的范围还扩展到了与其相近的辛提人、具有相似文化特征的旅居者等。其次,认为"种族歧视"的受害人还可能包括有关联的其他族群的人,只要他们也因种族歧视政策、措施而遭受了歧视,即歧视具有关联性。正如欧洲法院在"Coleman v Attridge Law 案例"[②]中的判决一样,一个非残疾的人也可能因为对残疾人的歧视性雇佣政策而遭受歧视。(2)扩展了《种族平等指令》的适用领域。例如,欧洲法院和佐审官都认为,在间接歧视中,"明显中立措施"是一种"表面上中立或初看中立的措施"(ostensibly or prima facie neutral measure),对"明显中立"的这种理解,不仅使它包含了那些"明确的中立"(obviously neutral)和"显然的中立"(manifestly neutral),还包含了那些可能伪装中立的措施。再如,"特别的劣势"(particular disadvantage)并不能仅仅理解为那种严重的不便,只要某个规定、标准或做法对某个族群"比对其他人更为严厉"(more harshly than others)就构成间接歧视。(3)欧洲法院强调,根据《种族平等指令》第8条,一旦国内法院认定歧视存在,则应由被告承担举

---

① 这是他个人观点,并不代表欧盟委员会的观点。参见:Rossen Grozev, "A Landmark Judgment of the Court of Justice of the EU-New Conceptual Contributions to the Legal Combat against Ethnic Discrimination," *The Equal Rights Review*, vol. 15, 2015.

② "S. Coleman v Attridge Law and Steve Law," C‑303/06, July 17, 2008.

证责任。(4)指出了保加利亚国内法律中不符合欧盟"反歧视法"的一些规定，例如，保加利亚《反对歧视保障法》(Law on Protection against Discrimination)指出，"在明显中立的规定中，因为种族或族群出身而遭到了比他人更差的对待"。这就像《种族平等指令》中关于直接歧视的措辞，因为直接歧视才需要"受到更差对待"。

英国贝尔法斯特女王大学法学院学者克里斯托弗·麦克鲁登(Christopher McCrudden)也指出，对于长期以来被指责为不愿意积极阐释欧盟反歧视法律的欧洲法院来说，"CHEZ RB 案例"在两方面有着重要意义：其一，它代表着欧洲国家，尤其是保加利亚打击对罗姆人种族歧视的重要进展；其二，欧洲法院借助该案例解释了欧盟各类反歧视指令的一些核心概念，这些概念的使用远远超越保加利亚范围和对罗姆人歧视问题，即使说重新界定了欧盟的反歧视指令和平等指令也不过分。[1] 英国南安普敦大学学者萨拉·本尼迪(Sara Benedi Lahuerta)也大致持同样看法。他特别强调，"CHEZ RB 案例"是欧洲法院审理的两个罗姆案例中罗姆人唯一胜诉的案件，具有非凡意义：它大大拓展了对欧盟平等法律的理解；它给予族群以宽泛理解，给其他族群，例如锡克人、犹太人启动《种族平等指令》开辟了道路；厘清了很多模糊的概念，例如"直接歧视""间接歧视"等；更为重要的是，案例还强调了歧视的"关联性"，这种"关联性"不仅适用于间接歧视，也适用于直接歧视，不仅适用于《种族平等指令》，也适用于《平等框架法令》[2]。不过，他也指出了该案例的一些不足，例如，欧洲法院最终并没有确定案例的结果，也没有确立是否构成了间接歧视；而且，考虑到欧洲人权法院和欧洲社会权利委员会已审理过众多关于罗姆人的案例，欧盟及其成员国的法律尚需进行调整，以有利于打击对罗姆人的歧视。[3]

一些学者、法学家还注意到了欧洲法院在这两个案例中强调了对少数群体的"污名化"问题，例如"开放社会"(Open Society)律师西蒙·考克斯(Simon Cox)

---

① McCrudden, Christopher, "The New Architecture of EU Equality Law after CHEZ: Did the Court of Justice Reconceptualise Direct and Indirect Discrimination?" Queen's University Belfast Law Research Paper no. 10, June 18, 2016, https://ssrn.com/abstract=2797587.

② 即欧盟的《就业平等指令》, Council Directive 2000/78/EC of 27 November 2000, Establishing a General Framework for Equal Treatment in Employment and Occupation, Council Directive 2000/78/ECof 27 November 2000, http://eur-lex.europa.eu/LexUriServ/LexUriServ.do?uri=CELEX: 32000L0078:en:HTML.

③ Sara Benedi Lahuerta, "Ethnic Discrimination, Discrimination by Association and the Roma Community: CHEZ," *Common Market Law Review*, vol. 53, no. 3, 2016.

指出,欧洲社会一些人给罗姆人贴上"窃电贼"的标签,而无视罗姆人依法上交电费的历史和行为,但这种偏见却成为电力公司将罗姆社区电表安装在 6—7 米高处的理由。在欧盟法律框架之内,罗姆社区享有在不受冒犯或污名化的状况下使用电表和监控自家用电情况的权利。①

(四) 评述与反思

这两个案例是欧洲法院针对罗姆人种族歧视的开场案例,而"CHEZ RB 案例"更被认为是欧洲法院真正审理的唯一针对罗姆人种族歧视的案例。在两个案例中,欧洲法院基本同意佐审官的意见,对歧视采取了广义理解,为今后罗姆人反歧视诉讼铺平了道路。不过,也要看成员国法院是否愿意将类似问题提交到欧洲法院。

然而,欧洲法院最终将两个案例的审理权都退回到保加利亚国内法院,这是一个很大的不足。这使请求欧洲法院裁决的国内法院再次成为终审法院,有损欧洲法院的权威。

从理论层面看,这两个案例,尤其是"CHEZ RB 案例"具有重大意义。欧洲法院肃清了理论方面的很多问题,例如认为构成歧视并不必然需要侵犯了某种法定的权利和利益,即使是一个将要发生的使某人处于特别弱势的政策,也可能构成歧视;种族歧视的受害人不仅包括少数群体,还包括属于主体族群的人或其他种族的人;提出了"可能带来歧视""主体民族也可能遭受基于族群的歧视""直接歧视和间接歧视都需要被告举证""实现合法目的手段必须是必要的"等概念和理念,对于今后欧洲法院、欧盟成员国国内法院,甚至对欧洲人权法院、欧洲社会权利委员会等都有很大启示,对欧盟成员国政府政策和欧盟雇主将产生一定的压力。

案件也反映了欧洲法院从欧盟推动市场公正和社会平等的角度来看待《种族平等指令》,认为《种族平等指令》对"维护民主和宽容社会以及欧盟本身"具有重要意义。② 而所有的个人、私人机构和公共机构,均为市场主体,由它们造成的歧视,都属于欧洲法院的管辖范围,这也符合《种族平等指令》第 3(1)条所

---

① Simon Cox(Lawyer at the Open Society Justice Initiative), "When all the People in a District are Victims of Race Discrimination: CJEU ruling in CHEZ v Nikolova," *EU Law Analysis*, July 24, 2015, http://eulawanalysis.blogspot.co.uk/.

② Julie C. Suk, "New Directions For European Race Equality Law: Chez Razpredelenie Bulgaria Ad v. Komisia Za Zashtita Ot Diskriminatsia," Anelia Nikolova, *Fordham International Law Journal*, vol.40, issue 4, 2017.

指出:本指令将作用于所有个人,不论他处于公共部门还是私有部门,或者公共机构。

不过,欧洲法院对这两个案例的审理也存在明显的问题。首先,《种族平等指令》虽然将歧视分为直接歧视、间接歧视,并对两者进行了明确界定,但《种族平等指令》和欧洲法院均未对"种族"进行界定,未明确它的具体范围。其次,在"Servet 案例"①中,欧洲法院明确表示,《种族平等指令》不保障基于国籍的歧视。再次,在欧洲法院审理的 4 个案件中,尤其是在"Belov 案例"中,能隐约感到欧洲法院对种族歧视问题的回避。在"Runevič-Vardyn 案例"②中,欧洲法院更是有意绕开种族和族群问题。这也是迄今为止,欧洲法院仅审理过 4 个关于《种族平等指令》案例的另一个重要原因。

三、餐厅歧视罗姆人问题:"Lacko v. Slovak Republic 案例"③分析

"Lacko v. Slovak Republic 案例"是联合国"消除种族歧视委员会"处理的对罗姆人歧视的案例,基本依据是 1965 年 12 月 21 日联合国大会通过的《消除一切形式种族歧视国际公约》。

(一) 案情与国内审理

申诉人 Miroslav Lacko 是斯洛伐克罗姆人。1997 年 4 月 24 日,申诉人和其他几个罗姆人一起到科希策(Kosice)中心火车站的一个餐厅就餐。一位女服务员要求他们离开餐厅,因为老板规定,餐厅不为罗姆人提供服务——源于之前有罗姆人损坏了餐厅设施。申诉人表示,他和同伴都未曾损坏餐厅设施。老板声称,只有有礼貌的罗姆人才可以享受该餐厅的服务。

5 月 7 日,申诉人向布拉提斯拉发检察长办公室提起诉讼,检察长办公室

① "Servet Kamberaj v Istituto per l'Edilizia Sociale della Provincia autonoma di Bolzano (IPES) and Others," Case C-571/10, Judgment of the European Court of Justice(Grand Chamber), April 24, 2012, http://curia. europa. eu/juris/liste. jsf?num=C-571/10.

② "Małgożata Runevič-Vardyn and Łukasz Paweł Wardyn v Vilniaus miesto savivaldybes administracija and Others," Case C-391/09, Judgment of European Court of Justice (Second Chamber), 12 May 2011, http://eur-lex. europa. eu/legal-content/EN/TXT/PDF/? uri = CELEX: 62009CJ0391& from=EN.

③ Lacko v Slovak Republic, "Committee on the Elimination of All Forms of Racial Discrimination," UN Committee on the Elimination of Racial Discrimination (CERD), Communication no. 11/1998 (CERD/C/59/D/11/1998), August 9, 2001, http://www. refworld. org/docid/3f588f013. html.

将案件转交给了科希策州检察长办公室,后者又将该问题转交给铁路警察局处理。科希策铁路警察局在经过调查后指出,没有证据表明申诉人曾经受到冒犯。科希策州检察长认可科希策铁路警察局的结论。

在此前后,申诉人还向监督商业企业合法运营的斯洛伐克商业督查官(Slovak Inspectorate of Commerce)申诉。9 月 12 日,督查官报告指出,经调查,该餐厅曾经为罗姆女性服务过,说明餐厅并不歧视罗姆人。

(二)"消除种族歧视委员会"的处理

1998 年,申诉人在"欧洲罗姆权利中心"(European Roma Rights Center,ERRC)的帮助下,向"消除种族歧视委员会"提起申诉,认为斯洛伐克政府违反了《消除一切形式种族歧视国际公约》第 2、3、4、5、6 条。

1. 双方观点

欧洲罗姆权利中心的法律顾问指出,餐厅老板出于种族歧视的荒诞想法,只为他认定的礼貌顾客提供服务;或者说某一天他不想接待罗姆人,罗姆人就可能被拒绝进入该餐厅用餐。斯洛伐克法律虽然规定种族歧视为非法,但申诉人及其同伴仍遭到了基于种族或族群的歧视。斯洛伐克相关司法机构违反《消除一切形式种族歧视国际公约》第 2(1d)条①结合第 5(f)条②,第 2(2)、2(3)、2(4)条和第 6 条③。而目前斯洛伐克刑法没有适用该公约第 2(1d)条结合第 5(f)条的条款。而且,受害人未得到法律救济,表明斯洛伐克的法律是失败的。

法律顾问进一步指出,申诉人仅仅由于种族原因而被餐厅拒绝服务,这属于"种族隔离"。而斯洛伐克没有关于在进入公共建筑物方面禁止歧视的法律条文,政府没有为申诉人进行救助,未承担《消除一切形式种族歧视国际公约》第 3 条④的义务。斯洛伐克政府也未对实施种族歧视的餐厅进行惩罚,违反了

---

① 该条规定:缔约国应以一切适当方法,包括依情况需要制定法律,禁止并终止任何人、任何团体或任何组织所施行的种族歧视。
② 该条规定:缔约国依本公约第二条所规定的基本义务承诺禁止并消除一切形式种族歧视,保证人人有不分种族、肤色或民族或人种在法律上一律平等的权利,尤其享受下列权利……(f)进入或利用任何供公众使用的地方或服务的权利,如交通工具、旅馆、餐馆、咖啡馆、戏院、公园等。
③ 该条规定:缔约国应保证在其管辖范围内,人人均能经由国内主管法庭及其他国家机关对违反本公约侵害其人权及基本自由的任何种族歧视行为,获得有效保护与救济,并有权就此种歧视而遭受的任何损失向此等法庭请求公允充分的赔偿或补偿。
④ 该条规定:缔约国特别谴责"种族分隔"及"种族隔离"并承诺在其所辖领土内防止、禁止并根除具有此种性质的一切习例。

《消除一切形式种族歧视国际公约》第 4 条。①

申诉方向"消除种族歧视委员会"提出以下建议:(1)斯洛伐克政府应对申诉人遭遇到的种族歧视进行赔偿;(2)斯洛伐克政府应采取有效措施确保该餐厅不再采取种族歧视的做法;(3)政府应制定法律明确禁止公共服务场所的种族歧视,明确对遭受种族歧视的当事人的有效救济措施。

政府代表指出,申诉方未穷尽国内的司法救济,例如申诉人可以向科希策州检察长办公室提出申诉,也可以就斯洛伐克商业督查官的调查过程及其结果向法院质疑。而且,申诉人及其同伴后来事实上已在餐厅用餐,所以他的权利未遭到明确侵犯。况且,一些罗姆妇女曾经在该餐厅用餐而未遭歧视,因此不存在种族歧视。

2."消除种族歧视委员会"的意见

"消除种族歧视委员会"表示,根据《消除一切形式种族歧视国际公约》第 14(7a)条,只有穷尽了国内司法救济的案例才能被"消除种族歧视委员会"接受。在该案中,科希策州检察长的意见可以说是最终裁决,因为斯洛伐克政府未能表明,如果上诉有可能改变结果。而且,案例从性质上看属于刑法而非民法范畴,根据政府建议采取民事或行政救济是不充分的。申诉方法律顾问也提到,"欧洲反对种族歧视与不宽容委员会"多次指出,斯洛伐克对于歧视案例没有刑事救济措施,也未发现斯洛伐克刑法有任何条款禁止公共建筑物内的歧视。因此,"消除种族歧视委员会"认为,对申诉人来说在国内已无其他救济方法。

委员会考虑到,由于在本案例到达"消除种族歧视委员会"之后,斯洛伐克方面已经逮捕餐厅老板并给他定了罪②,尽管经过很长时间才受到惩罚,但斯

---

① 该条规定:缔约国对于一切宣传及一切组织,凡以某一种族或属于某一肤色或人种的人群具有优越性的思想或理论为根据者,或试图辩护或提倡任何形式的种族仇恨及歧视者,概予谴责,并承诺立即采取旨在根除对此种歧视的一切煽动或歧视行为的积极措施,又为此目的,在充分顾及世界人权宣言所载原则及本公约第五条明文规定的权利的条件下,除其他事项外:(1)应宣告凡传播以种族优越或仇恨为根据的思想,煽动种族歧视,对任何种族或属于另一肤色或人种的人群实施强暴行为或煽动此种行为,以及对种族主义者的活动给予任何协助者,包括筹供经费在内,概为犯罪行为,依法惩处;(2)应宣告凡组织及有组织的宣传活动与所有其他宣传活动的提倡与煽动种族歧视者,概为非法,加以禁止,并确认参加此等组织或活动为犯罪行为,依法惩处;(3)应不准全国性或地方性公共当局或公共机关提倡或煽动种族歧视。

② 在该案件到达"消除种族歧视委员会"之后,斯洛伐克方面态度发生了变化,斯洛伐克检察长认为,餐厅老板违反了斯洛伐克刑法第 198(a)条,即犯了煽动民族和种族仇恨罪。根据该意见,科希策州检察长在 2000 年 4 月 19 日对餐厅老板(Mr. J. T.)提起公诉。2000 年 4 月 28 日,餐厅老板被判处罚款 5000 克朗,或者接受 3 个月监禁。

洛伐克政府已尽到了缔约国的责任,因而未违反《消除一切形式种族歧视国际公约》。但委员会建议,斯洛伐克政府应积极实施《消除一切形式种族歧视国际公约》,完善国内法律,保证人们进入公共场所的权利,对拒绝他人进入公共场所的做法采取制裁措施。而且,还应采取必要措施确保相关案例的调查程序不会拖得太长。

(三) 反响与各方观点

美国路易克拉克大学学者海瑟·史密斯(Heather Smith-Cannoy)指出,案例发生之时(1998 年),斯洛伐克梅恰尔(Vladimír Mečiar)政府已下台,新上台的米库拉什·祖林达(Mikuláš Dzurinda)政府积极改善与欧盟关系,并希望加入欧盟,而欧盟列出的入盟标准之一就是保护少数群体。但在当时,斯洛伐克的一些少数群体保护制度尚未建立,也无落实《种族平等指令》的制度和措施。本案例的重要意义首先在于,它为斯洛伐克公民和非政府机构打开了一扇通往联合国人权机构的大门,它们可以就权利受到伤害问题向联合国相关机构申诉,以促使斯洛伐克改变政策。其次,案例还揭示了斯洛伐克法律存在巨大缺陷,即在本案之前,对罗姆人态度粗暴的做法在斯洛伐克并不会受到惩罚。在2001 年对本案例审理之后,斯洛伐克立即通过了众多保护少数群体的制度,其中还有专门禁止对罗姆人进行种族歧视的规定。[①]

开放社会司法倡议组织(Open Society Justice Initiative)从另一个角度肯定了本案例的意义。它认为,该案例和国际社会一些相似案例都要求各国对于种族歧视问题展开调查,这种调查不仅针对公共机构官员的行为,也应该包括私人机构的行为,这也是符合《欧洲人权公约》精神的。[②] 在另一份报告中,开放社会司法倡议组织还指出,尽管联合国"消除种族歧视委员会"的裁决缺乏强制执行力,但作为一个联合国机构,它的批评性意见对于当事国纠正不良做法具有很大作用,例如在"Lacko v. Slovak Republic 案例"中,当"消除种族歧视委员会"刚接手案例之时,斯洛伐克政府就对餐厅老板发起了刑事起诉。[③]

---

① Heather Smith-Cannoy, *Insincere Commitments: Human Rights Treaties, Abusive States, and Citizen Activism*, Georgetown University Press, 2012, pp. 107 - 108.

② "Open Society Justice Initiative to the European Court of Human Rights," Written Comments on the Case of Nachova v. Bulgaria. November 2004, https://www. opensocietyfoundations. org/sites/default/files/nachova_20041101.pdf.

③ Open Society Justice Initiative, "Combating Discrimination in Russia Strategies for Lawyers and NGOs Report of a workshop held in Moscow," July 2003, https://www. opensocietyfoun-(转下页)

2004 年，"消除种族歧视委员会"在对斯洛伐克近年消除种族歧视问题和落实裁决的总结报告中也指出，委员会注意到，自从本案例之后，斯洛伐克已经采取充分措施落实了委员会的建议，例如新《刑法》规定，禁止限制个人出入公共场所，违者将受到惩罚，即遵照了《消除一切形式种族歧视公约》第 5(f) 条。①

作为本案例代理申诉人的机构——欧洲罗姆权利中心在事后也发表了看法。它认为这个案例的启示是，每个欧盟成员国最好有一个单独的禁止歧视的法律，以将欧盟的《种族平等指令》、联合国《消除一切形式种族歧视国际公约》和"欧洲反种族主义和不宽容委员会"的第 7 号政策建议②涵盖进去。这样，律师、法官和公众就更容易理解反歧视措施的内容和重要性。这方面做得较好的是保加利亚，该国在 2003 年 9 月通过了《禁止歧视保障法》(Protection Against Discrimination Act)，规定包括欧洲罗姆权利中心在内的一些相关机构可以帮助国家起草这样的法律。③

（四）评述与反思

"消除种族歧视委员会"对案例的处理，不仅对斯洛伐克，对整个中东欧，甚至所有国家，都具有一定的警示作用。相比欧洲法院、欧洲人权法院来说，联合国"消除种族歧视委员会"不需要在申诉人权利与共同市场、国家利益之间进行平衡，因而能够站在维护《消除一切形式种族歧视国际公约》的立场，对申诉人权益进行更好保护，这也使得申诉人在"消除种族歧视委员会"胜诉概率非常之高，对缔约国构成了更大压力。考虑到个人相对于国家来说，处于明显的弱势地位，"消除种族歧视委员会"的这种倾向实际上有效抵消了国家和政府对个人的强势地位。

（接上页）dations. org/sites/default/files/russia_20030129. pdf.

① Committee on the Elimination of Racial Discrimination, "Concluding Observations of the Committee on the Elimination of Racial Discrimination: Slovakia," 10/12/2004, CERD/C/65/CO/7. https://www. ecoi. net/en/file/local/1328016/accord511_291slv. htm.

② European Commission against Racism and Intolerance (ECRI), "General Policy Recommendation no. 7 on National Legislation to Combat Racism and Racial Discrimination," adopted on 13 December 2002, https://www. coe. int/t/dghl/monitoring/ecri/activities/gpr/en/recommendation_n7/ecri03-8%20recommendation%20nr%207. pdf.

③ Report of European Roma Rights Center, "Strategic Litigation of Race Discrimination in Europe: From Principles to Practice, a Manual on the Theory and Practice of Strategic Ligitation with Particular Reference to the EC Race Directive," 2004, http://www. migpolgroup. com/public/docs/57. StrategicLitigationofRaceDiscriminationinEurope-fromPrinciplestoPractice_2004. pdf.

不过,也需要注意,"消除种族歧视委员会"及《消除一切形式种族歧视国际公约》也存在一些不足。一是"消除种族歧视委员会"的裁决并不具备强制执行力。其次,《消除一切形式种族歧视国际公约》存在一个软肋,那就是第 14 条——该条是关于个人申诉条款,它允许各缔约方承认委员会有权听取个人对于侵犯公约所保障权利的投诉,如果某缔约国不承认委员会有这个权利,则该国的个人不能向"消除种族歧视委员会"申诉。截至 2013 年 1 月,该公约已有 177 个缔约国,但绝大多数国家没有批准该公约的第 14 条,使这些国家的公民不能直接向联合国"消除种族歧视委员会"申诉。本案中的申诉人也是通过"欧洲罗姆权利中心"提交上诉。第 14 条软肋的存在,不仅使联合国"消除种族歧视委员会"的威望大减,而且导致最终向该机构申诉的案例非常少。

第三节　少数群体保护的"非歧视"理念再审视

"平等"是人类几千年以来的最为基本的价值追求,几乎每个国家的宪法和重要的国际条约、制度中,都能找到"平等"的影子,而"非歧视"和"平等"是一个硬币的正反面。

不过,"非歧视"或"反歧视"指向的是"机会平等"而非"结果平等"。"机会平等"内在地涵盖了"起点相近""过程公平""开放包容"等人类正面价值理念,其重要性并不亚于"结果平等"。因此,反歧视应该在人类社会尽可能广泛的领域实现。在欧洲,反歧视经历了从政府到所有公共部门,再到私有部门的过程。正如金里卡所指出,非歧视从政府领域向公民社会的扩展不仅仅是自由主义原则在程度上的深化,它还是自由主义公民义务的根本性扩展,即把人视为平等公民的义务,现在要扩展到个人最宽泛的日常生活。[①] 不过,尽管非歧视领域得到了大幅扩展,它仍未涵盖、也很难涵盖纯粹个人的领域,或者说,个人歧视或私人歧视是人类社会很难消除的,例如个人(他或她在当时不代表任何团体或实体)因对特定他人行为的厌恶而拒绝与其交易、个人出于对他人外貌的嫌弃而对其持粗鲁态度、个人对同性恋者、特定族群的偏见、鄙视及其引发的相关行为等,如果这些行为未明确违反法律,很难从反歧视角度去纠正。

---

① 威尔·金里卡著,刘莘译:《当代政治哲学》,上海译文出版社 2021 年版,第 383 页。

上述有关权利保护的国际制度的非歧视条款中,都列举了基于各种原因的歧视,均包含了族群因素。例如联合国《经济、社会和文化权利国际公约》第2.1条规定的非歧视原则使用了以下措辞:"本公约每一缔约国承担尊重和保证在其领土内和受其管辖的一切个人享有本公约所承认的权利,不分种族、肤色、性别、语言、宗教、政治或其他见解、国籍或社会出身、财产、出生或其他身份等任何区别。"《欧洲人权公约》第14条列举的歧视原因或种类为:"不应因任何理由比如性别、种族、肤色、语言、宗教、政治或其他观点、民族或社会出身、与某一少数民族的联系、财产、出生或其他情况等而受到歧视。"《欧盟基本权利宪章》第21条列举的歧视原因或种类为:(1)禁止任何因性别、种族、肤色、族群或社会出身、基因特性、语言、宗教或世界观、政治或其他观念立场、属于少数群体、财产、出生、身心障碍、年龄或性取向之歧视。(2)不管欧盟各条约有什么特别规定,皆禁止因国籍而歧视。

这几个条款,除了欧盟的《欧盟基本权利宪章》增加了禁止基于"国籍"歧视之外,其他方面大同小异,都明确列举禁止基于种族、属于少数群体、族群、民族、语言、宗教等方面的歧视,这些都和"少数群体"有关。

1965年12月21日联合国通过的《消除一切形式种族歧视国际公约》第一条对"种族歧视"进行了界定:任何区别、排斥、限制或基于种族、肤色、世系或民族、族群出身的优惠待遇,旨在实现或达到了损害平等享有人权的结果。但该条同时也指出:肯定行动政策或措施不应视为种族歧视。截至2020年7月,已有182个缔约国,其中88个已批准签字。[1] 其中,所有的欧洲委员会缔约国都是该公约缔约方,但阿尔巴尼亚、亚美尼亚、阿塞拜疆、波斯尼亚和黑塞哥维那、克罗地亚、捷克、法国、格鲁吉亚、吉尔吉斯斯坦、拉脱维亚、列支敦士登、摩纳哥、北马其顿、葡萄牙、摩尔多瓦、罗马尼亚、塞尔维亚、斯洛伐克、斯洛文尼亚、西班牙、瑞士、土库曼斯坦、乌兹别克斯坦等23国未最终签字,约占欧洲委员会缔约国半数。即使签字的国家,绝大多数也都发表了各种保留声明。这些都大大减弱了《消除一切形式种族歧视国际公约》在欧洲的效力。

2000年欧盟的《种族平等指令》的全名实际上是《在任何种族或族群出身的人之间实行平等对待的2000/43/EC号理事会指令》[2],这个指令包括反对基

① 联合国《消除一切形式种族歧视国际公约》参与和签字的情况参见:https://treaties. un. org/Pages/ViewDetails. aspx?src＝TREATY&mtdsg_no＝IV-2&chapter＝4&lang＝en.
② Council Directive 2000/43/EC of 29 June 2000,"implementing the Principle of Equal （转下页）

于种族歧视和基于族群的歧视,因而称为"种族与族群平等指令"更为恰当。但至今为止,欧洲法院只审理过 4 个违反《种族平等指令》的案例。因为绝大多数这方面的案例都存在政治敏感、取证困难、程序繁多等问题。从上述欧洲法院审理的几个关于种族歧视的案例来看,它倾向于将问题"推回"到当事国法院,从而回避族群歧视问题。此外,与欧洲人权法院强调"相同的情况相同对待""不同的情况不同对待"的理念相比,欧洲法院强调"不同的情况相同对待",它是一种基于同等对待市场要素的"色盲"式非歧视理念,使少数群体胜诉可能性大大降低。

欧盟大多数国家都已出台落实《种族平等指令》的相关制度,不过,仅仅制度的出台并不能避免种族和族群歧视的广泛存在,在私有部门和私人领域种族和族群歧视仍然十分普遍。

虽然所有欧洲国家都签署了《欧洲人权公约》,但《欧洲人权公约》仅仅是一个维护个体权利的公约,关于非歧视的第 14 条,需要和其他条款绑定才能生效,因此,第 14 条被普遍认为是"灰姑娘条款"或"寄生条款"。② 也就是说,对处于相似情况下的不同人享有公约的实质性权利进行了区别对待,而且又没有客观而合理的理由,才构成了歧视。

欧洲人权法院对第 14 条的理解在早期比较狭隘,但随着冷战结束,前苏联和东欧地区很多国家加入了欧洲委员会,《欧洲人权公约》缔约国急剧增加,欧洲人权法院对第 14 条的理解也开始出现变化。在 1998 年 11 月 1 日生效的第 11 号议定书解散了欧洲人权委员会,个人可以直接向欧洲人权法院提起申诉之后,欧洲人权法院的案例大大增加了。在中东欧签署了《欧洲人权公约》后,大量少数群体案例进入了欧洲人权法院的审查范围。这使欧洲人权法院受到的关注大幅度增加,给其带来了更大压力。在这种情况下,欧洲人权法院审理案件时,一些理念开始发生变化。

在非歧视方面,变化主要体现在:第一,对平等的理解发生了变化,早期基本只关注形式平等(formal equality),在 20 世纪 90 年代后期开始,逐渐接纳了实质平等(substantive equality)理念,即不仅要看缔约国的法律、制度是否存在

（接上页）Treatment between Persons Irrespective of Racial or Ethnic Origin," Official Journal L 180, 19/07/2000 P. 0022 - 0026, https://eur-lex. europa. eu/legal-content/EN/TXT/HTML/? uri=CELEX:32000L0043&from=en.

② Whitty, et al., *Civil Liberties Law: The Human Rights Act Era*, Oxford University Press, 1996, p.404.

着歧视,更要看法律、制度是否在事实上促进了平等。① 例如在"Zarb Adami v Malta 案例"中,欧洲人权法院就明确承认,存在着一种"事实上的歧视"(discrimination in fact and practice)。② 第二,对基于性别、种族、族群、民族、宗教、残疾等方面的区别对待,欧洲人权法院越来越采取严厉态度。欧洲人权法院在一些案例中反复强调,基于性别、种族或族群出身、民族、宗教、残疾方面的原因的区别对待需要有"非常重大的理由"(very weighty reasons)。③ 自 20 世纪 90 年代后期,欧洲人权法院审理歧视案件,都具有非常严格的程序,首先要看是否存在着区别对待,如果存在,则继续审查这种区别对待是否"有法律规定",是否"有合法目的",即使符合这两条,还需要进一步审查为实现目标是否采取了适当而必要的手段,即是否符合比例原则,是否"在民主社会是必要的"等。只要有一项不符合要求,就构成了歧视。欧洲法院在审理歧视案例的时候,则首先要区别是直接歧视还是间接歧视。要为直接歧视辩护非常难,而对于间接歧视,有更广泛的理由来辩护,例如为了国家安全、公共秩序、公共健康等。第三,第 14 条独立性有所增强。在早期,第 14 条绑定较多的条款是《欧洲人权公约》第 3 条、第 8 条、第 9 条、第 10 条、第 11 条和"第一议定书"第 2 条。但随着欧洲人权法院对社会、经济权利的重视,以及《欧洲人权公约》议定书的增加,第 14 条可以绑定的条款逐渐增加。

虽然《欧洲人权公约》的"灰姑娘条款"拓宽了适用范围,但也不能太过乐观。首先,第 14 条仍然需要绑定某个具体条款,这限制了它的适用性,第 12 号议定书第 1 条规定虽然不需要绑定具体条款,但一些国家没有签署该议定书,目前其实际作用仍有待观察。其次,欧洲人权法院仍然在很多案例中强调,国家在歧视案例中具有广泛的自由裁量权。④ 这种自相矛盾的做法,实际上削弱

---

① Rory O'Connell, "Cinderella Comes to the Ball: Article 14 and the Right to Non-Discrimination in the ECHR," *Legal Studies: The Journal of the Society of Legal Scholars*, vol. 29, no. 2, 2009, pp. 211 – 229.

② Zarb Adami v Malta, application no. 17209/02, Judgment Strasbourg, June 20, 2006, http://www.legislationline. org/download/action/download/id/6819/file/ECHR_Case%20of%20Zarb%20Adami%20v. %20Malta_2006_en. pdf.

③ Case of Karner v. Austria, Application no. 40016/98, Judgment Strasbourg, July 24, 2003, paragraph 37, https://hudoc. echr. coe. int/eng#{"itemid":["001-61263"]}.

④ 参见案例:"Carson v United Kingdom," application no. 42184/05, Judgment Strasbourg, 11/04/2008, http://echr. ketse. com/doc/42184. 05-en-20081104/view/.

了其权威性和影响力。①

对少数群体的(非)歧视和其他种类的(非)歧视有何不同？它们在构成歧视的基本要素方面，并没有明显差异，都存在不利对待；原告证明歧视事实存在，被告举证歧视的客观原因。但在有的方面，基于少数群体的歧视和基于其他原因的歧视存在着一些差异，而由于欧洲特殊的历史、文化，使在少数群体方面的歧视相比其他方面的歧视更具隐蔽性和结构化。

一、"种族主义"和"族群偏见"下的隐性歧视广泛存在

如果说，制度性的反歧视在欧洲已经取得了不错进展，那么，制度外的反歧视依然道阻且长。近年，随着移民和难民不断增加，"种族主义"和"族群偏见"出现了野蛮生长趋势。

对于"种族主义"的界定非常之多，但大同小异，总体上并不影响人类对其认识或认定，这点和"少数群体"的情况类似。美国加州大学伯克利分校种族研究系拉蒙·格罗斯弗格(Ramon Grosfoguel)认为，种族主义是关于人类优越和劣等的全球等级制度，这种等级制度通过"资本主义/家长式的西方中心/现代基督教中心/世界殖民体系"等机制从政治、文化和经济方面进行生产和再生产。② 种族主义与西方优越感和历史上的西方殖民体系有着紧密的关系，而作为西方文明的一个中心地带以及殖民体系的宗主，欧洲不仅是种族主义的发源地，也是种族主义繁盛之地。需要注意的是，尽管在一些学术话语或者欧洲人权法院的判例中，会对"种族"和"族群"进行分别界定，但国际社会中常用的"种族"，实际上是一种宽泛概念，并不仅仅指人种或者肤色方面的差异，而且也可以涵盖族裔、语言、文化或宗教等方面的特征。③

"种族歧视"是种族主义的重要表现之一，而欧洲社会根深蒂固的白人"文

---

① 参见：Christa Tobler, "Equality and Non-Discrimination under the ECHR and EU Law: A Comparison Focusing on Discrimination against LGBTI Persons," *ZaöRV (Zeitschrift für ausländisches öffentliches Recht und Völkerrecht)*, vol. 74, 2014, pp. 521 – 561.

② Ramon Grosfoguel, "Decolonizing post-colonial studies and paradigms of political-economy: Transmodernity, decolonial thinking and global coloniality," *Transmodernity: Journal of Peripheral Cultural Production of the Luso-Hispanic World*, vol. 1, no. 1, 2011, pp. 1 – 38.

③ Ramon Grosfoguel, "What is Racism?" *Jorunal of World-Systems Research*, vol. 22, no. 1, 2016, pp. 9 – 15.

明优越感""种族优越感"和"种族偏见"是导致"种族歧视"的重要原因,也是导致对少数群体保护力度不足的潜在文化、心理因素。司法判例如果不考虑这些背景,就不可能在反歧视案例中做到真正公平。"种族优越感"和"种族偏见"也不会因为一些反歧视制度的出台而立即消失。研究表明,四种种族偏见,即种族中心主义(ethnocentrism)、生物学种族主义(biological racism)、象征性种族主义(symbolic racism)①、厌恶型种族主义(aversive racism)在欧洲仍然普遍存在,其程度超过普遍预期,即使是最粗暴的"生物学种族主义",在欧洲的普遍程度仍然十分惊人。②

根据 2019 年 5 月关于欧盟歧视问题的晴雨表显示,欧洲社会仍然存在着十分普遍的歧视,其中基于种族或族群的歧视再度居于各类歧视的榜首,而且和 2012 年的欧盟晴雨表相比有所增加。③ 表 3.1 是被调查者对"以下哪种歧视较为普遍"的回答:

表 3.1　对"以下哪种歧视较为普遍"的回答比例④

歧视针对群体	广泛存在	比较少见	不存在	不知道
罗姆人	61%	29%	2%	8%
族群出身群体	59%	35%	1%	5%
少数肤色群体	59%	36%	1%	4%
少数性取向群体	53%	40%	1%	6%

---

① 象征性种族主义也称现代种族主义,是指表面上不存在偏见行为,但内在地保有偏见观点,表现为采取种族刻板印象对待其他种族群体、对于同样的行为根据不同种族进行不同评价等。参见:McConahay, J. B. "Modern Racism and Modern Discrimination The Effects of Race, Racial Attitudes, and Context on Simulated Hiring Decisions," *Personality and Social Psychology Bulletin*, vol. 9, no. 4, 1983, pp. 551–558.

② Carolin Rapp, "Is It All the Same? Forms of Racial Prejudice, Their Origins and Consequences Reconsidered," Paper prepared for the workshop "Attitudes towards immigrants: Concepts and measurements" at the 3rd ESS Conference 13th–15th July 2016 in Lausanne, Switzerland.

③ 基于族群的歧视长期以来是欧盟乃至欧洲最为普遍的歧视,很多调查揭示了这个结果,例如 2012 年欧盟第 393 号晴雨表显示,认为基于"族群"的歧视广泛存在的人口占 56%,高居榜首。参见:"Discrimination in the EU in 2012," Special Eurobarometer 393 of European Commission, pulicated in November 2012.

④ "Discrimination in the EU," Special Eurobarometer 493 of European Commssion, publicated in May 2019(表格为笔者根据欧盟晴雨表数据所作), https://ec.europa.eu/commfrontoffice/publicopinion/index.cfm/survey/getsurveydetail/instruments/special/surveyky/2251.

续　表

歧视针对群体	广泛存在	比较少见	不存在	不知道
变性人群体	48%	35%	3%	14%
少数宗教与信仰	47%	48%	1%	4%
残疾人	44%	51%	1%	4%

正是广泛存在的种族偏见、种族歧视扭曲了反种族和族群歧视的效果。种族歧视常常不会以直接歧视的形式出现,而是更多地以"间接歧视"的形式出现,给被歧视者带来更大举证难度。而且,很多基于种族偏见的歧视表现为一种"隐性歧视"。[①] 虽然隐性歧视与它所引导的行为之间存在一定的联系,但因果关系有多强,是一个不容易判断的问题,因而难以纳入法律的考量范畴。需要欧洲在政治制度、法律、文化、社会等层面,从制度内到制度外共同发力,以逐渐消除"隐性歧视"的土壤。

二、"族群归纳"十分普遍

"族群归纳"有时也称"种族归纳""种族貌相""种族脸谱化",是指执法机关在判断某一类特定犯罪或违法行为的犯罪嫌疑人身份时将种族或族群特征列入考虑范围,进而导致在执法过程中更多地怀疑某一族群的作案嫌疑。[②] 由于欧洲几乎每个国家都存在着肉眼可见的族群差异,加上大多数国家倾向于给予执法部门宽泛的自由裁量权,使其容易根据个人肤色或语言进行差异性执法。例如在机场、地铁站、火车站等地方针对少数群体和外国人进行特别搜查;在刑事司法案件中,属于少数群体的人容易受到更严厉的刑事判决;在抢劫、盗窃案例中,黑人、罗姆人更容易受到怀疑。

---

① 有学者将歧视分为"显性歧视"和"隐性歧视",前者指行动人明知自己对其他种族、性别的人有歧视性的态度或者刻板印象而实施的歧视行为;后者指虽然对其他群体有歧视性的态度或者刻板印象,行动中并没有意识到。参见柯振兴:隐性歧视为何在立法中难以立足,《法律与社会科学》2017年第2期。

② Patricia Y Warren, "Amy Farrell, The Environmental Context of Racial Profiling." *The Annals of the American Academy of Political and Social Science*, vol. 623, 2009, pp. 52 - 63; European Commission against Racism and Intolerance (ECRI), "General Policy Recommendation No. 11 on Combating Racism and Racial Discrimination in Policing," CR, 2007:39, June 29, 2007.

　　在法国,阿拉伯裔和非洲裔的年轻人被警察盘问和搜查的可能性是其他男性群体的 20 倍。[①] 英国内政部 2017—2018 年的统计数据显示,在英格兰和威尔士,黑人被警察盘问和搜查的概率是白人的 9.5 倍。[②] 在瑞典,斯维亚上诉法院在审理罗姆人申诉时发现——警方仅仅根据族群出身而将他们列入嫌疑犯登记册内,却无法提供正当理由。[③]

　　如果说"歧视"越来越多地表现为间接的和隐性的,那么,"族群归纳"则是一种显性的族群歧视,而且是一种恶性歧视。根据英国的一个调查,"族群归纳"现象在 2011—2020 年期间不是下降了而是上升了。[④] 目前,对于欧洲普遍存在的"族群归纳"现象,并没有硬约束,使这种现象无法实质性减少或消失。

三、"公民身份"作为族群歧视的借口

　　几乎所有的欧洲国家,对于"少数民族"或"少数族群"的界定,都强调"公民身份",若无公民身份,尤其是仅有欧盟第三国公民身份,最多只能获得"移民"或"新少数群体"身份。联合国人权委员会对《公民权利与政治权利国际公约》的"第 23 号一般性意见"特别强调,不得将《公民权利与政治权利国际公约》第 27 条规定的权利仅限于其公民。[⑤] 但作为移民的目的地的欧洲国家,普遍并未依从。2018 年,欧洲议会也将"公民"条件列为"少数群体"的"最低标准"之一,这表明欧洲,至少在欧盟范围内,在这个问题上达成了共识。

　　欧洲国家在界定少数群体的时候,一般会规定一个苛刻的居住时长,或者

[①] Enquête sur l'accès aux droits, Volume 1-Relations police/population: le cas des contrôles d'identité, Défenseur des droits, République Française, Janvier 20, 2017, https://www.defenseurdesdroits.fr/sites/default/files/atoms/files/enquete-relations-police-population-final2-11012017.pdf.

[②] https://www.ethnicity-facts-figures.service.gov.uk/crime-justice-and-the-law/policing/stop-and-search/latest.

[③] "Historic Victory in the court of Appeal," News from Civil Rights Defenders, March 25, 2018, https://crd.org/2018/03/25/historic-victory-in-the-court-of-appeal/.

[④] "Ethnicity Facts and Figures: Stop and Search," published on 22 February 2021, https://www.ethnicity-facts-figures.service.gov.uk/crime-justice-and-the-law/policing/stop-and-search/latest.

[⑤] CCPR General Comment no.23: Article 27 (Rights of Minorities), adopted at the Fiftieth Session of the Human Rights Committee, on 8 April 1994 CCPR/C/21/Rev.1/Add.5, https://www.refworld.org/docid/453883fc0.html.

100 年以上,或者第二次世界大战之前至今,或者持续几个世纪。这些规定,都远远高于国际上对"少数群体"的要求。而居住时长低于国家标准的少数群体,一般以"移民"或"新少数群体"对待。这也导致移民问题研究和少数民族问题研究长期存在分裂。两个学科有着各自的书籍、研究传统和理论,而实际上它们之间并无非常明显的分野。例如,作为匈牙利少数族群的罗姆人,当他们中部分人搬迁到波兰之后,若未获公民身份,就无法和波兰罗姆人一样享有"少数族群"地位。这使罗姆人被人为划分为"少数族群"和"移民"两个权利不同的群体。

这种做法和当今社会的人口流动性特征形成了矛盾,这在欧盟国家表现得尤其明显。欧盟从一开始,就主张"资本、商品、服务、人员"四大自由流动,人们为了上学、就业、投资或家庭团聚,会在不同国家流动。流动权既是一个重要权利,又是其他权利的来源。[1] 人的迁徙自由确立后,人们的移民活动就受到保护了。1992 年的《马斯特里赫特条约》给予了欧盟公民流动权,并为欧盟内部的移民提供了国民待遇,这使移民大量增加了。据统计,截至 2019 年 1 月 1 日,欧盟 27 国中,有 2180 万的无公民身份的移民,占人口总数的 4.9%;另有居住在另一成员国的欧盟公民 1330 万。[2]

在这个庞大的移民群体中,有的群体已经具备了少数民族或族群的一些条件,但大多数未能获得少数族群或少数民族身份。欧洲国家普遍仍不认为自己是移民国家。即使移民人口较多的德国,也认为新移民是一个较晚出现的新鲜事件,忽视了该国经历了几个世纪的移民,这一事实导致欧洲国家经常对族裔进行任意分类。[3]

不过也有一些值得肯定的做法,例如 2013 年,捷克承认越南人、白俄罗斯人为"少数民族"(národnostní menšiny)。其中越南人大量移民捷克是从 20 世纪 70 年代开始,大约四十年就获得了"少数民族"地位。这一方面是由于越南移民本身具有的强族群特征,以及他们付出的主观努力,一方面也是捷克政府

① Louise Ackers, "Citizenship, Migration and the Valuation of Care in the European Union," *Journal of Ethnic and Migration Studies*, vol.30, no.2, 2004, p.375.
② Migrant population: 21.8 million non-EU-27 citizens living in the EU-27 on 1 January 2019, report of Eurostat, May 2020, https://ec.europa.eu/eurostat/statistics-# Migrant_population:_21.8_million_non-EU-27_citizens_living_in_the_EU-27_on_1_January_2019.
③ Andreas Zick, Thomas F. Pettigrew, Ulrich Wagner, "Ethnic Prejudice and Discrimination in Europe," *Journal of Social Issues*, vol.64, no.2, 2008, pp.233-251.

顺应时势使然。当然,这又和捷克对于"少数民族"的界定相对宽松有关,没有明确要求居住时长。[①]

总之,在当前移民成为世界潮流,尤其是欧洲移民众多的情况下,适度考虑放宽少数群体的"公民身份"标准或承诺国际少数群体保护制度对移民有同等效力,是更加合理的做法。

四、"少数群体"的身份劣势及族群人口数据的缺乏

鉴于欧洲普遍存在的种族主义、种族歧视、种族偏见、种族刻板印象,以及欧洲历史上,尤其是第二次世界大战期间发生过惨绝人寰的种族屠杀事件,使欧洲的少数民族身份成为敏感的隐私问题。少数群体的"身份劣势"不仅体现在观念层面,甚至也深入到教育、就业、社会交往等方面,从而使不少少数群体成员不愿意直面自己的族群身份。在欧洲个人族群身份普遍采取"自我认同"的情况下,它们有的认同主体民族身份,也有的不认同任何族群身份。而一旦出现种族歧视事件,他们想要申诉或上诉,首先就必须表明自己的种族、族群身份,但这种身份可能给他和家人带来不必要的困扰。

由于欧洲历史上发生过对少数种族和族群的屠杀和灭绝,历史的记忆使族群数据统计长期以来仍然让很多欧洲人不安。[②] 少数族群尤其担心有人利用他们的族群身份做文章。鉴此,"二战"结束后,欧洲国家特别注意保护包括族群身份在内的个人隐私。

1950 年 11 月 4 日制订的《欧洲人权公约》没有直接涉及隐私权利,但公约第 8(1)条款被普遍认为涵盖了隐私保护,该条款规定:人人有权享有使自己的私人和家庭生活、家庭和通信得到尊重的权利。

欧洲人权法院对于"私人生活"的理解是宽泛的,它包括人身自由、性取向、同性性行为、个人隐私等。在一些司法判例中,例如 2004 年 6 月在"Von

---

① 捷克的"少数民族"定义为:少数民族是指捷克共和国的一个公民群体,他们生活在目前捷克共和国领土之内,一般来说,其成员与其他公民相比,有着自身共同的族群出身、语言、文化和传统;他们代表着公民中的一类少数群体并希望被视为少数民族,以便力图维护与发展其身份、语言及文化,同时表达并维护他们在历史上形成群体利益。参见:Act No. 273/2001 on Rights of Members of National Minorities and Amendment of some Acts, July 10, 2001.

② Timo Makkonen, European Commission, "Measuring Discrimination: Data Collection and EU Quality Law," para. 13, 2006, http://ec.europa.eu/social/BlobServlet?docId=1687&langId=en.

Hannover v Germany 案例"中,欧洲人权法院不仅强调需要根据《欧洲人权公约》第 8 条保护个人隐私权(right of privacy),还强调国家在保护个体隐私权方面具有积极责任。[①]

1995 年 10 月 24 日,欧盟出台《数据隐私指令》(Data Privacy Directive)[②],重在保护个人的重要信息,也一定程度上涵盖了文化群体、少数族群成员的隐私保护。

对于个体来说,族群和种族信息属于隐私,在一般情况下,任何人不得强制要求个人公开其族群身份。奥地利、比利时、西班牙、葡萄牙、捷克、丹麦、爱沙尼亚、芬兰、法国、德国、希腊、匈牙利、冰岛等国禁止统计族群人口。即使在国家的人口统计中,也不得强制人们公开其族群归属,而且族群问题的回答是可选的,采取"自由的自我认同"方式,并且人口统计的原始数据也是保密的。

因此,少数族群的人口,在欧洲国家很难得到准确数据,因而通常存在官方数据和民间估计(主要是学者调查和统计)的巨大差别。官方的统计中,少数族群常常更不愿意暴露自己的族群身份,所以官方统计往往是不可靠的。民间的估计可能更接近真实情况,但也仅仅具有参考意义。

罗姆人是在欧洲人口最多、最边缘和最弱势的少数族群,也是遭受歧视最多的族群。不过,由于罗姆人在欧洲被广泛标签化和污名化为"懒汉""窃贼",使他们之中很多人并不愿意认同罗姆身份。根据 2012 年欧洲委员会对 47 个缔约国罗姆人口的统计,官方统计数据与社会或学术界估计数据差距很大,参见表 3.2(以几个罗姆人口较多的国家为例):

---

① Von Hannover v Germany (Application no. 59320/00),[2004] ECHR 294(24 June 2004), European Court of Human Rights, para 57. 该判例具体内容参见: http://hudoc. echr. coe. int/eng # { " dmdocnumber":["699729"], "itemid":["001-61853"]}.

② 也称为《数据保护指令》(Directive 95/46/EC of the European Parliament and of the Council of 24 October 1995 on the protection of individuals with regard to the processing of personal data and on the free movement of such data)。2016 年 4 月 27 日,欧盟出台新的隐私制度《信息保护总规则》(The General Data Protection Regulation (GDPR) [Regulation (EU) 2016/679],以替代 1995 年的《数据保护指令》。相比旧指令,新制度除了在保护范围方面有所扩大之外,它不需要经过各国的国内法内化而直接生效,这实际上是欧盟统一各国隐私法的重要一步。

表 3.2　欧洲罗姆人口：官方统计数据与民间估计数据比较[1]

国家	官方统计	民间最低估计	民间最高估计
罗马尼亚	619007(2011)	1200000	2500000
保加利亚	325343(2011)	700000	800000
匈牙利	190046(2001)	500000	1000000
斯洛伐克	89920(2001)	380000	600000
西班牙	无统计数据	500000	1000000
法国	无统计数据	300000	500000
英国	无统计数据	150000	300000
意大利	无统计数据	120000	180000
德国	无统计数据	70000	140000
俄罗斯	205007(2010)	450000	1200000
捷克	11718(2001)	125000	250000
希腊	无统计数据	50000	300000
总计(47 国)	1753959	6156900	16193700

可见，官方统计若和最高估计数据相比，有的竟相差 20 多倍。而且，很多国家并不统计族群人口。数据和统计的缺乏，使国家无法将经济、社会、政治等方面的优惠政策或特别措施作用于罗姆人，也为政府忽视这个群体遭遇的不公提供了借口。[2] 正如开放社会中心的报告"无数据——无进步"(No Data-No Progress)所指出，完全缺乏关于罗姆人口的可用数据，使政府的积极措施——例如"罗姆融入十年倡议"几乎无法产生任何有意义的作用。[3]

---

[1] Document Prepared by the Support Team of the Special Representative of the Secretary General of the Council of Europe for Roma Issues, updated on 2 July 2012(表中罗姆人包括所有罗姆群体，包括罗姆人、吉卜赛人、辛提人、旅居者，不论其是否具有公民身份)。

[2] Erica Rosenfield, "Combating Discrimination Against the Roma in Europe: Why Current Strategies Aren't Working and What can be Done," *Human Rights & Human Welfare*, April 8, 2010, https://www.du.edu/korbel/hrhw/researchdigest/minority/Roma.pdf.

[3] Report of the Open Society Institute, "No Data — No Progress Data Collection in Countries Participating in the Decade of Roma Inclusion 2005 - 2015," June 2010, https://www.opensocietyfoundations.org/uploads/165c9e47-6056-4abf-97fb-4fa2d67f695c/no-data-no-progress-20100628.pdf.

少数族群人口准确数据的缺乏,"不仅妨碍了政策的制定或积极行动措施的出台,而且对结构性歧视的有效司法保护构成了巨大的挑战"[1]。尽管欧洲不少国家对罗姆群体采取了积极行动措施,但由于缺乏罗姆群体人口的准确数据,这些积极行动措施的效果难以衡量。在欧洲出现了打击对罗姆人的歧视和隔离的呼声时,一些国家常常以"缺乏准确数据"搪塞过去[2],例如匈牙利,也曾以缺乏罗姆学生数据来为打击学校隔离不力进行辩护。[3]

五、反歧视案例中普遍存在取证困难的问题

《种族平等指令》第8条要求在歧视案例中,申诉人和应诉方共同分担举证责任,申诉人只需举证证明歧视事实存在,应诉方应举证证明未违反平等对待的原则。这在关于歧视的案件中证明是较为有效的,因为作为被歧视者一般处于弱势地位,举证难度较大。虽然欧洲法院和欧洲人权法院都已执行这个原则,但有的欧盟国家在法律和司法实践中并没有落实这个原则。[4]

不论是直接歧视还是间接歧视,申诉人都需要证明歧视事实的存在,即和其他人相比,在相似的情况下受到不利对待。但对于少数群体来说,"受到不利对待"的证据难以收集。因为不论是直接还是间接族群歧视,均十分隐蔽。例如,在"Eweida v. the United Kingdom 案例"[5]中,英国就业上诉法庭就指出,间接歧视是指某种政策间接使某个群体处于弱势地位,而申诉人并不能找到和她处境相同的人。

此外,在很多基于种族或族群的歧视案例中,欧洲人权法院都强调,当事国

---

① Lilla Farkas, European Commission, "Segregation of Roma Children Education: Addressing Structural Discrimination Through the Race Equality Directive," 2007, vol.19, p.5.

② 同上,pp.37–38.

③ 同上, p.37, http://www.edumigrom.eu/sites/default/files/field_attachment/page/node-1874/ecsaeosegregation-of-roma-children-in-education2007.pdf.

④ "The Racial Equality Directive: Application and Challenges," report of European Union Agency for Fundamental Rights(FRA), 2011, https://fra.europa.eu/sites/default/files/fra_uploads/1916-FRA-RED-synthesis-report_EN.pdf.

⑤ "Case of Eweida and Others v. the United Kingdom," applications nos. 48420/10,59842/10,51671/10 and 36516/10), judgment on 15 January 2013, http://hudoc.echr.coe.int/webservices/content/pdf/001-115881.

在处理歧视问题时,有一定的自由裁量权。例如欧洲人权法院在"Alujer Fernández and Caballero García v. Spain 案例"中认为,歧视意味着区别对待处于相似状况下的不同的人,且不具备客观与合理的理由……当然,国家在处理相似案例时,有一定程度的自由裁量权。[1]

正是因为上述种种原因,以及时间、经济成本等方面因素,少数群体在受到歧视的情况下,一般都不会选择申诉,向法院上诉更少。据统计,有的国家落实《种族平等指令》的机构全年受理"种族歧视"的案例不到 20 个——例如爱沙尼亚、卢森堡、马耳他、葡萄牙、罗马尼亚、斯洛伐克、斯洛文尼亚;有的国家全年只受理了几百个案例——例如比利时、爱尔兰、瑞典;只有少数几个国家——例如英国和法国,全年受理的案例有几千个。但是,而这些案例最终能到达法院的十分少见。[2]

在很多情况下,原告人数的多寡会影响到司法案例的胜败,也会影响到国家对该问题的重视程度。原告人数是一个还是多个人?原告要达到多少人,才能要求国家采取非歧视化措施呢?从欧洲人权法院的审判来看,它不论原告人数多少,都会要求成员国在败诉后进行制度变革。不过,也有研究指出,欧洲人权法院也会因为原告人数多寡影响其判决。研究表明,集体申诉在欧洲语境中更加有利于寻求结束结构性歧视的纠正方法。[3]

对于成员国来说,它是否会在司法案件败诉后对原告采取救助措施或制度变革措施,也和原告的多寡有着紧密关系。有时尽管很多人的权利遭到侵犯,但愿意提起诉讼的人并不多,因为上诉毕竟是一件特别耗时、耗力的事情,即使有一些非政府机构代表他们提起诉讼,愿意作为原告或者证人的人也并不多见。而且,除了少数外貌特征十分明显的种族或族群之外,很多族群成员的外在特征并不明显,也未聚居一处,使少数群体不像同一性别群体、同一职业群体那样容易识别和寻找,这大大增加了他们收集间接歧视证据的难度。

例如,罗姆教育隔离问题常常涉及很多罗姆儿童,有时甚至涉及大多数罗姆儿童。在《种族平等指令》之前,由于未引进集体诉讼机制,很多关于群

---

① "Alujer Fernández and Caballero García v. Spain," no. 53072/99, ECHR 2001 - VI.
② "FRA Annual Report 2010," Conference edition, FRA, 2010, pp. 33 - 34.
③ M. Dawson, Elise Muir, M. Claes, "Enforcing the EU's Rights Revolution: the Case of Equality," in *European Human Rights Law Review*, March 2012, pp. 276 - 291.

体权利侵害问题的诉讼案件要求必须对每个受害人进行查实、取证,会消耗大量精力。例如在"29 Roma children against Sofia's Todor Tableshko v Primary School No. 75 案例"的司法程序中,不得不对 29 个罗姆儿童进行接触、了解、调查,这使案件变得冗长而繁琐,无法把主要精力集中在核心问题上。[1]

考虑到这种情况,欧盟《种族平等指令》第 13(1)条规定,在涉及多个受害人时,每个国家必须指定专门的机构代理种族歧视或族群歧视案件,以保护受害人的个体权利。联合国的经济与社会权利委员会也提到,应遵守欧盟《种族平等指令》的第 13(1)条。[2]

大多数欧盟成员国均指定了一个或者一些机构代理集体诉讼案例,但其权力并未能达到《种族平等指令》所规定的程度,或者职责与该条并不相干。在瑞典和斯洛伐克,国家指定的这种机构只是对罗姆教育隔离问题进行调查和报告性的组织;在爱尔兰、匈牙利、塞浦路斯和希腊,工作中心仍然集中在调查个体案例。[3] 有学者认为,"种族平等指令虽然试图改进个体正义模式,但是这种微小改进对于消除结构性歧视和制度性歧视的作用是很小的"[4]。

为了改进个体正义模式的不足,一些国家例如匈牙利、比利时、保加利亚等允许机构作为原告上诉,这样在缺乏明确的受害人的情况下,一些机构可以代表不确定的个体提起诉讼。这对于罗姆人来说是非常重要的,因为他们害怕受到骚扰和伤害,导致无人愿意提起维权诉讼。[5] 例如匈牙利儿童基金会就代理了一些罗姆儿童教育隔离诉讼。但是,2011 年匈牙利宪法修改后,限制了非政府组织的集体诉讼权利,要求它们在支持罗姆人的集体诉讼时必须有相关的原

---

[1] Report of European Roma Rights Center, "ERRC Lawsuit Challenges Education Discrimination Against Romani Childrenin Bulgarian Schools," May 20, 2003, http://www. errc. org/cikk. php? cikk=2055&archiv=1.

[2] "ECOSOC Right to Education GC," para. 59.

[3] Lilla Farkas, "Segregation of Roma Children in Education: Addressing Structural Discrimination through the Race Equality Directive," a report of the European Commission, Directorate-General for Employment, Social Affairs and Equal Opportunities, July 2007, p.45.

[4] M Bell and L Waddington, Reflecting on inequalities in European Equality law in (2003)28 European Law Review June, p.352.

[5] 转引自:Lilla Farkas, "Segregation of Roma Children in Education: Addressing Structural Discrimination through the Race Equality Directive," a report of the European Commission, Directorate-General for Employment, Social Affairs and Equal Opportunities, July 2007, p.43.

告到场。[①] 在 2013 年宪法法院的一个裁决中再次指出,只有与案件直接相关的自然人或法人可以向宪法法院的判决提出申诉[②],这实际上再次降低了对群体歧视问题的法律保护。

———————————

① Katalin Kelemen, "Access to Constitutional Justice in the New Hungarian ConstitutionalFramework: Life after the Actio Popularis?" in Antonia Geisler, Michael Hein & Siri Hummel eds., *Law, Politics, and the Constitution: New Perspectives from Legal and Political Theory*, 2014, vol. 4, pp. 63 – 78.

② András Kádár, "Constitutional Court Denies Legal Standing of NGO's in Actio Popularis Cases," European Equality Law Network, January 14, 2014.

第四章

欧洲少数群体传统生活方式保护理念分析

少数群体常常有其特殊的风俗习惯、传统生活方式,这些要么源自宗教,要么源自某种经济生产方式,要么源自自古以来的文化传统。少数群体风俗习惯和传统生活方式大体上是文化权利的范畴,但又不完全为文化权利所能涵盖,因为它还涉及经济生活方式、特定的个人与家庭生活方式。《欧洲人权公约》第8条①关于尊重家庭生活和私人生活,就常常被欧洲人权法院用来作为保护少数群体传统、习俗或生活方式的法律依据。

工业化、信息化社会的到来,对于所有民族的传统生活方式都带来了巨大冲击,但又并非同等的冲击。国家的发展和规划,人类的进步,在很大程度上是以改造、改变甚至挤压、破坏人类赖以生存的自然条件、自然资源和传统生活方式为代价的。牧区、林区、草原的原生态可能因为修建高铁、机场、公路而受到破坏,水资源环境也因为发展而受到影响,由此带来的生态变化或生态危机,对于一些严重依赖于传统生态生活的少数群体的威胁要远远大于其他群体。

城市化在使现代生活变得便利的同时,也使很多少数群体传统生活形态受到了挑战,国家和少数群体都面临两难选择的困境。欧洲的萨米人、罗姆人,非洲的奥罗莫人(Oromo)、伦迪尔人(Rendille)、芙拉人(Fula)、巴卡人(Ba'Aka)都存在继续维持传统生活,还是融入现代化生活方式的困境。在很多情况下,

---

① 该条规定:1.人人有权享有使自己的私人和家庭生活、住所和通信得到尊重的权利。2.公共机构不得干预上述权利的行使,但是,依照法律规定的干预以及基于在民主社会中为了国家安全、公共安全或者国家的经济福利的利益考虑,为了防止混乱或者犯罪,为了保护健康或者道德,为了保护他人的权利与自由而有必要进行干预的,不受此限。

两种选择都并非他们自己能够掌控的,而是受到强大的外在力量的裹挟,最终常常为了生计而屈从某种现实的选择。少数群体从传统生活空间和传统文化空间的"出走",分散各地并融入他乡的成员也大概率"永不返居"。鲍威尔将族群视为"命运共同体",这种"命运共同体"包含了不同族群之间的"命运同一性"和单个族群的"命运共同性"。① 在当代社会,各族群的"命运同一性"特性强化了,而每个族群成员之间相互影响而达成的"命运共同性"则明显削弱。从族群共同性来看,绝大多数少数族群都要经历"形成、强化、淡化"三部曲,而今正处于"淡化"通道,或者说出现了"淡共同性""淡民族""淡族性"趋势,这种趋势是不可逆的。对于这种"淡民族",是否需要进行"强保护"呢? 在现代文明日益发展的今天,传统生活方式与现代化的发展之间出现矛盾时,何者优先呢? 这对于世界各地区、各国来说,都是一个两难的问题,对于少数群体来说,更需要经历一个长期的痛苦选择和蜕变。

第一节　关于少数群体传统生活方式保护的相关制度

根据我国学者高丙中、纳日碧力戈等的理解,"生活方式"是主体凭借一定的社会条件把生命纳入一定的文化模式而呈现的稳定的活动,活动的内容可以划分为四个方面,即劳动生活方式、物资消费生活方式、社会政治生活方式和文化娱乐生活方式。② 可见,生活方式涵盖了从生产劳动,到消费,再到社会、政治生活和文化娱乐等方方面面。不过,作为少数群体的"传统"生活方式,是千百年来形成的一种十分稳定的生产和生活模式,它更多地集中于某种劳动生活方式或与衣、食、住、行紧密相关的社会生活方式。由于它是群体谋生或展开日常生活的主要方式,因而极其重要。正如田艳教授指出,少数民族保持其固有生活方式的文化权利在整个文化权利中居于核心地位,少数民族文化权利的其他方面都是以此为前提展开的……从一定意义上讲,保障少数民族的文化权利就是保护其传统生活方式,就是保护这个民族。③

---

① 奥托·鲍威尔著,殷叙彝编:《鲍威尔文选》,人民出版社 2008 年版,第 10—12 页。
② 高丙中、纳日碧力戈等:《现代化与民族生活方式的变迁》,天津人民出版社 1997 版,第 72 页。
③ 田艳:《从洛夫莱斯诉加拿大案看少数民族基本文化权利的保护》,参见李林、李西霞、丽狄·R. 芭斯塔·弗莱纳主编:《少数人的权利》(下),社会科学文献出版社 2010 年版,第 136—157 页。

少数群体常常具有特殊的风俗习惯和传统生活方式,这是它们区别于其他群体的重要特征。但是,随着全球化的到来、科学技术的普及,一种更为趋同的人类"现代"生活正在扩散到所有群体。而全球化和现代化常常是由主体民族、优势群体所引领的,对于少数群体来说,维持其特殊的风俗习惯和传统生活方式正在变得越来越难。是否应该,以及如何推动它们接受现代化的社会文明和生活方式,已成为全世界少数群体保护的一个难题。取一弃一并非善道,如何平衡二者,实现"美美与共"? 一方面,少数民族的生活方式会随着时代发展而不断演变,不应将传统文化的变革视为洪水猛兽;另一方面,国家也要尊重少数民族在历史进程中的选择,强制性地保留或转变少数民族的生产生活方式都有可能侵害到他们的文化权利。[①]

对于少数群体风俗习惯、传统生活方式的保护,国际层面和欧洲层面在文化权利或者人权条款中都有涉及,但并无专门公约。下面是国际制度中直接涉及少数群体风俗习惯、传统生活方式保护的一些条款。

1. 国际劳工组织大会第七十六届会议于 1989 年 6 月 27 日通过(1991 年 9 月 5 日生效)的《土著和部落人民公约》。公约对土著人和部落人民风俗习惯、传统生活方式的保护进行了较为详细的规定,主要体现在第 2、5、30 条。其中第 2 条规定:(1)各政府有责任在有关民族的参与下发展协调而有系统的行动,以保护这些民族的权利并尊重其作为一个民族的完整性。(2)此类行动应包括如下措施,以便:(a)保证这些民族的成员能够平等地享受国家法律和规章赋予该国人口中的其他成员的权利与机会;(b)在尊重其社会文化特点、习俗与传统以及他们的制度的同时,促进这些民族的社会、经济和文化权利的充分实现;(c)以符合其愿望和生活方式的做法,帮助有关民族的成员消除土著与国家社会中其他成员之间可能存在的社会经济差距。第 5 条规定:在实施本公约的条款时:(a)应承认并保护这些民族的社会、文化、宗教和精神价值与习俗,并应适当考虑作为群体和个人,他们所面临问题的性质;(b)应尊重这些民族的价值准则、习俗和各类制度的完整;(c)应采取某些政策,缓解这些民族在面临新的生活和工作条件时经历的各种困难;这项工作应有受影响民族的参与合作。第 30(1)条规定:各政府应采取符合有关民族的传统及文化的措施,使他们了解他

---

① 范晶晶:《工业化进程中生活方式的变迁与少数民族文化权利保护》,《内蒙古社会科学》(汉文版)2013 年第 4 期。

们的权利和义务,特别是有关劳动、经济机会、教育与医疗卫生、社会福利及本公约所赋予他们的权利。

2. 2007 年 9 月 13 日联合国大会通过的《联合国土著人民权利宣言》,也称《原住民族权利宣言》(United Nations Declaration on the Rights of Indigenous Peoples,UNDRIP)。该宣言虽然不具有国际法的约束力,却是处理土著人或原住民事务的重要依据。"宣言"比《土著和部落人民公约》对保护土著人的传统、习俗做了更为详细的规定,有 10 多项条款涉及土著人传统、习俗的保护。例如第 11 条规定:(1)土著人民有权奉行和振兴其文化传统与习俗。这包括有权保持、保护和发展其文化过去、现在和未来的表现形式,如古迹和历史遗址、手工艺品、图案设计、典礼仪式、技术、视觉和表演艺术、文学作品等。(2)各国应通过与土著人民共同制定的有效机制,对未事先获得他们自由知情同意,或在违反其法律、传统和习俗的情况下拿走的土著文化、知识、宗教和精神财产,予以补偿,包括归还原物。第 15(1)条规定:土著人民有权维护其文化、传统、历史和愿望的尊严和多样性,他们的文化、传统、历史和愿望应在教育和公共信息中得到适当体现。

3. 联合国《公民权利与政治权利国际公约》第 17 条也涉及少数群体生活方式权利的保护,该条规定:(1)任何人的私生活、家庭、住宅或通信不得加以任意或非法干涉,他的荣誉和名誉不得加以非法攻击。(2)人人有权享受法律保护,以免受这种干涉或攻击。联合国人权委员会在处理少数群体生活方式的争端时,常常依据这个条款。

4. 1992 年 12 月 18 日联合国大会通过的《在民族或族裔、宗教和语言上属于少数群体的人的权利宣言》第 4(2)条规定:各国应采取措施,创造有利条件,使属于少数群体的人得以表达其特征和发扬其文化、语言、宗教、传统和风俗,但违反国家法律和不符国际标准的特殊习俗除外。

5. 1994 年出台的《欧洲少数民族保护框架公约》也有部分条款涉及少数民族传统和习俗保护问题,例如第 5(1)条规定:缔约国应致力于为属于少数民族的人创造必要条件,以使他们能够保护和发展他们的文化、维持他们身份的必要要素,例如宗教、语言、传统和文化遗产。

对于欧洲法院来说,维护少数群体的传统、习俗,并不是最主要的目标。而欧洲人权法院主要依据《欧洲人权公约》第 8 条,即关于"私生活和家庭生活受到尊重的权利"来处理少数群体的传统、习俗、生活方式等方面的争端。在

1983 年的"G. and E v. Norway 案例"①中,欧洲人权委员会指出,尊重少数群体特殊生活方式原则上属于《欧洲人权公约》第 8 条的保护"私人生活""家庭生活"和"家庭"的范畴。在 2001 年审理的"Chapman v. the United Kingdom 案例"中,欧洲人权委员会也强调,"欧洲委员会各缔约国之间正在形成一种国际共识,承认少数群体的特殊需要和承担保护其安全、特性和生活方式的义务……这不仅是为了维护少数群体本身的利益,而且是为了维护对整个社会具有价值的文化多样性"②。在 2009 年的"Munoz Diaz v. Spain 案例"③中,欧洲人权法院提到《框架公约》中保护少数民族安全、身份和生活方式的相关规定,并认为这不仅是保护少数民族的需要,也是保护文化多元性的需要——而这对于整个社会是具有价值的。

在如何处理少数群体,尤其是"土著人"的"两难困境"问题方面,芬兰北部索丹屈莱(Sodankyla)地区的做法提供了一个良好范例。该地区因采矿业破坏了萨米人赖以生活的原始森林和植被,萨米人不能完全按照他们传统的生活方式继续生活。不过,在国家和当地政府的支持下,采矿业的到来也带来了一些积极的变化,除了市镇经济、社会得以发展之外,也使萨米青年有可能留在家乡就业,而不是被迫移民至城市谋生。这使他们在享有现代社会生活的便利之时,仍能留在家乡,至少部分地保持传统生活方式。所以,新的变化"不仅仅给他们的传统生活方式带来了伤害与威胁,更是给萨米群体带来了极大的好处"④。

不过,这很可能是外界观点,萨米人的意见如何,需要进行更为深入的考量。对千百年来在森林里牧养驯鹿和生活的萨米人来说,他们并不一定把采矿业视为善事,可能认为是破坏发展的行为,或与萨米人发展观相悖的做法;即使采矿业可以为当地带来短期的经济利益和就业机会,但它以破坏生态环境为代

① G. and E v. Norway, applications 9278/81 and 9415/81, decision of European Human Rights Commission, October 3, 1983, https://hudoc. echr. coe. int/app/conversion/pdf/? library = ECHR&id=001-74157&filename=001-74157. pdf.

② Chapman v. the United Kingdom, application no. 27238/95, judgment of 18 January 2001.

③ Munoz Diaz v. Spain, application no. 49151/07, https://www. equalrightstrust. org/content/case-summary-munoz-diaz-v-spain.

④ Timo Koivurova, Vladimir Masloboev, Kamrul Hossain, Vigdis Nygaard, Anna Petrétei, Svetlana Vinogradova, "Legal Protection of Sami Traditional Livelihoods from the Adverse Impacts of Mining: A Comparison of the Level of Protection Enjoyed by Sami in Their Four Home States," *Arctic Review on Law and Politics*, vol. 6, no. 1, 2015, pp. 11 - 51.

价,萨米人并不认可这一基于"工业文明"的发展观念。①

当然,并非每个群体的情况都和萨米人类似。事实上,至今仍从事传统牧养驯鹿的萨米人在所有萨米人中占比并未达到半数,那些另谋高就的,是出于完全自愿,还是被迫转行呢? 人类社会文明发展至今,"现代"对"传统"的侵蚀已经到了无以复加的地步。或许,2019年年底以来肆虐全球的新冠疫情,正是自然界向人类提出了寻找"传统"与"现代"和谐关系的强烈要求。在传统和现代之间,必然存在着和谐相处的"度"。对这些"度"的寻找,需要通过国际、国家、少数群体的共同努力,而一些争端案例为探索适"度"提供了最佳处所。

第二节 英国罗姆人大篷车问题

《欧洲人权公约》第8条的"家庭生活"是否包含了某种传统生活方式呢? 这个问题在欧洲人权委员会和欧洲人权法院的早期并未引起注意。20世纪80年代初,欧洲人权委员会开始处理这方面的争端。在"G. and E v. Norway 案例"②中,欧洲人权委员会认为,第8条的"家庭生活"包含了某种特殊的生活方式。但欧洲人权法院却没有及时跟进欧洲人权委员会的步伐。到了90年代,欧洲人权法院开始关注这个问题,但标准仍然比欧洲人权委员会更为严格。欧洲人权委员会和欧洲人权法院对"家庭生活"理解的差异,在"Buckley v. UK 案例"中得到明显体现。

罗姆人从历史早期开始,便习惯了流浪生活方式,部分罗姆人至今仍然保持着这种生活方式,他们住在流动的大篷车里,大篷车就是他们的家。从20世纪80年代开始,为了管理方便及安全问题,欧洲国家要求罗姆人放弃居住大篷车,搬到政府提供的简易住房中去,或者,至少要到政府统一规划的大篷车里生活,将流浪生活方式转变为定居生活方式。事实证明,生活方式并不容易改变,甚至还可能代际传递。罗姆人和政府产生了不可调和的冲突,出现了一系列广

---

① 尹仑:《气候变化背景下的民族生态权利运动——以瑞典北博滕省卡拉克地区萨米人为例》,《世界民族》2015年第2期。

② G. and E v. Norway, applications 9278/81 and 9415/81, decision of European Human Rights Commission, October 3, 1983, https://hudoc. echr. coe. int/app/conversion/pdf/? library = ECHR&id=001-74157&filename=001-74157. pdf.

为关注的争端案例。①

本部分以"Buckley v. the United Kingdom 案例"②为主,兼顾其他案例,来分析英国、欧洲国家和欧洲人权法院对于少数群体传统生活方式权利的理解。

一、案情与国内处理

June Buckley 是一位寡居(1991 年开始)的英国吉卜赛③女性,她带着 3 个孩子生活在英格兰南剑桥郡的威灵厄姆(Willingham)附近的小镇。她拥有自己的房子和院子,大篷车平时停靠在院子里。由于从小和父母在大篷车里过着流浪生活,她也带着孩子继续着这种生活方式,并希望将这种生活方式传递给下一代。1988 年,因为带着两个孩子并怀着第三个孩子,她搬到姐姐威灵厄姆的家去一起生活。后来,姐姐分给她一部分房产,于是她将自己的三辆大篷车放置到新居院子里。

对于吉卜赛大篷车的管理,英国曾在 1968 年出台《大篷车停靠点法案》(Caravan Sites Act 1968,即"1968 年法案")明确了"吉卜赛人"的范围:保持流浪生活习惯的人——不论其种族或出身如何,但不包括有组织的表演团体的成员,或巡回马戏团成员,或者类似情况的人。④法案要求地方政府尽可能给吉卜赛人提供大篷车停靠点,但如果吉卜赛人将政府规划的停靠点当作居住场所,政府可以请求法院强制移除其大篷车。根据该法案,地方政府设立了一些大篷车停靠点。但是,随着吉卜赛人口的增加,停靠点供不应求。

1989 年 12 月 4 日,Buckley 向南剑桥郡郡政府(South Cambridgeshire

---

① 例如:Beard v. the United Kingdom, application No. 24882/94, judgment of 18 January 2001; Buckley v. the United Kingdom, application no. 20348/92, judgment of 3 March 1994; Chapman v. the United Kingdom, application no. 27238/95, judgment of 18 January 2001; Connors v. the United Kingdom, application number 66746/01, judgment of 27 May 2004. http://www.menschenrechte. ac.at/orig/01_1/Beard.pdf; http://freecases.eu/Doc/CourtAct/4542340; https://www.escr-net. org/caselaw/2008/chapman-v-united-kingdom-application-no-2723895; http://www.refworld.org/ cases, ECHR, 414d85454.html.
②④ Buckley v. UK, app 20348/92, "European Court of Human Rights," judgment of 29 September 1996, http://freecases.eu/Doc/CourtAct/4542340.
③ 大多数罗姆人则认为"吉卜赛人"有歧视意义,1971 年,吉卜赛人成立了世界罗姆人代表大会,决定自称"罗姆人"(Rom, Romani),并正式要求国际社会承认"罗姆人"是一个单独的民族。但大多数欧洲国家仍然未承认"罗姆人"为少数族群;包括英国在内的很多国家仍然依据传统将他们称为"吉卜赛人"。因此本部分不区分"吉卜赛人"和"罗姆人"。

District Council)申请三辆大篷车的停靠许可证,但遭到拒绝。拒绝的理由主要是:(1)在南剑桥郡,给吉卜赛人颁发的大篷车许可证已经足够吉卜赛人生活;(2)为了城市美观和发展,她所居住的房产不能再停靠大篷车;(3)她住所附近是一条农业道路,这条道路甚至不能让两辆车安全地并排通过,所以不能再增加大篷车。1990 年 4 月 9 日,郡政府发布强制执行令,要求 Buckley 在一个月之内将大篷车转移他处。Buckley 将此事反映给英国环境大臣,环境大臣指定了一名专门的督办员办理。经现场调查和阅读双方的意见材料后,督办员在 1991 年 2 月 14 日发布了一个报告。报告指出,尽管 Buckley 的三辆车停靠在不起眼的地方,但因为附近道路狭窄,将影响通行和当地发展。除此之外,该报告还有以下几句话:

我注意到,当地明显需要更多的大篷车停靠点⋯⋯不过,重要的是要将吉卜赛人大篷车停靠点控制在较小的范围,这样才能更容易被当地居民所接受⋯⋯威灵厄姆的吉卜赛大篷车停靠点已经达到饱和,所以,吉卜赛人对大篷车停靠点的需求不应当超越当地的发展计划。①

据此,环境大臣在 1991 年 4 月 16 日正式拒绝了 Buckley 的诉求。除了重复督办员的一些原因之外,重点强调了当地政府着手改造道路的需求。有了英国环境大臣的支持,南剑桥郡政府拒绝给予 Buckley 的大篷车停靠点具有了更加充分的理由。

由于没有按照要求在一个月内将三辆大篷车转移,Buckley 被起诉,并遭到 50 英镑罚款,并损失 10 英镑诉费。后来,在她将案件提交到欧洲人权委员会期间,再次遭到起诉,1994 年 11 月 16 日,她再次被罚款 75 英镑另加 75 英镑的诉讼费,地方法官免除了其他处罚。

1992 年 11 月,郡政府在离她住所 700 米左右的一条道路侧边批准了一个吉卜赛大篷车停靠点,从停靠点开放日到 1995 年 8 月,还有 28 个空位。郡政府在 1992 年 2 月 17 日和 1994 年 1 月 20 日两度写信建议 Buckley 在该停靠点申请一个位置,但她并没有提出申请。

1994 年 11 月,英国出台了涉及罗姆人大篷车停靠点的新法律,即《刑事制裁和公共秩序法》(Criminal Justice and Public Order Act 1994)。新法律给予地方政府在处理大篷车停靠点上更大的自主权。同时出台的还有一个配套性

---

① Buckley v UK, app 20348/92, para.16.

的通告(Circular 1/94),通告指出,政府应帮助那些需要获得大篷车停靠点的吉卜赛人,尽力满足他们的需求,但也要避免影响地方规划。是否批准新的停靠点还需要考虑土地用途,包括农业和乡村发展、考古需要、环境保护和"绿化带政策"等。

在新法律出台后,1994 年 9 月 19 日,Buckley 再次向地方政府申请大篷车停靠点。11 月 14 日,地方政府再次拒绝了她的申请,并提出了以下两个原因:(1)在地方规划中,农村用地需要严格控制;(2)在 Buckley 住处的 Meadow Drove 道路上,已经设置了足够的大篷车停靠点。

对此,Buckley 和其他一些吉卜赛邻居一起向英国环境大臣申诉。环境大臣再次指定了一名督办员督办此事。督办员在了解情况后,于 1995 年 5 月发布了一个报告,报告认为,尽管新政策给予吉卜赛人选择大篷车停靠点更多的自由权,但国家的政策仍然是,大篷车停靠的地点应该主要考虑土地的实际使用情况,而申诉人提出的停靠点显然不利于当地的景观和农业发展。据此,环境大臣拒绝了申诉请求。

二、欧洲人权委员会的观点

1992 年 2 月 7 日,Buckley 向欧洲人权委员会提出申诉。她认为,英国地方政府阻止她居住在自己房地产上的大篷车里,妨碍了吉卜赛人的传统生活方式,违反了《欧洲人权公约》第 8 条。1994 年 3 月 3 日,欧洲人权委员会以 7∶5 通过了该申诉(即可以提交欧洲人权法院审理了)。欧洲人权委员会的观点是,吉卜赛人的传统生活方式应该获得特别重视,这也是被英国政府所承诺的。但政府没有兼顾吉卜赛人的传统生活方式的需要。申诉人所申请的停靠点不过是个公园、一个自然景观或者说是一个绿化带,在该地点附近也同样允许停靠大篷车。而且,督办员报告指出,申诉人停靠的大篷车被公园的树篱所遮蔽(即并不影响景观)。

Buckley 提出,1968 年法案关于指定大篷车停靠点的做法和 1994 年《刑事制裁和公共秩序法》对使用未被批准的停靠点的行为定罪,对吉卜赛人构成了歧视。对此,欧洲人权委员会认为申诉人无法证明她受到这两个法律的直接影响,但仍应考虑对《欧洲人权公约》第 8 条的侵权情况,而不考虑第 8 条合并第 14 条的侵权情况,即不认为存在对罗姆人的歧视问题。

三、欧洲人权法院的观点

欧洲人权法院于 1996 年 2 月 19 日进行了审理。

首先,欧洲人权法院分析了本案例是否属于《欧洲人权公约》第 8 条的管辖范围。原告(Buckley)和被告(英国政府)对第 8 条的理解发生了分歧。英国政府认为,第 8 条所指的"家庭生活"中的"家庭"是指被法律所承认的"家庭";原告及欧洲人权委员会认为,"家庭生活"并不要求"家庭"必须是合法的;由于驾驶大篷车过流浪生活是吉卜赛人的传统生活方式,因此符合"私人和家庭生活"的范围。对此,欧洲人权法院认为,和 1986 年 11 月 24 日该院裁定的"Gillow v. the United Kingdom 案例"[①]类似,由于申诉人已经清空他处的家,并准备在新家长期居住,她目前所居住的房产属于第 8 条所认定的"家庭",因而本案例属于第 8 条的管辖范围。

其次,欧洲人权法院考察了原告提出的 1968 年和 1994 年两个法律对吉卜赛人构成歧视的问题,即对公约第 8 条合并第 14 条的问题。英国政府强调,原告并未受到伤害,欧洲人权委员会也认为,这两个法律没有对原告造成直接侵犯。欧洲人权法院指出,抽象地去考察这两个法案是否对吉卜赛人构成歧视,并非其职责,法院只能结合具体情况分析这个问题。在该案例中,这两个法律并没有对原告构成歧视,英国的国家政策也是力求满足吉卜赛人对大篷车的需求,即英国政府没有违反第 8 条合并第 14 条。

再次,欧洲人权法院重点审查了是否违反第 8 条的问题。对此,欧洲人权法院认为,政府根据 1990 年《城镇和国家计划法》(Town and Country Planning Act),拒绝申诉人居住在自家院子的大篷车里,并要求她将大篷车转移至他处,构成了对"家庭生活权利"的侵犯。但需要进一步考察这种侵权是否"有法律规定""有合法目的"和"在民主社会是必要的"。

对于英国公共机构的侵权是否"有法律规定",欧洲人权法院认为,这是很显然有法律规定的。

对于英国公共机构的侵权是否"有合法目的",英国政府认为,它考虑了环

---

① "Case of Gillow v. the United Kingdom," application no. 9063/80, judgment of 14 September 1987, http://echr.ketse.com/doc/9063.80-en-19870914/view/.

境保护、公共安全、经济福利、保护他人的健康及权利等,欧洲人权法院认定这些"合法目的"成立。对此,原告未进行驳斥。

对于英国政府的侵权是否"在民主社会是必要的",原告认为,地方政府在进行规划时,不应忽略吉卜赛人的需要,她也尽量按照法律规定行事。她买下了停靠点的房产是为了孩子上学有个更好的环境。Meadow Drove 道路上设置的新停靠点在本案发生时尚未开放,而她自家的停靠点管理很好,并且被树篱遮盖,不会影响景观。政府认为,在现代社会,对城市和农村进行规划时考虑到景观是必要的,至于采取什么措施去管理,国家具有较大的自由裁量权。在本案中,有必要将公约第8条和第一议定书第1条结合起来看,后者允许国家在管理资产时将个人权利与公共利益结合起来考虑。英国法律也规定,政府应在个人利益和整体利益之间做出合理的平衡,并允许个人在利益受损时诉诸准司法手段,即向上一级政府申诉。原告并非没有选择,政府给她建议过申请附近的停靠点,只是她没有照办。

欧洲人权法院认为,虽然原告的权利受到了侵犯,但是原告已向国家环境部门申诉,而且她也可以向英国高级法院提起诉讼——只是她自己放弃了。英国环境部门的督办员已到实地考察并了解情况,认定地方的发展规划要优先于原告的诉求请求。政府也在1992年2月和1994年1月建议她申请周边的合法停靠点,但她没有接受。原告没有按照政府的要求去转移大篷车,政府也不过予以少量罚款,并未强制她搬离。因此,地方政府出于地方发展目的而侵犯原告的传统生活方式的做法,具有充分理由,采取的措施符合比例原则,也没有超越合理的自由裁量权。

最终,欧洲人权法院认为,第8条并未规定个人优先选择居所的权利高于公共利益。欧洲人权法院9个法官以6∶3的多数,裁定英国政府并未违反第8条,原告的申诉失败。

四、后续及各方观点

欧洲人权法院的审判,给英国政府忽视吉卜赛人"传统生活"权利以正当理由,但也使吉卜赛人和英国政府发生了更多冲突,从而有了更多的后续案例。① 在

---

① 例如 Chapman v. the United Kingdom (application no. 27238/95);Beard v. UK (application （转下页）

这些后续案例中,英国政府和法院都采取了和本案例类似的立场和态度。虽然欧洲人权法院注意到英国的处理方式存在问题,但它的核心观点是,"少数群体享有与主体群体不同的生活方式是毋庸置疑的,但这并不意味着他们有权免于法律管辖,少数群体的传统生活方式只是会影响法律的执行方式"①。同样,英国吉卜赛人居住设施缺乏、大篷车停靠点数据统计缺失等,也不能证明英国政府违反了《欧洲人权公约》第8条。②

问题的核心是对第8条"家庭生活"的理解而非歧视问题。欧洲人权法院初级法庭以6∶3认定英国未违反第8条,其中有3个法官(1/3)存在异议,例如佩蒂蒂(Pettiti)法官就认为,欧洲人权法院没有充分考虑到,罗姆人是欧洲遭受苦难最多的少数族群,既然《欧洲人权公约》的主要目的是让缔约国承担保护基本人权的积极责任,那么原告就应该受到更多救济;而对待吉卜赛家庭问题时,也应给予超过对一般家庭的尊重程度。英国诺丁汉特伦特大学法学院学者海伦·奥尼恩斯(Helen O'Nions)同样持这种观点。她认为,申诉人的个体利益被群体利益所抵消,在这里并未强调她的吉卜赛身份的原因是欧洲及国际上都缺乏专门的少数群体保护制度,因此,欧洲有必要出台少数群体保护的议定书。③

伦敦大学陶希达·艾哈迈德(Tawhida Ahmed)首先肯定了欧洲人权法院对"家庭"(family)一词的宽泛理解,认为这种理解也符合联合国人权委员会对"家庭"的理解,它包括按照家庭信仰的宗教或者传统命名的权利,按照祖先的文化传统和习惯生活的权利等。此外,他还指出,在稍后的"Connors v. UK 案例"④中,欧洲人权法院还特意强调,第8条包含着国家在维护吉卜赛人生活方式方面具有积极责任,因为只有这样才能使少数群体保持其宗教和文化传统,以避免被主流社会所同化。联合国人权委员会和欧洲人权委员会也都曾

(接上页)no. 24882/94);Coster v. UK (application no. 24876/94); Lee v. UK (application no. 25289/94);Jane Smith v. UK (application no. 25154/94); Conners v. the United Kingdom (application no.66746/01).

① Chapman v. the United Kingdom, application no. 27238/95, http://miris. eurac. edu/mugs2/do/blob. pdf?type=pdf&serial=1017224804139.

② Chapman v. the United Kingdom, application no. 27238/95.

③ Helen O'Nions, *Minority Rights Protection in International Lawthe Roma of Euorpe*, published by Ashgate Pubishing Limited, 2007, p.223.

④ Connors v. the United Kingdom, application no.66746/01, judgment of 27 May 2007, http://www.errc. org/cms/upload/media/00/B5/m000000B5. doc.

经强调,在保护个人免受其他人伤害方面,国家具有积极责任。① 而且,国家的保护必须是有效的,包括采取措施消除和减小国家机构或私人机构对个人的伤害。② 也正是这个原因,在"Connor v. UK 案例"中,欧洲人权法院认为英国违反了第8条,因为英国政府将一个吉卜赛人驱离其家庭时没有提供合适的理由。③

　　大多数学者都从国家的积极责任角度对英国政府和欧洲人权法院提出了批评。尼古莱·古金斯基(Nikolai Gughinski)代表欧洲罗姆权利中心表达了看法。他首先肯定,欧洲人权委员会认定英国政府违反了公约第8条,这使吉卜赛人更容易就第8条的权利到国内司法机构和欧洲人权法院提起诉讼。其次,他赞同对佩蒂蒂法官的意见,并强调,欧洲人权法院并未给吉卜赛人和旅居者足够的积极措施以抵消他们受到的不公,斯特拉斯堡的机构应该让《欧洲人权公约》积极地运用在吉卜赛人身上。④

　　瑞典乌普萨拉大学(Uppsala University)学者阿克马克(Sia Spiliopoulou Åkermark)也批评指出,欧洲人权法院裁定原告的传统生活权利未受伤害,这忽略了对更广泛背景的重视,例如未深入考察英国政府对吉卜赛人大篷车停靠点的政策和规定、政府对原告的多次罚款、英国严重缺乏大篷车停靠点等事实。此外,有一个连异议法官和欧洲人权委员会都未强调的问题,即原告的女性性别与母亲角色:她是个带着三个孩子的单亲母亲,所以政府建议的大篷车停靠点并不适合她。⑤ 我国学者周勇也认为,太多的行政管理的限制使得吉卜赛人的家庭和儿童的未来十分不稳定……政府所辩称的对合法目的的追求不能证明是合理的,因为规划管理和道路安全的托词与保护吉卜赛人家庭生活的主要

① UN Human Rights Committee (HRC), CCPR General Comment no. 16: article 17 (Right to Privacy), "The Right to Respect of Privacy, Family, Home and Correspondence, and Protection of Honour and Reputation," April 8, 1988, http://www.refworld.org/docid/453883f922.html.
② UN Human Rights Committee (HRC), "CCPR General Comment No. 18: Non-discrimination," November 10, 1989, http://www.refworld.org/docid/453883fa8.html.
③ Tawhida Ahmed, *The Impact of EU Law on Minority Rights*, Hart Publishing L.td, 2011, pp. 29-30.
④ Nikolai Gughinski, "The European Court of Human Rights Turns Down the First Case," October 12, 1996, http://www.errc.org/article/the-european-court-of-human-rights-turns-down-the-first-case/1482.
⑤ Sia Spiliopoulou Åkermark, "The Limits of Pluralism-Recent Jurisprudence of the European Court of Human Rights with Regard to Minorities: Does the Prohibition of Discrimination Add Anything?" *Journal on Ethnopolitics and Minority Issues in Europe (JEMIE)*, Issue 3/2002.

问题相比,后者显得更加迫切和重要。①

牛津大学学者威廉·库特·巴斯(William Kurt Barth)则看到了英国一些制度和政策的不恰当之处,例如1968年的大篷车停靠点法案第16条禁止吉卜赛人在流动的大篷车里做生意;第9条和第10条允许地方政府给在指定停靠点定居的吉卜赛人定罪;1994年的《刑事制裁和公共秩序法》也授权地方政府给将大篷车停靠在未经批准的地点的吉卜赛人定罪,或将其驱离停靠点。而且,英国环境部的督办员在其报告中还使用了如下不适当的措辞:"我认为将吉卜赛人定居点控制在较小规模是重要的,因为这样才能让当地居民更愿意接纳他们。"②

五、评述与反思

由于英国希望吉卜赛人融入现代定居生活方式,而要求他们放弃在大篷车里生活,并将大篷车停靠在指定位置。这里的核心问题是,国家推行现代生活方式,尤其是推进现代汽车生活计划时,罗姆人传统生活方式和特殊身份就被平衡掉了。正如欧洲人权法院法官雷赫姆斯(Lohmus)指出,住在大篷车里并过着流浪生活是吉卜赛人文化传统或说传统生活方式,但是,当考虑到国家推进定居计划时,这种生活方式和身份又可以被拒绝。③ 有没有一种折中的,或者说既考虑到保持吉卜赛人传统生活需要,又符合国家发展需要的两全其美的办法呢? 英国政府、法院和欧洲人权法院均未试图从这个方面去考虑问题。这成为类似案例的一个缺憾。

笔者注意到,除了本案例,欧洲人权法院在2001年1月18日还发布过五个相似案例。④ 在这五个案例中,英国政府都认为吉卜赛人居住在大篷车内是

---

① 周勇:《少数人权利的法理——民族、宗教和语言上的少数人群体及其成员权利的国际司法保护》,社会科学文献出版社2002年版,第171—172页。

② William Kurt Barth, *On Cultural Rights: The Equality of Nations and the Minority Legal Tradition*, Martinus Nijhoff Publishers, 2008, pp.178-179.

③ Buckley v. UK, app 20348/92, European Court of Human Rights, judgement of 29 September 1996, http://freecases.eu/Doc/CourtAct/4542340.

④ 这5个案例分别是:Chapman v. United Kingdom (application number 27238/95), Beard v. United Kin-gdom (24882/94), Coster v. United Kingdom (24876/94), Lee v. United Kingdom (25289/94) and Jane Smith v. United Kingdom (25154/94).五个案例的裁决情况,参见:https://hudoc.echr.coe.int/app/conversion/pdf/?library=ECHR&id=003-5061792-6227477&filename=003-5061792-6227477.pdf.

不合法的,大篷车停留何处应该接受政府的安排。而欧洲人权法院在五个案例中都指出,居住大篷车是吉卜赛人传统生活和族群身份的不可分割的部分,国家的强制措施干涉了他们的私人与家庭生活权利,违反了《欧洲人权公约》第8条。欧洲人权法院呼吁,欧洲国家应该统一政策,尊重少数群体的特别需要,以保护他们的安全、身份和生活方式。可见,在处理英国罗姆人大篷车案例方面,2001年后欧洲人权法院比1996年有所进步。但是,在最后的裁决中,欧洲人权法院仍然认为,虽然英国政府违反了罗姆人"私人与家庭生活"的权利,但英国的措施是"有法律规定","存在合法目的","在民主社会是必要的",即使为了保护环境和他人权利的需要。从这点来看,与过去相比,欧洲人权法院又没有实质性的变化。

不过,稍后一些案例体现了欧洲人权法院的变化,例如在"Connors v. The United Kingdom案例"[1]、"Hudorovič and Others v. Slovenia案例"[2]中,欧洲人权法院都强调,罗姆人及其他旅居者属于弱势群体,他们对生活方式的特定需求应该获得特别关注。

第三节　北欧国家萨米人传统生活方式的争端分析

随着人类的发展,世界对于自然矿产资源的需求上升,而少数群体,尤其是土著人生活的区域往往自然资源丰富,国家为了发展常常需要对这些自然资源进行开发。近年,北欧国家采矿业发展迅速,使萨米人处于两难的夹缝之中。人类对资源的攫取、气候条件的变化,使萨米人赖以生存的土地资源、森林资源、牧地、水资源、传统文化,都受到了全方位的挑战。传统生活方式的存续,尤其是生计出现问题。

萨米人(Sami、Samit或Samek)也称拉普人(Lapp),是居住在北极地区的一个少数群体,也是被国际组织所承认的斯堪的纳维亚半岛的唯一土著人群体,主要分居在4个国家:芬兰、挪威、瑞典和俄罗斯。四国的萨米人口并无官方统计数字。据估计,挪威约有50000—60000;瑞典约有20000,芬兰约有

---

① Connors v. The United Kingdom, application 66746/01, judgement on 27 May 2004.

② Hudorovič and Others v. Slovenia, applications nos. 24816/14 and 25140/14, judgment on 10 March 2020.

8000,俄罗斯约有 2000。① 萨米人口以挪威最多,其居住地区约占国土面积 40%。萨米人主要居住在山区,牧养驯鹿为其重要的经济来源,也有的以打猎 为生,沿海地区的萨米人则以捕鱼为生。

在挪威北部地区,萨米人至今仍然以牧养驯鹿为生。牧养驯鹿需要广阔的 草原或森林,这与当代国家的经济、社会发展发生冲突,国家常常需要在萨米人 饲养驯鹿的场所修建公路、铁路、工厂或者其他设施,这直接影响到萨米人的生 活环境和饲养驯鹿的条件,因而常常发生官司。

在 20 世纪 90 年代以前,四国并没有承认萨米人的少数民族地位或土著人 地位。1989 年,国际劳工组织出台《土著和部落人民公约》,即《第 169 号公 约》,使土著人进一步受到国际关注和保护,萨米人的保护也被纳入各国政策。 1990 年,挪威承认了萨米人作为土著人的地位;瑞典则在国际劳工组织《第 169 号公约》出台前夕承认了萨米人为"民族"(Sami nation),以避免承担该公约的 保护责任;1995 年,芬兰承认萨米人"民族"(people)地位。俄罗斯也通过了法 律列举了萨米人、涅涅茨人(Nenets)、鄂温克人(Evenki)、楚科奇人(Chukchi) 等土著群体的一些权利,实际上间接承认了这些群体作为土著人。②

案例一　芬兰"Jouni E. Länsman et al. v. Finland 案例"③分析

一、案情及国内处理

四个申诉人——Jouni E. Lansman、Jouni A. Lansman、Eino A. Lansman、

---

① Nordisk samekonvensjon: utkast fra finsk-norsk-svensk-samisk ekspertgruppe, 2005, p.106, from Christina Allard, "The Nordic countries' law on Sámi territorial rights," *Artic Review on Law and Politics*, vol 2, no.2, 2011.

② Gail Osherenko, "Indigenous Rights in Russia: Is Title to Land Essential for Cultural Survival?" *Georgetown International Environmental Law Review*, April 1, 2001.

③ Jouni E. Länsman et al. v. Finland, Communication No.671/1995, U. N. Doc. A/52/40, vol. II, p.191, https://www.escr-net.org/sites/default/files/HR%27s_Committee_Decision_Annex.html. 另外还有一个姊妹案例:Länsman et al. v. Finland, Communication No.511/1992, U. N. Doc. CCPR/C/52/D/511/1992(1994)。两个案例案情类似,在时间上衔接,所以有人分别将这两(转下页)

Marko Torikka 均为芬兰萨米人,属于默德加东度里牧人委员会(Muotkatunturi Herdsmen's Committee)的成员。1994 年 10 月底,芬兰中央森林委员会计划在默德加东度里牧人委员会管理的牧地砍伐树木并建设公路。默德加东度里牧人委员会所有牧人一共在芬兰北部拥有 255000 公顷牧地,其中有 1/5 适合冬季放牧,而芬兰中央森林委员会的工程计划的 3000 公顷用地都属于冬季牧地范围之内。这遭到了萨米人的抗议,他们向芬兰法院申诉。1994 年 11 月 10 日,芬兰最高法院裁定,禁止芬兰中央森林委员会实施该项目。但 1995 年中期,芬兰中央森林委员会官员表示,鉴于最高法院的禁令在 1995 年 6 月 22 日失效,将恢复原定计划,拟在 1995 年 10 月到 11 月期间开始作业。1995 年 8 月,申诉人向联合国人权委员会申诉。

二、联合国人权委员会的处理

1. 双方辩论

申诉人认为,芬兰政府的行为破坏了他们的生活环境,而生活环境又是文化的一部分,因而也破坏了他们的文化,违反了《公民权利与政治权利国际公约》第 27 条。[②] 申诉人还列举了联合国人权委员会审理的众多案例来证明自己的观点。但芬兰政府认为,它充分尊重了《公民权利与政治权利国际公约》第 27 条。

双方辩论的焦点在于牧地的所有权问题。申诉人指出,《欧洲人权公约》第 1 议定书第 1 条的"财产权"理应包含土地所有权,即申诉人拥有使用冬季牧场的权利。政府规划的 3000 公顷牧地对于萨米人来说尤其重要,在冬季,默德加东度里牧人委员会成员的 40% 的驯鹿需要在该区域放牧。这块牧地为长满青苔的原始森林,对于生养幼年驯鹿以及在恶劣天气牧养驯鹿都十分重要。而且,默德加东度里牧人委员会的年度围捕驯鹿及驯鹿屠宰场也设在该区域。芬兰政府则认为,尽管萨米人自古以来就在这块牧地上牧养驯鹿,但并不具有牧

(接上页)个案例称为 Lansman v Finland I 和 Lansman v Finland II。后来还有一个类似后续案例:Länsman, Jouni et al v Finland, Human Rights Committee, Communication No.1023/2001, March 17, 2005, CCPR/C/83/D/1023/2001,联合国人权委员会的观点都差不多。参见:https://www.escr-net.org/sites/default/files/HR%27s_Committee_Decision_0.html.

② 第 27 条如下:在那些存在着人种的、宗教的或语言的国家中,不得否认这种同他们的集团中的其他成员共同享有自己的文化、信奉和实行自己的宗教或使用自己的语言的权利。

地的土地所有权。在默德加东度里牧人委员会的牧区范围内,政府对 36000 公顷的牧地具有所有权,而当前的砍伐区在政府所拥有的牧地内,大约占地 254 公顷。

双方还争论了修路所导致的后果是否严重的问题。申诉人认为,他们是在芬兰北部进行驯鹿牧养,不仅不如瑞典萨米人能获得政府生产驯鹿肉的补贴,也比不上芬兰南部的驯鹿牧养人可以用围栏围圈牧地,并给驯鹿喂食草料。北部的驯鹿牧羊人必须依靠这些天然牧场。所以,政府砍伐树木和修建公路——而且还在计划办采石场——将对牧养驯鹿的生态环境产生不可逆的破坏。政府认为,只有在严重违反人权时才可以称得上"不可逆的破坏",例如生命或者人身出现危险之时,本案不存在"不可逆的破坏"。而且,包括申诉人在内的一些萨米人在私人森林中砍伐树木,未造成"不可逆的破坏"。至于破坏萨米人文化的问题,芬兰政府指出,《公民权利与政治权利国际公约》第 27 条中的"文化",的确包含了少数民族的传统谋生方式,但不是所有改变措施均为对少数民族文化的破坏。芬兰议会的宪法委员会也认为,芬兰对萨米人驯鹿业所承担的国际责任不应该包括一些不必要的限制。尽管如此,政府答应将砍伐计划减少 25%。

最后,双方还对萨米人是否参与了国家的相关决策展开了争议。芬兰政府认为,政府曾就该计划与萨米人相关组织及默德加东度里牧人委员会进行磋商,但申诉人认为,在相关决策中,他们并未"有效参与"。政府在 1996 年 2 月 19 日的会议并不能表明萨米人对决策的有效参与,他们也未对决策产生任何影响。

2. 联合国人权委员会的裁定

对于原告、被告关于诉讼期间芬兰政府的工程作业争议问题,联合国人权委员会指出,根据相关规定,芬兰政府应该在诉讼期间停止作业。

联合国人权委员会重点分析了芬兰政府是否违反了《公民权利与政治权利国际公约》第 27 条。人权委员会指出,萨米人显然属于第 27 条的保护范围,他们有权享有自己的文化,而牧养驯鹿是萨米人文化不可分割的一部分,部分萨米人虽从事一些其他经济活动,但并不改变萨米人的文化权利。根据第 27 条,某种经济活动如果是少数群体文化的组成部分,应该受到第 27 条的保护,这在人权委员会之前的一系列案例中已经有所阐述。[1]

---

[1] Kitok v. Sweden, Case no.197/1985, Views adopted 27 July 1988, para.9.2; on Case no.511/1992 (I. Länsman et al. v. Finland), adopted 26 October 1994, para. 9.1.

人权委员会强调,第 27 条保证少数群体成员享有的文化权利不应被剥夺,但若某种措施仅对少数群体生活方式或生计产生了有限影响,则不必然构成对第 27 条权利的剥夺。

人权委员会认为,问题的关键在于,芬兰政府砍伐树木行为对申诉人的文化权利构成了多大影响。对此,应该注意联合国人权委员会对第 27 条的"一般性意见"第 7 段的措辞,即少数族群和土著人群体的传统活动,包括狩猎、捕鱼或牧养驯鹿等权利应该受到保护,也应采取措施"确保少数群体有效参与对他们有影响的决策"。①

人权委员会指出,考虑到全部事实,不能得出"砍伐树木的行为剥夺了申诉人的文化权利"的结论。政府实施该计划时征询了默德加东度里牧人委员会的意见,而申诉人属于该委员会的成员。默德加东度里牧人委员会并未对政府的砍伐计划进行否定。申诉人对政府行为不满并不能改变上述事实。因此,芬兰政府没有违反《公民权利与政治权利国际公约》第 27 条。

人权委员会还指出,如果芬兰政府今后加大砍伐规模,产生了更大的不良影响,人权委员会将重新评价它是否违反了萨米人享有的《公民权利与政治权利国际公约》第 27 条的文化权利;此外,如果芬兰政府在这些牧区开办采石场,人权委员会也将重新考虑政府各种计划的"累积效应"是否会对萨米人的生活环境及文化带来更大破坏。

三、反响与各方观点

各方面的评价集中在批评芬兰政府而不是批评联合国的人权委员会的审判结果。

尽管申诉人败诉,但北极油气研究中心主任洛娜·约翰斯通(Rachael Lorna Johnstone)仍然对裁决的积极意义进行了肯定。他认为,联合国人权委员会承认,土著人与其传统生活区域的领土和资源有特殊联系,这种联系甚至比所有权和财产权更为深刻。尽管萨米群体未证明政府行为的影响达到了侵犯萨米人权利的程度,但联合国人权委员会提醒芬兰注意各种行为的"累积效

---

① General Comment No. 23: The Rights of Minorities (Art. 27), 08/04/94. CCPR/C/21/Rev. 1/Add. 5, http://indianlaw. org/sites/default/files/resources/UN％20OHCHR％20Comments％20on％20Article％2027. pdf.

应",包括不同行业的"累积效应"对萨米人产生的不良影响。① 其他一些学者也指出,联合国人权委员会还要求芬兰政府在诉讼期间,暂时中止砍伐行为,并强调"禁止采取对申诉人的文化和谋生造成不可逆伤害的措施"。②

希腊亚里士多德大学阿萨纳西奥斯·尤普萨尼斯(Athanasios Yupsanis)指出了联合国人权委员会推理的不当之处。他认为,对申诉人是否有效参与决策,人权委员会显得为难,因为判断是否"有效参与"时缺乏具体标准。芬兰政府认为萨米人参与了政策磋商,申诉人认为仅仅是牧人委员会主席"出席"了会议,而申诉人自己仅在事后"被通告"了决策。因此,他们并未被"咨询意见",也未"有效参与"决策。在本案中,芬兰政府已经和牧人委员会磋商,牧人委员会没有发表反对意见。联合国人权委员会未考虑申诉人对磋商结果不满意的事实。③

2011年6月6日,联合国土著人权利特别报告人詹姆斯·安纳亚(James Anaya)在名为"挪威、瑞典、芬兰的萨米区萨米人现状"的报告中,对包括芬兰在内的北欧三国的萨米人政策提出了严厉批评。报告指出,尽管萨米人是他们传统生活区的原住民,但芬兰和瑞典、挪威不一样的是,不仅萨米人可以从事驯鹿牧养业,任何欧盟居民均可从事这个行业。这就使芬兰在处理萨米区域的土地所有权等问题时,需要平衡萨米人和非萨米人的利益。尽管国际法明确规定土著人对其传统生活区域的土地和自然资源所有权④,但当前芬兰法律并未承认萨米人对其传统生活区域的土地所有权,所以才造成了一系列纷争和冲突。⑤

---

① Rachael Lorna Johnstone, "Indigenous Peoples' Rights to Traditional Fishing and Hunting under the United Nations Human Rights Human Rights Instruments," *Arctic Oil and Gas Studies*, Briefing Note #4, May 22, 2017.

② Helen Keller, Cedric Marti, "Interim Relief Compared: Use of Interim Measures by the UN Human Rights Committee and the European Court of Human Rights," ZaöRV 73, 2013, pp. 325 – 372, http://www.zaoerv.de/73_2013/73_2013_3_a_325_372.pdf.

③ Athanasios Yupsanis, "Article 27 of the ICCPR Revisited-The Right to Culture as a Normative Source for Minority/Indigenous Participatory Claims in the Case Law of the Human Rights Committee," in Koninklijke Brill, *Hague Yearbook of International Law*, Nijhoff, 2013, pp.359 – 410.

④ 例如《土著和部落人民公约》第14条第1款规定:对有关民族传统占有的土地的所有权和拥有权应予以承认。另外,在适当时候,应采取措施保护有关民族对非为其独立但又系他们传统地赖以生存和进行传统活动的土地的使用权。在这一方面,对游牧民族和无定居地的耕种者应予以特殊注意。

⑤ James Anaya, "The situation of the Sami people in the Sápmi region of Norway," Report of the Special Rapporteur on the rights of indigenous peoples, June 6, 2011, http://unsr.jamesanaya.org/docs/countries/2011-report-sapmi-a-hrc-18-35-add2_en.pdf.

四、评述和反思

这是联合国人权委员会处理的案例,从中可以比较联合国人权委员会和北欧国内法院、欧洲人权法院处理相似问题的差异。

在1983年欧洲人权委员会处理的"G and E v Norway 案例"[①]中,挪威政府在萨米人生活的阿尔塔山谷建设一个水电站和蓄水池。欧洲人权委员会认为,挪威政府虽然违反了《欧洲人权公约》第8(1)条,但考虑到挪威北部具有广阔的地区供萨米人饲养驯鹿、打猎和捕鱼,建设水电站对他们私人生活的影响又是很小的。而且,挪威政府虽然违反了第8(1)条,却符合第8(2)条的辩护理由,即,权利侵犯符合法律规定,符合比例原则,而且在民主社会是必要的——为了促进整个国家的经济福利。欧洲人权委员会认为,少数群体权利应该让位于更大的公共利益或国家发展的利益,但政府应给予一定的补偿。

虽然在"G and E v Norway 案例"中,欧洲人权委员会肯定了私人生活权利可以延伸至土著人,但它毕竟未从"土著人"权利的角度看待问题。该案例发生时,《土著和部落人民公约》(1989)和"土著人权利宣言"(2007)均未出台,因而欧洲人权委员会无法参考土著人权利。遗憾的是,在处理本案时,《土著和部落人民权利公约》已经生效,但联合国人权委员会并未关注,而是仅聚焦在《公民权利与政治权利国际公约》上。笔者认为,《土著与部落人民公约》对于土著人权利的保护要明显高于《公民权利与政治权利国际公约》第27条。例如《土著与部落人民公约》第七条规定:有关民族有权决定自身发展进程的优先顺序,因为这将影响到他们的生活、信仰、制度与精神福利和他们占有或使用的土地,并有权在可能的范围内对其经济、社会和文化发展行使管理;此外,他们还应参与对其可能产生直接影响的国家和地区发展计划与方案的制订、实施和评价。如果联合国人权委员会能积极引用这个条款,至少对于萨米人的"有效参与"政府决策会进行更审慎的评估。

不过,联合国人权委员会在案例分析中至少使用了"土著人"的概念,相比之下,欧洲人权法院在"G and E v Norway 案例""Handölsdalen Sami Village

---

① G and E v Norway, EMHR(欧洲人权委员会), application no.9278/81 & 9415/81. 3, decision of 3 October 1983.

and Others v. Sweden 案例"①中,却尽力回避使用"土著人"概念,仅认为他们属于"少数群体"。比起北欧国内法院和欧洲人权法院,联合国人权委员会在保护萨米人方面更加积极,更强调土著人对自然环境和自然资源拥有高于其他"少数群体"的权利,更强调萨米人对决策的有效参与。

此外,联合国人权委员会还提出,土著人的传统经济活动是其文化不可分割的部分,对其传统经济活动的干涉将破坏其文化完整和文化存续。从传统文化保护的角度来看待萨米人传统经济活动,进一步抬高了土著人保护的正当性,也使土著人保护能更好地纳入《公民权利与政治权利国际公约》第27条。

最后,虽然联合国人权委员会裁定,芬兰政府没有违反萨米人的传统经济生活权利,但也强调,这仅因为政府行为的破坏性还未达到显著的程度。如果国家的发展对萨米人生活的不良影响形成了"累积效应",联合国人权委员会将裁定侵权成立。例如在"O. Sara et al. v. Finland 案例"②中,人权委员会就裁定芬兰违反了萨米人的传统生活权利,要求政府采取积极措施进行整改。因此,不能简单得出这样的结论:联合国人权委员会和欧洲人权法院一样,认为国家发展的利益高于保护土著人权利的利益。

案例二 瑞典"Handölsdalen Sami Village and Others v. Sweden 案例"③分析

一、案情及国内处理

这是四个萨米村庄(Handölsdalen,Mittådalen,Tåssåsen and Ruvhten Sijte)诉瑞典政府破坏传统生活方式的案例。

---

① Case of "Handölsdalen Sami Village and Others v. Sweden," application no. 39013/04, judgment of 30 March 2010, https://hudoc.echr.coe.int/eng#{"dmdocnumber":["865742"],"itemid":["001-97993"]}.

② O. Sara et al. v. Finland, "Revised Decision on Admissibility," UN Doc. CCPR/C/50/D/431/1990, 24 March 1994, http://hrlibrary.umn.edu/undocs/html/dec431.htm.

③ Case of "Handölsdalen Sami Village and Others v. Sweden," application no. 39013/04, judgment of 30 March 2010.

　　四个申诉人是位于瑞典北部耶姆特兰省(Jämtlands)海热达林市(Härjedalen)的四个萨米人村庄。这些村庄的萨米人曾以打猎、捕鱼为生,后来以牧养驯鹿为主。由于牧养驯鹿的需要,萨米人对于土地和房地产有特别的需求。

　　驯鹿牧养区面积大约占瑞典土地面积的1/3,分为全年牧养区和冬季牧养区,争端涉及的主要是冬季牧养区。由于牧养区的土地所有权有时并非萨米人,而且在一些地方,牧养区的边界——尤其是冬季牧养区的边界并不清楚,国家也缺乏法律对此进行具体确定。

　　1971年,瑞典专门出台《驯鹿业法案》(Reindeer Husbandry Act)。① 根据该法案,只有萨米人——出生于萨米族并且属于某个萨米人村庄的人——才有牧养驯鹿的权利。属于某个村庄的萨米人可以在其村庄及其所属范围内进行打猎、捕鱼(常常也是为了喂食驯鹿)。萨米人村庄仅是一个放牧区域和经济实体,不具有法人地位,在萨米人村庄生活的萨米人,往往并不享有对其牧养区土地的所有权,所以其牧养驯鹿就可能受到土地所有人或者政府部门的干预。

　　1990年9月20日,由于萨米人未经同意就到他人土地上放牧,海热达林市(Härjedalen)的一些土地所有人将包括四个申诉人在内的共五个村庄告上瑞典斯韦格地区法院(District Court of Sveg)。1991年6月4日,又有更多土地所有人将这些萨米人村庄告上法庭。

　　6月26日,斯韦格地区法院决定将两个案件合并审理。11月25日,几个萨米人村庄提交的辩护书指出,根据1886年、1898年、1928年和1971年的《驯鹿牧养业法》,他们有权在冬天放牧驯鹿,这种权利是永久性的,而且《公民权利与政治权利国际公约》第27条也保护了他们作为少数群体的特殊权利。

　　在1992—1995年期间,斯韦格地区法院组织了几次原告和被告调解会,均未有实质性进展。1995年9月18日到10月25日,法院组织了多场由原告、被告、专家、证人在内的听证会。在听证会基础上,1996年2月21日发布了裁决报告。报告认为,根据国际法和瑞典国内法——包括当前仍然适用的1971年《驯鹿牧养业法》,萨米村庄必须在使用某块牧地至少90年且无人抗议之后,才能拥有对该牧地的永久放牧权,但这些村庄均未达标。因此,这些村庄的萨米

---

① 该法案的主要内容为:(1)萨米人为了饲养驯鹿和维持生计有权使用土地和水资源的权利,这种权利是一种经济方面的永久使用权益,不受协约限制,也不需要收费;(2)规定了萨米人牧地的基本范围;(3)规定了萨米村庄的性质和权利。萨米村庄是一个地理概念和经济实体,它代表萨米人处理有关驯鹿业的事宜。Case of "Handölsdalen Sami Village and Others v. Sweden", para.39 - 41.

人没有自由使用该村庄牧地的权利——毕竟土地所有权不属于他们。法院还强调,虽然萨米人长期在其村庄附近的土地上牧养驯鹿,但不动产所有权的确立并不能通过"习惯"而获得。法院裁定,萨米村庄在没有与土地所有人签订有效协议之前,无权在他人所有的土地上放牧,要求萨米人村庄支付原告 400 万克朗(约 40 万欧元),以补偿原告诉讼费用。

萨米人村庄不服裁决,于 1996 年 3 月 15 日向下诺兰德上诉法院(Court of Appeal of Nedre Norrland)上诉。该法院认为,萨米人村庄未满足无异议地使用牧地 90 年,不能获得永久牧养权。法院也拒绝了萨米人村庄关于派人到牧养区进行绘图的请求,但法院给予它们补充上诉材料的机会。

1997 年 12 月 1 日,萨米人村庄再次向瑞典最高法院诉讼,但 1999 年 2 月 18 日,最高法院决定不受理上诉。

1999 年 3 月 4 日,萨米人村庄请求司法大臣介入此事,但司法大臣拒绝了请求。

1999 年 10 月 11 日和 2000 年 2 月 21 日,下诺兰德上诉法院分别接到萨米人村庄和土地所有人的补充诉讼材料。

2000 年 11 月 7 日,萨米人村庄请求上诉法院听取相关专家的意见,但遭到原告反对。在 2002 年 2 月 15 日的最后裁决中,上诉法院决定维持地区法院的审判,但对萨米人村庄支付给原告的诉讼费降为 290 万克朗(约 29 万欧元)。

2002 年 3 月 19 日,萨米人村庄再次向瑞典最高法院上诉。2004 年 4 月 29 日,瑞典最高法院再次拒绝受理。

二、欧洲人权法院的审理

2004 年,四个萨米人村庄联合向欧洲人权法院提起诉讼。不过,诉讼的对象是瑞典政府而非土地所有人。另外,在诉讼中,萨米人村庄启动的是《欧洲人权公约》第 6(1)条关于"公平审判"(fair trial)的条款。①

---

① 该条具体条文如下:在决定某人的公民权利和义务或者在决定对某人确定任何刑事罪名时,任何人有理由在合理的时间内受到依法设立的独立而公正的法院的公平且公开的审讯。判决应当公开宣布。但是,基于对民主社会中的道德、公共秩序或者国家安全的利益,以及对民主社会中的少年的利益或者是保护当事人的私生活权利的考虑,或者是法院认为,在特殊情况下,如果公开审讯将损害公平利益的话,可以拒绝记者和公众参与旁听全部或者部分审讯。

　　萨米人村庄认为,由于缺乏资金和资源,萨米人村庄及其村民难以参与国内诉讼。而该案件诉讼费之所以很高,和瑞典法律不完善也有关系,因为法律没有确定冬季驯鹿牧地的范围,所以需要长时间的历史考察和论证。国家并未给予经济援助,而萨米基金(Sami Fund)给予的借款是需要偿还的。如果萨米人还需要付给土地所有人土地租借费的话,萨米人村庄都将面临破产。

　　瑞典政府认为,该案的关键并不在于萨米人村庄是否因缺乏司法援助①而不能享有公平公开的诉讼,而是在于萨米人村庄是否获得了对土地所有人进行诉讼的合理机会——显然它们得到了这种机会,国家还给它们安排了法律顾问,萨米基金也因本官司给予了四个萨米人村庄无息贷款,土地所有人显然并非强势的自然人。因此,诉讼双方是平等的。

　　欧洲人权法院指出,公平审判意味着诉讼人不能被剥夺将其诉讼提交到法院审理的机会。而且,司法援助的缺乏是否影响公平审判,需要具体分析。

　　欧洲人权法院指出,任何人向法院诉讼的权利都不是绝对的,它会受到一定限制。而且,国家并没有责任动用公共资金来帮助诉讼人,以使诉讼双方平等,尤其是在诉讼人并未处于明显弱势的情况之下。②

　　那么,司法援助缺乏对公平审判是否有影响呢? 欧洲人权法院认为,按照瑞典法律规定,萨米村庄是不能得到法律援助的。不过,萨米村庄申诉的并不完全只是司法援助问题。萨米村庄在国内法院的败诉,使其需要承担高昂的诉讼费,这与《欧洲人权公约》第6(1)条的公平审判有一定关系。但是,萨米人村庄受到了萨米基金、法律顾问和萨米协会的帮助,同时,土地所有人在国内的诉讼中,并不具备比萨米人村庄更大优势。因此,萨米人村庄并未遭到非公平的审判,瑞典政府和法院并未违反第6(1)条。

　　另外,申诉人还指出,它们在国内法院(尤其是上诉法院)的诉讼时间过长,超越了第6(1)条所规定的"合理的时间"(reasonable time)。对此,瑞典政府认为,在国内审判之中,涉及571个原告和5个被告,而且案情复杂,需要获得非常详细的资料,所以并未超过"合理的时间"。对此,欧洲人权法院指出,该案件在瑞典国内审理是从1990年9月20日开始,到最高法院2004年4月29

---

① 根据1972年瑞典的《司法援助法》(Legal Aid Act),司法援助只能给予那些需要的自然人,因此,萨米人村庄无法获得国家的司法援助(主要是提供在司法中提供经济帮助或者免除诉讼费用等)。

② 在"Steel and Morris v. the United Kingdom"判例中,欧洲人权法院已经表达过这个立场。Steel and Morris v. the United Kingdom, no.68416/01, ECHR 2005-Ⅱ, pp.59-62.

日最终裁决,历时 13 年 7 个月。欧洲法院强调,一个案件的合理时间长度,要考虑以下因素:案件的复杂程度、申诉人和相关机构采取何种行动、申诉人争议问题的性质等。该案涉及 500 多个当事人,而且需要检查广阔的牧地,因此十分复杂。此外,申诉人提交了大量的事实材料,还多次要求法院延长时间,这导致了诉讼时间的延长。但是,历时 13 年 7 个月还是超越了"合理的时间",尤其是最高法院耽误了很长时间:第一次裁决花了 1 年 2 个半月,第二次裁决花了大约 2 年。因此,在这点上,瑞典违反了《欧洲人权公约》第6(1)条。

最后,申诉人还提出了诉讼费问题。它们要求瑞典政府赔偿 1563.181 万克朗(约 15.6 万欧元)损失,这包括它们自己的诉讼费、国内官司失败补偿给原告的诉讼费和非财产损害。同时,由于国内官司太长,瑞典政府应补偿给这些萨米人村庄的 59 个萨米居民每人约 22250 欧元。对此,欧洲人权法院认为,申诉人自己的诉讼费不应获得补偿,应该获得补偿的是因国内诉讼时间过长造成的损失,包括财产损失和非财产损失。在财产损失方面,瑞典政府应给予四个萨米人村庄共 25000 欧元补偿;在非财产损失方面,瑞典政府应补偿申诉人共14000 欧元——但不直接补偿给个人。

三、反响与各方观点

在审理该案中,欧洲人权法院兹迈勒(Ziemele)法官提出了一些异议。首先,国际上有很多少数群体和土著人保护公约[1],瑞典政府显然没有对萨米人作为土著人的权利给予充分尊重和保护;其次,在瑞典法院和欧洲人权法院,仅质疑萨米人的放牧权,却将土地所有人对牧地的所有权视为理所当然,这就将申诉人置于不公平的境地。应该要求双方都提供证据,若单方面要求萨米人村庄为自己辩护,这使它们遭到了不公平的司法审判。[2]

---

[1] 她提到了以下几个:1989 ILO Convention No. 169 concerning Indigenous and Tribal Peoples in Independent Countries; the 2007 UN Declaration on the Rights of Indigenous Peoples; old and new monitoring institutions-including the UN Working Group on Indigenous Populations, the UN Special Rapporteur on the Rights of Indigenous Peoples and the UN Expert Mechanism on the Rights of Indigenous Peoples.

[2] Case of "Handölsdalen Sami Village and Others v. Sweden," application no. 39013/04, judgment of 30 March 2010.

　　一些专家、学者和内国际组织从不同角度对裁决提出了一些疑问和批评。部分学者提到了争端中的萨米人特殊身份和歧视问题。瑞典隆德大学伊莎贝尔·舒尔茨(Isabel Schoultz)十分赞同兹迈勒法官的意见，同时进一步指出，欧洲人权法院认定申诉人未被瑞典国内法院剥夺有效参与的机会，这显然是没有考虑到萨米人作为土著人的特殊身份。而且，欧洲人权法院也未考虑可能存在的对土著人的歧视问题，使《欧洲人权公约》第14条受到了局限。① 瑞典的萨米议会在2015年的一个报告中指出，在该案件中，要求作为土著人的萨米人去证明他们对土地的所有权，这本身是一种歧视；瑞典国内法院和欧洲人权法院都忽略了瑞典所签署的土著人保护公约和《消除一切形式种族歧视公约》，而欧洲人权法院的裁决"是在为瑞典的歧视性法律制度作辩护"。② 芬兰学者伊丽莎·鲁齐(Elisa Ruozzi)也认为，在"Konkäma案例"③和本案例中，原告的"受害人身份"并未被纳入考虑范围；根据传统和习惯，萨米人才是这些牧地的真正所有人，因为他们从远古时就拥有这片土地，国际法和瑞典国内法都规定了萨米人的土地权利，但瑞典国内法院和欧洲人权法院并未承认他们才是土地的真正所有人。④ 法国学者阿尔巴恩·盖斯林(Albane Geslin)指出，欧洲人权法院并未考虑到国际上土著人保护制度的最新进展，也未考虑到萨米人的土著人身份及瑞典萨米人遭遇的歧视、土地权利获得的艰难等处境。例如2007年生效的《土著人民权利宣言》第10、19、28、29条⑤都规定了不得强制土著人迁徙，政

---

① Isabel Schoultz, "European Court of Human Rights: Accountability to Whom?" Dawn Rothe, David Kauzlarich, *Towards a Victimology of State Crime*, Routledge, 2014, pp.173-190.

② "Preparatory Report from the Sami Parliament in Sweden," written for the Sami Parliament in Sweden by India Reed Bowers, 2015. https://www.sametinget.se/92639.

③ Konkäma and 38 Sami villages v. Sweden, Application No.27033/95, dicision by the Human Rights of European Commission on 25 November 1996.

④ Elisa Ruozzi, "Indigenous Rights and International Human Rights Courts: between Specificity and Circulation of Principles," APSA 2011 Annual Meeting Paper, https://papers.ssrn.com/sol3/Delivery.cfm/SSRN_ID1905700_code1697109.pdf?abstractid=1902900&mirid=1.

⑤ 联合国《土著人民权利宣言》第10条规定：不得强迫土著人民迁离其土地或领土。如果未事先获得有关土著人民的自由知情同意和商定公正和公平的赔偿，并在可能时提供返回的选择，则不得进行迁离；第19条规定：各国在通过和实行可能影响到土著人民的立法或行政措施前，应本着诚意，通过土著人民自己的代表机构，与有关的土著人民协商和合作，事先征得他们的自由知情同意。第28条规定：1.土著人民传统上拥有或以其他方式占有或使用的土地、领土和资源，未事先获得他们自由知情同意而被没收、拿走、占有、使用或损坏的，有权获得补偿，方式可包括归还原物，或在不可能这样做时，获得公正、公平、合理的赔偿。2.除非有关的土著人民另外自由同意，赔偿方式应为相同质量、大小和法律地位的土地、领土和资源，或金钱赔偿，或其他适当补偿。第29条规定：1.土著（转下页）

府需要迁徙土著人或出台其他影响土著人的政策时,均须征得他们同意并给予补偿。而且,在该案例以及一些相关案例中,相关国家和欧洲人权法院都没有采取积极措施促进萨米人和相关方面对话、跨文化交流。①

有的学者注意到本争端中萨米人的举证问题。澳大利亚学者琳达·哈贾尔·莱布(Linda Hajjar Leib)认为,挪威、芬兰、瑞典等国国内法院和欧洲人权法院对萨米土地权的处理,对萨米人并不公平。瑞典国内法规定,萨米人如果要证明拥有某块牧地的所有权,必须提供这块土地的历史性资料,这对于萨米人来说是很难的,因为并不容易找到历史证据证明他们曾经在这块土地上牧养驯鹿。② 联合国消除种族歧视委员会也提出了类似批评,在 2008 年的一个报告中该委员会指出,在瑞典,至今仍然要求萨米人对其土地所有权负有举证责任;而且,瑞典 1972 年《司法援助法》(Legal Aid Act)规定司法援助只能给予那些需要的自然人,这违反了联合国的一些制度。③

2017 年 6 月 22 日,《框架公约》咨询委员会在一个报告中对瑞典政府进行了毫不客气的批评。报告首先指出,瑞典 1971 年的《驯鹿牧养业法》区别了两类萨米人:从事驯鹿业的萨米人和非从事驯鹿业的萨米人,仅前者享有牧养驯鹿的权利,但这类萨米人只占少部分,这就导致国家在出台有关萨米人土地权利法律时,只受到很少萨米人的关注。其次,咨询委员会指出,从调查研究来看,在涉及萨米人牧地所有权冲突时,即使法律规定萨米人有权持续使用牧地,瑞典政府也常常站在宏观经济和国家利益的角度去看待问题,而萨米人的文化和利益却被忽略了。结果导致很多萨米群体诉诸官司,而国家未给予萨米群体以司法援助,使他们需要承担巨大的经济风险。最后,咨询委员会还指出,由于

(接上页)人民有权养护和保护其土地或领土和资源的环境和生产能力。各国应不加歧视地制定和执行援助土著人民进行这种养护和保护的方案。2. 各国应采取有效措施,确保未事先获得土著人民的自由知情同意,不得在其土地或领土上存放或处置危险物质。3. 各国还应采取有效措施,根据需要,确保由受此种危险物质影响的土著人民制定和执行的旨在监测、保持和恢复土著人民健康的方案得到适当执行。

① Albane Geslin, "La protection internationale des peuples autochtones: de la reconnaissance d'une identité transnationale autochtone à l'interculturalité normative, Annuaire Français de Droit International," CNRS, 2011, LVI (année 2010), pp. 658 - 687.

② Linda Hajjar Leib, *Human Rights and the Environment: Philosophical, Theoretical and Legal Pespective*, Martinus Nijhoff Publishers, 2011, pp. 149 - 150.

③ UN Committee on the Elimination of Racial Discrimination (CERD), Seventy-Third Session, Concluding Observations of the CERD Committee, August 21, 2008, CERD/C/SWE/C=/18, para. 20.

气候变化对萨米人的传统生活方式产生了越来越大的影响,瑞典应该给予牧养驯鹿的萨米人更大的迁徙自由,同时对于非从事驯鹿业的萨米人对土地的需求给予充分考虑。①

也有的学者从相对积极的角度看待了该案例。澳大利亚学者安娜·弗多尔贾克(Ana Vrdoljak)认为,在早期案件中,欧洲人权委员会常将萨米人的诉讼驳回,使萨米人案件不能进入欧洲人权法院的审理程序。但是,20世纪90年代之后,欧洲人权委员会通过了很多萨米人案例,而欧洲人权法院在审理中,也积极维护了萨米人的一些权利,例如在"Halvar From v. Sweden 案例"②和"Konkäma and 38 Sami villages v. Sweden 案例"③中,欧洲人权法院都强调,萨米人的文化和生活方式应该得到保护,瑞典国内法院审理时间过长,违反了萨米人享有的《欧洲人权公约》第6(1)条的权利。不过,尽管近25年来(作者写书时为2013年——笔者注),萨米人权利在司法中获得越来越多的承认,但由于缺乏对萨米人所拥有的土地产权的承认,上述进展被抵消了。④

四、评述与反思

本案例的确历时过长,自1990年9月20日土地所有人将萨米人村庄告上瑞典斯韦格地区法院,到2010年3月30日欧洲人权法院的裁决,历经约20年——在瑞典国内法院历时约14年,在欧洲人权法院历时约6年。欧洲人权法院正是以瑞典国内法院"超越了合理的时间"而裁定瑞典政府败诉。但作为原告方的萨米人村庄,严格意义上来说也并非胜诉方。他们的诉讼请求基本未获满足,即使是针对《欧洲人权公约》第6条的"公平审判"权利,欧洲人权法院也仅仅认为瑞典政府只是在较为次要的问题上——诉讼时间过长——做得不

---

① "Advisory Committee on the Framework Convention for the Protection of National Minorities," Fourth Opinion on Sweden-adopted on 22 June 2017, ACFC/OP/IV(2017)004, https://rm.coe.int/fourth-opinion-on-sweden-adopted-on-22-june-2017/168075fbab.

② Halvar From v Sweden, no.34776/97, judgment Strasbourg, March 4, 1998, http://freecases.eu/Doc/CourtAct/4544378.

③ Konkäma and 38 Sami villages v. Sweden, application no.27033/95, dicision by the Human Rights of European Commission on 25 November 1996.

④ Ana Vrdoljak, *The Cultural Dimension of Human Rights*, Oxford University Press, 2013, pp.87 - 88.

够,更未启动《欧洲人权公约》第一附加议定书第 1 条①去阐释关键问题:萨米人的土地所有权问题。欧洲人权法院试图采取这种适度平衡的方式来处理好萨米人牧养驯鹿权和土地所有者、政府管理者之间的关系,实际上并没有正面解决问题,而是回避了真正的问题。

另外,申诉人在欧洲人权法院申诉的并非少数群体保护条款,而是诉讼程序条款。而诉讼程序条款的获胜,也反过来对少数群体保护起了一定的作用。这种结果有喜有忧。喜的是,可以通过《欧洲人权公约》的其他条款,甚至是程序性条款实现保护少数群体的目的。忧的是,恰恰是因为欧洲缺乏少数群体保护条约——即使《框架公约》,也只是一个原则性框架公约——使萨米人只能通过"曲线救国"的方式,凭借"程序条款"获得胜诉。但这种胜利的力度及其影响是十分有限的。

部分归功于上述萨米案例的影响,瑞典、挪威、芬兰在萨米人保护方面在 20 世纪末以来有了明显进展。例如挪威在 1987 年出台了"萨米法案",1989 年成立了"萨米议会",2004 年成立了专门处理萨米人权利问题的"萨米法院"——内芬马克地区法院。瑞典、芬兰也相继于 1993 年、1995 年成立了"萨米议会"。三个国家都出台了规范矿业的相关法律,瑞典 1991 年出台了"矿业法"(Minerals Act),挪威于 2009 年出台了"矿业法"(Mineral Act),芬兰 2011 年出台了"采矿法"(Mining Act),在一定程度上协调了采矿业与土著人自然资源权利的矛盾。例如瑞典"矿业法"规定,萨米人对土地的特殊权利如驯鹿牧养权利也应得到特别考量,从采矿业获得许可证到制订采矿计划再到整个采矿过程,需要通知可能受到影响的萨米村庄及萨米人,以使它们能够参与这些决策。②

问题在于,若"参与"却未能"影响"决策,是否为"有效参与"? 虽然芬兰《萨米议会法》要求国家在出台有关萨米人的决策时,应与萨米议会协商;挪威也规

---

① 《欧洲人权公约》第 1 议定书第 1 条规定:每一个自然人或法人均有权平等地享用其财产。除非是为了公众利益及受管制于法律与国际法的普遍原则所规定的条件,任何人不得剥夺他的财产。上述规定将不能以任何方式损害国家根据普遍利益或为了保证付税或其他奖惩措施而实施的必要的控制财产使用的权利。

② Timo Koivurova, Vladimir Masloboev, Kamrul Hossain, Vigdis Nygaard, Anna Petrétei, Svetlana Vinogradova, "Legal Protection of Sami Traditional Livelihoods from the Adverse Impacts of Mining: A Comparison of the Level of Protection Enjoyed by Sami in Their Four Home States," *Arctic Review on Law and Politics*, vol. 6, no. 1, 2015, pp. 11 - 51.

定，在国家涉及萨米事务问题上未充分考虑萨米人的需求时，萨米议会可以向挪威国王投诉，但并未实质上赋予萨米人保护自己传统生活方式和文化的权利。而且，就算"有效参与"并"影响"了决策，也未必能主导决策。对此，较为理想的做法是：在某些制定涉及萨米人生活方式改变，尤其不可逆的改变的政策时，允许萨米人拥有一定的否决权。

当然，萨米人保护还存在着很多其他问题。例如，自从 1989 年《土著与部落人民公约》出台以来，三十多年里签字的国家只有二十三个，欧洲国家只有丹麦、卢森堡、荷兰、挪威、西班牙五个国家已经签署。存在较多萨米人的四个国家中，只有挪威签署了该公约，而挪威也并没有积极地落实该公约。[①] 这也许是联合国人权委员会和《欧洲人权公约》没有底气在相关诉讼中提及这个公约的重要原因。此外，虽然近些年挪威、瑞典、芬兰共同努力推进萨米人权利保护，并于 2005 年草拟了《北欧萨米人公约》(Nordic Sami Convention)，但该公约在三个国家至今仍未获得批准。

---

① Timo Koivurova, Vladimir Masloboev, Kamrul Hossain, Vigdis Nygaard, Anna Petrétei, Svetlana Vinogradova, "Legal Protection of Sami Traditional Livelihoods from the Adverse Impacts of Mining: A Comparison of the Level of Protection Enjoyed by Sami in Their Four Home States".

第五章

欧洲少数群体语言权利保护理念分析

当今世界,少数语言的保护,对于维护世界多样性,已越来越紧迫。

欧洲一体化带来的一个重要结果是语言一体化。强势语言对弱势语言、少数语言具有强大的吞噬性。自从 20 世纪末以来,随着全球化进程的加速,"语言极化"(linguistic polarity)现象越来越明显:越来越多的人仅使用几种主要语言,而越来越少的人使用其他几百种甚至几千种语言。

据 2003 年联合国教科文组织的一个专家报告统计,世界上大约 97％的人口使用约 4％的语言(主要是英语、中文、西班牙语、葡萄牙语、俄语、印度尼西亚语、阿拉伯语、斯瓦希里语、印地语等),而使用剩余 96％的语言的人口却只占 3％。[1] 和少数民族、少数族群、少数宗教一样,区域或少数语言在欧洲也具有很强多样性。据估计,仅在欧盟国家,被各国承认的区域或少数语言有 60 多种,使用人口约 4—5 千万。[2] 但事实的另一面是,随着欧洲一体化速度加快,人口流动加强,欧洲的语言多样性正在迅速消失,少数语言受到的威胁愈加明显。据联合国教科文统计,欧洲当前有 128 种语言遭受威胁,巴斯克语、威尔士语正在弱化;卡舒比语、苏格兰语、布列塔尼语、萨米语严重濒危;利沃尼亚语(Livonian)和康沃尔语(Cornish)濒临灭绝;莫扎拉布语(Mozarabic)、凯米-萨

---

① "Language Vitality and Endangerment," report of International Expert Meeting on the UNESCO Programme Safeguarding of Endangered Languages, vol. 5, 2003, https://unesdoc. unesco. org/ark:/48223/pf0000183699.
② "Regional and Minority Languages in the European Union," briefing of European Parliament, September 2016. https://www. europarl. europa. eu/EPRS/EPRS-Briefing-589794-Regional-minority-languages-EU-FINAL. pdf.

米语(Kemi Sami)、奥尔德尼法语(Alderney French)已然灭绝。[①]

虽然并非所有说同一种语言的人都会形成一个民族,但是如果没有共同的语言,任何民族都是无法形成的。[②] 然而,语言作为少数群体的必要身份之一,相比宗教、文化传统、习俗、生活方式、族裔特点等,受到的挑战最大,因为如果只会一种语言,就好像是上了脚镣手铐一般,无法行动自如,除非你唯一会说的语言,正好是通行世界的强势语言。[③] 而且,若一个人仅仅使用某种少数语言,可能无法在一个现代社会跨区域上学、求职、交友、交流。因而,对于大多数语言使用者来说,最终可能被迫学习主体语言,淡化少数语言,以获得更好的生存机会,而这必然加速弱势语言的灭亡。为此,除了进行语言(权利)保护之外,欧盟还倡导"要让每个欧洲公民都能讲三种语言"。

第一节　语言权利保护的缘起及发展

语言权利是指个人或者群体不论在公共场合或者私人场合,都有选择自己的语言来表达的权利。语言权利在人权保护领域,甚至在少数群体保护领域处于边缘地位,是国际上少数群体保护的薄弱环节。

语言是文化和身份的核心特征之一。尽管国际上有很多条款保护少数群体的语言权利,但各国为了普及和推广官方语言,会有意无意忽视少数语言。有时,对于少数语言的忽视可能是间接的或者习惯性的,例如全国性招聘或全国性考试,常常通过官方语言进行,少数群体可能由于语言劣势而被排除在外。

和少数民族、少数族群,甚至和少数宗教不一样的是,"少数语言"与使用这种语言的"少数语言群体"虽然具有密不可分的联系,但国际上却没有从"少数语言群体"的维度去保护少数语言。在古代,大多数人在自己的固定区域生活,语言群体是稳定的。在全球化的今天,语言和某种特定群体的联系急速弱化,两者的黏着性正在剥离。一个人很容易通过语言学习而跨越不同的语言群

---

① "UNESCO's Atlas of the World's Languages in Danger," 2010, http://www.unesco.org/new/en/culture/themes/endangered-languages/atlas-of-languages-in-danger/.

② 奥托·鲍威尔著,殷叙彝编:《鲍威尔文选》,人民出版社 2008 年版,第 22 页。

③ 埃里克·霍布斯鲍姆,李金梅译:《民族与民族主义》,上海人民出版社 2006 年版,第 111 页。

体。如果一个人能够较为熟练地使用两种少数语言和一种官方语言,那么他可能同时认同或不认同这三个语言群体身份,即语言群体的边界是相对模糊的、易穿透的。

有学者对"少数语言群体"进行了严肃的界定,例如意大利著名法学教授、法官亚历山德罗·皮佐鲁索(Alessandro Pizzorusso)认为:少数群体语言群体是那些处于散居状态的语言群体,他们随着时间的推移而持续存在,他们的存在是自愿的,但缺乏法律地位;群体人数大大低于国家的其他人口;保持、促进和传播使他们有异于他人的各种少数群体特征。① 但这种界定并未流传,因为它作用不大。

语言权利包括个体语言权利和集体语言权利,个体语言权利又包括个人在私人场合使用自己语言的权利,语言不受歧视的权利,在法律、行政、司法等公共机构中使用自己语言的权利,通过自己语言接受教育的权利,在媒体中使用自己语言的权利等。集体语言权利则是指少数语言群体"有权维持某种语言的存在并将其传授给下一代"的权利②,包括集体使用和发展自己语言的权利、创办语言学校的权利、创建少数语言媒体的权利等。

语言权利常和更为广泛的文化权利、教育权利结合在一起,并被后两者包含,有时也和其他权利糅合在一起。20 世纪之前,虽然存在保护少数语言的政策,但 20 世纪之后语言权利才在国际国内政治中获得正式承认。③ 而真正形成比较稳定的保护少数语言的国际制度,是在第二次世界大战之后。但国际上仍然没有专门保护少数语言的公约。《欧洲区域或少数语言宪章》是这方面的一个尝试,但它仅为"宪章"而非"公约"。这使当前的国际制度不足以对少数群体的语言权利给予充分保护,对少数语言的歧视仍然广泛存在。

一、保护语言权利的国际制度

语言权利保护通常是指对少数语言权利的保护,它常常被包含在对少数群

---

① 参见:Alessandro Pizzorusso, "Le minoranze nel diritto pubblico interno"(国内法中的少数民族),A. Giuffrè, 1967, p.126.

② Albert H. Y. Chen, "The Philosophy of Language Rights," *Language Sciences*, vol. 20, no. 1, 1998, pp.45 - 54.

③ Bruthiaux, Paul, "Language Rights in Historical and Contemporary Perspective," *Journal of Multilingual and Multicultural Development*, 2008, vol.30, no.1, pp.73 - 85.

体的保护之中。芬兰著名学者托弗·斯库特纳布-坎加斯(Tove Skutnabb-Kangas)认为,在国际上,对语言权利的保护历经了五个阶段①:(1)1815 年以前。这个阶段,语言权利的保护条款主要是出现在双边协定之中。(2)从 1815 年到第一次世界大战。1815 年的维也纳会议最后文件,给予一些族群以语言权利,例如给予德国统治下的波兹南的波兰人在商务中使用波兰语的权利;奥地利 1867 年宪法给予少数群体发展其语言的权利。(3)两次世界大战期间。第一次世界大战后,"国联"监督下的一些国际条约涉及少数语言权利保护,例如在私人场合可以使用任何语言,初级学校可以通过母语接受教育;当少数群体权利被侵犯时,享有向"国联"及其常设法院申诉的权利。(4)第二次世界大战到 20 世纪 70 年代初。这个期间主要是在联合国的框架下,对包括语言权利在内的人权采取了个体权利保护方式。(5)从 20 世纪 70 年代初至今。国际社会重新重视保护少数群体,少数群体的集体语言权利也开始受到重视,出现了一些涉及语言保护的国际制度,例如联合国 1992 年 12 月 8 日通过的《在民族或族裔、宗教和语言上属于少数群体的人的权利宣言》。

1995 年,托弗·斯库特纳布-坎加斯、罗伯特·菲利普森(Robert Phillipson)等正式提出语言是一种基本人权。② 1996 年 6 月,在西班牙巴塞罗那举行了世界语言权利会议,通过了《世界语言权利宣言》。"宣言"明确指出,语言权是一个基于语言社区而衍生的复杂概念,它既属于个人又属于集体。目前,国际上关于语言权利的制度主要有:

(一) 联合国的《世界人权宣言》的相关条款

在战后的 20 多年里,联合国将重点放在个体人权保护方面,在语言权利方面也强调个体语言权利保护。《世界人权宣言》并无专门的语言权利条款,仅有以下几个条款涉及语言权利保护:

1. 第二条:人人有资格享有本宣言所载的一切权利和自由,不分种族、肤色、性别、语言、宗教、政治或其他见解、国籍或社会出身、财产、出生或其他身份等任何区别。并且不得因一人所属的国家或领土的、政治的、行政的或者国际的地位之不同而有所区别,无论该领土是独立领土、托管领土、非自治领土或者

---

① Skutnabb-Kangas, Tove, *Linguistic Genocide in Education — or Worldwide Diversity and Human Rights?* Lawrence Erlbaum Associates Inc, 2000.

② Tove Skutnabb-Kangas, Robert Phillipson and Mart Rannut, *Linguistic Human Rights: Overcoming Linguistic Discrimination*, De Gruyter Inc, 1995.

处于其他任何主权受限制的情况之下。

2. 第十条：人人完全平等地有权由一个独立而无偏倚的法庭进行公正和公开的审讯，以确定他的权利和义务并判定对他提出的任何刑事指控。这条虽然没有直接出现"语言"措辞，但一般认为包含了在法庭或公开审讯中，如果个人无法理解法庭的语言或法院报告，则法院应配备翻译。

3. 第十九条：人人有权享有主张和发表意见的自由；此项权利包括持有主张而不受干涉的自由，和通过任何媒介和不论国界寻求、接受和传递消息和思想的自由。该条的自由表达权一般认为是可以选择自己喜欢的语言进行表达的自由。

4. 第二十六条：1. 人人都有受教育的权利，教育应当免费，至少在初级和基本阶段应如此。初级教育应属义务性质。技术和职业教育应普遍设立。高等教育应根据成绩而对一切人平等开放。2. 教育的目的在于充分发展人的个性并加强对人权和基本自由的尊重。教育应促进各国、各种族或各宗教集团间的了解、容忍和友谊，并应促进联合国维护和平的各项活动。3. 父母对其子女所应受的教育的种类，有优先选择的权利。这条一般认为包含了通过自己的语言接受教育的权利。

(二)《公民权利与政治权利国际公约》第 27 条

1966 年联合国出台的《公民权利与政治权利国际公约》是一个具有约束性的公约，由专门的机构——人权委员会（Human Rights Committee）监督实施，并建立了报告制度和申诉—审查制度。第 27 条涵盖了语言保护，它规定：在那些存在着人种的、宗教的或语言的少数人的国家中，不得否认这种少数人同他们的集团中的其他成员共同享有自己的文化、信奉和实行自己的宗教或使用自己的语言的权利。

(三) 1989 年联合国的"儿童权利公约"

1989 年联合国通过的《儿童权利公约》有较多条款涉及语言权利，包括语言不受歧视，保护语言、文化及价值观，通过母语接受教育等权利。其中第 2 条第 1 款为：缔约国应尊重本公约所载列的权利，并确保其管辖范围内的每一个儿童均享受此种权利，不因儿童或其父母或法定监护人的种族、肤色、性别、语言、宗教、政治或其他观点、民族、族裔或社会出身、财产、伤残、出生或其他身份而有任何歧视。第 29 条第 1(c) 款规定：培养对儿童的父母、其自身的文化认可、语言和价值观、儿童所居国家的民族价值观、其原籍国以及不同于其本国文明的尊重。第 30 条规定:在那些存有族裔、宗教或语言方面属于或原为土著居民的国家里,不得剥夺属于这种或原为土著居民的儿童与其群体的其他成员共同享有自己的文化、信奉自己的宗教并举行宗教仪式或使用自己的语言的权利。

(四) 1989 年国际劳工组织的《土著与部落人民公约》

该文件体现了较强的集体权利保护,要求国家承担积极责任,其中涉及语言权利的条款主要是第 28、30 条。第 28 条规定:1. 在可能的情况下,有关民族的儿童应学习使用本民族的土著语言,或他们所属群体之最通用的语言进行阅读和写作。当这一考虑不现实时,主管当局应与这些民族进行磋商,以期采取某些措施来达到这一目的。2. 应采取充分的措施,保证这些民族有机会流利地掌握所在国的语言或该国的一种官方语言。3. 应采取措施,保留并推动有关民族土著语言的发展和使用。第 30 条第 2 款规定:必要时,可以采用笔译的方法或通过使用这些民族的语言进行群众交流的方式来进行这一工作。

(五) 1992 年联合国的《在民族或族裔、宗教和语言上属于少数群体的人的权利宣言》

这个文件表明联合国不再局限于个体语言权利保护,而是开始强调集体语言权利保护;同时不再局限于消极保护,而是强调积极保护。[1] 例如第 4 条就明显体现了上述理念的变化。该条第 2 至 4 款分别为:2. 各国应采取措施,创造有利条件,使属于少数群体的人得以表达其特征和发扬其文化、语言、宗教、传统和风俗,但违反国家法律和不符国际标准的特殊习俗除外。3. 各国应采取适当措施,在可能的情况下,使属于少数群体的人有充分的机会学习其母语或在教学中使用母语。4. 各国应酌情在教育领域采取措施,以期鼓励对其领土内的少数群体的历史、传统、语言和文化的了解。属于少数群体的人应有充分机会获得对整个社会的了解。

(六) 1996 年的《世界语言权利宣言》

1996 年 6 月 6 日至 9 日,由国际笔会(PEN Club)牵头,在西班牙巴塞罗那举行的"世界语言权利会议"上通过《世界语言权利宣言》,又称《巴塞罗那宣言》。[2] 宣言仅为半官方性质,受到联合国教科文组织和众多非政府组织的支

---

[1] Albert H. Y. Chen, "The Philosophy of Language Rights," *Language Sciences*, vol. 20, no. 1, 1998, pp. 45-54.

[2] 该宣言的中译本参见:http://unesdoc.unesco.org/images/0010/001042/104267cb.pdf.

持,是世界上最早出现的专门针对语言权利的国际性文件。它详细地阐述了语言权利的方方面面,尤其是列举了语言权利的个体方面和集体方面。其中个体方面的语言权利有(第 3 条第 1 款):作为某一语言社区的成员而受到承认的权利;在私下或公共场合使用自己语言的权利;使用自己姓名的权利;与其原有的语言社区的其他成员联系和结社的权利;保持和发展自己文化的权利。集体方面的语言权利有(第 3 条第 2 款):每个群体有权教授自己的语言和文化;每个群体有权拥有文化机构;每个群体有权在传播媒介中公平地使用自己的语言和介绍自己的文化;有关群体的每一位成员有权在与当局的联系和社会经济联系中得到以自己语言所作的答复。

(七) 2007 年的《联合国土著人民权利宣言》

这是联合国针对土著人权利的一个专门性文件,不仅保护土著人个体权利,也十分强调集体权利的保护。同时要求各国政府承担保护土著人权利的积极责任。其中涉及土著人语言权利的主要是第 13、14 和第 16 条。第 13 条规定:1. 土著人民有权振兴、使用、发展和向后代传授其历史、语言、口述传统、思想体系、书写方式和文学作品,有权自行为社区、地方和个人取名并保有这些名字。2. 各国应采取有效措施,确保此项权利得到保护,并确保土著人民在政治、法律和行政程序中能够理解他人和被他人理解,必要时为此提供口译或采取其他适当办法。第 14 条规定:1. 土著人民有权建立和掌管他们的教育制度和机构,以自己的语言和适合其文化教学方法的方式提供教育。2. 土著人,特别是土著儿童,有权不受歧视地获得国家提供的所有程度和形式的教育。3. 各国应与土著人民共同采取有效措施,让土著人,特别是土著儿童,包括生活在土著社区外的土著人,在可能的情况下,有机会获得以自己的语言提供的有关自身文化的教育。第 16 条规定:1. 土著人民有权建立自己的使用自己语言的媒体,有权不受歧视地利用所有形式的非土著媒体。2. 各国应采取有效措施,确保国有媒体恰当地反映土著文化多样性。各国应在不损害言论充分自由的情况下,鼓励私有媒体充分反映土著文化的多样性。

二、保护语言权利的欧洲地区制度

仅在欧盟范围内,正式被承认的土著语言、地区语言或少数语言共有 60

种,这些语言的使用者接近 5000 万①,此外还有很多未被正式承认的少数语言。尽管欧盟的《里斯本条约》和《欧盟基本权利宪章》(第 22 条)保障少数群体使用自己语言的权利,但由于语言问题的复杂性,以及欧盟范围内的移民越来越多,少数语言保护仍然十分薄弱。

在欧洲,若不掌握英语、德语、法语等强势语言,在就业市场就缺乏竞争力。而英语又在很大程度上是欧洲一体化中的核心语言,连很多国家的官方语言,都面临边缘化的危险。欧盟的口号"多样性统一"在语言方面特别难以做到,需要国际、地区、国家多层次的强力干预,才可能避免少数语言的衰亡,但其中的意义何在,合法性何在?

在欧洲层面,虽然有一些关于保护少数群体语言权利的条款,却缺乏推进语言权利保护的区域性机构。欧盟委员会虽然多次强调,要保持对话和鼓励语言多样性,但并无务实政策。由于国际、区域层面语言权利保护"硬法"的缺乏,使各国政府在很大程度上决定着少数语言的法律地位和受到支持的力度。而不同国家对少数语言的保护差距甚大,有的国家有意忽视少数语言的保护,例如法国和希腊甚至连《欧洲区域或少数语言宪章》都没有签署。

欧洲地区层面涉及语言权利的制度主要如下:

(一)《欧洲人权公约》

《欧洲人权公约》是落实《世界人权宣言》的第一个地区性人权公约,它涉及语言权利保护的主要是以下几个条款:

1. 第 5 条第 2 款:应当以被逮捕的任何人所了解的语言立即通知他被逮捕的理由以及被指控的罪名。

2. 第 6 条第 1 款和第 3 款。第 1 款:在决定某人的公民权利与义务或在决定某人的任何刑事罪名时,任何人有权在合理的时间内受到依法设立的独立与公正的法庭之公平与公开的审讯。判决应公开宣布,但为了民主社会中的道德、公共秩序或国家安全的利益,而该社会中为了少年的利益或保护当事各方的私生活有此要求,或法院认为在其中特殊的情况下公开将有损于公平的利益而坚持有此需要,可以拒绝记者与公众旁听全部或部分的审判。第 3 款:凡受刑事罪指控者具有下列最低限度的权利:(1)以他所了解的语言立即详细地通

---

① Marilou Pelmont, "Linguistic Minority Rights," London International Development Center, December 15, 2015, http://www.lidc.org.uk/blog/2015/12/15/linguistic-minority-rights.

知他被指控罪名的性质以及被指控的原因;(2)应当有适当的时间和便利条件为辩护做准备;(3)由他本人或者由他自己选择的律师协助替自己辩护,或者如果他无力支付法律协助费用的,则基于公平利益考虑,应当免除他的有关费用;(4)询问不利于他的证人,并在与不利于他的证人具有相同的条件下,让有利于他的证人出庭接受询问;(5)如果他不懂或者不会讲法院所使用的工作语言,可以请求免费的译员协助翻译。

第 5 条第 2 款以及第 6 条第 3 款,都是关于法律或司法场合使用自己语言的权利,另外第 14 条是一个涉及语言方面的非歧视条款。

(二)《欧洲区域或少数语言宪章》

1981 年,欧洲委员会议会出台名为《欧洲少数语言及方言教育与文化问题》的"第 928 号建议"[①],被认为是《欧洲区域或少数语言宪章》的先声。"建议"提出:少数语言及方言群体应享有对地方名称的命名权;在学前教育和小学教育中使用母语或方言的权利;支持高等教育中使用少数语言及方言的权利;在媒体、地方政府中使用少数语言及方言的权利;少数语言及方言群体享有发展其语言及文化的权利。

这些建议被 1992 年欧洲委员会《欧洲区域或少数语言宪章》采纳。[②] "宪章"目的在于保护和促进欧洲的区域性、历史性语言和少数民族语言,这些语言有时又被统称为"较少使用语言"(lesser-used languages)。不过,"宪章"排除了"方言"享有相关权利,因为"方言"不过是某种语言的分支而非一种单独语言。

"宪章"对"区域或少数语言"进行了界定:传统上在该国特定领土内由该国特定的国民群体使用,该群体在数量上小于该国其他人口,其语言有异于官方语言,也不同于移民使用的语言。[③] 这个定义与欧洲对"少数群体"的定义有类似之处,只是"宪章"更明确地排除了移民语言享有少数语言或区域语言的地

---

① Recommendation 928: "Educational and cultural problems of minority languages and dialects in Europe," 1981, http://assembly. coe. int/nw/xml/XRef/Xref-XML2HTML-en. asp? fileid = 14962&lang=en.

② 《欧洲区域或少数语言宪章》英文版参见:"European Charter for Regional or Minority Languages," Strasbourg, vol. 5, no. 14, 1992, https://www. coe. int/en/web/conventions/full-list/-/conventions/rms/0900001680695175.

③ Council of Europe, "The European Charter for Regional and Minority Languages," adopted 5 November 1992, http://conventions. coe. int/Treaty/en/Treaties/Html/148. htm.

位。"宪章"的另一个亮点是还引进了"非区域语言"（non-territorial language）的概念与理念：是指该国国民使用的语言，与该国其他人口使用的语言不同，尽管传统上是在该国领土内使用的，但并非在某个特定地区内使用。这就使那些非聚居性群体使用的某种语言可能享有"宪章"的保护，例如在欧洲被广泛使用的意第绪语和罗姆语。

"宪章"要求缔约国采取积极行动促进历史性方言和少数民族语言，并对政府、司法部门、公共机构在保护"区域或少数语言"中的具体责任和应采取的措施，少数语言在媒体、文化活动、经济社会生活、跨国交流中的保护进行了规定。

不过，"宪章"的签署和批准并非理想。截至 2021 年 1 月 31 日，47 个欧洲委员会国家，仅 25 国签署并批准，阿塞拜疆、法国、冰岛、意大利、马耳他、北马其顿、摩尔多瓦、俄罗斯等 8 个国家签署但未批准；而阿尔巴尼亚、安道尔、比利时、保加利亚、爱沙尼亚、格鲁吉亚、希腊、爱尔兰、拉脱维亚、立陶宛、摩纳哥、葡萄牙、圣马力诺、土耳其等 14 国甚至没有签署。[①] 值得注意的是，希腊不仅未签署"宪章"，也强烈反对出台保护少数语言的宪章，认为语言保护属于国内事务；而波罗的海三国未签署"宪章"是由于不愿意费力去保护使用人口较多的俄语。

在很大程度上，由于"宪章"赋予了各国确定所需保护的语言以及保护的方式，绝大多数国家在批准"宪章"时，都通过声明明确享有"宪章"权利的语言。例如奥地利声明受"宪章"保护的语言为：布尔根兰克罗地亚语（Burgenland-croatian）、斯洛文尼亚语、匈牙利语、捷克语、斯洛伐克语、罗姆语；克罗地亚声明受"宪章"保护的语言为：意大利语、塞尔维亚语、匈牙利语、捷克语、斯洛伐克语、卢森尼亚语、乌克兰语；德国声明受"宪章"保护的语言为：丹麦语、弗里西语、索布语和罗姆语。波兰 2009 年批准"宪章"时，宣布 15 种语言为"宪章"所覆盖的语言，包括三个层级：卡舒比语（Kashub language）为"区域语言"；白俄罗斯语、捷克语、希伯来语、意第绪语、立陶宛语、德语、亚美尼亚语、俄语、斯洛伐克语、乌克兰语为"少数民族语言"；卡拉伊姆语（Karaim）、兰科语（Lemko）、罗姆语言（Romni）、鞑靼语（Tatar）为"少数族群语言"。不少国家还规定了区域或少数语言享有"宪章"权利的地理范围。当然，这并不意味着，未签署或者

---

① "Chart of Signatures and Ratifications of Treaty 148 European Charter for Regional or Minority Languages Status as of 31/01/2021," https://www.coe.int/en/web/conventions/full-list/-/conventions/treaty/148/signatures?p_auth＝NyY5IlRE.

未批准"宪章"国家,就不存在区域或少数语言的保护,只是保护力度相对较弱,例如法国虽未批准该宪章,但仍然通过国内立法承认了一些区域语言和少数语言的存在,并给予了一定程度的保护。

(三)《欧洲少数民族保护框架公约》

《框架公约》涉及少数民族语言权利的条款较多,例如第 5 条、第 9 条、第 10 条、第 11 条、第 12 条、第 14 条。其中第 5 条第 1 款为:缔约国应为属于少数民族的人提供必要条件,使他们能够保持和发展其文化,维持构成他们身份的重要因素,即他们的宗教、语言、传统和文化遗产。第 6 条为:(1)缔约国应该鼓励宽容精神和跨文化对话,并采取有效措施促进其领域内的人民相互尊重、理解与合作,尤其是在教育、文化和媒体方面,而不论人民的族群、文化、语言和宗教身份;(2)缔约国应采取适当措施阻止那些由于他们的族群、文化、语言和宗教身份而受到歧视、敌视或暴力的威胁或行为。第 14 条则规定:(1)缔约方应致力于承认属于少数民族的个人有权学习其少数语言;(2)在属于少数民族的个人传统聚居的地区,或者具有较多数量的少数民族人口的地区,在有需要的情况下,缔约方应确保其教育体系中尽可能让属于少数民族的个人能够有机会通过其少数语言接受教育;(3)本条第 2 点在实施时不应对学习或教授官方语言构成歧视。

(四)《欧洲联盟基本权利宪章》

根据《欧洲联盟运作条约》165(2)条,欧盟支持教授和传播成员国的语言;第 167 条规定尊重国家和区域多样性;《欧洲联盟条约》第 3 条规定,欧盟应尊重语言多样性。

随着 2009 年 12 月 1 日《里斯本条约》的生效,作为《里斯本条约》一部分的《欧洲联盟基本权利宪章》也同时生效。该文件虽然名为"宪章",但被纳入《里斯本条约》之后对欧盟成员国具有法定约束力,欧洲法院可以进行援引。不过,由于英国、波兰声明行使《里斯本条约》所赋予的退出选择权,使其在这两个国家没有约束力。

《欧洲联盟基本权利宪章》涉及语言权利的主要是第 21 条和第 22 条,其中第 21 条主要是禁止基于语言、肤色、血缘等方面的歧视,第 22 条要求尊重语言、文化、宗教等方面的多样性。和欧盟其他人权保护一样,该宪章的主要精神仍然是"平等"和"非歧视",重点保护的是个体权利,未要求国家承担保护的积极责任。两条具体内容如下:

第21条　禁止歧视：(1)禁止任何因性别、种族、肤色、血缘由来或社会出身、基因特性、语言、宗教或世界观、政治或其他观念立场、属于少数族群、财产、出生、身心障碍、年龄或性取向之歧视。(2)不管欧盟各条约有什么特别规定，皆禁止因国籍而歧视。

第22条　文化、宗教、语言的多样性：联盟应尊重文化、宗教和语言的多样性。

此外，欧洲建立了一些少数语言保护机构。1982年欧盟委员会和一些民间组织资助成立了"欧洲较少使用语言局"(European Bureau for Lesser-Used Languages，EBLUL)，目的是加强较少语言群体之间的联系并发展相互合作，推动较少语言的发展。然而，1998年5月12日欧洲法院对"C‑106/96案例"的裁决表示，因缺乏法律基础，取消欧盟对该机构的资助。① 2007年开始，欧盟削减了对该机构的资助，导致它于2010年停办。2008年，全欧性的"语言多样性促进平台"(Network to Promote Linguistic Diversity，NPLD)成立，以在欧洲层面推进语言多样性为目标，并加强各国对语言(包括主体语言和少数语言)的保护和交流。

除了这些正式制度和机制之外，也有一些非正式文件。例如2001年联合国出台的《世界文化多样性宣言》第5条指出："每个人都应当能够用其选择的语言，特别是用自己的母语来表达自己的思想，进行创作和传播自己的作品。"该宣言的"行动计划要点"指出：5.保护人类的语言遗产，鼓励用尽可能多的语言来表达思想、进行创作和传播。6.提倡在尊重母语的情况下，在所有可能的地方实现各级教育中的语言多样化，鼓励自由学习多种语言……10.促进数字空间的语言多样化，鼓励通过全球网络普遍地利用所有的公有信息。

此外，1990年欧安组织的"哥本哈根文件"规定，成员国要"尽力保证少数民族成员，尽管需要学习官方语言和与国家有关的语言，也有充分的机会接受其母语教育和通过母语接受教育，在可能和需要的所有情况下，允许在公共机构中使用其民族语言"②。欧安组织少数民族事务高级委员1998年出台的《关于少数民族语言权利的奥斯陆建议》提出在命名、宗教实践，在媒体、经济生活、

---

① Case C‑106/96, United Kingdom v. Commission, Judgement of the Court of Justice, May 12, 1998, https://eur-lex.europa.eu/legal-content/EN/TXT/PDF/?uri=CELEX:61996CJ0106&from=EN.

② "哥本哈根文件"可参见：http://www.minelres.lv/osce/cope90e.htm.

司法行政机构中使用少数语言的权利。不过,"建议"也强调,应该确保主体语言使用和少数语言使用实现"适当平衡"(appropriate balance),它建议设立一些管理少数语言的非政府组织或机构,尤其是要建立一个监督语言权利保护和违反情况的独立机构。[①]

不过,由于国际上和欧洲层面都尚无有约束力的少数语言保护公约,也无正式的监督机构或机制,使国际上和欧洲层面语言保护机制仍然十分脆弱,少数语言权利的保护仍然主要是各国内部事务。

第二节 以母语接受教育的权利分析

尽管国际上已普遍接受了少数群体享有以母语接受教育的权利,但问题并非如此简单,因为大多数国家并不具备在任何时候给予所有少数群体以母语接受教育的能力。因此,国家或多或少需要对这项权利进行限制或者采取权宜之策。但何种限制是合理的,需要具体问题具体分析。本部分聚焦"Skender v. the Former Yugoslav Republic of Macedonia 案例"[②],对这个问题进行深入分析。

一、案情及国内审理

Fatmir Skender 为 1966 年出生于土耳其的马其顿公民,生活在马其顿辛塔尔祖帕市(Centar Župa)的马尔·帕普拉德尼克村(Mal Papradnik),母语为土耳其语。他希望两个女儿能到土耳其语授课的学校上课,但在其居住片区,没有这种学校。于是他想让女儿到其他片区的土耳其语授课学校去上学,但这又不符合马其顿的政策。根据马其顿《基础教育法》,小学生只能在居住片区的学校上学,而在辛塔尔祖帕市,并不存在用土耳其语授课的学校。

---

① "OSCE High Commissioner on National Minorities (HCNM)," Oslo Recommendations regarding the Linguistic Rights of National Minorities, February 1998, https://www.osce.org/files/f/documents/8/1/67531.pdf.

② "Skender v. the Former Yugoslav Republic of Macedonia," no. 62059/00, ECtHR (Third Section), Decision (Partial) of 22. 11. 2001, https://sip. lex. pl/orzeczenia-i-pisma-urzedowe/orzeczenia-sadow/62059-00-skender-v-macedonia-decyzja-europejskiego-520603170.

在 1996 年 9 月到 12 月 18 日期间,申诉人让其大女儿到另一个地区以土耳其语授课的科达迪科学校(Kođađik school)上学。但是,12 月 19 日,跨片区上学问题引起了政府的注意,马其顿警方介入了调查。学校校长宣布,其他片区的学生不能继续到该校上学。

1997 年 2 月 22 日,申诉人向科达迪科学校提出申请,希望能让其大女儿入学,6 月 16 日,科达迪科学校回信拒绝了他的请求。1997 年 3 月 20 日和 5 月 22 日,他两度向辛塔尔祖帕市相关政府部门申诉,但未获回复。1997 年 4 月,他向马其顿"教育与体育部"提出建议,希望政府能够在辛塔尔祖帕市建立以土耳其语授课的学校。1997 年 6 月 11 日,"教育与体育部"作了如下回复:

1996 年 9 月 2 日内阁决定:(1)在德巴尔(Debar)-辛塔尔祖帕地区,依据马其顿宪法和《基础教育法》,由教育与体育部负责初级学校的教育事务;(2)在辛塔尔祖帕地区,不能以土耳其语授课代替马其顿语授课,因为该地区的儿童在入学前并不使用土耳其语。根据该决定,本部告知所有家长,让孩子回到辛塔尔祖帕地区的学校上学,学校会给部分学生特别帮助,以使他们跟上其他同学。本部也敦促您服从《基础教育法》的要求,让您的孩子到辛塔尔祖帕地区的学校上学。

1997 年 6 月 4 日,Fatmir Skender 向马其顿最高法院提起行政诉讼。10 月 8 日,最高法院决定拒绝受理该案件,原因和科达迪科学校 6 月 16 日回信内容类似。此外,最高法院还强调:政府部门还没有超过回信的最后期限,根据马其顿《行政争议法》(Administrative Disputes Act),他还不能提起行政诉讼;而且,根据马其顿的《行政争议法》第 6 条,只有那些针对行政法令的申诉才能被受理,而此申诉并非针对某个行政法令。

1998 年 5 月 28 日,Fatmir Skender 向马其顿宪法法院提起诉讼,希望宪法法院推翻最高法院的决定。申诉人提出了新的说法,认为最高法院误判了他的证据。而且,最高法院的决定使其女儿不能以母语接受教育,构成了歧视。

1998 年 6 月 17 日,宪法法院通知申诉人,该院没有资格审理此案件。12 月 9 日,宪法法院再次声明,拒绝受理原告的上诉。

Fatmir Skender 再度向最高法院提起诉讼。1998 年 7 月 8 日,最高法院再度拒绝开庭受理,因为根据《行政争议法》第 52 条,申诉人并未提供新的证据。

1998 年 8 月 28 日,Fatmir Skender 再次向科达迪科学校提出申请,希望让其小女儿进入该学校学习,但同样遭到拒绝。于是,他再次向马其顿最高法院提起行政诉讼。最高法院以不符合法定程序为由拒绝开庭受理。在等到学校的回信,符合上诉程序后,他又向最高法院提起了诉讼。2000 年 11 月 21 日,最高法院开庭进行了审理。最高法院认为,根据《基础教育法》,小学儿童上哪个学校是根据他们所居住的片区而定的,Fatmir Skender 已经接到相关方面通知,让其女儿到辛塔尔祖帕地区的学校上学。此外,根据宪法法院 2000 年 7 月 5 日的决定,撤销政府在辛塔尔祖帕地区建立土耳其语授课学校的决定。

二、欧洲人权法院的观点

在 2000 年 7 月马其顿最高法院的裁决之后,Fatmir Skender 向欧洲人权法院提起诉讼。2000 年 11 月 22 日,欧洲人权法院进行了审理。

申诉人认为,马其顿政府拒绝在他所居住的地区提供土耳其语的教育,违反了《欧洲人权公约》第一议定书第 2 条[①]的教育权;而且,因为其居住区域原因,他女儿不能到土耳其语言授课的学校上学,构成了歧视,违反了《欧洲人权公约》第 14 条合并第一议定书第 2 条。

马其顿政府指出,申诉人未穷尽国内的补救办法,就上诉至欧洲人权法院,不符合《欧洲人权公约》第 35(1)条的程序要求。此外,政府已经决定从 1999 年开始在辛塔尔祖帕市的小学提供土耳其语授课,使申诉人孩子事实上已经在土耳其语授课班级上课,因此,对第一议定书第 2 条的申诉已经没有意义。对此,申诉人认为,马其顿国内法院均认为他的申诉无效,继续上诉没有意义,所以已经穷尽了国内的补救办法。对于政府所说的第 2 点,申诉人认为,政府的做法只是个政治决定而非法定政策,可能随着政府更迭而发生变化,而且政府建立土耳其语授课学校的做法已被马其顿最高法院和宪法法院所否决。

欧洲人权法院注意到,马其顿最高法院 1997 年 10 月 8 日的裁决和宪法法院 1998 年 12 月 9 日的裁决使申请人无法在国内穷尽司法救济。根据《公约》第 35 条第 1 款和第 4 款,政府对申诉人未用尽国内补救办法的诉求予以驳回。

---

① 该条为:人人都有受教育的权利。在行使任何与教育和教学有关的职责中,国家将尊重家长按照其宗教和哲学信念来保证得到这种教育和教学的权利。

对于马其顿政府是否违反了第一议定书第 2 条,欧洲人权法院首先回顾了"比利时语言案例"。① 在那个案例中,欧洲人权法院表示,《欧洲人权公约》第一议定书第 2 条的教育权,并不包含根据父母偏好来保证某种特殊语言教育的权利。而且,该条并不要求国家在教育教学中,确保尊重学童父母的语言偏好,而是应尊重父母的宗教和哲学信念(religious and philosophical convictions)。如果说"宗教和哲学信念"包含了语言偏好,那就曲解了"宗教""哲学"的通常含义,也不符合第一议定书第 2 条的精神。此外,第一议定书第 2 条也不能衍生出一种特定语言的受教育权或从国家获得建立一种特定类型的教育机构的权利。最后,欧洲人权法院还强调了第一议定书第 2 条制定的历史,在 1951 年该条制定的过程中,就有人提出这条应该加入"少数族群"的教育权利,但遭到第一议定书起草委员会的否决,实际上否决了少数族群的父母有权在教育中让自己的孩子接受少数语言的教育而非官方语言的教育。

综上,欧洲人权法院认为,申诉人关于《欧洲人权公约》第一议定书第 2 条,以及该条合并第 14 条的申诉不成立。

三、影响与各方观点

对于该案例的评价,几乎是一边倒地批评欧洲人权法院的裁决。鹿特丹伊拉斯姆斯大学(Erasmus University Rotterdam)著名少数群体问题专家克里斯汀·亨拉德(Kristin Henrard)对欧洲人权法院对少数群体以母语接受教育权利的消极态度表示遗憾。她指出,欧洲人权法院很被动地"往后看",固守"比利时语言案例"中强调的原则,而不承认少数群体以母语接受教育的权利。法院还提到在第一议定书第 2 条的起草工作中,曾经明确否决过不使用"少数族群"的字眼,因为保护少数族群的权利不属于《欧洲人权公约》的范围,这显然忽视了欧洲委员会更晚出台的《框架公约》中的相关规定,对于少数族群以母语接受教育的权利,有待欧洲人权法院在今后判例中去确认。②

---

① "Belgian Linguistic Case," application no. 2, judgment of 23 July 1968, http://minorityrights. org/wp-content/uploads/old-site-downloads/download-223-Belgian-Linguistic-case-full-case. pdf.

② Kristin Henrard, Robert Dunbar edited, "A Patchwork of "Successful" and "Missed" Synergies in the Jurisprudence of the ECHR," in *Synergies in Minority Protection: European and International Law Perspectives*, Cambridge University Press, 2008, pp. 314 - 364.

意大利学者克劳迪娅·塔瓦尼(Claudia Tavani)指出,在"比利时语言案例"和本案例中,欧洲人权法院都认为国家应尊重学童父母的宗教和哲学信念,这并不包含尊重学童父母的语言偏好,这显然不符合它在"Campbell and Cosans v. the United Kindom 案例"[①]中对于"哲学信念"的阐释:哲学信念是"民主社会中值得尊重的和不违背人类尊严的信念"。根据欧洲人权法院对"哲学信念"的宽泛理解,父母希望孩子通过母语接受教育,也是一种生活观念,因为语言是文化身份,它包含着一定的哲学。因此,父母希望孩子通过母语接受教育属于一种哲学信念。[②]

芬兰学者派维·金瑟(Päivi Gynther)指出,欧洲人权法院的裁决,实际上只认同少数族群以主体语言接受教育的权利,这与一些欧洲国际组织和国际制度过分强调主体语言学习的一贯做法是分不开的,这对少数族群或少数语言带有系统性歧视。《欧洲人权公约》第一议定书第 2 条本身是语言中立的条款,但欧洲人权法院在"比利时语言案例"中就已阐明:如果不是通过国家的语言接受教育,教育权就变得没有意义。[③] 欧洲的其他一些制度同样带有"系统性歧视"特征,例如 1977 年《欧洲移民工人法定地位公约》要求各国加强培训以使移民工人掌握官方语言;《框架公约》第 14(3)条中规定,少数民族成员在学习少数语言的时候,不应对官方语言的学习或教学构成歧视。[④]

位于伦敦的"欧洲个人权利倡议中心"(Center of Advice on Individual Rights in Europe, AIRE Center)在 2005 年的一个报告中指出,申诉人成了马其顿国内"司法程序"的牺牲品。马其顿的法院错误地认为申诉人的小女儿未受到歧视,因为歧视的申诉对象只能是某项法律而非行为;而申诉人的大女儿也未受歧视,因为他没有在司法程序范围内将案件提交到最高法院和宪法法院。[⑤]

丹麦学者艾达·伊丽莎白·科赫(Ida Elisabeth Koch)认为,欧洲人权法

① Case of "Campbell and Cosans v. The United Kingdom", application no. 7511/76; 7743/76, Judgment on 25 February 1982.

② Claudia Tavani, *Collective Rights and the Cultural Identity of the Roma: A Case Study of Italy*, Martinus Nijhoff Publishers, 2012, pp.115 – 116.

③ "The Belgium Linguistic Case," 1968, para B4.

④ Päivi Gynther, *Beyond Systemic Discrimination: Educational Rights, Skills Acquisition and the Case of Roma*, Martinus Nijhoff Publishers, 2007, pp.61 – 63.

⑤ "The Legal Bulletin of AIRE CenterHuman Rights in Europe," issue 69, September 2005, http://www.airecentre.org/data/files/bulletins/2005/E69-September2005.pdf.

院拒绝给予土耳其族儿童以其母语接受教育的权利,实际上暗含着土耳其族在马其顿只占据很小比例,如果该少数群体人口比例较大,就会不大一样。① 不过,这种说法并未得到证明,而在国际上所有的少数语言权利方面,也无将少数语言根据其人口划分为大小两类的做法。

立陶宛米科拉斯罗梅瑞斯大学(Mykolas Romeris Universit)学者艾斯特·拉奇考斯凯特-伯内金(AistėRačkauskaitė-Burneikienė)结合本案例对欧洲委员会的一些制度进行了深刻批评。她认为判决违反了欧洲委员会系列制度的精神,尤其是违反了《框架公约》第 14 条②,因为根据这条规定,少数民族不仅有学习自己语言的权利,也有以母语接受教育的权利。而且《框架公约》第12 条还要求国家采取积极措施,创造条件使不同族群的学生、老师能够交流和学习,为各个层次的少数群体学生获得公平教育提供条件。不过,《框架公约》咨询委员会也在一些场合表示过,少数民族的语言权利不是必然的,而是要看这个少数民族是否传统上居住在某个国家,并且占有一定的人口比例,但要具体问题具体分析。③ 艾斯特认为,欧洲委员会咨询委员会的这种解释,以及在《框架公约》中有意避免界定"少数民族"的做法,导致了国家过高的自由裁量权。④

海科·阿尔布雷希特(Heiko Ahlbrecht)等德国学者认为,马其顿的法律显然对申诉人不利;而且,欧洲人权法院和马其顿国内法院一样,要求申诉人提供足够多的令人信服的证据,才有可能胜诉,这种要求显然太高。⑤

---

① Ida Elisabeth Koch, *Human Rights as Indivisible Rights: The Protection of Socio-economic Demands under the European Convention on Human Rights*, Martinus Nijhoff Publishers, 2009, pp. 164－165.

② 该条规定:1.缔约方承诺,每个少数群体成员均有权学习其少数民族语言。2.在传统上或数量众多的少数群体成员居住的地区,如果需求充足,缔约方应尽力确保在其教育系统的框架内,使属于这些少数群体的人有充分的机会接受少数民族语言的教育或接受这种语言的教育。3.本条第 2 款的实施不应损害官方语言的学习或该语言的教学。

③ "Venice Commission 69th Plenary Session," 2006 December 15－16, report "Reporton Non-Citizens and Minority Rights", http://www. venice. coe. int/docs/2007/CDL-AD(2007)001-e. pdf; Marc Weller, *Commentary on the European Framework Convention for the Protection on NationalMinorities*, Oxford University Press, 2005, p.421.

④ Aiste Račkauskaitė-Burneikienė, "Teisė Mokytis Mažumos Kalba"(少数族群学习语言的权利), *Socialinių Mokslų Studijos(Societal Studies)*, 2013 vol.5, no.1, pp.235－253.

⑤ Heiko Ahlbrecht, Klaus Michael Böhm, Robert Esser, Fraziskas Eckelmans, "Internationales Strafrecht (International Criminal Law Extradition Law-international Court)," C.F Müller, 2018, p.46.

四、评述与反思

笔者认为,上述学者观点均非常深刻,但该案例涉及的问题需要从更广阔的视野来观察。

案例涉及儿童以母语接受教育的权利及学童父母的教育权利,案例判决对于使用少数语言的群体带来很大冲击。判决使欧洲国家更消极对待少数语言群体以母语接受教育的权利。从这个意义上看,欧洲人权法院的审理是对由主体民族主导的国家的一种"绥靖"。欧洲人权法院在本案例中没有对申诉人所在的地区的土耳其人聚居情况做出调查,也没有关注《框架公约》和《欧洲区域或少数语言宪章》的一些条款,仅仅凭借对第一议定书第 2 条的狭隘理解作出判决。欧洲人权法院仅援引《欧洲人权公约》及其附加议定书固然不算错,但如果仅仅局限在《欧洲人权公约》看问题,而不顾现实变化与其他国际制度的发展,则有刻舟求剑之嫌疑。

以母语接受教育的权利既是一项基本教育权利,也是一项基本语言权利,不仅有助于少数群体获得族群身份认同,同时也有助于其更好地接受教育。不少研究表明,以母语接受教育,效果比其他语言要好。[①] 不过,随着经济全球化趋势加强,强势语言对于弱势语言的吞噬现象愈加明显。在一些较小国家,甚至连官方语言都受到了强势语言的侵蚀。连印度这样的大国,其第一官方语言"印地语"也日益受到第二官方语言"英语"挤压,这就使少数语言权利需要受到特别的关注。

20 世纪 90 年代以来,以联合国为代表的国际组织对语言权利越来越关注。《公民权利和政治权利国际公约》《在民族或族裔、宗教和语言上属于少数群体的人的权利宣言》都规定了少数群体以母语接受教育的权利。也正是为了保护语言多样性,1999 年,联合国教科文组织倡议,从 2000 年起,将每年的 2 月 21 日定为"世界母语日",以向全球宣传保护语言的重要性,促进母语使用,遏制语言不断消失的趋势。联合国少数群体问题特别报告人 2017 年的报

---

① Benson, C., & Kosonen, K. eds., *Language Issues in Comparative Education: Inclusive Teaching and Learning in Non-dominant Languages and Cultures*, Sense Publishers, 2013; Androula Yiakoumetti eds., *Harnessing linguistic variation to improve education*, International Academic Publishers, 2012.

告——《语言少数群体的语言权利:实用落实指南》——也强调,以母语进行的高质量公众教育应"扩展至尽可能晚的教育阶段",在理想的情况下,至少持续6—8年——在可行的情况下应予以延长。如出于某些原因导致无法实现,应在可行的情况下尽可能地提供少数民族语言的教学。[1]

以母语接受教育,在理论上并非难点,难在落实。因此,"以母语接受教育"的权利也常常被人称为人权领域中的"烫手山芋"。

这项权利的实施的第一个难点是"少数语言"和"区域语言"的标准或说门槛问题。一般国际制度中也都承认,作为少数语言或地区语言都需要有一定的标准。不论是《框架公约》还是《欧洲区域或少数语言宪章》都强调,要达到"区域语言"或"少数语言"标准,必须在某地区具有一定数量使用者。但数量或比例却无法定量化,这使国家具有很大的自由裁量权。例如,《框架公约》第14条规定:(1)缔约方应致力于属于少数民族的个人,其子女有权学习其少数语言;(2)在属于少数民族的个人传统聚居的地区,或者具有较多数量的少数民族人口的地区,在有需要的情况下,缔约方应确保其教育体系中尽可能让属于少数民族的个人能够有机会通过其少数语言接受教育;(3)本条第2点在实施时不应对学习或教授官方语言构成歧视。可见,《框架公约》的标准是,在少数民族传统聚居区或少数民族占一定的人口比例的聚居区,可以享有以母语接受教育的权利。《欧洲区域或少数语言宪章》第8(1)条规定,在所有的教育阶段,缔约方都应该在其境内,根据每种语言的情况,对存在"地方与少数语言"的地区,采取措施使教育中包含少数语言教育,但不能构成对官方语言教学的歧视。第8(2)条规定,在那些"区域或少数语言"并非传统上使用的地区,只要某种区域或少数语言的使用者足够多,就应在各个教学阶段允许、鼓励或提供该地区语言或少数语言的教育。这条实际上并不是严格的"以母语接受教育",而仅仅是较为笼统地阐释"少数语言教育"权利。而且,马其顿虽然在1996年7月25日签署了该宪章,却一直没有批准。[2] 欧洲人权法院援引"宪章"的话,事实上没有意义。尽管马其顿于1997年签署了《框架公约》,但欧洲人权法院并未参考该

---

[1] 该报告中文版原文参见:https://www. ohchr. org/Documents/Issues/Minorities/SR/LanguageRights LinguisticMinoritiesCH. pdf.

[2] 截至2018年7月13日,签署《欧洲区域或少数语言宪章》的国家有33个,但签署后批准生效的国家只有25个。该宪章的批准情况参见:https://www. coe. int/en/web/conventions/full-list/-/conventions/treaty/148/signatures?desktop=true.

公约任何条款。

　　以母语接受教育的权利,还存在着众多操作层面的难点。少数语言的保护,尤其是以母语接受教育的权利,受制于很多客观条件,例如国家资金、师资力量、教育体制等,正是考虑到这些客观束缚,《框架公约》在强调以母语接受教育权利的时候,只要求缔约方"尽可能"保证这项权利。而《欧洲人权公约》第一议定书第 2 条,基本未涉及"以母语接受教育"的权利,欧洲人权法院认为这条并不包含根据父母偏好来保证某种特殊语言教育的权利。

第三节　土耳其库尔德人语言权利问题

　　库尔德人与土耳其人关系很不融洽。在土耳其,对库尔德语言、文化权利的保护受到太多的政策压制和隐形障碍。本部分从"Nusret Kaya and Others v. Turkey 案例"出发[①]来探讨这个问题。

一、案情与国内处理

　　本案一共涉及 5 个申诉人(Nusret Kaya、Ahmet Gerez、Mehmet Şirin Bozçalı、Mesut Yurtsever、Mehmet Nuri Özen),其中第一、第二申诉人为穆什(Muş)监狱的在押犯,他们请求监狱管理方取消电话通话中禁止使用库尔德语的命令。2006 年 5 月 29 日,埃尔祖鲁姆(Erzurum)执行判决法官驳回了请求,并指出,虽然土耳其《宪法》第 22 条和《欧洲人权公约》第 8 条保护通讯自由,但也规定,基于国家安全和公共秩序等理由可以对通讯自由给予限制。申诉人向埃尔祖鲁姆巡回法院(Erzurum Assize Court)上诉,但该法院认为原裁决并无不妥。

　　第三申诉人和第四申诉人是关押在博卢(Bolu)监狱的犯人,他们于 2008 年 5 月 5 日向博卢执行判决法官提出申请,同样要求取消在电话通话中禁止使用库尔德语的规定。博卢执行判决法官也驳回了请求,因为监狱的做法符合程

[①] Nusret Kaya and Others v. Turkey (Applications nos. 43750/06, 43752/06, 32054/08, 37753/08 and 60915/08), judgement of 22 April 2014, https://hudoc.echr.coe.int/app/conversion/pdf/?library=ECHR&id=001-142739&filename=001-142739.pdf.

序和法律。他提到，土耳其第 5275 号法律规定，电话交谈必须按照《关于执行判决和预防措施的规定》（以下简称"规定"）的条件和原则进行。根据"规定"第 88/2(p) 条，囚犯应以土耳其语对外通话，除非能证明通话方不懂土耳其语，而且还需要监狱方的核实。申诉人继续向博卢巡回法院（Bolu Assize Court）上诉，2008 年 6 月 12 日，博卢巡回法院认为，监狱方和博卢执行判决法官不存在违法行为。第五申诉人与第三、第四人的情况类似，也经过了相似司法程序，并得到相同的结果，只是时间稍晚一些。

2006 年至 2008 年期间，五个申诉人分别向欧洲人权法院申诉，认为土耳其政府剥夺了他们的通信权，违反了《欧洲人权公约》第 8 条；他们还被剥夺了获得公平司法的权利，因而土耳其政府违反了《欧洲人权公约》第 6 条；他们还认为土耳其政府违反了《欧洲人权公约》第 14 条以及其他一些条款。

2014 年 4 月 22 日，欧洲人权法院对这些案件进行了合并审理，重点分析了对第 8 条的违反情况。

二、欧洲人权法院的观点

1. 是否存在侵权

欧洲人权法院认为，根据《欧洲人权公约》第 5 条的目的而采取的拘禁措施，不可避免地会对犯人的私人和家庭生活带来限制，监狱方应帮助犯人与其家庭成员保持有效沟通。但也需认识到，对犯人与外界通话的某些限制，本身不违反《欧洲人权公约》，第 8 条不能解释为保证囚犯有权通话。然而，由于国内法允许囚犯在监狱方监督下与其亲属进行电话交谈，而监狱方仅以申诉人以库尔德语进行通话为由施加限制，应视为对第 8(1) 条的尊重家庭生活和通信权利的干涉。

2. 侵权是否存在合理的理由

A. 侵权是否有法律依据

欧洲人权法院重申，"依法"一词不仅要求在国内法中有一定依据，而且要求有关法律具有质量，并可预见其效果。在本案中，干涉是以"规定"第 88 条为依据的。该条规定，电话交谈原则上以土耳其语进行，除非另有授权。法院没有理由怀疑这些规则。而且，鉴于欧洲人权法院的调查结果，不需要就有关条款的可预见性做出裁决。因此侵权是有法律依据的。

B. 侵权是否存在合法目的

欧洲人权法院认同在某些情况下，为了执行法律和保持监狱秩序需要对犯人通信进行限制，监狱当局也强调，对通话的监督与限制是出于安全和防止混乱或犯罪的需要。因此，监狱方干预犯人通话是为了实现一个合法的目的，即防止混乱或犯罪。

C. 侵权的必要性

政府认为，侵权是必要的，也是符合比例原则的。申请人是库尔德工人党（PKK）的成员，他们以前与亲属通话时使用土耳其语，但后来要求用库尔德语通话。库尔德语有不同的方言种类，在申诉人提出请求时，监狱中没有懂库尔德语的人员可以监督通话。监狱方已根据"规定"第 88/2（p）条要求申请人提供通话方的姓名和地址，以便了解情况。那些有良好意图的囚犯会提供这种信息，但申诉人并未提供，因而依法对其限制通话。此外，申诉人没有受到任何歧视，因为适用于他们的法律也同样适用于其他囚犯。

申诉人 Kaya 认为监狱方做法是武断的、有害的和不人道的。申诉人 Gerez 指出，从 2006 年 5 月"规定"生效到 2009 年，他与库尔德人亲属的通话，监狱方总是辩称未找到这些亲属，更无法确定他们是否会说土耳其语。实际上，政府的政策是禁止使用土耳其语以外的任何语言。申诉人 Bozçalı 指出，在民主社会，没有必要阻止他用母语表达自己，监狱方本应有资源监测和翻译他的谈话，却没有这样做。

申诉人 Yurtsever 和 Özen 认为，刑事定罪不能剥夺享有通信自由的权利。他们承认对囚犯与外界通话的某种控制措施对于监狱安全和防止犯罪是必要的，但应符合比例原则。监狱以缺乏库尔德语人员而禁止使用库尔德语是不合理的。监狱方并未调查电话交谈内容，却主观假设，只要通话以库尔德语进行，就必然会有非法内容，这在民主社会既不符合比例原则，也不必要，因为当代民主国家最为突出的价值观之一，就是尊重文化、族裔和宗教多元性。

Yurtsever 和 Özen 还强调，他们属于土耳其不承认的少数族裔群体，但在国际法中，少数群体的存在并不取决于国家的承认。政府至少有义务不去阻止作为少数群体成员的申诉人享有其身份、语言和文化。他们还提到，欧洲委员会的《欧洲监狱规则》（European Prison Rules）第 38 条规定，国家应做出特别安排，以满足属于族裔或语言少数群体囚犯的需要；允许不同群体的文化习俗在监狱中继续存在；通过使用称职的翻译员来满足监狱的语言需求。申诉人还注意到,《奥斯陆关于少数民族语言权利的建议》和《联合国囚犯待遇最低限度标准规则》规定,国家必须采取必要措施满足语言需要,在没有任何迫切的社会需要的情况下,不能对犯人使用的语言作出限制。

欧洲人权法院认为,囚犯以其母语通话不仅是《欧洲人权公约》第 8 条第 1 款意义上的尊重通信的权利,而且属于尊重家庭生活权利的内容。在评估对囚犯行使通信权的干预是否符合第 8 条第 2 款所指的"必要"时,必须考虑干预措施是否是普通的、合理的。对囚犯通信的某种控制措施是需要的,本身并不违反《欧洲人权公约》。语言自由本身并不属于公约所规定的权利和自由,但第 5 条第 2 款(一个人有权以他所理解的语言被迅速告知逮捕的理由和对他的任何指控)和第 6 条第 3 款(a)项和(e)项(一个人有权被迅速告知对他的指控的性质和原因,以及如果他不懂或不会说法庭上使用的语言,有权得到口译员的协助)涉及的语言权利除外。本案不涉及申请人本身的语言自由,而是涉及他们与家人保持有意义交流的权利。因此,必须审查土耳其的"规定"是否符合公约第 8 条第 2 款的要求。欧洲人权法院曾提请各国注意《2006 年欧洲监狱规则》〔建议 Rec(2006)2〕所载建议的重要性——尽管它不是一个有约束力的文件——但它强调,国家必须帮助囚犯与其近亲保持联系。

欧洲人权法院认为,土耳其国内法仅仅是原则上禁止囚犯在与亲属通话时使用土耳其语以外的语言,但第 88/2(p)条规定,经过某些手续可以获得例外,即监狱方需要知晓囚犯和谁通话,并且通话方不懂土耳其语,但监狱调查核实的费用需要由囚犯承担。监狱方并非不知道库尔德语是土耳其的常用语言之一,有些囚犯与其家庭成员是以库尔德语交流的,却没有相关的翻译制度。监狱也没有理由质疑库尔德语是库尔德囚犯与家庭平时交流的语言,是他们亲人唯一理解的语言。因此,干预申诉人使用库尔德语与亲属交流是不必要的。而第 88/2(p)条规定应该改为只需签署一份声明,说明囚犯或其亲属不懂土耳其语就可以了。

最终,欧洲人权法院裁定,土耳其违反了《欧洲人权公约》第 8 条。

三、各方观点

大多数方面对欧洲人权法院的裁决进行了积极评价。土耳其媒体《独立网络报》刊文表示,2014 年,土耳其人权状况不佳,尤其是生命权、表达自由权受到频繁侵犯,国内从不进行审判,而欧洲人权法院的一些判决对此进行了救援,我们为实现正义感到高兴。[1]

欧洲新闻和媒体自由中心(European Centre for Press and Media Freedom)刊发了名为《一个人的英雄是另一个人的恐怖主义者》的文章,文章表示,欧洲人权法院对本案及土耳其相关案例的裁决,对于新闻工作者及其报道库尔德工人党的言论自由发挥了鼓舞作用,对于库尔德人的表达自由发挥了重要作用。[2]

瑞士学者加布里埃尔·福格利斯塔勒(Gabriel Füglistaler)指出,2011年之后欧洲人权法院的一些判例——包括本案例——表明,当某个案件中个人身份遭受伤害,并且缺乏"欧洲共识"时,欧洲人权法院倾向于缩小缔约国的边际裁量权。[3]

四、评述与反思

在本案例中,一方面,申诉人作为库尔德人的族群、语言等身份未得到充分认可,即"个人身份"受到威胁,欧洲人权法院认为缔约国超越了边际裁量权,采取了不必要的限制措施。另一方面,保护少数群体使用"母语"的权利,已经越来越成为"国际共识",因而土耳其只有十分微弱的边际裁量权。欧洲人权法院要求国家遵守已经达成"共识"的少数群体保护制度,以及对国家自由裁量权的约束,无疑是一个不小的进步。

本案例涉及十分复杂而敏感的库尔德人权利问题,这个群体是土耳其最大的少数族群和少数语言群体。根据《框架公约》及其他一些制度,土耳其不承认库尔德人的少数族群地位并不妨碍库尔德人事实上是少数族群并享有相关权利。然而,这个问题在很大程度上超出了欧洲人权法院,乃至超出了欧洲委员会的职权,因为《框架公约》和《欧洲区域或少数语言宪章》事实上赋予了成员国

---

[1] Özel Dosya, "İşte 2014'te AIHM'in Türkiye'ye karşı verdiği kararlar ve özetleri"(欧洲人权法院2014年针对土耳其的决定和摘要),*Bagimsiz Internet Gazetesi*, January 7, 2015, https://t24.com.tr/haber/iste-2014te-aihmin-turkiyeye-karsi-verdigi-kararlar-ve-ozetleri, 282920.

[2] Emil Weber, "One Man's Hero is another's Terrorist — That's OK," says top court, news from *European Centre for Press and Media Freedom*, January 17, 2018, https://www.ecpmf.eu/archive/news/legal/one-mans-hero-is-anothers-terrorist-thats-ok-says-top-court.html.

[3] Gabriel Füglistaler, "The Principle of Subsidiarity and the Margin of Appreciation Doctrine in the European Courtof Human Rights' Post-2011 Jurisprudence," Cahier de l'IDHEAP295/2016.

"认定"少数群体与"区域或少数语言"的权利。更何况,土耳其没有签署《框架公约》和《欧洲区域或少数语言宪章》。

欧洲人权法院在推理中,既避开了关于"库尔德工人党"是否涉及恐怖主义的问题,也避开了将自己卷入关于库尔德人和库尔德语的承认问题,而是强调,库尔德语作为土耳其的常用语言之一,监狱没有对库尔德语相关的翻译制度,未履行其基本责任。

虽然早在《比利时语言案例》①中,欧洲人权法院强调,语言权利并不意味着个人可以随意(在公共机构)选择任何语言,即不要求国家采取积极措施去满足个人的语言偏好,但要求国家承担不干涉个人选择使用母语的权利。因此,土耳其的法律阻止个人在通话时使用母语是应被禁止的。

不过,期待通过欧洲人权法院的判例解决库尔德语言地位问题,无异于痴人说梦。目前,土耳其与安道尔、摩纳哥是三个未签署《框架公约》与《欧洲区域或少数语言宪章》的国家。安道尔、摩纳哥是微型国家,少数群体问题也不突出,而土耳其存在着签署两个文件的政治障碍。

在国内制度中,除某些例外情况外,土耳其禁止在教育、政治和广播媒体中使用土耳其语以外的语言。土耳其《宪法》第3条宣布土耳其语为官方语言,而第42.9条指出:"除土耳其语外,土耳其公民不得在任何语言教学或学习机构中以母语学习或讲授其他语言。"虽然从理论上讲,这些限制是无歧视地针对所有的语言,但事实上主要针对的是库尔德人和库尔德语。尽管1983年出台了第2923号法律,允许一些外语教学,但需要国家安全委员会的批准,而库尔德语教学并未从中获得明显转机。1983年"关于出版和广播中使用土耳其语之外的语言之法律"取消了对库尔德语出版物的限制,但仍然禁止广播中使用库尔德语。

总之,欧洲虽然出台了一些保护少数语言的制度,但存在问题仍非常明显。有的语言得到了承认和保护,有的语言,例如移民的语言,以及一些少数语言却未获得基本保护。即使那些受到保护的语言,由于政治、经济、社会、文化等方面原因,也远远未能落实相关权利。

---

① "比利时语言案例"可以参见周勇:《少数人权利的法理——民族、宗教和语言上的少数人群体及其成员权利的国际司法保护》,社会科学文献出版社2002年版,第142—151页;案例文本参见:Belgium Linguistics, application no 1474/62, 1677/62, 1691/62, 1769/63, 1994/63, 2126/64, July 23, 1968. http://www.equalrightstrust.org/content/ert-case-summary-belgium-linguistics-case-1968.

第四节　求职中的语言要求问题

求职中对某种语言提出要求,是司空见惯的现象。不过,有时雇主可能会施加较高的语言要求,从而使问题变得更为复杂,因为要确定哪个要求是"职位本身的需要"并非易事。本部分聚焦欧洲法院处理的"Anita Groener Vs. the Minister for Education and the City of Dublin 案例"[①]来分析这个问题。

一、案情及国内处理

申诉人 Anita Groener 女士为荷兰公民,自 1982 年始定居爱尔兰。1982年 9 月,她被都柏林营销与设计学院(College of Marketing and Design)聘为临时兼职艺术教师。该校属于都柏林职业教育委员会(City of Dublin Vocational Educational Committee)管理。1984 年,Anita Groener 申请成为全职正式艺术讲师,学院将其申请提交到了爱尔兰教育部,后者原则上同意了申请,但提出要附加口试,申诉人请求免予口试,但遭到拒绝。

1985 年 5 月 28 日,爱尔兰教育部组织了口试——主要内容为测试申诉人对爱尔兰语(盖尔语,Gaelic)的掌握程度,尽管申诉人为此参加了一个为期四周的培训班,但仍未通过口试。因此,当都柏林营销与设计学院申请在 1985—1986 学年聘用申诉人为全职临时讲师时,遭到教育部的拒绝。

于是,申诉人给爱尔兰教育部写信,希望免除爱尔兰语口语测试。1985 年9 月 27 日,教育部回信指出,根据教育部 1979 年 6 月 26 日发布的 28/79 号通告,她不能免除这种测试,而且还有一些完全具备资格的人在申请该职位。

申诉人向都柏林高级法院提起诉讼,认为爱尔兰教育部和都柏林职业教育委员会构成了侵权,爱尔兰教育部第 28/79 号通告及 V7 备忘录违反了欧洲共同体法,尤其是违反了《欧洲联盟条约》第 48 条和欧洲共同体第 1612/68 号指令。同时,她也向欧盟委员会和欧洲议会告知了自己的遭遇。

[①] Case C‐379/87, judgment of the European Court of Justice, November 28, 1989, http://eur-lex. europa. eu/resource. html? uri = cellar: 372e6760-6f1e-48bd-bb70-cdb50a090cd9. 0002. 03/DOC_1&format=PDF.

因申诉涉及对欧共体法律和欧共体 1987 年 12 月 3 日的指令,和欧盟的劳动力自由流动有关,都柏林高级法院决定将案件转交至欧洲法院,并向后者提出了以下问题:

1. 如果成员国通过法律、制度或行政措施规定某个职位的申请者需要掌握两种官方语言之一,而其他成员国的公民为了得到这个职业又不得不学习这种语言,欧共体第 1612/68 号指令第 3 条是否可以被理解为在上述情况下,可以将其他成员国的公民从该职位中排除?

2. 欧共体第 1612/68 号指令第 3 条所指出的"满足职位本身的需要",在本案中是否可以被理解为获得该职位必须胜任爱尔兰语——但胜任爱尔兰语也并不减少该职位的职责。

3. (1)爱尔兰将爱尔兰语作为第一官方语言,是否属于《欧洲共同体条约》第 48(3)条提到的"公共政策"?(2)如果有人应聘爱尔兰职业教育机构的讲师职位,而又没有爱尔兰语言证书,是否可以对其进行爱尔兰语言测试,以满足爱尔兰教育部的要求?

二、欧洲法院的观点

原告认为,她所授课程仅需英语,不懂爱尔兰语并不影响教学任务的完成,爱尔兰教育部强制要求其掌握爱尔兰语的做法,侵犯了劳动力的流动自由,构成了间接歧视。而爱尔兰政府认为,教师的角色并不局限于课堂教学,还有其他教学活动,因而有必要掌握一定程度的爱尔兰语。

欧洲法院认为,很明显,根据爱尔兰 1930 年《职业教育法》第 23(1)和(2)条,每个职业教育委员会在聘用新职工时,都需要征求爱尔兰教育部的同意。除了该法之外,爱尔兰教育部还出台过两个行政措施。一个是 1974 年 9 月 1 日生效的 V7 备忘录,备忘录规定,职业教育委员会不得在某些教学领域雇佣正式的全职职位个人,尤其是在艺术领域,除非被聘用者具有爱尔兰语言证书或者被教育部承认的其他相关证书。如果没有其他完全具备资格的人与其竞争,才可以免除国外求职者对爱尔兰语的掌握。另一个是 1979 年 6 月 26 日的第 28/79 号通告,通告第 2—3 段指出,对于助教和讲师职位,必须优先给予那些具有爱尔兰语言证书的求职者。已被聘用者如果没有爱尔兰语言证书,需要接受专门的爱尔兰语测试(口试)。只有通过了测试,才有资格被聘用为临时或者正式的全职员工。此外,该通告再次强调 V7 备忘录中关于免除爱尔兰语言测试的情况,即没有具备完全资格的其他人竞争该职位。

欧洲法院认为,欧共体第 1612/68 号指令第 3(1)条第 2 款规定,若某个成员国的制度或者行政措施的唯一或主要目的是将其他成员国公民排除在某个职位之外,那么这种制度或措施是无效的。但这种情况不适用于因"满足职位本身的需要"设定的语言条件。爱尔兰要求掌握爱尔兰语作为入职条件,并未区别对待爱尔兰人和其他成员国公民——只是在免于爱尔兰语测试时有所差别。由于无法证明爱尔兰语是否为"满足职位本身的需要",因而有必要回答都柏林高级法院提出的第一和第二个问题,以便分析在爱尔兰公共职业教育机构中任职全职艺术职位是否需要掌握爱尔兰语。

根据法院获得的相关材料,在爱尔兰职业教育学校教授艺术,和教授其他学科一样,英语是主要甚至是唯一语言,申诉人的职位也并不必然需要掌握爱尔兰语。不过,这个结论本身并不足以让国内法院判断,该案例中的语言要求是否符合第 1612/68 号指令第 3(1)条所说的"满足职位本身的需要"。为了能够完全回答都柏林高级法院提出的第二个问题,就必须考虑到爱尔兰特殊的语言现实。欧洲法院注意到爱尔兰宪法第 8 条有这样的规定:(1)爱尔兰语为爱尔兰第一官方语言;(2)英语为爱尔兰第二官方语言;(3)在国家或地方层面,若出于需要只使用某一种语言,可以立法进行规定。

尽管并非所有爱尔兰人都说爱尔兰语,但政府长期推动爱尔兰语的政策可以说是一种民族身份和文化的表达方式。正是这个原因,爱尔兰才规定在小学教育中必须学习爱尔兰语言课程,而在中学教育中应可以选择学习这门课程,在公共职业教育学校中规定讲师有责任掌握一定程度的爱尔兰语。而欧共体条约并不禁止成员国采取某项政策来保护和推进国家语言或官方语言,但这种政策不应侵犯基本自由,例如劳动力的流动自由。因此,保护和推进成员国国家语言或官方语言这个目标而采取的措施,应该与其目标保持比例相称,也不能对其他成员国的国民构成歧视。

欧洲法院强调,国家在教育中推进某种语言教育是非常重要的,而教师在其中扮演着重要角色,这种角色不仅表现在教学之中,也表现在对学校日常生活的参与之中和与学生的个人关系之中。因此,要求教师掌握一定程度的国家语言并非不合理。只是这种要求应该符合比例原则,即语言要求的程度应该符合"职位本身的需要"。爱尔兰规定了免于语言测试的情况,不过,根据共同体法,免于语言要求应遵循非歧视原则。而且,应该允许那些申请助教或讲师职位的其他成员国公民,在第一次语言测试失败后,在继续申请时有补考机会。爱尔兰教育部要求申请全职正式讲师的人进行语言测试,符合第 1612/68 号指令第 3(1)条,没有违反欧共体相关条款。

最后,欧洲法院指出,由于回答了第二个问题,所以没有必要再回答第一个和第三个问题。

三、反响与各方观点

语言权利保护和劳动力自由流动,或者说和自由市场之间存在着某些矛盾之处。在大多数案例中,欧洲法院都强调劳动力自由流动的重要性,只允许十分有限的例外情况存在。在本案例中,虽然欧洲法院仍然维护其一贯的劳动力自由流动的原则,但其新意在于,对某种文化的重视有时可以高于劳动力自由流动的原则,不少学者注意到了这点。意大利博尔扎诺自由大学斯特凡妮亚·巴伦塞利(Stefania Baroncelli)指出,该案例反映了欧洲法院对语言权利保护的转折——之前的判决更多强调劳动力流动自由,而本判决使语言被视为文化多样性的重要组成部分,其重要性盖过劳动力自由流动。之所以出现转折,原因在于:欧盟早期重点集中在经济一体化,到了 80 年代和 90 年代之后,越来越强调自己的政治联盟特性,随之也更强调语言的文化含义了,在很多文件中,欧盟都强调要"尊重文化、宗教和语言的多样性"[1],一些国家承认了少数语言或地方语言在地区层面使用的权利,加泰罗尼亚语、巴斯克语、加利西亚语等语言也都得到了欧盟的正式承认。欧盟开始推行"多语政策",要求欧盟公民除了母语之外,至少再学习两门语言。[2]

比利时欧洲学院萨查·加本(Sacha Garben)教授认为,欧共体自早期十分强调劳动力自由流动,这是《欧共体条约》第 39 条(后来的《欧洲联盟条约》第45 条)所规定的。在一系列案例中,欧洲法院裁定中学教师、大学教师,甚至是

---

[1] 在 2001 年 2 月 26 日欧盟领导人签署的《尼斯条约》中就有这条,后来这条成为《欧洲联盟基本权利宪章》第 22 条。

[2] Stefania Baroncelli, Linguistic Pluralism and European Studies, in Stefania Baroncelli, Roberto Farneti, Ioan Horga, Sophie Vanhoonacker edited, *Teaching and Learning the European Union: Traditional and Innovative Methods*, Innovation and Change in Professional Education, Springer Dordrecht Heiderberg, 2014, pp. 133 – 156.

培训学校教师，都有在欧盟范围内自由流动的权利。[①]但在本案中，欧洲法院却认为国家的文化利益高于教师的自由流动权利。欧洲法院认同了爱尔兰政府的观点，即教师的角色不仅仅在于教学，还需要参与学校的其他日常活动，需要掌握一定的爱尔兰语。这说明欧洲法院开始强调教育的社会—文化功能，肯定了国家在这方面应有一定的主权保留。但即便如此，欧洲法院仍未偏离其总原则，即教师作为劳动力的一部分，享有在欧盟内自由流动的权利。[②]

荷兰马斯特里赫特大学学者伊万杰利亚（Evangelia Psychogiopoulou）也表达了类似观点。她认为，本裁决和欧洲法院的相关案例的判法差别在于，本案例没有将劳动力自由流动放在第一位，而是考虑到了爱尔兰特殊的语言状况和爱尔兰的文化独立，并认为保护某种语言并不破坏劳动力自由流动的原则。[③]马斯特里赫特大学布鲁诺·德维特（Bruno De Witte）教授则指出，《欧共体条约》第48（4）条规定了对语言限制的一个例外，即成员国公共部门可以存在额外语言要求（即除了工作本身需要之外）。但该规定被1968年之后欧洲法院的系列裁决所推翻。在本案中，欧洲法院对"职位本身的需要"作了广义解释，以牺牲劳动力自由流动来认可爱尔兰法律保护的文化价值。不过，欧洲法院并没有肯定国家可以自由制定其语言政策，而且强调任何违反劳动力自由流动的做法都需要受到仔细审查，包括在未要求一体化的文化、语言等领域。今后，对于成员国的语言政策是否对共同体其他国家国民造成了不成比例的不利影响，欧洲法院仍然有权进行裁定。[④]

也有学者持批评性意见，或者至少有所保留。理查德·L.克里奇（Richard L. Creech）认为，欧洲法院没有很好地区别"需要"（required）和"正当"（justified）两个词语的含义。他认为，根据欧盟第1612/68号指令第3条，应该去判断某种语言要求是否对"满足职位本身"是"正当"的，而不是去判断某种语言要求是否对"满足职位本身"是"需要"的，因为"需要"未必"正当"。欧洲法院不去调查某种语言要求是否真正被需要，而是擅自对欧盟第1612/68号指令第

---

① Case C-4/91, "Annegret Bleis v. Ministère de l'Education Nationale," 1991, ECR 1-5627.

② Sacha Garben, *EU Higher Education Law: The Bologna Process and Harmonization by Stealth*, published by Kluwer Law International, 2011, pp.101-102.

③ Evangelia Psychogiopoulou, *Integration of Cultural Considerations in European Union Law and Policies*, Martinus Nijhoff Publishers, 2008, p.142.

④ Bruno De Witte, "Cultural Dimention of Community Law," *European Community Law*, published by Kluwer Law International, volume IV, book 1, 1995, pp.229-300.

3 条的条款进行了宽泛解释,实际上是对欧洲法院赖以存在的欧盟条款本身的修改。① 另一学者扬·范汉玛(Jan Vanhamme)进一步指出,欧洲法院对该条款的宽泛理解,使成员国能够轻易地通过语言政策限制其他成员国公民进入本国劳动力市场,这对共同体带来的巨大伤害是欧洲法院所没有充分注意的。②

爱丁堡法学院纳娅姆(Niamh Nic Shuibhne)教授指出,欧洲法院承认爱尔兰语言政策的适用,可能存在着政治方面的考虑。今后,欧洲法院可能不得不在劳动力自由流动的内部市场和成员国的语言政策之间进行平衡,而这将成为一个"棘手的政治难题";此外,在案例中,欧洲法院缺乏对比例性原则和非歧视原则的详细阐释。③

四、评述与反思

本案例是影响深远的一个案例,因为这是欧洲法院第一次认定:语言权利保护高于劳动力自由流动。之后,欧洲法院在很多案例中秉持了该原则。例如在"Angnoses 案例"④中,欧洲法院认为,只要不明显违反劳动力自由流动的原则,国家可以对南蒂诺尔地区的语言进行保护。

严格来说,申诉人并非少数群体,而属于移民群体或"新少数群体"。但欧洲法院并未特别地去考虑她的个人身份,而是将重点放在掌握爱尔兰语是否为都柏林营销与设计学院教师"职位本身的需要"。"职位本身的需要"是具有相当模糊性和主观性的概念。欧洲法院强调,尽管申诉人教学时主要使用英语,但作为教师,她还需要与学生进行教学之外的互动,而这些互动需要她理解爱尔兰语,因此,爱尔兰语属于"职位本身的需要"。笔者认为,欧洲法院将"职位本身的需要"附加了一些主观条件,是不够严谨的做法。因为教师的课外教学或者和学生互动,也同样能使用英语。爱尔兰语在多大程度上是"职位本身的需要",欧洲法院并未到案件实地进行调查了解。如果随意扩展"职位本身的需

---

① Richard L Creech, *Law and Language in the European Union: The Paradox of a Babel "Unitedin Diversity"*, Europa Law Publishing, 2005, pp. 100 – 101.

② Jan Vanhamme, "L'équivalence des langues dans le marché intérieur: l'apport de la Cour de justice," *Cahiers de droit européen*, vol. 43, no. 3 – 4, 2007, pp. 359 – 380.

③ Niamh Nic Shuibhne, *EC Law and Minority Language Policy: Culture, Citizenship and Fundamental Rights*, Kluwer Law International, 2002, pp. 80 – 86.

④ Case C – 281/98, "Roman Angonese v. di Risparmio di Bolzano Spa.," ECR, 2000.

要"甚至可能将那些掌握招聘国官方语言,但对其文化了解不够的求职者排除在外。

此外,欧洲法院并未深入分析是否存在着基于语言的歧视问题,实际上,欧洲法院很难作出判断,因为语言政策或者语言权利本身,常常内在地包含了歧视性因子。官方语言作为一个国家的核心文化特征,必然会受到高程度保护,而这不可避免地对其他语言具有"歧视性"。欧洲法院明智地避开了这个内在悖论。

作为爱尔兰第一官方语言的盖尔语,由于英国的征服历史,以及欧洲一体化的发展,它被英语严重地吞噬了,导致使用爱尔兰语的人口远少于使用英语的人口,爱尔兰语甚至还有濒临消亡的危险。[1] 在这种情况下,又应该去理解爱尔兰政府支持爱尔兰语的政策和欧洲法院尊重爱尔兰政策的立场。

有时,语言是一把双刃剑,它既可以让人们相互联系,也可以使人们相互隔绝。语言权利虽然受到越来越多的保护,但其存在的问题和纷争也越来越多。国家有可能间接地或者隐晦地将语言作为阻碍移民归化、就业或者其他机会的借口。对此,欧盟应出台更具体、有效的语言权利法,对语言权利及其边界,语言权利与劳动力自由流动做出进一步的规定,既要避免成员国借助"语言"因素来损害欧洲一体化,又要避免因强调劳动力的流动自由而忽视少数语言面临的无形压力。

---

[1] 根据 2016 年的一个调查,爱尔兰使用爱尔兰语的人口约为 10%,其他人绝大多数使用英语。 "Census of Population 2016-Profile 10 Education", Skills and the Irish Language-CSO-Central Statistics Office, https://www.cso.ie/en/releasesandpublications/ep/p-cp10esil/p10esil/.

第六章

欧洲少数群体教育权利保护理念分析

教育权(利)准确地说是受教育权(利),属于广义文化权利的一部分。不过,由于教育权利的重要性和特殊性,它在很大程度上又与一般文化权利有所区别,形成了一种独立性权利。教育权利对于任何人来说都是十分重要的权利,它的实现关系到个人一生的成长和发展轨迹。对于少数群体来说,教育权利尤其重要,因为这是他们参与、融入社会和获得工作机会的重要前提。联合国经济、社会和文化权利委员会指出,教育权利"不仅本身是一项人权,而且它还是实现其他人权的不可缺少的手段"。

在教育方面,少数群体除了会遇到一些歧视,还常常因其特殊身份而遭遇一些独特问题,例如教育中的授课语言可能与少数群体母语不一致;学校课程中缺少有关少数群体的历史、文化课程;少数群体的一些特别的传统、生活习惯在教育中未被尊重;一些少数群体由于居住偏僻而导致上学不方便等。这就需要国家承担积极责任,去弥补少数群体与主体群体在教育领域"事实上的不平等"。

第一节　国际制度中的教育权利考察

由于教育权利的重要性,国际层面、地区层面和国家层面均有众多保护制度。对于这些制度的理解和实施不仅涉及少数群体的生活,也关系到民族关系、劳动力素质与社会安定。

一、国际层面的教育权利保护制度

在教育权利方面,国际层面并没有统一的教育权利公约,只是在一些相关条款中容纳了教育权利,这些教育权利直接或间接地涉及了少数群体的教育权利,这些条款例如:

1.《儿童权利公约》第 28、29 条

《儿童权利公约》第 28 条规定:(1)缔约国确认儿童有受教育的权利,为在机会均等的基础上逐步实现此项权利,缔约国尤应:(a)实现全面的免费义务小学教育;(b)鼓励发展不同形式的中学教育,包括普通和职业教育,使所有儿童均能享有和接受这种教育,并采取适当措施,诸如实行免费教育和对有需要的人提供津贴;(c)以一切适当方式根据能力使所有人均有受高等教育的机会;(d)使所有儿童均能得到教育和职业方面的资料和指导;(e)采取措施鼓励学生按时出勤和降低辍学率。(2)缔约国应采取一切适当措施,确保学校执行纪律的方式符合儿童的人格尊严及本公约的规定。(3)缔约国应促进和鼓励有关教育事项方面的国际合作,特别着眼于在全世界消灭愚昧与文盲,并便利获得科技知识和现代教学方法。在这方面,应特别考虑到发展中国家的需要。

第 29 条规定:(1)缔约国一致认为教育儿童的目的应是:(a)最充分地发展儿童的个性、才智和身心能力;(b)培养对人权和基本自由以及《联合国宪章》所载各项原则的尊重;(c)培养对儿童的父母、儿童自身的文化认同、语言和价值观、儿童所居住国家的民族价值观、其原籍国以及不同于其本国的文明的尊重;(d)培养儿童本着各国人民、族裔、民族和宗教群体以及原为土著居民的人之间谅解、和平、宽容、男女平等和友好的精神,在自由社会里过有责任感的生活;(e)培养对自然环境的尊重。(2)对本条或第 28 条任何部分的解释均不得干涉个人和团体建立和指导教育机构的自由,但须始终遵守本条第 1 款的原则,并遵守在这类机构中实行的教育应符合国家可能规定的最低限度标准的要求。

可见,第 28 条核心是保证接受教育的权利,第 29 条保证教育具有适当目的。2001 年,联合国儿童权利委员会为了进一步阐释第 29 条,专门出台了第一号一般性意见[①],主要是对第 29(1)条——教育的目的——进行了详细的阐述。

不过,作为该条约的监督机构——儿童权利委员会的工作方式主要是发布政策、意见,审议各国提交的报告等,没有接受个人申诉的制度。

2. 联合国《消除一切形式种族歧视国际公约》第 5 条

联合国 1965 年 12 月 21 日通过《消除一切形式种族歧视国际公约》,重点在于打击和消除各个领域的种族歧视,其中第 5 条是有关打击和消除教育方面的种族歧视的内容,该条规定:

缔约国依本公约第二条所规定的基本义务承诺禁止并消除一切形式种族歧视,保证人人有不分种族、肤色或民族或人种在法律上一律平等的权利,尤得享受下列权利……(5e)享受教育与训练的权利。

该条只是消除教育歧视,并未涉及教育权利保护的实质内容,但它的优势是,作为《消除一切形式种族歧视国际公约》的监督机构,"消除种族歧视委员会"的工作方式除了出台文件、审议国家提交的报告之外,它还能接受个人申诉,具备法庭的功能,这就在很大程度上避免了使这个公约成为静止的书面条款。

3. 联合国教科文组织《取缔教育歧视公约》的相关条款

1960 年 12 月 14 日,联合国教科文组织出台了《取缔教育歧视公约》,公约不仅要求国家采取"非歧视"的方式保证个人的教育权利,也要求国家采取积极措施消除教育领域的歧视。尽管公约名称为《取缔教育歧视公约》,但也涵盖了不少实质性教育权利的条款。例如第三条规定:

为了消除并防止本公约所指的歧视起见,本公约缔约各国承担:

(甲)废止含有教育上歧视的任何法律规定和任何行政命令,并停止含有教育上歧视的任何行政惯例;

(乙)必要时通过立法,保证在学校招收学生方面,没有歧视;

(丙)在学费和给予学生奖学金或其他方式的协助以及前往外国研究所必要的许可和便利等事项上,除了以成绩或需要为基础外,不容许公共当局对不同国民作不同的待遇;

(丁)在公共当局所给予学校的任何形式的协助上,不容许任何纯粹以学

---

① General Comment No. 1(2001), CRC/GC/2001/1, April 17, 2001, http://tbinternet. ohchr. org/_layouts/treatybodyexternal/Download. aspx? symbolno=CRC%2fGC%2f2001%2f1&Lang=en.

生属于某一特殊团体这个原因为基础而定的限制或特惠;

(戊)对在其领土内居住的外国国民,给予与本国国民一样的受教育机会。

此外,《公民权利与政治权利国际公约》《经济、社会与文化权利国际公约》《土著人民权利宣言》《在民族或族裔、宗教和语言上属于少数群体的人的权利宣言》等均有涉及教育权的条款。

二、欧洲地区层面的教育权利保护制度

欧洲地区层面也有一些保护少数群体教育权利的制度,其中最著名的就是《欧洲人权公约》第 1 议定书第 2 条,该条规定:

人人都有受教育的权利。在行使任何与教育和教学有关的职责中,国家将尊重家长按照其宗教和哲学信念来保证得到这种教育和教学的权利。

这条虽然未直接提到少数群体,但可涵盖少数群体的教育权利,欧洲人权法院启用这条审理的少数群体教育权利案例可谓汗牛充栋。这条有几个鲜明的特点:首先,它不仅涉及个人的教育权利,也涵盖了家长的教育权利;其次,它涉及宗教、哲学信念,因而常常与宗教权利紧密结合在一起,在申诉教育权利、宗教、哲学信念权利时也均可以启用该条;再次,它具有较大的模糊性,因为"宗教""哲学信念"并非容易确定的概念,尤其是"哲学信念"指代何物引起了众多争议。

此外,涉及教育权的还有《欧洲社会宪章》《欧洲联盟基本权利宪章》。其中,《欧洲社会宪章》的部分条款间接涉及教育权利,而《欧洲联盟基本权利宪章》则有关于教育权利的专门条款。这两个文件尽管名为"宪章",但对缔约国有约束力。

1961 年 10 月 18 日欧洲委员会成员国会议通过了《欧洲社会宪章》,为了监督该宪章的实施,成立了"欧洲社会权利委员会"(European Committee of Social Rights),其工作方式除了审议缔约国的报告之外,也可以接受集体申诉,但不能接受个人申诉。《欧洲社会宪章》涉及教育权利的条款如下:

第七条规定:(1)允许就业的最低年龄为十五岁,儿童从事轻度劳动而对其健康、道德或教育没有危害的情况可除外……(3)规定那些仍在接受义务教育的人们将不被雇佣来从事那些有碍他们受到全面教育的工作。

第九条规定:享受职业指导的权利。为了保证有效地行使享受职业指导的

权利,缔约各国保证有必要提供或增强一项服务,它将协助所有人,包括残疾人,来解决那些与职业选择和发展有关的问题,并考虑个人的特点及他们与就业机会的关系。此项保证将向年轻人,包括学生,以及成人免费提供。

第十条规定:享受职业培训的权利。为了保证有效地行使享受职业培训的权利,缔约各国保证:(1)与雇佣者和劳动者组织进行协商,为所有人,包括残疾人,提供或增强技术及职业培训,并且根据个人的才能给予接受高等技术或大学教育的便利;(2)为在不同的岗位上培训青年男女而提供或增强实习或其他系统安排的制度。

《欧洲联盟基本权利宪章》是欧盟的内部制度,随着《里斯本条约》在 2009 年 12 月 1 日的生效,《欧洲联盟基本权利宪章》拥有了约束欧盟成员国的效力。因此,作为欧盟的法院——欧洲法院可以在审理案件时直接援引该宪章。不过,由于英国、波兰行使《里斯本条约》所赋予的退出选择权,使该宪章在两国境内没有约束力。《欧洲联盟基本权利宪章》在第 14 条专门规定了教育权利,该条内容如下:

第 14 条　教育权

(1)受教育、职业教育与在职进修之权利。

(2)受免费义务教育之权利。

(3)在尊重民主原则之下建立学校的自由。国家应立法保障父母的权利,确保子女依他们的世界观、宗教信仰、教育理念之不同,而接受适合的教育和课程。

第二节　少数群体的平等受教育权问题

由于欧洲对教育权利的规定并不详细,而且各国的理解存在差异,使少数群体的教育权利方面出现了海量争端事例。本节选取丹麦一个职业学校中的争端案例——"Murat Er v. Denmark 案例"[①]对少数群体的教育权利进行深入分析。

---

① Murat Er v Denmark, Case of "Committee on the Elimination of Racial Discrimination" (Communication No. 40/2007),申诉提交日期:2006 年 12 月 20 日;受理日期:2007 年 08 月 08 日。参见:http://juris.ohchr.org/Search/Details/1734.

一、案情与国内处理

Murat Er 先生是出生于 1973 年的土耳其裔丹麦公民,他是哥本哈根技术学院(Copenhagen Technical School)木工专业的学生。作为学习的一部分,该校给学生提供到一些私人企业和公司进行技术实习的机会。2003 年 9 月 8 日,申诉人偶然看到一位教师拿着一张便条,便条上实习公司老板的名字旁边有"not P"字样。申诉人问老师这代表什么,老师解释说,"P"代表巴基斯坦,它的背后含义是,该公司的雇主已向学校表示,不接受巴基斯坦族裔和土耳其族裔到其公司实习。

当天,申诉人向学校教学督查进行了口头申诉,指责学校与雇主合作将某些族裔的实习生排除在外。教学督导回应道,学校一贯的政策是,不容忍雇主只接受丹麦族实习生的做法,而所申诉事情他并不知晓。9 月 10 日,申诉人向学校管理委员会进行了书面申诉。但此后,他在学校遭到一些老师和学生的压制,学校还给他布置了一些通常并不会要求学生在学校完成的任务。

2003 年 10—12 月,申诉人到了一家小型企业做实习学徒工,学徒结束返校时,学校通知他必须在四天后到另一家私人公司去当学徒工——虽然 2 周后他就有课,但他还是照办了。新公司的一位熟练工人告诉他,哥本哈根技术学院曾经问过该公司是否愿意接受"黑人"当实习工。

实习结束后,申诉人返校读书。上课期间,他在绘图中请求老师帮助,但老师并未帮助。他认为受到了歧视,于是放弃了这门课程的学习。

感到抑郁的他来到医院寻求帮助,接受了抗抑郁剂治疗。之后,他放弃了成为木工的想法,开始准备从事家庭护理员的工作。

对于在学校遭遇的不公正对待,申诉人向哥本哈根的"种族歧视史料与顾问中心"(Documentation and Advisory Centre on Racial Discrimination, DACoRD)寻求帮助。他认为,学校同意过雇主的要求,由于他向学校管理部门申诉,使他遭到教师、同学的报复和敌视。该中心认为,申诉人遭遇了直接歧视,于是代表他向"丹麦族群平等待遇申诉委员会"(Complaints Committee on Ethnic Equal Treatment)申诉。

"丹麦族群平等待遇申诉委员会"与"哥本哈根技术学院""种族歧视史料与顾问中心"进行了沟通。学校承认存在着基于种族不平等对待的一些偶然事例,但并非普遍做法。2004 年 9 月 1 日,"丹麦族群平等待遇申诉委员会"裁定,学校的一位员工听从了雇主的歧视性要求,违反了《丹麦族群平等对待法》(Danish Act on Ethnic Equal Treatment)第 3 条,但并未发现哥本哈根技术学院违反了这条。至于申诉人遭到学校报复的问题,委员会认为,指控证据不足。最终,委员会裁定,学校未违反《丹麦族群平等对待法》第 8 条,但建议申诉人向法院上诉。

于是,申诉人向哥本哈根城市法院(Copenhagen City Court)申诉,认为他遭遇了族群歧视,要求获得精神赔偿。在 2005 年 11 月 29 的裁决中,哥本哈根城市法院认为,根据申诉人提供的证据,无法证明学校或学校职员的行为构成了歧视,他也并未遭到报复。申诉人不同意该裁决,认为根据《丹麦族群平等对待法》,在族群歧视中,举证责任方是学校职员而非申诉人。

在"种族歧视史料与顾问中心"的帮助下,申诉人向丹麦东部高等法院(High Court of Eastern Denmark)申诉。一位主管学校与潜在雇主接洽的员工按照要求到法庭作证。该员工认为,他有意不让非丹麦族学生去公司实习,是因为学校接到一些私营雇主的反馈,其他族群学生在实习中表现不佳。而学校则表示,申诉人并未遭遇到报复,他未被送到某个公司去实习,只是因为学习不够好。据此,丹麦东部高等法院认为,没有证据表明申诉人受到了歧视或报复,维持原判。法院还判处申诉人支付被告的官司费 25000 丹麦克朗(约 3300 欧元),该费用最后由"种族歧视史料与顾问中心"代为支付。

丹麦实行两审终审制,如果案情重大,可以申请最高法院审理。申诉人向丹麦最高法院申请审理,丹麦最高法院认为这并非重大案件,决定不予受理。

二、消除种族歧视委员会的观点

2006 年 12 月 20 日,申诉人向"消除种族歧视委员会"申诉,认为丹麦违反了《消除一切形式种族歧视国际公约》第 2(1d)条①、第 5 条②和第 6 条③。其

---

① 该条规定:缔约国应以一切适当方法,包括依情况需要制定法律,禁止并终止任何人、任何团体或任何组织所施行的种族歧视。
② 该条规定:缔约国依本公约第二条所规定的基本义务承诺禁止并消除一切形式种族歧视,保证人人有不分种族、肤色或民族或人种在法律上一律平等的权利。
③ 该条规定:缔约国应保证在其管辖范围内,人人均能经由国内主管法庭及其他国家机关对违反本公约侵害其人权及基本自由的任何种族歧视行为,获得有效保护与救济,并有权就因此种歧视而遭受的任何损失向此等法庭请求公允充分的赔偿或补偿。

中，第 5 条涉及教育权利。

1. 双方辩论

申诉人认为，由于遭到学校歧视，他未能和其他学生一样获得教育和培训的机会，学校也无任何纠正措施，因此校方违反了《消除一切形式种族歧视国际公约》第 5 条。此外，丹麦国内法律没有对遭遇族群歧视的受害人进行补偿的规定，违反了《消除一切形式种族歧视国际公约》第 2(1d) 条和第 6 条。丹麦法院也未根据《消除一切形式种族歧视国际公约》的精神——族群歧视案件需要原告、被告双方共同承担举证责任——审理，而是施加给申诉人过高的举证责任。

丹麦政府认为，"消除种族歧视委员会"应拒绝审理，因为根据《消除一切形式种族歧视国际公约》第 14 条[①]，申诉人并不符合"受害人"的条件。政府列举了联合国人权委员会在一些案例中对"受害人身份"的阐述：受害人必须表明，缔约国的某种行为或不作为损害了他或她享有的某项权利，或者这种影响即将发生。[②]

丹麦政府还指出，哥本哈根技术学院遵从雇主的歧视性要求，将其他族裔学生排除在实习生之外，而申诉人并未直接受到影响。申诉人在 2003 年 9 月未进入预定公司实习，是因为技能不够。他在第一年学习结束后的测验中未能过关，导致不能如期实习，而必须接受为期一个月的测试。在接受了测试后，2003 年 10 月 6 日，学校就为他安排了实习机会。因此，学校在 9 月份拒绝给他实习机会并非基于其族群出身，而是存在客观原因。对此，申诉人认为，国内法院过分看重他的测试成绩，却不看最终的结果，因为学校给丹麦族学生更多机会，导致他失去了 9 月份的实习机会，而且哥本哈根技术学院的一位老师也承认，他有意不选择非丹麦族学生去那个公司实习，这明显违反了平等对待原则及《消除一切种族歧视国际公约》第 2、5、6 条。

丹麦政府指出，申诉人指控的均为抽象条款，根据联合国人权委员会的意

---

① 该条第 1 款规定：缔约国得随时声明承认委员会有权接受并审查在其管辖下自称为该缔约国侵犯本公约所载任何权利行为受害者的个人或个人联名提出的来文。本研究所指为未曾发表此种声明的缔约国时，委员会不得接受。

② 参见："Human Rights Committee's Views in E. W. et al v the Netherlands" (Communication No. 429/1990)，adopted on 8 April 1993, para. 6.4; "Bordes and Temeharo v France," Communication No.645/1995, adopted on 22 July 1996, para. 5.5; "Aalbersberg et al v the Netherlands," Communication 1440/2005, adopted on 12 July 2006.

见,审理案件时不应去判断一个国家的国内法律是否符合《消除一切种族歧视国际公约》的精神,而只需要在具体案件中考虑是否违反了该公约。而且,《消除一切形式种族歧视国际公约》第5(e)、5(v)条的教育权意味着缔约国应该在法律上保证教育和培训方面的平等,但也给予国家在实施该条时很大的自由裁量权。

关于共同举证问题,丹麦政府认为,丹麦国内法院已经完全掌握了关键证据,所以有能力进行裁定。

2. "消除种族歧视委员会"的意见

"消除种族歧视委员会"首先回应了"申诉人不是受害者"的问题。它指出,学校确实存在满足雇主的歧视性要求,将非丹麦族学生排除在实习名额之外的做法,这使所有的非丹麦族学生成为潜在受害者,不论他们是否达到了实习生的要求,这种现象的存在,本身就足以使所有的非丹麦族裔学生成为《消除一切形式种族歧视国际公约》第14条的潜在受害者。因此,申诉可以成立。

对于申诉人提到的,由于学校的歧视,他失去和其他同学接受平等教育和培训的机会,委员会认为,学校有教师遵从雇主的意见将非丹麦族学生排除在外,这已经足够构成事实上的歧视。学校认为是申诉人成绩不好而被排除,但即使该学生成绩不错,也同样可能因族群身份而被剥夺机会。因此,学校的行为构成了种族歧视,剥夺了申诉人享有的《消除一切种族歧视国际公约》第5条规定的接受教育与培训的权利。

至于丹麦方面是否提供了有效救助,"消除种族歧视委员会"认为,丹麦国内法院都认为申诉人是因为成绩问题而被剥夺了实习机会,但各方面均未去调查那个写着"not P"的便条是否真的将非丹麦族的学生排除在外。这本身已违反了《消除一切种族歧视国际公约》第2、第6条。

"消除种族歧视委员会"建议丹麦政府给予申诉人以充分的精神赔偿,同时将委员会的意见在丹麦——包括检察机构和司法机构广而告之,并要求丹麦政府在90天内将所采取的措施向委员会报告。

三、反响及各方观点

丹麦政府不服从裁决,未纠正其一贯做法,也未对申诉人给予赔偿。"哥本哈根种族歧视史料与顾问中心"积极促进丹麦政府落实"消除种族歧视委员会"的裁决。而"丹麦族群平等待遇申诉委员会"的处境则略显尴尬,因为同样是消除种族歧视的机构,它的裁决与联合国"消除种族歧视委员会"的裁决相反。

2010年7月19日,"哥本哈根种族歧视史料与顾问中心"向联合国"消除种族歧视委员会"提交了关于丹麦在消除种族歧视方面的进展报告。报告指出,丹麦和以前一样,再次拒绝执行"消除种族歧视委员会"的裁决。在2007年12月14日,该中心还专门向丹麦司法部写信建议落实裁决,给予申诉人赔偿。报告指出:该案例具有广泛的代表性,因为一些学校的类似做法在丹麦并不少见。报告建议"消除种族歧视委员会"密切跟进裁决执行情况,并和丹麦政府保持对话,以推动落实工作。[①]

2012年8月,"消除种族歧视委员会"就种族歧视问题向联合国大会提交报告,提到了本案例的后续进展。报告批评丹麦政府拒绝执行裁决,也拒绝给予申诉人赔偿,未履行积极责任。丹麦政府甚至也未同意"消除种族歧视委员会"的推理。报告还指出,虽然丹麦政府将本裁决的结果通告了丹麦警方、检察机构和一些行政机构,但这仍然不够,应该进一步广泛宣传。总之,对于裁决的执行,丹麦的做法是不够的(insufficient)和不如意的(unsatisfactory)。

一些学者对"消除种族歧视委员会"的裁决发表了看法。鹿特丹伊拉斯姆斯大学杰罗恩·坦普曼(Jeroen Temperman)教授赞同"消除种族歧视委员会"的观点,即学校教师遵从雇主的歧视性要求,不安排非丹麦族学生实习,这个事实本身就构成了种族歧视,至于申诉人是因为学习成绩不好还是因为其种族出身而被排除在外,并不重要。或者说,尽管某种形式的歧视可能并没有实际受害人,但歧视现象或者族群歧视政策本身已违反《消除一切形式种族歧视公约》。此外,他认为"消除种族歧视委员会"强调调查研究的做法值得肯定,"消除种族歧视委员会"还在一系列相关案例[②]中强调,国家在相关案件中负有展

---

① Submission by the Documentary and Advisory Centre on Racial Discrimination, Denmark (DACoRD) to the Committee on the Elimination of Racial Discrimination at its 77th session (2 - 27 August 2010) on the consideration of the 18th and 19th periodic reports of Denmark, Copenhagen, July 19, 2010, http://cendoc. docip. org/collect/cendocdo/index/assoc/HASH117d/89026e2b. dir/DACRD_Denmark77en. pdf.

② Jama v. Danmark, communication no. 41/2008, August 21, 2009; Gelle v. Danmark, communication no. 34/2004, March 6, 2006; Zentralrat Deutscher Sinti and Roma et al. v. Germany, communication no. 38/2006, February 22, 2008; TBB Turkish Union in Berlin/Brandenburg v. Turkey, communication no. 48/2010, February 26, 2013.

开全面、有效而适当调查的责任①,而在本案例中,丹麦缺乏对教师遵从雇主的歧视性要求这种现象的调查。

挪威人权中心专家比吉特·施昌特(Birgit Schlütter)指出,不同的国际组织对于人权条款的阐释是存在着差别的,相对来说,欧洲人权法院对《欧洲人权公约》每个条款的理解都需要结合具体案例,它将"具体案例具体分析"发挥到了极端的程度;联合国人权委员会则倾向于抽象出一些客观标准,它往往只根据《公民权利与政治权利国际公约》及其一些一般性意见的条款,就对案例做出裁定,不太强调"具体案例具体分析";而"消除种族歧视委员会"则倾向于灵活地阐释《消除一切形式种族歧视公约》的条款,尤其是需要与其他一些人权机构的审判方式一致。在本案例中,"消除种族歧视委员会"也同样表达了尊重联合国人权委员会和欧洲人权法院对于"受害人"概念的理解。此外,"消除种族歧视委员会"也不像联合国人权委员会那样,在案例中只是含蓄地指出,国内的司法和行政机构必须有效地落实国际上关于种族歧视的规定,却不直接说出具体措施。②

四、评述与反思

根据 2012 年丹麦统计局数据,丹麦总人口为 5580516 人,其中 89.6% 为丹麦族,剩下的 10.4% 为移民及其后代。移民来源除了邻近的西方国家之外,主要为土耳其、伊拉克、索马里、南亚和中东国家。③ 这类移民及其后代基本都属于穆斯林群体,约占总人口的 3%;而信仰丹麦国教——路德宗的占比为79.1%。④ 丹麦的穆斯林人口占比虽低于德国、法国、英国等国家,但在欧洲国

---

① Jeroen Temperman, *Religious Hatred and International Law: The Prohibition of Incitement to Voilence and Discrimination*, Cambridge University Press, 2016, pp. 138–141.

② Birgit Schlütter, "Aspects of Human Rights Interpretation by the UN Treaty Bodies," in Helen Keller, Geir Ulfstein edtied, *UN Human Rights Treaty Bodies Law and Legitimacy*, Cambridge University Press(online book), 2015, pp. 261–319.

③ Statistcs Denmark, "Immigrants and Their Descendants," January 1, 2012, https://www.dst.dk/en/Statistik/Publikationer/gennemsnitsdanskeren.

④ 这只是丹麦官方的统计数据。实际上,穆斯林人口远比政府统计数据要多。根据皮尤研究中心(Pew Research Center)的数据,2016 年时,欧洲穆斯林人口已占欧洲总人口的 4.9%,而丹麦的穆斯林人口则占丹麦总人口 5.4%。丹麦政府的数据参见:Denmark-Bureau of Democracy, "Human Rights, and Labor, International Religious Freedom Report 2009," U.S. Department of State, October (转下页)

家中仍然较高。丹麦虽然有很好的社会福利,但和德国、法国、英国一样,同样存在着穆斯林的社会融入问题和对穆斯林群体的结构性歧视问题,而本案例是对穆斯林结构性歧视或隐性歧视的一个典型案例,尽管申诉人、土耳其政府和"消除种族歧视委员会"都未强调申诉人的穆斯林身份。

本案例反映的不是个别人对少数群体的偶然歧视案例,而是包括政府机构、公司、企业、雇主、大学管理者、老师、同学等对少数群体成员的排斥和冷漠。甚至丹麦的法院,也试图为歧视洗脱罪名。不过,"哥本哈根种族歧视史料与顾问中心"机构积极支持申诉人上诉,是令人鼓舞的现象。还应该特别指出的是,联合国"消除种族歧视委员会"认为:仅仅是"not P"——不招收巴基斯坦及土耳其族人——本身,就可能剥夺一些少数群体的实习机会,这已构成歧视,不论是否存在真正的受害人,申诉人因何原因被剥夺实习机会并不重要。在这里,联合国"消除歧视委员会"再次确认了"歧视"的内涵:仅仅某个法律、政策、文件、规定、做法本身,就有可能构成歧视,而不必然存在受害人。或者说,联合国"消除种族歧视委员会"衍生出了"潜在受害人"理念,仅需存在"潜在受害人"而非实际受害人就可能构成歧视。这与欧洲法院审理的"Feryn 案例"[①]达成一致,在那个案例中,欧洲法院认为,尽管没有事实上的受害人,但招聘声明中明确拒绝某些移民背景的人,事实上已经"劝退"了一些潜在的求职者,即存在"潜在受害人"。

不过,本案例留下的遗憾是,"消除种族歧视委员会"虽然认为丹麦政府违反了申诉人接受教育与培训的权利,但并未对该权利的具体内容进行阐述,而外界的关注点也未聚焦在教育权利本身,而是族群间的教育平等。此外,虽然裁决之后,"消除种族歧视委员会"积极关注丹麦的补救措施,但未能对丹麦政府施加很大压力,这不仅是"消除种族歧视委员会"的一个不足,也几乎是所有的政府间或非政府间国际人权组织存在的不足之处。

(接上页)26,2009, https://www.state.gov/j/drl/rls/irf/2009/127307.htm. 皮尤研究中心的数据参见:"Europe's Growing Muslim Population: Muslims are Projected to Increase as a Share of Europe's Population-even with no Future Migration," Pew Research Center Report, November 29, 2017, http://www.pewforum.org/2017/11/29/europes-growing-muslim-population/.

① Centrum voor gelijkheid van kansen en voor racismebestrijdingvFirma Feryn NV 案例(简称"CGKR v Firma Feryn NV 案例"或"Feryn 案例"),Case C－54/07,参见:https://eur-lex.europa.eu/legal-content/EN/TXT/HTML/?uri=CELEX:62007CJ0054&from=EN.

第三节　罗姆学童教育隔离问题

在欧洲,教育中对罗姆人的歧视广泛存在,有的国家甚至存在着公开的教育隔离(学校隔离或班级隔离),这个现象虽然遭到普遍批评但仍然较为广泛存在。它显然"不合情理",甚至也"不合法",但在某种程度上却是"合乎现实的",因而又不是短时期容易彻底消除的。本部分选择"Oršuš and Others v. Croatia 案例"①对这个问题进行深入分析。

一、案情及国内审理

申诉人是 1988—1994 年期间出生的 15 名罗姆学生,其中第 2—10 位申诉人(第一个后来主动退出)为克罗地亚梅吉穆列县(Meñimurje County)波德图伦小学(the Podturen Primary School)学生,第 11—15 位申诉人是该县马茨勒克小学(Macinec Primary School)学生。克罗地亚小学教育为 8 年,儿童在 7—15 岁期间必须进入小学学习。1—4 年级为低年级,由一个带班教师教授所有课程;5—8 年级为高年级,除了一个带班教师之外,不同的课程由不同教师讲授。

2001 年,在波德图伦小学的 463 名学生中,有 47 名罗姆学生,占比约 10%,而在低年级,罗姆学生占比高达 33%—36%。47 名罗姆学生有 30 名在混合班级上课,17 名则被编入一个专门的"罗姆班"(Roma-only class)。

2001 年,在波德图伦村的 Lonĉarevo 居民点,政府发起了一个"小学校"项目,主要是针对 3—7 岁的罗姆儿童,提供学前教育,由一个教师和一个罗姆助教负责。教学结束之后会有一个测试,测试结果将决定这些罗姆儿童进入波德图伦小学的哪个班级。该项目在 2003 年 12 月 1 日之后成为一个常规制度,直到 2011 年 8 月 15 日结束。

2002 年 12 月,马其顿教育与体育部决定在有罗姆学生的学校,从低年级

---

① Case of "Oršuš and Others v. Croatia", application no. 15766/03, judgment of 16 March 2010, http://www.refworld.org/pdfid/4ba208fc2.pdf.

中引进罗姆助教制度。不过在波德图伦小学,2002年9月就已经有了罗姆助教。但助教向学校和家长反映,波德图伦小学的罗姆班十分吵闹,并在学校仍然使用罗姆语,这使他们很难和老师沟通。从2003/2004学年开始,该校的罗姆班级被解散。

另一个小学——马茨勒克小学在2001年时有445名学生,其中罗姆学生194名,占比约为43%,但在低年级中罗姆学生占比高达57%—75%。有142名罗姆学生被编入罗姆班级(主要是低年级,5—6年级也有个别罗姆班,7—8年级则全部为混合班级)。剩下的52名罗姆学生则在混合班级就读。该校在2003学年开始引进罗姆助教,2006年建立"小学校"制度。

克罗地亚实施8年义务教育,按照规定他们要在15岁时离开学校,或升学,或停止学业。但很多罗姆学童并不能完成小学学习。据统计,2006/2007学年,只有16%的罗姆学童完成了小学教育(全国学生平均为91%),84%的罗姆学童在小学期间就辍学了。

2002年4月19日,根据克罗地亚《行政争议法》第67条,申诉人将上述两所小学以及梅吉穆列县的另一所小学库尔桑勒克小学(Kuršanec Primary School)一同告上了查科韦茨市法院(Cakovec Municipal Court)。他们认为,罗姆班级提供的教育在内容和范围上比普通班级大大缩减,构成了种族歧视,侵犯了他们的教育权、免于非人道和侮辱性对待的权利。被告则认为,编排班级是根据科学测定和学校情况而定的。罗姆儿童被编入专门班级以获得更多针对性训练,并不是因为其族群出身,而是因为不能熟练使用克罗地亚语;此外,罗姆班级的学生接受的教育,在内容、范围上和国家法定的教学计划是一致的。

2002年9月26日,查科韦茨市法院驳回申诉人的诉讼请求,而认定被告所说为事实,即罗姆学生被编入专门班级的原因是语言能力较差。至于罗姆班级授课内容与其他班级不一致的问题,原告并未提供有效证据。

2002年10月17日,申诉人继续向查科韦茨县法院上诉,在11月14日的审判中,查科韦茨县法院裁定维持原判。12月19日,申诉人以被告违反了《克罗地亚宪法》①和《欧洲人权公约》为由,向克罗地亚宪法法院提起诉讼。2007

---

① 《克罗地亚宪法》第14条规定:克罗地亚任何人都享有权利和自由,不论其种族、肤色、性别、语言、宗教、政治观点或信仰、民族或社会出身、财产状况、出身、受教育情况、社会地位以及其他特征。任何人在法律面前都是平等的。

年 2 月 7 日,宪法法院裁定申诉失败,维持原判。宪法法院认为:一审法院依据的是克罗地亚《基础教育法》(Primary Education Act)第 27 条——该条规定,克罗地亚小学教育中使用克罗地亚语和拉丁语,罗姆学童因未熟练掌握克罗地亚语而妨碍了课程学习,因而为他们设立专门班级进行额外教学是合理和合法的。宪法法院没有理由去质疑由医生、心理学家、学校教导员、残障学专家、教师组成的专家团队对儿童进行的入学测试,而分班的依据正是这个测试而非族群出身。至于罗姆班级受到的是否为缩减的教育,宪法法院认为没有证据来证实这个结论。

二、欧洲人权法院大法庭的审理

2003 年 5 月 8 日,申诉人向欧洲人权法院提起诉讼。

申诉主要有三点:(1)克罗地亚国内处理诉讼的时间过长,违反了《欧洲人权公约》第 6 条;(2)申诉人教育权利被剥夺,即克罗地亚政府违反了《欧洲人权公约》第一议定书第 2 条;(3)申诉人由于族群出身而使其受到歧视,即克罗地亚政府违反了《欧洲人权公约》第一议定书第 2 条合并第 14 条。2008 年 7 月 17 日,欧洲人权法院初级审判庭第一庭宣布了审理结果,七个法官一致决定:克罗地亚政府违反了公约第 6(1)条,但未违反第一议定书第 2 条以及该条合并公约第 14 条。

2008 年 10 月 13 日,申诉人向欧洲人权法院大法庭提出复审请求,2008 年 12 月 1 日,大法庭接受了复审请求。2009 年 4 月 1 日,大法庭进行了审理。

大法庭首先审理了第 6(1)条,它涉及克罗地亚国内法院(主要是宪法法院)诉讼时间过长的问题。大法庭指出,审理时间是否过长,需要根据每个案件的具体情况而定,主要参考标准是案件的复杂性、申诉人的行为、案件的重要性等。该案在克罗地亚国内法院的审理期限是自 2002 年 4 月 19 日到 2007 年 2 月 7 日,初审法院和上诉法院的审理都很迅速,总共才花约 7 个月,而在宪法法院则花了 4 年 1 个月 18 天。大法庭认为,虽然案件十分重要,为了维护宪法权威需要谨慎等,但涉及的教育权利却在这个 4 年多的审理过程中受到了损害。因此,克罗地亚宪法法院超过了合理的审理周期,违反了《欧洲人权公约》第 6 (1)条。

大法庭重点审理了《欧洲人权公约》第 2 条合并第一议定书第 14 条的申

诉。对于对第一议定书第 2 条的,大法庭认为没有必要单独审理。

1. 双方辩论

申诉人认为,两所小学为罗姆班级提供的所谓克罗地亚语教育,实际上是不充分的。儿童学习克罗地亚语的最佳方式,就是让他们和说克罗地亚语的孩子在同一个班级学习,而非分班学习。欧洲人权委员会、欧盟和联合国也在多个场合反复强调,对罗姆儿童的教育,需采用融入式方法(integrative approach)。此外,给罗姆人设立专门班级进行教学,也找不到法律依据。各个年级分班时并没有明确的操作方法;入学测试中使用的方法,不过是一种心理-生理测试,而非测试对克罗地亚语言的掌握情况。而且,这些罗姆班级,并无对克罗地亚语言学习进展测试,只有普通的学期成绩。这使那些通过学习掌握了克罗地亚语言的罗姆儿童仍然不能转入混合班级上课,而学校事实上也没这样的转班测试,相反,学校并不愿意让罗姆班级的学生转入混合班级。

申诉人还指出,罗姆班级的课程是大大缩减了的课程,而且,学校也不让罗姆班级学生参与任何学校组织的有不同族群学生参与的活动。

克罗地亚政府认为,罗姆儿童并未被剥夺教育权,因为他们同样被允许 7 岁入学,15 岁结束义务教育。政府承认,在罗姆班级,教学内容缩减了 30% 左右,但这种特殊做法并非针对罗姆人。罗姆班级的存在也是合法的,根据克罗地亚《基础教育法》第 2 条,教育应该根据受教育者的能力和兴趣,促进受教育者的精神、心理、道德、知识等方面的持续发展。而给对克罗地亚语言掌握较差的儿童设立专门班级,正是依据他们的语言能力而定的。第 2—10 位申诉人开始是在混合班级,由于克罗地亚语课程成绩很差,才被编入了罗姆班级。

政府还指出,罗姆班级除了有各科课程,还有强化克罗地亚语言学习的活动。在克罗地亚,所有学校都有学习进展测试,包括克罗地亚语言学习的进展测试。只是该案中,由于申诉人克罗地亚语言学习进展太慢,所以尚未安排转班测试。而且,学校还有关于学生学习的其他保障程序,例如所有家长都可以向学校质疑教师给的成绩,校长应给予每个家长答复。如果多数家长认为教师给的成绩不客观,该教师必须在学校委员会会议上作出说明。学生也可以质疑成绩,并要求专门的团队对其进行测试。而本案并未出现任何对成绩的质疑和申诉。

对于申诉人指出的——学校不让罗姆班级学生参与任何学校组织的有不同族群学生参与的活动,政府认为,不论是罗姆班级还是混合班级的罗姆儿童,都有机会参与学校组织的各种校内活动(例如唱歌、跳舞、手工、圣诞庆典等)和校外活动(游泳、郊游等)。不仅如此,被申诉学校还组织非罗姆学生学习罗姆传统和文化,包括参与罗姆日庆祝,参观罗姆村,了解罗姆语言、习惯和罗姆人面临的问题,同时也鼓励罗姆学生在学校杂志上发表文章或诗歌。

2. 第三方代表的观点

斯洛伐克政府代表、国际人权法律保护中心(International Centre for the Legal Protection of Human Rights,即 Interights)、希腊赫尔辛基协议监察组织(Greek Helsinki Monitor)等第三方代表参与了庭审并发表了观点。

斯洛伐克政府认为,对于一些有学习困难——例如语言能力缺乏的学生进行专门教育是必要的。在教育方面,国家应被赋予一定的自由裁量权,不应该禁止对那些学习能力强的孩子设立单独班级,也不应禁止对有学习障碍的孩子执行特别教育计划。若分班依据的是客观和合法的标准,则不能认为构成歧视。当然,也要重视家长的意见、考虑学生转入混合班级的可能性,以及关注专门班级的课程安排等情况。

国际人权法律保护中心认为,欧洲人权法院有必要建立一个关于教育权利的组织,督促缔约国尊重教育权利,避免出现妨碍教育权的措施,并要求缔约国采取积极措施实现个人或群体的教育权利。只有将不同文化背景的儿童放在一起进行融合性教育,才能实现教育目标。不受歧视地接受教育意味着每个孩子都有机会参与并获益于主体教育制度,只有这样才能确保他们融入社会。所有关于教育的国际制度都支持非歧视原则,因为教育权利非常重要,缺乏教育权就会导致来自少数群体和少数语言的儿童没有能力打破贫穷和边缘的循环规律。有的地方还存在被安排到隔离学校接受教育的做法,这使学生难以学好主体语言,难以接受好的教育,也难以融入社会。国家依据语言和文化差异进行隔离教育是不能被允许的,而国家对语言能力缺乏的学生采取临时性的专门教育则是可以的。不过,国家在这方面只有非常狭小的自由裁量权,政府措施应确保暂时隔离只是出于语言学习的需要,最终目的是让儿童融入社会。

希腊赫尔辛基协议监察组织提到了欧洲人权法院以前处理的两个相似案例[1],并强调:通过测试来了解儿童的教育水平是重要的,但最终让所有的罗姆

---

[1] D. H. and Others v. the Czech Republic (GC), no. 57325/00, ECHR 2007; Sampanis an Others v. Greece (no. 32526/05), June 5, 2008.

儿童进入普通班级或主体班级也是十分重要的;国家只有在极少数情况下,才能偏离融入性教育原则,也只有融入性教育政策才是各国教育制度应承担的角色。

3. 欧洲人权法院大法庭的观点

大法庭认为,尽管申诉的是《欧洲人权公约》第一议定书第 2 条,以及该条合并公约第 14 条,但主要考虑第一议定书第 2 条合并第 14 条的违反情况——即不单独分析第一议定书第 2 条的违反情况。

大法庭指出,该案涉及 14 个罗姆学童,罗姆人又是处于极其弱势地位并且需要特别保护的群体,因而是一个需要高度重视的案例。大法庭重点分析了以下几个问题:

第一,是否存在区别对待。大法庭指出,根据以往判例,歧视意味着“区别对待处于类似状况的人却没有客观及合理的理由”。但《欧洲人权公约》第 14 条并不禁止国家通过区别对待不同的群体来纠正“事实上的不平等”;相反,在一些情况下,如果不通过区别对待去纠正不平等,反而违反了第 14 条。① 缔约国在判断是否和在什么程度上需要区别对待时有一定的自由裁量权。但是,只是依据族群出身而进行区别对待,就需要提供十分强大的理由。

大法庭指出,某种表面上中立的政策,对某些人或族群构成了不相称的不利影响,同样构成了歧视(间接歧视或间接种族歧视),尽管这种政策并非是专门针对这个群体的。② 除非能够证明这种政策具有合法目标,并且为实现该目标而采取的措施也是适当的(appropriate)、必要的(necessary)和符合比例原则的(proportionate)。而且,在申诉人有了初步的证据表明歧视存在之后,国家应该承担举证责任,证明这只是区别对待而非歧视。

梅吉穆列县一些小学的部分班级只有罗姆学生,尽管可能不存在歧视意图,但一些班级只有某一个族群的学生,而且存在有非罗姆族学生家长反对罗姆学生加入混合班级的情况,就需要国家举证证明,分班教学是具有客观原因的,为了追求合法的目标,采取的措施是适当的、必要的和符合比例原则的。

---

① Thlimmenos v. Greece [GC], no. 34369/97, judgment of 6 April 2000; Stec and Others v. the United Kingdom [GC], applications nos. 65731/01 and 65900/01, April 12, 2006.

② Mutatis Mutandis, Hugh Jordan v. the United Kingdom, no. 24746/94, p. 154, May 4, 2001; Hoogendijk v. the Netherlands (dec.), no. 58461/00, January 6, 2005; Sampanis and Others v. Greece (no. 32526/05), June 5, 2008, p. 68.

第二,区别对待是否存在客观而合理的理由。

大法庭认为,将语言能力缺乏的儿童编入专门班级,本身并不违反《欧洲人权公约》第 14 条。问题在于被编入专门班级的学生全部是罗姆学生,显然对某个族群造成了不成比例的不利后果。一旦造成了这种后果,国家就应该采取适当措施加以避免。

大法庭注意到,克罗地亚并无法律规定对掌握克罗地亚语言程度较差的儿童进行分班教学,也未在全国推行这种政策,只是梅吉穆列县部分学校存在这种做法。因此,很难相信这是根据对克罗地亚语言掌握情况来分班的。从分班时进行的测试来看,也并非专门测试克罗地亚语言水平。第 2 和第 10 个申诉人都是在混合班级读了两年之后,因克罗地亚语言较差而被安排到了罗姆班级。这种做法令人费解,为什么不是刚入学的时候克罗地亚语言更差(而被编入罗姆班级),反而是上了两年混合班级之后克罗地亚语言更差了?

克罗地亚政府曾经指出,罗姆班级的教学内容缩减了 30% 左右——是符合法律的,但大法庭认为,这并无法律依据。而且,罗姆班级的学生应该有额外的课程加强克罗地亚语,很难理解为什么课程内容不增反减。事实上,罗姆班级并无克罗地亚语言课程。第 6—11 位申诉人前两年在罗姆班级里,未学习克罗地亚语言课程,直到三年级才有该课程;而第 13—15 位申诉人只有第一年时有克罗地亚语言课程;第 12 位申诉人在一、二、三年级都有克罗地亚语言课程,但他和第 13—15 位申诉人一样,整个小学阶段都被分在罗姆班级里。而且,对罗姆班级的克罗地亚语言学习进展情况,并没有测试的制度或方法。

大法庭还注意到了罗姆儿童的辍学率问题,根据欧洲反种族主义和不宽容委员会(European Commission against Racism and Intolerance, ECRI)对克罗地亚的两个报告[①],克罗地亚罗姆学生的辍学率非常高。对此,政府并没有采取措施来遏制。

至于政府强调的,罗姆学生家长并未反对将其孩子编入罗姆班级,大法庭认为,罗姆群体是个十分弱势的群体,他们受教育程度很低,分班时他们并不清

---

① 欧洲反种族主义和不宽容委员会在 2000 年 12 月 15 日和 2004 年 12 月 17 日出台了第二个、第三个对克罗地亚的报告分别参见:https://www.coe.int/t/dghl/monitoring/ecri/Country-by-country/Croatia/HRV-CbC-II-2001-034-EN.pdf; https://www.coe.int/t/dghl/monitoring/ecri/Country-by-country/Croatia/HRV-CbC-III-2005-24-ENG.pdf.

楚可能带来的后果。

总之，克罗地亚政府在分班过程中，采取的措施并不符合比例原则，或者说，并没有采取措施避免其中立的政策给罗姆学生带来的不成比例的不利影响；而且，将罗姆学生编成专门班级并没有客观而合理的理由。

最终，大法庭以 9∶8 的比例裁定：克罗地亚政府违反了《欧洲人权公约》第一议定书第 2 条合并欧洲人权公约第 14 条。

三、反响与各方观点

当本案在克罗地亚国内审理和欧洲人权法院审理的时候，就引起很多国际组织的高度关注，尤其是欧洲委员会及其隶属组织，在很多场合都表示了对该案件的关注和重视，发表了一些赞同欧洲人权法院的观点。

欧洲消除种族歧视与不宽容委员会 2004 年 12 月对克罗地亚的报告中指出：委员会特别关注对梅吉穆列地区一些学校为罗姆学生建立隔离班级的指控，根据一些非政府组织——包括欧洲罗姆权利中心的报道，这些专门班级的教学质量很低。官方辩解说，这是由于罗姆人集中聚居在部分区域而导致的。但是，当政府试图取消罗姆班级并由混合班级取代时，很多非罗姆家长上书反对，导致罗姆班级继续存在，这个现象使官方的辩解苍白无力……欧洲消除种族歧视与不宽容委员会建议克罗地亚政府进行深度调查，并迅速采取一切必要措施，在适当的时候结束这种现象。[1]

欧洲罗姆权利中心律师伊达尔·梅梅多夫（Idaver Memedov）指出，欧洲人权法院的裁决，可以说"是罗姆权利运动的巨大胜利，也是罗姆人和其他边缘群体获得平等教育权利的巨大胜利……裁决揭穿了欧洲国家为罗姆隔离教育的又一个借口，通过裁决，欧洲人权法院也进一步要求各国应将罗姆儿童融入主体教育之中"[2]。

2011 年 3 月，国际特赦组织（Amnesty International）就此案例向欧洲委员

---

① The European Commission against Racism and Intolerance, "Third Report on Croatia," adopted on 17 December 2004, https://www.coe.int/t/dghl/monitoring/ecri/country-by-country/croatia/HRV-CbC-III-2005-24-ENG.pdf.

② Idaver Memedov, "Roma Rights 1, 2010: Implementation of Judgments," report of the Roma Rights Center, July 26, 2010, http://www.errc.org/cikk.php?page=10&cikk=3613.

会部长委员会提交了意见报告书①,报告书指出,克罗地亚政府在裁决之后采取了一些行动,包括出台了改变罗姆教育隔离的"行动计划",修改了《小学及中学教养与教育法案》,承诺加强罗姆学生的克罗地亚语言教育,尽快采取混合和融入班级进行教育,但这些计划或法案都没有时间表,罗姆班级和罗姆教育隔离现象仍然普遍存在。对此,国际特赦组织建议克罗地亚政府制定时间表和预算,认真执行欧洲人权法院的裁决;如果要为罗姆儿童提高语言能力设立专门班级,应获得罗姆家长的同意,并且教学内容不能缩减;入学语言测试应该更为客观和专业,应有罗姆家长或家长代表参加,并可以提出申诉;应该对语言能力较差的专门班级设立有效的语言测试制度、标准,一旦语言能力达标,应尽快转入混合班级上学。

国际儿童权利中心(Child Rights International Network)对欧洲人权法院的裁决中引用《儿童权利国际公约》第 28—30 条表示欢迎,并认为这个裁决符合《儿童权利国际公约》第 28 条(教育权)和第 2 条(非歧视)。②

有的学者对该案例中的歧视问题进行了进一步评析。意大利学者克劳迪娅·塔瓦尼(Claudia Tavani)认为,该案例和"D. H. and Others v The Czech Republic 案例"③及"Sampanis and Others v Greece 案例"④一样,代表着欧洲人权法院在保障教育权利和反对歧视方面的一个突破。在案例中,尽管对罗姆儿童进行分班教学不是有意为之,但没有考虑到罗姆人在族群、语言和文化方面的特殊性,构成了间接歧视。国家应该考虑到不同族群的差异而采取适当的差异政策,例如让少数群体通过自己的语言接受教育,或者支持他们建立自己的教育机构。⑤

比利时学者朱莉·林格海姆(Julie Ringelheim)认为,欧洲人权法院指出,不是所有的教育隔离都必然构成歧视,这点符合国际制度的规定。根据联合国

---

① Amnesty International, "Submission to the Committee of Ministers of the Council of Ministers of the Council of Europe on Europeon Orsus and Other v. Croatia," application no. 15766/03, https://www.amnesty.org/download/Documents/32000/eur640072011en.pdf.

② Rreport of "Child Rights International Network, Orsus and Others v. Croatia," https://www.crin.org/en/library/legal-database/orsus-and-others-v-croatia.

③ D. H. and Others v The Czech Republic, application no. 57325/00, judgment of 13 November 2007, https://www.womenslinkworldwide.org/en/files/2510/gjo-echr-dh-eng-pdf.pdf.

④ Sampanis and Others v Greece, application no. 32526/05, judgment of 5 June 2008.

⑤ Claudia Tavani, *Collective Rights and the Cultural Identity of the Roma: A Case Study of Italy*, Martinus Nijhoff Publishers, 2012, pp.118-119.

教科文组织《反对教育歧视公约》，只要满足以下两个条件，就可以依据宗教或语言的区别而建立独立的教育体系或教育机构：受教育者可以选择是否进入这种教育机构；这种教育机构中提供的教育是符合国家的教学要求。此外，联合国经济、社会、教育权利委员会也曾经指出，在教育领域，对于事实上处于不平等地位的弱势群体采取"临时性特别措施"并不违反非歧视原则，但"不同群体不平等或隔离状况应当在这些措施达到目的之后终止"。少数群体的"特殊需要"有时往往会成为采取特别措施的借口，即使中立的政策都可能构成歧视，正是考虑到这些，欧洲人权法院才强调，克罗地亚必须保证，将罗姆儿童安排到专门班级学习是临时性的，他们最终应融入主体班级中去，这些条件显然都没有满足，因而构成了基于教育权的歧视。①

也有少部分学者对本案例的审理提出了批评意见。荷兰蒂尔堡大学(Tilburg University)法学院莫拉格·古德温(Morag Goodwin)教授认为，申诉人曾经提出，被安排到罗姆班级上课，给他们以巨大的心理阴影和精神伤害，构成了非人道对待，并构成对罗姆人的污名化，违反了《欧洲人权公约》第3条。但欧洲人权法院初审庭认为其伤害程度不足以违反第3条。大法庭也注意到了这个问题，但是，由于申诉人未申诉该条，大法庭没有作深入的分析和推论。②

意大利学者罗伯塔·梅达-温迪舍尔(Roberta Medda-Windischer)指出了欧洲人权法院的另一个存疑之处。大法庭强调，若因语言较差而临时性地将罗姆儿童放到专门班级接受教育，并不必然违反公约第14条，问题的关键是这种班级是否提供了专门的语言教学和对语言进展情况的考核。但是，若语言评判问题并没有客观而透明的标准和监督制度，政府完全能找到足够的理由将包括罗姆儿童在内的少数群体分到专门班级。欧洲人权法院的这种推理，实际上还是给予了缔约国在教育方面过大的自由裁量权。③

也有一些学者批评指出，欧洲人权法院在该案以及其他与歧视有关的案例

① Julie Ringelheim, "Between Indentity Transmission and Equal Opportunities, the Multiply Dimensions of Minorities' Rights to Education," in Kristin Henrard edited, *The Interrelation Between the Right to Identity of Minorities and Their Social-Economic Participation*, Martinus Nijhoff Publishers, 2013, pp. 91 – 114.

② Goodwin, Morag, "Taking on racial segregation: the European Courtof Human Rights at a Brown v. Board of Education moment?" *Rechtsgeleerd Magazijn Themis*, 2009 – 3.

③ Roberta Medda-Windischer, "The European Convention on Language Rights: Is the Glass Half Empty of Half Full?" in Tove H. Malloy, Joseph Marko edited, *Minority Governance in and beyond Europe: Celebrating 10 Years of the Minority Issues*, Brill Nijhoff Publisher, 2014, pp. 135 – 164.

中,承认了一些少数族群为"弱势群体",而本案例也需要考虑到罗姆人为"弱势群体"这个背景。但欧洲人权法院并未对"弱势群体"这个概念进行具体阐释,也未就与该群体有关的偏见、污名化、社会弱势和物质剥夺等现象进行分析,更未要求国家在这些方面承担责任。①

四、评述与反思

和大多数涉及少数群体的案例一样,本案例在国内也屡遭败诉,这显然超越了法律本身的范畴,而涉及法院、政府部门对主体民族的自然偏爱和对少数群体处境缺乏感同身受。笔者认为,这也属于一种"平庸之恶"。而相对超脱的欧洲人权法院则能更容易避免上述问题。

尽管该案的审理过程受到了广泛关注,给予克罗地亚政府以巨大压力,但和之前的两个相似案例——"D. H. and Others v The Czech Republic 案例""Sampanis and Others v Greece 案例"一样,克罗地亚政府在裁决之后的纠偏行动并不是十分积极。据报道,2010 年 6 月欧洲罗姆权利中心到梅吉穆列县的相关小学了解裁决之后的进展情况时,这些学校基本未采取改进措施——大多数罗姆儿童仍然在罗姆班级上课。而且,申诉人还受到要减少社会福利的威胁,因为上诉给学校造成了损失。唯一的进展是这些学校的校长承认,建立罗姆班级并不是提高罗姆儿童克罗地亚语言能力的好方法,他们请求梅吉穆列县政府创立一个免费的,为期三年的学前教育,以使罗姆儿童在进入小学前能更好地掌握克罗地亚语。②

欧洲人权法院的裁决在司法方面的影响之一,是引进了"间接歧视"概念。"间接歧视"本是欧盟《种族平等指令》的一项内容,初审庭并未认同这个概念,因此裁定不存在歧视,大法庭第一次承认了"间接歧视"的存在③,扩大了对《欧洲人权公约》第 14 条的范围。而且,大法庭强调,间接歧视的存在,可以不通过

① Lourdes Peroni Alexandra Timmer, "Vulnerable Groups: The Promise of an Emerging Concept in European Human Rights Convention Law," International Journal of Constitutional Law, vol. 11, no. 4, October 2013.

② Idaver Memedov "Roma Rights 1, 2010: Implementation of Judgments," report of the Roma Rights Center, July 26, 2010, http://www.errc.org/cikk.php?page=10&cikk=3613.

③ 实际上,在 2001 年的一个案例中,欧洲人权法院已经肯定了"间接歧视"的存在。Hugh Jordan, judgement of 4 May 2001, (2003)37 EHRR.

统计数据得到证明。大法庭接着引用了一系列组织的报告，以及严密的逻辑推理，来证明存在着间接歧视。例如引用了欧洲人权委员会在 2002 年 12 月的一个报告①中关于"间接（种族）歧视"的理解，即某种表面上中立的政策，如果给某些人或某些族群带来不相称的不利影响，同样构成了歧视，尽管这种政策并非是专门针对这个群体的。即使本案的 8 个异议法官，也认同"间接歧视"概念。这表明，欧洲人权法院对间接歧视的理解是开放的和灵活的，它不需要严密的证据来证明。② 按照这种理解，间接歧视中原告举证责任和难度将大大降低。

欧洲人权法院裁决的另一个司法影响，是要求国家采取积极措施打击间接歧视。因为"间接歧视是隐秘的歧视，是一种披上了中立外衣的区别对待"，因此，大法庭特别要求国家采取积极措施打击间接歧视。③ 因为语言能力差而将罗姆学生安排到专门班级，构成了歧视。语言不应该作为隔离的借口——除非能证明这种做法有合法目标，其措施也是客观的。欧洲人权法院还借助该案例强调，国家有责任采取积极措施帮助学生加强语言能力和降低学生的辍学率。④ 也就是说，在加强少数群体的语言能力方面，国家具有积极责任，而不仅仅是基于非歧视原则。

本案例的是非曲直实际上可以从 1960 年联合国教科文组织《取缔教育歧视公约》⑤中找到部分答案，遗憾的是，申诉人和欧洲人权法院都没有积极关注这个公约。一般认为，在教育领域，"分立但平等"（separate but equal）原则或理念是可以接受的，毕竟教育需要以某种特定语言进行。不过，在现实中，"分立但平等"的实践并不理想，反而会将整体社会进行了切割、隔离，强化民族分裂，甚至可能成为歧视或隔离的借口。因而"分立但平等"理念的实施需要有非常完善的前提条件。

正如《取缔教育歧视公约》第 2 条规定：

一国所容许的下列情况，不应视为构成本公约第一条含义内的歧视：

---

① ECRI general policy recommendation no. 7 on national legislation to combat racism and racial discrimination, adopted by ECRI on 13 December 2002, https://www. coe. int/t/dghl/monitoring/ ecri/activities/gpr/en/recommendation_n7/ecri03-8%20recommendation%20nr%207. pdf.

②③ Rodoljub Etinski, "Concept of Indirect Discrimination under Article 14 of the European Convention on Human Rights," Зборник радова Правног факултета у Нишу, Број 70, Година LIV, 2015.

④ Working Session 7-Tolerance and non-discrimination I, "OSCE Review Conference Warsaw," October 6, 2010, http://www.osce.org/home/71928?download=true.

⑤《取缔教育歧视公约》:https://www. un. org/zh/documents/treaty/files/UNESCO-1960. shtml.

（1）对男女学生设立或维持分开的教育制度或学校，如果学校提供相等的受教育机会、提供资格同一标准的教员以及同一质量的校舍和设备，并提供研读同一的或相等的课程的机会的话；

（2）为宗教上或语言上的理由，设立或维持分开的教育制度或学校，以提供一种与学生的父母或法定监护人的愿望相符的教育，如果这种制度的参加和这种学校的入学是由人随意选择的，而且所提供的教育又符合主管当局所可能规定或批准的标准——特别是在同级教育上——的话；

（3）设立或维持私立学校，如果这些学校的目的不在于排除任何一群人，而在于在公共当局所提供的教育设施之外另再提供其他教育设施，并且学校的管理是按照这一目的进行，其所提供的教育又符合主管当局所可能规定或批准的标准——特别是在同级教育上——的话。

上述三款核心意思可以概括为：在教育领域，可以实行"有条件分立"。但对于男女教育分立、宗教或语言方面的分立、设立或维持私立学校三种情况所需要的"条件"稍有不同。其中契合本案例的主要是第2(2)款，即如果要根据宗教或者语言而对不同群体实行教育分立或者分离，则需要满足三个条件：第一，分立但又提供了与学生的父母或法定监护人的愿望相符的教育；第二，参与分立的学校或者班级是可以随意选择的；第三，分立的做法所提供的教育符合当局所规定的标准。

很显然，在本案例中，克罗地亚对罗姆儿童的教育分立——分班——的做法，未提供与学生父母的愿望相符的教育，即不符合第一个条件；同时参与分立的学校或者班级是不可以随意选择的，即不符合第二个条件；最后，所提供的教育不完全符合当局所规定的标准——内容有所缩减，即不完全符合第三个条件。因此，克罗地亚当局显然构成了教育歧视，违反了《取缔教育歧视公约》第2(2)条。这种教育歧视事实上构成了教育隔离，更无法实现民族之间的平等。① 而且，对于属于社会边缘群体的罗姆人来说，当前对其保护的核心在于推动社会融入，而非实现"分立但平等"。

---

① 关于"分立但平等"的论述，可以参见：F. de Varennes, *Language, Minorities and Human Rights*, Martinus Nijhoff Publishers, 1996, pp.70-71；Markku Suksi, "Functional Autonomy: The Case of Finland with Some Notes on the Basis of International Human Rights Law and Comparisons with Other Cases," *International Journal on Minority and Group Rights*, 2008, vol.15, no.2, pp.195-225.

第七章

欧洲少数群体其他文化权利保护理念分析

第一节　个人族群身份的"自我认同"原则

查尔斯·泰勒(Charles Taylor)在《承认的政治》中指出,人们的身份[①]在一定程度上是由承认或不承认而形成的,如果周围的人或社会给予他们的身份反射是一幅封闭、贬低或蔑视的图景,那么会给一个人或一群人带来真正的伤害和扭曲。不承认或错误承认一个人的身份,会造成伤害,它可能是一种压迫形式,将他人囚禁在一种虚假的、扭曲的和减损的生命模式之中。因此,个人应享有塑造和确定作为一个个体或作为一种文化的自我身份的普遍可能。[②] 而民族又是人类"最合理最神圣的分类"[③],因而一个人作为某个民族的身份而存在,是民族国家时代不可逾越的环节。正如盖尔纳所言,"一个人必须有一个族籍(nationality),就像他必须长着一个鼻子、两个耳朵一样;这些细节当中的任何一个出现缺陷,都不是不可思议的,而且这种情况时有发生。但是缺陷的出

[①] 国内对"认同"(identify, identification)与"身份"(identity)存在严重混用、误用、误译的现象。两者的英文有联系,但也有差异。两者是过程与结果、内在与外在的关系,本文对两者进行谨慎地区别使用。此外,虽然"身份"在大多数情况下是"认同"的结果(线性关系),但有时"身份"又与"认同"无直接联系(非线性关系);"认同"不一定导致某种"身份"的形成,而"身份"也未必是个人"认同"的结果,它可能是个人情境性选择的结果,也可能是父辈给定或国家武断分类的结果。

[②] Charles Taylor, "The Politics of Recognition," *Multiculturalism: Examining the Politics of Recognition*, A. Gutmann ed., Princeton: Princeton University Press, 1994, pp. 25-73.

[③] 安东尼·史密斯著,叶江译:《民族主义:理论、意识形态、历史》第 2 版,上海人民出版社 2011 年版,第 42 页。

现仅仅是某种灾难造成的后果,而且本身就是某种灾难"①。

金里卡也同样支持个人身份选择的自由性,因为这是基于对个体自治进行承诺基础之上的自由主义,对于"自我认同"原则是否导致随意性认同的问题,他认为,个人身份选择自由并不意味着任意性,因为"文化结构"和"文化遗产"等背景,对个人身份的选择进行了限定。②

尽管族群身份涉及个人的族群身份选择和群体的族群身份选择两个方面,但群体的族群身份选择之后,仍然需要个人的确认。个人对于民族或族群等群体身份的认同,和个人对于性别、国籍等认同一样,是个人多维身份中的重要一环,个人得以在族群认同中获得文化、心理、习俗等方面的稳定性特征和心理归属。舍此,个人很可能成为只有躯体而无灵魂之人。个体族群身份的另一个重要意义在于,它是确定族群身份存在的终极标准。不承认个体族群身份的国家,也通常不会去承认集体族群身份。虽然联合国人权委员会第23号"一般性意见"③明确指出,少数群体的存在并不取决于国家的决定,而应根据客观标准和历史事实来确定。但国家有时并不能判断一个少数族群的存在是否符合"客观标准",属于"历史事实",这就需要统计认同这个族群的个人。英国兰卡斯特大学学者史蒂文·惠特利(Steven Wheatley)指出,解决这个问题其实非常简单,可以从"少数族群自我认同理念"出发,看有多少人实际上认同自己归属该族群。④ 但需要有多少个人认同,才能满足成为"族群"的条件,国际制度和学术界中均无法达成共识。

一、国际上对个人族群身份确定的基本态度

从国际层面来看,一些重要国际组织倾向于采取"自我认同"原则。1990年,联合国消除种族歧视委员在第8号"一般性建议"中指出,如果其他做法没有正当理由,则个人族群身份确定应以有关个人的"自我认同"(self-identification)为

---

① 厄内斯特·盖尔纳著,韩红译:《民族与民族主义》中央编译出版社,2002年版,第8页。

② WillKymlicka, *Liberalism, Community and Culture*, Clarendon Press, 1989, pp.165-167.

③ CCPR General Comment No.23: Article 27 (Rights of Minorities), adopted at the Fiftieth Session of the Human Rights Committee, on 8 April 1994 CCPR/C/21/Rev.1/Add.5, General Comment No. 23 (General Comments), https://www.refworld.org/docid/453883fc0.html.

④ Steven Wheatley, "Democracy, Minorities and International Law," *Legal Studies*, vol.26, no.4, 2006.

基础。① 2006 年,联合国欧洲经济委员会发表的对 2010 年轮次人口普查意见指出,在人口普查中,族群身份应该建立在"个人自由的自报家门(self-declaration)"基础之上,应包含开放性回答,避免对被调查者预设答案。② 2017 年,联合国经社委员会统计处在《关于人口和住房普查的原则和建议》中指出,虽然每个国家国情不同,但在涉及个人族群身份的统计中,仍有必要遵循一些共同原则,例如:被统计的个人应该自己完成表格填写;应采取"自报家门"的方式;应该允许多重族群身份选择;允许个人填写"无"或"不申报";不应根据来源国或祖籍地进行分类;不应只给定有限的族群身份选择,如果选择有限,应允许自由填写其他族群身份。③

在一些场合中,联合国也强调"自我认同"原则应具备一定的"客观标准",例如联合国人权委员会在一些案例中曾经多次强调,国家不应随意否认个人的族群认同,个人提供的客观标准不能忽略。④

联合国主张的"自我认同"原则,属于"建议"性质,不同地区和国家的做法并不一致。在实践中,对于个人民族或族群身份的确定,国际上有不同的做法,主要包括:(1)世系原则。苏联采取"世系原则"确定个人族群身份,冷战结束后,原苏联地区部分国家沿用了这种做法。个人身份确定的"世系原则"是指个人的族群身份根据父母或祖父母的族群身份而定。(2)"自我认同"原则,根据自己的意愿认同任一民族或族群身份,这是"二战"以来欧洲的普遍做法。(3)"有限自我认同"原则,即个人的主观认定需要建立在一定的客观标准之上,或者说,采取"自我认同+族群确认"或"自我认同+客观标准"的方式,非洲一些

---

① 联合国消除种族歧视委员:《关于解释和适用"消除一切形式种族歧视国际公约"第 1 条第 1 款和第 4 款的第八号一般性建议》(General Recommendation VIII Concerning the Interpretation and Application of Article 1, Paragraphs 1 and 4 of the Convention Identification with a Particular Racial or Ethnic Group), August 22, 1990, https://www. legal-tools. org/doc/2503f1/pdf/.

② 联合国欧洲经济委员会:《欧洲统计学家会议对 2010 年人口和住房普查的建议》(UNECE, Conference of European Statisticians Recommendations for the 2010 Censuses of Population and Housing), 2006, pp. 96 - 97, https://www. unece. org/fileadmin/DAM/stats/publications/CES_2010_Census_Recommendations_English. pdf.

③ 联合国经社委员会统计处(Department of Economic and Social Affairs Statistics Division):《关于人口和住房普查的原则和建议》(Principles and Recommendations for Population and Housing Censuses), https://unstats. un. org/unsd/publication/seriesM/Series_M67rev3en. pdf.

④ Lovelace v Canada, Communication No. 24/1977, CCPR/C/13/D/24/1977 July 30, 1981; Kitok v Sweden, Communication No. 197/1985, CCPR/C/33/D/197/1985, July 27, 1988.

国家采取这种民族认同模式,欧洲国家的土著人认定也主要采取这种方式。[①] 当然,也有一些国家例如法国、土耳其,否认个人的族群身份,也禁止统计个人的族群身份。

据联合国统计,在 2000 年世界人口统计周期内,147 个国家中有 95 个(65%)要求其国民公开民族或族群身份;而剩余 35% 的国家未进行族群身份统计;在要求公开民族或族群身份的 95 个国家中,有 7 个采取"世系"原则确定个人族群身份,主要集中在北美、大洋洲、亚洲,非洲和欧洲没有根据"世系"原则来确定个人族群身份的国家,它们主要采取"自我认同"原则。[②]

二、欧洲个人族群身份的"自我认同"原则

在国际规范的影响下,欧洲国家对于个人族群身份的确定,普遍采用了"自我认同"原则,即采取建构主义的理念来看待民族和族群,并以个人自我选择来确定族群身份。但是,这使欧洲"少数群体"身份的确定有着很强的主观性。而依据十分主观的"自我认同"确立的群体身份,注定不可能与对少数群体"强保护"相结合,因为如果实行"强保护",会出现为数众多的工具性身份认同者,这构成了欧洲少数群体保护的核心悖论。

在欧洲,普遍推崇的是"自我认同"模式,这是一种基于自由主义民族理论而演化出来的一种认同模式。

欧洲的"自我认同"模式在 20 世纪 90 年代初开始出现。1990 年欧安会议的《哥本哈根文件》[③]第 32 段指出:"属于少数民族是一个人的个人选择,

---

[①] "土著人"一般需要国家正式而严格的确认,瑞典、挪威、芬兰、俄罗斯分别于 1989 年、1990 年、1995 年、2000 年承认了萨米人的"土著人"地位。而个人是否属于"土著人",通常的做法是,除了"自我认同"为土著人,还需获得该群体的接受。例如芬兰法律规定,成为"萨米人"需要符合主观条件和客观条件,主观条件即自我认同为萨米人;客观条件包括:本人或者其父母、祖父母等直系亲属中有人会使用萨米语;或者本人是拉普人(Lapp)后裔(其祖先曾在土地、税务或人口登记处登记为山地、森林或渔村拉普人);或其父母之一已经或可能登记为萨米代表团或萨米议会的选民。参见:芬兰司法部《萨米议会第 974/95 号法案》(Act on the Sámi Parliament No. 974/95),https://www.finlex.fi/fi/laki/kaannokset/1995/en19950974.pdf.

[②] 联合国统计处:《族性:数据收集与传播的回顾》(Ethnicity: A Review of Data Collection and Dissemination), August 2003, https://unstats.un.org/unsd/demographic/sconcerns/popchar/ethnicitypaper.pdf.

[③] "Document of the Copenhagen Meeting of the Conference on the Human Dimension of the CSCE," June 29, 1990, https://www.osce.org/files/f/documents/9/c/14304.pdf.

个人不因这种选择而受到不利对待。属于少数民族的人有权自由表达、维护和发展他们的族群、文化、语言或宗教特征,并在所有方面维持和发展他们的文化,不应存在任何违背其意愿的同化尝试。"欧安组织还表示:谁是、谁不是少数民族的问题则只能凭其成员的主观感情决定。①

1999 年欧安组织出台的"隆德建议"②再次强调了个人民族身份的"自我认同"原则,认为这是"确保尊重个人自治和自由所必需的"。

《框架公约》也肯定了"自我认同"原则。《框架公约》前言指出:一个多元化和真正民主的社会不仅应尊重属于少数民族的族裔、文化、语言和宗教身份,而且应创造适当的条件,使他们能够表达、维护和发展这种身份。

第 3 条规定:(1)属于少数民族的个人有权自由选择作为或不作为少数民族,不因这种选择及由此而来的权利享有而遭到不利对待。(2)属于少数民族的个人可以单独或与群体其他人共同实践和享有《框架公约》中的权利。

第 6 条规定:(1)缔约方应鼓励容忍和文化间对话的精神,并采取有效措施,促进生活在其领土上的所有人之间的相互尊重、理解和合作,而不论这些人的族裔、文化、语言或宗教身份如何,特别是在教育、文化和媒体领域。(2)缔约方承诺采取适当措施,保护可能因族裔、文化、语言或宗教身份而受到威胁或歧视、敌视或暴力的人。

"自我认同"是否是随意的主观认同呢?《框架公约》的解释报告第 3 条指出,"自我认同"的原则并不意味着个人有权任意地选择属于任何少数民族,个人的主观选择应与个人身份有关的客观标准密不可分。③ 尽管如此,个人的主观选择是否结合了"客观标准",并没有任何操作标准,也没有国家去进行核查或识别,因为这在欧洲将会侵犯隐私权。即使在匈牙利少数民族自治机构代表的选举中,候选人的族群身份,也只需要个人主观上

---

① 《联合国少数群体问题指南》第 9 号小册子:欧洲安全与合作组织(欧安组织)少数民族问题高级专员(民族专员),https://www.ohchr.org/Documents/Publications/GuideMinorities4ch.pdf.

② "隆德建议"也称"隆德报告",参见:"The Lund Recommendations on the Effective Participation of National Minorities in Public Life & Explanatory Note," published by the OSCE High Commissioner on National Minorities (HCNM), September 1999.

③ Council of Europe, "Explanatory Report of The Framework Convention for the Protection of National Minorities."

去"公布",并无机构去查核它的客观性①,1991 年英国第一次在人口普查中增加对族裔群体的调查时,承认所收集的资料是主观的。②

需要注意,对于个人族群身份的"自我认同"原则,欧洲委员会的《框架公约》和欧安组织的《哥本哈根文件》措辞存在细微差别。《框架公约》强调,"属于少数民族的个人有权自由选择作为或不作为少数民族,不因这种选择及由此而来的权利享有而遭到不利对待"。即《框架公约》认为"自我认同"原则需要建立在"属于少数民族"的基础之上,即暗含着国家需要先承认集体族群身份的存在,然后才能承认个人对该民族身份的认同。从这点上看,《框架公约》比欧安组织要保守得多。对此,英国苏塞克斯大学伊丽莎白·克雷格(Elizabeth Craig)非常精辟地指出:"《框架公约》的起草者关注的重点在于选择何种对待及这种选择的后果,而不在于个人可以选择民族身份"。③

"自我认同"是否意味着个人可以任意地选择民族身份的权利呢?显然不是,因为如果那样的话,个人很可能采取"工具性"认同方式——即根据利益得失计算来决定何时该认同哪个族群,这对少数群体的管理将会出现无休止的混乱和麻烦,而国家承担的保护责任也会难以预料地增加。例如波黑,三个"构成民族"享有明显高于其他少数民族的权利,尤其是在政治权利方面。如果仅仅按照自由的"自我认同"原则,其他少数民族可能会在需要的时候"自我认同"为构成民族。这就是波黑给予"自我认同"原则以各种直接或间接限制的重要原因,尽管这种做法遭到了联合国人权委员会的多次批评。④

再如匈牙利 1993 年《少数民族与族群权利法》⑤第 7 条规定,"认同或

① 参见杨友孙、曾一丹:《匈牙利民族自治制度及其实践初探》,《比较政治学研究》2020 年第 2 期。

② Jonathan Burton, Alita Nandi, Lucinda Platt, "Who are the UK's minority ethnic groups? Issues of Identification and Measurement in a Longitudinal Study," Understanding Society Working Paper Series, no. 2008 - 02.

③ Elizabeth Craig, "Who Are the Minorities? The Role of the Right to Self-Identify within the European Minority Rights Framework," journal on Ethnopolitics and Minority Issues in Europe, vol. 15, no. 2, 2016, pp. 6 - 30.

④ ACFC, Opinion on Bosnia and Herzegovina, adopted on 27 May 2004; ACFC. Third Opinion on Bosnia and Herzegovina, adopted on 7 March 2013.

⑤ Act LXXVII of 1993 on "Rights of National and Ethnic Minorities," http://www. regione. taa. it/ biblioteca/minoranze/ungheria2. pdf.

者属于某个少数民族或族群是个人排他性的和不可分离的权利"。匈牙利政府无权对个人进行民族识别,因为个人族群身份具有隐私性。但这使不少人通过"伪装"民族身份的方式参与少数族群自治机构的竞选,出现了所谓"族群生意"(ethno-business):有人为了到不同民族自治机构参与竞选而随意更改民族身份;有人不惜在民族自治机构选举中更改自己的姓①,以使名字在根据"字母表顺序"排列的选举名单上排序靠前。② 很多主体民族的人也"伪装"身份而参加"少数族群文化自治机构"的选举,也有人连续参加不同的"少数族群文化自治机构"的竞选。联合国少数群体问题独立专家批评匈牙利少数民族自治机构的选举制度已被广泛"滥用",有人希望借此获取经济和政治利益。③ 2005 年匈牙利开始对此进行改革,要求参选人必须进行选民登记,在选民登记中,必须声明自己的族群身份(仍然是自我认同,但数据保密);而竞选职位的候选人则必须公开声明自己属于某个族群。而这些个人认同,需要和最近一次人口普查时的个人族群认同一致,而且以后也不能随意更改。这才在一定程度上阻断了族群身份的"伪装者"。

正是考虑到"自我认同"模式可能导致的种种问题,《框架公约》解释报告强调,"自我认同"并不意味着个人可以任意地选择属于某个少数民族。个人的主观选择与个人身份相关的客观标准是不可分割的。因此,它主张的是存在一定客观标准的个人自我认同,或称"有限自我认同模式"。不过,这种"自我认同+客观标准"模式,存在两个问题,第一,到底是主观的意志重要一些,还是客观的标准重要一些,《框架公约》的咨询委员会并未进行说明。但是,根据 2012 年欧安组织出台的"多样化社会整合的卢布尔雅那指导原则"④,"身份首先取决于个人的自愿自我确认",即强调主观优先的原则。第二,"客观标准"到底应该是什么? 是国家给定的,还是个人提交的,目前并无定论。

欧洲委员会威尼斯委员会在一些场合曾经指出,个人的族群身份,只

---

① 匈牙利人的姓名和大多数西方国家不同,而是和中国人的姓名类似,姓在前名在后。
② Athanasios Yupsanis, "Cultural Autonomy for Minorities in Hungary: A Model to Be Followed or a Futile Promise?" International Journal on Minority and Group Rights 26, 2019, pp. 1 - 39.
③ Report of the "Independent Expert on Minority Issues," Addendum, Mission to Hungary, UN Doc. A/HRC/4/9/Add. 2, January 4, 2007.
④ OSCE, "Ljubljana Guidelines on Integration of Diverse Societies," November 2012.

需要个人主观认同就足够了。2000年10月,欧洲委员会威尼斯委员会针对克罗地亚2000年5月份《关于少数民族权利的宪法性法律》草案发表了意见①,"意见"指出,"法律应该明确,个人可以决定如何表达其族群归属,个人族群归属的'客观'标准应被排除……还应该明确指出,这一规定也同样保障改变少数群体从属关系的权利"。这似乎与《框架公约》解释报告的意思有所偏差。不过,在2001年的另一个报告中,威尼斯委员会对自己的观点进行了补充说明,它指出:

威尼斯委员会同意《框架公约》之个人族群身份自由选择的同时,不阻碍成员国在给予属于某个少数族群成员特权时,提出一些少数族群身份的标准。换句话说,个人选择是一个必要条件,但对于获得具体的特权来说又不是充分条件。② 2012年6月,威尼斯委员会在《关于匈牙利少数民族权利法的意见》中③,对于匈牙利《少数民族权利法》第11(2)条的规定——个人不应被强制表明某种少数族群身份,但个人需要行使某项少数群体权利时,则需以表明自己的族群身份为前提——威尼斯委员会认为这是符合《欧洲少数民族保护框架公约》第3条的精神的。

威尼斯委员会的观点可谓十分精到。若不涉及具体的优惠或者特权时,个人主观地自我认同某个族群,在现实中并不会存在着太大问题,但当少数族群身份和某种利益或特权挂钩时,仅仅凭借主观选择就是自找麻烦。

在欧洲,个人族群身份的"自我认同"原则,在实践中除了遇到主客观如何结合的难题,以及"工具性"认同困境,还存在的一个问题是,根据欧洲

---

① Venice Commission, "Opinion on the Draft Constitutional Law on the Rights of Minorities in Croatia," Opinion 134/2000, adopted by the Commission at its 44th Plenary Meeting, CDL (2000) 79 rev, Venice, October 13 - 14, 2000, https://www. venice. coe. int/webforms/documents/default. aspx?pdffile=CDL(2000)079rev-e.

② Venice Commission, "Report on the Preferential Treatment of National Minorities by Their Kin-State," adopted by the Venice Commission at its 48th Plenary Meeting, CDL-INF (2001) 19, Venice, October 19 - 20, 2001, https://www. venice. coe. int/webforms/documents/?pdf=CDL-INF(2001)019-e.

③ Venice Commission, "Opinion on the Act on the Rights of Nationalities of Hungary," CDL-AD (2012)011, adopted by the Venice Commission at its 91st Plenary Session, Venice, June 15 - 16, 2012, https://www. venice. coe. int/webforms/documents/default. aspx?pdffile=CDL-AD(2012)011-e.

的普遍的"共识",作为少数群体,首先需要公民身份。一个群体只有获得了公民身份,才可能被认定为少数群体,个人也只有获得了公民身份,才有资格认同某个少数群体。这实际上剥夺了很多少数族群的人的身份认同资格。联合国人权委员会在阐述《公民权利与政治权利国际公约》的第23号"一般性意见"第5.1段指出,"第27条保护的个人,是那些属于享有共同文化、宗教和/或语言特征的群体的个人,他不需要具有该国的国籍"①。这可能造成在同一个国家,一个少数民族或族群被人为地区分为两部分,一部分是获得了该国公民身份的"少数民族",另一部分是未获得公民身份的"移民"或"非公民定居者",尽管他们事实上属于同一个群体,在群体特征方面没有任何差别。

在欧洲,一些文件涉及人口统计中的族群身份问题。威尼斯委员会在2011年3月《关于乌克兰语言法草案的意见》中指出:国家应保证,今后的人口统计问题和形式,应该确保个人能够自由地表达他们的语言和族群身份。适当而灵活的问题是必要的——问题形式是有选择性的,并允许存在着多种开放式答案,不能强制个人从属某个类别,也应允许存在多重身份归属的选择(例如对那些族际通婚的孩子),使人口统计的结果真实反映个人的实际选择。同样,在处理收集的数据时,尊重种族和语言特征的自由表达也至关重要。② 2012年6月,威尼斯委员会在《关于匈牙利少数民族权利法的意见》中也指出,必须对少数民族人口进行统计,以知晓少数民族的人口状况,但是,这种统计应该是匿名的。③ 2012年3月,在对罗马尼亚执行《框架公约》第三轮评估报告中,《框架公约》咨询委员会对罗马尼亚违反"自我认同"原则进行了严厉的批评。咨询委员会指出,在2002年罗马尼亚人口统计中,很多人认同自己为"昌戈人"(Csango),但罗马尼亚政府在处理人口统计数据时,将他们归为"匈牙利族",而认同将阿罗蒙人(Aromanians)、瓦拉几人(Vlachs)、马其顿-罗马尼亚人(Macedo-Romans)、

---

① UN Human Rights Committee, "CCPR General Comment No. 23: Article 27 (Rights of Minorities)," April 8, 1994, https://www.refworld.org/docid/453883fc0.html.

② "Opinion on the Draft Law on Languages in Ukraine," CDL-AD(2011)008, adopted by the Venice Commission at its 86th Plenary Session, Venice, March 25 - 26, 2011, https://www.venice.coe. int/webforms/documents/default.aspx?pdffile=CDL-AD(2011)008-e.

③ Venice Commission, "Opinion on the Act on the Rights of Nationalities of Hungary," CDL-AD (2012)011.

伊斯特拉罗马尼亚人（Istro-Romanians）全部被归类为"罗马尼亚人"，这种做法违反了《框架公约》第 3 条的自由的"自我认同"原则。①

此外，属于某个族群虽然是个人的选择，但对于个人在统计中认同的族群身份，却是需要保密的。根据欧洲委员会部长委员会 1997 年 9 月 30 日出台的第 97 号建议②，统计数据必须在做到匿名和保密并相互共享。这样，就尽可能排除了个人认同少数民族身份的顾忌。

三、"Ciubotaru v. Moldova 案例"③分析

（一）案情与国内审理

苏联解体后，曾经依据"世系原则"确立族群身份的原苏联地区国家，现在开始依据"自我认同"确立族群身份。但之前的档案有时会给"自我认同"带来实质性伤害——尤其是之前确立的族群身份的客观标准并不"客观"时——本案例即是其中一个争端。

申诉人 Mihai Ciubotaru 为生于 1952 年的摩尔多瓦公民，职业为作家及法语教授，居住在首都基希涅夫。他的父母分别于 1927 年、1928 年出生在当时属于罗马尼亚比萨拉比亚的伯尔兹（Bălţi）。"二战"期间，比萨拉比亚被苏联占领，包括伯尔兹在内的大部分比萨拉比亚领土被并入苏联的摩尔达维亚共和国，1991 年该共和国脱离苏联成立摩尔多瓦共和国。历史的沧桑巨变，使申诉人父母的罗马尼亚族身份材料遗失，在正式文件上未留下任何记录。1949 年申诉人父母登记结婚时，族群身份一栏为空白。1952 年，在苏联官方出具的申诉人出生证明上，其父母为摩尔多瓦族。在 1976 年和 1979 年申诉人父母的身份证上，都注明了摩尔多瓦族身份。申诉人本人的身份证上也同样标注为摩尔多瓦族。

---

① "Advisory Committee On the Framework Convention for the Protection of National Minorities," ACFC/OP/III(2012)001, third Opinion on Romania adopted on 21 March 2012, https://rm.coe.int/168008c6a3.

② "Explanatory Memorandum Recommendation" No. R (97) 18 of the Committee of Ministers to Member States concerning the protection of personal data collected and processed for statistical purposes (adopted by the Committee of Ministers on 30 September 1997 at the 2nd meeting of the Ministers' Deputies), https://rm.coe.int/16806846ca.

③ Case of "Ciubotaru v. Moldova", application no. 27138/04, judgment of 27 April 2010, http://www.legislationline.org/documents/id/16334.

2002年，申诉人申请由苏联身份证更换为摩尔多瓦身份证，在填表时，他在"族群"一栏中填写了"罗马尼亚族"，但被告知，他在正式文件中的族群身份为"摩尔多瓦族"，若填写的族群身份与正式文件中不一致，将被拒绝更换身份证，他只好遵从官方意见，将族群身份填写为"摩尔多瓦族"。

不久后，申诉人写信给当地的民事登记部门，请求将其族群身份由"摩尔多瓦族"更改为"罗马尼亚族"。2003年2月11日，民事部门拒绝了他的请求，因为他的父母在出生证明和结婚证上，都未显示是罗马尼亚族人。此后他又写信给中央民事登记部，2004年7月2日，中央民事登记部表示，由于他的父母所有证件上均未显示属于罗马尼亚族，他不能申请为罗马尼亚族。中央民事登记部建议他到国家档案馆搜集其祖父母以及其他先人的出生记录，但申诉人未听从建议。

申诉人写信给摩尔多瓦总统、首相及其他高层官员，均未收到回复。

2004年7月26日，申诉人向摩尔多瓦雷什卡内地区法院（Rascani District Court）上诉。他认为，在"国家人口统计库"①中，他和父母的族群身份都已经更改为罗马尼亚族，但摩尔多瓦民事登记部不允许更改族群身份，侵犯了他的良心自由权利和个人尊严，因为他及父母的摩尔多瓦族身份是在斯大林时期人为造成的。2004年11月15日，雷什卡内地区法院驳回了诉讼请求，因为申诉人未证明其父母为罗马尼亚族。

申诉人继续向基希涅夫上诉法院（Chişinău Court of Appeal）上诉，认为摩尔多瓦民事登记部门违反了摩尔多瓦2001年的《少数民族权利法》②和摩尔多瓦宪法第8条。③

2004年12月15日，基希涅夫上诉法院以前一法院同样原因驳回了申诉人的请求。

申诉人向摩尔多瓦最高法院上诉。2005年4月6日，最高法院驳回了申

---

① 根据2002年3月18日摩尔多瓦政府第333号令（Government Decision no. 333），摩尔多瓦建立了国家人口统计数据库，该数据库包括摩尔多瓦所有公民的各种信息，包括血型、眼睛颜色、身高、教育情况、族群身份、个人签字样本，但不包含个人宗教情况。

② Law no. 382 of 19 July 2001 on the Rights of Persons belonging to National Minorities. 该法律第1条规定，个人要申请摩尔多瓦少数民族身份，必须是居住在摩尔多瓦共和国的公民，他们在族群、语言、文化和宗教方面有和主体群体——摩尔多瓦人——不同的特点，他们也认为自己具有不同的族群起源。第2条规定，任何人都有自由选择族群归属的权利，个人不因这种选择而处于不利地位。

③ 摩尔多瓦宪法第8条规定，遵守摩尔多瓦签订的国际法和国际条约的规定。

诉请求,因为根据《民事身份文件法》第 68 条[①],不可能将申诉人父母的族群身份更改为"罗马尼亚族",也无任何文件显示他们属于罗马尼亚族。

（二）欧洲人权法院的观点

2004 年 7 月 19 日,申诉人向欧洲人权法院提起诉讼。由于《欧洲人权公约》缺乏关于族群身份的条款,他申诉了第 8 条(隐私权与家庭权)和第 6 条(公平审判权)。由于第 6 条的申诉与本部分没有直接关系,因而本部分主要论述第 8 条。2010 年 4 月 27 日,欧洲人权法院初级庭第四庭裁决了该案件。

1. 双方辩论

原告和被告首先围绕案件是否成立——即是否满足欧洲人权法院接受案件的条件——进行了辩论。政府代表认为,由于没有任何文件能够证明申诉人的罗马尼亚族群身份,他的权利并未遭到侵犯,因而他不符合"受害人"条件。而且,申诉人没有听从中央民事登记部门的建议,到国家档案馆去寻找他祖父母或者其他先人的档案,因此,申诉人自己应该对事情的结果负责。政府代表还提到,摩尔多瓦 2006 年有过另一个案例——"the Caragheorghi 案例",在那个案例中,一个嘎嘎乌孜人(Gagauz)父母均未曾显示属于希腊族人,但他找到一个 1822 年出生的希腊族先人,因而成功地改变了民族身份。

申诉人对此并不赞同,他认为,他的族群身份在摩尔多瓦"国家人口统计库中"存在记录,因而不需要采取寻找先人的办法。

对于是否违反《欧洲人权公约》第 8 条,双方进行了辩论。

申诉人认为,族群身份和性别、性取向一样,都属于《欧洲人权公约》第 8 条的"私人生活"的范围。他的摩尔多瓦族群身份是苏联时期人为设定的,由于政治因素被摩尔多瓦共和国延续下来,他为不能属于自己内心认可的族群而感到羞耻。摩尔多瓦政府既没有尽到其消极责任——即强制他认同摩尔多瓦族,也没有尽到其积极责任——未允许他自由选择归属于某个文化群体。当年他父母也是被迫归属于摩尔多瓦族的。政府强制他证明罗马尼亚族身份,给他带来了很大压力,而政府却不需要提供证据证明他属于摩尔多瓦族。此外,摩尔多瓦政府对他的侵权行为并不存在着合法目的,其真实目的是促进国内人口的

---

① Law no. 100 of 26 April 2001 on Documents pertaining to Civil. 第 68 条规定,在孩子的出生证明上,不能根据祖父母或者其他先人的身份文件来更改孩子父母的族群身份,除非有关于父母的族群归属的文件来证明。

"摩尔多瓦化",这不符合《欧洲人权公约》第8(2)条。政府不允许他更改为罗马尼亚族也是其仇外主义的体现,这是与民主、多元等价值观背道而驰的。

政府代表认为,《欧洲人权公约》第8条并不适用,因为私人生活权利并不包括少数群体的身份权。申诉人未能更改族群身份主要是由于证据不足,在另一个有足够证据的案例中,申诉人就成功地将嘎嘎乌孜族更改为希腊族。

政府强调,在1976年和1979年,申诉人的父母申请苏联身份证的时候,亲自注明属于摩尔多瓦族,他们也从未宣称属于罗马尼亚族。摩尔多瓦也未对其他族群实行过"摩尔多瓦化"政策,至今摩尔多瓦还存在着为数不少的罗马尼亚人、波兰人、乌克兰人、保加利亚人、犹太人、白俄罗斯人、塔吉克人、吉卜赛人、德国人等少数族群。①

政府代表指出,如果更改族群身份的时候,只根据申请人的声明或要求,而不需要证据,那么将导致十分严重的后果。假设很多摩尔多瓦人都声称自己是法国人、德国人、英国人,结果会如何呢? 显然会构成对其他很多国家的伤害,申诉人的目的很可能是想借此获得罗马尼亚的公民身份。

政府代表还认为,判断哪项更改族群身份的申请可以通过,属于缔约国自由裁量权的范围。而且,《欧洲人权公约》应该从当前情况而非历史的角度去理解,案例所涉及的某些时间甚至连《欧洲人权公约》都还不存在。虽然《框架公约》规定个人有选择族群身份的权利,但并不意味着个人可以享有某些特权。

2. 欧洲人权法院的审理

对于申诉人是否满足"受害人"条件,欧洲人权法院指出,申诉人的族群身份的确能从摩尔多瓦国家统计库或其他的一些地方找到。但申诉人没有去寻找其祖父母及其他先人的档案,因为根据摩尔多瓦的法律,如果父母的档案中没有显示某个族群身份,那么,即使找到祖父母或者其他先人的档案也同样不能更改族群身份。摩尔多瓦审理的"the Caragheorghi案件"反而是一个违反了摩尔多瓦《民事身份文件法》第68条的奇怪案例。因此,申诉人申诉的《欧洲人权公约》第6条和第8条,从事实和法律来看都十分重要,没有理由不予通过。

对于《欧洲人权公约》第8条,欧洲人权法院指出,"私人生活"的范围很广

---

① 根据摩尔多瓦国家统计局2004年的人口统计,摩尔多瓦的族群构成大致如下:摩尔多瓦人:75.8%;乌克兰人:8.4%;俄罗斯人:5.9%;嘎嘎乌孜人:4.4%;罗马尼亚人:2.2%;保加利亚人:1.9%;其他族裔人:0.1%。参见:"Case of Ciubotaru v. Moldova," paragraph 23.

泛,包括现实和心理层面,自然也包含了个人选择身份的权利,而个人身份包括性别确认、名字选择、性取向及性生活等,族群身份同样属于个人身份的范围。在确定个人身份时,"个人自治"(personal autonomy)是一个十分重要的原则,欧洲人权法院在其他一些案例中已经表达了这个原则。①

欧洲人权法院进一步强调,尽管第 8 条的实质是保护个人免于公共机构对私人生活的侵犯,但并不仅仅要求国家承担消极责任,还要求国家承担一定的积极责任,例如采取措施保护私人生活权利。当然,国家在这些方面也享有一定的自由裁量权。在摩尔多瓦,族群身份问题是一个敏感而复杂的问题,社会争议很多。族群身份和其他身份不同的是,个人一旦归属了某个族群,那他的后代都要归属这个族群。而摩尔多瓦拒绝按照申诉人的声明来确定其族群身份,因此,申诉人享有的第 8 条的权利遭到侵犯,即他符合第 8 条的"受害人"条件。

欧洲人权法院认为,政府的行为有明确的法律依据,即《民事身份文件法》。至于申诉人提到的——政府行为不存在合法目的——欧洲人权法院注意到,政府并未表达其行为是出于什么目的。对此,欧洲人权法院假定政府是追求维护国家安全和防止社会失序的目标。因为政府表达过,如果按照个人随意选择族群归属,就会带来严重的行政后果以及恶化与其他国家的关系。

欧洲人权法院表示,不反对政府在确定族群身份时要求出示一定的客观证据,政府也可以拒绝个人根据主观印象和不实原因确定族群身份。而根据摩尔多瓦《民事身份文件法》第 68 条,申诉人只有出示其父亲或母亲属于罗马尼亚族的证据,才可能更改为罗马尼亚族。考虑到摩尔多瓦的历史因素,这点对申诉人构成了不成比例的负担。申诉人更改族群身份并不完全仅凭主观感觉,还有一些其他证据,例如语言、名字、共情(empathy)等,只是这些客观证据在摩尔多瓦法律中都未发挥作用。面对这些客观证据,摩尔多瓦政府并未尽到积极责任,即未根据这些客观证据而采取措施确保尊重申诉人的私人生活权。

因此,欧洲人权法院裁定,摩尔多瓦政府违反了第 8 条,赔偿申诉人损失5000 欧元。

---

① 相关案例参见:"Burghartz v. Switzerland," application no. 16213/90, judgment of 22 February 1994, http://ww3. lawschool. cornell. edu/AvonResources/Burghartz. PDF; "Christine Goodwin v. the United Kingdom [GC]," application no. 28957/95, July 11, 2002, http://www. amicuscuriae. it/attach/superuser/docs/goodwin. pdf.

四、影响与各方观点

欧洲人权法院呼吁，摩尔多瓦议会修改国内法律，使苏联时期被错误确认族群的人能够回归自己认同的族群，欧洲委员会部长委员会也要求摩尔多瓦尽快落实欧洲人权法院的意见。2011 年，作为比萨拉比亚作家协会主席的申诉人，也向欧洲委员会部长理事会、欧洲人权法院主席（Nicolas Bratzas）、摩尔多瓦总统马里安·卢普（Marian Lupu）写信，要求他们督促摩尔多瓦落实欧洲人权法院的意见。摩尔多瓦议会采取了一定的措施，例如通过法案要求贯彻欧洲国家通行的做法，在一些相关表格中不再出现"民族"一栏，但其他方面并无积极进展。

位于华沙的欧安组织民主制度与人权办公室（OSCE Office for Democratic Institutions and Human Rights，ODIHR）对本案例进行了评论，它认同欧洲人权法院的观点，并进一步指出，在少数民族身份归属方面，摩尔多瓦的做法太过僵硬，不应该给个人修改其族群身份带来不可克服的障碍，建议摩尔多瓦除了在一些表格中删除"族群身份"一栏，还应从以下方面修改认定族群身份的法律：第一，在修改族群身份方面，父母的族群身份可以作为决定因素之一，但也可以考虑一些其他客观和主观的因素——这可能比父母的族群身份更加重要。国家应尽量避免只依赖某些狭隘的客观因素来决定个人族群身份，而应更加灵活处理。第二，如果个人不认同某种族群身份，则有权在一些证件——例如出生证明——中删除其族群身份，这点对于摩尔多瓦政府机关来说更加简单易行。当然，在修改相关法律时，也要注意与少数群体协商。①

法国学者皮埃尔·阿泽尔万德（M. Pierre Azelvandre）指出②，欧洲人权法

---

① "OSCE Office for Democratic Institutions and Human Rights(ODIHR)，" OPINION on the proposed exclusion of the heading regarding ethnic identity from civil status documents in Moldova, Warsaw, July 30, 2010, http://legislationline. org/download/action/download/id/6680/file/160_PRIV_MDA_30%20July%2010. pdf.

② M.Pierre Azelvandre, La reconnaissance d'une «ethnicité objective» par la Cour de Strasbourg (CEDH, 27 avril 2010, Ciubotaru c. Moldavie) Recognition of "objective ethnicity" by the Strasbourg Court (ECHR, 27 April 2010, Ciubotaru v. Moldova), Combats pour les droits de l'homme (CPDH, Fighting for Human Rights, CPDH), 30 avril 2010, http://combatsdroitshomme. blog. lemonde. fr/2010/04/30/la-reconnaissance-dune-ethnicite-objective-par-la-cour-de-strasbourg-cedh-27-avril-2010-ciubotaru-c-moldavie/.

院肯定了"族群身份"是一种客观存在而非主观意志,也肯定了摩尔多瓦政府强调用客观证据证明族群身份的做法,但欧洲人权法院也批评摩尔多瓦政府未重视申诉人的语言、名字、与罗马尼亚族共情以及其他一些客观因素在确定申诉人族群身份中的作用。他认为,欧洲人权法院初级庭过于强调决定"族群身份"的客观因素,而不强调"族群身份"具有主观色彩,这是与欧洲人权法院大法庭在"*Sejdić and Finci v. Bosnia and Herzegovina* 案例"中对"族群"的概念界定是不大一致的。[①]

和皮埃尔·阿泽尔万德一样,英国萨克塞斯大学学者伊丽莎白·克雷格(Elizabeth Craig)也肯定了欧洲人权法院强调族群身份的"客观性"原则,而摩尔多瓦恰恰是忽略了一些客观证据。欧洲人权法院也指责了摩尔多瓦在确认个人族群身份时延续苏联时期的做法,违反了《框架公约》,即虽然需要有一定的客观因素,但必须首先是个人的自我认同和自由选择,而非由他人决定。[②]

荷兰莱顿大学学者内列克·科菲曼(Nelleke Koffeman)十分赞赏欧洲人权法院强调个人族群身份确定时的"个人自治"(personal autonomy)原则,她认为,欧洲人权法院主张"私人生活"的涵盖范围是不可能也没有必要穷尽的。"个人自治"在解释和保证第 8 条的权利时是一个重要原则,它要求给予每个个人具有展示其身份的具体信息的权利。此外,欧洲人权法院还强调第 8 条的涵盖范围非常广泛,包括现实和心理层面——当然也包含了少数群体身份确定方面。由于"个人自治"对于个人尊严以及实现更好生活都非常重要,所以欧洲人权法院强调个人在决定族群身份时的作用是值得肯定的。[③]

而"个人自治"如何理解呢?欧洲人权法院在后来的一些案例中对这个概念进行了专门界定:个人自治是指有权作出自己如何生活的选择,只要这种选

---

① 在该案例中,欧洲人权法院强调"族群"概念来自在民族、宗教信仰、共同语言、文化或传统起源、背景等方面具有共性的社会群体(ethnicity has its origin in the idea of societal groups marked in particular by common nationality, religious faith, shared language, or cultural and traditional origins and backgrounds)。从这个概念来看,"族群"应该具有较强的主观成分和社会成分。参见:*Sejdić and Finci v. Bosnia and Herzegovina*, applications nos. 27996/06 and 34836/06, judgment of 22 December 2009, paragraph 43, http://hudoc.echr.coe.int/eng#{"itemid":["001-96491"]}.

② Elizabeth Craig, "Who Are the Minorities? The Role of the Right to Self-Identify within the European Minority Rights Framework," *Journal on Ethnopolitics and MinorityIssues in Europe*, vol.15, No 2, 2016, pp. 6 - 30.

③ Nelleke Koffeman, "The Right to Personal Autonomy in the Case Law of the European Court of Human Rights," Leiden University, 2010, https://openaccess.leidenuniv.nl/handle/1887/15890.

择未对他人的权利和自由构成不合理的伤害。[①] 在另一些案例中,欧洲人权法院还强调,个人自治还意味着可以自由表达思想,有权对自己的身体作出决定——尤其是有关个人与生俱来的事项之时,个人有权管理自己的身体机能。[②]

五、评述与反思

笔者认为,族群身份是非常重要的个人身份,这个身份实际上包含了隐性的自我内心认同的"内在身份"和自由选择或被迫接受的"外在身份"。两个身份可能相同,也可能不一致。个人如果没有"内在身份",那么他的族群身份是缺乏灵魂的。如果一个人有强烈的主观意志去认同或改变自己的族群身份,也能提供一定的客观理由,应该给予个人按照其内在身份去认同其族群身份,使他的内在身份和外在身份相一致。

族群身份认定的"世系原则"可能更适合对少数群体采取"高标准""强保护"的国家,而对于对少数群体采取"低标准"或"弱保护"的大多数欧洲国家来说,"世系原则"既无必要也无意义。"世系原则"还会带来身份固化,正如伊丽莎白·克雷格(Elizabeth Craig)指出,签订《框架公约》之时的和平与安全背景,导致该公约通过时将重点放在保护少数民族权利上,但不应被用来促进某种固定身份和巩固差异,损害个人权利。固定身份的做法损害了自我认同的个人权利,这是对当前世界的威胁。[③]

金里卡将少数群体的群体权利分为"对内限制"(internal restrictions)和"涉外保护"(external protections),前者指群体对群内成员的限制,旨在保护群体不受外部压力的影响(例如个体成员不再遵照传统惯例和习俗),后者指少数群体针对更大社会的自我保护行为,旨在保护群体不受外部压力的影响。[④] 而

---

① M. and M. v. Croatia, Application no. 10161/13, judgment of 3 September 2015, paragraph 171, https://www.familylaw.co.uk/system/redactor_assets/documents/3295/flr4994ts.docx.

② Fernández Martínez v. Spain, application no. 56030/07, judgment of 12 June 2014, http://www.menschenrechte.ac.at/orig/14_3/Fernandez%20Martinez.pdf.

③ Elizabeth Craig, "Who Are the Minorities? The Role of the Right to Self-Identify within the European Minority Rights Framework," *Journal on Ethnopolitics and Minority Issues in Europe*, vol. 15, no. 2, 2016, pp. 6 - 30.

④ 威尔·金里卡著,刘萃译:《当代政治哲学》,上海译文出版社 2015 年版,第 431 页。

族群身份的"自我认同"意味着,族群的"对内限制"权利已不再存在。这将导致少数族群文化、传统、习俗不再被坚定地遵守,族群特征淡化和族群边界模糊化,而这反过来又会影响到这些族群"涉外保护"的正当性。

对于欧洲国家来说,实际上是通过牺牲少数民族的"强保护"来换取个人族群身份的"自我认同"的自由,即自由优先于利益或平等。然而问题是,即使采取符合"弱保护"的"自我认同"原则,也同样会出现很多问题。

正如欧洲人权法院主张,个人可以自由选择某种文化身份,这种选择应该是个人选择,而非由个人无法改变的因素来确定,这属于"个人自治"的范畴。当然,个人在确定族群身份时虽然具有主导权利,但也需要提供一些客观而合理的理由,或者说需要一定的"客观标准"。由于每个国家的国情、族情差异,这种"客观标准"无疑会存在差异。本案例的问题在于,摩尔多瓦使申诉人的族群身份变成一种像性别一样毫无弹性的事务,从而不符合较为广泛接受的"主观+客观"的族群身份认同模式,也违背了族群本身具有一定的建构性的特点。

一般来说,个体族群身份自由的"自我认同"原则使得个人族群身份和集体族群身份都存在着高度的变动性,它只能对应相当弱的族群特别保护或优惠政策。也就是说,这里潜藏着一个"不可能定律",即个人族群身份自由的"自我认同"原则与较高程度的族群特殊保护或优惠政策同时存在是不可能的,因为"自我认同"导致作为优惠政策施政对象的"少数群体"变化莫测。

在一个高度流动性社会,族群之间的交往会逐渐加强,除了个别情况之外,生活于同一空间,具有共同命运的不同族群,共同性会有所加强。而且,他们都要融入现代文明,学会在现代社会中生存的各种技能,熟悉同样的法律和规则,了解相互的文化。由此,个人族群身份的界限会出现一定的弱化趋势。认为族群的文化具有不可改变的排他性特征,则会造成危险。[①] 事实上,世界上的许多冲突"都是由一种独特无选择的身份的错觉来维持的"[②]。个人也可能随着经历的变化,认同发生一些变化。如果个人民族身份的认定采取固定模式,可能与民族之间的交往、交流、交融的事实发生冲突。这种冲突会随着全球一体化的前进而扩大,也会随着代际的传递而不断加强。

如果一个人主观认定某个族群身份,同时又具备了客观的基础,但国家拒

---

① Jeremy Waldron, "Minority Cultures and the Cosmopolitan Alternative," *The Rights of Minority Cultures*, W. Kymlicka ed., Oxford University Press, 1995, pp. 93–119.

② Amartya Sen, *Identity and Violence: The Illusion of Destiny*, Penguin Books, 2007, p. xv.

绝承认,不仅是对个人自治的否认,也是对其对内在认同的否认,对于个人来说,还可能带来精神压迫。如果其他人的族群身份能够获得认定,而某个人或某些人的身份却不能得到承认,又构成了歧视。个人如果出于获得某种特权或者特殊受益的目的而认同客观上所属的民族身份(过去他可能没有公开认同),这并不需要质疑——他有权这么做。但是,如果出于这种目的而去认同他在主观和客观上都不属于的民族身份,那就是不合理的。基于事实上可能存在这种做法,国家在考虑个人转变族群身份时,应该持十分谨慎的态度,但不是十分严格的态度。

"自我认同"原则有时还会存在来自国家的直接阻力。这不仅仅在于"自我认同"权利本身的模糊性①,而且在于,在大多数欧洲国家,少数民族或少数族群的存在需要国家去"认定",而国家"认定"的少数民族或族群的数量是十分有限的。因为国家一旦从制度上或政策上"认定"了某个群体为少数民族、少数族群或少数语言,就需要承担更多的保护责任,因而国家在"认定"少数民族或族群时,总是持十分谨慎的态度。正是因为这个原因,1991年欧安会议少数民族问题专家报告特别强调指出:并非所有族裔的文化、语言或宗教差异都必然导致少数民族的产生。② 如果一个人属于某个未被"认定"的少数群体,那么他对自己民族的"自我认同"事实上不可能实现。如果国家不认定某个群体的少数民族身份,个人就不能"认同"一个国家并不存在的民族。③

《框架公约》解释报告虽然强调个人对族群身份的主观选择应与他所具备的某种客观标准相结合,通过这种主观加客观的方式,个人才能真正"认同"并"属于"某个少数民族。但是,"解释报告"并未说清楚,其中的"客观标准"是指什么,这就给国家随意制造"客观标准"留下了余地。对此,联合国人权委员会在一些案例中曾经多次强调,国家不应该随意否认个人的民族身份,个人具备的客观标准不能忽略。④ 但摩尔多瓦连续地忽略了申诉人具备的某些客观族

① Elizabeth Craig, "Who Are the Minorities? The Role of the Right to Self-Identify within the European Minority Rights Framework," *Journal on Ethnopolitics and Minority Issues in Europe*, 2016, vol.15, no.2, pp.6-30.

② "Report of the CSCE Meeting of Experts on National Minorities," Geneva, July 19, 1991, vol.II, para 4.

③ 参见杨友孙:《欧洲国家个人族群身份自我认同的原则和实践》,《民族研究》2021年第4期。

④ Lovelace v Canada, Communication No.24/1977, CCPR/C/13/D/24/1977(30 July 1981); Kitok v Sweden, Communication No.197/1985, CCPR/C/33/D/197/1985(27 July 1988).

群标准,即使申诉人提供了语言、名字、共情等客观因素,摩尔多瓦政府仍然只坚持"世系原则",从而使申诉人无法根据"主观愿望+客观标准"的方式认同族群身份。

另一个相关问题是,个人是否可以像获得"双重国籍"一样,同时认同两个甚至多个族群身份?这也是"自我认同"另一未解决的问题。笔者赞同个人的主观选择需要结合具体的客观标准,只有这样才能更符合个人的族群身份。但也要注意到,少数群体,尤其是少数语言群体,有时可能认同多个群体身份,也可能在不同情况或不同需要的情况下选择性地认同不同的族群身份,这是流动性社会个人身份的复合型特征决定的。这一方面解决了父母族群身份不同时孩子的族群选择的困扰,另一方面,在一个流动性社会,可能会出现大量人口从出生地迁移到工作地,从而可能出现两个认同的困扰,而双重民族认同则很好地解决了这个问题。

根据 2012 年欧安组织的"多样化社会整合的卢布尔雅那指导原则","立法和政策框架应允许承认个人身份可能是多重、多层次、背景和动态的",即支持个人可以认同多重族群身份。[①] 威尼斯委员会在 2011 年 3 月《关于乌克兰语言法草案的意见》中也指出:……应允许存在多重身份选择(例如对那些族际通婚的孩子),使人口统计的结果真实反映个人的实际选择。[②] 目前,在世界上很少有国家允许个人同时认同两个族群身份,尽管他或她主观上和心理上可以这么做。[③]

少数群体的多重身份认同,在少数语言方面最为明显,因为一个人可能精通好几门语言,那么他就可能同时认同不同的语言身份,并且享有不同语言保护的权利。《框架公约》咨询委员会 2012 年《关于〈框架公约〉背景下属于少数民族的人的语言权利第 3 号评论》指出,应承认一些人具有多重身份,个人可以为了不同目的认同不同身份。这意味着,一个人可以因使用不同语言而享有不同的语

---

① OSCE, "Ljubljana Guidelines on Integration of Diverse Societies," November 2012.

② "Opinion on the Draft Law on Languages in Ukraine," CDL-AD(2011)008, adopted by the Venice Commission at its 86th Plenary Session, Venice, March 25 – 26, 2011, https://www.venice.coe. int/webforms/documents/default.aspx?pdffile=CDL-AD(2011)008-e.

③ 有个别国家允许认同两个或多个族群身份,例如 2011 年匈牙利的《少数民族权利法》第 11(3)条规定,个人认同少数民族身份的权利,不应排斥认同两个或多个民族身份的权利。在人口统计中,个人可以同时勾选多个民族身份。参见: "Act CLXXIX of 2011 on the Rights of National Minorities," https://njt.hu/translated/doc/J2011T0179P_20171221_FINrev.pdf.

言权利。但这种权利享有必须建立在与个人身份相关的一些客观标准之上。①

波兰自从 2002 年开始族群身份统计后,允许了双重族群认同,但通常仍然以第一族群身份认同为主要参考。然而,"多重族群身份"在现实中可能存在着一些难题,例如,可能强化"工具性"身份认同、族群人口更为模糊等。

关于个人对于族群归属的选择权利,也可以参考联合国人权委员会处理的"Sandra Lovelace v. Canada 案例"。② 该案例的案情为:一位加拿大马里西特印第安(Maliseet Indian)女孩桑德拉·洛夫莱斯(Sandra Lovelace)嫁给了一位非印第安男人,但几年后婚姻破裂。桑德拉回到印第安人居住地,和父母生活在一起。但她过去生活的区域已将其印第安人身份消除,因为她曾嫁给一个非印第安人。没有印第安人身份,她既不能享有当地的文化生活,不能享有印第安人社区的社会保障,甚至当她想在印第安居住区购买房产时也遭到拒绝。于是她向联合国人权委员会申诉,认为印第安社区的做法违反了《公民权利与政治权利国际公约》第 2(1)条,第 3 条,第 23(1)、(4)条,第 26 条和第 27 条。③

联合国人权委员会重点审理了《公民权利与政治权利国际公约》第 27 条的违反情况。它认为,第 27 条规定,国家不能剥夺少数群体享有其文化的权利。出生并成长于某个少数群体之中,与该族群保持着联系并希望继续保持联系的人,应该被认为属于该群体的成员。申诉人只是短暂的几年离开了印第安人生活区,她仍然保持着印第安人的语言和文化,与印第安人并未断绝联系。而且,除了她过去生活的印第安社区,并没有其他社区能够让她和其他人共同享有相同的语言和文化。因此,印第安人社区剥夺她回归过去族群身份的权利,既不合理也不必要,违反了《公民权利与政治权利国际公约》第 27 条。

---

① ACFC. Commentary No. 3, "The Language Rights of Persons Belonging to National Minorities under the Framework Convention," May 24, 2012, https://rm.coe.int/16800c108d.

② "Sandra Lovelace v. Canada," Communication No. 24/1977: Canada 30/07/81, UN Doc. CCPR/C/13/D/24/1977, https://www.escr-net.org/sites/default/files/Indian_Act_0.pdf.

③ 《公民权利与政治权利国际公约》与族群权利有关的主要是:(1)第 2(1)条:本公约缔约国承允尊重并确保所有境内受其管辖之人,无分种族、肤色、性别、语言、宗教、政见或其他主张、民族本源或社会阶级、财产、出生或其他身份等等,一律享受本公约所确认之权利。(2)第 26 条:人人在法律上一律平等,且应受法律平等保护,无所歧视。在此方面,法律应禁止任何歧视,并保证人人享受平等而有效之保护,以防因种族、肤色、性别、语言、宗教、政见或其他主张、民族本源或社会阶级、财产、出生或其他身份而生之歧视。(3)第 27 条:凡有种族、宗教或语言少数团体之国家,属于此类少数团体之人,与团体中其他分子共同享受其固有文化、信奉躬行其固有宗教或使用其固有语言之权利,不得剥夺之。

可见,联合国人权委员会也认为,如果具备某些客观条件,有关方面应该接受个人对族群身份的"自我认同"原则。

解决这个问题在理论上其实并非难事,威尼斯委员会曾隐约提供了答案。也就是说,有必要区分两种情况下的"自我认同":一种是没有利益挂钩的"自我认同",包括人口普查,以及各种涉及民族身份的民间或学术调查等。在这种情况下,应该给尽量给予广泛的族群身份的自由选择权,即偏重"自我认同"的主观性。一种是与特定利益有关的"自我认同",包括在竞选公共职位之时;获得某种经济利益或具体工作职位之时;获得某些其他的特定优惠,例如高考加分、族群配额等之时。这种情况下的"自我认同",应该提供更多的客观证据,例如语言、文化、习俗、名字、共情、人证、物证等。

欧洲国家对个人族群身份的"自我认同"原则存在的一些不足,使族群身份认同的意义被大大削弱,但它也给予了了个人最大的身份选择可能。不过,由于在各国实践中,这种"自我认同"本身也存在客观标准模糊、国家错误的族群归类等不足,导致"自我认同"难以真正实现。[①]

第二节　欧洲国家少数群体集体族群身份的认定探析

一、少数群体集体族群身份确立的基本原则

少数民族(national minorities)或少数族群(ethnic minorities)的认定或承认,是与"界定"既有联系又有明显区别的概念。有时界定是为了认定,例如波兰、波黑、瑞士、荷兰;有时界定与认定并无明显联系,或有界定而无认定——例如爱沙尼亚、拉脱维亚,或有认定而无界定——例如挪威、克罗地亚、斯洛文尼亚;有时界定是为了否定,例如卢森堡。

在个体族群身份认定方面,国际上普遍支持"自我认同"原则,但在集体族群身份(即确定某个群体是否为一个少数群体),存在更多争议。国际上对于少数群体集体族群身份认定的一般主张是,根据少数群体自身的主客观条件来确定,而非由国家决定或认定,即少数群体的存在并不需要国家的认定或承认。

---

① 参见杨友孙:"欧洲国家个人族群身份自我认同的原则和实践",《民族研究》2021年第4期。

早在 1935 年,国际联盟常设法院在"阿尔巴尼亚少数群体学校"案例中表示,少数群体的存在是一个"历史事实问题",而非一个"法律问题"。[①] 也就是说,国家没有权力去决定在它的境内是否存在着某个少数群体,而应由"历史事实"决定。后来这个原则被联合国所继承。

1994 年,联合国人权委员会对《公民权利与政治权利国际公约》第 27 条的第 23 号"一般性意见"明确指出:

第二十七条赋予存在于缔约国的少数民族以权利。鉴于该条所设想的权利的性质和范围,这些权利与"存在"一词所指的持久性程度无关。这些权利仅仅是,不应剥夺属于这些少数群体的个人在与其群体成员共同享受群体文化、信奉其宗教和使用其语言的权利。正如他们不需要成为国民或公民一样,他们也不需要成为永久居民……一个国家是否存在着族群、宗教或语言少数群体不取决于该国的决定,但需要符合一些客观标准。[②]

1998 年,联合国消除种族歧视委员会的第 24 号"一般性建议"指出:一些缔约国承认在其领土上的一些群体为少数民族、族群或土著人,但又拒绝承认其他群体为少数民族、族群或土著人。国家应将一些标准平等地运用于所有群体,尤其是在人口数量,在种族、肤色、血统、民族或族群出身方面有异于主体民族的群体。[③]

在欧洲层面,早在 1993 年,欧安组织首任少数民族事务高级专员马克斯·范德斯图尔(Max van der Stoel)曾强调,少数群体的存在是一个"事实问题"而非"定义问题"。[④]

---

① "Minority Schools in Albania, Advisory Opinion," PCIJ (Apr. 6, 1935), in Manley O. Hudson edited, *World Court Reports: A Collection of the Judgment Orders and Opinions of the Permanent Court of International Justice*, vol. III (1932 – 1935), 1938, published online by Cambridge University Press, 2017, pp. 484 – 512.

② United Nations, "International Covenant on Civil and Political Rights," adopted 16 December 1966, http://www.ohchr.org/en/professionalinterest/pages/ccpr.aspx; CCPR General Comment No. 23: Article 27 (Rights of Minorities), adopted at the Fiftieth Session of the Human Rights Committee, on 8 April 1994 CCPR/C/21/Rev.1/Add.5, https://www.refworld.org/docid/453883fc0.html.

③ "Committee on the Elimination of Racial Discrimination," General Recommendation 24, Information on the demographic composition of the population, U.N. Doc. A/54/18, annex V at 103, 1999, http://hrlibrary.umn.edu/gencomm/genrexxiv.htm.

④ Max van der Stoel, CSCE Human Dimension Seminar on "Case Studies on National Minority Issues: Positive Results", Warsaw, May 24, 1993, http://www.osce.org/hcnm/38038.

1998 年,欧洲人权法院也在"Sidiropoulos and Others v. Greece 案例"①中强调,某个少数群体是否存在属于"一个历史事实问题",作为一个民主国家,必须根据国际法原则,宽容、保护、支持满足"历史事实"标准的群体成为一个被官方认可的少数群体。1999 年 8 月,欧洲少数群体问题中心(European Centre for Minority Issues)也曾建议,政府没有必要对少数群体的存在列出清单,也不应在签署《框架公约》时作保留声明,因为少数群体的存在是一个事实问题。②

2001 年,威尼斯委员会对克罗地亚宪法序言中列举少数民族的做法提出了以下意见:列举少数群体名单的做法……与欧洲委员会及欧安组织少数民族事务高级委员的主张相反,因为那么做容易引发少数群体权利保护的法律问题。③

2001 年 1 月,欧洲委员会议会出台的"1492 号建议"指出:谴责部分成员国拒绝"承认"一些少数群体及其权利的做法……安道尔、比利时、法国、土耳其等国还未签署《框架公约》,但这些国家同样存在着需要保护的重要的少数民族。④ 2003 年 7 月,欧洲委员会议会在"1623 号建议"中进一步指出:"缔约国没有无条件决定其领土内哪些群体为符合《框架公约》意义上的少数民族的权利,同时呼吁:(1)尚未批准的成员国(即安道尔、法国和土耳其)迅速签署和批准《框架公约》,无须保留或声明;(2)已签署但尚未批准的成员国(比利时、格鲁吉亚、希腊、冰岛、拉脱维亚、卢森堡和荷兰)迅速批准《框架公约》,无须保留或声明;(3)那些已批准《框架公约》但作出声明或保留的缔约国,放弃这些声明或保留,以排除任意和不合理地区别少数群体,以及不承认某些少数群体

---

① "Case of Sidiropoulos and Others v. Greece," (57/1997/841/1047), judgement of 10 July 1998, para. 41, https://uprdoc. ohchr. org/uprweb/downloadfile. aspx?filename=6013&file=Annexe4.

② María Amor Martín Estébanez and Kinga Gál, "Implementing the Framework Convention for the Protection of National Minorities," ECMI Report ♯ 3, European Centre for Minority Issues (ECMI), August 1999, https://www. files. ethz. ch/isn/25741/report_03. pdf.

③ Venice Commission: Opinion on the Amendments of 9 November 2000 and 28 March 2001 to the Constitution of Croatia, adopted by the Venice Commission at its 47th Plenary Meeting, https://www. venice. coe. int/webforms/documents/default. aspx?pdffile=CDL-INF(2001)015-e.

④ "Rights of National Minorities," Recommendation 1492 (2001), adopted by the Assembly on 23 January 2001, https://assembly. coe. int/nw/xml/XRef/Xref-XML2HTML-en. asp? fileid = 16861&lang=en.

的做法"。①

2014年,《框架公约》咨询委员会对上述意见进行了总结:某个群体是否被确定或认定为"少数群体",需要符合主观条件和客观条件。主观条件就是有人提出来。而客观条件是,不能对少数群体的认定强加外在条件或限制,当局在对(文化与传统)客观标准进行分析时,也应考虑到属于有关群体的人的意见,但客观标准的存在并不意味着任意限制这种承认的可能性。②

由上可见,不同方面的意见大致是一致的,即集体族群身份认定应建立在以"客观事实"为基础的"自我认同"原则之上。然而,大多数欧洲国家并未遵守这个原则,而是主要依靠国家认定或承认的方式来确定少数群体的存在及其权利的享有。

二、波兰对"少数民族"和"少数族群"的理解

1795—1918年共123年的亡国剧痛使波兰在1918年建国后执着地强调国家的"波兰特性",这长期影响着波兰1918年以来的历史,尤其是民族政策。在建国初期,国家对非波兰族人采取了排斥态度,使波兰成为在国际联盟中受到最多控诉的国家。③ 第一次世界大战之后,中东欧国家普遍积极创立民族、语言同质的现代民族国家,波兰尤甚。波兰社会的共识是,国家应由使用波兰语和信奉罗马天主教的人组成。④ 第二次世界大战之后,经历了纳粹大屠杀的波兰先后采取了排斥和驱逐德国人、乌克兰人,清洗和驱逐犹太人,排斥和同化罗姆人,同化西里西亚人等政策,导致国家"纯洁性"不断加强。据估计,从1918年到2000年,波兰的少数民族(包括少数族群)人口比例从33%下降到了1%。⑤ 2002年和2011年的人口统计显示,波兰的少数民族和少数族群的人口

---

① "Rights of National Minorities," Recommendation 1623(2003), Text adopted by the Assembly on 29 September 2003(27th Sitting), http://assembly.coe.int/nw/xml/XRef/Xref-XML2HTML-en.asp?fileid=17146&lang=en.

② Advisory Committee on the Framework Convention for the Protection of National Minorities, Third Opinion on Bulgaria, adopted on 11 February 2014, https://rm.coe.int/168008c669.

③ Leo Cooper, *In the Shadow of the Polish Eagle*, Palgrave Publishers, 2000. p.47.

④⑤ Tomasz Kamusella, "Poland and the Silesians: Minority Rights à la carte?" *Journal on Ethnopolitics and Minority Issues in Europe*, vol.11, no.2, 2012, pp.42-74.

比例也只是稍高于1％，分别为1.23％和1.46％。[①] 这种高达98％以上的主体民族比例，对于自1795年以来边界多次变动的国家来说，显然是具有存疑之处的。

冷战结束后，波兰1997年通过的新宪法第35条要求保护"少数民族或族群"（national or ethnic minorities）的权利，即将"少数民族"和"少数族群"等同罗列而未加以区分。[②] 根据波兰2002年的人口统计，被波兰政府承认的"少数民族或族群"为：卡拉伊姆族（Karaim）、兰科族（Lemko）、罗姆族（Roma）、鞑靼族（Tatars），而生活在波兰北部沿海地区的卡舒比语（Kaszubi，Kashubians）使用者为语言少数群体。由于卡舒比语言群体中认同"卡舒比族"的只有不到1/10，因而该群体未被认定为少数民族或族群。

值得注意的是，在2002年人口统计中，认同为西里西亚族的有173153人，约占当时波兰总人口0.45％，使用西里西亚语的人口约6万。[③] 考虑到波兰所有少数民族或族群人口仅占总人口的1.23％，西里西亚人的人口比例并不算低，而绝对人口遥遥领先于其他少数民族或族群人口。[④] 但波兰政府宣称其少数民族和少数族群人口在1％以下——卡舒比人和西里西亚人均为波兰族人。[⑤] 联合国"消除种族歧视委员会"认为，这个数据是波兰政府操纵的结果。[⑥]

---

① 与2002年只统计非波兰族人口不同的是，2011年的统计口径比较复杂，它分别统计了：既认同波兰族身份同时又认同其他个族裔身份的群体；首先认同波兰族身份，同时又认同少数族群身份的群体；首先认同少数族群身份的群体；只认同某个少数族群身份的群体等。2011年的数据撷取的是只认同少数族群的群体。参见："Ethnic minorities in Poland," https://en.wikipedia.org/wiki/Ethnic_minorities_in_Poland.

② "The Constitution of the Republic of Poland," April 2, 1997, http://www. sejm. gov. pl/prawo/konst/angielski/kon1. htm.

③ Tomasz Kamusella, "Poland and the Silesians: Minority Rights à la carte?" journal on Ethnopolitics and Minority Issues in Europe, 2012, vol.11, no.2, pp.42-74；2002年的波兰人口统计具体数据参见：Główny Urząd Statystyczny（波兰中央统计局），"Raport z Wyniki Narodowego Spisu Powszechnego Ludności i Mieszkań 2002"（2002年国家人口和住房普查结果报告）。

④ Główny Urząd Statystyczny, "Raport z wyników Narodowego Spisu Powszechnego Ludności i Mieszkań," 2002.

⑤ Lucyna Nowak edited, Główny Urząd Statystyczny（波兰中央统计局），"Ludność, Stan i struktura społeczno-demograficzna, Narodowy Spis Powszechny Ludność I Mieszkań 2011"（2011年国家人口和住房普查结果报告），https://www.stat.gov.pl/gus5840_14076_PLK_HTML.htm.

⑥ Committee on the Elimination of Racial Discrimination, "International Convention on the Elimination of All Forms of Racial Discrimination: Consideration of Reports Submitted by States Parties under Article 9 of the Convention: Concluding Observations of the Committee on the Elimination （转下页）

根据波兰政府 2011 年的人口统计,西里西亚人总人口为 817000 人,约占总人口的 2.1%,占波兰所有"少数群体"总人口的 58%。[1] 在绝对人数和人口占比上,西里西亚人比上一次人口统计都有明显跃升。

随着波兰各民族民族意识的苏醒,民族统计中"自我认同"少数民族身份的人口越来越多,波兰开始酝酿出台正式的少数民族法。2005 年 1 月,波兰出台《少数族群、民族与地区语言法案》[2],将"少数群体"(minority)分为三类:

第一类是"少数民族"(mniejszości narodowych, national minorities),一共有九个,即白俄罗斯族、捷克族、立陶宛族、德意志族、亚美尼亚族、俄罗斯族、斯洛伐克族、乌克兰族、犹太族;

第二类是"少数族群"(mniejszości etnicznych, ethnic minorities),一共有四个,即卡拉伊姆人(Karaim)、兰科人(Lemko)、罗姆人(Roma)、鞑靼人(Tatars);

第三类是"地区语言群体"(społeczność posługująca się językiem regionalnym, community of the users of language Kaszubi),即生活在波兰北部沿海地区的卡舒比语群体。

法案将"少数民族"和"少数族群"区分开来,这在欧洲乃至世界都是罕见的做法。"少数民族"必须是一群波兰公民,他们共同满足如下条件:(1)在数量上少于波兰的其他人口;(2)在语言、文化或传统方面与其他公民有很大区别;(3)努力保护其语言、文化和传统;(4)知晓其历史、民族群体,并致力于表达与保护自己;(5)其祖先在波兰持续生活了 100 年以上;(6)认同某个民族国家。

而"少数族群"同样应满足六个条件,其中前五个条件和"少数民族"的条件完全一样,区别在于第 6 条,即不存在"亲缘母国"。和"少数族群"相比,"少数民族"拥有更高的政治权利,例如在国家议会选举中,"少数民族"的政党或组织

(接上页)of Racial Discrimination," United Nations, June 2, 2003, http:// www. unhcr. org/cgibin/ texis/vtx/refworld/rwmain? page ＝ publisher& docid ＝ 3f2738c84& skip ＝ 0& publisher＝CERD& querysi＝poland& searchin＝title& display＝10& sort＝ date.

[1] Główny Urząd Statystyczny, "Raport z wyników. Narodowy Spis Ludności i Mieszkań 2011," http://www. stat. gov. pl/gus/5840_13164_PLK_HTML. htm.

[2] "ACT of 6 January 2005 on National and Ethnic Minorities and on the Regional Languages" (Ustawa o mniejszościach narodowych i etnicznych oraz o języku regionalnym), http://ksng. gugik. gov. pl/ english/files/act_on_national_minorities. pdf.

的候选人可以不受 5% 的当选门槛限制而直接进入波兰议会。①

总体上看,波兰对于"少数民族"和"少数族群"的标准基本符合联合国人权委员会特别报告人凯博多蒂(Capotorti)在《关于隶属于种族的、宗教的和语言的少数人权利研究》报告中提出的"少数群体"定义。差别主要是两点,其一,波兰的"少数民族"需要有一个"亲缘母国",在国际上比较少见,若按照此标准,有些群体——例如伊拉克、伊朗、土耳其等国的库尔德人,波兰的西里西亚人——无论如何都没法成为少数民族。不过,这个标准也不是完全没有根据。例如,2001 年欧安组织的一个文件就规定,作为"少数民族",一般需要有一个邻国作为其"亲缘国"。② 其二,波兰要求"少数民族"和"少数族群"必须在波兰持续生活了 100 年以上,凯博多蒂的定义没有居住时长规定。

三、"Gorzelik and Others v. Poland 案例"③分析

本案例表面上是"西里西亚民族联盟"(Związek Ludności Narodowości Śląskiej,ZLNŚ,Union of People of Silesian Nationality)能否注册的问题,但本质是"西里西亚人"是否为少数族群或少数民族的问题。

案例于 1998 年 6 月 18 日到达欧洲人权委员会。1998 年 11 月 1 日,根据"欧洲人权公约"第 11 号议定书第 5(2)条,取消欧洲人权委员会,欧洲人权委员会尚未处理好的案例全部移交给欧洲人权法院,于是本案例在当天被转交给欧洲人权法院。2001 年 5 月 17 日,欧洲人权法院初级庭第四庭通过该案件,同年 12 月 20 日,该庭法官一致裁定,波兰政府未违反《欧洲人权公约》第 11 条(结社权)。2002 年 7 月 10 日,根据申诉人的要求,案件被转交给欧洲人权法院大法庭进行进一步审理。2003 年 7 月 2 日,大法庭进行了公开审理。

---

① Roczniok, Andrzej, ed., "ZLNS-Związek Ludności Narodowości Śląskiej w dokumentach, Część I"《档案中的西里西亚人民族联盟:第一部分》),Narodowa Oficyna Śląska, 2012.

② Pamphlet No. 9:"The High Commissioner on National Minorities of the Organization for Security and Cooperation in Europe," https://www.ohchr.org/Documents/Publications/GuideMinorities9en.pdf.

③ "Case of Gorzelik and Others v. Poland," Application no. 44158/98, judgment of 17 February 2004, http://www.menschenrechte.ac.at/orig/04_1/Gorzelik_PL.pdf.

（一）案情与波兰国内观点

三个申诉人——Jerzy Gorzelik，RudolfKołodziejczyk 和 Erwin Sowa 分别出生于 1971 年、1940 年和 1944 年，均为波兰男性公民。其中，Gorzelik 和 Sowa 生活在卡托维茨(Katowice)①，Kołodziejczyk 生活在离卡托维茨 35 公里的城市雷布尼克(Rybnik)。

三位申诉人都认同自己为西里西亚人②，他们和其他 190 位西里西亚人希望成立一个组织——"西里西亚民族联盟"，并出台了该组织的备忘录。备忘录中将西里西亚人称为"少数民族"，三位申诉人被选举为临时管理委员会成员。1996 年 12 月 11 日，申诉人代表"西里西亚民族联盟"向卡托维茨地区法院申请正式注册。卡托维茨地区法院根据波兰《结社法》第 13(2)条，将申诉材料转达给卡托维茨市长，向其垂询意见。1997 年 1 月 27 日，卡托维茨市长将意见发送给了法院，他指出：

从民族的角度看，我们并不存在"西里西亚人"。没有事实表明波兰存在着西里西亚族。将"西里西亚人"称为"少数民族"也违反了波兰宪法。"西里西亚人"只是一个地区族裔群体，而不是一个民族……申诉人利用某些社会学的研究来证明波兰存在"西里西亚族"(Silesian nationality)，是与其他很多科学研究结果不相符的。申诉人所提到的研究仅仅表明，西里西亚人的认同首先是地区自我认同。备忘录指出，所有的西里西亚族人都可以成为该组织的成员，但并未说明具体标准，加入标准模糊违背了《结社法》第 10(1)、(4)条。而且该组织备忘录第 15(2)条规定，如果某人未满足备忘录中的条件，管理委员会可以将其开除——这点在参加组织的标准模糊的情况下是违法的……备忘录第 30 段认为，该组织为"西里西亚少数民族组织"——这与事实不符，也容易让人误解。如果批准该组织，意味着承认"西里西亚人"为一个少数民族，需要赋予其少数民族权利，这对于其他少数族群是有害的；而且这也意味着波兰回到了尚未建国时的部落主义状态之下。因此，如果这个组织还需要注册的话，那么只有修改备忘录，修改组织名称，明确参加组织的标准等。

---

① 卡托维茨是波兰南部省份西里西亚省的首府，卡托维茨及其周边是西里西亚人最集中的地区。弗罗茨瓦夫(Wrocław)为下西里西亚省的首府，和卡托维茨是西里西亚地区最大的两个城市。

② 传说西里西亚人祖先是日耳曼人的分支汪达尔人，后来到达西里西亚地区居住，由于该地区分别生活着德国人、波兰人、捷克人，该地区受到不同影响，使其具有与波兰人不大相同的特征，从语言看，西里西亚语言可以说是一种波兰语方言，部分地区是德语方言。西里西亚语在语法上与波兰语虽有一定的不同之处，但未自成体系。

得知市长建议否定批准"西里西亚民族联盟"后,申诉人在1997年3月13日向市长呈交了进一步的观点说明。申诉人指出,不承认西里西亚族并不表示没有这个民族。很多研究以及事实都表明,第一次世界大战结束以来,西里西亚人作为一个有独特特征的群体已经获得承认,西里西亚人也一直在维持着族群身份。

然而,卡托维茨市长并未接受申诉人意见。4月9日,市长将其意见反馈给了卡托维茨地区法院。市长还展示了波兰内务部的来信:波兰还没有批准《框架公约》。不论从历史角度还是从民族角度来看,西里西亚的居民都不能被认定为少数民族。

在4月10日的讲话中,市长再次强调,认同哪个民族是个人自由,不需要从法律上去认定,但成立一个少数民族组织则需要法律认定。因此,只有存在着"西里西亚族",才能申请成立"西里西亚民族联盟"组织。

4月28日,申诉人在向卡托维茨地区法院的论点说明中指出:波兰内务部拒绝承认西里西亚人为一个民族,这没有法律根据;而且,"西里西亚民族联盟"的备忘录也没有违法内容;他们无意按照官方意见改变组织名称,也无意修改备忘录第30段,但愿意对参与该组织的条件作进一步说明,即将"任何西里西亚人都可以作为该组织的普通成员"修改为"任何波兰公民,只要向该组织提交书面申明,表示他属于西里西亚族,就可以成为该组织的普通成员"。

1997年5月23日,卡托维茨地区法院邀请政府代表、申诉人一起召开了一个协调会。政府代表提议,如果申诉人能删除备忘录中第30段,则考虑允许其注册。法院决定给申诉人10天的时间考虑。

5月27日,申诉人再次向法院递交了书面说明,认为在23日的协调会上,政府实际上承认了"西里西亚族",因为政府接受了该组织的名称以及其他大部分内容,但要求删除第30段是无理的。

6月16日,卡托维茨市长告知法院,政府最终决定拒绝申诉人注册该组织。但6月24日,卡托维茨地区法院由一个法官进行了秘密裁决:允许申诉人注册"西里西亚民族联盟"组织,理由如下:

结社自由权利是个人的自然权利。根据波兰《结社法》,个人结社自由权利只能因以下因素受到限制:保护国家安全、公共安全、公共秩序、公共健康或公共道德的需要,保护他人自由的需要。从该组织备忘录的内容和将来的活动来看,政府认为注册该组织会妨碍其他人权利,这并无根据。法院认为不适合确定"西里西亚族"和"西里西亚少数民族"（Silesian national minority）的准确含义,但个人有选择民族身份的权利。而一般的常识是认为存在西里西亚族群（minority）,而且政府也未驳斥西里西亚是一个少数族群（ethnic minority）。①

1997年7月2日,市长向卡托维茨上诉法院（Katowice Court of Appeal, Sad Apelacyjny）提起诉讼,请求推翻卡托维茨地区法院的裁决。他指出:

卡托维茨地区法院从法律上认可了西里西亚族为波兰的"少数民族"（national minority）,由于案件具有重要的国际影响,应该在对"民族"（nation）和"少数民族"（national minority）进行界定之后才能裁决,尽管在波兰法律中没有关于"民族"和"少数民族"的界定,但卡托维茨地区法院错误地认为"民族身份是个人的选择"。虽然个人可以选择民族身份,但前提是存在着个人所要选择的这个民族。卡托维茨地区法院认为某个民族的存在只是一种主观的感觉,但问题是要从客观上和法律上看是否存在着"西里西亚少数民族"。卡托维茨地区法院强调,"西里西亚民族联盟"的目标以及实现目标的手段是合法的。上诉人（即卡托维茨市长）对此并无争议,但即使删除该组织备忘录第30段的内容,也能实现这些目标。同样,换个名字——例如"西里西亚自治运动"——也可以实现这些目标。申诉人自称属于"西里西亚少数民族",实际上他们是想绕过1993年《选举法》——该法规定政党进入议会的当选门槛是5%,政党联盟为7%——而少数民族政党则可以不受该限制。波兰《民法》第58条规定,如果一个组织想投机取巧规避法律,就可以拒绝登记。② 而且,认可"西里西亚少数民族"的存在将会对该地区其他族群构成歧视,同时也违反了波兰宪法。

1997年9月24日,卡托维茨上诉法院开庭审理。鉴于案件的重要性,卡托维茨上诉检察官也来到了法庭,明确表示支持政府意见。当天,卡托维茨上诉法院作出了与地区法院相反的裁决,并作了如下解释:③

在国际社会,并不存在着关于"民族"（nation）和"少数民族"（national minority）的正式界定。西里西亚人显然属于一种有深度自我认同,包括文化认同的地区性群体,他们无疑是具有独特性的,但这还不足以构成一个民族。

---

① 需要注意的是,政府代表曾经在协调会上驳斥过西里西亚人是一个"少数民族"。
② 波兰1993年选举法后来经过修改,2001年4月12日生效,被称为《2001年选举法》。根据《2001年选举法》,政党进入议会的当选门槛为获得全国选票的5%,而政党联盟的当选门槛改为获得全国选票的8%（第133条）;但少数民族的候选人不受此限制（第134条）。
③ "Case of Gorzelik and Others v. Poland," Application no. 44158/98, judgment of 17 February 2004, paragraph 32.

西里西亚人从未被认定为一个民族,仅被认为是地方性群体,他们也从未试图按照"民族"的标准来创建独特身份。在国际社会,波兰和法国、德国一样,常常被认为是单一民族国家,尽管波兰也存在着一些其他族群。此外,西里西亚人也不符合"族群"概念。"族群"可以被理解为具有独特的语言、文化和某种社会联系,有区别于其他群体的自我意识、有专门名称的群体。在 19 世纪和 20 世纪,波兰民族学界就认为"西里西亚人"是具有波兰出身但居住在西里西亚的地区群体,是一个地域和历史概念。在波兰,社会学家一般认为西里西亚人属于一种族群和区域群体,同时也具有"民族"的一些特征,但其作为"民族"的特征没有得到充分发展。也就是说,西里西亚人民族身份的觉醒才刚刚起步。根据波兰的传统,"少数民族"意味着该民族的主体人口存在于波兰之外,即一个少数民族是指受到国外该族的主体人口支持的族群(ethnic group)。根据波兰的传统,那些没有亲缘母国但具有独特文化的群体一般都不被认为是少数民族。正是这个原因,罗姆人被确定为族群而非民族。随着政治和社会变迁,"西里西亚人"目前是指居住在西里西亚的移民群体,他们认同的是几代人一直居住着的这个地区。根据《框架公约》,每个属于少数民族的人都有自由选择属于或者不属于该群体的权利,但需要注意的是,必须首先存在着所要认同的少数民族。而某个少数民族是否存在,必须考虑到社会背景、少数民族存在的客观标准,并非个人能够孤立地确定他的民族身份。"西里西亚民族联盟"备忘录中将西里西亚人视为一个少数民族是不合理的,违反了波兰《民法》第五条及其他一些法律。如果注册该组织,意味着承认西里西亚人为少数民族群体,使该组织获得了超过该地区其他地区组织的地位。

申诉人不服,于 1997 年 11 月 3 日上诉到波兰最高法院。他们认为,卡托维茨上诉法院错误地理解了波兰《结社法》,也违反了波兰宪法第 84 条、《公民权利与政治权利国际公约》第 22 条①、《欧洲人权公约》第 11 条。11 月 27 日,卡托维茨市长向最高法院提交了辩护书。辩护书指出,注册组织时,其名称不能让人误解。而且,根据《框架公约》解释报告,个人民族身份的主观选择要与

---

① 该条是关于公民的结社权,具体规定如下:一、人人有权享受与他人结社的自由,包括组织和参加工会以保护他的利益的权利。二、对此项权利的行使不得加以限制。除去法律所规定的限制以及在民主社会中为维护国家安全或公共安全、公共秩序,保护公共卫生或道德,或他人的权利和自由所必需的限制。本条不应禁止对军队或警察成员的行使此项权利加以合法的限制。三、本条并不授权参加一九四八年关于结社自由及保护组织权国际劳工组织公约的缔约国采取足以损害该公约中所规定的保证的立法措施,或在应用法律时损害这种保证。

客观标准联系起来,这意味着在个人进行选择之前,必须存在着某种特定的民族,才能选择该民族身份。申诉人利用西里西亚人的一些特点,试图实现一些政治目标,这是轻率且令人担忧的。28 日,卡托维茨上诉检察官也向最高法院提交了意见书,他认为,申诉人在不存在"西里西亚民族"的情况下却要登记成立"西里西亚民族联盟",显然是违法的。西里西亚人仅仅是一个"族群"而已,并不能享有"少数民族"的地位和权利。

1998 年 3 月 18 日,最高法院组织了由三人组成的审判庭进行审理,裁定申诉人的申诉失败,并提出了以下理由:

注册一个组织的前提条件是该组织及其备忘录完全符合波兰国内法律以及波兰签署的国际条约。"西里西亚民族联盟"组织备忘录中将西里西亚人称为"西里西亚民族"或"西里西亚少数民族"是违法的。最高法院同意卡托维茨上诉法院关于"少数民族"是一个法律术语的观点,尽管这个词语在波兰法律和一些国际公约中都没有界定。《框架公约》解释报告也指出,个人民族身份的主观选择要与客观标准联系起来。因此,主观上认同自己归属一个社会并没有接受的民族,是存在问题的。个人虽然有权利选择自己的民族身份,但这并不意味着可以通过这种选择确立一种新的民族或少数民族。一般的感觉是,西里西亚人是一个族群群体,但从未被认为是一个民族,而且该群体也未表达过这种诉求。如果给予西里西亚人少数民族地位,违反了波兰宪法第 32 条。而且,从备忘录来看,参与和退出该组织的规定有悖于波兰《结社法》第 10 条。该条规定,在组织的备忘录中必须注明加入和退出组织的具体规则。但该组织备忘录第 10 段规定,任何波兰人,只要书面宣称他是西里西亚民族,就可以加入该组织;而第 15 段规定,组织成员如果没有履行备忘录中规定的成员义务,将中止其成员身份。问题在于,波兰不存在"西里西亚民族",这就使任何人都不能合法地成为该组织的成员。

最高法院还强调,拒绝注册"西里西亚民族联盟"组织,并不违反波兰的国际义务。根据《公民权利与政治权利国际公约》和《欧洲人权公约》,缔约国可以对结社自由进行限制,尤其是在需要保卫国家安全、公共安全、公共健康、公共道德以及保护他人权利的情况下。申诉人试图创造一个不存在的民族,并因此获得一些特权——尤其是选举特权,这是违反公共秩序的,也是对其他民族和波兰其他公民权利的侵犯,即使修改该组织名称和一些条款,同样能实现该组织的目标。

(二) 欧洲人权法院的观点

申诉人认为,波兰政府拒绝其注册"西里西亚民族联盟",违反了《欧洲人权公约》第 11 条(结社权)。2001 年 12 月 20 日,欧洲人权法院初级庭裁定,波兰政府未违反第 11 条。因为政府拒绝注册该组织,是为了防止申诉人享有本不应该享有的选举特权。

申诉人认为,初级庭的判断缺乏证据。而且,由于波兰法律未将"西里西亚人"确定为少数民族,西里西亚人也不能通过注册该组织获得选举特权。申诉人请求欧洲人权法院大法庭进行复审。大法庭同意后并于 2003 年 7 月 2 日开庭审理了该案件。

1. 是否存在侵权

在初级庭,原告和被告都承认存在着侵权,大法庭也持同样观点。

2. 侵权是否是合理的

第一,侵权是否有法律规定。

初级庭和波兰政府都认为,侵权行为有很多法律依据,例如波兰"宪法"第 32 条,"民法"第 5 条、58 条,"结社法"第 8、10 和 14 条等。申诉人认为注册"西里西亚民族联盟"符合上述法律,波兰政府拒绝注册的唯一理由是波兰不存在西里西亚少数民族,也就是说,是出于政治原因而不是有法律依据。

大法庭认为,波兰政府有权按照法律标准审议"西里西亚民族联盟"备忘录是否合法。大法庭同意波兰上诉法院和最高法院的看法,即备忘录将"西里西亚人"称为"西里西亚少数民族"不符合波兰法律。申诉人对此的辩解是,波兰没有法律界定"少数民族"的内涵,这使他们无法预判他们的组织是否合法;而且,这也会给予波兰政府无限的自由裁量权。对此,大法庭认为,"少数民族"的定义难以确定,甚至包括《框架公约》在内的所有国际条约,都没有界定这个概念。因此,各国都有权根据自己的国情做出安排,国际条约也没有强制国家出台关于"少数民族"的定义。

据此,大法庭认为波兰政府的侵权行为是有法律规定的。

第二,侵权行为是否"有合法目的"。

大法庭认为,申诉人并无证据证明注册"西里西亚民族联盟"不会构成"失序"和伤害他人权利。波兰政府和法院为防止某个组织权力滥用而拒绝其注册是可行的。

第三,侵权行为是否"在民主社会是必要的"。

大法庭指出,结社自由不是绝对的,如果危及到国家制度和他人自由,缔约国可以进行限制,但限制的时候必须要有令人信服的理由,符合"社会的紧迫需要"。缔约国在这方面有一定的自由裁量权,而欧洲人权法院则可以审查国家采取的手段是否具有合法目标、是否符合比例原则等。

大法庭注意到,波兰最高法院认为,如果批准了申诉组织,那么它就获得了按照其备忘录自由行动的权利,包括参加选举。而如果他们参加选举,波兰已无权再去确定"西里西亚人"是否为一个少数民族,只能接受"西里西亚民族联盟"作为少数民族组织获得选举特权。因此,大法庭认为波兰最高法院的推理是合理的,既拒绝注册该组织属于"紧迫的社会需要",也未超越缔约国的自由裁量权。

对于侵权行为是否违背了比例原则,大法庭首先承认,拒绝注册"西里西亚民族联盟"组织,使申诉人的一些活动开始就遭到阻止,的确有点激进。但是,波兰政府阻止的仅仅是该组织利用其合法地位,去加强西里西亚人的民族意识和获得一些特权。该组织的各种文化活动和其他活动,完全可以在删除备忘录相关章节之后照样进行。换句话说,该案例争议的焦点问题其实是"西里西亚人"是否能被认为"少数民族",而不是申诉人能否为了某个群体的利益而采取集体行动。因此,案例实际上未触及"结社权"的核心问题。而波兰政府拒绝注册该组织的行为,也没有违反比例原则。

最终,大法庭十七位法官一致认为,波兰政府未违反《欧洲人权公约》第11条。

(三) 反响与各方观点

欧洲人权法院大法庭的裁决受到了各方面的批评。大法庭中的三个法官表达了不同意见。他们认为,波兰法院拒绝注册"西里西亚民族联盟"组织是基于政治考虑而非基于法律。欧洲人权法院认为希腊和保加利亚拒绝马其顿人注册少数族群组织是违法的,却又认为波兰这么做是合法的,出现了前后矛盾。[①]

《框架公约》咨询委员会对本案例也非常关注,它多次呼吁波兰政府采取更加开明的态度,发起对话协商,还呼吁波兰议会少数民族与族群委员会落实

---

① "Case of Gorzelik and Others v. Poland," Application no.44158/98, judgment of 17 February 2004, http://www.menschenrechte.ac.at/orig/04_1/Gorzelik_PL.pdf.

2008 年的一个倡议,就西里西亚人的语言、身份问题召开公开听证会。[1] 但事后并无进展,因为该问题既不是波兰议会少数民族与族群委员会的重要事项,也不是波兰议会的重要事项。《欧洲区域或少数语言宪章》专家委员会也曾经要求波兰政府就西里西亚语言地位问题与西里西亚人举行对话,但后者也未采取任何措施。[2]

比利时鲁汶大学学者朱莉·林格海姆(Julie Ringelheim)从群体文化身份形成的角度对本案例及希腊"Sidiropoulos and others v. Greece 案例"[3]进行了比较分析。她指出,尽管有学者认为,集体文化身份是自然形成的,它由集体所有成员共同拥有的一些客观的核心特点所构成[4],但大多数学者却认为,集体文化身份并非自然形成,而是一种社会现象,是在历史和政治过程中构建而成的。[5] 而且,集体文化身份的社会构建过程会永不停息。[6] 在这两个案例中,欧洲人权法院都机智地回避了这个问题,只是认为个人可以自由决定族群身份,即使个人的看法可能与主流观点不大一致。可见,欧洲人权法院更加偏向建构主义的观点,即认为身份是可以建构的,是可变的而非固定的和天然的。然而,这种看法局限在于:假设文化身份完全是变动的和模糊的,那么如果有人被剥夺了少数民族的地位和一些权利,那就很难去进行裁决了;因而文化身份也需要一定的稳定性,这种稳定性与文化身份的变动性、模糊性和开放性也并不是矛盾的。[7]

---

[1] Sprawozdanie z 30, "posiedzenia Sejmowej Komisji Mniejszości Narodowych i Etnicz-nychz dnia 3 grudnia 2008"(波兰议会"少数民族与族群委员会 30 日会议报告",2008 年 12 月 3 日).

[2] European Charter for Regional or Minority Languages, "Application of the Charter in Poland," Council of Europe, 2011, http://www.coe.int/t/dg4/education/minlang/Report/EvaluationReports/PolandECRML1_en.pdf.

[3] "Sidiropoulos v. Greece," application. no. 26695/95, July 10, 1998, http://www.associationline.org/guidebook/action/read/chapter/7/section/jurisprudence/decision/221.

[4] C. Calhoun ed., "Social Theory and the Politics of Identity," *Social Theory and the Politics of Identity*, Blackwell, 1994, pp. 9 – 36.

[5] K. A. Cerulo, "Identity Construction: New Issues, New Directions," ANN. REV. SOCIOL., nr. 23,1997, pp. 385 – 409, esp. 387 – 391; C. Calhoun, op. cit., note 7; S. Hall, D. Held and T. McGrew eds., "The Question of Cultural Identity," *Modernity and Its Futures: Understanding Modern Societies*, Polity Press, 1992, pp. 273 – 316; A. J. Norval, "Thinking Identities: Against a Theory of Ethnicity," in E. N. Wilmsen and P. McAllister, *The Politics of Diffence-Ethnic Premises in a World of Power*, University of Chicago Press, 1996, pp. 59 – 70.

[6] S. Hall, "Cultural Identity and Diaspora," in J. Rutherford ed., *Identity-Community, Culture, Difference, Lawrence and Wishart*, 1990, pp. 222 – 237, p. 222.

[7] Julie Ringelheim, "Identity Controversies before the European Court of Human Rights: How to Avoid the Essentialist Trap?" *German Law Journal*, vol. 3, no. 7, 2002.

欧洲人权法院法律顾问兹沃尼米尔·马塔加（Zvonimir Mataga）指出，本案例和希腊的"Sidiropoulos v. Greece 案例"案情相似，但判决结果截然不同。在"Sidiropoulos v. Greece 案例"中，希腊政府拒绝注册"马其顿文明之家"组织，违反了申诉人的结社权；而在本案例中，政府拒绝注册"西里西亚民族联盟"组织未侵犯申诉人的结社权。造成这种判决差异的根本原因在于，在"Sidiropoulos v. Greece 案例"中，申诉人成立"马其顿文明之家"的根本目的在于保护和维持某种地方文化和传统，不会危害希腊的领土完整；而在本案例中，申诉人申请注册的组织确实表露出将西里西亚人视为少数民族的意思，这就可能使该组织利用选举法获得选举特权——这是可以预见的。而且，波兰政府仅仅拒绝组织备忘录的部分内容，并未拒绝该组织开展文化活动，因此，被认为没有违反《欧洲人权公约》第 11 条。①

2008 年欧洲委员会在一个白皮书中指出，虽然欧洲人权法院在"Gorzelik and Others v. Poland 案例"中强调，多元性要求真正承认和尊重多样性和文化传统、族群和文化身份、宗教信仰、艺术、文学、社会经济思想和观点，但仅强调多元性（pluralism）、宽容（tolerance）、宽厚（broadmindedness）是不够的，应该在保护文化多样性方面采取更加积极主动的、有组织的和广泛参与的措施。而跨文化对话是实现这个目标的一个主要手段，若缺乏对话，就很难保护每个人的自由与福利。②

（四）评述与反思

本案例在欧洲人权法院审理时，波兰《少数族群、民族与地区语言法案》尚未出台。不过，即使该法案出台了，也不会对审判产生影响，因为它并未承认"西里西亚人"的族群地位。

集体族群身份不能像个人族群身份那样实行"自我认同"原则的重要原因是，集体族群身份一旦确定，国家就需要承担对其保护的责任；或者也可以说，

---

① Zvonimir Mataga, LL. M（Legal Adviser at the European Court of Human Rights）, "The Right to Freedom of Association under the Euroepan Convention on the Protection of Human Rights and Fundamental Freedoms," Strasbourg, October 2006, http://www. lawtrend. org/wp-content/uploads/2014/03/FreedomassociationEnglish1. pdf.

② Council of Europe, "White Paper on Intercultural Dialogue: Living Together As Equals in Dignity", Launched by the Council of Europe Ministers of Foreign Affairs at their 118 the Ministerial Session, Strasbourg, May 7, 2008, https://www.coe.int/t/dg4/intercultural/source/white%20paper_final_revised_en. pdf.

国家对少数群体的保护指向的主要是集体而非其成员。若仅根据一个群体的主观想法而将其确定为"民族",这种"唯意志论"还可能引发一些其他后果,例如民族主义者可能借此作为推动民族建国运动。[①]

在波兰,西里西亚人的族群身份问题,与其说是一个法律问题,不如说是一个政治问题。虽然波兰承认个人具有"自我认同"民族身份的权利,但强调个人不能认同一个不存在的民族。因而对于很多西里西亚人来说,个人族群身份的"自我认同"原则能否实现,取决于国家是否承认西里西亚人是一个族群。那么,问题的关键在于,西里西亚是否为一个族群,要看它在客观上是否具备了"族群"标准? 此外,如果一个群体已经初步具备了少数族群的标准,国家在确定它的族群地位时到底具有多大的自由裁量权? 下面分别对这两个问题进行分析。

第一,关于西里西亚人作为少数族群的"客观标准"情况。

很多研究表明,西里西亚地区的文化运动至少从 19 世纪就开始了。这些文化运动的主题之一,就是宣传西里西亚地方文化,强调该文化与波兰文化、德国文化的差异,以唤醒西里西亚民族意识。[②]

由于先后受到不同国家的统治,西里西亚在文化上具有边界地区特有边缘文化性质。该地区先后受到摩拉维亚、波西米亚、捷克、奥地利、普鲁士、德国、波兰等力量的统治,受到了多重文化的影响,因而形成了一种丰富多元又独具特色的文化特征。西里西亚人有着与波兰人、德国人不同的文化节日和文化活动,有不同于其他族群的烹饪方式,具有独特的民族服饰,还有专属该族群的民族习俗、名人、歌曲和戏剧。例如他们有庆祝 15 岁生日的各种活动;在周日晚上吃用薄肉片卷和红卷心菜做的饺子。在宗教方面,除了少数西里西亚人信奉新教之外,绝大部分西里西亚人和波兰人一样,对天主教有着强烈的感情和深度的虔诚,所以在宗教方面几乎无法区分普通波兰人和西里西亚人。不过,西里西亚人更加遵循天主教"亲生命""亲家庭""亲传统""亲道德"等传统价值观,他们比普通波兰人更加注重家庭关系和邻里关系。[③]

---

① 埃里克·霍布斯鲍姆著,李金梅译:《民族与民族主义》,上海人民出版社 2006 年版,第 7—8 页。

② Faruga A., *Czy Ślązacy są narodem? Przemilczana historia Górnego Śląska*, Rococo, 2004; Gorzelik J., "Ruch Śląski-między nacjonalizmem i regionalizmem," in Nijakowski, L.M. ed., *Nadciągają Ślązacy*, Wydawnictwo Naukowe Scholar, 2004, pp.15 - 34.

③ 西里西亚的历史、文化可以参见杨友孙、卢文娟:《波兰西里西亚人争取族群地位问题评析》,《俄罗斯研究》2019 年第 2 期。

从语言层面来看,西方国家一般将没有独立书面文字的语言称为"方言",有书面文字的语言才能被称为一种单独的"语言"。长期以来,西里西亚语因为没有书面文字被认为属于波兰语"方言"之一,而非另一种语言。波兰的主流研究也认同该观点。[①] 西里西亚语的确存在着作为一种独立语言的一些缺陷,例如,它主要是口头语,而其书面语仍然主要是波兰语;历史上没有留下西里西亚语言的书籍。不过,也有学者认为,西里西亚语言是一种独特的语言,如果两个西里西亚人使用西里西亚语对话,那么不论是德语群体还是波兰语群体,都无法听懂。[②] 有一件很有意思的事件反映了西里西亚语和波兰语的一些差别:二战结束之后,出于对德国的仇恨,波兰政府试图遣返所有德国人,但首先需要识别谁是波兰人,谁是德国人。政府让那些可疑的人用波兰语朗诵基督教《主祷文》(Pater noster),很多西里西亚人没有通过测试而被当作德国人对待。[③]

不过,长期以来,西里西亚的文化表达和民族意识或多或少都受到政府的压制。冷战结束之后,西里西亚人的族群意识开始逐渐复苏,但波兰并未承认西里西亚人作为少数群体或少数语言的地位。虽然西里西亚人对此非常不满,甚至有人上书给波兰众议院,希望能够修改 2005 年的《少数族群、民族与地区语言法案》,但波兰议会并无举动。

在无法改变法律的情况下,西里西亚人只能力图去满足法律的要求,例如开始对西里西亚语言进行系统化,以希望它能成为一种官方承认的地方语言。2003 年,在"西里西亚民族联盟"组织支持下,成立了"西里西亚民族出版社",资助出版波兰语、德语和西里西亚语的书籍,并发行了一个波兰语、西里西亚语的双语期刊。2007 年,"西里西亚民族联盟"成功向国际标准化组织申请到西里西亚语语言代号(ISO 693 - 3),这实际上使"西里西亚语"获得了国际承认。[④]

---

① Nijakowski L. M. ed., "O procesach narodowotwórczych na Śląsku," *Nadci ągają Ślązacy*, Wydawnictwo Naukowe Scholar, 2004, pp. 132 - 156; Wyderka B., "Język, dialekt czy kreol?" in Nijakowski, L. M. ed., *Nadci ągają Ślązacy*, Wydawnictwo Naukowe Scholar, pp. 187 - 216.

②③ Wojciech Janicki, "Minority Recognition in Nation-States — The Case of Silesians in Poland," in Tomáš Drobík, Monika Šumberová edited, *Chapters of Modern Human Geographical Thought*, Cambridge Scholars Publishing, 2009, pp. 155 - 184.

④ Tomasz Kamusella, "Poland and the Silesians: Minority Rights à la carte?" Journal on Ethnopolitics and Minority Issues in Europe, 2012, vol. 11, no. 2, pp. 42 - 74. "国际标准化组织"的批文,参见:"Request for Change to ISO 639 - 3 Language Code' (2007)," SIL International Office of Language Information Systems, Andrzej Roczniok, http://www.sil.org/iso639-3/cr_files/2006-106.pdf.

2007 年 6 月,美国国会图书馆也承认了"西里西亚语"为一种"地方语言"。

此外,还出现了很多研究、弘扬西里西亚文化的组织,例如"为了西里西亚语言"组织(Pro Loquela Silesiana)、西里西亚语言培育"彩虹"协会(Tôwarzistwo Piastowaniô Ślónskij Môwy, Danga)等。位于卡托维茨的西里西亚大学大力加强了对西里西亚语的研究。1997 年,弗罗兹瓦夫建立了下西里西亚大学,也积极进行西里西亚语言和文化研究。卡托维茨电台也设立了一些固定的西里西亚语节目。在这些努力下,2009 年,有标准拼写方案的西里西亚书面语言正式问世;2010 年,出版了两本用于小学教学的西里西亚语言初级教程。① 此后,出现了越来越多的西里西亚语的教材和书籍,网络上的西里西亚语教学平台也开始陆续出现了。

2012 年 5 月,西里西亚族群代表写信给波兰总统图斯克,希望能启动政府与西里西亚族群之间的对话。7 月,一些西里西亚族群组织向波兰议会提交建议,希望承认西里西亚语作为"地方语言"地位。官方未做出回应。不过,波兰官方文件使用了"西里西亚语"的国家代号——ISO 693 - 3。② 这是波兰近年来在这个问题上的一个难得的松动。

从 2005 年《少数族群、民族与地区语言法案》列举的标准来看,目前,西里西亚人基本具备了"少数族群"的标准:其中第 1 条——"在数量上少于波兰的其他人口",第 5 条——"其祖先在波兰持续生活了 100 年以上","西里西亚人"都完全符合;第 3 条——"努力保护其语言、文化和传统",第 4 条——"知晓其历史、民族群体,并致力于表达与保护自己",这两个主观性标准,西里西亚人已经完全达到;第 2 条——"在语言、文化或传统方面与其他公民有很大差别"已基本实现,但尚需"让政府和国际社会相信"。

第二,国家自由裁量权的限度。

由前文可见,对于一个群体是否构成"少数群体",联合国、欧洲委员会的主张是,主要看这个群体在客观上是否具备了少数群体的标准,在主观上是否有意愿,而与国家是否承认并无关系。而在本案例中,欧洲人权法院却认为,对于

① Tomasz Kamusella, "Poland and the Silesians: Minority Rights à la carte?" *Journal on Ethnopolitics and Minority Issues in Europe*, 2012, vol. 11, no. 2, pp. 42 - 74.
② "Rozporządzenie Ministra Administracji i Cyfryzacji z dnia 14 lutego 2012 r. w sprawie państwowego rejestru nazw geograficznych," *Dziennik Ustaw Rzeczypospolitej Polskiej*, http://isap.sejm.gov.pl/DetailsServlet?id=WDU20120000309.

确定一个群体是否为少数群体,国家具有一定的自由裁量权,这就出现了矛盾。之所以形成了矛盾,是因为联合国、欧洲委员会倾向于从一般原则出发来看问题,而欧洲人权法院倾向于从问题发生的实际场景来看问题,即理论和现实发生了冲突,在这种情况下,理论应服从现实。

在现实中,完全排除国家在确定少数群体地位中的自由裁量权并不可行,因为这样会导致一个奇怪的结果:国家需要对它自己所不能确定的"少数群体"进行特殊保护。这就像早期人类的邮件一样——由签收人而非寄件人付款,这就可能导致外在力量迫使收件人破产,最终必然需要改变做法。国家如果完全不能对确定"少数群体"享有权限,却要对其特殊保护承担责任,这种权责错位在逻辑上和现实中是无论如何都行不通的。

问题的关键是国家在确认少数群体地位时,到底应该享有何种权限?笔者认为,应区分两种情况:(1)仅仅确立少数群体的"存在"的客观事实时,应参考少数群体本身的主观意愿和客观条件,而这时的客观条件主要是语言、文化和族裔特征,与公民身份、居住市场、居住地等均不应存在明显联系。在这种情况下,国家不应享有自由裁量权,但国家可以对族群提出的客观条件是否符合事实进行"确认"。(2)当确立一种需要获得某种特殊保护的少数群体时,国家享有一定的自由裁量权,例如国家可以根据 2018 年欧洲议会公民自由、法治与内务委员会的提出了"少数群体"的五个"最低标准"来确认少数群体,也可以提出一些其他标准,但国家提出标准时应与所有事实"存在"的少数群体协商,而且这些标准应该非歧视地运用于所有群体。但是,当国家现在确定某个群体为少数群体表面上与特殊保护或特别优惠并无关系——但未来可能会有关系,那怎么办呢?对于这个问题,笔者认为可以等到这个问题到来,再具体分析。换句话说,国家出于自我免责的动机,或以将来可能承担过重负担为借口,主动抬高少数群体标准,就超过了国家的自由裁量权。举个例子来说,国家为了应对战争,将税收临时提高了 5%,但战争之后,国家并不愿意将税收降回到原先水平,因为"需要随时应付今后可能出现的战争",这就超越国家的权限。只有战争的概率被证明足够大,并且即将发生之时,才需要这样做。如果因存在着"紧迫的社会需要"的远景或微小可能,就牺牲当前的重大利益,并非明智之举。"未雨绸缪"虽是好事,但更要看它付出了多大代价。

在本案例中,波兰政府、欧洲人权法院均认为,"西里西亚民族联盟"的一个潜在意图是试图获得豁免议会 5% 的当选门槛,实际上这是主观强加的"意图",因为西里西亚人没有亲缘母国,它最多只能获得"少数族群"地位,而"少数族群"在波兰是不豁免议会5%的当选门槛的。从这个意义上看,本案例是一个因政治原因而错杀了的司法案例。

第三节　少数族群传统婚姻形式的法律效力问题

少数群体传统婚姻是否具备法律效力?这既是一个法律问题,也是一个社会、文化问题。在一个充分尊重少数群体文化、习俗的社会,传统婚姻形式至少应被纳入有效性的考量范围。但在倾向于"公民模式"国家的西班牙,这个问题引起了巨大争议。本部分选择"Muñoz Díaz v. Spain案例"[①]入手,对该问题进行深入分析。

一、案情与国内审理

申诉人Muñoz Díaz Ian为出生于1956年的西班牙罗姆人,生活在首都马德里。1971年11月,申诉人和同是罗姆人的M. D.先生按照罗姆人的习惯和文化传统举办了结婚仪式,并得到了他们所生活的罗姆群体的认同。根据罗姆传统,按照传统习惯隆重庆祝了的婚姻就获得了公众的认可,属于有效婚姻,并具有合法婚姻所具备的各种权利、义务和社会效力。

申诉人有六个孩子,西班牙民事登记部门在1983年8月11日给他们登记并颁发了家庭户口本。1986年10月14日,西班牙政府根据1971年6月19日《大家庭保护法》(Large-Family Protection Act)将申诉人家庭归类为第一类大家庭。

2000年12月24日,申诉人丈夫去世,他生前是建筑工人,持续工作并上交了19年3个月8天的社保金,全家靠其收入和社会福利维持生计。他有一张由马德里社会保障局(Instituto Nacional de la Seguridad Social-INSS)颁发的社会保障福利卡。他去世之后,申诉人以其妻子身份向马德里社会保障局申请遗孀养老金。但是,2001年3月27日,马德里社会保障局拒绝了她的申请,

---

① "Case of Muñoz Díaz v Spain," application no. 49151/07, judgment of 8 December 2009, https://www.legal-tools.org/doc/003142/pdf/.

并给出了以下原因：她不是，也从来不曾是逝者生前的妻子，根据 1981 年 7 月 7 日的第 30/1980 号法律以及 1994 年 6 月 20 日的《社会保障总法》，不符合领取遗孀养老金的条件。

2001 年 5 月 10 日，马德里社会保障局再次确认了其决定。于是，申诉人向西班牙劳动法院(Labour Court)提起诉讼。5 月 30 日，劳动法院裁定，她有权领取遗孀养老金，数额为每月 903.29 欧元。判决实际上承认了他们罗姆传统婚姻形式的有效性。劳动法院对此进行了如下阐释：

在我们国家，罗姆人从远古至今一直存在。众所周知，根据他们的传统仪式举行的结婚仪式也具有法律效力。这种婚姻形式并不违背道德和公共秩序，并且已为社会所接受。根据西班牙《民法》第 61 条，在举办正式结婚仪式后，还需要到民事部门登记，婚姻才能被承认。申诉人领取遗孀养老金遭到拒绝的原因正是罗姆传统婚姻形式在西班牙未被民事部门承认。但需要注意的是，西班牙已经签署了 1966 年 3 月 7 日联合国出台的《消除一切形式种族歧视国际公约》……因此，缺乏承认罗姆传统婚姻效力的法律、制度，并不能成为不履行社会保障规定的理由。欧盟第 2000/43 号指令规定了不论种族和民族出生都应受到平等对待。尽管罗姆族群在西班牙有悠久的社会和文化根源，但罗姆传统婚姻却仍然不被法律承认。然而，根据其他宗教仪式和习惯举办的结婚仪式，最近却被接受了。罗姆人的结婚仪式虽不属于宗教婚姻，但也具有同样的性质。因此，不承认申诉人与逝者的婚姻关系，拒绝给予申诉人遗孀养老金，构成了基于族群身份的歧视，违反了西班牙宪法第 14 条和欧盟第 2000/43 号指令。

马德里社会保障局不服判决，向马德里高级法院(Madrid Higher Court of Justice)上诉。2002 年 11 月 7 日，马德里高级法院推翻了劳动法院的判决，并作了如下解释：

平等和非歧视原则意味着平等地对待相同的情况，但如果平等地对待不同情况则意味着不公正。平等也意味着要将法律实施于每个人身上，而不考虑某些群体的喜好。根据西班牙《民事法》第 49 条，每个西班牙公民——包括申诉人及逝者——都可以选择到法院登记民事婚姻或举行具有法律效力的宗教婚姻仪式。而根据罗姆人传统举办的结婚仪式并不属于这两种情况，他们的婚姻仪式不过是一种少数族群的习惯或庆典，虽然受到社会的承认，但并不具备法律效力。因此，申诉人与其丈夫在法律上并未结婚，因而不符合领取遗孀养老金的条件。

申诉人以相关机构构成了基于种族和社会状况的歧视为由,继续向西班牙宪法法院上诉。2007 年 4 月 16 日,西班牙宪法法院驳回了诉讼请求。宪法法院认为:

因为社会福利需求量很大,西班牙法律授予了社会福利分配机构以很大的自由裁量权去判断哪种情况符合申请社会福利的条件。在不是很符合条件的情况下,拒绝申诉人领取遗孀养老金属于其自由裁量权的范围之内,并未构成基于社会状况的歧视,因为即使对合法夫妻限制领取鳏寡养老金也不违反西班牙宪法第 14 条。① 同样,相关机构也未对申诉人构成基于种族或族群的直接或间接歧视,按照罗姆人习惯举办的结婚仪式,和其他的同居关系一样不具有婚姻的法律效力。

2008 年 12 月 3 日,西班牙修改了 2007 年 12 月 4 日出台的第 40/2007 号涉及社会保障的法律,根据这项法律,申诉人作为逝者 M. D. 的伴侣(partner)身份——而非以妻子身份获得了伴侣养老金,从 2007 年 1 月 1 日开始领取。

二、欧洲人权法院的观点

申诉人不服国内法院的裁决,向欧洲人权法院提起申诉。2009 年 5 月 26 日,欧洲人权法院开庭进行了审理。申诉人认为西班牙政府违反了《欧洲人权公约》第 14 条合并第一附加议定书第 1 条(财产权)②,第 14 条合并第 12 条(婚姻权)③,以及第 41 条(权利受到侵犯时获得赔偿权)。欧洲人权法院对前两个申诉进行了重点审理。

1. 双方辩论

申诉人指出,政府没有解释为什么她和逝者只是"习俗同居"(a more uxorio cohabitation)而非婚姻关系,却又在她丈夫在世时,给予了她作为配偶的一些福利,而她丈夫去世后,福利就被取消。而且,在西班牙的很多案例中,

① 西班牙宪法第 14 条规定:西班牙人在法律面前平等;他们不因出身、种族、宗教、观点或任何其他条件或个人或社会状况而遭受歧视。
② 该条规定:每一个自然人或法人均有权平等地享用其财产。除非是为了公众利益及受管制于法律与国际法的普遍原则所规定的条件,任何人不得剥夺他的财产;上述规定将不能以任何方式损害国家根据普遍利益或为了保证付税或其他奖惩措施而实施的必要的控制财产使用的权利。
③ 该条规定:达到结婚年龄的男女根据规定结婚和成立家庭权利的国内法的规定享有结婚和成立家庭的权利。

都出现过没有"法律婚姻关系"的夫妻,一方在配偶去世后可以领取养老金。

政府认为,西班牙法律对于所有公民都一视同仁,并不存在基于族群出身或其他原因的歧视,她遭到区别对待仅是因为她和逝者不是婚姻关系,而是一种习俗结合关系(a more uxorio relationship)。

政府指出,没有必要同等对待那些遵守法律和不遵守法律的人。法律要求只有法定婚姻关系才能在配偶去世之后领取鳏寡养老金,这不属于基于种族或族群的歧视,申诉人未获得遗孀养老金只能归咎于她自己没有遵守相关法律。

出席庭审的第三方代表——"罗姆人联盟"组织指出,罗姆人的婚姻和其他形式的婚姻没有区别。在罗姆传统婚姻仪式中,男方和女方都需要表达愿意生活在一起,组成家庭的意愿。西班牙政府曾经给申诉人家庭颁发了家庭户口本和"大家庭"称号,给申诉人及其六个孩子提供健康服务,也保存了申诉人丈夫19年多的社保贡献。但当申诉人在丈夫去世后领取遗孀养老金之时,却说罗姆传统婚姻无效,这种做法是不符合比例原则的。

2. 欧洲人权法院的推理

(1) 关于《欧洲人权公约》第14条合并第一议定书第1条的违反情况

欧洲人权法院指出,第14条必须合并其他具体条款才能生效,因此应重点分析对第一议定书第1条的违反情况。欧洲人权法院在很多案例中已肯定,第一议定书第1条的财产权包括获得社会福利的权利,但并不意味着个人必然能够获得社会福利。国家有权决定其社会福利计划及其额度,但制定社会福利计划和标准时不应违背《欧洲人权公约》第14条。因此,本项申诉属于第14条合并第一议定书第1条的保护范围。

欧洲人权法院了解到,1971年11月申诉人和逝者结婚,并育有六个孩子。申诉人一直和逝者生活在一起,直到后者去世。1983年8月11日,西班牙民事部门给他们颁发了家庭户口本,确定他们为夫妻关系并育有六个孩子。1986年10月14日,申诉人家庭被官方确定为"大家庭"——在这种家庭中,父母必须是夫妻关系。逝者从事的是享有社会福利的工作,其社会福利卡上显示他要抚养申诉人及6个孩子,卡上还盖了马德里社会保障局的印章,欧洲人权法院认为,这属于正式有效的材料。

欧洲人权法院注意到,西班牙宪法法院对法律之外的婚姻形式也存在承认的情况。在一些案例中,如果结婚符合夫妻信仰,那么事实上的夫妻关系也可以作为申请配偶养老金的理由;宪法法院在199/2004号裁决中也认定,如果某种宗教婚姻没有正式登记,即不符合国家规定的有效法律婚姻时,夫妻仍然可以在一方去世后领取配偶养老金。

欧洲人权法院指出,罗姆人在西班牙有着悠久的历史,其价值观已深深植入了西班牙社会。而且,在1971年他们举办婚姻仪式时,只能按照罗姆的传统习惯进行——除非他们改信天主教,才可能按照天主教的宗教仪式合法地结婚。因为直到1978年西班牙宪法和1981年7月7日第30/1981号法律出台之后,西班牙才有了民事婚姻登记。申诉人表示,她之所以在这些法律出台之后没有去民事部门登记,是因为她认为按照罗姆人传统仪式举办的婚礼,也同样具有法律效力。

欧洲人权法院认为,不应忽视一个群体集体价值观的力量。国际上的共识是,应该承认少数族群的特殊需要,保护他们的安全、身份和生活方式,即不仅要保护少数族群的利益,还要保护少数族群作为一个整体的文化多样性。《框架公约》也要求缔约国采取充分具体措施来保护属于少数民族的人。尽管不能因为属于少数族群而漠视法律,但可以改变法律实施方式。欧洲人权法院提醒大家注意它曾经判决的"Buckley案例"[1],在那个案例中,欧洲人权法院认为,罗姆人的弱势地位使其需要一些特别照顾,不论是在制度框架面前还是在具体案例之中。申诉人认为自己是逝者之妻,这被官方的一些政策所肯定。而官方在申诉人领取遗孀养老金时却否认她和逝者的夫妻关系,构成前后矛盾。而且,政府也承认了其他一些没有法定婚姻的夫妻为合法婚姻关系,却不承认申诉人的夫妻关系合法,这构成了不成比例的区别对待。

因此,欧洲人权法院认为,西班牙政府违反了《欧洲人权公约》第14条合并第一议定书第1条。

(2) 关于《欧洲人权公约》第14条合并第12条的违反情况

政府认为,申诉人如果去民事机构进行婚姻登记也不会遇到任何阻力。《欧洲人权公约》第14条和第12条并未强制缔约国同等对待按照法律规定登记的合法夫妻以及没有按照法律规定登记的夫妻,这两条也没有强制国家接受按照某个群体的习俗举办的婚姻仪式的法律效力,况且缔约国在处理第12条权利时享有一定的自由裁量权。

---

[1] Buckley v. the United Kingdom, application no. 20348/92, September 25, 1996, http://miris.eurac.edu/mugs2/do/blob.pdf?type=pdf&serial=1020179320900.

申诉人反驳道,1971 年她和逝者结婚时,仅有宗教婚姻存在,还没有民事婚姻登记。他们按照罗姆仪式举办婚礼,是因为这是群体认同的唯一结婚方式。而且罗姆传统婚姻仪式在西班牙已经存在了 500 多年,西班牙政府不考虑罗姆群体的特殊性,在承认了一些宗教婚姻的合法性时,却不承认罗姆传统婚姻的合法性,认为她和逝者仅仅是"伴侣"(partner)关系而剥夺她领取"遗孀养老金"的权利。

"罗姆联盟"组织建议西班牙政府承认罗姆传统婚姻为合法,毕竟罗姆群体在西班牙已经有几百年的历史,并且一直保持着其传统。"罗姆联盟"组织还提请欧洲人权法院注意尊重少数族群的传统、文化遗产和身份,这本来就是《欧洲人权公约》的一个重要内容。

欧洲人权法院指出,西班牙 1981 年开始有了民事婚姻登记,这种民事婚姻登记不存在基于宗教或其他因素的歧视,因为不需要公开自己的宗教、信仰或属于某个文化、语言、族群身份。即使有了民事婚姻登记之后,西班牙也承认某些宗教形式婚姻的合法性(天主教、新教、伊斯兰教和犹太教),这些宗教婚姻之所以合法,是因为它们都与西班牙政府签订过协议,在协议中,政府承认它们的宗教婚姻具有合法效力。与政府签订这种协议的都是宗教组织,而罗姆群体并不符合这个条件。

欧洲人权法院认为,西班牙政府并未阻止罗姆人去民事机构进行民事婚姻登记,政府认为罗姆传统婚姻不具备民事效力是合理的,并没有对申诉人构成歧视,因此未违反《欧洲人权公约》第 14 条合并第 12 条。

三、反响与各方观点

本案例的裁决被认为是近年来对罗姆人权利负面影响最大的一个裁决,表现了欧洲人权法院对少数群体多元文化采取了一种不包容的态度。①

参与欧洲人权法院审理的梅吉尔(Mjyer)法官提出了一些不同意见。她认为,既然长期以来欧洲人权法院都强调,非有效婚姻出生的儿童享有和有效婚姻出生的儿童的同等权利,那么,就很容易发现,西班牙政府拒绝申诉人婚姻

---

① Eduardo J. Ruiz Vieytez, "Minority marriage anddiscrimination: redrafting Muñoz Díaz v. Spain," in Eva Brems edited, *Diversity and European Human Rights: Rewriting Judgment of the ECHR*, Cambridge University Press, 2013, pp. 401 – 425.

有效并拒绝发放遗孀养老金构成了歧视。如果不承认罗姆人的传统婚姻有效，那么所有的罗姆人就必须结两次婚，一次是罗姆传统婚姻，一次是民事婚姻，而这种做法在其他国家并不常见。①

　　欧洲罗姆权利中心的学者萨拉（Sara Giménez Giménez）和费尔南多（Fernando Rey Martíneznce）指出，本案例的意义在于，它要求各国认真对待并禁止种族歧视，将促使各国采取具体措施实现平等。但是，西班牙国内法院和欧洲人权法院的判决都存在一些错误。西班牙国内法院对平等的理解出现了问题，西班牙福利机构并非在相似的情况下采取了区别对待，而是对完全不同的情况采取了相同的政策。因为西班牙罗姆人自从 1425 年来就按照其传统习俗举行婚姻仪式，即使到申诉人结婚时（1971 年），罗姆人仍然不知道除了传统婚姻形式外还有其他婚姻形式的存在。西班牙国内法院并未考虑罗姆人婚姻形式的特殊性，而将罗姆人和其他人一样看待，这构成了歧视。尽管欧洲人权法院认为西班牙政府对申诉人构成了基于财产权的歧视，但它没有去质疑西班牙政府及法院关于罗姆人传统婚姻无效的观点。欧洲人权法院虽然强调，国际上的共识是，应该承认少数群体的特殊需要，保护他们的安全、利益、身份和生活方式，也要保护少数群体作为一个整体的文化多样性，却没有很好地尊重罗姆族特殊的文化及习俗。②

　　西班牙德乌斯托大学爱德华多（Eduardo J. Ruiz Vieytez）教授专门撰文对本案进行了分析：首先，要求欧洲国家普遍接受罗姆传统婚姻为合法婚姻是不大可取的。但考虑到罗姆人在欧洲历史悠久，罗姆传统文化在欧洲大陆的重要性，以及传统婚姻形式为罗姆生活方式的重要部分，欧洲有必要要求各国对法律进行一定调整，承认一些重要的少数群体婚姻形式的有效性。其次，针对第一项申诉——基于财产权的歧视，欧洲人权法院的处理是可以接受的，但其推理存在一些问题。欧洲人权法院认为，其他一些没有合法婚姻关系的人也曾经获得过遗孀养老金，但情况类似的申诉人却未获得，这构成了区别对待相似的情况而没提供合理的理由。而且，西班牙的做法还构成了间接歧视，即对罗姆

---

① "Case of Muñoz Díaz v Spain," application no. 49151/07, judgment of 8 December 2009, https://www.legal-tools.org/doc/003142/pdf/.

② Sara Giménez Giménez and Fernando Rey Martínez, "Discrimination Against a Romani Woman Before the European Court of Human Rights," Roma Rights 2, 2009: Multiple Discrimination, 27th, April, 2010, http://www.errc.org/article/roma-rights-2-2009-multiple-discrimination/3564/5.

人群的传统婚姻未被承认,使这种婚姻会受到歧视。针对申诉人的第二项申诉——基于婚姻权的歧视,欧洲人权法院的审判则明显存在问题。因为西班牙承认天主教、新教、伊斯兰教和犹太教的宗教婚姻合法,但不承认罗姆人的传统婚姻合法,这意味着强迫罗姆人放弃自己的婚姻传统而接受其他的结婚方式。而罗姆族群在西班牙历史悠久,其人口和社会影响明显要大于一些被承认了宗教婚姻的宗教群体,西班牙的做法明显构成了基于婚姻权的歧视。欧洲人权法院没有充分考虑申诉人的少数群体地位,也没有解决罗姆人传统婚姻的有效性问题,导致最后的判决只是就事论事——仅仅解决了一个案例而已,没有对此进行拓展,因而对未来的相关案例也不会产生多大的帮助。①

英国学者拉吉纳拉.阿赫塔(Rajnaara Akhtar)认为,在"Muñoz Díaz v Spain 案例"和"Serife Yigit v Turkey 案例"中,欧洲人权法院都认为,认定少数群体或某种宗教的传统婚姻形式无效,并未违反《欧洲人权公约》第 14 条合并第 12 条。这种观点显然是不合理的,如果不承认某种非正式婚姻的效力,对于那些缺乏正式身份的移民或难民来说,就会因为缺乏正式身份而无法进行有效的民事婚姻登记,那么欧洲人权法院是不是认为这类群体的婚姻都应该被视为无效呢?这种逻辑显然是荒谬的。②

荷兰著名少数民族问题学者克里斯汀(Kristin Henrard)从以下方面对欧洲人权法院的判决提出了质疑。首先,欧洲人权法院强调,缔约国应该采取积极的区别对待措施去"纠正事实上的不平等",但只是强调了这个"一般原则",而未在审判中践行这个原则。其次,申诉人对于《欧洲人权公约》第 14 条合并第一议定书第 1 条的申诉和第 14 条合并第 12 条的申诉虽然形式上有所差别,但本质上是一回事:都是不公平的歧视问题,即申诉人的婚姻形式都没有受到和其他婚姻形式相同的对待,而且政府没有给出客观及合理的理由。欧洲人权法院对这两项申诉的区别审理是令人奇怪的。而且,欧洲人权法院还强调,西班牙法院在审理时也未充分考虑罗姆人婚姻的社会和文化背景,国际上的共识是,应该承认少数群体的特殊需要,保护他们的安全、身份和生活方式。但是,

---

① "Minority Marriage and Discrimination: Redrafting Muñoz Díaz v. Spain," in Eva Brems edited, *Diversity and European Human Rights: Rewriting Judgment of the ECHR*, Cambridge University Press, 2013, pp. 401 – 425.

② Rajnaara Akhtar, "The human right to marry: a refugee's perspective," *Journal of Social Welfare and Family Law*, Issue 1, published online, 20 March 2018.

欧洲人权法院在对待第二项申诉的时候,却极力回避"非歧视"原则及其相关问题,也不再强调罗姆文化的特殊性,只是强调,其他宗教婚姻之所以被西班牙政府认定为合法,是因为它们的宗教属性,而罗姆群体并不符合这个标准。[①]

四、评述与反思

欧洲人权法院在"Nachova and Others v. Bulgaria 案例"中曾经表达了一句著名的话:"民主社会不应该将多样性视为威胁,而应视为财富。"[②]在本案例中,欧洲人权法院没有充分地承认罗姆文化的特殊性,即未对文化多样性给予足够重视,违背了欧洲人权法院的一贯立场。

在本案例中,欧洲人权法院不仅未承认罗姆传统婚姻的有效性,也未对欧洲国家承认某种少数群体的特殊婚姻形式的有效性提出要求或者建议,这是非常令人遗憾的。在欧洲人权法院大法庭稍后审理的"Serife Yigit v. Turkey 案例"[③]中,大法庭认为,土耳其不承认宗教婚姻的合法性,导致申诉人不能领取遗孀养老金,没有违反《欧洲人权公约》第 14 条合并第一议定书第 1 条,也没有违反《欧洲人权公约》第 8 条。有学者认为,在两个案例中欧洲人权法院自相矛盾[④],实际上,欧洲人权法院的逻辑是一致的,即认为各国可以不承认某种族群或宗教群体的传统婚姻形式是有效的,但欧洲人权法院没有借此机会提出一些建设性措施。

值得注意的是,在评判罗姆传统婚姻仪式是否具备法律效力时,欧洲人权法院认同了马德里高等法院和西班牙宪法法院的裁决,即认为在进行民事婚姻

---

① Kristin Henrard, "The European Court of Human Rights, Ethnic and Religious Minorities and the Two Dimensions of the Right to Equal Treatment: Jurisprudence at Different Speeds?" *Nordic Journal of Human Rights*, 2016, vol. 34, no.3, pp.157 – 177.

② ECtHR, "Nachova and Others v. Bulgaria," application nos. 43577/98 and 437579/98, July 6, 2005, https://adsdatabase. ohchr. org/IssueLibrary/CASE% 20OF% 20NACHOVA% 20AND% 20OTHERS%20v. %20BULGARIA. docx.

③ "Case of Şerife Yi git v. Turkey," application no. 3976/05, November 2, 2010, http://ww3. lawschool. cornell. edu/AvonResources/CASE% 20OF% 20SERIFE% 20YIGIT% 20v. % 20TURKEY. pdf.

④ Maarit Jänterä-Jareborg, "Cross-Border Family Cases and Religious Diversity: What can judges do? Working paper of Faculty of Law of Uppsala University," April 2013, http://www. jur. uu. se/ digitalAssets/585/c_585476-l_3-k_wps_2013_4. pdf.

登记不存在任何问题的情况下,申诉人却不去进行登记,导致了法律上不承认的罗姆传统婚姻的效力,这个结果应由申诉人负责。

让人难以理解的是,欧洲人权法院肯定对《欧洲人权公约》第14条合并第一议定书第1条的申诉,却否定对第14条合并第12条的申诉。那么,西班牙不承认罗姆民事婚姻的效力,到底有没有构成歧视呢?显然,欧洲人权法院难以自圆其说;剧情突然翻转也是很让人难以适应的。这只能理解为欧洲人权法院希望超越《欧洲人权公约》的范围,去平衡申诉人和缔约国的权利的一种做法,但这种"平衡术"并不符合《欧洲人权公约》的精神,也非欧洲人权法院的职能。可以认为,在一定程度上,欧洲人权法院法官超越了审理权限,从政治而非法律的角度看待一些疑难争端。

该案例还涉及事实婚姻问题。目前,随着两性同居关系的增多,世界上越来越多的国家承认了事实婚姻。在20世纪90年代,西班牙就承认了事实婚姻(Pareja De Hecho)。不过,西班牙的事实婚姻也同样需要到政府部门进行登记。而在事实婚姻关系中,丧偶者需要满足以下条件才能领取丧偶者养老金:配偶逝去算起,与配偶登记事实婚姻已满两年;能证明在配偶去世前五年内与配偶连续共同居住;丧偶一方收入不能超过各自治区规定的数额。在本案例中,申诉人夫妻也没有到政府相关部门登记为事实婚姻,因此也不满足西班牙的事实婚姻关系。

本案例和近年欧洲人权法院审理的很多案例一样,体现出欧洲人权法院偏重于从"合法"(legality)而非从"合法性"(legitimacy)的角度处理司法争端,导致审判结果必然有利于国家而非个人。欧洲人权法院虽然在一定程度上考虑了"合法性",但从本案例来看,它仍然未脱离从形式上的"合法"来分析问题的窠臼。作为一个司法机构,从"合法"角度分析问题并无过错,但远非完美。它仅能从形式上终结一个案例,而不能从根本上解决案例反映出的一类社会问题。

此外,本案例也隐约体现了欧洲人权法院的一个趋势,即对少数群体特殊权利收紧的态势。包括穆斯林女性在公共场合穿戴蒙面头巾的问题、穆斯林女生参与混合游泳课程问题、锡克族男性穿戴头巾帽问题等,欧洲人权法院均支持成员国对少数群体的特殊权利进行限制。或者说,欧洲人权法院近年来越来越强调"战斗性"民主,对于"异族文化"采取了更为排斥的态度。

第八章

欧洲少数群体经济社会权利保护理念分析

    经济与社会权利是第二代人权的核心内容之一。如果说第一代人权——平等权、言论自由、出版自由、财产权、人身自由权、信仰自由权等主要指向"形式平等",属于"消极权利",个人有权免于被国家或他人侵犯的话,那么以经济、社会和文化权利为核心的第二代人权则更多指向"事实平等",属于一种"积极权利",它要求国家采取积极行动来保护和支持。

    经济、社会权利到底包括哪些内容?对于这个问题,不同地区、不同国家的理解是存在一定差异,而且,一些权利,例如"教育权""选择生活方式的权利"既可以归入文化领域,也可以归入经济、社会领域。但一般来说,它包括以下具体权利:享有普遍公共服务的权利、获得体面生活条件的权利、工作的权利、特定社会群体的权利、对自然资源的权利、财产权等。[1]

    从少数群体本身的特征来说,它一般是在语言、文化、宗教、族裔等方面具有特殊性的群体。因此,在经济、社会方面,除了土著人外,大多数少数群体与其他群体的差异性并不十分突出。但是,由于少数群体在社会处于非支配地位和边缘地位,他们在经济、社会领域往往会受到更多限制,使他们即使获得了其他方面的平等权利,在现实中仍然无法实现真正平等。而且,一些少数群体同时也是弱势群体,例如罗姆人,他们在经济、社会领域的竞争力远远弱于主体人

---

[1] Dawood Ahmed and Elliot Bulmer, "Social and Economic Rights," International IDEA(International Institute for Democracy and Electoral Assistance) Constitution-Building Primer 9, 2017, Second edition, https://www. idea. int/sites/default/files/publications/social-and-economic-rights-primer. pdf.

口,受到普遍的排斥,在职业、住房、健康服务、居住环境等方面都远远逊于其他群体。即使欧洲国家普遍采取了推动罗姆人融入社会、通过国家财政对罗姆社区进行改造等,仍然远远不能抵消它们在经济社会方面的劣势。贫穷可能来源于不平等、不公平,同时它又反过来加剧不平等和不公平,形成恶性循环。因而在这方面尤其需要国家承担积极责任而非仅仅"非歧视"的消极角色。

第一节　少数群体经济社会权利保护的提出及发展

在国际上,欧洲、亚洲、非洲大多数国家都强调了保护经济和社会权利,但并非专门涉及少数群体的经济、社会权利。而在北美洲、加勒比海地区,则对经济、社会权利的承认和保护更弱一些,属于极弱型保护。

为了弥补《世界人权宣言》过于注重个体自由和权利的弊端,1966 年 12 月 16 日,联合国颁布了《公民与政治权利国际公约》和《经济、社会和文化权利国际公约》(1976 年 1 月 3 日生效)。《经济、社会和文化权利国际公约》涉及广泛的经济、社会权利,例如第 2(1)条规定:缔约国承允尽其资源能力所及,各自并借国际协助与合作,特别在经济与技术方面之协助与合作,采取种种步骤,务期以所有适当方法,尤其包括通过立法措施,逐渐使本盟约所确认之各种权利完全实现;缔约国承允保证人人行使本盟约所载之各种权利,不因种族、肤色、性别、语言、家教、政见或其他主张、民族本源或社会阶级、财产、出生或其他身份等等而受歧视。[①]

为了监督该公约的实施,1985 年设立了联合国"经济、社会与文化权利委员会",它可以接受个人申诉,而且,和《公民权利与政治权利国际公约》的人权委员会一样,可以间接涵盖少数群体。它有时针对所监督的公约发布"一般性意见"[②],也可能对缔约国提交的报告进行"总结和评论",并提出自己对社会、经济与文化权利的理解。尽管如此,与《公民权利与政治权利国际公约》相比,《经济、社会和文化权利国际公约》的实施机制十分薄弱。其原因在于,首先,根据联合国《公民权利与政治权利国际公约》,缔约国实质上对公民权利和政治权

---

① 《经济、社会及文化权利国际公约》参见:https://www.un.org/zh/documents/treaty/files/A-RES-2200-XXI.shtml.

② 具体参见张雪莲:《经济、社会和文化权利委员会的一般性意见》,《国际法研究》2019 年第 2 期。

利负有不得克减的义务,而经济、社会权利并非不可克减的权利,它可能受到国家能力的限制而无法实现;其次,公约起草之时的观念是:经济和社会权利只是一种相对次要的、不可诉的、更接近于道德权利的一种宣言。[①]

1992年2月3日联合国大会通过的部分条款涉及少数群体的经济与社会权利。其中第2(2)条规定,属于少数群体的人有权有效地参加文化、宗教、社会、经济和公共生活;第4(5)条规定,各国应考虑采取适当措施,使属于少数群体的人可充分参与其本国的经济进步和发展;第5条规定:(1)国家政策和方案的制订和执行应适当照顾属于少数群体的人的合法利益。(2)各国间的合作与援助方案的制订和执行应适当照顾属于少数群体的人的合法利益。

《少数群体权利宣言》不仅因其"宣言"性质难以发挥作用,而且,它对少数群体的各项权利,仍然是赋予个体而非群体,权利主体为"属于少数群体的人"。

联合国《消除一切形式种族歧视国际公约》也有一些专门涉及少数群体社会、经济权利的条款,例如第五条保证人人有不分种族、肤色或民族或人种在法律上一律平等的权利,尤得享受下列权利:……(4)在国境内自由迁徙及居住的权利;有权离开去任何国家,连其本国在内,并有权归返其本国;享有国籍的权利;缔结婚姻及选择配偶的权利;单独占有及与他人合有财产的权利;继承权。(5)经济社会权利,主要为:a.工作、自由选择职业、享受公平优裕的工作条件、免于失业的保障、同工同酬、获得公平优裕报酬的权利;b.组织与参加工会的权利;c.住宅权;d.享受公共卫生、医药照顾、社会保障及社会服务的权利;e.享受教育与训练的权利;f.平等参加文化活动的权利。

不过,《消除一切形式种族歧视国际公约》仅仅着眼于"消除歧视",而这个低保护标准在社会、经济权利领域作用有限。

1989年国际劳工组织大会通过的《土著和部落人民公约》对土著与部落人民在土地、招聘和就业、职业培训、手工业和农村工业、社会保障和医疗卫生等方面享有的权利进行了规定。但是,鉴于国际劳工组织本身影响不大,这个公约并无多大影响。

2007年9月13日出台的《联合国土著人民权利宣言》强调,作为"土著人"享有一些高于普通少数群体的群体权利,例如第10条规定,不得强迫土著人民

[①] 钟会兵、李龙:《社会保障权可诉性分析:背景、规范与实践》,《武汉大学学报》(哲学社会科学版)2009年第6期。

迁离其土地或领土。如果未事先获得有关土著人民的知情同意,未商定公正和公平的赔偿,并在可能时允许返回,则不得对土著人进行迁离。第 21 条规定:(1)土著人民有权不受歧视地改善其经济和社会状况,尤其是在教育、就业、职业培训和再培训、住房、环境卫生、保健和社会保障等领域。(2)各国应采取有效措施,并在适当情况下采取特别措施,确保土著人民的经济和社会状况持续得到改善。应特别关注土著老人、妇女、青年、儿童和残疾人的权利和特殊需要。第 23 条规定,土著人民有权确定和制定行使其发展权的优先重点和战略。特别是,土著人民有权积极参与制定影响到他们的保健、住房方案及其他经济和社会方案,并尽可能通过自己的机构管理这些方案。第 25 条规定,土著人民有权保持和加强他们同他们传统上拥有或以其他方式占有和使用的土地、领土、水域、近海和其他资源之间的独特精神联系,并在这方面继续承担他们对后代的责任。不过,《土著人民权利宣言》仅是"宣言"性质文件,而且,哪个群体是"土著人",需要国家进行确认。世界上确认存在"土著人"的国家并不多。在欧洲,较为广泛认可的土著人主要是北欧的萨米人和因纽特人。

在欧洲,涉及少数群体经济、社会权利的制度主要是《欧洲社会宪章》和《欧洲少数民族保护框架公约》。

1961 年 10 月 18 日在都灵举行的欧洲理事会成员国会议上,欧盟通过了《欧洲社会宪章》,"宪章"第一部分和第二部分涉及经济和社会权利。第一部分为关于就业和职业方面的保护,例如(1)所有工作者均有权享有安全和卫生的工作条件;(3)有权享受公平的报酬;(8)人人有权享受适当的职业培训;(10)所有工作者及依靠他们生活的人有权享有社会保障。第二部分规定了劳动权及相关权利,如工作权,公正、安全和卫生的工作条件权、公平报酬权、结社权和集体交涉权、工人的劳动保障和职业培训权等。《欧洲社会宪章》虽然不是少数群体保护的文件,但它可以涵盖少数群体成员。1998 年 7 月 1 日,包含集体申诉制度的《欧洲社会宪章附加议定书》生效,《欧洲社会宪章》的监督机构"欧洲社会委员会"从此可以接受集体申诉。

《欧洲少数民族保护框架公约》虽然是一个涵盖各个经济、社会、文化、政治、公共事务等领域的少数民族保护文件,但它实际上仍然是聚焦在文化、教育领域,仅有几条涉及经济和社会权利,但均与文化、政治等权利合并阐述。主要是两条,其中第 4(2)条规定:缔约方承诺在必要时采取适当措施,以在经济、社会、政治和文化生活的所有领域促进属于少数群体的人与属于主体群体的人之间的充分和有效的平等;第 15 条规定:缔约方应创造必要条件,使属于少数民族的人有效参与文化、社会、经济生活和公共事务,特别是影响他们的事务。

《欧洲人权公约》也有部分条款涵盖经济、社会权利,例如第 3 条"禁止酷刑";第 4 条"禁止蓄奴和强迫劳动";第 5 条"自由和安全的权利";第 8 条"私生活和家庭生活受到尊重的权利";第 11 条"集会和结社自由";第 12 条"婚姻权";第 13 条"获得有效救济的权利"。但在很长一段时期内,经济、社会权利条款并未覆盖少数群体保护领域。近年来,欧洲人权法院开始力图使《欧洲人权公约》的部分条款涵盖少数群体的经济和社会权利。例如在"Budina v. Russia 案例"①中,以及在一些罗姆人住房案例中,欧洲人权法院都通过宽泛的理解《欧洲人权公约》第 3 条(禁止酷刑或禁止非人道对待)来涵盖经济、社会权利。

不过,少数群体的经济、社会权利它到底是一种"特别保护"呢,还是一种"优惠政策"? 换句话说,少数群体的经济、社会权利是为了"维护差异性"还是仅仅为了"减小差距"? 它是长久性政策,还是权宜性政策? 如果在经济、社会领域实现了"事实平等"之后,少数群体是否有权继续享有经济、社会领域的特别优待呢? 对于这些问题,国际制度并没有提供现成的答案。不过,社会、经济权利的实现,是一个长期的过程,不能寄希望于一劳永逸解决问题。正如联合国"经济、社会和文化委员会"在第 3 号"一般性意见"中指出:一般来说,完全实现所有经济、社会和文化权利在短期内难以做到。因此,国家必须迅速有效地进行持续性努力。② 联合国《经济、社会和文化权利国际公约》第 2 条也强调,要"逐渐"使公约所确认之各种权利完全实现。

---

① "Budina v. Russia," 45603/05, Decision Decision 12.2.2008 of European Court of Human Rights. 该案例为涉及残疾人案例。案情为一个俄罗斯公民(残疾人)在退休时被取消残疾人津贴而领取统一的退休津贴,但她认为退休津贴过少,希望以残疾人身份领取更高额度的退休津贴。但欧洲人权法院认为国家给她的退休津贴已能维持个人的基本需要,因此驳回她的诉讼请求。

② CESCR, General Comment No.3, "The Nature of States Parties Obligations," UN Doc. E/1991/23 (SUPP), January 1, 1991, para. 9, https://tbinternet.ohchr.org/Treaties/CESCR/Shared%20Documents/1_Global/INT_CESCR_GEC_4758_E.doc.

第二节　极地因纽特人的自然资源权利问题

经济、社会权利到底是"特别保护",还是"优惠政策",并不存在普遍的区分原则,需要具体问题具体分析,因为经济、社会权利本身涵盖了十分广泛的内容。对于土著人来说,经济、社会权利,尤其是自然资源权无疑具有一定的永恒性,毕竟它们通常是所生活区域的最早群体和世居群体,它们的生活方式、生计来源、经济收入都离不开赖以生活的土地。那么,被迫迁徙的土著人是否有自愿返还故土的权利?如果不能返还,它们应获得何种程度的补偿?本部分选择丹麦极地因纽特人案例——"Hingitaq 53 and Others v. Denmark 案例"[1]来分析相关问题。

一、案情与国内处理

申诉人为丹麦格陵兰岛西北图勒地区(Thule District)428 位自然人以及代表图勒部落(Thule Tribe)的极地因纽特人(Inughuit)[2]的一个群众组织——"Hingitaq 53"。据估计,在格陵兰大约有 89％的人口为因纽特人,[3]其中极地因纽特人只占因纽特人(Inuit)的极少部分。他们的祖先自 2000 年前左右从加拿大进入格陵兰岛,以捕猎和打鱼为生。极地因纽特人是格陵兰西北部的主要居民,由于居住在乌马纳克(Uummannaq)一带的图勒地区(Thule area),所以也被称为图勒部落(Thule Tribe)。一般认为,极地因纽特人和格陵兰其他地

---

[1] "Hingitaq 53 and Others v. Denmark," Application no. 18584/04, January 12, 2006, https://menneskeret. dk/sites/menneskeret. dk/files/2006-01-12_18584. 04_hingitaq_53_and_others_v._denmark. pdf.

[2] 纽特人(Inuit)是黄种人,主要是生活于北极圈周围,据说是爱斯基摩人的一支,也有人认为他们就是爱斯基摩人(Eskimo),因认为"爱斯基摩"这个名称带有贬义,而自称为"因纽特人"。2004 年,因纽特人发布声明,称以后文件中一律使用"因纽特人"的称呼。此后,国际社会也开始称其为"因纽特人"。因纽特人主要居住在丹麦的格陵兰岛,加拿大的努纳武特地区、西北地区、育空地区、魁北克等地,美国阿拉斯加,俄罗斯西伯利亚等地区。其中格陵兰西北部的因纽特人又被称为"极地因纽特人"。

[3] "The World Factbook: Greenland," Cent. Intelligence Agency (CIA), September 4, 2013, https://www. cia. gov/library/publications/the-world-factbook/geos/gl. html.

区的因纽特人有所差别,主要体现在:他们使用自己的语言——因可图语(Inuktun);保持着古老的生活方式;并有着自己的一些传统和习惯,例如用皮划艇和鱼叉捕猎独角鲸,在冬天使用狗拉雪橇作为交通工具。[①] 由于1953年的迁徙,目前大多数极地因纽特人生活在卡纳克,而仍然生活在格陵兰西北部图勒一带的极地因纽特人只有800人左右。[②]

1818年之前极地因纽特人完全不为外界所知。1909年丹麦极地研究人员来到格陵兰并开始建立了殖民统治,商业才有所发展。同时制定了一些法律,并成立了"猎户委员会"(Hunters' Council)。1921年,格陵兰正式被纳入丹麦的殖民地。但由于极地因纽特人居住在格陵兰西北偏僻之地,受到外界影响比其他地区更小。

1940年,德国占领丹麦。1941年,丹麦流亡政府在华盛顿与美国签署了一项协议,丹麦方同意,美国政府将来可以在格陵兰建立军事基地和气象塔,以换取美国对流亡政府的支持。1946年,根据协议,美国在图勒地区建立了气象站。猎户委员会获得了200克朗的补偿。

1951年6月8日,随着丹麦和美国签署的《格陵兰防卫条约》生效,美国在格陵兰建立了空军基地。空军基地位于图勒地区的邓达斯半岛(Dundas Penisular),正是申诉人居住、生活和捕猎区域的附近。美军的空军基地长3千米,面积约2.743平方千米(数据为申诉人提供),预计容纳4000人。建设这个军事基地遭到极地因纽特人的反对,因为不仅影响周边生态,而且影响到打猎和捕鱼活动,部分极地因纽特人还可能被迫移居他处。

1953年春天,美国请求将空军基地扩大到整个邓达斯半岛,以建立防空高射炮群。丹麦政府同意了美国的请求。1953年5月25日,政府通知居住在周边的因纽特人迁移出该地区,导致26个极地因纽特家庭共116人被迫移民,而他们的不动产——住房、学校、电视台、仓库、教堂、牧地则只能留在当地,后来基本被摧毁。

迁出的极地因纽特人被安置在离祖居地乌马纳克100多千米的卡纳克市(Qaanaaq),先是居住在过渡的帐篷里,9月住进了政府的安置房内,同时建立的还有学校、教堂、议院、行政楼、电站等设施。整个移民安置工作花费了大约

---

①② Stephen Pax Leonard, "The Disappearing World of the Last of the Arctic Hunters," *the Guardian*, Oct. 2, 2010, http://www.theguardian.com/world/2010/oct/03/last-of-the-arctic-hunters.

8.65 百万丹麦克朗,美国支付了 70 万美元(约 4.9 百万丹麦克朗)。

1953 年 6 月 5 日,丹麦新宪法取代了 1849 年宪法。新宪法宣布将丹麦王国的领土扩展到格陵兰。1954 年 11 月 22 日,联合国大会通过决议,承认丹麦正式兼并格陵兰岛。

1954 年,猎户委员会开始要求丹麦政府对 1953 年极地因纽特人的移居进行赔偿,但直到 1959—1960 年期间该委员会才正式将书面请求上交给格陵兰地区政府,政府部门就此事向格陵兰地区的长官请示。1960 年 12 月 3 日,据称长官作了回复,但猎户委员会和极地因纽特人并未收到,由于相关资料已经遗失,此事最后不了了之。

1979 年,格陵兰获得自治权,除了外交和防务,其他绝大事务由自治政府负责。1985 年,格陵兰地区有人出版了《图勒部落与空军基地》(Thule-fangerfolk og militæranlæg)一书,唤醒了人们对往事的记忆,图勒部落重新向卡纳克市政府提出补偿申请。

为了解决这个问题,格陵兰总理、卡纳克市政府以及申诉人代表小组召开了多次会议,最后决定:给相关的因纽特人建设新住房,以代替 50 年代提供的住房;丹麦政府与格陵兰自治政府合力加强卡纳克市的建设;改善美军军事基地周边的生活条件。这些承诺在 1985—1986 年期间开始落实。1986 年 9 月 30 日,美国和丹麦达成协议:美军基地将规模缩小到一半左右,格陵兰自治政府同意将美军撤出的军事设备转化为民用设施。

1987 年 6 月 4 日,丹麦司法部成立了"回顾委员会"(review committee),试图还原当年因纽特人移民的事件,很多人提供了资料。1994 年 12 月,该委员会形成了一个专门报告。格陵兰自治政府虽然不同意其中一些观点,但肯定了其中的历史事实。

1997 年 1 月 31 日,丹麦首相办公室与格陵兰自治政府达成一个协议,丹麦政府将援助格陵兰自治政府 4.7 亿克朗,用于图勒新机场建设。但在此之前的 1996 年 12 月 20 日,申诉人已经向东丹麦高等法院提起了诉讼,提出了以下诉求:(1)他们有权在乌马纳克和邓达斯半岛并使用原先住房;(2)他们有权在整个图勒地区生活、流动和捕猎;(3)图勒部落应获得补偿约 2500 万丹麦克朗;(4)每个申诉人都有权获得 25 万丹麦克朗的补偿。"回顾委员会"为了支持申诉人,也提交了调查报告以及其他有关资料,一些证人也来到东丹麦高等法庭作证。高等法庭对事发区域进行了实地调查,并指定了专家组研究卡纳克地区捕猎发展状况。

1999 年 8 月 20 日,东丹麦高等法院作出裁决,认为美国的图勒空军基地是根据 1951 年的防务条约而合法建立的。被影响到的周边居民为"部落人民"(a tribal people)——尽管国际劳工组织在 1989 年 6 月 28 日出台的第 169 号公约(即《土著与部落人民公约》)并未对"部落人民"进行界定。空军基地的建立对当地居民狩猎和捕鱼构成了严重影响,并导致图勒部落人民的迁徙,该事件可以定性为"征用"(expropriation)。政府征用财产时,申诉人并没有足够时间做好准备,而当时格陵兰也没有合法政府存在。根据《联合国宪章》相关条款,丹麦政府对格陵兰有国际义务,而且申诉也还未过时效。

东丹麦高等法院指出,第 1 和第 2 项申诉与美国空军基地关系不大,不予支持,而第 3 项和第 4 项申诉应给予部分支持。因为图勒部落人民在被迫迁徙之前,猎捕狐狸是非常重要的部分。迁徙之后,由于距离的关系,猎捕狐狸变得更难。后来他们改为主要猎捕海豹(seals)和独角鲸(narwhals)。对于这个损失丹麦政府未予赔偿,但给他们提供了新房。最终,东丹麦高等法院认定,因驱逐图勒部落,以及使该部落人民狩猎权受到侵害,丹麦政府应该给予图勒部落 50 万丹麦克朗的赔偿。对于第 4 项申诉——即个人物质损失赔偿问题,法院认为,没有证据表明申诉人未获弥补,毕竟政府提供了住房和周边相关设施。对于申诉中的非物质损失赔偿,法院裁定当时 18 岁以上的人应获得赔偿金 25000 克朗,而当时 4—18 岁的人应获得赔偿金 15000 克朗。

1999 年 9 月 2 日,丹麦政府和格陵兰自治政府签署新的双边关系协定,丹麦首相正式就 1953 年强制迁移因纽特人进行了道歉。

不久,申诉人向丹麦最高法院继续上诉。申诉人认为,根据 1989 年国际劳工组织的第 169 号公约第 1.1(b)条,他们属于土著人民而非部落人民,他们与其他格陵兰人是不一样的。丹麦政府侵犯了他们享有的《土著与部落人民公约》第 1、12、14、16 条保护的权利,应获赔偿金 2.35 亿丹麦克朗。

2003 年 11 月 28 日,丹麦最高法院裁定申诉请求无效,维持东丹麦高等法院的裁决,并作了如下解释:

丹麦在 1997 年 2 月 22 日批准《土著与部落人民公约》时,整个格陵兰的人都被认为是"土著人",而图勒部落自认为是一个独立的土著群体,有自己独特的社会、经济、文化、政治特征。但根据《土著与部落人民公约》,图勒部落人民没有独特的社会、经济、文化和政治特征,因而并非单独的土著人群体,也不是独立的部落人民群体。这个判断与丹麦签署《土著与部落人民公约》时的声明——丹麦只有一个土著人民,即格陵兰的原住民"因纽特人"——是一致的。此外,国际劳工组织 2001 年 3 月的一个报告也指出,住在乌马纳克图勒部落的因纽特人和格陵兰其他地区的因纽特人是一个整体,试图将两者分开是不合理的。1951 年建立美军空军基地影响了当地居民狩猎和捕鱼活动,以及 1953 年的强制迁徙,都是符合法律且有效的。由于图勒部落并不算一个独立的部落人民或土著人,根据《土著与部落人民公约》,在丹麦和美国签署关于美军独占邓达斯半岛的条约时,图勒部落无权声称其对该半岛享有特权。

最后,最高法院维持高等法院的判决,但为了弥补申诉人在长时间诉讼中产生的费用,判定被告给予原告一定额外补偿。

2004 年 5 月 25 日,原告向欧洲人权法院上诉,欧洲人权法院初级庭第一庭于 2006 年 1 月 12 日进行了审判。

二、欧洲人权法院的审理

申诉人向欧洲人权法院提出了以下申诉:

1. 极地因纽特人是图勒地区的主人,他们被驱离故土,失去狩猎区,被剥夺了和平使用、开发和管理其土地的权利,因而也被剥夺了《欧洲人权公约》第一议定书第 1 条的权利(财产权)。尽管政府行为被认为是"征用",但 1951 年和 1953 年政府对他们的权利侵犯都是不合法的。

2. 他们享有的《欧洲人权公约》第 8 条——私人生活和家庭生活受到尊重的权利——受到侵犯,因为他们在乌马纳克的家被烧毁,旧教堂在没有征询"猎户委员会"或宗教委员会的情况下被征用,这些未作赔偿。

3. 他们没有得到公正的参与庭审的机会,因而丹麦政府违反了《欧洲人权公约》第 6 条。

4. 政府未采取相关措施保护他们享有其他权利,例如《欧洲人权公约》第 1 条①的权利。政府没有对"猎户委员会"1959—1960 年期间的申诉作出回应,并

---

① 《欧洲人权公约》第 1 条规定:缔约国应当给予在它们管辖之下的每个人获得本公约第一章所确定的权利和自由。

阻止了 1985 年"猎户委员会"重新提出申诉。而且政府试图对议会、公众和法庭隐瞒一些具体事实。

5. 申诉人被强制驱离故土,侵犯了迁徙自由权利,违反了《欧洲人权公约》第 4 议定书第 2 条。[①]

6. 在极地因纽特人的权利遭到侵犯之后的 10 多年里,被阻止通过司法和政治途径保护自身权利,即丹麦政府违反了《欧洲人权公约》第 13 条。[②]

7. 比起其他丹麦公民,甚至比起格陵兰其他地区的人,极地因纽特人遭到了歧视对待,即丹麦政府违反了《欧洲人权公约》第 14 条。

8. 申诉人享有的《欧洲人权公约》第 17 条[③]和第一议定书第 2 条(受教育权)的权利遭到了侵犯。

9. 在案件发生之时(1951 年、1953 年),申诉人没有任何政治影响,因此他们享有的《欧洲人权公约》第一议定书第 3 条[④]的权利受到侵犯。

欧洲人权法院认为,本案的重点是关于《欧洲人权公约》第一议定书第 1 条(财产权)[⑤]和欧洲人权公约第 8 条(家庭生活权),但分析第 8 条的核心还是要分析第一议定书第 1 条,即申诉人的财产权是否受到侵犯的问题。

欧洲人权法院首先指出,《欧洲人权公约》第一议定书第 1 条包含三项相互独立的规则:第一项是第一段第一句,它规定个人可以和平地拥有财产;第二项是第一段第二句,规定了剥夺财产权的几个条件;第三项是第二段规定的,承认

---

① 该条内容为迁徙自由,具体如下:1. 合法地处于一国领土之内的每一个人都应当在该国领土之内享有迁徙自由和自由选择其居住地权利。2. 每一个人均有权自由地离开任何国家,包括其所属国。3. 对于这些权利的行使不得被施加任何限制,但根据法律施加的限制以及在一个民主的社会出于保护国家安全和公共安全、维护公共秩序、预防犯罪、保护健康或道德、保护他人的权利和自由的需要而施加的限制除外。4. 第 1 款中所设定的那些权利也可以在个别领域中受制于一些按照法律而施加并基于民主社会的公共利益而正当化的合理的限制条件。
② 该条内容为:获得有效救济的权利在依照本公约规定所享有的权利和自由受到侵犯时,任何人有权向有关国家机构请求有效的救济,即使上述侵权行为是由担任公职的人所实施的。
③ 该条为禁止权力滥用:本公约不得解释为暗示任何国家、团体或者个人有权进行任何活动或者实施任何行动,旨在损害本公约所规定的任何权利与自由或者是在最大程度上限制本公约所规定的权利与自由。
④ 该条涉及的内容为选举自由,具体为:各缔约方承诺以合理间隔通过秘密投票按照如下条件进行自由选举:这些条件将会确保民众在立法机关选择方面自由表达其意见。
⑤ 该条规定:每个自然人或法人都被授予和平地享用其财产的资格。除非为了公共利益并且符合法律以及国际法一般原则所规定的条件,任何人都不应当被剥夺其财产。但是,前款规定不应当以任何方式损害一国的如下权利:按其认为必要的方式去强制执行此类法律以便依据一般利益来控制财产使用,或者保证税收或其他捐税或罚金的支付。

缔约国有权根据一般利益来控制财产的使用。不过,在某种条件下对个人财产权的剥夺只是一种暂时行为,并非一个持久的权利剥夺状况。申诉人认为他们被持久地剥夺了对故土和狩猎区域的和平使用、开发和管理的权利,构成了对第一议定书第 1 条的侵权。但欧洲人权法院认为,美军在 1951 年建立空军基地和 1953 年申诉人被安置他处,均属暂时行为。

欧洲人权法院同意东丹麦高等法院 1999 年 8 月 20 日和丹麦最高法院 2003 年 11 月 28 日裁决中的观点,即认为 1951 年建立空军基地和 1953 年强制迁徙图勒部落人民是为了公共利益的财产征用,这种征用在那时是合法的和有效的,因而第一项和第二项申诉不能成立。欧洲人权法院所重点考虑的是,这种"征用行为"是否公平地考虑到了公共利益和保护个人权利之间的平衡。对于这点,丹麦国内法院已经强调,一方面强制移民给图勒部落人民带来了严重侵权,另一方面,被迁徙的人得到了新的住房、食品杂货,以及周边一些设施(例如学校、教堂、医院、行政楼等)。欧洲人权法院还注意到,图勒部落人民作为整体已经获得 50 万丹麦克朗补偿,每个人还获得额外补偿。而且,1985 年后,政府给迁徙家庭在卡纳克建了新房;丹麦政府还和美国政府达成协议,使美国将空军基地的范围缩小了一半;丹麦政府和格陵兰自治政府达成了协议,将美军部分军事设施改为民用设施;1997 年,丹麦政府还同意投资 4.7 亿克朗用于图勒部落的新机场建设。

据此,欧洲人权法院认为,丹麦政府已经在普遍的公共利益和相关个人的权利之间实现了平衡,申诉人享有的第一议定书第 1 条的财产权没有遭到侵犯。对于其他项申诉,根据《欧洲人权公约》第 35 条①,欧洲人权法院不予受理。

---

① 该条为案件受理标准的问题,规定如下:1.欧洲人权法院仅在申诉所涉事项已穷尽所有国内救济后才开始对其进行审查,且根据国际法的公认标准,申诉须在国内最终司法裁决作出后六个月内提出。2.欧洲人权法院对下列依据第 34 条提交的申诉不予受理:(a)是匿名的,或者(b)在本质上与已被法院审查的事项相同,或者与已被提交至另一国际调查或争端解决程序事项相同,且不包含新信息的。3.欧洲人权法院应对根据公约第 34 条提交的申诉宣布为不可受理,如果其认为:(a)该申诉与公约及其议定书条文不相符,或者明显无根据,或者滥用申诉权。或者(b)申诉人没有遭受严重损失,除非是出于对于公约及其议定书规定的人权之尊重要求对案件进行实体审理、在这种基础下案件不应被驳回且国内法庭未能对该因素进行合理考量。4.法院应当拒绝它认为根据本条规定不予受理的任何申诉。它可以在申诉程序的任何阶段做出此行为。

三、反响与各方观点

欧洲人权法院的裁决遭到了很多民间组织、学者的批评。代表申诉人上诉的丹麦法学家克里斯蒂安·哈尔兰(Christian Harlang)认为,案例展现出丹麦政府对图勒部落人权利的否认与掩盖,他们试图通过谎言掩盖真相是令人遗憾的,也是对民主有害的。[1]

美国学者焦万娜·吉斯蒙迪(Giovanna Gismondi)对丹麦国内法院及欧洲人权法院的裁决进行了严厉批评,特别是欧洲人权法院的裁决,体现了它对国际人权保护标准——例如土著人的土地权和返回故土权——的漠视。[2]《土著与部落人民公约》第3部分第16条强调:"只要可能,当对土著人迁徙的理由不再存在的情况下,土著人有权返回传统生活的土地。"虽然丹麦在1996年2月22日才批准《土著与部落人民公约》,但本案例到达丹麦国内法院的时候,丹麦已经批准了公约。尽管丹麦政府有权决定如何落实《土著与部落人民公约》,但丹麦最高法院认为"极地因纽特人不是一个单独的土著群体",而且不允许极地因纽特人回到图勒地区,因为图勒地区不是他们的故土,整个格陵兰也都不是他们的故土。因此,丹麦国内法院的推理违反了国际法。欧洲人权法院也否定了极地因纽特人有回到他们传统居住地乌马纳克的权利。而对于极地因纽特人是否为一个单独的土著人群体,欧洲人权法院则不予讨论,这显然忽略了《土著与部落人民公约》中关于土著人的两个关键标准:自我意识和文化独特性。其他一些地区国际组织在遇到"某个群体是否能被确定为土著人"时,往往会求助国际法和国际组织。而且,联合国"消除各种种族歧视委员会"曾明确指出:"极地因纽特人是一个单独的土著人群体。"[3]

焦万娜·吉斯蒙迪还指出,2003年,美国和丹麦达成协议,将退出一部分

---

[1] Kamilla Christensen, Jeppe Sørensen, "The Forced Relocation of the Indigenous People of Uummannaq, or How to Silence a Minority," Telegram from Thule 3136 145/141 31/5/1953 gdl greenland cbh, Humanity in Action, https://www. humanityinaction. org/knowledgebase/13-the-forced-relocation-of-the-indigenous-people-of-uummannaq-or-how-to-silence-a-minority.

[2] Giovanna Gismondi, "Denial of Justice: The Latest Indigenous Land Disputes before the European Court of Human Rights and the Need for an Expansive Interpretation of Protocol 1," *Yale Human Rights and Development Journal*, vol.18, no.1, 2017.

[3] "Representative of the Committee on the Elimination of Racial Discrimination," U. N. Doc. A/57/18, 2002.

军事基地。这时本来可以让极地因纽特人返回故土,但欧洲人权法院和丹麦国内法院都否定了这一合理要求。2007年《联合国土著人权利宣言》再次强调,迁徙土著人前应征求土著人的同意,迁徙后应该给予公正赔偿,若有可能,应让他们有选择迁回故土的机会,何况目前生活在卡纳克的极地因纽特人虽远离故土,但仍然保持着过去的传统和习惯。对于欧洲人权法院的另一观点——即丹麦政府给他们的补偿和赔偿已经足够——焦万娜·吉斯蒙迪认为,被迁徙的极地因纽特人居住的卡纳克与原住地乌马纳克环境相差很大,狩猎对象也不一样,而欧洲人权法院显然没有考虑故土在物质上和文化上对于土著人的重要性。[①]

有的学者重点对丹麦政府及法院的态度提出了批评,例如丹麦学者卡米拉·克里斯滕森(Kamilla Christensen)等人认为,本案中最令人遗憾的是丹麦政府的行为,这是丹麦历史上最长的一个司法案例。在1953—1985年期间丹麦政府极力阻止极地因纽特人发声,在后来则极力阻止他们争取权利。案例反映出丹麦政府表面上支持人权,但实际上远不如人意。丹麦法院则进行了一些非常荒谬的推断,例如"案例事实发生在丹麦宪法出台之前""申诉已经过了45年,所以应当驳回"等。此外,格陵兰自治政府也没有积极发挥应有作用,在很多事件上只是站在丹麦政府一边而未为极地因纽特人权利着想。[②]

有的学者在比较视野下分析了欧洲人权法院的裁决,并提出了一些改进建议。例如英国学者埃琳娜·阿布拉西(Elena Abrusci)认为,本案例和"Handölsdalen Sami Village and Others v. Sweden案例"[③]都表明,虽然在理论上,欧洲人权法院承认土著人群体享有特殊权利,但在具体案例中又反其道而行之。与非洲和美洲相比,欧洲地区对土著人权利的保护是不够的,包括《框架公约》在内的制度均未提到"土著人"概念,导致欧洲只能在"少数民族"框架内去对待"土著人"问题;此外,欧洲对保护"土著人"经验不足,导致欧洲各国、国际组织在这方面各行其是。今后,欧洲应从以下方面加强土著人权利保护:

---

① Giovanna Gismondi, "Denial of Justice: The Latest Indigenous Land Disputes before the European Court of Human Rights and the Need for an Expansive Interpretation of Protocol 1," *Yale Human Rights and Development Journal*, vol. 18, Issue 1, 2017.

② Kamilla Christensen, Jeppe Sørensen, "The Forced Relocation of the Indigenous People of Uummannaq, or How to Silence a Minority," Telegram from Thule 3136 145/141 31/5/1953 gdl greenland cbh, Humanity in Action.

③ "Case of Handölsdalen Sami Village and Others v. Sweden," application no. 39013/04, Judgment of 30 March 2010, https://hudoc.echr.coe.int/eng#{"dmdocnumber":["865742"],"itemid":["001-97993"]}.

重视发挥相关的市民社会和非政府组织的作用;积极向非洲和美洲学习;国际社会有必要将《土著人权利宣言》转变为有约束力的条约。[①] 匈牙利国际法教授佩特·科瓦茨(Péter Kovács)也认为,在土著人权利保护制度方面,欧洲人权法院则应积极向美洲人权法院学习。遗憾的是,欧洲人权法院至今还未在任何一个案例中引用或借鉴美洲人权法院的判决。今后,欧洲人权法院急需要借助一些案例,改变欧洲在土著人保护方面落后的状况。[②]

四、评述与反思

笔者认为,要全面客观地分析本案例中涉及问题的是非曲直,除了考虑具体事实外,还需要将更广阔的历史背景纳入视野。

案例发生地格陵兰岛,在 19 世纪初正式成为丹麦的海外领土。1931 年,挪威占领了格陵兰岛东部地区,并宣称拥有主权。1933 年,在"国联"常设法院的仲裁下,丹麦获得了格陵兰岛的全部权利。从此,丹麦对于格陵兰岛的主权开始有了国际法依据。1979 年 1 月 17 日,格陵兰岛举行了全民公决,多数人赞同格陵兰岛在宗主国的领导下,获得地方自治(Home Rule)的权利。此后,格陵兰岛获得了部分主权,设立了格陵兰议会和自治政府,享有自我管理教育、健康、渔业、环境等问题的权利。不过,外交、防务和司法仍由丹麦掌管。但本案例是在丹麦的法院审理而未经格陵兰本土法院的审理。而且,从审理过程来看,格陵兰政府发挥的作用十分有限,这表明在 1979 年前后一段时期里,格陵兰的自治地位仍然十分薄弱。

2008 年 11 月 25 日,关于格陵兰岛扩大自治权利的全民公决中,大多数人同意扩大自治权,2009 年 6 月 21 日生效。格陵兰岛成为一个内政独立的自治区,包括司法也回归自治政府管理,但外交、国防与财政相关事务仍由丹麦代理。但本案例在 2006 年 1 月即已经在欧洲人权法院审理完毕,本地司法机构已无法介入司法过程。

长期以来,丹麦政府和社会对因纽特人存在一定的歧视。从本案例过程中

[①] Elena Abrusci, "Judicial Fragmentation on Indigenous Property Rights: Causes, Consequences and Solutions," *The International Journal of Human Rights*, volume 21, Issue 5, 2017.

[②] Péter Kovács, "Indigenous Issues under the European Convention of Human Rights, Reflected in an Inter-American Mirror," *the George Washington International Law Review*, vol.48, 2016.

也可以看到,丹麦政府并未在任何过程中征求因纽特人的意见,甚至在1986年《丹麦文化资产保护法案》(Protection of Cultural Assets in Denmark)中,也认为发展因纽特人文化不利于保护丹麦文化,联合国人权理事会认为这是对因纽特人的歧视。[①]

另一个关键问题是,图勒部落到底是不是一个单独的土著人群体。图勒部落认定自己是一个单独的土著群体,国际上对此也有承认。欧洲人权法院和丹麦则未承认图勒部落为单独的土著人群体。有学者批评丹麦法院仅仅将"土著人"概念固定在一些抽象原则和集体身份上,却没有具体可操作的界定方法。问题的关键不是去界定"土著人"的一般标准,而是通过实践解决问题,即如果给予某群体更大的自治能使其受益,那么就应该给予其更大的自治地位。不应去争论图勒部落是否为土著人,而应将重点放在考察该群体是否表现出一定程度的政治自治,以及承认这种政治自治是否可行方面。这种方法自动就能排除那些非"土著人"的群体,而那些在殖民时期被人为分割的族群,也同样有可能获得这种政治自治。[②]

在承认土著人群体和保护土著人权利方面,欧洲总体不如美洲、非洲、大洋洲等地区,这间接影响到了丹麦。欧洲传统上承认的土著人主要是北欧的萨米人、西班牙和法国的巴斯克人、俄罗斯的涅涅茨人(Nenets)、科米人(Kom)、北高加索地区的切尔克斯人(Circassians)、乌拉尔山脉地区的萨莫耶德人(Samoyedic)等。对于因纽特人的土著人地位,承认程度不如上述群体。因此,丹麦政府、丹麦法院和欧洲人权法院均未强调申诉人的土著人地位,也未充分关注和引述国际上关于土著人保护的相关制度,更未去调查和研究图勒部落是否符合作为单独的土著人的条件。

虽然丹麦政府在1996年2月就批准了国际劳工组织的《土著人与部落人公约》,并早在2002年就表达过,"格陵兰因纽特人是丹麦唯一的土著

---

① "Observations on the State of Indigenous Human Rights in Denmark in Light of the UN Declaration on the Rights of Indigenous Peoples," Denmark, Prepared for United Nations Human Rights Council: Universal Periodic Review, June 2015, https://www.culturalsurvival.org/sites/default/files/media/uprdenmarkfinal.pdf.

② Leslie Sturgeon, Constructive Sovereignty for Indigenous Peoples, *Chicago Journal of International Law*, vol.6, no.1, 2005.

人"①,但是,至少到 2006 年本案例在欧洲人权法院审理之时,格陵兰因纽特人权利的保障程度仍然较低,不如加拿大对因纽特人的保护力度。事实上,原告在欧洲人权法院提出的 9 项申诉中,没有提及自己是土著人,更没有提出返回故土居住和生活的诉求。这说明在欧洲语境下,土著人的权利保护仍然处于较低的层次,丹麦政府不应对土著人保护的低标准负全部责任。

此外,欧洲人权法院对少数群体的社会、经济权利的保护总体比较有限,尤其是在经济权利方面,申诉人选择在欧洲人权法院申诉,注定有较高的失败概率。欧洲人权法院在本案中事实上否认了极地因纽特人有回到他们传统居住地生活的权利。对于极地因纽特人的绝大多数诉求,例如返回故土权,获得对故土土地资源的相关权利或补偿,基本被欧洲人权法院有意忽略。在一定程度上,也可归咎于《欧洲人权公约》没有直接包含社会-经济方面的权利(只是部分地涉及财产权和教育权),而在这方面保护较好的是《欧洲社会宪章》,但申诉人未启用保护该宪章的欧洲社会权利委员会的申诉机制。从这个意义上看,申诉人可能选错了申诉机构。

第三节　罗姆人居住条件与国家责任问题

罗姆人是欧洲最大、最边缘的少数群体。21 世纪以来,欧洲国家普遍发起了罗姆融入计划,以教育、就业、住房、健康为重点,推动罗姆人享有平等的社会生活条件并融入社会。但问题并不简单,很多项目虽然取得了进展,但远未达到预期效果。原因之一是少数群体的经济、社会问题往往和其传统文化、习俗紧密结合在一起,"融入社会"与"保持传统"之间存在着内在张力,需要国际社会、各国政府通过长期努力去协调二者关系。本部分从罗姆住房中的争端——"European Roma Rights Centre v. Portugal 案例"②出发,观察罗姆人居住条件改善中存在的障碍及国家责任问题。值得注意的是,它是

---

① "Multiculturalism Policies in Contemporary Democracies," Denmark, the Multiculturalism Policy Index, https://www.queensu.ca/mcp/indigenous-peoples/evidence/denmark.

② "European Roma Rights Centre v. Portugal," Complaint No. 61/2010, Decision on the Merits, June 30, 2011, European Committee of Social Rights, https://www.escr-net.org/sites/default/files/ERRC%20v.%20Portugal%20%28decision%29.pdf.

由欧洲社会权利委员会处理的争端案例。

一、案情及申诉人的诉求

本案例是 2010 年初欧洲罗姆权利中心向欧洲社会权利委员会申诉葡萄牙政府的案例。2005 年,欧洲罗姆权利中心发起了一个为期 6 年(2005—2011)的关于葡萄牙罗姆人生存状况的研究项目。在研究过程中,欧洲罗姆权利中心对一些葡萄牙罗姆人居住点进行了多次实地考察,发现罗姆人的住房状况很不如意,于是在 2010 年向欧洲社会权利委员会提起申诉。欧洲社会权利委员会只接受集体申诉而不接受个人申诉,欧洲罗姆权利中心为合格的集体申诉人。不过,本案例只有现象而无具体受害人。

欧洲罗姆权利中心认为,葡萄牙罗姆人的住房状况糟糕,政府没有为罗姆人提供足够的和"融合性"住房(integrated housing,即和其他族群混居的住宅区),政府的新住房计划也未考虑推动罗姆人融入,而是安排罗姆人居住在专门的隔离区域,那里住房简陋狭小,缺乏配套基础设施及相关公共服务。很多罗姆人甚至居住在没有保护设施的帐篷或者政府提供的临时棚屋,遭受恶劣气候之苦。

欧洲罗姆权利中心强调,政府在改善罗姆人日益恶化的住房条件方面具有积极责任,但葡萄牙政府并未采取有力措施,使罗姆人被边缘化或者被隔离,无法平等地居住在国家新住房计划中的宜居住房之中,因而葡萄牙政府违反了《欧洲社会宪章》第 16、30、31 条①,以及这些条款分别合并第

---

① 1950 年 11 月 4 日欧洲委员会成员国签署了《欧洲人权公约》后,为进一步保障公民的社会、经济权利,1961 年 10 月 18 日在都灵举行的欧洲委员会成员国会议上通过了《欧洲社会宪章》(1965 年 2 月 26 日生效)。"宪章"主要提出了以下权利:人人有机会在其自由选择的职业中谋生;所有工作者均有权享有安全和卫生的工作条件;有权享受公平的报酬;儿童和青年人有权享受特殊保护;怀孕女工有权在工作中受到特殊保护;人人有权享受适当的职业培训;所有工作者及依靠他们生活的人有权享有社会保障;残疾人有权享受职业培训、康复和重新安置;及家庭、母亲、儿童和移民应享有的权利和保护;每个人都享有工作权,公正、安全和卫生的工作条件权,公平报酬权,结社权和集体交涉权,劳动保障权,享有社会保障、社会和医疗帮助权等。为了适应时代发展的要求,1996 年 5 月 3 日欧洲委员会修改了《欧洲社会宪章》(1999 年 7 月 1 日生效)。修改后的《欧洲社会宪章》新增了以下权利:受保障以免于贫穷和社会排斥的权利,住房权,失业时的受保障权利;免于受到工作场所性骚扰及其他形式骚扰的权利;负有家庭责任的工人享有平等机会和平等待遇的权利等。修改后的《欧洲人权宪章》第 16 条为"家庭获得社会、法律和经济保护权";第 30 条受保障以免于贫穷和社会排斥的权利;第 31 条为住房权。修改前和修改后的《欧洲社会宪章》(英文版)分别参见:https://www.(转下页)

E 条。①

葡萄牙政府提请欧洲社会权利委员会注意,在葡萄牙,不论是国家层面还是地区层面,都实施了一些社会住房项目,包括罗姆群体在内的很多人均在这些住房项目中得到巨大好处。

二、欧洲社会权利委员会的观点

2010 年 4 月 23 日,欧洲社会权利委员会决定受理本案,并于 2011 年 6 月 30 日作出裁定。

欧洲社会权利委员会认为,申诉集中在以下三个问题:(1)相当多罗姆人居住在危房中;(2)大量罗姆家庭居住在隔离环境,例如缺乏管理的棚户区,或者政府新居计划中的郊区;(3)政府的新居计划缺乏对罗姆群体家庭结构、文化习惯和生活方式的考虑。

欧洲罗姆权利中心依据 1996 年修改后的《欧洲社会宪章》第 16 条、30 条、31 条和第 E 条提出申诉,但对第 31 条的申诉并未明确是哪一款,根据案情,社会权利委员会认为这是关于住房没有达到标准的申诉,因此属于第 31(1)款。对于这些申诉,欧洲社会权利委员会先是强调了关于这几条的一般原则,然后逐条进行了分析。

1. 一般原则

欧洲社会权利委员会认为,这些条款的核心是要对包括罗姆人在内的所有人实施无歧视的融合性住房政策。《欧洲社会宪章》保护社会权利的目的之一就是要促进团结和推动社会融入(social inclusion)。这就要求国家在社会管理中不要去强化社会排斥,《欧洲人权宪章》第 E 条的反歧视条款合并其他条款正是为了这个目的而设立的。而且,第 E 条不仅要禁止直接歧视,也要禁止各种形式的间接歧视。如果不针对各种差别采取适当而积极的区别化措施,同样构成歧视。

对有差别者的区别化政策也体现在欧洲社会权利委员会近期的案例——

（接上页）coe. int/en/web/conventions/full-list/-/conventions/rms/090000168006b642; https://rm. coe. int/CoERMPublicCommonSearchServices/DisplayDCTMContent?documentId=090000168007cf93.

① 1996 年修订版《欧洲社会宪章》第 E 条是对宪章旧版的修改和加强,这是一条专门的非歧视条款,该条规定:对本宪章规定的权利之享有,不应存在基于种族、肤色、性别、语言、宗教、政治或其他观点、民族出身或社会出身、健康、与某个民族的联系、出生或其他身份等方面的歧视。

"Cohre v. Italy 案例"①之中。在那个案例中,欧洲社会权利委员会强调,对于罗姆人这样的弱势群体(disadvantaged group)和脆弱的少数群体(vulnerable minority),应对其需求及独特的生活方式给予特别考虑。而且,2010 年 3 月 16 日,欧洲人权法院在"Orsus v. Croatia 案例"中也强调,罗姆人是一种特殊的弱势群体和脆弱的少数群体,所以需要给予特别保护。② 因此,欧洲社会权利委员会也将考察政府是否充分考虑到了罗姆人的弱势地位。

在涉及歧视案例的证据方面,欧洲社会权利委员会表示,不会要求申诉人承担所有的举证责任,政府也有责任举证证明它的政策不存在歧视。

在此基础上,欧洲社会权利委员会先后审查了以下几点:(1)第 E 条合并第 31(1)条(获得适当的住房);(2)第 E 条合并第 16 条;(3)第 E 条合并第 30 条。其中,第 E 条合并第 31(1)条是委员会审查的重点。

2. 对第 E 条合并第 31(1)条的审理

欧洲社会权利委员会从三个角度来论述葡萄牙是否违反了《欧洲社会宪章》第 E 条合并第 31(1)条:第一,罗姆住房本身是否具有基础设施和公共设施,即是否适宜居住;第二,罗姆居住点是否存在被社会隔离的情况;第三,政府提供给罗姆人的新居是否考虑到了罗姆群体的文化多样性。

(1)罗姆住房是否具有基础设施和公共设施

申诉人(欧洲罗姆权利中心)指出,该中心在 2005—2011 年期间多次调研过葡萄牙的一些罗姆居住区,发现罗姆人的住房条件很差,大多数居住点缺乏可饮用水、电力、废物处理体系等基础设施。他们生活在不宜居住之地,住的常常不是房子而是棚屋和帐篷。这表明,葡萄牙中央和地方政府都没有为改善罗姆人艰苦的住房状况承担积极责任。而且,政府新居计划导致了罗姆人不合格住房条件及居住隔离状况的持续。政府安排的罗姆新居大多数与城市隔离,基础设施落后,公共服务有限,有的罗姆人甚至被安排在危险区域或垃圾站附近。政府对罗姆人的住房安排没有考虑到罗姆人的特殊需要,而且住房在质量和大小上都不令人满意。

政府则认为,政府主要根据社会经济标准,针对贫穷和遭受社会排斥的群体出台了包括住房计划在内的很多社会政策,罗姆群体和其他人都可以适用这

---

① "Cohre v. Italy," Complaint No. 58/2009, decision on the merits of 25 June 2010.

② "Orsus and Others v Croatia," Grand Chamber, judgment of 16 March 2010.

些政策。有证据表明,罗姆群体在这些政策中受益巨大,结束了住在不卫生棚户里的生活。例如,自 1993 年以来,在中央政府和市政府的共同努力下,里斯本和波尔图(Porto)地区正在逐步完成居住在帐篷以及类似居所的 48416 个家庭的新居计划——目前已有 71% 的家庭得以落实。

欧洲社会权利委员会指出,在打击对罗姆人的歧视方面,政府仅仅提供和其他群体同等保护是不够的。根据 2009 年发布的一个关于罗姆人及流浪者居住状况的研究表明,有 16%—31% 的葡萄牙罗姆人居住在危房里,葡萄牙统计局的数据也显示,一共有 78835 个罗姆人居住在条件远低于平均水平的住房里。① 可见,罗姆人与普通人居住条件的巨大差距需要国家承担积极责任去填补。

欧洲社会人权委员会认为,"适宜住房"(adequate house)意味着必须具有一些基本资源和设备,例如安全的饮用水、电力、卫生设备和垃圾处理系统。2011 年 1—2 月欧洲罗姆权利中心的田野调查表明,葡萄牙罗姆人的住房状况并未得到改善。尽管部分罗姆人的住房状况有所改善,例如在波尔图郊区拆除了一些罗姆老住宅,在洛里什为一些罗姆人提供了融合性住房,但总的看来,罗姆人的居住条件仍然很糟糕。例如在维迪盖拉(Vidigueira)的罗姆人就曾经一个多星期没有获得供水,而政府既并未调查原因,更未采取措施。

欧洲社会权利委员会还强调,为了使住所达到适当水平,还必须保证居住者有充分的空间,保护他们免于极端天气的威胁以及其他有损健康的威胁,而且居住者的人身安全也应有所保护。而目前仍然有很多罗姆人居住在帐篷里或者塑料做的棚屋里,缺乏水电、使用的家具都是他人废弃的二手家具。

总之,葡萄牙没有采取充分措施保证罗姆人的住房达到适当水平,违反了《欧洲社会宪章》第 E 条合并第 31(1)条。

(2) 罗姆居住点是否存在被社会"隔离"的情况

欧洲社会权利委员会认为,根据《欧洲社会权利公约》第 31(1)条,"适宜住房"意味着这些住房周边应该有公共服务、就业或健康服务、学校和其他社会设施。国家在住房规划中应防止出现对少数群体或移民的空间隔离或社会隔离现象。欧洲罗姆权利中心认为,政府的新居计划导致了罗姆人的空间隔离和社

---

① Bruno Dias, Tiago Farinha, Elisa Silva, "RAXEN Thematic Study-Housing Conditions of Roma and Travellers-Portugal," March 2009, https://fra. europa. eu/sites/default/files/fra _ uploads/590-RAXEN-Roma%20Housing-Portugal_en. pdf.

会隔离,例如在贝雅(Beja)地区的佩德雷拉斯(Pedreiras)居住点,就将罗姆群体隔离在城市之外,一些定居点还存在隔离墙。

欧洲社会权利委员会还注意到,2009 年葡萄牙议会的一个报告描绘了罗姆人在政府提供的新居中居住的悲惨状况:房子质量低劣,离城市很远,缺乏公共交通;由于对罗姆人存在偏见,将罗姆家庭安置在郊区或者不适宜居住的区域,而有些区域则不安排罗姆人居住。政府对上述一些批评也并不否认。

欧洲社会权利委员会认为,罗姆群体被隔离在很大程度上是由市政府的一些行为导致的。考虑到在贝雅地区存在罗姆社区隔离墙,在佩德雷拉斯居住点被断水,在其他一些居住点缺乏水电和卫生设备,可以认定政府并未真正解决好罗姆人居住条件差的问题,违反了《欧洲社会宪章》第 E 条合并第 31(1)条。

(3) 政府提供给罗姆人的新居是否考虑到了罗姆群体的文化多样性

欧洲社会权利委员会认为,提供给罗姆人的住房应该尽量满足他们的文化需求,新居均为公寓楼,缺乏公共地带,减少了罗姆人聚会和交流的机会,削弱了他们之间联系纽带。而且他们常常遭遇到公寓邻居(非罗姆人)的敌视。此外,政府提供给罗姆人的住房常常不考虑罗姆人的大家庭状况,这使得家庭住房拥挤。2009 年葡萄牙议会的报告指出:新居缺乏公共空间,未考虑罗姆家庭大小,罗姆人很难维持传统的生活方式。考虑到这些,欧洲社会权利委员会认为,葡萄牙政府在新居计划中未照顾罗姆人的文化多样性,没有承担推动罗姆人融入的责任,反而导致了罗姆人被隔离,违反了《欧洲社会宪章》第 E 条合并第 31(1)条。

3. 对第 E 条合并第 16 条的审理

欧洲罗姆权利中心对于本项申诉的内容和上一项相似,但专门强调,在政府的新居计划中,只有在 1993 年的人口统计中被登记了的罗姆家庭才有资格迁入新居,这就遗漏了很多罗姆家庭——因为自那以后罗姆家庭增加了,而且还有不少新移民罗姆家庭。政府缺乏对罗姆人人口的统计以及缺少对罗姆群体问题的了解,成为采取积极社会融入政策的重要阻力。

欧洲社会权利委员会指出,《欧洲社会宪章》第 16 条是关于家庭获得合格住房的权利,与第 31 条部分重合(第 16 条更强调家庭,第 31 条更强调个人——笔者注)。在葡萄牙的新居计划中,确实存在没有登记的罗姆家庭未能享受新居计划的事实。针对政府数据不全的问题,委员会强调,在过去的一些案例中①,国家有责任搜集可能遭受歧视的群体的数据,为国家制定相关政策提供数据参考,但葡萄牙政府没有承担起这种职责,违反了《欧洲社会宪章》第E条合并第16条。

4. 对第 E 条合并第 30 条的审理

申诉人强调,政府长期未解决好罗姆人住房问题,住房政策主要由地方政府出台的,强化了对罗姆人的排斥。而且,新居计划并未打破罗姆人遭遇社会和经济排斥的恶性循环,反而创建了与城市没有联系的罗姆隔离区,导致罗姆人被污名化,罗姆人遭遇的社会排斥加深了。

葡萄牙政府认为,政府对包括罗姆人在内的群体实行了新居计划和发放了一些社会福利,也发起过移民与跨文化高层对话机制,以推动罗姆群体的社会融入;政府还专门成立了"救助办公室",帮助协调罗姆人和一些机构的关系,并解决一些实际问题。

欧洲社会权利委员会认为,《欧洲社会宪章》第 30 条要求缔约国对那些遭社会排斥群体和弱势群体采取积极措施,以保证他们能够享有住房权,并借此能够更好地享有健康、教育、就业等权利。

欧洲社会权利委员会发现,葡萄牙政府的新居计划中确实有导致罗姆被隔离的现象,例如在塞沙尔地区(Seixal)的昆卡(Cucena)居住点和贝雅地区的佩德雷拉斯居住点均存在这种现象,2009 年的研究报告也提到了这种现象。居住在被隔离的环境意味着更少的受教育机会和就业机会,获得医疗服务更难,健康状况更差。这说明葡萄牙政府缺乏给罗姆人提供融合性合格住房的政治决心,中央政府在新居计划中未考虑罗姆人的特殊情况,也未制止地方政府在新居计划中使罗姆人遭受隔离的措施,违反了《欧洲社会宪章》第 E 条合并第30 条。

最后,欧洲社会权利委员会指出,尽管《欧洲社会宪章》并未规定对违反宪章者如何处罚,但考虑到一般案例的情况以及欧洲社会权利委员会之前的一些裁决,葡萄牙政府给予申诉人一定的补偿是合理的,但申诉人提出的 18080 欧元的赔偿过多,决定责令葡萄牙政府赔偿申诉人(欧洲罗姆权利中心)总共2000 欧元的诉讼费用。

---

① "ERRC v. Greece," complaint No. 15/2003, decision of the merits of 8 December 2004.

三、反响与各方观点

罗姆人仅为葡萄牙事实承认存在的少数群体。长期以来,葡萄牙罗姆人权利保护遭到国际社会的众多批评。在本案例裁定之后不久,2012 年 5 月 7—9 日,欧洲委员会人权委员梅日涅克(Muižnieks)率团访问了葡萄牙。在访问期间,梅日涅克对 2012 年葡萄牙政府出台的"罗姆群体国家融入计划"(National Strategy for the Integration of the Roma Communities)表示欢迎,希望政府能给予充分的人力和财力支援,尽早推动该计划的落实,也希望罗姆人代表和罗姆组织能够积极参与到该项目中去。他还呼吁葡萄牙政府全面纠正在本案例中反映的一些不良做法——例如将大量罗姆人安排居住在一些被隔离的非正式住所中,使他们远离城市和主体人群,无法享受基本的社会服务;地方政府给罗姆居住区断水的做法也违反了基本人权。①

欧洲委员会也积极关注裁决之后的葡萄牙政府的改进措施。2013 年 4 月 10 日,欧洲委员会部长理事会出台的一个决议表示,葡萄牙违反了《欧洲社会宪章》的相关权利;欢迎葡萄牙政府出台"罗姆群体国家融入计划"并承诺保护罗姆人的基本权利;希望在下次葡萄牙提交的报告中,能看到执行《欧洲社会宪章》方面的进展。②

2015 年 12 月 4 日,欧洲社会权利委员会出台的进展报告指出,尽管葡萄牙政府采取了一些改进措施,但在罗姆人住房方面,仍然普遍存在违反《欧洲社会宪章》第 16 条、第 30 条的情况,建议葡萄牙采取措施保证罗姆群体能享有"融合性住房";加强培训罗姆人社会文化协调员;出台中期城市协调员计划;加强社会融入性服务等。③

一些学者也指出,在本案例及"European Roma and Travellers Forum

---

① "Report by Nils Muižnieks Commissioner for Human Rights of the Council of Europe Following his Visit to Portugal from 7 to 9 May 2012," Strasbourg, July 10, 2012, https://apav. pt/apav_v3/images/pdf/Report_Nils_Muiznieks_Portugal_2012. pdf.

② "Collective Complaint No. 61/2010 by the European Roma Rights Centre (ERRC) against Portugal [1]," adopted by the Committee of Ministers on 10 April 2013 at the 1168th meeting of the Ministers' Deputies, http://hudoc. esc. coe. int/eng#{"ESCDcIdentifier":["reschs-2013-7-en"]}.

③ European Committee of Social Rights, "Assessment of the follow-up 4 December 2015," http://hudoc. esc. coe. int/fre#{"ESCDcIdentifier":["cc-61-2010-Assessment-en"]}.

(ERTF) v. France 案例"①中,欧洲社会权利委员会对缔约国保证住房权提出了较高要求,虽然欧洲社会权利委员会承认国家在采取何种积极措施满足公民的住房权方面有一定的自由裁量权,但是,国家必须提供合格的住房和居住环境,不能构成空间隔离和社会隔离,还特别需要考虑到少数群体的文化需要。对于罗姆人来说,还需要国家承认其特殊居住要求,流动大篷车是一种正式"居所"。但在上诉案例中,缔约国并未做到这些,因此违反了《欧洲社会宪章》相关条款。②

关于葡萄牙对裁决执行不力的原因,西班牙海瑞拉大学学者苏珊娜(Susana Sanz Caballero)指出,《欧洲社会宪章》是欧洲社会权利委员会用来反对社会排斥和解决贫穷问题的有力工具,它十分强调缔约国采取积极措施来解决问题。但是,欧洲社会权利委员会毕竟不是法院,其裁决结果的效力不够;同时该机构常常只是通过在对缔约国的进展报告中呈现这些决定,所以并不像法院裁决一样有约束力。③

四、评述与反思

过去的相关国际制度虽然有涉及住房的,但都未将住房权作为一个单独的权利列出。例如《世界人权宣言》第 25 条规定:人人有权享受为维持他本人和家属的健康和福利所需的生活水准,包括食物、衣着、住房、医疗和必要的社会服务;在遭到失业、疾病、残废、守寡、衰老或在其他不能控制的情况下丧失谋生能力时,有权享受保障。可见,在《世界人权宣言》中,住房权是作为生活权利的一部分而存在的。联合国《经济、社会和文化权利国际公约》第 11(1) 条④也同样将住房权利作为生活权利的一部分。与很多国际、欧洲层面人权制度不同的

---

① "European Roma and Travellers Forum v. France Complaint No. 64/2011," Decision on the Morits, February 1, 2012.

② Ben Saul, David Kinley, Jacqueline Mowbray, *the International Covenant on Economic, Social and Cultural Rights: Commentary, Cases, and Materials*, OUP Oxford published, 2014, pp. 780 - 782.

③ Usana Sanz Caballero, "The European Social Charter As an Instrument to Eradicate Poverty: Failure or Success," Cuadernos Constitucionales de la Cátedra Fadrique Furió Ceriol, no. 64/65, pp. 157 - 170, 2009.

④ 该条规定:本公约缔约各国承认人人有权为他自己和家庭获得相当的生活水准,包括足够的食物、衣着和住房,并能不断改善生活条件。各缔约国将采取适当的步骤保证实现这一权利,并承认为此而实行基于自愿同意的国际合作的重要性。

是,1996 年修改之后的《欧洲社会宪章》有了单独的关于住房权利的条款——即第 31 条,这表明欧洲在社会经济权利领域取得了一些进展。不过,从本案例来看,该权利至少在葡萄牙执行得并不理想。

居住条件本身并不仅仅是少数群体特有的一种权利。由于罗姆人居住隔离现象特别突出,而居住隔离又造成了社会隔离和阶层固化,因此,对于罗姆人来说,实现其享有现代化适宜住房是消除贫穷和社会排斥的重要措施,也是实现其他权利的一个重要条件。欧洲社会权利委员会对"适宜住房"进行过专门的界定:一个在卫生和健康方面的安全住所,即包括健全的基本设施,例如供水、暖气、垃圾处理系统、卫生设施、供电等;一些特定的危险——例如铅、石棉等有害物质受到控制;居住区域不应过度拥挤;居住期限应该是有保障的,应免于被驱逐或其他类似危险。① 如果参照这个标准,葡萄牙绝大多数罗姆人居住的住房未达标准。

另外,由于罗姆人家庭往往是大家庭结构,孩子众多,常常几代人共同生活,还需要有公共场所存放大篷车,即使是合格的适宜住房,也不一定符合罗姆人对住房的特殊需求。正如欧洲社会权利委员会所强调,住房还需要有基本的社会设施,应满足少数群体或者移民的特殊生活和文化需要,以及防止它们遭到社会隔离和居住隔离。本案例中,罗姆人的诉求主要是初级程度需要(需要有一个合格的适宜住房),而非高层次需要(需要有符合其文化、习俗需要的特殊住房)。而葡萄牙是已经签订了 1996 年的新版《欧洲社会宪章》,并且未对第 31 条作出声明。虽然《欧洲社会宪章》第 31 条未要求国家必须为那些居住较差的人提供完善的住所,但签署了《欧洲社会宪章》的国家有义务尽力为所有人提供"适宜住房"。

总之,欧洲社会权利委员会是维护罗姆人权利的一个重要机构,它在系列案例中都表现了这点。② 对于住房权利,欧洲社会权利委员会比欧洲人权法院及其他国际组织关注更多,要求更高。不过,欧洲社会权利委员会只受理集体

---

① "European Committee of Social Rights Conclusions 2005 (Lithuania)," Article 31, no. 1, p. 406, http://www.coe.int/t/dghl/monitoring/socialcharter/Conclusions/State/Lithuania2005_en.pdf.

② "International Federation of Human Rights (FIDH)v. Belgium," Complaint No. 62/2010; Collective complaint 46/2007, "European Centre for Roma Rights v. Bulgaria," 27/2004, Decision on the merits of 12 March 2008; Collective Complaint 15/2003, "European Centre for Roma Rights v. Greece," Decision on the merits of 12 August 2004; Collective complaint 27/2004, "European Centre for Roma Rights v. Italy," Decision on the merits of 12 July 2005.

申诉或组织申诉,不受理个人申诉,其好处就是集体或者组织可以就一些宏观的、较为典型的问题提起申诉,促其改变,不足之处是难以解决一些具有个性化的问题,而且裁决结果也不直接作用于少数群体个人,需要借助某种结构性的政策改变。

第四节　罗姆妇女遭受强制绝育问题

在欧洲,尤其是中东欧国家,时而曝出罗姆妇女遭受绝育的事件。罗姆妇女遭受绝育问题涉及个人身体权、健康权、家庭生活权等。一个初看起来明显是违反基本法律和道德的问题,为何能长久存在? 在法律上,相关机构又能找到何种借口强制罗姆妇女绝育呢? 欧洲人权法院和欧洲社会对此又是如何看待的呢? 本研究聚焦"Case of V. C. v. Slovakia 案例"[①]来分析这些问题。

一、基本案情

申诉人 V. C. 为 1980 年出生于斯洛伐克雅罗维策(Jarovnice)的罗姆女性,其母语是罗姆语,也懂当地土话。她上完小学 6 年级后辍学,但未就业。2000 年 8 月 23 日,她在普雷绍夫(Prešov)医院和健康服务中心(由斯洛伐克健康部主管的医院)剖腹产产房中生产第二个孩子时被医院实施了输卵管结扎的绝育手术(第一个孩子之前也在该医院剖腹产)。

申诉人在怀孕期间曾经全科医生检查过一次身体。2000 年 8 月 23 日早上 8 点左右,她因阵痛来到普雷绍夫医院和健康服务中心妇产科,之后被告知需要剖腹产。根据产房记录,在 10:30 之后申诉人成功生产,并要求进行绝育手术(绝育手术在 12:10 完成)。在其生产记录上有"病人要求绝育"(Patient requests sterilization)的记录,附有申诉人的潦草签名。

根据申诉人陈述,在顺利生产之后的几个小时里她一直感到疼痛。医院工作人员问她未来是否还想再要孩子,她表示肯定。但工作人员告知,若再次怀

[①] "Case of V. C. v. Sovakia, application no. 18968/07)," judgment of 8 November 2011, http://www.menschenrechte.ac.at/orig/11_6/V.C.pdf.

孕,她和孩子的生命都将不保,闻言她表示听从医院安排,随后在"病人要求绝育"旁签了字。她强调,自己并不理解"绝育"的含义,签字只是出于害怕,生产带来的疼痛使她的意识和认知水平受到了影响。

根据申诉人叙述,在住院记录中,她的病历本上有"病人为罗姆出身"的记录,和她同一个病房的也都是罗姆人,她们被禁止和非罗姆妇女使用同一个洗澡间和卫生间。

出院后,绝育手术给她带来了严重的身体和心理问题。在 2007 年底到 2008 年初期间,她感觉出现了所有怀孕的特征,但检查发现并未怀孕。2008 年 7 月,她来到精神科,医生认为这种现象是因为她还未走出绝育之痛导致的。

在这些遭遇后,申诉人在罗姆群体中遭到排斥,丈夫因为她不能继续生育而多次离开了她。2009 年,他们最终离婚。申诉人认为,离婚的一个重要原因是她失去了生育能力。

普雷绍夫医院和健康服务中心在 2008 年 7 月 3 日作了书面报告,说明了下述情况:

1998 年申诉人第一次在普雷绍夫医院和健康服务中心生产时,由于骨盆较小,医院采取了剖腹产。在生产前,她只是在怀孕初期做了两次产前检查。产后被安排在卫生条件很好的产妇恢复房,但第三天,她未经医生同意擅自离开了医院。24 小时之后,由于子宫发炎引发败血症,申诉人再次回到医院。经过治疗她被允许出院,医院叮嘱她要定期复查,但她没有照做。

在第二次怀孕期间,申诉人只在怀孕初期做了一次产前检查。生产时,医生根据她的身体情况同样采取了剖腹产(顺产可能导致子宫破裂)。在医院告知第三次怀孕可能存在的风险后,申诉人签字同意了绝育手术。

在 2009 年 7 月 27 日的一次相关讲话中,普雷绍夫医院和健康服务中心院长指出,不存在故意将罗姆人安排在所谓"吉普赛房"的情况,事实上,正出于罗姆妇女的要求而将她们安排在同一个房间。

二、国内审理

2003 年 1 月 23 日,斯洛伐克"生殖权利中心"(Centre for Reproductive Rights)和"公民与人权中心"(Centre for Civil and Human Rights)共同出台了名为《身体与灵魂:对斯洛伐克罗姆人的强制绝育和其他攻击》的报告。作为回应,斯洛伐克政府"人权与少数群体"办公室发起了对罗姆人非法绝育的刑事调查。但申诉人并未向该机构申诉,也未发起刑事指控。

2004 年 9 月,申诉人向普雷绍夫地方法院(Prešov District Court)发起民事诉讼,认为普雷绍夫医院和健康服务中心对其强制绝育行为违反了斯洛伐克民法第 11 条和《欧洲人权公约》第 3、8、12 和 14 条,希望医院能够道歉并给予适当赔偿。

普雷绍夫地方法院驳回了诉讼请求。法院指出,医院决定采取绝育手术是必要的和合法的,因为医生在生产之前几分钟就绝育问题征求了申诉人意见及签名。虽未经过绝育委员会商讨而是临床医生的决定,但这仅仅是在形式上不合要求,事实上医院这么做也并未违反申诉人的相关权利。此外,法院了解到,2006 年 2 月 17 日,有关部门对申诉人作了心理评估。评估认为,申诉人的认知水平非常低,接近智障,但其思维能力发展不错,在交流中能够正常思考和运用语言,低智状况并不会影响她在涉及生命问题上作出适当决定。

2006 年 5 月 12 日,申诉人再次向普雷绍夫地区法院(the Prešov Regional Court)提起诉讼。她强调,绝育手术没有完全征得她同意,她也没有完全理解绝育手术的性质及其后果,医院也未告知结扎手术导致的绝育是不可逆的,更未告知其他可供选择的办法。而且,绝育手术是在没有经过绝育委员会同意后进行的,违反了相关法律。根据国际医疗组织的经验,输卵管结扎并不能作为拯救生命的措施。

2006 年 10 月 25 日,普雷绍夫地区法院裁定,支持一审法院的裁决,对申诉人进行输卵管结扎是根据申诉人的身体条件而采取的合法措施。

2007 年 1 月 17 日,申诉人向斯洛伐克宪法法院上诉,但在 2008 年 2 月 14 日,宪法法院也以"明显没有根据"驳回了诉讼请求。

三、欧洲人权法院的观点

2007 年 4 月 23 日,在斯洛伐克宪法法院尚未审理之前,申诉人向欧洲人权法院上诉。2009 年 6 月 16 日,欧洲人权法院通过申诉,2011 年 3 月 22 日,欧洲人权法院初级庭第四庭开庭进行了审理。

在诉讼中,申诉人和斯洛伐克政府代表分别给欧洲人权法院提供了关于斯洛伐克绝育问题的相关信息。

申诉人提交了以下信息：

很多研究表明，早在 19 世纪 70 年代，捷克斯洛伐克就存在着对罗姆妇女进行强制绝育的现象，这种现象的长期存在对她的绝育手术产生了影响。1972年，捷克斯洛伐克健康部出台了"绝育规定"，鼓励罗姆妇女绝育。根据持不同政见组织"77 宪章"在 1979 年的一个文件，政府出台了对接受绝育的罗姆女性进行经济奖励的政策，以替代过去对罗姆人生育控制的失败政策。有研究表明，在普雷绍夫地区，1986—1987 年期间被绝育的女性有 60％ 为罗姆女性，而罗姆人在该地区只占总人口的 7％；在东斯洛伐克（申诉人所在地区），1983 年时 26％ 的被绝育女性为罗姆女性，到 1987 年，上升到了 36.6％。1992 年，"人权观察"（Human Rights Watch）的一个报告表明，很多罗姆女性并不完全知晓绝育手术的不可逆性，之所以接受绝育是因为经济状况糟糕和受到政府压力。另一份报告指出，1999 年在芬兰难民中心工作的护士告诉国际特赦组织的研究人员，她们接受的来自东斯洛伐克的罗姆女性难民中，被绝育者占据很高比例。而这两个报告都强调，普雷绍夫医院是实施绝育手术的医院之一。[①]

斯洛伐克政府提交了以下信息：

在斯洛伐克，所有女性能够平等获得健康服务。基于族群出身对病人进行数据统计是违反人权的，因此一般不存在这种数据。事实上，在普雷绍夫和科西策（Košice）地区，罗姆妇女接受绝育手术的比例只是稍稍高于其他地区而已。而且，如果在绝育中存在不良做法，罗姆妇女可以向法院上诉。在斯洛伐克，育龄妇女的绝育比例为 0.1％，而欧洲国家平均绝育比例为 20％—40％。导致斯洛伐克女性低绝育比例的原因是，人们一般不将绝育手术作为避孕的方法之一。在对病人进行手术时，都会将相关信息告知病人，并征求病人的同意。为了促使罗姆人更好地接受健康服务，斯洛伐克健康大学已与斯洛伐克健康部合作，设立了健康服务助手制度。此外，斯洛伐克也不存在对罗姆妇女的隔离

---

① 申诉人提到的主要研究或报告如下：Commission of the European Communities, "Regular Report on Slovakia's Progress Towards Accession (2002)"; European Roma Rights Centre, "Stigmata: Segregated Schooling of Roma in Central and Eastern Europe, a Survey of Patterns of Segregated Education of Roma in Bulgaria, the Czech Republic, Hungary, Romania and Slovakia", 2004; Amnesty International Report 2003, chapter on Slovakia; R. Tritt, J. Laber, Lois Whitman, "Struggling for Ethnic Identity: Czechoslovakia's Endangered Gypsies", Human Rights Watch, New York, August 1992; Open Society Institute, "Monitoring the EU Accession Process: Minority Protection in Slovakia", 2001; Avid M. Crow, "History of the Gypsies of Eastern Europe and Russia", St. Martin's Griffin, New York, 1995.

病房。

1. 双方辩论

申诉人认为,她在普雷绍夫医院遭遇绝育手术的一个重要原因是其罗姆人的身份。斯洛伐克广泛存在着对罗姆人的歧视以及对罗姆妇女强制绝育的做法。在这次事件中,她是在没有充分获得信息的情况下同意做绝育手术的,而且医院对她采取的绝育手术也不符合 1972 年的"绝育规定"(该规定仍然有效)。她是在生产过程中的最后阶段签字的,在这种情况下,绝育手术构成了强制。医院对她采取绝育手术并非为了拯救生命,而且医生也并未考虑其他替代方案,从而导致了申诉人永久性不育。斯洛伐克违反了《欧洲人权公约》第 14 条(非歧视)合并第 3 条(禁止酷刑)、第 8 条(尊重私人生活和家庭生活)和第 12 条(婚姻权)。

政府代表则否认斯洛伐克存在针对罗姆女性的绝育政策,对申诉人采取绝育手术,是基于她的健康状况——即如果再孕可能导致子宫破裂,对申诉人及婴儿都有危险。而且做绝育手术前除了征求了申诉人意见,也征得了首席医生的同意。因此,绝育手术是合法的,没有违反《欧洲人权公约》。

2. 第三方组织的观点

国际妇产科联盟(International Federation of Gynaecology and Obstetrics, FIGO)的代表在听证会上表示,它和其他一些国际组织一样认为,绝育手术应是当事人充分获得信息后的自由决定,而且当事人必须是有认知能力,能自主作出决定的行为人。在某种手术将永久性地对女性生育能力产生影响时,除了做到上述几点外,还应充分考虑到其他替代性措施。做绝育手术的医生有责任告知绝育对象采取绝育手术的利弊以及各种可以选择的替代措施,应该尽力保护病人的生育能力。同时,剖腹产部门应该尽量避免将绝育视为防止病人怀孕的措施。而且,医院在给出绝育建议时应该给予病人充分的时间考虑,而不是让她们在临近剖腹产时作出决定。

3. 欧洲人权法院的裁决

欧洲人权法院首先审理了对《欧洲人权公约》第 3 条的申诉。

欧洲人权法院认为,绝育手术是对个人生育健康的一个主要危害行为,它将对绝育对象的身体、精神、情绪、情感、心理和家庭生活产生多重影响,因此必须经过当事人的同意,并且合法地进行——只有在来不及或者无法征询到意见的紧急情况下才允许例外。《人权和生物医学公约》(Convention on Human

Rights and Biomedicine)、世界卫生组织和国际妇产科联盟的相关文件都强调了这点。

医生对申诉人生殖健康的判断,欧洲人权法院认为无权进行评估。但是,在国际上,绝育手术通常不被认为是一种拯救生命的措施。申诉人并非处于生命受到直接威胁的情况。申诉人是智力良好的成年人,必须征求其同意。资料表明,申诉人是在进入医院后两个半小时签字同意绝育手术的,当时她已经在生产过程之中。这种情况下要求其签字并不符合《欧洲人权公约》之"尊重个人尊严和自由"的精神,也不符合相关国际制度。而且,没有证据表明申诉人完全了解其健康状况、绝育手术的含义以及其他替代措施。至于说申诉人在怀孕期间没有进行孕前检查,这个问题无关紧要。

欧洲人权法院驳斥了政府的观点——即认为绝育手术是为了防止将来她可能遭遇到的生命威胁。因为这种威胁并非迫在眉睫,只有再次怀孕时才可能出现,而且就算出现那种情况,到时还可以采取一些其他替代措施。决定进行绝育手术,是医院家长式作风的结果,而申诉人只是根据医院的建议,在没有完全获得相关信息的情况下,在"病人要求绝育"旁签了字,这种同意,是在恐惧、痛苦和无助之下作出的,而非其自主决定。

在被进行绝育手术之时,申诉人才 20 岁,正处于生育年龄早期。医院的绝育手术剥夺了她生育功能,是对其身体完整的侵犯。由于失去生育功能,她与丈夫关系恶化并最终离婚,还遭到罗姆群体的疏远。绝育手术给她带来了身体、心理、社会、精神等多重消极后果。因此,尽管没有证据表明医生的诊断和治疗是错误的,但医生没有尊重申诉人的自主决策权。医院采取绝育手术给申诉人带来不良后果,达到了《欧洲人权公约》第 3 条的"非人道和有损人格对待"的标准,违反了《欧洲人权公约》第 3 条。

其次,欧洲人权法院审理了第 14 条合并第 3 条、第 8 条、第 12 条的诉讼。

欧洲人权法院认为,只有第 8 条合并第 14 条比较贴切。在这方面,联合国和欧洲罗姆权利中心关于绝育问题的文件,都存在一些瑕疵,没有提到处于极端弱势地位的罗姆女性绝育问题。斯洛伐克健康部的专家组曾经建议,希望政府对罗姆群体采取绝育措施,虽未得到政府的采纳,但斯洛伐克没有履行《欧洲人权公约》第 8 条的积极责任,未能使作为弱势罗姆人的申诉人依法享有第 8 条的权利。但不需要再分析第 14 条是否遭到违反的问题。

欧洲人权法院最后裁定,斯洛伐克政府应该弥补申诉人非财产损害赔偿

31000 欧元,诉讼成本 12000 欧元。

四、反响与各方观点

本案例是欧洲人权法院审理的第一个关于罗姆妇女强制绝育的案例,被认为是关于罗姆妇女绝育问题的一个里程碑式的裁决[①],受到大量关注。大多数人都正面评价了欧洲人权法院的裁决,也有人对该裁决表达了批评。

2003 年 10 月,欧洲委员会人权委员会在对斯洛伐克强制绝育问题进行调查的基础上,撰写了"关于斯洛伐克妇女绝育问题建议"的报告,报告指出,在斯洛伐克,未经当事人适当同意的绝育现象在各种族群都存在,从 20 世纪 90 年代至 21 世纪初斯洛伐克为此受到众多指控,而东斯洛伐克的罗姆人尤其遭受着这种威胁。在斯洛伐克有种说法,即罗姆人生育率过高,导致依靠社会福利生存的人口比例越来越高。这种说法——尤其有时政府工作人员也这么说——很可能会鼓励社会对罗姆女性采取强制绝育的措施。调查虽未发现斯洛伐克存在有组织地实施强制绝育的政策,但政府有责任采取措施处理好非法绝育问题。[②]

2004 年 1 月 27 日,欧洲反歧视与不宽容委员会发表了对斯洛伐克的第三个报告[③],委员会高度关注东斯洛伐克一些医院对罗姆女性采取绝育手术的问题,建议斯洛伐克政府采取措施保证绝育手术是在告知当事人所有信息、获得当事人完全同意以及没有其他更好措施的情况下才采取的一种措施。2009 年 5 月 26 日该委员会对斯洛伐克做的第四个报告[④]指出,自上次报告以来,斯洛

[①] "Forcibly Sterilized Roma Woman Wins Landmark Court Ruling," PILnet(The Global Network for Public Interest Law, http://www.pilnet.org/project-updates/130-bokowska-wins-roma-sterlization-case.html.

[②] "Recommendation of the Commissioner for Human Rights Concerning Certain Aspects of Law and Practice Relating to Sterilization of Women in the Slovak Republic," CommDH（2003）12, Strasbourg, October 17, 2003.

[③] "The European Commission against Racism and Intolerance," Third report on Slovakia Adopted on 27 June 2003, https://www.coe.int/t/dghl/monitoring/ecri/Country-by-country/Slovakia/SVK-CbC-III-2004-004-ENG.pdf.

[④] The European Commission against Racism and Intolerance, Ecri Report on Slovakia (fourth monitoring cycle), adopted on 19 December 2008, published on 26 May 2009, https://www.coe.int/t/dghl/monitoring/ecri/Country-by-country/Slovakia/SVK-CbC-IV-2009-020-ENG.pdf.

伐克颁布了一些法律防止"非法绝育",但事实上仍然存在着众多问题,例如对判定"非法绝育",是否经过当事人的同意,均无适当调查机制,使"非法绝育"现象在多数情况下并未得到改变。

开放社会基金会表示,本案例裁决在破除强制绝育方面是一个破冰之举,对于成千上万可能受到强制绝育影响的中东欧罗姆女性来说,是正义的体现和巨大的进步。法院认为强制绝育严重违反了人权,从而给其他的受害者带来希望。①

美国驻欧安组织代表团发表声明指出,美国对斯洛伐克的人权问题高度关切,支持欧洲人权法院的裁决结果,对申诉人的遭遇表示同情,同时敦促斯洛伐克政府启动与那些遭遇强制绝育的当事人的对话机制,希望斯洛伐克政府能够承认过去的错误并采取措施充分纠正错误。②

不少学者对欧洲人权法院的推理进行了评论。波士顿学院法学院研究人员林赛·霍伊尔(Lindsay Hoyle)指出,欧洲人权法院的裁决,对罗姆女性的强制绝育现象来说是一个里程碑事件。因为在该案件之前,尽管其他一些国际机构已经指出强制绝育违法,但欧洲人权法院尚未认为强制绝育违反人权。不过,欧洲人权法院推理也存在不足:尽管法官认为在案例中存在族群歧视——因为病例上注明了"病人为罗姆人",而且斯洛伐克普遍存在着对罗姆人的歧视以及对罗姆女性强制绝育现象,但欧洲人权法院仍然认为证据不足而未启动第14条的审核,这是令人遗憾的。欧洲人权法院回避对第14条的审查,实际上就将错误仅仅归结于医院方面,而未触及斯洛伐克政府。③ 瑞士学者克劳德·卡恩(Claude Cahn)也批评了欧洲人权法院回避审查族群歧视的问题,欧洲人权法院认为绝育手术在治疗需要时可以采用,这明显不符合"国际妇产科联盟"的立场;另外,欧洲人权法院反对对"精神健全的成年病人"实施绝育手术,这个表述显然存在问题,因为这可能让人感觉可以对一个未成年人或者精神不健全

---

① "Christina Zampas, VC v Slovakia: A Step toward Justice for Roma Women," voices from Open Society Foundation, https://www. opensocietyfoundations. org/voices/vc-v-slovakia-step-toward-justice-roma-women.

② "United States Mission to the OSCE Statement on ECHR Ruling in the Case of V.C. vs. Slovakia," Vienna December 15, 2011, https://photos. state. gov/libraries/adana/5/Dec2011/DEC_15_11_ECHR-Slovakia. pdf.

③ Lindsay Hoyle, "V. C. v. Slovakia: A Reproductive Rights VictoryMisses the Mark," *Boston College International and Comparative Law Review*, vol.36, no.3, 2014.

的成年人实施强制绝育手术。①

英国学者卢德斯·佩罗尼（Lourdes Peroni）和荷兰学者亚历山大·蒂默（Alexandra Timmer）则从正反两方面分析了欧洲人权法院的裁决，积极意义在于：首先，欧洲人权法院谴责了医院在实施绝育手术时的家长式作风，并要求医院遵守相关国际公约和国际制度，在实施绝育手术前必须获得当事人"知情后的同意"（informed consent）；其次，欧洲人权法院承认绝育手术给当事人带来了身体伤害和心理伤害，以及给其社会关系带来了不良后果；再次，欧洲人权法院还分析了引起对罗姆女性强制绝育问题的深刻原因，即广泛存在的对罗姆人高生育率的消极认识，担心越来越多的人依赖于社会福利生活；最后，欧洲人权法院强调，缔约国应该承担"欧洲人权公约"第8条的积极责任，通过立法有效保护生殖健康，尤其是罗姆女性的生殖健康。消极方面在于，欧洲人权法院认为没有必要单独审理第14条，忽略了为什么遭受强制绝育的大都是罗姆人，而是去分析医生是否存在着对罗姆歧视或种族歧视的动机，从而得出第14条的申诉证据不足的结论，这种推理是存在问题的。②

加拿大学者索尼娅·C·格罗弗（Sonja C. Grover）则从更广阔的视野进行了批判性分析。她认为，该案例反映了斯洛伐克政府、斯洛伐克国内法院、欧洲人权法院和国际社会在罗姆强制绝育问题上存在着以下问题：包括宪法法院在内的斯洛伐克国内法院将该案例归结为程序违反规定的问题，却拒绝承认和纠正涉及对申诉人实质权利的侵害；斯洛伐克政府和一些国际组织也未就斯洛伐克存在的对罗姆妇女的系统性强制绝育现象展开刑事调查；斯洛伐克国内法院、欧洲人权法院以及一些国际组织的报告都未将对罗姆人的强制绝育归入"种族灭绝"的范畴，但事实上斯洛伐克对罗姆的强制绝育已经达到了种族灭绝的标准。③

① Claude Cahn, *Human Rights, State Sovereignty and Medical Ethics: Examining Struggles around Coercive Sterilasation of Romani Women*, published by Brill Nijhoff, 2015, pp.198-199.
② Lourdes Peroni, Alexandra Timmer, "Court condemns forced sterilization of Roma woman," Strasbourg Observers, November 17, 2011, https://strasbourgobservers.com/category/cases/v-c-v-slovakia/.
③ Sonja C. Grover, "The European Court of Human Rights as a Pathway to Impunity for International Crimes," Springer-Verlag, 2010, pp.114-122.

五、评述与反思

强制绝育在有的欧洲国家相当严重,案例中揭示的问题,仅仅是冰山一角。受到本案例裁决的鼓舞,近年来,在斯洛伐克、捷克、匈牙利等中东欧国家中,越来越多遭受过强制绝育的妇女开始站出来讲述她们的故事,从而让这个持续几十年的问题开始逐渐暴露在国际社会的视野之下。

在纳粹时期,罗姆人被视为"劣等民族",是需要被肉体消灭的种族。"二战"结束后,在一些中东欧国家,"罗姆人低人一等"的观点仍然盛行。20世纪60年代左右,为了降低罗姆人的生育率,消除罗姆人带来的问题和同化罗姆人,一些国家开始对罗姆妇女强制绝育。[①] 最为严重的当属捷克斯洛伐克。1993年捷克斯洛伐克分裂为捷克和斯洛伐克后,两国继续延续着过去的强制绝育的做法。[②]

虽然欧洲人权法院作出了令人鼓舞的裁决,但仍然存在着一些明显的问题。首先,尽管强制绝育带来的伤害巨大,但欧洲人权法院认为,主要是违反了《欧洲人权公约》第3条(非人道对待)和第8条(私人和家庭生活),没有必要去审查是否违反了《欧洲人权公约》第14条(非歧视条款)。如果其他群体没有出现强制绝育问题,而罗姆妇女出现了不成比例的绝育,应该进行深入调查,并考虑歧视存在的可能性。其次,欧洲人权法院和斯洛伐克官方一样,将推理的重点放在医院的强制绝育问题本身,就事论事,未触及政府在强制绝育问题上存在的责任,更未调查斯洛伐克政府是否在系统性强制绝育问题中存在污点。正如案例中的异议法官米约维奇(Mijovic)所言,欧洲人权法院没有抓住问题的实质。[③]

斯洛伐克政府并没有高度重视该国所存在的强制绝育问题,也没有进行细致深入的调查,更没有为预防罗姆女性遭受强制绝育采取重大措施,而是极力站在医院一边进行辩护。捷克政府曾在2009年对罗姆妇女强制绝育问题作出

---

① Czech Public Defender of Rights, "Final Statement of the Public Defender of Rights in the Matter of Sterilizations Performed in Contravention of the Law and Proposed Remedial Measures," 2005, p. 3.

② ERRC, "Ambulance not on the Way: The Disgrace of Health Care for Roma in Europe," 2006, p. 42.

③ "V. C. v Slovakia," Dissenting Opinion of Judge Mijovic.

道歉,还计划出台一个补偿法——只是因为执政党倒台才流产,而斯洛伐克政府则始终认为该国不存在强制绝育问题,拒绝就该问题进行道歉。[①] 这使人对斯洛伐克今后消除强制绝育现象难以保持乐观。

还需要注意对罗姆人的系统性歧视,在有的国家,不仅是普通民众,就连政府官员都会在公开场合歧视和诋毁罗姆人。[②] 甚至有极端主义者公开鼓动对罗姆人的种族仇恨,发起反罗姆人游行。[③] 强制绝育只是这种状态下的一个具体表现而已。与住房、教育等问题相比,对罗姆妇女的强制绝育是一个更加严重更加紧迫的问题,唯有联合国、欧盟、欧洲委员会、欧洲人权法院、民间人权组织等联合一致,对相关国家施加压力,才可能逐渐消除这个顽疾。

---

①② "Czech and Slovak Victims of Coercive Sterilization await Justice," Blogactiv, March 1, 2018. https://guests. blogactiv. eu/2018/03/01/czech-and-slovak-victims-of-coercive-sterilization-await-justice/; Council of Europe, "Human Rights of Roma and Travellers in Europe," 2012, p.11.

③ European Roma Rights Centre (ERRC), "Attacks against Roma in Hungary," the Czech Republic and the Slovak Republic, July 15, 2012, http://www. errc. org/article/attacks-against-roma-in-hungary-the-czech-republic-and-thevslovak-republic/3042.

第九章

欧洲少数群体政治参与权利保障理念分析

尽管政治事务比起经济、文化事务更加远离人们的日常生活,但是,政治权利却被认为是"第一代人权"的内容,它和个人权利难以剥离,都属于最为基本的权利,例如言论自由权、公平审判权,宗教自由权、免于歧视权、选举权,都属于第一代人权。[1]《公民权利与政治权利国际公约》也将政治权利与个人基本权利并列。

对于政治权利的内容,没有固定的标准,一般认为包括选举权、被选举权、组织和参与政治组织的权利,参与国家政治生活的权利,免于政治压迫或独裁的权利等,它的核心是"政治参与(权)"。正如英国学者韦勒(Mark Weller)认为,在现代民主和宪政的背景下,少数群体充分和有效参与公共事务和文化、社会经济生活的权利具有内在价值;如果少数群体被排除在民主决策进程之外,他们可能会遭到结构性权利剥夺。[2]当然,也有的学者认为,政治参与是保护少数群体的重要方式,而非权利本身。[3]

对于少数群体,推动他们"参与"政治,是国家必须承担的底线责任。但对于"少数群体"来说,若仅和主体群体同等地参与到民主制度之中,其结果可能

① Spasimir Domaradzki, Margaryta Khvostova, David Pupovac, "Karel Vasak's Generations of Rights and the Contemporary Human Rights Discourse." *Human Rights Review*, 2019, vol.20, no.4, pp. 423-443.

② Mark Weller, *The Rights of Minorities in Europe: A Commentary on the European Framework Convention for the Protection of National Minorities*, Oxford University Press, 2005, p.430.

③ Florian Bieber, "Balancing Political Participation and Minority Rights: the Experience of the Former Yugoslavia," European Center for Minority Issue, Konrad Adenauer Stiftung, 2003.

仅在决策时充当着"在场"作用。国家必须承担积极责任,推动少数群体的有效参与,尤其是要"使少数群体对所作的决定有实质性影响,从而使他们对这些决定'共享所有权'"①。

欧洲国家在保护少数群体政治权利方面差别相当大,有的国家确保少数群体政治参与特权,例如罗马尼亚对十八个少数群体给予议会预留席位,但更多国家并无这种积极措施,反而存在一些限制少数群体政治参与的障碍,本部分主要涉及后一种情况。

第一节　少数群体政治参与权利保障的国际制度

在国际层面,大多数人权条约或宣言都或多或少涉及政治参与权利。1948年12月10日通过的《世界人权宣言》有较多条款涉及政治权利,例如第14(1)条规定,人人有权在其他国家寻求和享受庇护以避免迫害。第15条规定:(1)人人有权享有国籍;(2)任何人的国籍不得任意剥夺,亦不得否认其改变国籍的权利。第19条规定:人人有权享有主张和发表意见的自由;此项权利包括持有主张而不受干涉的自由,和通过任何媒介和不论国界寻求、接受和传递消息和思想的自由,即自由优先于利益或平等。第20条规定:(1)人人有权享有和平集会和结社的自由;(2)任何人不得迫使隶属于某一团体。第21条规定:(1)人人有直接或通过自由选择的代表参与治理本国的权利;(2)人人有平等机会参加本国公务的权利;(3)人民的意志是政府权力的基础;这一意志应以定期的和真正的选举予以表现,而选举应依据普遍和平等的投票权,并以不记名投票或相当的自由投票程序进行。

国际上专门关于政治权利的文件首推联合国1966年出台的《公民权利与政治权利国际公约》,尽管它并非专门针对少数群体的,但它涉及公民的结社权、参与组织权、政治参与权、民族自决权等政治权利,均可涵盖少数群体。其中第1(1)条规定:所有民族均享有自决权,根据此种权利,自由决定其政治地位并自由从事其经济、社会与文化之发展。第22(1)条规定:人人有自由结社

---

① Gay McDougall, "Report of the independent expert on minority issues," A/HRC/13/23, Human Rights Council, January 7, 2010, https://www2.ohchr.org/english/bodies/hrcouncil/docs/13session/A-HRC-13-23.pdf.

之权利,包括为保障其本身利益而组织及加入工会之权利。第25(1)条规定:凡属公民,无分第二条所列之任何区别,不受无理限制,均应有权利及机会:直接或经由自由选择之代表参与政事;在真正、定期之选举中投票及被选。选举权必须普及而平等,选举应以无记名投票的方式进行,以保证选民意志之自由表现。

1992年联合国出台的《在民族或族裔、宗教和语言上属于少数群体的人的权利宣言》也有一些条款涉及少数群体的政治权利,特别是第2条,该条指出:(1)在民族或族裔、宗教和语言上属于少数群体的人有权私下和公开、自由而不受干扰或任何形式歧视地享受其文化、信奉其宗教并举行其仪式以及使用其语言。(2)属于少数群体的人有权有效地参加文化、宗教、社会、经济和公共生活。(3)属于少数群体的人有权以与国家法律不相抵触的方式切实参加国家一级和适当时在区域一级关于其所属少数群体或其所居住区域的决定。(4)属于少数群体的人有权成立和保持他们自己的社团。(5)属于少数群体的人有权在不受歧视的情况下与其群体的其他成员及属于其他少数群体的人建立并保持自由与和平的接触,亦有权与在民族或族裔、宗教或语言上与他们有关系的其他国家的公民建立和保持跨国界的接触。

在政治参与层面,土著人民享有明显高于普通少数群体的权利,这在联合国《土著人民权利宣言》[①]中有明显体现。"宣言"第3、4条涉及土著人民的"自决权",其中第3条指出,土著人民享有自决权。基于这一权利,他们可自由决定自己的政治地位,自由谋求自身的经济、社会和文化发展。第4条指出,土著人民行使其自决权时,在涉及其内部和地方事务的事项上,以及在如何筹集经费以行使自治职能的问题上,享有自主权或自治权。第19条为决策参与权,该条指出,各国在通过和实行可能影响到土著人民的立法或行政措施前,应本着诚意,通过土著人民自己的代表机构,与有关的土著人民协商和合作,事先征得他们的自由知情同意。

在欧洲层面,《欧洲人权公约》有一部分条款涉及政治权利,主要是第10条和第11条。少数群体的政治权利争端,如果上诉到欧洲人权法院,大多数都与这两条有关。

[①]《联合国土著人民权利宣言》,2007年9月13日,参见:https://www.un.org/esa/socdev/unpfii/documents/DRIPS_zh.pdf.

《框架公约》有较多条款直接涉及少数民族的政治权利。例如第 15 条规定:缔约方应创造必要条件,使属于少数民族的人有效参与文化、社会和经济生活以及公共事务,特别是那些影响到他们的事务。第 17 条规定:(1)缔约方承诺不干涉属于少数民族的人有权建立和维护自由及跨越边境接触合法地留在他国的人员,特别是那些与他们共享一个民族、文化、语言或宗教身份,或具有共同的文化传统的人。(2)缔约方承诺不干涉少数民族在国家和国际一级参与非政府组织活动的权利。

《框架公约》解释报告还要求国家采取积极措施,为少数群体参与文化、社会和经济生活和公共事务创造条件。具体措施包括:缔约国制定可能直接影响到属于少数群体的人的立法或行政措施时,应通过适当程序,特别是通过其代表机构,与他们进行协商;让属于少数群体的人参与制定、执行和评估可能直接影响国家或区域发展计划和方案;与属于少数群体的人共同研究、评估发展可能对他们产生的影响;推动属于少数民族的人有效参与国家和地方各级的决策进程及民选机构;推动分权或增加地方层级政府。

《欧盟基本权利宪章》第 12 条是关于集会和结社权,该条指出:(1)人人有权享有和平集会自由和各层次结社自由,特别是在政治,工会和公民事务之中,这意味人人有权组建和参加工会以保护其利益。此外,第 18 条的避难权、第 19 条的免于被驱逐或被非人道对待权、第 39 条的参加欧洲议会选举的投票权和参选权、第 40 条的在市政选举中的投票权和参选权等都属于政治权利。

另外,关于少数群体政治权利不得不提的是 1999 年 9 月欧安组织出台的"隆德报告"[1],该报告虽然不是国家之间签订的有约束力的文件,但影响很大,在司法案例中也常被提及。"隆德报告"强调:少数民族有效参与公共生活是和平与民主社会的重要组成部分。欧洲和其他地方的经验表明,为了促进这种参与,各国政府往往需要为少数民族作出具体安排。此外,隆德报告就应如何推动机构少数群体"有效参与"公共生活提出了很多建议,例如:应确保少数群体有机会在中央政府一级有有效的发言权,包括通过必要的特别制度安排来实现该目标;应保障属于少数民族的人参与公共事务的权利,包括不受歧视地享有选举权和被选举权;对政党的组建及其活动的规定应符合国际法的结社自由原

---

[1] OSCE HCNM, "The Lund Recommendations on the Effective Participation of National Minorities in Public Life & Explanatory Note," September 1999, https://www.osce.org/files/f/documents/0/9/32240.pdf.

则,这一原则包括自由建立基于少数群体身份的政党;选举制度应促进少数群体的代表性和影响力;选区的地理范围应有助于少数民族的公平代表性;各国应在适当的体制框架内设立咨询或协商机构作为政府与少数民族之间对话的渠道;少数群体有效参与公共生活可能需要地域自治或非地域自治的制度安排,或两者结合,各国应为此投入足够的资源等。

第二节 波黑非构成民族的选举权问题

根据 1995 年 12 月 14 日在巴黎签署的《代顿协议》(Dayton Agreement),波黑设计了世界上独一无二的政治制度,即它由三个构成民族——塞尔维亚族、克罗地亚族、波斯尼亚克族(穆斯林),两个政治实体——塞族共和国、穆克联邦构成的国家。从国家结构上看,这个国家具有强烈的"邦联制"性质;从民族地位来看,三个"构成民族"享有类似"国族"的地位,而其他少数民族则制度性地"低人一等"。这种制度设计正在不断经受现实的严峻考验。

本部分选择"Sejdić and Finci v. Bosnia and Herzegovina 案例"[1]对波黑的非构成民族选举权问题进行深入分析。这是一个关于少数群体参与竞选议会领导职务的案例,最初来自两个案例,即 2006 年 7 月 3 日、8 月 18 日,申诉人 Sejdić、Finci 分别向欧洲人权法院起诉波黑政府,认为作为少数族裔(罗姆人和犹太人),他们被剥夺了参与竞选波黑议会民族院(House of Peoples)职位和总统职位,波黑政府违反了《欧洲人权公约》第 14 条,以及《欧洲人权公约》第一议定书第 3 条[2]和第十二议定书第 1 条。[3] 欧洲人权法院决定将两个相似案例合并审理。2008 年 3 月 11 日,欧洲人权法院初级庭第四庭开始接受本案例,

---

① Case ofSejdić and Finci v. Bosnia and Herzegovina, applications nos. 27996/06 and 34836/06. Judgment Strasbourg, 22 December 2009. http://hudoc. echr. coe. int/eng # { "itemid": ["001-96491"]}.

② 欧洲人权公约第一议定书第 3 条规定:缔约国承允在保证其人民言论自由的条件下,以无记名投票的方式举行有合理时间间隔的自由选举。

③ 第 12 号议定书是反歧视的专门议定书,也是对公约第 14 条的具体化和扩展。该议定书于 2000 年 11 月 4 日在罗马签署,2005 年 4 月 1 日生效。该议定书第一条为:1.保障法律规定的任何权利的享有,不因性别、种族、肤色、语言、宗教、政治或其他见解,民族或社会出身,与少数民族有联系,财产,出生或其他状态而遭受歧视。2.任何公共机构均不得以第 1 款所述理由歧视任何人。

2009 年 2 月 10 日，初级庭决定将案例让渡给欧洲人权法院大法庭审理。6 月 3 日，大法庭开庭进行了审理。

一、基本案情

第一申诉人 Dervo Sejdić 生于 1956 年，为波黑罗姆人、曾任欧洲安全域合作组织驻波黑代表团团长、波黑罗姆族群代表性组织——罗姆委员会（Roma Council）和罗姆顾问委员会（Advisory Committee for Roma）成员。第二申诉人 Jakob Finci 生于 1943 年，波黑犹太人，曾任波黑驻瑞士大使、波黑宗教教际委员会（Inter-Religious Council）主席、国家民事服务组织（State Civil Service Agency）主席等职务。由于不是波黑"构成民族"成员，他们被剥夺了参与波黑议会民族院议员和波黑总统的竞选资格。

根据"代顿协议"而拟定的波黑宪法规定，波斯尼亚克族、克罗地亚族和塞尔维亚族三个"构成民族"在国家政治、经济、文化生活中具有高于其他民族的地位；两个实体和三个"构成民族"在国家重大政策上都有否决权；只有"构成民族"成员才能当选为波黑议会民族院的议员；[1]国家的三个总统由来自三个"构成民族"的人担任。

"构成民族"是欧洲乃至世界上的一个特例，是《代顿协议》背景下的人为政治安排。波黑从宪法到一般法律均明确规定，只有"构成民族"人员才能当选国家主要领导职务，这种做法在波黑国内外经常引发争议。

在签署"代顿协议"的巴黎会议上，西方国家也认识到波黑宪法的这些规定有违人权，因此，特意在波黑宪法第 2(II) 条中插入了一款：《欧洲人权公约》规定的权利和自由应在波黑直接实施，并应优先于波黑法律。然而，在 2006 年 3 月和 5 月波黑宪法法院对两个案例的审理中，宪法法院裁定，《欧洲人权公约》并不高于波黑宪法。

两个申诉人都因不是"构成民族"成员，而被剥夺参与民族院议员的竞选及参与总统竞选。于是他们直接上诉到欧洲人权法院。

---

[1] 波黑议会为两院制。上院为民族院（House of Peoples），由 15 名议员组成，其中 10 名来自波黑联邦（波斯尼亚克族和克罗地亚族各 5 名），5 名来自塞族共和国（均为塞尔维亚族）。波黑代表院（House of Representatives）有 42 名议员，其中 28 名来自波黑联邦，14 名来自塞族共和国，所有议员均在大选中直接选举产生。

二、双方辩论

申诉人认为,尽管他们是波黑公民,却因不属于"构成民族"而被剥夺竞选议会职务和总统职务的权利,这构成种族歧视,而欧洲人权法院在"Timishev v. Russia 案例"①中明确表示反对这类种族歧视。而且,这是一种基于种族和族群的区别对待,它构成了直接歧视,而直接歧视不像间接歧视可以寻求合理的理由来为自己辩白。直接歧视不仅是欧洲人权法院所禁止,也是为欧盟法律所明确禁止的。

申诉人进一步指出,就算给其辩白机会,政府也难以找到客观而合理的理由,因为政府的确构成了基于种族和族群的直接歧视和剥夺了申诉人在国家最高机构的代表权,这种剥夺是持久性的。而且,欧洲人权法院也在"Aziz v. Cyprus 案例"②中指出,剥夺选举权特别难以找到自辩的理由。

波黑政府指出,在"Ždanoka v. Latvia 案例"③中,欧洲人权法院强调,缔约国在确定议会选举及组成方式方面的宪法制度时享有"相当大的自由"(considerable latitude),可以根据每个国家的历史或政治特殊性进行调整。当前,波黑宪法是在国家经历了毁灭性冲突后,由一个和平条约所确立,其最终目的是在三个"构成民族"之间确立和平与对话。将非"构成民族"的人排除在竞选民族院职位和总统职位之外,正是在这种背景下确立的制度,作出改变的时机尚未成熟。

政府提请欧洲人权法院注意,本案例和"Aziz v. Cyprus 案例"存在区别,在后者中,土耳其族塞浦路斯人被剥夺了参与所有议会竞选的权利,但波黑只是不允许非"构成民族"参与国家民族院的竞选和两个构成实体的议会竞选。因此,申诉人遭到的区别对待具有适当的理由。

三、第三方组织的观点

一些第三方组织参与了庭审并发表了意见。

---

① "Timishev v. Russia," nos. 55762/00 and 55974/00, para.56, ECHR 2005 - XII.

② "Aziz v. Cyprus," no.69949/01, para.28, ECHR 2004 - V.

③ "Ždanoka v. Latvia([GC]," no.58278/00, ECHR 2006 - IV.

威尼斯委员会认为,波黑宪法的相关规定有违"禁止歧视"原则,即违反了《欧洲人权公约》第 14 条和第一议定书第 3 条。威尼斯委员会建议波黑对"民族院"进行改革,以使其能包容非"构成民族"成员,或者取消"民族院"。

欧洲个人权利顾问中心(Center of Advice of Individual Rights in Europe)认为,欧洲普遍的共识是,只有出于个人自身原因,取消其竞选公职才是适当的。开放社会司法倡议组织(Open Society Justice Initiative)指出,政治参与权是维系公民和国家之间权责关系的重要权利。在大多数判例中,选举权、被选举权和出任公职权是区别公民与外国人的重要标志,以种族或族群为标准限制这种权利,不仅是歧视性的,而且损害了"公民"本身的含义。政治参与对少数群体克服边缘化和参与主流社会来说是至关重要的。对于一个刚经历了族群冲突的国家来说,在法律上区别对待不同族群尤其会强化紧张关系,不利于族群关系的发展。

四、欧洲人权法院大法庭的观点

1. 关于波黑议会民族院的选举问题

大法庭首先表达了对波黑议会民族院选举的看法。第一申诉人认为,波黑政府剥夺他参与竞选民族院议员的权利,违反了《欧洲人权公约》第一议定书第 3 条,以及该条合并第 14 条,同时也违反了第十二议定书第 1 条。公约第 14 条必须结合其他实质条款才能有效。因此,首先需要审查波黑是否违反了第一议定书第 3 条。

大法庭认为,第一议定书第 3 条的选举权重点是立法机构的选举权利,这条应该被理解为国家具有在立法机构的两院都有进行直接选举的责任。波黑民族院议员的选举为间接选举——即通过两个实体的议会选举而产生的。在这种情况下,关键要看民族院是否享有实权。波黑宪法规定了民族院具有一系列重要权力,例如通过法律的权力、通过国家预算的权力、同意国家与外国签署条约的权力等。因此,第一议定书第 3 条合并公约第 14 条适用本案例。

大法庭指出,歧视意味着"区别对待处于相似情况的人而且没有客观与合理的理由",而没有"客观而合理的理由"是指某种区别对待不存在"合法目的",或者"在目标和实现目标的手段之间不存在着合理的比例关系"。国家在这方面的自由裁量权的大小要根据具体事件、问题性质及背景来确定。

大法庭认为，"族群"（ethnicity）和"种族"（race）是相互联系的概念，但也略有差别。"种族"意味着根据肤色或者脸部特征等外形特点将人类进行生物学分类，而"族群"概念则来自在民族、宗教信仰、共同语言、文化或传统起源、背景等方面具有共性的社会群体。[1] 基于个人族群出身的歧视是种族歧视的一种形式，这种理解也反映在联合国《消除一切形式种族歧视国际公约》关于"种族歧视"的界定[2]以及"欧洲消除种族主义与不宽容委员会"关于"种族主义"（racism）的界定[3]之中。种族歧视是一种恶劣的歧视形式，它具有危险的后果，需要政府保持高度警惕和有力应对，要求政府采取所有可能的措施予以打击，以加强社会的民主特性，因为多样性应视为丰富性的要素而非一种威胁。因此，基于种族的区别对待就必须提供客观而合理的理由。但这并不意味着公约禁止缔约国对不同群体采取区别对待以纠正"事实上的不平等"。相反，在一些情况下，如果缔约国不采取区别对待的措施去纠正"事实上的不平等"，恰恰是构成了歧视。

申诉人因不属"构成民族"而被排除在竞选民族院议员之外，波黑这么做至少存在一个目的——恢复和平。波黑宪法是在停火之后确立的，目的在于结束残酷的战争和种族屠杀，而波斯尼亚克族、克罗地亚族和塞尔维亚族等三个"构成民族"在确保和平方面不可或缺，和谈时的安排也影响到了战后的制度和社会。大法庭认为，没有必要去判断波黑在签署《欧洲人权公约》之后，恢复和平是否仍为"合法目的"，重点需要分析波黑的做法是否符合比例原则。

大法庭注意到，波黑近些年在政治上取得了很大进步，例如 2008 年与欧盟签订了《稳定与联系协定》，2009 年 3 月第一次修改了宪法，2010 年 1 月当选为联合国安理会非常任理事国。但挑战仍然存在，波黑民族问题仍然是国际和平与安全的一个潜在威胁，目前要完全改变《代顿协议》后的制度安排，时机确实

---

① 参见："Case of Sejdić and Finci v. Bosnia and Herzegovina," para. 43.

② 《消除一切形式种族歧视国际公约》于 1965 年 12 月出台，1993 年 7 月 16 日在波黑生效，该公约对"种族主义"的界定是："种族歧视"是指基于种族、肤色、血统、民族或族群出身的歧视、排斥、限制或偏爱，其目的或作用是在平等的基础上破坏或损害对人权、享受或行使政治、经济、社会、文化或任何其他公共生活领域的基本自由的承认。

③ 欧洲消除种族主义与不宽容委员会在 2002 年 12 月 13 日出台的第 7 号政策建议（General Policy Recommendation No. 7）中，对"种族主义"作了如下界定：认为种族、肤色、语言、宗教、国籍、民族或族裔出身等能证明对一个人或一群人的蔑视是正当的，或一个人、一群人的优越性的观念。参见：https://www. coe. int/t/dghl/monitoring/ecri/activities/gpr/en/recommendation _ n7/ecri03-8％20recommendation％20nr％207.pdf.

尚未成熟。但是,实现权力分享的制度安排并不意味着必须排除少数群体,应该还有其他的替代方案,威尼斯委员会也曾经表达了这个观点。而且,波黑在2002年加入了欧洲委员会并且签署了《欧洲人权公约》及其议定书,就应根据要求,在威尼斯委员会的协助下,一年内对其选举制度进行修改。同样,2008年波黑与欧盟签署的《稳定与联系协定》要求波黑在两年内修改总统和民族院的选举制度。

据此,大法庭认为,波黑政府剥夺申诉人竞选资格,不存在客观及合理的理由,违反了《欧洲人权公约》第14条合并第一议定书第3条。至于是否违反第十二号议定书第1条,大法庭认为已无必要进行论述。

2. 关于波黑总统的选举问题

对于被剥夺参与竞选波黑总统的权利,申诉人认为波黑政府违反了第十二号议定书第1条。大法庭认为申诉适用该条款。

大法庭认为,第十二号议定书第1条的"歧视"概念和《欧洲人权公约》第14条的"歧视"概念相同,波黑以申诉人不属于"构成民族"为由夺其参选总统的权利,和剥夺少数族群参选民族院议员一样,构成了歧视,这种歧视并不因为职位不同而存在区别,因而违反了第十二号议定书第1条。

此外,申诉人还申诉了公约第3条(非人道对待)和第13条(获得国内有效救济权),大法庭认为,对这两条的申诉,由于证据不足,不能成立。

五、反响与各方观点

案例的裁决对于欧洲的反歧视具有深远的意义,受到很多方面的赞扬。人权观察组织认为,这是第一个关于第十二号议定书的案例,推动了议定书保护所有法定权利的平等理念。同时也表明,恰恰是波黑宪法本身威胁着波黑的和平。[①]

少数群体权利国际组织(Minority Rights Group International)指出,第十二号议定书的保护力度远远大于第14条,它还包含了反歧视,欧洲人权法院的裁决"在打击种族歧视方面设立了高标准""对其他未保证少数群体选举权利的

---

① Human Rights Watch, "Second Class Citizens," April 2012.

欧洲国家具有深远影响"。①

也有不少方面对欧洲人权法院的裁决及波黑的态度表示担忧。美国律师安娜玛丽亚·拉科塔(Annamaria Racota)认为,尽管欧洲人权法院的裁决对波黑具有约束力,但由于涉及波黑宪法的重大修改,而修改宪法又需要不同政党和政治力量之间达成政治协议,这对于波黑来说,是难以在短期内实现的目标。②

诺丁汉特伦特大学艾丽斯·韦克林(Elyse Wakelin)认为,近些年波黑虽然在人权领域取得了一些进展,但宪法中对于不同族群权利的歧视性安排并未改变,这表明波黑政府没有认真执行欧洲人权法院的裁决。政府不作为所带来的负面影响远大于其在人权领域所取得的成就,使波黑的国家形象受到损害。而且,国际上对波黑的经济援助以及波黑的出口、波黑的欧洲一体化进程都会大受影响,波黑将孤立于欧洲和国际社会之外;尽管波黑人民积极支持加入欧盟,但如果政党不抛开成见以寻求执行裁决,那么波黑仍然难以为欧盟所接纳,其稳定和繁荣也将遥遥无期。③

荷兰律师厄娜·波利马克(Erna Polimac)进一步分析了波黑长期未执行法院裁决的深刻原因。首先,最主要的是历史因素。波黑经历了长期的战争,国内民族仇恨严重,而1995年在西方国际社会监督下签署的《代顿协议》本身就包含歧视性条款,甚至加剧了各民族之间的敌对性;其次,波黑的政党基本都是以族群划界的。波黑几个"构成民族"相互敌视,难以就修改宪法问题达成一致意见。波斯尼亚克人愿意修改宪法,而克罗地亚人和塞尔维亚族却不大愿意;再次,波黑人民关注的是切身利益问题,例如失业、腐败,未能关注欧洲人权法院的裁决,这也影响到了政府解决问题的决心;最后,国际社会也有一定的责任,虽然国际社会经常对波黑进行批评,但始终缺少一些有力的强制措施促使

---

① Lucy Claridge, "Discrimination and Political participation in Bosnia and Herzegovina," Report of Minority Rights Group International, 2010, p.3.

② Annamaria Racota, "Sejdić and Finci v. Bosnia and Herzegovina; European Court Ruling on Racial and Religious Exclusion," *Human Rights Brief*, January 29, 2010. http://hrbrief.org/2010/01/sejdic-and-finci-v-bosnia-and-herzegovina-european-court-ruling-on-racial-and-religious-exclusion/.

③ Elyse Wakelin, "The Sejdic and Finci Case: More than Just a Human Rights Issue?" *E-International Relations*, October 3, 2012.

波黑政府去改变政策。①

来自波黑的欧洲人权法院法官法里斯·维哈博维奇（Faris Vehabović）则批评欧洲人权法院的推理和态度。他首先指出，欧洲人权法院的审理依赖对《代顿协议》的解读，也就是说，裁定一个人权案例需要依赖于对历史事件的主观判断——而历史事件本身可能又是有争议的，这就使裁决也变得有争议了。其次，欧洲也需要对人权立法、协商民主模式进行重新审视，只有解决了这些问题，才能更好地在今后的判例中适用公约第 14 条和第十二号议定书。再次，欧洲人权法院并未批评《代顿协议》对波黑族群权利分享模式的制度安排，反而认为这种明显带有歧视性的制度安排是必要的。②

《框架公约》咨询委员会则对波黑的族裔划分方法及其相关制度进行了批评，认为波黑规定族裔身份是获得某些就业和政治职位的必要条件，这是对族群身份的过度夸张和强调。而且，波黑也违反了个人族群身份的"自我认同"原则，有的政治家呼吁人们不要在人口普查中认定波斯尼亚克族，这给一些人的自我认同造成了间接压力。③

六、评述与反思

波黑非构成民族的选举权问题，与其说这是个法律问题，不如说是个政治问题，准确地说是国际政治问题。虽然案例涉及的法律及其法理并不复杂，主要是《欧洲人权公约》第 14 条、第一议定书第 3 条、第十二号议定书第 1 条，核心是基于族群的歧视，但问题根源于波黑的政治制度，而这种政治制度又是国际社会参与下安排的。所以，在很大程度上，案例超越了欧洲人权法院的掌控范围，而执行法院裁决也在一定程度上超越了波黑政府的能力。

这是第一个启用《欧洲人权公约》第十二号议定书第 1 条的案例，它的成功

---

① Erna Polimac, "Execution of the Sejdić and Finci v. Bosnia and Herzegovina case, the Reasons Behind the Delay," Tilburg University thesis, 2014, http://arno.uvt.nl/show.cgi?fid=133395.

② Faris Vehabović, "Bosnia and Herzegovina: Impact of the case law of the European Court of Human Rights on Postconflict Society of Bosnia and Herzegovina," in Iulia Motoc, Ineta Ziemele edited, *the Impact of the ECHR on Democratic Change in Central and Eastern Europe: Judicial Perspectives*, Cambridge University Press, 2016, pp.80 – 109.

③ ACFC, "Third Opinion on Bosnia and Herzegovina," adopted on 7 March 2013, https://www.ecoi.net/en/file/local/1338157/1226_1396947740_pdf-3rd-op-bih-en.pdf.

意味着歧视案例有了单独条款,而不像过去需要借助其他实质性条款。同时,这条也是对《欧洲人权公约》第 14 条的扩展,将其延伸至任何法律所规定的权利以及权力机关的任何歧视行为之上,这给缔约国带来了更大压力。正是这个原因,尽管第十二号附加议定书在 2005 年 4 月 1 日就已生效,但截至 2018 年 2 月 3 日,保加利亚、丹麦、法国、立陶宛、摩纳哥、波兰、瑞典、瑞士、英国等九个国家仍未批准。另外,还有二十多个国家虽然签署了,但仍未生效。而波黑则于 2002 年 4 月 24 日签署了该议定书,2003 年 7 月 29 日正式批准并于 2005 年 4 月 1 日生效。

很多国家表达了对该议定书的担忧,英国政府担心该条款使"歧视"的适用范围太过广泛,可能导致国内法院出现大量歧视案件;而且第十二号议定书中的对于所有"法律所阐明的权利"的违反,都可能构成"歧视",这可能迫使英国对未签署的国际条约承担责任,因此英国拒绝签署第十二号议定书,并决定视欧洲人权法院对该议定书的相关条款妥善处理之后再作决定。①

笔者认为,尽管《代顿协议》给波黑的政治制度进行了框架性制定,但这并不否认波黑仍然存在对一些制度进行改善的余地。波黑将族群制度的所有不合理性都甩锅给《代顿协议》并非第一次。在 2006 年波黑宪法法院裁决的一个案例中,波黑宪法法院认为,波黑区别对待构成民族和非构成民族,是《代顿协议》达成后波黑的特定内部秩序需要的,该协议的最终目的是实现相互敌对的力量之间的和平与对话……一些限制是为了实现整体和平这个目标,因而是符合比例原则的。② 波黑政府完全有权改造民族院,使其按照比例容纳一些非构成民族成员。或者,至少可以考虑给予非构成民族一些保留席位。

正如有学者提出,像在波黑、意大利南蒂洛尔那样的族群分裂社会,特别需要一种协商权力共享(consociational power sharing)作为一种解决冲突的机制。③ 笔者认为,波黑尤其需要引进"协商民主"机制,弥补少数群体在代议民主中的不足。但是,波黑正好相反,非构成民族连代议民主中的"一人一票"的

---

① 英国政府对于签署第十二号议定书的意见,参见:"European Convention on Human Rights Protocol 12," Reason for Retaining Current Position, https://web. archive. org/web/20060225150759/ http://www. humanrights. gov. uk/ngo/reviews/appendix6. pdf.

② Decision of the Constitutional Court of Bosnia and Herzegovina AP - 2678 - 2006.

③ "Stefan Wolff, Complex Power Sharing as Conflict Resolution: South Tyrol in Comparative Perspective," in Jens Woelk, Fracesco Palermo and Joseph Marko eds. , *Tolerance through Law: Self-governance and Group Rights in South Tyrol*, Martinus Nijhoff, Leiden/Boston, 2008, p.2.

平等代表权都未获得,这就使冲突随时可能恶化。由此看来,波黑的民族问题仍然潜藏着巨大的危机。

七、后续与展望

的确,裁决对于波黑的影响几乎微乎其微。案例裁决之后,欧洲委员会专门发文要求波黑在 2010 年 10 月之前执行该裁决,并修改国内法律,以使非"构成民族"也能参与国家高层职位的竞选。[①] 为此,波黑政府专门制定了一个行动计划,并成立了一个由部分高层人员组成的工作小组。但由于工作小组成员的政治决心、知识、时间、资源等的缺乏,以及在如何最好实施裁决方面出现分歧,裁决未能如期执行。2011 年 10 月,波黑议会曾经提议修改宪法,包括修改关于选举的条款,但最终未能实现。

欧盟委员会也曾敦促波黑承担其责任,努力践行斯特拉斯堡法院的裁决,履行政府对欧洲委员会的承诺,并将欧盟一体化进程向前推进。[②] 2013 年 10 月,欧盟委员会和波黑政府高层代表就波黑执行本案例裁决举行了会谈,在会议上,波黑政府承诺加强执行力度,但事后并无实质进展。对此,欧盟委员会决定将欧盟对波黑的经济援助减半。2014 年 7 月,欧洲人权法院再次裁决波黑的一个类似申诉[③],Zornić 女士因为拒绝公开其族群身份而被剥夺在政府高层任职的机会。欧洲人权法院也认为,这明显违反了《欧洲人权公约》第十二号议定书第 1 条,尽管这是符合波黑宪法和相关法律的,这种做法仍必须立即得到纠正。2014 年 11 月,英国和德国外长联合就执行裁决问题向波黑政府发了"公开信",强调只要波黑政府能够书面承诺将履行裁决,并对国家的相关制度

---

① Council of Europe, "The Urgent Need for Constitutional Reform in Bosnia and Herzegovina," Parliamentary Assembly, Document 12222, 2010, http://assembly. coe. int/Main. asp? link =/Documents/WorkingDocs/Doc10/EDOC12222. htm.

② European Commission, "Štefan Füle European Commissioner for Enlargement and European Neighbourhood Opening Speech at the Launching of the High Level Accession Dialogue with Bosnia and Herzegovina High Level Accession Dialogue/Brussels," June 27, 2012, http://europa. eu/rapid/pressReleasesAction. do? reference = SPEECH/12/503&format = HTML&aged = 0&language = EN&guiLanguage=en.

③ "Case of Zorni ć v. Bosnia and Herzegovina," Application no. 3681/06, July 15, 2014.

进行改革,就对波黑入盟给予大力推进。[1]

欧盟委员会在 2018 年对波黑的《欧盟扩大政策通讯》[2]中指出,自从波黑的"Sejdić-Finci 案例""Pilav 案例"[3]"Zornić v. Bosnia and Herzegovina 案例"[4]以来,波黑在执行法院裁决方面并无进展,导致近期又出现了六个针对波黑的相似申诉案例。

一些非政府组织还就波黑如何执行欧洲人权法院的裁决,为波黑政府出谋划策,例如 2013 年 3 月,"平等联盟"(Coalition Equality)向波黑议会、欧盟议会和欧盟驻波黑代表提交了一个建议,内容主要包括:取消总统职位,将行政权转交给内阁,而内阁应由"构成民族"的代表和其他族群的代表组成;取消议会民族院,将两院制议会改造成一院制议会;将议会扩容,以容纳一定的非"构成民族"的代表[5],但均未实现。作为参与签署《代顿协议》的美、英、法、德等大国,也不应忘记,在必要时,有责任推动《代顿协议》进行改革。

第三节 少数群体的竞选特权问题

在政治领域,少数群体除了享有和主体人口同样的权利外,是否还享有一些特殊权利? 例如少数群体政党是否可以豁免议会最低当选门槛,少数群体是否拥有在议会获得保留席位的权利,少数群体是否在政府机构拥有按照人口比例参与的权利? 在这些方面,欧洲仅有一些模糊的制度。本部分聚焦"Partei

---

[1] Elvira M. "Jukic, UK, Germany Launch Joint Initiative on Bosnia," *BalkanInsight*, November 5, 2014, http://minorityrights.org/law-and-legal-cases/finci-v-bosnia-and-herzegovina/.

[2] "Commission Staff Working Document, Bosnia and Herzegovina 2018 Report," Communication on EU Enlargement Policy, COM(2018)450 final, https://ec.europa.eu/neighbourhood-enlargement/sites/default/files/20180417-bosnia-and-herzegovina-report.pdf.

[3] "Pilav v. Bosnia and Herzegovina," application no. 41939/07, European Court of Human Rights, judgement of 9 June 2016.

[4] "Zornić v. Bosnia and Herzegovina (application 3681/06)," judgment of 15 July 2014.

[5] "Sarajevski Otvoreni Center: Coalition Equality presented the alternative model for implementation of ruling Sejdić and Finci v. Bosnia and Herzegovina," March 12, 2013, http://soc.ba/en/coalition-equality-presented-the-alternative-model-for-implementation-of-ruling-sejdic-and-finci-v-bosnia-and-herzegovina/.

Die Friesen v. Germany 案例"①,分析少数群体豁免议会最低当选门槛及其相关问题。

一、争端背景

弗里斯兰人（Frisian）是生活在荷兰北部、德国西北部和丹麦西部的一个少数群体，属欧罗巴人种。弗里斯兰人有自己的语言（接近英语的弗里斯语）和文化。其中生活在荷兰弗里斯兰、格罗宁根以及西弗里西亚群岛的被称为西弗里斯兰人，生活在德国北部和丹麦西部的被称为北弗里斯兰人，而生活在德国下萨克森州的弗里斯兰人则被称为东弗里斯兰人。东弗里斯兰人的同化程度相对较高，大多数人已不再使用弗里斯语。

申诉人——德国的弗里斯兰人党（Partei Die Friesen）是 2007 年后活跃在德国北部下萨克森州的一个代表弗里斯兰人的少数族群政党。据该党估计，在下萨克森州 790 万人口中，大约有 10 万弗里斯兰人。

德国联邦议会由联邦参议院和联邦议院组成。联邦参议院由各州代表组成，而联邦议院则由全国选举产生的代表组成。一般来说，德国议会选举是指德国联邦议院的选举，它是一种典型的混合选举制。联邦议院共 598 个席位（除此之外还有分配给一些获得选票较多的政党的"超额席位"，但与本部分无关），其中一半（299）席位由多数选举方式产生。多数选举方法为将全国划分为299 个选区，每个选区中获得选票最多的一人当选。另外 299 个席位则通过比例选举方式产生，根据在全国获得选票的比例来分配席位。凡在多数选举中赢得 3 个以上议席，或在比例代表制投票中赢得 5％以上选票的政党可以进入议会参加议席分配。作为参与投票的民众，将获得两张选票，一张投给自己所在的小选区的某个候选人，另一张投给某个参与竞选的政党。各州议会的选举制度和德国联邦议会的选举制度大同小异。

二、案情与国内处理

2007 年 9 月 7 日和 12 月 17 日，申诉人分别写信给下萨克森州州长和州议

---

① "Case of Partei Die Friesen v. Germany," application no. 65480/10, judgment of 28 January 2016, https://www.doev.de/wp-content/uploads/2016/Leitsaetze/09/E_0221.pdf.

会议长,希望能够豁免弗里斯兰人党在比例选举制中5%的当选门槛(electoral thresholds)①的规定,因为该党是少数族群政党,但均遭到拒绝。

在2008年1月27日的下萨克森议会的选举中,弗里斯兰人党获得10069票,占有效选票的0.3%。不论是从最低票数,还是从选票的比例来看,都无法获得议会席位。

2008年3月6日,弗里斯兰人党对这次选举结果的有效性提出异议。该党表示,它所代表的是下萨克森的弗里斯兰人,根据《框架公约》精神,弗里斯兰人属于"少数民族",而5%的最低当选门槛造成该党代表的弗里斯兰人事实上已经在议会竞选中被排除,构成了歧视,违反了《欧洲人权公约》第14条合并第一议定书第3条。②

下萨克森州选举监督官在与联邦内政部商量后,于2008年5月9日发表了联合声明。声明表示,他们对弗里斯兰人是否为"少数民族"表示怀疑,因为德国在签署《框架公约》时,在保留声明中只承认具有德国国籍的丹麦人和索布人为"少数民族",同时指出,《框架公约》也可以适用于具有德国国籍的弗里斯族群(ethnic group of Frisians)。很明显,弗里斯兰人不属于"少数民族"。根据德国联邦《基本法》、联邦《选举法》、下萨克森州宪法和《框架公约》的相关规定,德国议会也曾表示并无义务免除弗里斯兰人党5%的当选门槛的要求。此外,弗里斯兰人党是否能被认为是代表弗里斯兰人的政党也是值得怀疑的,是否能代表某个族群,并不仅仅取决于该党自身说法,而是要综合所有事实和法律状况去评判。

2009年2月2日,下萨克森议会"选举监督委员会"针对申诉政党的异议举行了听证会。在听证会和2008年5月9日联合声明的基础上,2009年2月19日,下萨克森州议会认为,申诉政党的异议没有根据。

同年4月6日,申诉人向下萨克森州宪法法院提起诉讼,请求否决2月19日下萨克森州议会的决定并宣布2008年1月27日下萨克森州议会选举无效;或者宣布下萨克森州选举法第33(3)条③违反该州宪法。

---

① "Electoral thresholds"一般是指议会的选举门槛,即一个政党获得议会席位需要得到的最低比例的票数。"Electoral thresholds"可翻译为"选举门槛"或"当选门槛"。

② 第一议定书第3条为"选举自由",具体规定如下:各缔约方承诺以合理间隔通过秘密投票按照如下条件进行自由选举;这些条件将会确保民众在立法机关选择方面自由表达其意见。

③ 该条规定,只有那些在比例选举中获得5%以上有效选票的政党才能获得议会席位。

2010 年 4 月 30 日,下萨克森州宪法法院裁定,申诉政党的诉求缺乏根据,因为给少数民族政党免除 5% 的当选门槛虽然违反了平等精神,但又是民主社会让更多少数民族政党政治参与的需要。《联邦基本法》没有对少数民族免除 5% 当选门槛的规定,只是《联邦选举法》免除了丹麦族和索布族 5% 的当选门槛,而且这两个民族所在的州——石勒苏益格-荷尔斯泰因州(石荷州)和勃兰登堡州宪法都确认了这点,但下萨克森州宪法并没有关于对少数民族政党免除 5% 当选门槛要求的规定。申诉政党的关于豁免 5% 的当选门槛的诉求也无法从《欧洲人权公约》或《框架公约》中得到支持。此外,宪法法院也指出,它并不清楚,也没有必要去确定弗里斯兰人是否有资格被称为"少数民族"以及"弗里斯兰人党"是否有资格代表弗里斯兰人。

三、欧洲人权法院的观点

2010 年 11 月 1 日,申诉人向欧洲人权法院申诉。2016 年 1 月,欧洲人权法院审理了该案件。

1. 双方辩论

申诉人认为,下萨克森州在 2008 年议会选举中 5% 的当选门槛要求,使申诉人无法通过当选门槛而获得议会席位,违反了《欧洲人权公约》第 14 条合并第一议定书第 3 条。

申诉人强调,它所代表的是全体弗里斯兰人,但在下萨克森州的弗里斯兰人比例很低,5% 的议会当选门槛使该党无法获得议会席位。因此,该门槛的设定本身构成了侵权。

申诉人表示,不认同政府关于取消 5% 的当选门槛会影响政府稳定的看法。[①] 在 2008 年下萨克森州议会选举中,即使取消当选门槛,议会也只不过增加了一个政党而已。考虑到下萨克森州少数族群人口很少,只有一个少数族群——弗里斯兰人,以及一个少数族群政党——弗里斯兰人党,即使取消当选门槛设置也不会影响政府稳定。5% 的当选门槛的设置使代表少数族群的政党不能和非少数族群政党竞争,因此构成了歧视。在"Thlimmenos v. Greece 案

---

① 一般认为,在西方政治制度中,议会政党过多会导致需要多党联合执政,使政府不稳定。

例"①中,欧洲人权法院认为,如果国家不对处于不同情况的人采取不同的方法,又没有提供客观而合理的解释,则违反了《欧洲人权公约》。此外,政府设置当选门槛也不符合比例原则,因为设置当选门槛的目标——维护政府的稳定——并不会因为议会多一个政党而受到威胁。当选门槛的设定使所有弗里斯兰人都没法进入下萨克森州的立法机关,但石荷州和勃兰登堡州的少数民族则可以豁免当选门槛的要求。

德国政府代表表示,虽然德国在签署《框架公约》时在保留声明中认为,弗里斯兰人只是一个"族群",而丹麦人和索布人则是"少数民族",但实际上弗里斯兰人也属于"少数民族"。之所以使用了不同词语,是因为当时弗里斯兰人认为"少数"(minority)一词有消极含义。但是,考虑到弗里斯兰人党只有不到100个党员,没有证据表明它代表了弗里斯兰人,因而无法支持申诉人的诉求。即使该党真正代表了弗里斯兰人,根据欧洲人权法院"Mathieu-Mohin and Clerfayt v. Belgium 案例"②和"Yumak and Sadak v. Turkey 案例"③,拒绝免于政党5%的当选门槛并未构成歧视——在萨克森州,所有的政党都要遵守5%的当选门槛。根据欧洲人权委员会的"Magnago and Südtiroler Volkspartei v. Italy 案例"④,《欧洲人权公约》并不包含对政党进行积极歧视的规定。同样,根据《框架公约》,国家也没有义务对少数民族政党免除当选门槛的要求。

2. 欧洲人权法院的审理

欧洲人权法院首先审核了本案例是否符合审理条件。对此,欧洲人权法院指出,由于《欧洲人权公约》第14条需要绑定其他实质性条款才能有效,所以关键是分析第一议定书第3条是否遭到违反。第一议定书第3条不仅适用于一个国家的法律,也适用于国家内部州的法律;同时,该条包括了投票与选举的权利。由于下萨克森州规定政党在议会的当选门槛为5%,即使该州所有弗里斯兰人都投票给申诉政党,该党也仍然远远达不到当选门槛要求。5%的当选门槛的设定,也会使很多投票者不愿意浪费选票——因为投票给一个不可能超越当选门槛的政党等于浪费了自己的宝贵一票。因此,5%的当选门槛的设定对申诉政党的竞选的确产生了影响,案例符合第14条合并第一议定书第3条的

---

① "Thlimmenos v. Greece [GC]," no.34369/97, Judgment of 6 April 2000, para.44.

② "Mathieu-Mohin and Clerfayt v. Belgium," March 2, 1987, Series A, no.113.

③ "Yumak and Sadak v. Turkey [GC]," no.10226/03, ECHR 2008.

④ "Magnago and Südtiroler Volkspartei v. Italy of 15 April 1996," no.25035/94.

审理标准。

在此基础上,欧洲人权法院认为,和下萨克森州其他小党相比,申诉政党并未遭到区别对待。根据德国联邦法律,下萨克森州没有义务对少数民族政党免除5%的当选门槛要求。有的州给予少数民族免除5%的当选门槛要求,并不意味着其他州也有这个责任,因为德国每个州的法律可以不一样。

《欧洲人权公约》是否要求缔约国必须对少数民族政党以区别对待呢?欧洲人权委员会曾经在"Magnago and Südtiroler Volkspartei v. Italy 案例"中强调,"《欧洲人权公约》没有强制缔约国对少数族群采取积极歧视措施"。

欧洲人权法院注意到,《框架公约》咨询委员会曾经表示,缔约国应该考虑当选门槛的设定可能会对少数民族的参政产生消极影响,而对于少数民族政党免除当选门槛的要求被证明是一种有效的做法。[①] 威尼斯委员会也曾表示,当选门槛不能影响少数民族的代表性。[②] 但是,正如下萨克森州宪法法院所指出,《框架公约》并未规定国家有免除少数民族政党当选门槛要求的义务,《欧洲人权公约》也并未要求国家对少数族群政党采取区别对待的政策。

因此,德国未违反《欧洲人权公约》第14条合并第一议定书第3条。

四、反响与各方观点

据统计,从2006年1月1日到2016年4月15日,欧洲人权法院处理过80个涉及《欧洲人权公约》第一议定书第3条的案例,其中只有7个案例被认定不存在侵权——本案例属于其中之一。在大多数案例中,欧洲人权法院都认为违反了该条,并对欧洲很多国家的选举制度提出了一些意见和建议。因此,欧洲人权法院通过其案例,总体上对欧洲国家的选举制度的改善发挥了一定的作用。[③] 但本判决,使德国的弗里斯兰人党的政治活动陷入低潮。

多数方面对欧洲人权法院的本次判决持批评态度。比利时根特大学研究

---

① "Commentary adopted by the Advisory Committee on the Framework Convention on 27 February 2008," Council of Europe documents.

② "Report of 15 March 2005 on Electoral Rules and Affirmative Action for National Minorities' participation in the Decision-making Process in European Countries."

③ Olga Chernishova, "Electoral rights in Russia: Mapping the Situation at the European Court of Human Rights," in Helen Hardman, *Brice Dickson edited, Electoral Rights in Europe: Advances and Challenges*, Routledge, 2017.

人员彼得·坎努特(Pieter Cannoot)认为,欧洲人权法院对于少数民族的选举权利表达了两个重要观点:第一,对少数民族代表通过何种方式参与公共事务,缔约国享有广泛的自由裁量权;第二,在联邦制国家,对于少数民族权利的保护,不同地区可以采取不同方法,即联邦主义战胜了统一性。他认为欧洲人权法院的审理在逻辑上存在着一些奇怪之处,例如一方面认为下萨克森州5％的当选门槛规定对申诉政党的竞选结果产生了负面影响;另一方面又认为,和其他小党相比,申诉政党并未遭到区别对待。而免除对少数民族政党当选门槛的要求,仅仅是加强少数民族参政的方法之一而非全部。此外,欧洲人权法院将少数民族政党和其他群体——例如年龄、宗教和职业方面的群体——类比,这也是令人奇怪的,因为《框架公约》第15条已明确要求缔约国采取措施保护少数民族成员对公共事务的参与权。①

德国康斯坦茨大学(Universität Konstanz)学者马丁·布鲁尔(Marten Breuer)指出,包括本案例在内的很多相关案例表明,《框架公约》对国内司法的影响是十分有限的。在本案例中,德国国内法院只是尊重德国国内的法律,却并不重视遵守《框架公约》的条款。而欧洲人权法院尽管提到了《框架公约》咨询委员会和威尼斯委员会的相关文件,但在裁决中,认同的却是德国下萨克森州宪法法院的推理而非欧洲委员会相关文件的精神。②

五、评述与反思

本案例的核心不是弗里斯兰人是否为一个少数民族,因为即使是德国联邦政府承认的少数民族,也不必然享有当选门槛的优惠,毕竟任何国际法都不包含着对少数民族的这个优惠政策。尽管联邦选举法免除了丹麦族和索布族5％的当选门槛的规定,但这并不意味着德国有这个法定义务。

尽管如此,如果德国正式承认了弗里斯兰人为"少数民族",事情就会容易

---

① Pieter Cannoot, "Partei Die Friesen v. Germany: Federalism Trumps Uniform Protection of National Minority Rights," Strasbourg Observers, February 16, 2016, https://strasbourgobservers.com/2016/02/16/partei-die-friesen-v-germany-federalism-trumps-uniform-protection-of-national-minority-rights/.

② Stefanie Schmahl, Marten Breuer edtied, "Impact of the Council of Europe on National Legal Systems," *The Council of Europe: Its Law and Policies*, Oxford University Press, 2017, pp. 802 – 874.

得多。那么,弗里斯兰人到底是不是一个"少数民族"呢？在德国,这并非简单的问题。

德国联邦政府给"少数民族"的认定提出了五个标准:(1)其成员为德国公民;(2)他们有自己的并区别于主体群体的语言、文化、历史,并具有明显的族群自我意识;(3)他们希望保持其族群意识;(4)他们传统上居住在德国(一般是居住了几个世纪);(5)他们在德国有传统的居住地。① 根据这些标准,一般认为,德国政府承认的"少数民族"最多有四个,分别是"丹麦人""索布人""弗里斯兰人""辛提人及罗姆人"。"辛提人及罗姆人"虽然是散居,没有满足第五个标准,但有时仍然被认为是"少数民族",这就将少数民族和那些定居不久的"移民"区别开来了。另外,虽然德国也还有世居的犹太人,但德国犹太人并不自认为一个"民族",而是一个宗教群体。

但是,德国对这四个"少数民族"的承认方式又不完全一样。对于"丹麦人"和"索布人",德国在联邦法律和地方法律中都认定为"少数民族",而对于"弗里斯兰人"及"辛提人和罗姆人"的承认程度要低一些。在1997年德国签署《框架公约》时,作了如下声明:"《框架公约》没有对'少数民族'(national minorities)进行界定。因此,确定哪个群体属于'少数民族'属于缔约国事务。在联邦德国,少数民族是具有德国公民身份的丹麦人和索布人。《框架公约》也同样适用于那些传统上居住在德国的族群,包括具有德国公民身份的'弗里斯兰人''辛提人及罗姆人'。"② 由此可见,德国只是在"事实上"认可弗里斯兰人、辛提人及罗姆人为少数民族。在联邦选举法中,德国给予了"丹麦人""索布人"以豁免5％当选门槛的优惠,却没有给予弗里斯兰人、辛提人及罗姆人同等优惠。1990年,石荷州宪法承认了弗里斯兰人为"少数民族",但下萨克森州宪法却没有承认弗里斯兰人为"少数民族"。因此,德国对弗里斯兰人之"少数民族"地位仅是一种有限承认。

事实上,德国承认弗里斯兰人是一个少数族群(ethnic minority),而且承认了弗里斯语为一种地区语言。问题的核心有两点:第一,一个少数民族或少数

---

① National Minorities, "Minority and Regional Languages in Germany," 2015, https://www. bmi. bund. de/SharedDocs/downloads/EN/publikationen/2016/national-minorities-minority-and-regional-languages-in-germany. pdf?__blob＝publicationFile.

② Jochen Abr Frowein, Roland Bank, "The Effect of Member States' Declarations Defining 'National Minorities' upon Signature or Ratification of the Council of Europe's Framework Convention," Max-Planck-Institut für ausländisches öffentliches Recht und Völkerrecht, 1999.

族群,是否可以豁免于5％的当选门槛的优惠;第二,当一个国家给予某个少数民族或少数族群以豁免于5％的当选门槛的优惠,它是否应将该优惠给予所有少数民族或少数族群。也就是说,本案例实际上涉及的是国家的积极责任或"逆向歧视"(reverse discrimination)是否合理的问题。政治学者琼・特仑托(Joan Tronto)、佩塔・鲍登(Peta Bowden)等均指出,要想知道相关标准是否具有歧视性,或者要想知道何种条件下"逆向歧视"具有正当性,就需要把特殊情境置于关于社会和经济平等的更广泛的理论背景之中。①

然而,宏观环境对少数群体并不友好。欧洲乃至国际层面的少数群体文件并未强制国家承担积极责任或积极的"逆向歧视",而且《框架公约》及其他一些国际公约均未对"少数民族""少数族群"进行界定,因此,从理论上看,德国有权只给予部分群体"少数民族"地位,而根据这个地位获得的优惠,自然可以不给予其他群体。对此,欧洲人权法院并无批判余地,毕竟《欧洲人权公约》本身并不要求国家对少数群体的政治代表性采取积极措施。

不过,欧洲人权法院在推理中存在的问题在于,它认为缔约国对于如何实施《框架公约》,推动少数民族参与公共事务方面享有很大的自由裁量权;在推动少数民族参与公共事务方面,《框架公约》没有要求缔约国对少数族群政党采取有别于其他政党的措施。② 这种立场不仅削弱了《框架公约》的威力,也与其经常提到的"区别对待情况不同的群体"的原则存在一些矛盾。

此外,欧洲人权法院没有就本案例中是否存在着歧视进行深入分析。毕竟在德国政府的政策中,"弗里斯兰人"是一个少数民族,但它又是和丹麦人、索布人不完全一样的少数民族,在这里,德国政府至少缺少这么一个交代:为什么同样是"少数民族",却可以分为不同的类别,其中的标准是什么,这种标准是否是客观而合理的?

第四节　政治参与权利享有能否附加语言条件?

对于一些少数群体来说,对官方语言的熟练与否可能直接或间接影响到其

---

① Joan Tronto. Moral Boundaries: *Political Argument for an Ethic of Care*. Routledge. 1993. pp.167 – 173; Peta Bowden, *Caring: Gender-Sensitive Ethics*, Routledge. 1996. p.163.
② "Case of Partei Die Friesen v. Germany," paragraph 43.

政治参与权利。但问题在于,政府能否对政治参与权附加语言条件? 在波罗的海国家,一些俄罗斯族人并未熟练掌握官方语言,因而被制度性地排除了部分政治参与权利。政府的做法是否适当? 本部分聚焦两个相关案例——"Podkolzina v. Latvia 案例"①和"Antonina Ignatanev. Latvia 案例"②,对政治参与权利中的语言要求进行深入分析。之所以选择两个相近的案例,是因为两个相近案例是在不同的机构进行处理的,前者由欧洲人权法院审理,后者由联合国人权委员会处理,因而可以比较它们对该问题的不同态度。

一、Podkolzina v. Latvia 案例分析

(一) 案情与国内审理

申诉人 Ingrīda Podkolzina 女士为 1964 年出生的拉脱维亚公民,生活在拉脱维亚陶格夫匹尔斯(Daugavpils),俄语为其母语。1998 年 7 月 30 日,拉脱维亚中央选举委员会在登记参与 10 月 3 日议会选举的和谐党(National Harmony Party)候选人名单时,申诉人作为拉特加尔(Latgale)选举产生的候选人出现在名单之中。和谐党在提交名单的时候,将候选人的基本资料——包括对官方语言(立陶宛语)的掌握程度——都上交给了中央选举委员会。

1998 年 8 月 6 日,国家语言中心在未与申诉人打招呼的情况下,派遣核查员来核查申诉人对拉脱维亚语的掌握程度。当时申诉人正与商业伙伴谈生意,核查员打断了谈话,并表示需要测试她使用拉脱维亚语言的能力。核查持续了半个多小时,除了测试语言能力,核查员还询问申诉人为何支持和谐党而非其他政党。

第二天,核查员再次来到她的工作场所,身后跟着申诉人不认识的三个监督人员。核查员要求申诉人用拉脱维亚语写一篇短文,申诉人同意了。由于这个测试很突然,而且还有三个监督员在场,导致她高度紧张并撕碎了写作的纸张。根据这些表现,核查员在报告中陈述,申诉人没有很好地掌握拉脱维亚语,没有达到"第三等级"——"熟练"程度(最高等级)。

---

① "Case of Podkolzina v. Latvia," application no. 46726/99, judgment of 9 April 2002, http://minorityrights.org/wp-content/uploads/old-site-downloads/download-390-Podkolzina-vs-Latvia.pdf.

② "Antonina Ignatane v. Latvia," Communication no. 884/1999, U. N. Doc. CCPR/C/72/D/884/1999 (2001), http://hrlibrary.umn.edu/undocs/884-1999.html.

1998 年 8 月 10 日,拉脱维亚国家语言中心给中央选举委员会主席写信,汇报了其对部分候选人语言能力的测试结果。在需要测试的 21 人之中,有 12 人有相关的语言能力证书,免于测试。而经过测试的 9 人之中,只有申诉人未达到要求。8 月 21 日,中央选举委员会将申诉人的名字从和谐党的候选人名单中撤除。

8 月 27 日,和谐党代表申诉人向里加地区法院(Riga Regional Court)上诉,希望法院宣布中央选举委员会的决定无效,因为和谐党在上交给中央选举委员会的材料中,有关于申诉人掌握拉脱维亚语的语言能力证明,但中央选举委员会却只依赖国家语言中心的核查报告进行决策。

8 月 31 日,里加地区法院拒绝了申诉请求,认为中央选举委员会的决定符合《议会选举法》——该法第 11 条规定,所有参与议会选举的候选人,如果在非拉脱维亚语的小学或中学接受教育,就应该有证书证明其拉脱维亚语达到"第三等级"。而且,第 13 条还授权中央选举委员会,若发现某个候选人对官方语言的掌握不够,可以将其从候选人名单中撤除。而国家语言中心已经证明,申诉人对拉脱维亚语的掌握不够格,因而将其从候选名单中撤除是符合法律的。

9 月 14 日,和谐党再次代表申诉人向拉脱维亚最高法院民事部负责人和拉脱维亚检察长(Attorney-General)申诉,希望能够推翻里加地区法院的裁决。但两个部门先后都拒绝了申诉请求,并表示,里加地区法院已经说清楚了原因,它的决策是合法的。

1999 年 2 月 25 日,申诉人向欧洲人权法院上诉。

(二) 欧洲人权法院的观点

申诉人认为,政府的行为剥夺了其享有的《欧洲人权公约》第一议定书第 3 条的权利(选举自由),以及该条合并欧洲人权公约第 14 条。

1. 双方辩论

拉脱维亚政府代表指出,欧洲人权法院在之前的一些案例中曾经强调,第一议定书第 3 条的选举自由并非绝对,而是应受到一定限制,而且缔约国在处理选举权问题时享有广泛的自由裁量权。政府表示,在 1995 年之前,竞选议会席位并无语言要求,导致新独立的拉脱维亚出现了不少不能使用官方语言的议员,致使工作不能正常进行。为了使议员能够更好地与人民交流和有效地从事议会工作,《议会选举法》才有了语言要求——即候选人的拉脱维亚语言能力达到"第三等级"。这个要求是为了追求合法目标而采取的符合比例的手段。况且语言能力不合格的候选人,还可以在提高语言能力之后再来参加竞选。

政府认为,对申诉人的语言测试过程并不存在武断的情况。测试的是目前的语言能力,而申诉人的语言能力证书是 1997 年 1 月取得的,她的语言能力在之后的 18 个月里有可能退化;而中央委员会根据其语言能力将其从候选人名单中撤除,也是完全符合法律的。

申诉人认为,拉脱维亚语不是俄语群体的母语,而俄语族群占拉脱维亚人口比例几乎达到 40%,即使她对拉脱维亚语言掌握不够,既不影响与俄语选民进行交流,也不会影响她在议会的日常工作。因此,将其从候选人名单上撤除是为了追求某种目标而采取的不符合比例的手段。

申诉人还指出,她在 1997 年获得的语言能力证书是具有永久效力的证书。而 1998 年 8 月的语言测试却是不符合法律的。因为根据拉脱维亚法律,语言能力测试时必须要有 5 人组成的委员会才能够进行,事实上只有一个测试员给她测试。而且,测试时她很紧张,以致出现了一些拼写错误,测试员仅仅凭借这些而不考虑其他一些情况,就认定了她的语言能力未达到"第三等级",这属于武断决定。在 21 位需要语言测试的人之中,12 位候选人的语言证书可以证明不需要附加测试,而有拉脱维亚语言证书的 9 位候选人却需要额外的面试,这种区别对待并无法律依据,进一步表明对她的语言测试结果是武断的。因此,政府违反了《欧洲人权公约》第一议定书第 3 条以及该条合并公约第 14 条。

2. 欧洲人权法院的审理

欧洲人权法院重点审理了对《欧洲人权公约》第一议定书第 3 条的违反情况。

欧洲人权法院指出,第一议定书第 3 条的"选举自由权利"尽管非常重要,但并不是绝对的。缔约国有权对该权利进行一定限制,但欧洲人权法院有权审查缔约国的限制措施是否事实上剥夺了该权利,是否存在着合法目标以及是否遵循比例原则。

拉脱维亚政府认为,理解和使用拉脱维亚语是保证议会正常运转的需要,因此议员必须熟练掌握拉脱维亚语。欧洲人权法院并不否认这点,而且认为这是一个合法目的,所以关键是要看其采取的方式是否符合比例原则。

欧洲人权法院指出,《欧洲人权公约》的条款不是空洞的教条,而是真正需要实现的权利。以没有有效的语言能力证书为由,将申诉人从候选人名单中撤除,是不尊重事实的做法。因为在提交名单的时候,申诉人是有语言能力证书的——即拉脱维亚语言达到"第三等级"的证书——这个证书是根据 1992 年 5

月 25 日的法律规定,经过 5 个测试员组成的测试小组对申诉人进行测试而获得的,拉脱维亚官方从未质疑过这个证书的有效性。在 21 名需要提供语言能力证书的候选人之中,只有 9 名需要进行再次测试,这种区别对待的合法性值得怀疑。而且之后对申诉人进行的测试过程,也不符合法律规定——只有一个测试员。将申诉人的语言能力交给一个公务员去决定,在测试中,测试员询问的更多是申诉人的政治倾向而非语言问题,这是十分奇怪的。因此,不论第二次测试的目的如何,测试过程都缺乏客观性,也不符合拉脱维亚法律的规定。

欧洲人权法院认为,里加地区法院在 1998 年 8 月 31 日的裁决中,只考虑第二次测试的结果,而不考虑其他证据,这是不公平的,也可以说是有意回避纠正对申诉人权利的侵犯行为。

最终,欧洲人权法院裁定,申诉人享有的《欧洲人权公约》第一议定书第 3 条的权利遭到侵犯。对于第一议定书第 3 条合并第 14 条的违反情况,没有必要单独审查。

二、"Ignatānev. Latvia 案例"①分析

本案例和前一个案例案情高度类似,发生的时间点也差不多,但上一个案例申诉人上诉到了欧洲人权法院,而本案例的申诉人则上诉到了联合国人权委员会,因此审理的机构不一样,依据的国际制度也不一样——前者依据的主要是《欧洲人权公约》,而后者依据的主要是《公民权利与政治权利国际公约》。

(一)案情与国内审理

申诉人 Antonina Ignatāne 为 1943 年出生的拉脱维亚公民,俄罗斯族出身,是里加的一名教师。1993 年,她参加拉脱维亚举办的语言考试并获得了拉脱维亚语"第三等级"证书。1997 年,申诉人被提名为"社会正义与平等权利运动党"(Movement of Social Justice and Equal Rights)的候选人,拟参加 1997 年 3 月 9 日举行的里加的地方选举。2 月 11 日,她被里加选举委员会除名,因为拉脱维亚国家语言局(State Language Board, SLB)发布了对拉脱维亚语言的测评意见——她的拉脱维亚语言未达到"熟练"等级。

---

① "Antonina Ignatane v. Latvia," Communication no. 884/1999, U. N. Doc. CCPR/C/72/D/884/1999,2001, http://hrlibrary.umn.edu/undocs/884-1999.html.

申诉人认为,里加选举委员会的决定为非法。1997年2月17日,申诉人向里加地区中心法院(Central District Court)上诉,法院将案件转交给里加巡回法院(Riga's Circuit Court)。2月25日,里加巡回法院认为,里加选举委员会的决定是符合法律的,驳回了申诉人的诉讼请求。

3月4日,申诉人向拉脱维亚最高法院民事庭上诉,同日,她还向拉脱维亚检察长办公室申诉。4月8日,最高法院给申诉人写信,拒绝审理案件。4月22日,总检察长办公室也表示,里加选举委员会的决定和里加巡回法院的裁决完全符合法律以及联合国《公民权利与政治权利公约》,因此不予考虑申诉人的申诉请求。

于是申诉人向联合国人权委员会申诉。

（二）双方观点

政府代表首先指出,申诉人未穷尽国内的司法救济,不符合联合国人权委员会的受理条件。其次,申诉人并未质疑国家语言局对其拉脱维亚语言水平所作出的结论,仅质疑选举委员会从候选人名单上将她撤除的合法性。而选举委员会是根据相关法律将申诉人名字撤除的,因此完全合法。再次,联合国人权委员会对《公民权利与政治权利国际公约》第25条[1]的第25号"一般性意见"[2]指出,对第25条的权利限制,应该建立在"客观而合理的标准之上",而要求参与公共事务的人必须掌握较高程度的官方语言,符合"客观而合理的标准"。1997年2月5日,国家语言局对申诉人进行了语言测试,发现未达到"熟练"等级。对于测试结果与申诉人在1993年考试结果的差别,政府代表指出,测试结果仅涉及本次选举,并不意味着此前证书无效。第四,申诉人在被撤除名单后还可以采取两个措施:要求再次进行语言测试;到法院提请诉讼,法院将会要求再进行一次测试,以判断以前证书是否有效。而申诉人并没有采取这两个措施,因而未穷尽国内司法救济。最后,本案例也不存在着基于政治信仰的歧视,因为名单上的其他候选人都通过了资格审查。

---

[1] 该条规定:每个公民应有下列权利和机会,不受第二条所述的区分和不受不合理的限制:(1)直接或通过自由选择的代表参与公共事务;(2)在真正的定期的选举中选举和被选举,这种选举应是普遍的和平等的并以无记名投票方式进行,以保证选举人的意志的自由表达;(3)在一般的平等的条件下,参加本国公务。

[2] "General Comment No. 25: The Right to Participate in Public Affairs, Voting Rights and the Right of Equal Access to Public Service（Art. 25),"12/07/96, http://www. equalrightstrust. org/ertdocumentbank/general%20comment%2025. pdf.

申诉人认为,她参与地方选举的权利被剥夺,拉脱维亚相关机构违反了《公民权利与政治权利国际公约》第 2 条①和第 25 条。

申诉人指出,拉脱维亚《市镇政府选举法》第 9 条列举了不能参加地方选举的情况,其中之一是候选人拉脱维亚语言未达"第三等级";第 17 条规定,如果竞争地方政府职位的候选人毕业于非拉脱维亚语言授课的学校,则应在候选人名单后面附上语言能力证明,国家语言局需要验证证书的真实性;第 22 条规定,只有选举委员会才有权力根据第 9 条或者第 17 条从候选人名单上撤除候选人名字。申诉人具有"第三等级"的语言能力证明,选举委员会将她从候选名单上撤除是违法的。按照国家的规定,拉脱维亚语言测试的成绩(第一、第二、第三等级)是永久生效的;而且政府代表已经指出,国家语言局的临时测试仅涉及本次的候选资格,并不改变之前证书的有效性。

申诉人认为,"参与选举需要第三等级的语言证明"值得怀疑,因为选举法没有就候选人参与选举需要的语言水平进行规定,只是对不同职位需要的语言能力进行了规定。而且《市镇政府选举法》第 9 条和第 22 条并没有客观而合理的标准,事实上这两条所规定的条件被无限拓展了,不符合《公民权利与政治权利国际公约》第 25 条的第 25 号"一般性意见"的要求。另外,对申诉人的语言测试仅仅是由国家语言局的一个测试员——而不是按照规定由五个测试员作出的。当时情况是,申诉人正在给学生上德语课,测试员进来(同时有两位该校教师陪同,作为证人)打断了课程,并要求申诉人做一个书面测试。这种测试结果是不客观的,对于少数族群的候选人也是不公平的。而且,要求参与公共事务的人必须熟练掌握拉脱维亚语,却没有对受教育水平和职业技能进行规定,这对于参与地方职务竞选的候选人来说是不合理的。在拉脱维亚,有 40% 的人口的母语不是拉脱维亚语,因此这种规定也是不平等的。

申诉人认为,她穷尽了国内司法救济。因为里加巡回法院的裁决在 1997

---

① 该条规定:一、本公约每一缔约国承担尊重和保证在其领土内和受其管辖的一切个人享有本公约所承认的权利,不分种族、肤色、性别、语言、宗教、政治或其他见解、国籍或社会出身、财产、出生或其他身份等任何区别。二、本公约缔约国承允遇现行立法或其他措施尚无规定时,各依本国宪法程序,并遵照本公约规定,采取必要步骤,制定必要之立法或其他措施,以实现本公约所确认之权利。三、本公约每一缔约国承担:(甲)保证任何一个被侵犯了本公约所承认的权利或自由的人,能得到有效的补救,尽管此种侵犯是由官方资格行事的人所为;(乙)保证任何要求此种补救的人能由合格的司法、行政或立法当局或由国家法律制度规定的任何其他合格当局断定其在这方面的权利,并发展司法补救的可能性;(丙)保证合格的当局在准予此等补救时,确能付诸实施。

年 2 月 25 日后就立即生效了,这可以说是最终裁决。而且事后申诉人还向最高法院和总检察长办公室寻求了帮助。

(三) 联合国人权委员会的观点

联合国人权委员会首先审查了可否受理申诉的问题。对此,人权委员会认为,在候选人参与竞选时她的语言证书仍然有效,能够证明其具有参与竞选所需要的语言水平,不需要采取政府代表所指出的两种措施。而且,如果采取政府所提到的措施,则需要耗费数月,申诉人也将错过选举。因此,案件属于人权委员会可受理的案件。

人权委员会认为,案例涉及的主要问题是《公民权利与政治权利国际公约》第 2 条和第 25 条。第 25 条规定,所有公民在真正定期的选举中享有选举权和被选举权,不应该受到第 2 条规定的区别对待。里加地方选举委员会仅根据一个语言测试员对申诉人语言能力测试的结果——该结果与之前申诉人通过正规考试获得的语言能力证书形成矛盾,就在选举前几天宣布将申诉人从候选名单中撤除。政府方面没有质疑申诉人之前证书的有效性,却根据一个测试员的测试结果推翻之前五个测试员的测试结果,这种做法并无客观标准,政府也未解释这种做法在程序上的必要性。因此,政府违反了《公民权利与政治权利国际公约》第 25 条。

此外,里加地方选举委员会将申诉人从候选人名单上撤除,使她不能参与1997 年的竞选,侵犯了她享有的《公民权利与政治权利国际公约》第 25 条和第2 条的权利,政府有责任采取有效补救措施,同时也有责任采取措施确保今后不再侵犯申诉人这些权利。人权委员会希望拉脱维亚政府在 90 天内采取有效措施,然后向人权委员会汇报进展情况。同时,拉脱维亚政府应该在国内公开发布人权委员会对该案件的立场。

三、反响与各方观点

上述两个案例,一个是申诉拉脱维亚国家议会竞选中的语言要求,一个是申诉拉脱维亚地方政府职位选举中语言要求。由于相似案例在欧洲人权法院(1999—2002)和联合国人权委员会(1999—2001)上诉,案例中涉及的问题——拉脱维亚政府对于公共政治职位竞选中的语言要求的问题——也被暴露在国际社会的聚光灯下,这给拉脱维亚带来了很大的压力。

在联合国人权委员会裁决"Ignatāne v. Latvia 案例"后不久,拉脱维亚政府就在 2001 年 11 月改变规定,不再将语言测试员的测试作为证明候选人语言合格的唯一方法。但这"治标不治本"。2002 年 2 月,北约秘书长乔治·罗伯逊(George Robertson)在访问拉脱维亚时,强烈批评了拉脱维亚政府,要求拉脱维亚政府必须改变选举法,不然将严重影响到其加入北约的进程。① 在此前后,美国政府、欧安组织、欧盟等均对拉脱维亚的语言政策施加了压力,最终使拉脱维亚在 2002 年 5 月 9 日出台了新的《议会选举法》和《市政府、地区政府和郊区政府选举法》,删除了政府机构中公共职位需要熟练掌握拉脱维亚语的规定。②

当然,也不能高估欧洲人权法院和联合国人权委员会的作用,毕竟拉脱维亚改变公职竞选中的语言要求,更多是北约,尤其是欧盟的推动。但是,在 2004 年加入欧盟之后,政策出现了一些逆转。拉脱维亚多次修改了宪法,进一步突出拉脱维亚语言的地位,少数族群语言地位问题,尤其是俄罗斯语的地位问题并没有从根本上得到解决。③

与拉脱维亚情况类似的爱沙尼亚,也曾经制定了类似的选举规则,但该国比拉脱维亚更早更改了规则。2001 年 11 月,爱沙尼亚改变了竞选公共政治职位的语言要求。不过,主要是欧安组织发挥了作用。④

尽管在两个案例中,欧洲人权法院、联合国人权委员会都判决申诉人胜诉,认为拉脱维亚政府以不公平的语言测试为由,剥夺了申诉人竞选议会议员的权利,但仍然有一些学者对欧洲人权法院和联合国人权委员会的判决提出了质疑。

美国的国际法学者亚历山大·莫拉瓦(Alexander H. E. Morawa)指出,在以上两个相似案例中,申诉人均因对拉脱维亚语言不熟练而被剥夺竞选公共职位的权利。但是从非歧视的角度来看,拉脱维亚国内法院、欧洲人权法院和联

---

① Ieva Raubisko, NATO, "Robertson arges Latvia to Amend Election Laws," RFE/RL, February 22, 2002.

② Latvian Centre for Human Rights and Ethnic Studies, "Human Rights in Latvia in 2002," March 2003, http://cilvektiesibas.org.lv/media/attachments/30/01/2012/report_2002_en.pdf.

③ Ingrid Marinescu, "Constitutions and the Rights of National Minorities to Participate in the Electoral Process, the Case of Bosnia and Herzegovina," Cyprus and Latvia, Central European University edited collection, March 30, 2012, http://www.etd.ceu.edu/2012/marinescu_ingrid.pdf.

④ "V. Pettai, political Data in 2001: Estonia," *European Journal of Political Research*, vol. 41, 2002, p.947.

合国人权委员会均未思考以下重要问题：在一个存在着少数民族的国家，政府是否有权利只限定一种语言为官方语言，以及规定某一种语言为议会语言？对于拉脱维亚政府的规定——竞选公共政治职位的候选人，必须熟练掌握拉脱维亚语，欧洲人权法院和联合国人权委员会都认为这是一个合法目标，但实际上这个目标本身违反了非歧视原则。[①]

悉尼大学莫布雷·杰奎琳(Jacqueline Mowbray)认为，欧洲人权法院的积极意义是主要的，因为它认为拉脱维亚关于竞选公共政治职位的候选人的语言要求对申诉人是不公平的，但其瑕疵是，不应对拉脱维亚议会选择某种特定语言持反对立场，毕竟拉脱维亚是根据现实情况出发，要求候选人熟练掌握拉脱维亚语，即是为了追求合法目标——使拉脱维亚的议会工作顺利进行。[②]

四、评述与反思

要评论两个案例所涉问题的是非曲直，必须了解拉脱维亚的族群背景。据2000年拉脱维亚的人口统计，拉脱维亚的拉脱维亚族人口占57.6%，俄罗斯族人口占29.6%，剩余的为波兰族(2.5%)、乌克兰族(2.7%)、白俄罗斯族(4.1%)、立陶宛族(1.4%)、犹太族(0.4%)；在语言方面，母语为拉脱维亚语的人口占62%，母语为俄罗斯语的人口占36.1%，很多波兰族人、白俄罗斯族人、乌克兰族人都使用俄语。[③] 不过，由于政府强力支持拉脱维亚语言，以及一些俄罗斯族、白俄罗斯族、乌克兰族移民国外，俄罗斯族人口和俄语人口已经呈现下降趋势。据2011年的统计，俄罗斯族人口占比下降为26.9%。[④] 尽管如此，俄罗斯族和俄语人口仍然在拉脱维亚占据1/4以上，是中东欧乃至整个欧洲少数群体占比较高的国家。对于这种情况，俄语长期无法成为第二官方语言，俄

[①] Alexander H. E. Morawa, "The Evolving Human Right to Equality," in European Centre for Minority Issues edited, *European Yearbook of Minority Issues*, Kluwer Law International, February 2001, vol. 1, pp. 157 - 206.

[②] Jacqueline Mowbray, *Linguistic Justice: International Law and Language Policy*, Oxford University Press, 2012, p. 173.

[③] Giovanni Poggeschi, "Language Policy in Latvia," http://www. gencat. cat/llengua/noves/noves/hm04tardor/docs/poggeschi.pdf; https://www. csb. gov. lv/en/system/404? destination＝/lv&_exception_statuscode＝404.

[④] "Population Census 2011-Key Indicators-Latvijas Statistika," https://www.csb.gov. lv/en/system/404?destination＝/en&_exception_statuscode＝404.

罗斯族也不能在政治参与中享有一些特殊地位,反而在竞选公共职位时受到语言限制,这在很大程度上是拉脱维亚的政治意志而非仅仅是法律问题。

虽然欧洲人权法院和联合国人权委员会所依据的法律来源不同,但殊途同归,都认为拉脱维亚政府不参考申诉人过去的语言证书,只依据语言测试员不合法的测试结果就将候选人除名,对于申诉人是不公平的。不过,稍微不同的是,欧洲人权法院认为没有必要去审核案件中是否存在着族群歧视(及是否违反《欧洲人权公约》第14条),但联合国人权委员会认为,拉脱维亚政府不仅违反了《公民权利与政治权利国际公约》第25条(参与选举的权利),而且违反了该公约第2条(不得因种族、肤色、性别、语言、宗教等因素区别对待)。此外,联合国人权委员会直接批评了拉脱维亚竞选时的语言要求存在问题,而非像欧洲人权法院那样认为议会选择何种语言是缔约国自己的事情。① 也就是说,相比之下,欧洲人权法院明显倾向于赋予缔约国更大的自由裁量权,联合国人权委员会侧重于保护个人权利。此外,联合国人权委员会和“消除种族歧视委员会”类似,倾向于从争端问题中抽象出一些基本原则,即“抽象的平等”,而欧洲人权法院更注重从具体“事实”出发,去实现每个案例中的“具体的平等”,而且,由于欧洲人权法院具有更强的“结构化”或“域化”色彩(即它处于欧洲委员会及其成员国给它框定的场景中),削弱了它在维护申诉人权利方面的作用。

在俄语群体的呼吁下,2012年2月18日,拉脱维亚就“将俄罗斯语言上升为拉脱维亚第二官方语言”举行了全民公决。公决结果显示,大多数人仍然持反对意见。不过,开展全民公决表明,拉脱维亚政府的态度已经有所转变,只是全民公决并非一个好方法,因为在拉脱维亚族占多数的国家,这种公决的结果在很大程度上是可以预料的。也许,这正是拉脱维亚政府应对一切批评的挡箭牌。这个问题是否能真正解决,尚需拉脱维亚国内和国际社会的共同努力。

---

① Jacqueline Mowbray, *Linguistic Justice: International Law and Language Policy*, Oxford University Press, 2012, p.173.

第十章

对欧洲少数群体权利保护的反思

从地区层次来看,欧洲对少数群体权利保护处于相对领先位置,它的保护制度相对比较完善,组织机制较为发达,标准相对统一。《欧洲少数民族保护框架公约》是世界上第一个少数民族权利保护的地区性公约,覆盖了少数民族保护的方方面面。《欧洲人权公约》及其议定书、《欧洲社会宪章》、《欧洲基本权利宪章》、《种族平等指令》以及欧洲委员会、威尼斯委员会、《框架公约》咨询委员会等机构出台的一些决议、建议也都能对缔约国产生影响。

从权利保护的广度来看,欧洲少数民族保护制度涵盖了少数群体的文化、宗教、经济、社会、政治参与等方面权利。从保护的程度来看,它不仅保护少数群体的个体自由权,还保护少数群体与他人共同享有的群体性权利,例如与他人共同参与宗教实践的权利、保持某种生活方式的权利;同时还保护作为一个族群整体的集体权利,例如保护少数语言的使用、少数语言媒体的发展等。在保护方式方面,不仅要求国家承担非歧视的消极责任,还要求国家承担积极责任。而且,欧洲地区层次的少数群体保护的机构、政府间组织和民间组织众多,构筑起了少数群体保护的绵密的社会支持网络。

不过,欧洲少数群体权利保护也存在着一些明显问题,例如"少数群体""少数民族""少数族群"概念不清;给予国家过多的自由裁量权;对于各项制度,各国存在着巨大的"执行差距";对于不同的少数群体未采取差别化的保护政策;司法机构过多地照顾国家的利益和立场,从而牺牲少数群体的权利等。

第一节　欧洲少数群体保护的特点

经过多年的发展,欧洲对少数群体保护逐渐积累了一些共识,例如强调国家的积极责任、强调少数群体身份的自我认同、反对国家主观认定少数群体、将歧视分为直接歧视和间接歧视、强调歧视案例中被告的举证责任、工作场所的宗教信仰应受到约束、私人公司同样应尊重少数群体权利、言论自由权不能侵犯少数群体的感情等。不过,从宏观方面来看,冷战结束以来,在少数群体保护方面,欧洲也越来越体现出一些贯穿于所有领域的总特点或总趋势。本部分试从"战斗性民主"凸显、"平衡"原则、"重视社会组织的参与"等几方面进行阐述。

一、"战斗性民主"理念凸显

"战斗性民主"(Militant democracy)又称"防卫性民主"(Defensive democracy),是一种民主政治的哲学理念,最早由德裔美籍学者卡尔·鲁文斯坦(Karl Loewenstein)于 1937 年的《防卫性民主与基本人权》一文中所提出。[①] 提出该理念的背景是鉴于当时欧洲社会法西斯主义盛行,德国纳粹党滥用民主权利,通过民主选举程序上台,从而"合法地"实施法西斯政策,摧毁民主制度。为了防止摧毁民主的力量出现,民主制度本身就不应该是"自由民主",而应该具有"战斗性",即从"自由民主"过渡到"战斗性民主"。

此后,西方社会对自由民主的反思进入新的阶段。1945 年,著名政治哲学家卡尔·波普尔(Karl Popper)在伦敦出版《开放社会及其敌人》一书,认为民主制度会导致"民主悖论"或说"宽容悖论",从而陷入一种无法解脱的两难境地:一方面,任何阻止不信仰自由制度的政党——如法西斯党上台的努力都与民主原则相悖;另一方面,如果实行真正的民主原则,必然对不宽容者实行无限宽容,最终导致法西斯政党上台,民主便可能丧失。因此,开放社会中的民主制

[①] Karl Loewenstein, "Militant Democracy and Fundamental Rights," *the American Political Science Review*, vol. 31, no. 3, 1937, pp. 417 - 432.

度,不应该"宽容不宽容者",而是应该反击——包括使用武力在内——那些试图摧毁民主的力量,从而避免自相矛盾和走出悖论。[1] 作者建议,一个宽容的社会必须准备压制宽容的敌人,特别是如果他们构成真正危险的情况下。不过,他反对领导人直接镇压不宽容哲学的言论——因为这会导致对手以政治迫害的名义进行起诉,而是应该通过理性的争论来反对不容忍,如果可能的话,让公众舆论来阻止它。

波普尔同样反对不受约束的"自由",因为这也会导致"自由悖论"。如果所有的限制都被取消,就没有什么可以阻止强者奴役温顺者。因此,完全的自由可以终结自由,"自由如果是无限的,就会自我毁灭"[2]。

该书在 1995 年、2013 年又进行了再版,在西方社会具有广泛的影响,又经过不少学者的阐释和发展,"民主悖论"的观念已为西方社会所熟知,同时也成为欧洲对待少数群体、外来文化的重要理论基础。索罗斯基金会建立的"开放社会中心"正是受到该书的启发而命名的。[3]

在 1949 年美国最高法院审理的"Terminiello v. City of Chicago 案例"[4]中,出现了"战斗性民主"理念的萌芽,多数法官认为特米尼洛(Terminiello)的言论属于美国宪法第一条修正案保护的言论自由的范围,因为言论自由目的在于——即使是煽动人们愤怒的言论也应允许……只有通过自由辩论和思想自由交流,政府才能对人民的意愿作出回应,并实现和平变革。因此,言论自由及促进思想和计划多样化的权利是使我们与极权政权区分开的主要区别之一。

但几位异议法官也提出了众多质疑,其中最著名的是罗伯特·杰克逊(Robert H. Jackson)的以下一段话:

法院已经朝着接受这样的教条走了很远:公民自由意味着从人群中消除一切束缚,而所有当地维持秩序的企图都是对公民自由的损害。选择不是在秩序与自由之间,而是介于有秩序的自由与无秩序的无政府状态之间。危险在于,

---

[1] Karl Popper, *The Open Society and Its Enemies*, Routledge, vol. 1, 1945, p. 262.

[2] Karl Popper, *The Open Society and Its Enemies*, Routledge, vol. 2, 1945, p. 124.

[3] Christian De Cock, Steffen Böhm, "Liberalist Fantasies: Žižek and the Impossibility of the Open Society," *Organization*, 2007 vol. 14, no. 6, pp. 815-836.

[4] 基本案情为:被停职的天主教神父亚瑟·特米尼洛(Arthur Terminiello)向美国基督教退伍军人发表演讲时批评了各个种族群体和煽动种族主义,并引起骚乱。参见:"Terminiello v. City of Chicago," Supreme Court of the United States, no. 272, argued February. 1, 1949, decided May 16, 1949, https://www.law.cornell.edu/supremecourt/text/337/1.

如果法院不以一点实践智慧来改变其教条主义逻辑,它将把《宪法》的《权利法案》转变成自杀协议。[①]

"宪法不是自杀协议"意味着不能过度解读宪法,不能过度地享有宪法所规定的权利,超越合适的程度,将导致权利泛滥,意味着宪法自杀。此后,关于"宪法不是自杀协议"(The Constitution is not a suicide pact)的说法不胫而走,在1963年美国最高法院审理的"Kennedy v. Mendoza-Martinez 案例"[②]中,大法官罗伯特·肯尼迪(Robert F. Kennedy)也强调:宪法不是自杀协议,民主的存在不能视为理所当然,我们必须为之奋斗,而法官则处于这场战斗的前线。

第二次世界大战之后,受到纳粹战争和大屠杀破坏的欧洲,尤其需要反思如何约束纳粹力量的再度崛起,而"战斗性民主"理念正适应了欧洲国家的需要。有学者认为,《欧洲人权公约》的一个重要目的就是为了防范纳粹力量的再度崛起,民主将不再逐渐地演变为纳粹主义,在那里,自由受到压制,公共意见和民族良心被窒息……因而有必要在不会太迟时进行干预。[③]

曾经受到纳粹统治的德国,在第二次世界大战结束后,深刻反省了纳粹在德国产生的原因,并采取了"矫枉过正"的方式来对待民主社会的敌人和"不宽容者"。1949年5月23日出台的德国《基本法》典型地反映了"战斗性民主"理念,不少条款明确要"捍卫自由民主制度",例如:(1)《基本法》第九条规定,联邦政府可认定特定社会团体为"敌视宪法"组织并予以取缔;而根据21条规定,经德国联邦宪法法院界定为"宪法敌人"的政党,也将予以取缔。(2)《基本法》第18条规定,德国联邦宪法法院可以限制任何与"宪法秩序"对抗者的基本权利。(3)《基本法》第20条规定,每个德国公民有权对抗任何意图破坏宪法秩序者。(4)《基本法》第33条规定,联邦及各州可以拒绝任何被视为"敌视宪法"者从事公职,每位公务员皆须宣誓捍卫宪法及宪法秩序。

为什么需要这种激进的、执着的、唯我独尊式的"战斗性民主"呢? 一般认为,这是民主社会对抗极端主义、专制体制、政治情感主义(political emotionalism)

---

① "Terminiello v. City of Chicago," Supreme Court of the United States, no. 272. argued February 1, 1949, decided May 16, 1949. https://www.law.cornell.edu/supremecourt/text/337/1.

② "Kennedy v. Mendoza-Martinez," 372 U. S. 144, Decided February 18, 1963, https://supreme.justia.com/cases/federal/us/372/144/.

③ Jure Vidmar, "Multiparty Democracy: International and European Human Rights Law Perspectives," *Leiden Journal of International Law*, vol. 23, no. 1, 2010.

以维持民主的需要。"民主给人们开的一个最大的玩笑是,它授予了自己的死敌摧毁民主自身的手段。"①若要维护民主,如果不能摧毁民主的"死敌",那么至少应该对自己授予死敌的那些手段进行一定限制。因此,一个非常吊诡的原则就是,民主社会是尊重人权、尊重多元性的,但是有时却需要采取非民主、不宽容的方式维持民主社会的存在。又如英国历史学家阿克顿(John Dalberg-Acton)所指出,"有时宽容将摧毁民主;有时迫害又是自由的关键"②。

《欧洲人权公约》一共九次出现关于"民主"的阐述。其中一次使用的是"政治民主"(political democracy)措辞,八次使用的是"民主社会"(democratic society)措辞,这使欧洲人权法院非常强调"民主"原则和"自由"原则在民主社会中的重要价值。从欧洲人权法院的一些案例来看,在几乎所有案例中,都要分析某项措施或行为是否"在民主社会是必要的",并越来越强调维护方式的"战斗性"。一些学者认为,欧洲人权法院对民主的理解实际上是一种"战斗性民主",《欧洲人权公约》第 17 条③就可以说包含"为了人权与自由,可以采取措施打击恐怖主义"的权利。④

"战斗性民主"需要区分自由民主的"我们"和"他者"。近年来,非西方文化在西方文化底蕴中的"他者"定位被强化。欧洲人权法院法官尤利亚·莫托科(Iulia Motoc)在 2016 年欧洲人权法院司法年度开启会议上指出,《欧洲人权公约》也是"战斗性民主"的保障形式,欧洲关于"战斗性民主"的辩论——以及如何平衡民主和自由价值观与保护民主不受左右极权主义运动影响的问题——至少在两个场合具有更广泛的意义:冷战期间和 2001 年 9 月 11 日的袭击之后,因为需要对抗恐怖主义极端主义。大家已感到危险来自无形群体,也不存在直接嫌疑人,它源自某些基本权利。⑤ 也有学者认为,近年来,欧洲国家的自由民主程度出现了明显滑坡,因而需要欧盟积极加强对相关条约的阐释,使欧

①④ András Sajó, "From Militant Democracy to the Preventive State?" *Cardozo Law Review*, vol. 27, no. 5, 2006.

② John Dalberg-Acton, "Mr. Goldwin Smith's Irish History," in John N. Figgis & Reginald V. Laurence eds., *History of Freedom and Other Essays*, Macmillan, 1907, p. 232, 252.

③ 该条规定:本公约不得解释为昭示任何国家、团体或个人有权进行任何活动或实行任何行动,其目的在损害本公约规定的任何权利与自由或在超越本公约规定的权利与自由的范围。

⑤ Judge Iulia Motoc, "Human Rights and Terrorism: the Concept of Militant Democracy from the National to European Level," Opening of the Judicial Year of European Court of Human Rights, seminar on 29 January 2016, https://www.echr.coe.int/Documents/Speech_20160129_Motoc_JY_ENG.pdf.

盟条约更具战斗性,以保护欧洲民主制度的存续。①

　　的确,欧洲民主制度在 21 世纪以来遇到了前所未有的挑战,这使欧洲各方面越来越倾向于接受"战斗性民主"理念。不过,在很多不涉及文明或文化冲突的案例中,欧洲人权法院更倾向于采取宽容的态度。例如,在"Lingens v. Austria 案例"②中,欧洲人权法院强调,表达自由是民主社会的必要基础,也是民主社会进步及每个个人自我实现的基本条件。这种自由涵盖了表达某种"具有冒犯性的、震惊性的和令人不安的"观点和思想(statements and ideas that "offend, shock or disturb")。但是,当涉及某种可能挑战西式民主的案例时,尤其是涉及穆斯林群体的权利时,欧洲人权法院采取了更具"战斗性"姿态,通过给予国家较大的自由裁量权,肯定国家以国家安全、公共秩序、公共健康限制自由是合理的,肯定"在民主社会是必要的"或出于"紧迫的社会需要"等来限制对西方民主制度具有挑战性的观点或行为。

　　在较早的案例,例如"Communist Party (KPD) v. Germany 案例"③中,欧洲人权委员会就曾表达,不能排除一个人或一群人将依靠《欧洲人权公约》所载权利以制止民主的可能性。在"Vogt v. Germany 案例"④中,欧洲人权法院指出,缔约国有权采取特别自我保护措施,因为"民主制度应该有能力保卫自己"。

　　欧洲人权法院"战斗性民主"理念的加强体现在 21 世纪以来的众多案例之中。在"Osmanoglu and Kocabaş v. Switzerland 案例"中,欧洲人权法院认为,作为移居瑞士的外国人,融入居住国变得越来越重要,他们被要求与居住国的人共同生活并接受瑞士的法律制度、民主和宪政原则,接受地方社会及社会现实。⑤

---

① Jan-Werner Müller, "The EU as a Militant Democracy, or: Are there Limits to Constitutional Mutations within EU Member States?" *Revista de Estudios Políticos*, julio-septiembre, 2014, pp. 141 - 162.

② "Lingens v. Austria", application no. 9815/82, July 8, 1986, http://www. oas. org/en/iachr/ expression/docs/jurisprudence/european/CASE_OF_LINGENS_v._AUSTRIA. doc.

③ "Communist Party (KPD) v. Germany," application no. 250/57, Commission decision of 20 July 1957, https://hudoc. echr. coe. int/app/conversion/pdf/? library＝ECHR&id＝001-110191&Filename＝ 001-110191. pdf.

④ "Vogt v. Germany," application no. 17851/91, judgment of 26 September 1995, https://www. servat. unibe. ch/dfr/em178519. html.

⑤ "Osmanoǧlu and Kocabaş v. Switzerland," 29086/12, judgement of European Court of Human Rights, para. 59, January 10, 2017, https://johan-callewaert. eu/wp-content/Uploads/2018/11/ CASE-OF-OSMANOGLU-AND-KOCABAS-v.-SWITZERLAND. pdf.

在"S. A. S. v. France 案例"①中,欧洲人权法院认为,禁止在公共场所戴蒙面头巾——尽管这可能是一种宗教信仰的表现——符合民主社会紧迫的社会需要。在"Belcacemi and Oussar v. Belgium 案例"②中,欧洲人权法院认为,欧洲人权法院的主要观点是,比利时的禁令"在民主社会是必要的",因为该禁令旨在"维护他人的权利和自由、保护社会交流以建立社会生活中不可缺少的人际关系的基础和"保护'共同生活'(living together)的需要"。不仅如此,欧洲人权法院还表现出较为积极的反共色彩,例如在"Ždanoka v. Latvia 案例"③中,欧洲人权法院认为,拉脱维亚禁止一个在该国独立之后仍然积极从事共产主义活动的人竞选议会职位,没有超越国家的自由裁量权。由于欧洲没有统一选举制度,因此"必须根据有关国家的政治演变来评估国家立法,其结果是,在一个制度中不能接受的做法在另一个制度中可能是合理的"。

然而,"战斗性民主"是一把双刃剑,它在积极维护欧洲民主制度和既定秩序的同时,也鼓励了民间的极右力量和右翼民粹主义,使它们在对待文化冲突时越来越倾向于采取"战斗性"民主理念,甚至采取极端主义的立场和行为,这将不断加剧欧洲社会的撕裂。

二、少数群体权利保护中的"平衡"原则

在全球宪政中,相称性(即"比例原则",proportionality)和平衡(balancing)是两个意义接近的概念,它们是在多层次人权保护制度中传递司法模式和法律推理的成熟成果。④

诚然,在很多情况下,"比例相称"和"平衡"具有十分相似的意思,都具有

---

① "Case of S. A. S. v. France," application no. 43835/11, para. 42, July 1, 2014, http://hudoc.echr. coe. int/app/conversion/pdf/?library=ECHR&id=001-145466&filename=001-145466. pdf&TID= fuwrctbtiu.

② "Belcacemi and Oussar v. Belgium," application no. 37798/13, July 11, 2017.

③ "Ždanoka v. Latvia," application no. 58278/00, March 16, 2006.

④ T. A. Aleinikoff, "Constitutional Law in the Age of Balancing," *Yale Law Journal*, vol. 96, 1987, pp. 943 – 1005; A. Stone Sweet, J. Mathews, "Proportionality Balancing and Global Constitutionalism," *Columbia Journal Transnational Law*, vol. 4, p. 72, 2008; Di Gino Scaccia, "Proportionality and the Balancing of Rights in the Case-law of European Courts," *Federalismi. it*, 2019, vol. 4, p. 2.

"适中""合适""中庸"等内涵。欧洲人权法院、欧洲法院没有阐释两者之间的差别,但是,两者仍然存在细微差异。意大利迪吉诺·斯卡西亚教授指出,"平衡"为"相称性"的逻辑结果,[①]即过程和目的之关系。笔者认为,"比例相称"指向的是处理问题时在纵向维度的合理性,而"平衡"指向的是处理问题时横向维度的合理性。换个角度也可以说,"平衡"包括横向维度和纵向维度,而纵向维度的"平衡"即"比例相称""符合比例""相称性"(proportionality)是指在司法审查实践中运用较多的"手段和目的之间"的比例性和当出现武断的司法决策时所需要的平衡。[②] 在这里,"平衡"又是"相称性"的一种情况。由于欧洲人权法院在几乎所有的案例中都对"相称性"进行了推理,因而本部分主要阐释"平衡"原则。

在欧洲少数群体保护的过程中,"平衡"原则十分突出,在具体制度和争端处理中,尤其是在欧洲人权法院对相关案例的审理之中都体现了鲜明的"平衡"原则。自 21 世纪以来,欧洲人权法院的"平衡"原则和理念相比过去明显凸显。

"平衡"原则的主要内容是要维持以下方面的平衡:多数人权利和少数群体权利之间的平衡,个体利益和群体利益之间的平衡,自我权利和他人权利之间的平衡,社会不同群体之间权利的平衡,不同权利之间的平衡,个体权利、群体权利与国家安全、公共秩序需要的平衡,民主与人权之间的平衡,权利保护与国家利益的平衡等。而欧洲法院还要特别注意在共同市场和个人权利之间进行平衡。

《欧洲人权公约》的众多条款,都体现了"平衡"原则,尽管该公约没有直接使用"平衡"一词。该公约中最能体现"平衡"原则的条款为第 8、9、10、11 条,也正是欧洲人权法院在处理少数群体保护争端时援引最多的四个条款。这四条都分为两款,其中第 1 款为权利,第 2 款为对权利的限制情况,通过这种方式达到权利的享有和权利的限制之间的平衡。例如第 8 条"私生活和家庭生活受到尊重的权利"规定:(1)人人有权享有使自己的私人和家庭生活、住所和通信得到尊重的权利。(2)公共机构不得干预上述权利的行使,但是,依照法律规定的

---

① Di Gino Scaccia, Proportionality and the Balancing of Rights in the Case-law of European Courts, *Federalismi. it*, vol.4, p.2, 2019.

② G. Huscroft, B.W. Miller, G. Webber, "Introduction," in *Proportionality and the Rule of Law, Rights, Justification, Reasoning*, Cambridge University Press, 2014, p.4.

干预以及基于在民主社会中为了国家安全、公共安全或者国家的经济福利的利益考虑，为了防止混乱或者犯罪，为了保护健康或者道德，为了保护他人的权利与自由而有必要进行干预的，不受此限。

第 8 条第 2 款即是为了平衡第 1 款所享有的"私人和家庭生活、住所和通信得到尊重的权利"而设的，以防止第 1 款的权利过度扩张，也防止《欧洲人权公约》沦为"自杀公约"。但问题的关键是如何理解第 2 款中"民主社会中为了国家安全、公共安全或者国家的经济福利的利益考虑，为了防止混乱或者犯罪，为了保护健康或者道德，为了保护他人的权利与自由而有必要进行干预"。如果过度解读和扩张第 2 款，同样会使《欧洲人权公约》成为"自杀公约"。而《欧洲人权公约》自身无法实现两者的平衡，关键依赖实践该公约的欧洲人权法院在具体案例中进行平衡。

欧洲人权法院在实践中，主要采取了以下平衡方式。

首先，作为一个一般性原则，强调平衡原则和理念在处理争端中的重要性。例如，在很多案例中，欧洲人权法院都指出：多元性（pluralism）、宽容（tolerance）、开明（broadmindedness）是"民主社会"的特征，尽管个体利益有时必须服从于群体利益，民主并不简单地意味着多数人的观点必须总是获胜：必须确保它们之间的平衡，以确保公平对待少数群体成员及防止多数人观点的滥用。[1] 在"Klass v Germany 案例"[2]中欧洲人权法院指出："在捍卫民主社会的要求与保护个人权利之间进行某种折中是《公约》制度所内在需要的。"

其次，在具体的争端案例中强调"平衡"原则的适用。例如在"Ciubotaru v. Moldova 案例"中，欧洲人权法院指出，虽然第 8 条的目的主要是保护个人不受公共当局的任意干涉，但它并不迫使国家放弃这种干涉。国家除了不干涉的消极承诺外，还存在尊重私人生活的积极义务。国家根据这一规定承担的积极义务和消极义务之间的界限并不总是能够得到确切的定义；然而，适用的原则是相似的，即必须在个人和群体的相互竞争的利益之间取得公平的平衡，在这两

---

[1] "Izzettin Dogan and Others" (application no. 62649/10)；"Young, James and Webster v. United Kingdom"(applications 7601/76 and 7806/77)；Series A no. 44；"Valsamis v. Greece"(application no 21787/93)；Folgerø and Others v. Norway (application no. 15472/02；S. A. S. v. France (application no. 43835/11)；"Chassagnou and Others v. France" (application nos. 25088/95, 28331/95 and 28443/95)；"Osmanoğlu and Kocabaş v. Switzerland" (application no. 29086/12)；"Gorzelik and Others v. Poland" (application no. 44158/98).

[2] "Klass v Germany"(application no. 15473/89)，judgment of 22 September 1993, para. 59.

种情况下,国家都被认为享有一定的自由裁量权。^①

当两种不同的权利相互冲突时如何"平衡"呢? 这又分为不同情况。(1)当某种不可克减的权利——例如生命权、免于酷刑和非人道对待权、免于奴役和强制劳动权——和可克减权利相冲突时,后者无疑要让位于前者,因为不可克减的权利不因其他权利的存在而减损,甚至也不因"紧迫的社会需要"而受到限制。^② 在"Gäfgen v Germany 案例"中,申诉人因涉嫌绑架儿童而遭逮捕,警方急于知道被绑儿童的下落而对申诉人采取了胁迫手段。对此,欧洲人权法院指出:即使在有生命危险的情况下也不能施加酷刑、不人道或有辱人格的待遇;即使在公共紧急情况到威胁国家生命的情况下,《欧洲人权公约》第 3 条^③的权利也不得克减。公约第 3 条实际上承认,每个人都享有绝对的、不可剥夺的权利,在任何情况下,即使是最困难的情况,也不得遭受酷刑或不人道或有辱人格的待遇。不论有关人员的行为和所涉罪行的性质如何,第 3 条所规定的权利的绝对性质所依据的哲学基础都不允许因任何例外、正当理由或利益平衡而被破坏。^④(2)当两种权利均不属于不可克减的权利或者均属于不可克减权利时,何者优先的问题就容易陷入困境。在"Chassagnou and Others v. France 案例"^⑤中,欧洲人权法院指出,当对两个相互冲突的权益进行平衡时可能是一个困难的问题。对此,欧洲人权法院倾向于具体问题具体分析,并且主张,国家在这方面享有广泛的自由裁量权,因为国家机构在原则上比欧洲的法院更适合判断对某项公约权利的侵犯是否出于"紧迫的社会需要"。在"Fuchsmann v. Germany 案例"^⑥中,申诉人认为,由于媒体刊发关于他的文章,这对他作为公众人物的私人生活带来了不利影响,侵犯了《欧洲人权公约》第 8 条。但是,

① "Case of Ciubotaru v. Moldova," application no. 27138/04, para. 50, judgment of 27 April 2010, http://www.legislationline.org/documents/id/16334.

② "Ireland v. United Kingdom," application no. 5310/71, para. 163, judgment of 18 January 1978; "Labita v. Italy," application no. 26772/95, para. 119, judgment of 6 April 2000.

③ 该条规定:不得对任何人施以酷刑或者是使其受到非人道的或侮辱的待遇或惩罚。

④ "Gäfgen v. Germany" (application no. 22978/05), by the Grand Chamber on 1 June 2010, para. 107, https://www.servat.unibe.ch/dfr/em229780.html.

⑤ "Chassagnou and Others v. France," no. 25088/94, 28331/95 and 28443/95, judgment of 29 April 1999.

⑥ "Fuchsmann v. Germany," application no. 71233/13, judgment of 25 October 2017, https://inforrm.org/2017/10/25/case-law-strasbourg-fuchsmann-v-germany-refusal-to-grant-website-defamation-injunction-did-not-breach-article-8-emma-foubister/.

申诉人的私人生活权利和媒体的新闻出版自由权利(《欧洲人权公约》第10条)构成了冲突。欧洲人权法院指出,这需要在两个权利之间进行"公平的平衡",考虑到公众对该事件的关注度,申诉人为公众人物(隐私权缩小),媒体报道的主题,申诉人之前的行为,媒体报道的内容、形式和影响等多方面因素,裁定相关媒体机构未违反申诉人的私人生活不受干涉权利。

在涉及少数群体保护方面,"平衡"原则更为突出,主要是以国家的自由裁量权,国家的安全、秩序、利益"平衡"掉少数群体权利。由于《欧洲人权公约》仅为保护个体人权的公约,少数群体权利保护只能间接地利用某些条款来表达。因而,在很长一段时间内,欧洲人权法院并不看重申诉人的族群身份,处于弱势地位的少数群体,也不会因此获得特别的考虑或积极平衡。例如在1996年"Buckley v. UK案例"①中,面对作为罗姆人的申诉人,欧洲人权法院指出,"少数群体享有与主体群体不同的生活方式是毋庸置疑的,但这并不意味着少数群体可以免于法律的管辖,少数群体的传统生活方式只是会影响法律的执行方式"②。

笔者认为,从少数群体保护来看,"平衡原则"可以分为"积极平衡"和"消极平衡"。"积极平衡"是指有利于少数群体的平衡,因为少数群体一般都是弱势群体,需要特别的优惠或照顾,以实现实质平等和事实平等。而偏向国家,或者说倾向于肯定国家权力、国家的自由裁量权或维护公共秩序、国家安全而对少数群体权利进行克减,则可视为"消极平衡"。从众多案例可以看出,欧洲的法院、各国的法院总体上都倾向于"消极平衡"而非"积极平衡",尤其是对于穆斯林群体,更是明显采取了"消极平衡"的态度。在近年的案例中,欧洲人权法院并未强调这个群体作为"宗教少数群体"的身份,因而也未采取积极平衡的态度。在关于蒙面头巾的"S. A. S. v. France案例"和"Belcacemi and Oussar v. Belgium案例"中,关于女生混合游泳课的"Osmanoğlu and Kocabaş v. Switzerland案例"中,关于中小学教师穿戴伊斯兰服饰问题的"Dahlab v. Switzerland案例"中,欧洲人权法院均对作为穆斯林的申诉人的宗教权利进行限制,而未采取"积极平衡"态度。由此可见,"积极平衡"的原则基本还未延伸到穆斯林群体,对于这个群体,欧洲人权法院及其他机构总体态度是"战斗性民

---

① "Buckley v. UK," app lication no. 20348/92, European Court of Human Rights, Strasbourg, Judgement of 29 September 1996, http://freecases. eu/Doc/CourtAct/4542340.

② "Chapman v. the United Kingdom," application no. 27238/95, http://miris. eurac. edu/mugs2/do/blob. pdf?type=pdf&serial=1017224804139.

主"的态度。

　　不过,21 世纪以来,欧洲人权法院在一些案例中开始关注申诉人的少数群体地位,并对他们采取"积极平衡"态度。尽管在大多数涉及少数群体保护的案例中,欧洲人权法院仍然不强调少数群体身份。在 2001 年 1 月 18 日发布的五个关于英国罗姆人居住大篷车的争端案例中①,英国政府都认为,罗姆人居住在大篷车是不合法的,大篷车停留何处应接受政府的安排。而欧洲人权法院却都指出,居住大篷车是罗姆人传统生活和族群身份的不可分割的部分,国家的强制措施干涉了罗姆人的私人与家庭生活权利,即违反了《欧洲人权公约》第 8条。欧洲人权法院呼吁,欧洲国家应该统一政策,尊重少数群体的特别需要,以保护他们的安全、身份和生活方式。

　　在 2007 年的"Connors v. UK 案例"②中,欧洲人权法院强调,《欧洲人权公约》第 8 条包含着国家在维护罗姆人生活方式方面具有积极责任,因为只有这样才能使少数群体保持其宗教和文化传统,以避免被主流社会所同化。2010年 3 月 16 日,欧洲人权法院在"Orsus v. Croatia 案例"③裁决中也强调,由于它们特殊的历史,罗姆人已成为一种特别的弱势群体(disadvantaged group)和脆弱的少数群体(vulnerable minority),因而需要特别的保护,在制定相关的制度框架中和对特定案例的裁决中,都需要对于他们的需求和其生活方式给予特别考虑,这不仅是为了保护少数群体的利益,也是为了维护对整个社会具有价值的文化多样性。

　　在欧洲社会权利委员会近期的案例——"Cohre v. Italy 案例"④和"European Roma Rights Centre v. Portugal 案例"⑤之中也都强调,对于罗姆人这样的弱

---

① 这五个案例分别是:"Chapman v. United Kingdom"(application number 27238/95);"Beard v. United Kingdom"(24882/94);"Coster v. United Kingdom"(24876/94);"Lee v. United Kingdom"(25289/94) and "Jane Smith v. United Kingdom"(25154/94).五个案例的裁决情况,参见:https://hudoc. echr. coe. int/app/conversion/pdf/? library = ECHR&id = 003-5061792-6227477&filename = 003-5061792-6227477. pdf.

② "Connors v. the United Kingdom," application no. 66746/01, judgment of 27 May 2007, https://www. errc. org/cms/upload/media/00/B5/m000000B5. doc.

③ "Orsus and Others v Croatia," Grand Chamber, judgment of 16 March 2010.

④ "Cohre v. Italy," complaint No.58/2009, decision on the merits of 25 June 2010.

⑤ "European Roma Rights Centre v. Portugal," complaint No.61/2010, Decision on the Merits, June 30, 2011, European Committee of Social Rights, https://www. escr-net. org/sites/default/files/ERRC%20v. %20Portugal%20%28decision%29. pdf.

势群体和脆弱的少数群体,需要对其需求及独特的生活方式给予特别考虑,只有这样才能有利于他们融入社会。

但是,也需要注意,"平衡"原则虽然为现代法治社会的重要原则,但该原则同样不能滥用。因为平衡过程倾向于赋予法官"相当大的自由空间",它可能取决于法官不可靠的直觉,法官甚至可能利用仅仅粗略地存在的利害冲突而享有"平衡"的权利。[①] "平衡"原则也可能成为掩饰主观性或直觉主义的外衣,它对司法推理的影响可能更加可怕。[②] 不过,对于少数群体保护来说,"积极平衡"的原则仍然具有较大的意义,而"消极平衡"原则则需要更为谨慎地使用。

三、重视社会组织的参与

加强少数民族事务的管理,推动少数民族更好地融入社会,必然需要借助各方面的"推动力",中央政府和地方政府无疑是最主要的推动力,但光靠政府是远远不够的。欧洲各国,尤其是欧盟及其成员国十分重视发挥非政府组织的作用,以加强少数民族工作的成效。欧盟委员会要求,各国的罗姆融入战略应当在"设计、执行和监督的过程中,与罗姆市民社会组织、地区和地方政府保持紧密合作与持续对话"[③]。欧盟经济与社会委员会还专门设立了"市民社会奖",以奖励那些在罗姆人事务工作中贡献突出的组织和个人。2011 年 2 月,在"罗姆人融入 2020 战略"出台之际,一些罗姆市民社会组织也联合起来,呼吁欧盟在执行罗姆政策时应加强与罗姆非政府组织的磋商。[④]

---

① F. M. Coffin, "Judicial Balancing: The Protean Scales of Justice," *New York University Law Review*, vol. 63, 1988, pp. 16 - 42.

② De Schutter, O. & Tulkens F. "The European Court of Human Rights as a Pragmatic Institution," in E. Brems ed., *Conflicts Between Fundamental Rights*, Intersentia, Antwerp-Oxford Portland, 2008, pp. 169 - 216.

③ European Commission, Communication from the Commission to the European Parliament, The Council, The European Economic and Social Committee and the Committee of the Regions: An EU Framework for National Roma Integration Strategies up to 2020, Brussels, April 5, 2011, COM (2011)173 final, https://eur-lex.europa.eu/legal-content/EN/TXT/?uri=CELEX%3A52011DC0173.

④ European Roma Rights Centre, "Civil Society Appeal for Consultation on EU Roma Strategy Development," *Press Release*, February 15, 2011. Budapest: ERRC.

在"Vides Aizsardzības Klubs v. Latvia 案例"[1]中,欧洲人权法院指出,非政府组织的参与在民主社会至关重要。它们将传达公众利益,并有利于公共机构的行动保持透明。在"Gorzelik v. Poland 案例"中,欧洲人权法院再次强调,市民社会的参与对于民主的正常运转非常重要,一个健康而充满活力的市民社会会促使公民更多参与民主进程,这对于少数群体来说尤其重要。

欧洲层面的少数群体保护机构大概可以分为三类。第一类为政府间官方机构,例如欧盟委员会、欧洲议会、《框架公约》咨询委员会、欧洲法院、欧洲人权法院、欧洲社会权利委员会、欧安组织少数民族事务署及少数民族事务高级专员等。这些机构往往发挥制定制度、监督制度执行、解决争端的作用。第二类为官办机构,主要是由欧盟、欧洲委员会、欧安组织等直接创办或参与创办的机构,例如威尼斯委员会、欧盟基本人权专家署(EU Network of Experts on Fundamental Rights)、欧洲种族主义与仇外行为监测中心(后改名为"欧盟基本人权组织")。这些机构协助欧盟、欧洲委员会或欧安组织等监督落实保护少数群体在内的人权条款,并出台一些监督报告。第三类为民间组织。比较著名的有"开放社会中心"、"欧洲罗姆权利中心"(European Roma Rights Center, ERRC)、"欧洲少数族群问题中心"(European Centre for Minority Issues)、"欧洲反种族歧视平台"(European Network Against Racism, ENAR)、"欧洲民族联盟"(Federal Union of European Nationalities, FUEN)、"欧洲罗姆政策联盟"(European Roma Policy Coalition)。这些非政府组织常常通过发起各种活动、司法救助、调查研究、直接帮助、监督督促各国政府等方式来保护少数群体。在欧洲,这三类组织都非常关注少数群体保护事务,而第三类社会组织的广泛参与,成为欧洲少数群体保护的鲜明特点。

非政府组织在少数民族事务管理中具有特殊优势,它的作用既不是政府能够包办的,也不是学术机构所能代替的。它的优势之一是它们常常由少数民族发起、组建或参与组建,在组织的人员构成上,少数民族成员也往往占有较大比例,因而它们与少数民族群体联系更为紧密;其次,这些组织在处理少数民族事务上更加专业,其领导群体涵盖了少数民族精英,使其更了解少数民族的诉求,

---

[1] "Vides Aizsardzības Klubs v. Latvia," no.57829/00, May 27, 2004, https://hudoc.echr.coe.int/app/conversion/pdf/? library = ECHR&id = 003-1013988-1048313&filename = 003-1013988-1048313.pdf.

处理少数民族事务更有经验。再次,非政府组织的组建方式、内部管理模式更加灵活。欧洲少数民族事务方面的非政府组织多数由民间基金会筹资成立,成立之后,还通过承办、购买和代理政府工作或服务获得生存和发展资金,它们可以灵活地根据社会或政府需要来展开工作,例如承接政府课题、开展社会活动、收集少数民族信息、普法宣传、疾病筛查等,在少数民族事务方面成为政府的助手或咨询师。而政府则可以从繁琐的事务性工作中解放出来,专注于少数民族事务的法律、政策制定,关注民族事务中的较大问题,加强对少数民族非政府组织的监督等。

正是因为关注少数民族事务的民间社会组织具有天然的优势,同时它们的参与也是民主社会的重要标志,在欧洲人权法院审理的很多案例之中,都邀请了民间组织作为"第三方组织"出席庭审,代表市民社会发表声音,从而给欧洲人权法院、欧洲政府及国内法院带来更大压力。

民间社会组织在推动罗姆权利保护的过程中做了大量工作,例如少数群体信息搜集、调查研究、撰写报告、提供政策建议、经验互享、司法援助、推动政治参与等,这些组织在以下方面发挥了重要作用:

第一,影响少数民族政策。在这方面比较积极的组织多数是跨国性组织,其中影响较大的包括"开放社会中心""罗姆反歧视平台"和"欧洲罗姆政策联盟"(European Roma Policy Coalition、ERPC)等。例如"罗姆反歧视平台"和"欧洲罗姆政策联盟"一直参与了欧盟罗姆战略的制定,直到 2011 年的欧盟"罗姆融入战略:2020"的正式出台。2012 年"罗姆反歧视平台"向欧洲基本人权委员会提交了"欧洲黑人和欧洲非裔人"报告书。该报告对欧盟成员国中存在的对黑人和非洲裔人的歧视现象进行了评述,并提出了一些反歧视建议。[①] "罗姆反歧视平台"还参与了欧盟《季节性工人指令》[②]的前期起草和磋商工作,对 2014 年 2 月出台了欧盟《季节性工人指令》做出了不小贡献,发挥了不可忽视的作用。该法令要求各成员国必须允许第三国的"季节性工人"进入欧盟并享有加入工会,获得社会保障、养老金、培训等权利。各国必须在两年半之内完成对该法令的国内化。2009 年,在欧盟发起成立的"罗姆平台"的布拉格会议,制定了"罗姆融入十原则",包括要求罗姆市民社会的参与和罗姆人的积极参与等

---

① "Black Europeans and People of African Descent in Europe," August 2012.

② "The Seasonal Workers Directive," Coundil of the European Union, February 17, 2014, 6429/14 (OR. en).

内容。①

第二，发起社会融入计划和活动。几乎所有关注少数族群的社会组织都会发起一些促进少数群体融入社会和反歧视方面的计划或活动。在这方面，开放社会中心影响最大。2005 年它和世界银行发起并全程参与了"罗姆融入十年计划"。从 2005 年开始，开放社会基金会"媒体计划处"发起了"罗姆记者推动计划"（Romani Journalist Advancement Project），该计划与各国政府和罗姆民间组织合作，主要目的在于培训罗马尼亚、保加利亚、匈牙利、捷克、斯洛伐克、塞尔维亚、马其顿等国的记者的职业素质和技巧。近年来，开放社会基金会还发起了"照片记录计划"（The Documentary Photography Project），通过拍照的方式记录少数群体的生活状态和受到的歧视，呼吁政府及主流社会反对歧视，推进平等；"婴幼儿计划"（Early Childhood Program），目的在于推动国家、专业机构、社会和父母关注少数群体的儿童健康、福利等问题。此外，由该机构创立和支持的组织也发起了不少关注少数民族的计划和项目，例如"欧盟监测与支持计划"（EU Monitoring and Advocacy Program，MAP），主要是对欧盟国家的少数群体融入情况进行监督和报告，以为欧盟及其成员国服务。"少数群体权利国际组织"也是各种活动的积极发起者。例如 2013 年 9 月的（为期两年）"学习可持续公民参与"活动，主要通过讲座、培训、宣传动员、经验介绍、司法援助、实地帮助等方式，推动匈牙利、德国、立陶宛、波兰、罗马尼亚、斯洛伐克等国的少数群体市民社会组织参与欧洲社会与政治②；该组织于 2014 年 1 月发起的"V4 经验推广活动"，主要内容是总结、分享 V4 国家（即维谢格拉德集团，包括波兰、捷克、匈牙利、斯洛伐克四国）在权利保护和推动少数民族融入方面的好的做法和经验，并在欧盟的六个东部伙伴关系国家推广。③

---

① European Commission (2011) Communication from the Commission to the European Parliament, "The Council, The European Economic and Social Committee and the Committee of the Regions — An EU Framework for National Roma Integration Strategies up to 2020," COM(2012)226 final, European Union.

② "Learning Sustainable Citizen Participation: Democratic Structures and Fundraising Strategies for Grassroots Citizen Organizations," http://www. minorityrights. org/12211/programmes/learning-sustainable-citizen-participation-democratic-structures-and-fundraising-strategies-for-grassroots-citizen-organizations. html.

③ "Transferring V4 experience in regional cooperation to Eastern Partnership Minorities Network," http://www. minorityrights. org/12220/programmes/transferring-v4-experience-in-regional-cooperation-to-eastern-partnership-minorities-network. html.

发起各种少数民族活动,是地方性少数民族民间组织的主要活动,也是这些组织的一个优势。在这方面影响较大的罗姆市民组织,例如1997年,罗姆人创建了捷克的罗姆服务中心(IQ Roma Servis),其工作人员中有30%是罗姆人,主要职责是推动罗姆族的社会参与及个人发展,推动罗姆人平等地享有权利。它发起的项目非常多,涉及领域非常广泛,例如帮助罗姆孩子上学,资助罗姆人接受培训、职业指导,帮助他们寻找住房,并参与一些打击社会偏见和歧视的活动等。具体项目有:"有孩子的家庭项目",主要是建立学前学校、发起学前儿童及其父母的社会参与活动;"青年项目"包括创建IT课堂、戏剧课程、英语培训班、工作俱乐部、学习指导、业余活动等;"成人项目"包括社会参与和法律指导、进行就业、居住、反歧视、家庭关系等方面的咨询活动;"社会项目"包括发起市民社会参与、职业培训、建立友好雇主关系、加强推动罗姆族融入的国际合作等。再如保加利亚蒙塔纳(Montana)地区的洛姆镇(Lom)"洛姆罗姆基金会"(Roma-Lom Foundation,RLF)发起了众多的培训项目,力图提高当地罗姆人的知识水平和职业技能,组织罗姆人和当地其他居民合作,增加就业水平,并积极支持和号召罗姆人参与地方政府的选举投票,以及作为候选人参与地方政治。①

第三,对申诉人进行司法救济。在很多诉讼案例中,申诉人受到少数群体社会组织的法律援助和资助,才得以将案件上诉到国内法院和欧洲人权法院。在这方面,"欧洲罗姆权利中心"尤其发挥了重要作用。例如针对捷克罗姆儿童教育隔离问题,"欧洲罗姆权利中心"多次呼吁欧盟对捷克政府采取制裁行动,同时呼吁捷克政府改变政策。其中一个著名司法诉讼案件发生在1996—1999年期间,在捷克俄斯特拉发(Ostrava)地区有十八个罗姆学生被安排在特殊学校学习,而这个特殊学校是专门为存在学习困难的学生提供,只教授简易课程。1999年,"欧洲罗姆权利中心"代表他们聘请律师向捷克宪法法院上诉。捷克宪法法院认为,由于学校已征得这些孩子的父母同意,原告没有足够的证据证明存在教育歧视。同时,宪法法院认为,"欧洲罗姆权利中心"对该案例没有足够的管辖权。② 在此情况下,2000年,"欧洲罗姆权利中心"作为十八个学生的

① "European Dialogue: Promoting Roma Integration at the Local Level Practical guidance for NGOs and Public Authorities," Centre-Point Colour (UK) Ltd., 2005, https://www.coe.int/t/congress/Sessions/Alliance/RrAJE-Manual.pdf.

② "Case of D. H. and Others v. the Czech Republic," application no. 57325/00, http://www.errc.org/article/dh-and-others-v-the-czech-republic/3559.

代言人,以捷克政府剥夺了罗姆族受教育权利,违反了《欧洲人权公约》第 14 条和第一附加议定书第 2 条为由,将捷克政府告上了欧洲人权法院,同时提请欧洲人权法院关注捷克广泛存在的教育隔离现象。① 欧洲人权法院认为,虽然被告的证据不能充分证明捷克政府的做法违反了《欧洲人权公约》第 14 条,但显然,被告受到了歧视,他们被剥夺了受教育权。裁决之后,欧洲罗姆权利中心、罗姆教育基金会、开放社会中心司法计划处、开放社会基金会教育支持计划处、开放社会基金会"婴幼儿计划处"等组织积极向欧盟委员会呼吁,对捷克的歧视行为采取强制措施。此外,这些组织还持续关注捷克的教育隔离现象,并陆续地发布了十个备忘录文件,对捷克的教育隔离的改善进行跟踪报道。② 2013 年 4 月,国际特赦组织、欧洲罗姆权利中心等组织向欧盟委员会提交了"捷克对罗姆族的歧视违反了欧盟种族法令"的文件③,批评捷克政府对罗姆族的教育进行隔离做法违背了欧盟的反歧视法律,尤其是《种族平等指令》,要求捷克采取措施改变这个现象。

2014 年 9 月 23 日,"欧洲罗姆权利中心"再次给捷克教育部写了一封信④,信中指出,捷克的做法违反了欧盟《种族平等指令》《欧洲人权公约》和《残疾人权利公约》,希望捷克政府,尤其是捷克教育部能采取措施,立即改变罗姆儿童的教育受到隔离的现象。

第四,推动少数群体的政治参与。在这方面,罗姆市民社会组织做出了较多的努力。例如"罗姆民间联盟"在 2011 年组建了一个罗姆政党:"罗姆民间民主联盟",并积极参与了此后的罗马尼亚地方和全国的议会选举。在斯洛伐克的罗姆人较多的盖兹马洛克(Kezmarok)地区,针对罗姆人在该地区政治参与程度很低的状况,罗姆民间组织"KC-ZOR"为了推动罗姆人在地方层次选举和国家层次选举的政治参与,开展了有针对性的培训活动,提高罗姆候选人的竞选技巧。该地区的十一个罗姆人居住区,每个地区均派出了 15 人参与学习,结

---

① "Case of D. H. and Others v. the Czech Republic," application no. 57325/00, http://www.errc. org/article/dh-and-others-v-the-czech-republic/3559.

② 十个跟踪报道文件,参见:http://www.errc.org/article/dh-and-others-v-the-czech-republic/3559.

③ "The Czech Republic's Discriminatory Treatment of Roma Breaches EU Race Directive, EUR 71/ 005/1013," April 29, 2013, http://www.amnesty.org/en/documents/EUR71/005/2013/en.

④ "Letter of Concern," September 23, 2014, http://www.errc.org/uploads/upload _ en/file/errc-letter-to-czech-ministry-of-education-on-infringing-the-red-23-september-2014.pdf.

果有 66 人参与了选举,27 人成功竞选到了政府部门职位。① 此后,该组织积极邀请参政的罗姆人和政府领导人共同商议罗姆族的发展问题,使"罗姆民间论坛"(Roma Civic Forum)得以创立,罗姆市民社会组织和地方政府、中央政府在这个平台共同探讨有关罗姆人贫穷、社会排斥和政治参与等问题。再如在 2014 年 4 月 8 日——世界罗姆人日,"欧盟罗姆草根组织联盟"与"欧盟反种族歧视平台"和一些其他组织发起了"欧洲自由之墙"(Wall Free Europe)活动,号召罗姆组织和罗姆人行动起来,搜集在即将到来的欧洲议会选举中可能出现的歧视和仇视罗姆人的言论,进一步确保欧洲官员充分尊重罗姆人。②

不过,由于少数群体尤其是罗姆人面临的问题众多、欧洲社会对一些少数群体的歧视根深蒂固、民间组织的力量有限等原因,它们在少数群体保护方面发挥的作用不可高估。它们优势是发挥监督制度执行、提出政策建议、帮助部分弱势少数群体、辅助政府等作用,而无法取代政府在少数群体保护中的核心角色。

第二节　欧洲少数群体保护存在的问题

从前文可知,欧洲少数群体保护存在着方方面面的问题,例如将"少数群体""少数民族"的界定和认定权交给各个国家;在"平衡原则"中,过多地照顾了国家的权利;欧洲的"文明优越感"以及对外来群体的种族主义、排斥、不信任使其对异质文化的少数群体采取了"战斗性民主"理念。这些在上文中都有一些论述,这部分主要分析以下三个问题。

一、"少数群体"门槛过高

至今,国际法中仍然不存在正式的"少数群体"的界定,在指代这个群体时,除了使用"少数群体"的措辞,还常常使用"族群、宗教或语言群体"的措辞,在欧

---

① European Dialogue, "Promoting Roma Integration at the Local Level Practical guidance for NGOs and Public Authorities," Centre-Point Colour (UK) Ltd, 2005.

② 参见:"International Roma Day 2014," http://www. ergonetwork. org/ergo-network/news/130/000000/International-Roma-Day-2014/.

洲层面的制度中,使用较多的是"少数民族"(national minorities),而在欧洲各国中,则对"少数群体""少数民族""少数族群"等词语混用——除了个别国家之外,不对它们进行严格区分。

尽管欧洲少数群体保护的制度、机制相对完善,但是它的"少数群体"的标准很高,而且近年并无放宽的趋势。从欧洲层面的制度和欧洲各国的做法来看,普遍要求公民身份、特别的族群、文化、宗教或语言特点、较长的居住时间、与国家保持持久的联系、表达成为少数群体的意愿等,缺一不可。

2018年欧洲议会公民自由、法治与内务委员会提出了"少数群体"的5个"最低标准"(minority):(1)居住在某国领土上并且是该国公民;(2)与该国保持长期、牢固和持久的联系;(3)展现出鲜明的族群、文化、宗教或语言特征;(4)具有足够的代表性,尽管数量少于该国其余人口或在某个地区少于其余人口;(5)它们因为关注共同的身份,包括文化、传统、宗教或语言而动员起来。这个"最低标准"实际上是一个"高标准"。

欧洲对于少数群体的"高标准",主要体现在以下两个方面:

第一,"少数民族"或"少数族群"仍然需要国家的"认定"。

第一次世界大战之后,国际联盟常设法院就在处理案例中强调:"少数群体"的存在,是一个"事实"问题而非"法律"问题①,即少数群体在一个国家的存在,不需要经过国家的"认定"程序。欧安组织首任少数民族事务高级专员马克斯·范·德·斯图尔(Max van der Stoel)也强调,少数群体的存在是一个"事实问题"而非"定义问题"。②《欧洲少数民族保护框架公约》未出台"少数民族"的定义或标准,而是将此问题留给各缔约国。也就是说,缔约国可以自行去"认定"享有该公约权利的少数民族。尽管在1623号"建议"中,欧洲委员会议会认为,缔约国没有无条件确立在它们境内,哪个群体属于《框架公约》的"少数民族"的权利③,但事实上,欧洲委员会、《框架公约》咨询委员会和欧安组织少数民族事务高级委员,都没有去积极干预各国对少数民族的"认定"。

---

① Greco-Bulgarian Communities, "PCIJ Series B," no. 17, 1930.

② Max van der Stoel, CSCE Human Dimension Seminar on "Case Studies on National Minority Issues: Positive Results", Warsaw, May 24, 1993, http://www.osce.org/hcnm/38038.

③ Rights of National Minorities, "Recommendation 1623," Parliamentary Assembly, 2003, http://assembly. coe. int/Main. asp? link-http/o3A% 2F0/2Fassembly. coe. int% 2Fdocuments% 2 FadoptedText/o2FtaO3 0/ * 2FEREC1623. htm.

从各国的"认定"来看并不理想,大多数国家"认定"的少数民族并不多,有的国家甚至不承认国内存在少数民族。"认定"的好处是,被认定的少数民族能够享受较好的优惠政策和特别措施,政策实施时易于操作,但欧洲普遍存在的"高标准认定"少数群体的做法,使国内很多群体都不能认定为"少数民族"或"少数族群"。而"不认定"存在的问题就更加明显,例如少数群体不能得到该有的保护,或认为少数群体仅仅是享受优惠政策的"弱势群体",而非更需享受特别保护的"少数群体";容易导致对少数群体的"强制融入"甚至"强制同化"。在"Gorzelik and Others v. Poland 案例"中,对于波兰政府的意见,即一个人不能自我认同一个并不存在的民族,欧洲人权法院未提出异议,因为缔约国可以自行"认定"或"不认定"某个群体为少数民族。

在欧洲对"少数群体"认定中,事实上不仅存在着标准过高的问题,还存在着一个与此相关的问题,即对"少数群体"界定的随意性的问题,或者更准确地说,各国对"少数群体"随意增加标准的问题。例如波兰、匈牙利要求"少数民族"必须在该国持续生活了 100 年以上,波兰还要求作为"少数民族"应该有一个母国。欧洲曾经多次尝试出台关于"少数群体"的定义,但都由于一些国家或国际组织的强烈反对而未能成功。欧洲委员会议会在 1993 年的"1201 号建议"①中提出,应出台一个保护少数群体的特别议定书,议定书中应该包含"少数群体"的定义。2001 年,欧洲委员会议会在"1492 号建议"②中,再次提议出台一个"少数群体"的定义。但欧洲委员会部长委员会在 2002 年 6 月对定义问题的回复中表示:重新讨论定义问题还为时过早。③ 在 2003 年的"1623 号建议"④及之后的一些建议中,欧洲委员会议会改变了态度,认为没有必要出台一个统一的"少数民族"定义。

虽然欧洲人权委员会和欧洲人权法院曾经处理过很多涉及少数群体的争

① "Additional Protocol on the Rights of Minorities to the European Convention on Human Rights," recommendation 1201(1993), Parliamentary Assembly, http://assembly. coe. int/nw/xml/XRef/Xref-XML2HTML-en. asp?fileid=15235.

② "Rights of National Minorities," recommendation 1492(2001), Parliamentary Assembly, https://assembly. coe. int/nw/xml/XRef/Xref-XML2HTML-en. asp?fileid=16861&lang=e.

③ "European Commission for Democracy through Law (Venice Commission): Report on Non-Citizens and Minority Rights," adopted by the Venice Commission at its 69th plenary session, Study no. 294/2004, Venice, December 15 - 16, 2006, https://www. venice. coe. int/webforms/documents/default. aspx?pdffile=CDL-AD(2007)001-e.

④ Rights of National Minorities, "Recommendation 1623,"Parliamentary Assembly, 2003.

议案例,但从未尝试给予"少数群体"或"少数民族""少数族群"一个参考定义。在波兰"Gorzelik and others v. Poland 案例"中,申诉人和波兰政府对西里西亚人是否为一个少数民族或少数族群发生争议,而欧洲人权法院却白白错失这个阐释"少数群体""少数民族"或"少数族群"的良机,反而认为——一个法律上有约束力的"少数民族"的定义,对于成员国充分尊重少数群体成员的人权与基本自由来说,是不必要的。欧洲人权法院这种观点并非偶然,因为既然作为欧洲人权委员会都倾向于不需要统一界定,欧洲人权法院无疑不会自找麻烦。

自从《框架公约》制定以来,各国签署的情况并不乐观,即使签署并批准了的国家,在近二十年来,并没有对享有《框架公约》群体及其权利进行拓展,尽管《框架公约》咨询委员会总是建议各国推动公约覆盖更多群体。以罗姆人认定问题为例,由于不存在"少数群体"或"少数民族""少数族群"的标准,使各国对于罗姆人是否为少数群体存在较大的差异,但总体上,承认罗姆人(或辛提人、吉卜赛人)为少数民族或少数族群或受到《框架公约》保护的国家并不多,参见表 10.1:

表 10.1　欧洲各国对罗姆人(辛提人)的承认状况①

国家	罗姆人身份承认状况	是否受《框架公约》保护	备注
奥地利	法律承认罗姆/辛提人为"事实少数群体"	是	
安道尔			无罗姆人
比利时	未承认	否	
保加利亚	法律上不承认"少数民族",罗姆人为事实上存在的"少数族群"	是	
克罗地亚	被认定为"少数民族"	是	
捷克	被正式认定为"少数民族"	是	
丹麦	未承认	否	
芬兰	认定罗姆人为"少数民族"	是	

---

① 数据来源于各国法律、政策,参见:Csaba Tabajdi, "Legal situation of the Roma in Europe," report of the Parliamentary Assembly of the Council of Europe, April 19, 2002, https://assembly.coe.int/nw/xml/XRef/X2H-Xref-ViewHTML.asp?FileID=9676&lang=EN; Reservations and Declarations for Treaty No.157-Framework Convention for the Protection of National Minorities, Declarations in force as of 09/02/2021.

国家	罗姆人身份承认状况	是否受《框架公约》保护	备注
德国	认定罗姆人/辛提人为"少数民族"	是	
法国	否认存在任何少数民族或少数族群	否	
希腊	未承认	否	
爱沙尼亚	事实承认	是	
匈牙利	法律认定为"少数族群"	是	
冰岛			无罗姆人
意大利	未承认	否	
马耳他			无罗姆人
荷兰	承认为"少数族群"	是	
挪威	认定为"少数民族"	是	
波兰	认定为"少数族群"	是	
罗马尼亚	事实承认为"少数族群"	是	
斯洛伐克	事实承认为"少数民族"	是	
斯洛文尼亚	被认定为"土著罗姆人"（autochthonous Roma）	是	
瑞典	罗姆/吉卜赛人被认定为"少数民族"	是	
瑞士	认定辛提人为"少数民族"	是	
北马其顿	认定罗姆人为"少数民族"	是	
乌克兰	事实承认罗姆人为"少数民族"	是	
英国	罗姆人及旅居者被事实认定为"种族群体"（racial groups）	是	
西班牙	法律否认存在"少数民族"，但事实承认存在罗姆"少数群体"	是	
葡萄牙	不承认存在"少数民族"，但事实承认存在"罗姆"少数族群	否	

可见，对罗姆人认定方式由高到低包括三种："法律认定"为"少数民族"或"少数族群"；事实承认为"少数族群"；不承认。三类保护认定方式带来对罗姆群体的不同保护层级。西欧国家的承认程度远远不如中东欧、北欧国家，大多数西欧国家事实存在但法律上不承认存在罗姆群体，其中比利时、丹麦、法国、希腊、意大利、葡萄牙拒绝按照《框架公约》保护罗姆群体。当罗姆人从保护程度高的国家进入保护程度低的国家时，无法享有相应的地位和权利；但如果反向流动，仍然会因为无法获得"国籍"身份，而仅被视为"移民"对待。这不仅对罗姆群体的保护十分不利，而且也给对"欧洲一体化"中的劳动力自由流动带来"权利差异"的人为阻隔。

第二，强调公民身份。

尽管凯博多蒂在界定《公民权利与政治权利国际公约》第 27 条中"少数群体"时，要求"少数群体"为"国民身份"，但联合国多次强调，作为少数群体，不需要必然具有公民身份。联合国人权委员会针对《公民权利与政治权利国际公约》的"第 23 号一般性意见"特别强调，不得将《公民权利与政治权利国际公约》第 27 条规定的权利仅限于其公民。①

在欧洲，少数群体是否首先需要"公民身份"这个条件？这是一个具有广泛争议的问题，但是，21 世纪以来，在欧洲地区层面，逐渐获得了共识，即少数群体权利的获得并不需要以公民身份为条件。威尼斯委员会在早期也强调少数民族的公民身份，不过，从 2001 年对克罗地亚宪法的意见②和对波黑《少数民族权利法草案》的意见③开始，威尼斯委员会就强调，少数民族权利的享有，不应该和公民身份相联系。此后，威尼斯委员会一直坚持这个观点，也就是说，威尼斯委员会和联合国《公民权利与政治权利国际公约》的监督机构——联合国人权委员会的观点开始统一起来了。

为了进一步统一共识，探讨各种政策的可能性，威尼斯委员会指定了专门

---

① "CCPR General Comment no. 23: Article 27 (Rights of Minorities)," adopted at the Fiftieth Session of the Human Rights Committee, on 8 April 1994 CCPR/C/21/Rev. 1/Add. 5, https://www. refworld. org/docid/453883fc0. html.

② Venice Committee, "Draft Opinion on the Amendments of 9 November 2000 and 28 March 2001 to the Constitution of Croatia," CDL (2001) 69, 29, 2001 June, https://www. venice. coe. int/webforms/documents/?pdf=CDL (2001)069-e.

③ "Opinion on the Draft Law on the Courts of Bosnia and Herzegovina," CDL-INF (2001)12, adopted by the Venice Commission at its 47th Plenary Meeting, Venice, July 6 - 7, 2001, https://www. venice. coe. int/webforms/documents/?pdf=CDL-INF(2001)012-e.

的工作组负责研究这个问题。在威尼斯工作组牵头下,2004 年 5 月 28 日在斯特拉斯堡举行了一次专门会议,出席会议的包括《框架公约》咨询委员会成员、联合国增进和保护人权小组委员会内的少数群体问题工作组成员、《欧洲区域或少数语言宪章》专家委员、欧洲委员会议会法律事务和人权委员会秘书处专家和欧安组织少数民族问题高级专员等。此后,威尼斯工作小组又召开了多次会议,最终于 2006 年向威尼斯委员会提交了报告。① 报告指出,21 世纪以来,威尼斯委员会、《框架公约》咨询委员会和欧安组织少数民族事务高级专员都越来越强调,少数群体保护不应该与公民身份相结合,建议各国将少数群体保护扩大到不具公民身份的少数群体。

在欧洲人权法院的案例中——例如土耳其罗姆权利案例②、意大利罗姆人权利案例③及拉脱维亚俄罗斯人案例④中,欧洲人权法院强调,国家应该将少数群体权利覆盖非公民身份的少数群体。对此,威尼斯委员会认为,《欧洲人权公约》为属于少数群体的人——无论是公民还是非公民——提供了有力和有效的保护机制。⑤ 不过,在"Gorzelik and Others v. Poland 案例"中,针对波兰宪法第 35 条、《少数族群、民族与地区语言法案》,"少数民族"和"少数族群"需要公民身份,欧洲人权法院对此并没有质疑——因为西里西亚人毕竟不存在不具备公民身份的问题。

在欧洲国家层面,具体做法却和欧洲地区层面和国际层面倡导的原则背道而驰,绝大多数国家都要求具有公民身份才能成为少数民族或少数族群,那些不属于国家认定的少数群体,至少需要具有"公民身份",才可能获得《框架公

---

① "European Commission for Democracy through Law (Venice Commission): Report on Non-Citizens and Minority Rights," adopted by the Venice Commission at its 69th plenary session, Study no.294/2004, Venice, December 15 - 16, 2006, https://www. venice. coe. int/webforms/documents/default. aspx?pdffile=CDL-AD(2007)001-e.

② "Čonka v. Belgium," application no. 51564/99, judgment of 2 Mar 2002, https://hudoc. echr. coe. int/app/conversion/pdf/? library = ECHR&id = 002-5464&filename = 002-5464. pdf&TID = thkbhnilzk.

③ "Sulejmanovic and Sultanovic v. Italy," application no. 57574/00, decision of 14 March 2002, http://echr. ketse. com/doc/57574. 00-fr-20020314/view/.

④ "Slivenko v. Latvia," application no. 48321/99, October 9, 2003, https://www. refworld. org/pdfid/402b5b034. pdf.

⑤ "European Commission for Democracy through Law (Venice Commission): Report on Non-Citizens and Minority Rights," adopted by the Venice Commission at its 69th plenary session, Study no.294/2004, Venice, December 15 - 16, 2006.

约》和《区域或少数语言保护宪章》的保护。在签署《框架公约》时发表了"声明"的国家中,大多数要求作为"少数民族"需要有公民身份——尽管他们有时也会将对"少数民族"的保护延伸到没有公民身份的群体。

　　欧洲国家将"公民身份"作为"少数群体"的条件,导致众多的移民群体的权利在很大程度上被忽略。据统计,截至 2019 年 1 月 1 日,仅欧盟 27 国,就有2180 万常住非公民人口,占欧盟总人数 4.9%。① 虽然《框架公约》咨询委员会多次呼吁,各缔约国对少数群体的保护,应"逐条"推进(article-by-article),以使《框架公约》的部分条款可以适用于"新少数群体"或移民群体。但缔约国是否采纳"逐条"推进方式,《框架公约》咨询委员会并无权监督或干涉。在很多具有公民身份的群体都难以享有《框架公约》权利的情况下,"新少数群体"无疑更难享有那些权利,更不用说新近的移民和难民了。

二、国家缺乏承担"积极责任"的决心

　　威尼斯委员会、《框架公约》咨询委员会、欧洲人权法院等机构都强调,国家应该在保护少数群体中承担积极责任,或采取积极行动、特殊行动。积极责任或积极行动类似于"肯定行动",其正当性或说合理性来自实质平等原则,这个原则允许采取不平等对待的方法来纠正由于歧视带来的不利,从而实现事实平等。② 二战结束之后的一段时间里,国际社会对权利保护主要承担"消极责任"或"消极义务",但这并不意味着无所作为或毫无成就。需要注意的是,"消极责任"和"形式平等"一样,容易被人们甚至政治学家、法学家理解为"负面"之事务,实际上并非如此。正如"形式平等"是实现平等的重要台阶,"消极责任"也是国家责任的重要方面,它要求国家"不干涉""不侵犯"个体的基本权利,它界定了国家"不可为"之事项,要求国家克制自己,防止公权力的滥用。从个体层面上看,国家的"消极责任"意味着个人有不受国家侵犯的行动或思想自由,即以赛亚·柏林(Isaiah Berlin)所指出的"消极自由"或"免于……的自由",是主

---

① "Migration and migrant population statistics," immigrants 2018, Eurostat, https://ec. europa. eu/eurostat/statisticsexplained/index. php/Migration_and_migrant_population_statistics.

② Erica Howard, *the EU Race Directive: Developing the Protection Against Racial Discrimination within EU*, Routledge, 2010, p.115.

体被允许或必须被允许不受别人干涉地做其有能力做的事情。① 正是从这个意义上,《欧洲人权公约》的全称实际为《欧洲保障人权和基本自由公约》(Convention for the Protection of Human Rights and Fundamental Freedoms)。虽然"人权"和"基本自由"常常相互缠绕而难以截然分开,但欧洲在重要的人权公约中将两者并列绝非偶然。对于需要国家承担更多"不干涉"责任的权利领域,"公约"使用了"基本自由"的措辞,例如第 9 条(思想、良心和宗教信仰自由)、第 10 条(表达自由)、第 11 条(集会和结社自由)。在这些领域,国家"消极责任"是主要的,而其微弱的"积极责任"仅仅是为了消除实现"消极责任"之障碍。例如在"The United Macedonian Organisation Ilinden and Ivanov v. Bulgaria 案例"2 中,保加利亚桑丹斯基市(Sandanski)市长拒绝"联合马其顿人组织"(Ilinden)举行集会活动,欧洲人权法院认为,国家有责任采取措施阻止反对"联合马其顿人组织"和平集会的行为,但保加利亚政府并未做到这点,因而违反了《欧洲人权公约》第 11 条。

而"积极责任"是一种需要国家"主动行动"的责任,它不仅是指国家层面的积极自由——"去做……的自由",而且意味着国家"必须做……"的责任和义务。从《欧洲人权公约》《欧洲少数民族保护框架公约》《欧洲区域或少数语言宪章》《少数群体权利宣言》等文件来看,大多数个体权利和少数群体权利是需要国家承担积极责任才能实现的。

但从 20 世纪 50 年代中期美国的民权运动开始,美国政府逐渐开始承担一些"积极责任",尤其是涉及少数群体的权利方面,从而使"肯定行动"得以实施,例如美国一些大学开始对有色人种,尤其是黑人实行积极的"配额制",以保证黑人上大学的比例不至于过低。

和美国一样,肯定行动措施在欧洲也引起了长期争议。由于《欧洲人权公约》本身并无涉及肯定行动的内容,也无明确支持实质平等的内容,所以较长一段时期里,欧洲人权法院对国家的"积极责任"及与之相关的"肯定行动"均持消极态度,只有在少数案例中要求国家承担积极责任。例如

---

① 以塞亚·伯林著,胡传胜译:《自由论》,译林出版社 2011 年版,第 170 - 179 页。Stankov and the United Macedonian Organisation Ilinden v. Bulgaria, application no. 44079/98. judgment of 20 October 2005.
http://www.pollitecon.com/html/treaties/Case_Of_The_United_Macedonian_Organization_Ilinden_And_Ivanov_v._Bulgaria.htm.

在"Marckx v Belgium 案例"和"Airey v Ireland 案例"①中,欧洲人权法院强调,第 8 条第 1 款在提及的私人生活保护时使用的"尊重"(respect)一词,应该理解为国家负有"积极的义务"(positive obligations)去保护个人的权利。再如在"X v Netherlands 案例"②中,欧洲人权法院指出,虽然第 8 条的根本目的是保护公民个人权利不受公权力的侵犯,但它同时也隐含着另一层意义,那就是国家负有积极的义务,主动采取必要的措施去保护个人的私生活。

但上述判例都不涉及少数群体保护,在少数群体保护方面,欧洲人权法院的态度相对来说更加消极一些,直到 20 世纪末和 21 世纪初,欧洲层面的一些制度和条约才开始系统性接受肯定行动。例如 2000 年,欧洲委员会部长委员会提出了一个关于支持罗姆教育的建议③,该建议明确表示应采取积极行动支持罗姆儿童完成学校教育。

2005 年,《欧洲人权公约》第十二号议定书提出了实质平等,在"前言"中指出:强调非歧视原则并不意味着阻止国家采取措施推动完全平等或实质平等,国家有客观而合理的理由的情况下例外。也就是说,第十二号议定书原则上要求国家采取积极行动措施以推动实质平等,但又强调国家在有客观合理的理由时,仅需采取非歧视的原则。

此后,对于积极行动的争论重点不再是该不该,而是如何采取和如何落实的问题,以及肯定行动措施的"比例性"原则问题。④ 在这种情况下,欧洲人权法院也逐渐转变了态度,在更多的少数群体案例中支持国家的积极责任和肯定行动。⑤

欧盟相对来说更加保守一些,欧洲法院在处理性别平等方面,长期以来更

---

① "Marckx v Belgium," Eur. Court H. R., Series A, no. 31, 1978; "Airey v Ireland," Europe Court of Human Rights, Series A, no. 32, 1979.

② "X v Netherlands" (A/91)(1986)8 E. H. R. R. 235.

③ Council of Europe, "Committee of Ministers, Recommendation No. R(2000)4 of the Committee of Ministers to Member States on the Education of Roma/Gypsy Children in Europe," February 3, 2000, at App. I (6).

④ 《欧洲人权公约》及其附加议定书并未直接提到比例性原则,但欧洲人权法院在一些判例中强调,"比例性原则"是隐含在《欧洲人权公约》里的一项基本原则。欧洲人权法院提出"比例性原则"的案例例如:"Leander v. Sweden," 1987;"Soering v United Kingdom," 1989.

⑤ "Von Hannover v Germany" [2004] ECHR 294, European Court of Human Rights, June 24, 2004, para. 57.

加倾向于维护形式平等而非实质平等。[①] 欧盟《种族平等指令》第 5 条是一个转变。该条表示,为了保证事实上的完全平等(full equality),平等对待的原则不应该被理解为阻止国家采取特殊措施预防或补偿由于种族或族群出身而造成的不利状况。这说明欧盟出现了实质平等理念。

在上述进展的推动下,尤其是在欧盟《种族平等指令》的直接影响下,21 世纪以来,积极行动或肯定行动的意识已经开始出现在各国的一些法律、政策和司法之中,例如:

(1)匈牙利和罗马尼亚对罗姆人大学生实行了配额制。[②]

(2)斯洛伐克、捷克、保加利亚为少数语言群体的儿童开设了"零年级",作为上小学的准备,主要是学习和适应保加利亚语;爱尔兰、法国、比利时都开设了主体语言适应班(majority language adaptation classes);瑞典、意大利、德国、爱沙尼亚、立陶宛、波兰、芬兰、匈牙利等国都开始了少数民族语言教学。

(3)斯洛伐克、保加利亚、芬兰、匈牙利等国都建立了助理教师制,主要是与社区及家庭接触,以加强和少数群体学生沟通并解决一些问题。

(4)英国、爱尔兰、斯洛伐克、匈牙利培训了一些罗姆语言和罗姆文化教师;

(5)爱尔兰、塞浦路斯、希腊、匈牙利等国加强了对罗姆学生的经济资助。

(6)英国为满足那些流浪生活的人的特殊需要,建立了远程学习和学生双重注册计划。

不过,对于《种族平等指令》又不应过于乐观。首先,该指令只是"允许"国家采取肯定行动,而未"要求"国家肯定行动,这实际上还是给予成员国政府很大的自由裁量权。其次,欧洲法院在有关种族和族群歧视方面的肯定行动中,对性别歧视方面的肯定行动态度类似,仍然是以形式平等为主,因为在

---

① 参见: Erica Howard, *the EU Race Directive: Developing the Protection Against Racial Discrimination within EU*, Routledge, 2010, p.152; Helen O'Nions, *Minority Rights Protection in International Law: the Roma of Europe*, Routledge, 2007, p.90.

② 对于上大学的配额制问题,国际上是存在着很大争议的,美国最高法院 1978 年的一个判例("University of California Regents v. Bakke")认为,配额制违反了平等,此后,美国大学里对于一些有色人种的配额制逐渐减少。不过,欧洲法院较为灵活地对待配额制,认为只要在纠正过去歧视的做法时,不给无辜的第三方带来不良后果就是可以的。参见: Lilla Farkas, "Segregation of Roma Childrenin Education: Addressing Structural Discrimination through the Race Equality Directive," a report of the European Commission, Directorate-General for Employment, Social Affairs and Equal Opportunities, July 2007.

两个指令中,关于肯定行动的措辞并未发生什么变化。① 很多欧盟成员国也曾经承诺在罗姆人权利保护方面采取积极行动,但是,这些承诺并没有带来什么实质性政策转变。② 所以,对于肯定行动,欧盟及其成员国目前主要是在原则上、形式上和制度上予以肯定,在实质上没有太多改变。从这个意义上说,欧盟的《种族平等指令》远远没有达到其目标。再次,《种族平等指令》并未界定"种族隔离",因此,当涉及种族隔离问题,尤其是教育隔离问题时显得有些无能为力。③ 最后,从该指令对间接歧视的界定来看,它在某些条件下是允许间接歧视的存在。这个条件就是,如果国家能论证,当它的某种中立政策导致的有差别的结果时,是具有合法目的(legitimate aim),同时也为实现这个目的采取了适当的和必要的手段。而"适当的"和"必要的"则带有浓厚的主观色彩,政府随时可以为实现政策目标的手段寻找到"合适的"和"必要的"理由,例如国家安全、公共秩序、社会稳定等。直接歧视虽然比间接歧视更难辩护,但是《种族平等指令》第4条规定,当在"真正的和决定性的职业需要"或者采取积极行动带来结果时,这种歧视就是可以存在的(当然这个规定也适用于间接歧视)。也就是说,当某种差别对待是基于某种工作所必需的技能时(比如某种工作需要较好的英语,可能导致很多罗姆人无法胜任),这种区别对待就不构成歧视。对于这个规定,成员国也有可能加以利用,从而形成人为歧视。

另外,积极责任必须以实质平等(substantive equality)为出发点。在这方面,欧洲法院和欧洲人权法院的判决略有不同。欧洲法院的判决,基本以形式平等为出发点,而欧洲人权法院的判决,有时会以实质平等为出发点考虑问题,尤其是在罗姆儿童的教育隔离案例方面。④ 在匈牙利"Horváth and Kiss 案例"

---

① Council Directive 2004/113, art. 6, 2004 O. J. （L 373）37（EC）[hereinafter Gender Equality Directive] (Implementing the Principle of Equal Treatment between Men and Women in the Access to Andsupply of Goods and Services); Race Equality Directive, article 5.

②③ Marius Taba & Andrew Ryder, "Institutional Responses to Segregation: The Role of Governments and Non-Governmental Organizations," in Iulius Rostas ed., *Ten Years After: A History of Roma School Desegregation in Central and Eastern Europe*, Central European University Press, 2012, pp.7－48(23).

④ Sina van den Bogaert, "Roma Segregation in Education: Direct or Indirect Discrimination? An Analysis of the Parallels and Differences Between Council Directive 2000/43/EC and Recent ECtHR Case Law on Roma Educational Matters," 71 Z eitschrift Für Ausländdisches Öffentliches Recht Und Völkerrecht 721,727,2011.

中,欧洲人权法院明确要求匈牙利采取积极行动结束歧视(认为匈牙利国家有积极责任),同时要求匈牙利解释由于歧视而造成的对某些群体的历史性的结构性不利。①

很显然,解决罗姆隔离问题离不开积极行动措施。但在罗姆教育案例中发现,积极行动措施仍然不足以逆转可持续的隔离。也就是说普通的积极行动措施对于罗姆人仍然是不够的,但强大的积极措施不仅存在违反平等的可能性,而且也会消耗大量的人力、物力和财力。例如作为欧洲少数群体保护先进典型的匈牙利,尽管实行了民族文化自治制度,但由于缺乏物力和经费支持,少数群体文化自治机构缺乏必要的行政资源、基础设施、人力物力、资金来源,使少数族群自治机构缺乏基本行政能力,不得不依赖于地方政府,这使少数群体保护大打折扣。

由于每个个体、群体的特点及所处环境不同,对一些群体的"积极责任"可能在另一个群体那里只能是"一般责任",例如匈牙利罗姆人和德意志人可能对国家"积极责任"的理解完全不同。2009年9月消除种族歧视委员会在第32号一般建议②中,又提出了和"积极责任"有别的"特别措施"(special measures)原则,前者是指纠正歧视而普遍需要承担的一种责任,而"特别措施"主要适用于需要补救的特殊情况,需要遵循公平和比例相称的原则,并且是暂时的。

最后,需要特别注意的是,并非所有的"积极责任"都是积极的和正面的。从理论上看,罗尔斯(John Bordley Rawls)、德沃金(Ronald Myles Dworkin)等自由主义平等主义理论家认为,国家对于什么是优良生活即善恶观念应持中立观念,更不能试图对它们的好坏进行排序。③ 而且,国家的道德冲动常常会使自己陷入"目的证明手段合理"的情绪之中,从而使国家对社会进行不必要的干预。从具体实践中看,国家承担了过度的或不必要的积极责任,或采取了超比例手段,可能创造某种"隐性强制"或"依赖陷阱"——例如对相对弱势的"A族"

① "Horváth and Kiss v. Hungary," application no. 11146/11, European Court of Human Rights, January 29, 2013, para. 220.

② General Recommendation no. 32, "The Meaning and Scope of Special Measures in the International Convention on the Elimination of All Forms of Racial Discrimination," September 24, 2009, https://www. refworld. org/docid/4adc30382. html.

③ Ronald Myles Dworkin. "Loberalism", in S. Hampshire eds., *Public and Private Morality*, Cambridge University Press, 1978, pp. 113 - 143; John Bordley Rawls, "Social Unity and Primary Goods, in Amartya Sen and Bernard Williams eds., *Utilitarianism and Beyond*, Cambridge University Press, 1982, pp. 159 - 185.

成员承担超越适当比例的积极责任,会对该族成员的族群身份选择带来隐性强制,即为了保持好处而自主或非自主地认同该族群身份或形成对国家的依赖——这些都不利于少数群体权利保护。这就可以部分解释,为何以自由主义为制度根基的西方国家对少数群体承担积极责任总是持十分慎重的态度。

三、缺乏监督执行的机制

欧洲少数群体保护制度、政策不可谓不多,但执行均不理想。除了各国国情差异、能力方面的原因之外,一个非常重要的原因是缺乏监督执行的有效机制。不仅缺乏总的监督制度,各个机构,甚至是欧洲法院、欧洲人权法院的判决,都没有有力的监督执行机制。

欧盟强调消除违反欧盟法律的歧视,但是对于被歧视者本身及其生活状况,欧盟关注很少。[①] 也就是说,欧盟关注的是"微观平等"和"过程平等"环节,而对于"宏观平等""机会平等""结果平等"等问题选择有意忽视,而少数群体问题常常恰好处于被欧盟忽视的平等环节之中。

尽管欧盟在 1993 年出台过包含少数民族保护的《哥本哈根标准》,但实际上,少数民族保护标准仅仅是一个参考性标准或说"软约束",并无国家因为少数民族权利保护存在问题而影响了入盟进程。而且一旦入盟,欧盟对成员国在少数群体保护方面的约束基本完全消失。

欧洲人权法院、欧洲法院、欧洲社会权利委员会也同样缺乏必要的执行能力,也无监督成员国落实裁决的能力。欧洲人权法院作出审判裁决后,通常由欧洲委员会的部长委员会监督执行。一旦确定某国构成违法,当事国有采取纠正措施的法律责任,但选择采取何种措施进行纠正,当事国有很大的自由裁量权(《欧洲人权公约》第 46 条)。通常,当事国会起草一个包含具体措施的行动计划报告呈给部长委员会。部长委员会按照常规程序跟进监督,如果事情紧急或者是结构性歧视,则采取紧急程序进行接触和推进。

欧盟对于《种族平等指令》也有监督制度,监督的主体主要是欧盟委员会。根据《欧洲联盟条约》第 258 条,如果某国没有执行欧盟条约规定的义务,那么

---

① Mathias Möschel, *Law, Lawyers and Race: Critical Race Theory from the United States to Europe*, Routledge, 2014, p.137.

欧盟委员会会给该成员国发布一个意见书,敦促该国履行义务。如果该国仍然不履行义务,欧盟委员会可以将案件移交到欧洲法院处理。[①] 而欧洲法院的裁决仍然需要依赖成员国去遵守。《欧洲联盟条约》第 259 条规定,如果某成员国违反了条约规定的义务,另一成员国可以向欧盟委员会申诉,如果没有得到改进,后者还可以向欧洲法院上诉。当成员国没有执行条约规定的责任时,欧盟还可以根据《欧洲联盟条约》第 226、228 条进行惩罚。[②]

例如,2014 年 9 月,欧盟委员会根据《欧洲联盟条约》第 258 条发起针对捷克违反《欧盟反歧视法》的违法调查程序,原因是捷克将罗姆儿童放到隔离性的特殊教育学校里学习。[③] 2015 年 4 月、2016 年 5 月欧盟委员会也因为同样的原因发起对斯洛伐克和匈牙利的调查程序。

在接到欧盟委员会发起的调查程序后,捷克和斯洛伐克都提出了一些解决措施。捷克出台了一些修正案,以改进国家的教育法,例如引进一年学前义务教育;考虑取消对轻度学习障碍的学生设置专门教育计划,将他们纳入普通教育之中。[④] 斯洛伐克在 2015 年 6 月出台了对教育法的修正案,以推动融入和为招收弱势背景学生的学校提供经济支持。[⑤]

但欧盟关注的主要是经济和市场,即使涉及《种族平等指令》的反歧视条款的诉讼,欧洲法院也难以通过它来维护人权。而且,爱尔兰法律学者格瑞恩·代·布尔卡(Gráinne de Búrca)认为,随着人权案例越来越多,欧洲法院那种自我欣赏的态度、刻板的办案程序、小范围审理案件的方式已经越来越不适应变化了的情况。[⑥]

此外,案件上诉到欧洲法院的途径是很狭窄的。换句话说,即使欧洲法院的法官想改变少数群体受到歧视的状况,也只能依赖于欧盟委员会和国内法院

---

① "Consolidated Version of the Treaty on the Functioning of the European Union," article 258, 2008 O. J. (C 115) 47.

② 《欧洲联盟条约》第 226 条允许欧洲议会根据四分之一的成员国的要求调查未能执行欧盟法律的情况。第 228 条涉及人权专员的调查程序。另外,第 258 条规定了由欧盟委员会可提起的侵权诉讼,该侵权诉讼有可能在欧洲法院进行。

③ Press Release, European Roma Rights Centre, "Commission Takes Tougher Stance on Member States Discriminating Roma," April 29, 2015, http://www. errc. org/article/commission-takes-tougher-stance-on-member-states-discriminating-roma/4359 [https://perma.cc/5JNB-FC7G].

④⑤ Amnesty International, Annual Report, "Czech Republic," 2015/2016 135 (Mar. 2016).

⑥ Gráinne de Búrca, "After the EU Charter of Fundamental Rights: The Court of Justice as Human Rights Adjudicator?" *Maastricht Journal*, vol. 20, 2013, p. 168, 184.

将相关案例推送至欧洲法院,因为欧洲法院不能自己启动诉讼程序。另一方面,欧盟也不大可能因为法院判决而启动对成员国的制裁。

欧洲委员会虽然有一些少数群体保护制度和机构,但没有一个执行机构或监督执行的机构,《框架公约》咨询委员会仅仅是个咨询机构,接受各国的进展报告并进行评论,并无强制约束能力。威尼斯委员会则更多地停留在对各国有关少数群体的制度、政策表明态度和进行理论阐述,不具备约束各国的能力。

一个非常现实的问题是,欧洲国家普遍存在着数量较多、人口较多的少数群体,如果均采取较高程度的"特别保护"和"优惠政策",将会带来巨大的"权利成本"。正如美国学者史蒂芬·霍尔姆斯、凯斯·R.桑斯坦所言:"显而易见,权利依赖于政府,这必然带来一个逻辑上的后果:权利需要钱,没有公共资助和公共支持,权利就不能获得保护和实施……几乎每一项权利都蕴含着相应的政府义务,而只有当公共权力调用公共资金对玩忽职守施以惩罚时,义务才能被认真地对待。没有法律上可实施的义务,就没有法律上可实施的权利。"①

绝大多数欧洲国家在中央财政预算中并不包含针对少数群体的支出,即使少数群体保护较好的匈牙利,对民族文化自治机构的拨款也十分有限,1995年对全国各级各类民族文化自治机构的总拨款仅为273万美元,以后逐渐有所增加,但2015年仍仅为1774万美元。② 这些经费是除了工作人员工资之外的行政和活动经费,远远不能满足少数民族自治机构解决少数民族教育、文化和社会服务等方面的需要。因此,还需要依靠地区和地方政府资助以及在行政资源——例如资料印刷、媒体宣传、会议场所等方面的支持,而地区政府和地方政府往往缺乏稳定的预算机制。若需要真正保护十三个少数民族享有2011年《民族法》规定的文化自治权利,其中的资金缺口非常之大。

---

① 史蒂芬·霍尔姆斯、凯斯·R.桑斯坦著,毕竞悦译:《权利的成本》,北京大学出版社2004年版,第3、26页。

② Balázs Dobos, "The Minority Self-Governments in Hungary," Online Compendium Autonomy Arrangements in the World, January 2016, http://www. world-autonomies. info/ntas/hun/Documents/Hungary_2016-01-15.pdf.

参考文献

一、中文文献

(一)中文著作和译著

中共中央马克思恩格斯列宁斯大林著作编译局:《马克思恩格斯全集》第十六卷,人民出版社 2007 年版。

郝时远:《类族 辨物:"民族"与"族群"概念之中西对话》,中国社会科学出版社 2013 年版。

纳日碧力戈:《现代背景下的族群建构》,云南教育出版社 2000 年版。

高丙中、纳日碧力戈等:《现代化与民族生活方式的变迁》,天津人民出版社 1997 年版。

常士訚主编:《异中求和:当代西方多元文化主义思想研究》,人民出版社 2008 年版。

常士訚:《族际合作治理:多民族发展中国家政治整合研究》,天津人民出版社 2019 年版。

周少青:《权利的价值理念之维:以少数群体保护为例》,中国社会科学出版社 2016 年版。

马珂:《后民族主义的认同及其启示——争论中的哈贝马斯国际政治理念》,上海人民出版社 2010 年版。

张树华等:《民主化悖论:冷战后世界政治的困境与教训》,中国社会科学出版社 2015 年版。

朱伦:《民族共治:民族政治学的新命题》,中国社会科学出版社 2012 年版。

朱伦、陈玉瑶编:《民族主义:当代西方学者的观点》,社会科学文献出版社 2013 年版。

陈玉瑶:《国民团结:法国的理念与实践》,社会科学文献出版社 2019 年版。

包刚升:《民主的逻辑》,社会科学文献出版社 2018 年版。

朱晓青:《〈欧洲人权公约〉中的平等与非歧视原则》,《2006 年亚洲地区性别与法律研讨会论文集》,2010 年在线出版。

李薇薇:《反歧视法原理》,法律出版社 2012 年版。

周勇:《少数人权利的法理》,社会科学文献出版社 2002 年版。

周平:《多民族国家的族际政治整合》,中央编译出版社 2012 年版。

洪霞:《欧洲的灵魂:欧洲认同与民族国家的重新整合》,中国大百科全书出版社 2010 年版。

马胜利、邝杨主编:《欧洲认同研究》,社会科学文献出版社 2008 年版。

李林、李西霞、丽狄娅·R. 芭斯塔·弗莱纳(Lidija R. Basta Fleiner)主编:《少数人的权利》,

社会科学文献出版社 2010 年版。

张三南、杨须爱主编:《同心斋撷实:民族理论若干问题探究》,时事出版社 2016 年版。

张慧卿:《金里卡少数族群权利理论研究》,人民出版社 2016 年版。

司马俊莲:《少数民族文化权利研究》,民族出版社 2009 年版。

王建娥:《族际政治:20 世纪的理论与实践》,社会科学文献出版社 2011 年版。

田艳:《少数民族习惯权利研究》,中央民族大学出版社 2013 年版。

吕永红:《民族、国际与制度——历史制度主义视域下的民族区域自治制度研究》,世界图书
    出版广东有限公司 2014 年版。

杨友孙:《欧盟东扩与制度互动——从一个入盟标准说起》,世界知识出版社 2008 年版。

杨友孙:《欧盟东扩视野下中东欧少数民族保护问题研究》,江西人民出版社 2010 年版。

爱德华·莫迪默、罗伯特·法恩主编,刘泓、黄海慧译:《人民·民族·国家:族性与民族主义
    的含义》,中央民族大学出版社 2009 年版。

奥托·鲍威尔著,殷叙彝译:《鲍威尔文选》,人民出版社 2008 年版。

安东尼·史密斯著,叶江译:《民族主义:理论、意识形态、历史》,上海人民出版社 2011 年版。

安东尼·史密斯著,龚维斌、良警宇译:《全球化时代的民族与民族主义》,中央编译出版社
    2002 年版。

冯客著,杨立华译:《近代中国之种族观念》,江苏人民出版社 1999 年版。

斯蒂夫·芬顿著,刘泓、王建娥、葛公尚、于红、刘晓丹、劳焕强译:《族性》,中央民族大学出版
    社 2009 年版。

戴维·莱文森编,葛公尚、于红译:《世界各国的族群》,中央民族大学出版社 2009 年版。

皮埃尔·罗桑瓦龙著,高振华译:《法兰西政治模式:1789 年至今公民社会与雅各宾主义的对
    立》,生活·读书·新知三联书店,2012 年。

哈贝马斯著,曹卫东译:《后民族结构》,上海人民出版社 2002 年版。

哈贝马斯著,曹卫东译:《包容他者》,上海人民出版社 2018 年版。

戴维·波普诺著,李强等译:《社会学》,中国人民大学出版社 2004 年版。

A. J. M. 米尔恩著,夏勇、张志铭译:《人的权利与人的多样性——人权哲学》,中国大百科全
    书出版社 1995 年版。

亚里士多德:《政治学》,商务印书馆 1981 年版。

厄内斯特·盖尔纳著,韩红译:《民族与民族主义》,中央编译出版社 2002 年版。

柳华文:《论国家在〈经济、社 会和文化权利国际公约〉下义务的不对称性》,北京大学出版社
    2005 年版。

胡安·诺格著,徐鹤林、朱伦译:《民族主义与领土》,中央民族大学出版社 2009 年版。

艾里克·霍布斯鲍姆,李金梅译:《民族与民族主义》,上海人民出版社 2006 年版。

威尔·金里卡著,杨立峰译:《多元文化公民权:一种有关少数族群权利的自由主义理论》,上
    海世纪出版集团 2009 年版。

海斯著,帕米尔等译:《现代民族主义演进史》,华东师范大学出版社 2011 年版。

史蒂芬·霍尔姆斯、凯斯·R. 桑斯坦著,毕竞悦译:《权利的成本》,北京大学出版社 2004
    年版。

(二) 中文文章及译文

郝时远：《20 世纪三次民族主义浪潮评析》，《世界民族》1996 年第 3 期。

郝时远：《20 世纪世界民族问题的消长及其对新世纪的影响》，《世界民族》2000 年第 1 期。

郝时远：《中文"民族"一词源流考辨》，《民族研究》2004 年第 6 期。

茹莹：《汉语"民族"一词在我国的最早出现》，《世界民族》2001 年第 6 期。

邸永君：《"民族"一词见于〈南齐书〉》，《民族研究》2004 年第 3 期。

黄兴涛：《"民族"一词究竟何时在中文里出现》，《浙江学刊》2002 年第 1 期。

方维规：《论近代思想史上的"民族""Nation"与中国》，《二十一世纪》2002 年 4 月号。

马戎：《理解民族关系的新思路》，《北京大学学报》2004 年第 6 期。

梁崇民：《"欧盟对于权之保障——少数民族、少数语言个案分析"》，《欧美研究》2004 年第 34 卷第 1 期，第 51—93 页。

曾少聪：《世界民族研究》，揣振宇等主编：《中国民族研究年鉴 2003 年卷》，民族出版社 2004 年版。

刘泓：《欧洲现代种族主义的历史透视》，《内蒙古财经学院学报》2008 年第 5 期。

徐杰舜：《再论民族与族群》，《西北第二民族学院学报》2008 年第 2 期。

海路、徐杰舜：《西方族群研究文献回顾》，《湖北民族学院学报》2009 年第 1 期。

庄晨燕：《〈欧洲区域或少数民族语言宪章〉与法国多样性治理：对西方选举政治的反思》，《世界民族》2018 年第 5 期。

赵海峰：《论欧洲人权法院和欧洲共同体法院在人权保护方面的关系》，《欧洲法通讯》第 5 辑，法律出版社 2003 年版。

朱伦：《西方的"族体"概念系统——从"族群"概念在中国的应用错位说起》，《中国社会科学》2005 年第 4 期。

朱伦：《民族共治论——对当代多民族国家族际政治事实的认识》，《中国社会科学》2001 年第 4 期。

严庆、于浩宇、谭野：《少数人权利保护：联合国视域中的民族事务定位及其作为》，《贵州民族研究》2019 年 10 期。

严庆：《族群动员：一个化族裔认同为工具的族际政治理论》，《广西民族研究》2010 年第 3 期。

邱本：《"论有限集体人权"》，《社会科学战线》2008 年第 3 期。

陈瑛：《人权：从集体主义角度看》，《道德与文明》2003 年第 6 期。

李步云：《论个人人权与集体人权》，《中国社会科学院研究生院学报》1994 年第 6 期。

周少青：《少数民族权利保护的国际共识和国家义务》，《中国民族报》2012 年 7 月 6 日。

周少青：《民主权利的制衡与少数人权利保护》，《中央民族大学学报（哲学社会科学版）》2015 年第 05 期。

周少青：《国家发展与国家安全视野中的"民族问题"》，《学术界》2018 年第 10 期。

周少青：《美国宗教少数群体抱团取暖》，《中国民族报》2017 年 3 月 7 日。

林其敏：《土著人民权利的国际保护——兼评〈联合国土著人民权利宣言〉》，《民族学刊》2011 年第 6 期。

龚刃韧：《国际法上人权保护的历史形态》，《中国国际法年刊》1990 年。

白桂梅：《国际法上的自决权与少数者权利》，《中外法学》1997 年第 4 期。

陈祥福：《民族自决权：历史、现实及困境》，《西藏民族学院学报（哲学社会科学版）》2004 年第

3 期。

朱晓未:《民族自决权的历史演进及晚近发展》,《法制与社会》2006 年第 16 期。

纳日碧力戈:《以名辅实和以实正名:中国民族问题的"非问题处理"》,《探索与争鸣》2014 年
　　第 3 期。

廖敏文:《〈欧洲保护少数民族框架公约〉评述》,《民族研究》2004 年第 5 期。

吴双全:《论"少数人"概念的界定》,《兰州大学学报》2010 年 01 期。

李涵伟:《"少数人"概念意涵及其与国家认同的关系》,《中南民族大学学报》2020 年 03 期。

陈志平、曾茜:《国际法上少数人与土著人民的保护》,《云南大学学报(法学版)》2016 年第
　　3 期。

韩荣和、关今华、关山虹:《简论基本人权》,《福建师范大学学报》2010 年第 4 期。

威尔·金里卡(周少青、和红梅译):《政治哲学和国际法中的少数群体权利》,《国外理论动
　　态》2019 年 03 期。

威尔·金里卡(张慧卿、高景柱译):《少数群体权利的国际化》,《政治思想史》2010 年第 2 期。

阎孟伟、张欢:《少数群体权利的合理性问题——评多元文化主义与自由主义之争》,《南开学
　　报》2019 年 01 期。

吕普生:《多民族国家中的少数群体权利保护:理论分歧与反思》,《民族研究》2013 年第 6 期。

龚微:《欧洲债务危机与欧盟少数群体权利保护》,《世界民族》2014 年第 1 期。

孙军:《威尔·金里卡少数群体集体权利思想述析》,《大连海事大学学报》2017 年第 2 期。

张慧霞:《国际人权法视野下少数群体权利保护研究》,中国社会科学院研究生院 2011 年博
　　士学位论文。

白帆:《理性主义抑或多元文化主义? ——对少数群体人权问题的审视》,《人权》2019 年第
　　1 期。

夏瑛:《差异政治、少数群体权利与多元文化主义》,《马克思主义与现实》2016 年第 1 期。

杨四代、关凯:《当代中国民族问题的知识坐标:基于对西方族群理论的反思》,《西北民族研
　　究》2020 年第 2 期。

李先波、赵彩艳:《非歧视待遇原则在移徙工人权利保护中的适用》,《湘潭大学学报》2018 年
　　第 5 期。

柯振兴:《隐性歧视为何在立法中难以立足》,《法律与社会科学》2017 年第 2 期。

翁燕菁:《不歧视原则之经济社会权利保障效力:欧洲人权公约当代课题》,《欧美研究》,2013
　　年第四十三卷第三期。

任梦格、常晶:《英国多元文化主义政策的困境与反思》,《贵州师范大学学报》2013 年第
　　04 期。

李明欢、卡琳娜·盖哈西莫夫:《"共和模式"的困境——法国移民政策研究》,《欧洲研究》
　　2003 年第 4 期。

陈玉瑶:《法国移民问题探析》,《法国研究》2014 年第 3 期。

陈·巴特尔:《欧洲少数民族母语差别教育权利及其保障——以挪威萨米人为例》,《中国民
　　族学》2017 年第 2 期。

陆平辉:《欧洲少数民族权利保障的发展历程与特征分析》,《黑龙江民族丛刊》2012 年第
　　5 期。

陆平辉:《欧洲少数民族权利保障:权利标准与区域共治》,《云南大学学报》2013 年第 3 期。

刘力达：《欧洲少数民族权利保护面临政治困境》，《民族宗教研究动态》2011 年第 6 期。

焦传凯：《后冷战时期欧洲少数民族保护机制的特点及不足》，《西南民族大学学报》2011 年第 4 期。

张颖军、潘萍：《欧洲安全与合作组织的少数民族保护问题研究》，《中南民族大学学报》2018 年第 6 期。

王小海：《欧洲处理少数民族问题政策范式的演变及评析》，《南方论丛》2014 年第 5 期。

范晶晶：《工业化进程中生活方式的变迁与少数民族文化权利保护》，《内蒙古社会科学》2013 年第 4 期。

张雪莲：《经济、社会和文化权利委员会的一般性意见》，《国际法研究》2019 年第 2 期。

孙世彦：《〈经济、社会、文化权利国际公约任择议定书〉生效五年之观察》，《国际法研究》2018 年第 6 期。

钟会兵、李龙：《社会保障权可诉性分析：背景、规范与实践》，《武汉大学学报》2009 年第 6 期。

郭曰君、杜倩：《论欧洲理事会的经济和社会权利的集体申诉制度》，《广州大学学报》2012 年第 1 期。

龚微：《欧洲债务危机与欧盟少数群体权利保护》，《世界民族》2014 年第 1 期。

弗兰克·迪韦尔、杨云珍：《移民、少数群体和边缘化，欧洲移民研究的新方向》，《比较政治学研究》2011 年第 1 期。

宋全成：《反移民、反全球化的民粹主义何以能在欧美兴起》，《山东大学学报》2018 年第 5 期

宋全成：《族群分裂与宗教冲突：伊斯兰国恐怖组织的崛起、特征与发展前景》，《当代世界社会主义问题》2017 年第 2 期。

汤振华、秦前红：《少数人权利保护的法理述评》，《贵州民族研究》2020 年第 4 期。

严庆、于浩宇、谭野：《少数人权利保护：联合国视域中的民族事务定位及其作为》，《贵州民族研究》2019 年第 10 期。

陈志平：《国际法视野下少数人语言权利保护研究》，《云南大学学报》2019 年第 4 期。

张颖军：《社会组织与欧洲的少数人权利保护》，《欧洲法律评论》2018 年第 3 期。

吕普生：《多民族国家中的少数群体权利保护：理论分歧与反思》，《民族研究》2013 年第 6 期。

林其敏：《土著人民权利的国际保护——兼评〈联合国土著人民权利宣言〉》，《民族学刊》2011 年第 6 期。

范继增：《欧洲人权法院适用边际裁量原则的方法与逻辑》，《东南法学》2016 年第 2 期。

范继增：《歧视之例外？：欧盟法院保护宗教自由的悖论》，《人权研究》2018 年第 1 期。

范继增：《迈向保障基本权利和确定性并存的权衡法则：阿列克西权重公式的解构与重建》，《东南法学》2022 年第 1 期。

范继增、王瑜鸿：《趋向风险预防性的比例原则——基于欧洲疫情克减措施的裁判逻辑》，《人权》，2021 年第 4 期。

杨友孙、卢文娟：《波兰西里西亚人争取族群地位问题评析》，《俄罗斯研究》2019 年第 2 期。

杨友孙、卢文娟：《非政府组织在加强少数民族事务工作中的作用——以欧洲罗姆人非政府组织为例》，《世界民族》2019 年第 5 期。

杨友孙：《国际联盟"民族自决"原则的欧洲实践考察》，《历史教学问题》2014 年第 5 期。

杨友孙：《欧洲国家个人族群身份自我认同的原则和实践》，《民族研究》2021 年第 4 期。

杨友孙：《欧洲国家少数群体集体族群身份认定问题探析》，《民族学刊》2022 年第 11 期。

二、外文文献

(一) 外文著作

Alan Phillips and Allan Rosas ed., *Universal Minority rights*, Abo Akademi and Minority Rights Group, 1995.

Andrzej Roczniok, ed. *ZLNS-Związek Ludności Narodowości Śląskiej w dokumentach*, Część I, Narodowa Oficyna Śląska, 2012.

Androula Yiakoumetti ed., *Harnessing Linguistic Variation to Improve Education: Rethinking Education*, Publisher: Peter Lang AG, Vol. 5, 2012.

Antony Evelyn Alcock. *A History of the Protection of Regional Cultural Minorities in Europe*, Martin's Press, LLC, 2000.

Asbjørn Eide and Bernt Hagtvet, *Human Rights in Perspective: A Global Assessment*, Blackwell Publishers, 1992.

Asbjørn Eide, *New Approaches to Minority Protection*, Minority Rights Group, December 1993.

Amartya Sen, *Identity and Violence: The Illusion of Destiny*, Penguin Books, 2007.

Ashley Montagu ed., *the Concept of Race*, Macmillan, 1964.

Benedict Anderson, *Imagined Communities: Reflections on the Origins and Spread of Nationalism*, Verso, 1991.

Bruno De Witte, *the Cultural Dimention of Community Law*, published by Kluwer Law International, vil. 4, Book 1, 1995.

Carol Benson & Kimmo Kosonen ed., *Language Issues in Comparative Education: Inclusive Teaching and Learning in Non-dominant Languages and Cultures*, Sense Publishers, 2013.

Carolyn Evans: *Freedom of Religion under the European Convention on Human Rights*, Oxford University Press, 2001.

Charlotte O'Brien, *Unity in Adversity: EU Citizenship*, Social Justice and the Cautionary Tale of the UK, Hart Publishing, 2017.

Christoph Pan, Beate S. Pfeil, *National Minorities in Europe: Handbook*, W. Braumüller (series of Ethnos), 2003.

Claude Cahn, *Human Rights, State Sovereignty and Medical Ethics: Examining Struggles Around Coercive Sterilasation of Romani Women*, published by Brill Nijhoff, 2015.

Claudia Tavani, *Collective Rights and the Cultural Identity of the Roma: A Case Study of Italy*, Martinus Nijhoff Publishers, 2012.

Craig Calhoun ed., *Social Theory and the Politics of Identity*, Blackwell, 1994.

David Marquand, *Parliament for Europe*, Salem House Publishers, 1979.

Dominic McGoldrick, *Human Rights and Religion: The Islamic Headscarf Debate in Europe*, Hart Publishing, 2006.

Dominika Bychawska-Siniarska, *Protecting the Right to Freedom of Expression under the European Convention on Human Rights: A Handbook for Legal Practitioners*, printed at the Council of Europe, 2017.

Dympna Glendenning, *Education and the Law*, Published by Bloomsbury Professional Limited, Second Edition, 2012.

Edwin N. Wilmsen and Patrick McAllister, *the Politics of Diffence: Ethnic Premises in a World of Power*, University of Chicago Press, 1996.

Erica Howard, *the EU Race Directive: Developing the Protection Against Racial Discrimination within EU*, Routledge, 2010.

Eva Brems ed. , *Diversity and European Human Rights: Rewriting Judgment of the ECHR*, Cambridge University Press, 2013.

Evangelia Psychogiopoulou, *Integration of Cultural Considerations in European Union Law and Policies*, Martinus Nijhoff Publishers, 2008.

Erna Polimac, *Execution of the Sejdić and Finci v. Bosnia and Herzegovina Case, the Reasons behind the Delay*, Tilburg University thesis, 2014.

Francesca Ippolito, Sara Iglesias Sánchez, *Protecting Vulnerable Groups: The European Human Rights Framework*, Hart Publishing Ltd, 2015.

Francesco Capotorti, *Study on the Rights of Persons Belong to Ethnic, Religious and Linguistic Minorities*, United Nations Publisher, December 1991.

Grant Huscroft, Bradley Miller, Grégoire Webber, *Introduction to Proportionality and the Rule of Law: Rights, Justification, Reasoning*, Cambridge University Press, 2014.

Gabriel N. Toggenburg ed. , *Minority Protection and the Enlargement European Union: the Way forward*, Local Government and Public Service Reform Initiative, 2004.

Heather Smith-Cannoy, *Insincere Commitments: Human Rights Treaties, Abusive States, and Citizen Activism*, Georgetown University Press, 2012.

Helen Hardman, *Brice Dickson edited, Electoral Rights in Europe: Advances and Challenges, Routledge*, 2017.

Helen O'Nions, *Minority Rights Protection in International Law: the Roma of Europe*, Routledge, 2007.

Hugh Miall ed. , *Minority Rights in Europe*, Pinter Publishers, 1994.

Ida Elisabeth Koch, *Human Rights As Indivisible Rights: The Protection of Socio-economic Dem-ands under the European Convention on Human Rights*, Martinus Nijhoff Publishers, 2009.

Iulia Motoc, Ineta Ziemele ed. , *the Impact of the ECHR on Democratic Change in Central and Eastern Europe: Judicial Perspectives*, Cambridge University Press, 2016.

Iris Marion Young, *Justice and the Politics of Difference*, Princeton University Press, 1990.

Jacqueline Mowbray, *Linguistic Justice: International Law and Language Policy*, Oxford University Press, 2012.

Jens Woelk, Fracesco Palermo and Joseph Marko ed. , *Tolerance through Law: Self-governance and Group Rights in South Tyrol*, Martinus Nijhoff, 2008.

Jeroen Temperman, *Religious Hatred and International Law: The Prohibition of Incitement to Voilence and Discrimination*, Cambridge University Press, 2016.

John N. Figgis & Reginald V. Laurence ed. , *History of Freedom and Other Essays*, *Macmillan*, 1907.

Karl Popper, *The Open Society and Its Enemies*, Routledge, 1945,

Kristin Henrard, *Devising an Adequate System of Minority Protection: Individual Human Rights, Minority Rights and the Right to Self-Determination*, Springer, 2000.

Leone Niglia, *Pluralism and European Private Law*, Hart Publishing, 2013.

Linda Hajjar Leib, *Human Rights and the Environment: Philosophical, Theoretical and Legal Pespective*, Martinus Nijhoff Publishers, 2011.

L. M. Nijakowski ed. , *Nadciągają Ślązacy*, Wydawnictwo Naukowe Scholar, 2004.

Lucy Mair, *The Protection of Minorities: the Working and Scope of the Minorities Treaties under the League of Nations*, Christophers, 1928.

Maria Koinova, *Ethnonationalist Conflict in Postcommunist States: Varieties of Governance in Bulgaria, Macedonia, and Kosovo*, University of Pennsylvania Press, 2013.

Mark Weller, *the Rights of Minorities in Europe: A Commentary on the European Framework Convention for the Protection of National Minorities*, Oxford University Press, 2005.

Mathias Möschel, *Law, Lawyers and Race: Critical Race Theory from the United States to Europe*, Routledge, 2014.

Martha Ackelsberg and Mary Lyndon Shanley, *Reflections on Iris Marion Young's Justice and the Politics of Difference*, Published online by Cambridge University Press, 2008.

Max Weber, *Economy and Society*, G. Roth and C. Wittich. Berkeleyed. , University of California Press, 1978.

Niamh Nic Shuibhne, *EC Law and Minority Language Policy: Culture, Citizenship and Fundamental Rights*, Kluwer Law International, 2002.

Noel Whitty, *Civil Liberties Law: The Human Rights Act Era*, Oxford University Press, 1996.

Oddný Mjöll Arnardóttir, *Equality and Non-Discrimination under the European Convention on Human Rights*, Martinus Nijhoff Publishers, 2003.

Olivier Roy, *Secularism Confronts Islam*, New York: Columbia University Press, 2007.

Päivi Gynther, *Beyond Systemic Discrimination: Educational Rights, Skills Acquisition and the Case of Roma*, Martinus Nijhoff Publishers, 2007.

Patrick Thornberry, *International Law and the Rights of Minorities*, Clarendon Press, 1991.

Patrick Thornberry, *The UN Declaration on the Rights of Persons Belonging to National or Ethnic, Religious and Linguistic Minorities: Background, Analysis and Observations: an Occasional Paper from Minority Rights Group*, Minority Rights Group, 1993.

Paul M. Taylor, *Freedom of Religion: UN and European Human Rights Law and Practice*, Cambridge University Press, 2005.

Peter G. Danchin and Elizabeth A. Cole ed. , *Protectiong the Human Rights of Religions Minorities in Eastern Europe*, Columbia University Press, 2002.

Rannne M. Letschert: *the Impact of Minority Rights Mechanism*, T. M. C. Asser Press, 2005.

Gerhard Robbers ed., State and Church in the European Union, 2nd editionn, Baden-Baden: Nomos, 2005.

Richard L. Creech, *Law and Language in the European Union: The Paradox of a Babel "United in Diversity"*, Europa Law Publishing, 2005.

Richard Schermerhorn, *Comparative Ethnic Relations: A Framework for Theory and Research*, Random House, 1974.

Robert John Reed, Jim Murdoch, *Human Rights Law in Scotland*, Bloomsbury Publishing, 2017.

Ronan McCrea, *Religion and the Public Order of the European Union*, Oxford University Press, 2010.

Sacha Garben, *EU Higher Education Law: The Bologna Process and Harmonization by Stealth*, published by Kluwer Law International, 2011.

Sandra Fredman, *European Union Non-discrimination Law and Intersectionality: Investigating the Triangle of Racial, Gender and Disability Discrimination*, published by Routledge, 2016.

Seton-Watson, *Nations and States*, Westview Press, 1977.

Silvia Borelli, Federico Lenzerini, *Cultural Heritage, Cultural Rights, Cultural Diversity: New Developments in International Law*, Martinus Nijhoff Publishers, 2012.

Silvio Ferrari, *Routledge Handbook of Law and Religion*, Routledge, 2015.

Stefanie Schmahl, Marten Breuer ed., *The Council of Europe: Its Law and Policies*, Oxford University Press, 2017.

Stephen Cornell and Douglas Hartmann, *Ethnicity and Race: Making Identities in a Changing World*, Pine Forge Press, 1998.

Steven Greer, *The European Convention on Human Rights: Achievements, Problems and Prospects*, Cambridge University Press, 2006.

Tomáš Drobík, Monika Šumberová ed., *Chapters of Modern Human Geographical Thought*, Cambridge Scholars Publishing, 2009.

Tawhida Ahmed, *The Impact of EU Law on Minority Rights*, Hart Publishing L. td, 2011.

Tore Lindholm, W Cole Durham and Bahia Tahzib-Lie ed., *Facilitating Freedom of Religion or Belief: A Deskbook*, Martinus Nijhoff, 2004.

Tove Skutnabb-Kangas, *Linguistic Genocide in Education-or Worldwide Diversity and Human Rights?* Lawrence Erlbaum Associates Inc, 2000.

Tove H. Malloy, *National Minority Rights in Europe*, Oxford University Press, 2005.

Walter M. Abbott, *The Documents of Vatican II with Notes and Comments by Catholic, Protestant and Orthodox Authorities*, Published by New Win Publishing, 1966.

W. Cole Durham, Donlu D. Thayer ed., *Religion and Equality: Law in Conflict*, Routledge, 2016.

Will Kymlicka, *Liberalism, Community and Culture*, Clarendon Press, 1989.

Will Kymlicka, *Multicultural Citizenship: A Liberal Theory of Minority Rights*, Oxford University Press, 1995.

Will Kymlicka, *Multicultural Odysseys: Navigating the New International Politics of Diversity*, Oxford University Press, 2007.

Will Kymlicka, *Politics in the Vernacular: Nationalism, Multiculturalism, and Citizenship*, Oxford University Press, 2001.

William Kurt Barth, *On Cultural Rights: The Equality of Nations and the Minority Legal Tradition*, Martinus Nijhoff Publishers, 2008.

Yoram Dinstein and Mala Tabory ed. , *the Protection of Minorities and Human Rights*, Martinus Nijhoff Publishers, 1992.

(二) 外文文章

Abdulrahim P. Vijapur, "International Protection of Minority Rights", *International Studies*, vol. 43, no. 4, 2006, pp. 367-394.

Aletta J. Norval, Thinking Identities: Against a Theory of Ethnicity, in E. N. Wilmsen and P. McAllister, *the Politics of Difference-Ethnic Premises in a World of Power*, University of Chicago Press, 1996, pp. 59 – 70.

Albane Geslin, "La protection internationale des peuples autochtones: de la reconnaissance d'une identité transnationale autochtone à l'interculturalité normative", *Annuaire Français de Droit International*, 2011, pp. 658 – 687.

Albert H. Y. Chen, "The Philosophy of Language Rights", *Language Sciences*, vol. 20, no. 1, 1998, pp. 45 – 54,

Alexander H. E. Morawa, "The Evolving Human Right to Equality", in European Centre for Minority Issues ed. , *European Yearbook of Minority Issues*, vol. 1, 2001/2, pp. 157 – 206.

András Sajó, "From Militant Democracy to the Preventive State?" *Cardozo Law Review*, vol. 27, no. 5, 2006, pp. 2255 – 2294.

Andreas Zick, Thomas F. Pettigrew, Ulrich Wagner, "Ethnic Prejudice and Discrimination in Europe," *Journal of Social Issues*, vol. 64, no. 2, 2008, pp. 233 – 251.

Antonia Eliason, "With No Deliberate Speed: the Segregation of Roma Children in Europe", *Duke Journal of Comparative & International Law*, vol. 27, no. 2, 2017, pp. 191 – 241.

Antonija Petričušić, "The Rights of Minorities in International Law", *Croatian International Relations Review*, vol. 11, no. 38/39, 2005.

Asbjørn Eide, "Minorities at the United Nations: The UN Working Group on Minorities in Context", *European Yearbook of Minority Issues*, vol. 4, no. 1, 2004.

A. Stone Sweet, J. Mathews, "Proportionality Balancing and Global Constitutionalism", *Columbia Journal Transnational Law*, vol. 47, no. 1, 2008, pp. 72 – 164.

Athanasios Yupsanis, "Article 27 of the ICCPR Revisited-The Right to Culture as a Normative Source for Minority/Indigenous Participatory Claims in the Case Law of the Human Rights Committee", in Koninklijke Brill, *Hague Yearbook of International Law*,

Nijhoff, 2013, pp. 359 - 410.

Ben Saul, David Kinley, Jacqueline Mowbray, *The International Covenant on Economic, Social and Cultural Rights:Commentary, Cases, and Materials*, OUP Oxford published, 2014, pp. 780 - 782.

Carolyn Evans, Christopher A. Thomas, Church-State Relations in the European Court of Human Rightts, *Brigham Young University Law Review*, vol. 3, 2006, pp. 699 - 726.

Carolyn Evans, "The 'Islamic Scarf' in the European Court of Human Rights", *Melbourne Journal of International Law*, vol. 7, no. 1, 2006, pp. 52 - 73.

Charles Forelle, "EU Ruling Extends Discrimination Law", *the Wall Street Journal*, July 11, 2008.

Charles Taylor, "The Politics of Recognition", in A. Gutmann ed., *Multiculturalism: Examining the Politics of Recognition*, Princeton University Press, 1994, pp. 25 - 73.

Christa Tobler, "Equality and Non-Discrimination under the ECHR and EU Law: A Comparison Focusing on Discrimination against LGBTI Persons", *ZaöRV(Zeitschrift für ausländisches öffentliches Recht und Völkerrecht)*, *vol.* 74, 2014, *pp.* 521 - 561.

Christian De Cock, Steffen Böhm, "Liberalist Fantasies: Žižek and the Impossibility of the Open Society", *Organization*, SAGE Publications, vol. 14, no. 6, 2007, pp. 815 - 836.

Christina Allard, "The Nordic Countries' Law on Sámi Territorial Rights", *Artic Review on Law and Politics*, vol. 2, no. 2, 2011, pp. 159 - 183.

Claudia E. Haupt, "Transnational Nonestablishment", *the George Washington Law Review*, vol. 80, no. 4, 2012, pp. 991 - 1064.

David I. Kertzer, Dominique Arel, Censuses, "Identity Formation, and the Struggle for Political Power", in David I. Kertzer, Dominique Arel ed., *Census and Identity: The Politics of Race, Ethnicity, and Language in National Censuses*, Cambridge University Press, 2002, pp. 1 - 42.

David Weissbrodt, "The Protection of Non-Citizens in International Human Rights Law", in R. Cholewinski ed., *International Migration Law: Developing Paradigms and Challenges*, TMC Asser Press, 2007, pp. 221 - 236.

Olivier De Schutter, Françoise Tulkens, "The European Court of Human Rights as a Pragmatic Institution", in Eva Brems ed., *Conflicts Between Fundamental Rights*, Intersentia, 2008, pp. 169 - 216.

Di Gino Scaccia, "Proportionality and the Balancing of Rights in the Case-*law of European Courts*", *Federalismi. it*, vol. 4, 2019.

Dolores Morondo Taramundi, "To Discriminate in Order to Fight Discrimination Paradox or Abuse?" in Stjin Smet and Eva Brems ed., *When Human Rights Clash at the European Court of Human Rights: Conflict or Harmony?* OUP Oxford, July 2017, pp. 112 - 127.

Dónall Ó Riagáin, "The European Union and Lesser Used Languages", *International Journal on Multicultural Societies*, vol. 3, no. 1, 2001, pp. 33 - 43.

Elena Abrusci, "Judicial Fragmentation on Indigenous Property Rights: Causes, Consequences and Solutions", *The International Journal of Human Rights*, vol. 21, no.

5, 2017, pp. 550 – 564.

Elizabeth Craig, "Who Are the Minorities? The Role of the Right to Self-Identify within the European Minority Rights Framework", *Journal on Ethnopolitics and Minority Issues in Europe*, vol 15, no. 2, 2016, pp. 6 – 30.

Faris Vehabović, "Bosnia and Herzegovina: Impact of the Case Law of the European Court of Human Rights on Postconflict Society of Bosnia and Herzegovina", in Iulia Motoc, Ineta Ziemele edited, *the Impact of the ECHR on Democratic Change in Central and Eastern Europe: Judicial Perspectives*, Cambridge University Press, 2016, pp. 80 – 109.

Frank M. Coffin, "Judicial Balancing: The Protean Scales of Justice", *New York University Law Review*, vol. 63, no. , 1988, pp. 16 – 42.

Gabriel Toggenburg, "Minority Rights in Europe", *European Minorities and Languages*, vol. 1, 2000.

Gail Osherenko, "Indigenous Rights in Russia: Is Title to Land Essential for Cultural Survival?" *Georgetown International Environmental Law Review*, vol. 13, no. 3, 2001, pp. 695 – 734.

Geoff Gilbert, "Autonomy and Minority Groups: A Right in International Law", *Cornell International Law Journal*, vol. 35, no. 2, Fall 2002, pp. 307 – 353.

Helen Keller, Cedric Marti, "Interim Relief Compared: Use of Interim Measures by the UN Human Rights Committee and the European Court of Human Rights", *ZaöRV, vol.* 73, 2013, pp. 325 – 372.

Isabel Schoultz, "European Court of Human Rights: accountability to whom?" in Dawn Rothe, David Kauzlarich, *Towards a Victimology of State Crime*, Routledge, 2014, pp. 173 – 190.

Iyiola Solanke, "Clarification of the Article 9 (2) ECHR qualification? Eweida and Others v the UK", *Europia Law*, January 21, 2013.

Jan-Werner Müller, "The EU as a Militant Democracy, or: Are there Limits to Constitutional Mutations within EU Member States?" *Revista de Estudios Políticos*, 2014, pp. 141 – 162.

James A. Goldston, "Roma Rights, Roma Wrongs", *Foreign Affairs*, vol. 81, no. 2, 2002, pp. 146 – 162.

Hakeem Yusuf, "S. A. S v France: Supporting 'Living Together' or Forced Assimilation", *International Human Rights Law Review*, vol. 3, no. 2, 2014, pp. 277 – 302.

Jan Vanhamme, "L'équivalence des langues dans le marché intérieur: l'apport de la Cour de justice", *Cahiers de droit européen*, vol. 43, no. 3 – 4, 2007, pp. 359 – 380.

Javier Martínez-Torrón, "Religious Pluralism: the Case of European Court of Human Rights", in Ferran Requejo, Camil Ungureanu ed., *Democracy, Law and Religious Pluralism in Europe: Secularism and Post-Secularism*, Routledge, 2014, pp. 123 – 146.

Javier Martincz-Torron, "The (Un) protection of Individual Religious Identity in the Strasbourg Case Law", *Oxford Journal of Law and Religion*, vol. 1, no. 2, 2012, pp. 363 – 385.

Jeremy Waldron, "Minority Cultures and the Cosmopolitan Alternative", in Will Kymlicka ed., *the Rights of Minority Cultures*, Oxford University Press, 1995, pp. 93 – 119.

Janice Kunz, "The Present Status of the International Law in the Protection of Minorities', *American Journal of International Law*, vol. 48, no. 1, 1954, pp. 282 – 287.

John Stone, "Race, Ethnicity, and the Weberian Legacy", *American Behavioral Scientist*, vol. 38, no. 3, 1995, pp. 391 – 406.

Julie C. Suk, "New Directions For European Race Equality Law: Chez Razpredelenie Bulgaria Ad v. Komisia Za Zashtita Ot Diskriminatsia, Anelia Nikolova, *Fordham International Law Journal*, vol. 40, no. 4, 2017, pp. 1211 – 1224.

Julie Ringelheim, "Identity Controversies Before the European Court of Human Rights: How to Avoid the Essentialist Trap?" *German Law Journal*, vol. 3, no. 7, 2002, pp. 167 – 175.

Julie Ringelheim, "Between Indentity Transmission and Equal Opportunities, the Multiply Dimensions of Minorities' Rights to Education", in Kristin Henrard ed., *The Interrelation Between the Right to Identity of Minorities and Their Social-Economic Participation*, Martinus Nijhoff Publishers, 2013, pp. 91 – 114.

Jure Vidmar, "Multiparty Democracy: International and European Human Rights Law Perspectives", *Leiden Journal of International Law*, vol. 23, no. 1, 2010, pp. 209 – 240.

Karl Loewenstein, "Militant Democracy and Fundamental Rights", *The American Political Science Review*, vol. 31, no. 3, 1937, pp. 417 – 432.

Karl Loewenstein, "Militant Democracy and Fundamental Rights", *the American Political Science Review*, vol. 31, no. 3, 1937, pp. 417 – 432.

Katalin Kelemen, "Access to Constitutional Justice in the New Hungarian Constitutional Framework: Life after the Actio Popularis?" in Antonia Geisler, Michael Hein & Siri Hummel ed., *Law, Politics, and the Constitution: New Perspectives From Legal and Political Theory*, 2014, vol. 4, pp. 63 – 78.

Kevin Boyle, "Human Rights, Religion and Democracy: The Refah Party Case", *Essex Human Rights Review*, vol. 1, no. 1, 2004, pp. 1 – 16.

Kristin Henrard, "A Patchwork of 'Successful' and 'Missed' Synergies in the Jurisprudence of the ECHR", in Kristin Henrard, Robert Dunbar ed., *Synergies in Minority Protection: European and International Law Perspectives*, Cambridge University Press, 2008, pp. 314 – 364.

Kristin Henrard, "The European Court of Human Rights, Ethnic and Religious Minorities and the Two Dimensions of the Right to Equal Treatment: Jurisprudence at Different Speeds?" *Nordic Journal of Human Rights*, vol. 34, no. 3, 2016, pp. 157 – 177.

Leslie Sturgeon, Constructive Sovereignty for Indigenous Peoples, *Chicago Journal of International Law*, vol. 6, no. 1, 2005, pp. 455 – 466.

Lorenzo Zucca, "Conflicts of Fundamental Rights as Constitutional Dilemmas", in Eva Brems ed., *Conflicts between Fundamental Rights*, Intersentia, 2008, pp. 19 – 31.

Lourdes Peroni Alexandra Timmer, "Vulnerable groups: The Promise of an Emerging Concept in European Human Rights Convention Law", *International Journal of*

Constitutional Law, vol. 11, no. 4, 201, pp. 1056 – 1085

Louise Ackers "Citizenship, migration and the valuation of care in the European Union", *Journal of Ethnic and Migration Studies*, vol. 30, no. 2, 2004, pp. 373 – 396.

Mark Hill, "Religious Sybolism and Conscientious Objection in the Workplace: An Evaluation of Strasbourg's Judgement in Eweida and others v. United Kingdom", *Ecclestastical Law Journal*, vol. 15, no. 2, 2013, pp. 191 – 203.

Marius Taba, Andrew Ryder, "Institutional Responses to Segregation: The Role of Governments and Non-Governmental Organizations", in Iulius Rostas ed. , *Ten Years After: A History of Roma School Desegregation in Central and Eastern Europe*, Central European University Press, 2012, pp. 7 – 48.

Mirosława Siuciak, "Czy w najbliższym czasie powstanie język śląski?" *Poznańskie Studia Polonistyczne Seria językoznawcza*, vol. 19, no. 39, 2012.

Nikolas Kyriakou, "Minority Participation in Public Life: the Case of Greece", *Journal on Ethnopolitics & Minority Issues in Europe*. vol. 8, no. 2, 2009, pp. 1 – 18.

Özlem Denli, "Between Laicist State Ideology and Modern Public Religion: The Head-Cover Controversy in Contemporary Turkey", in Tore Lindholm, W Cole Durham and Bahia Tahzib-Lie ed. , *Facilitating Freedom of Religion or Belief: A Deskbook*, Martinus Nijhoff, 2004, pp497 – 511.

Paul Bruthiaux, "Language Rights in Historical and Contemporary Perspective", *Journal of Multilingual and Multicultural Development*, vol. 30, no. 1, 2008, pp. 73 – 85.

Péter Kovács, "Indigenous Issues under the European Convention of Human Rights, Reflected in an Inter-American Mirror", *The George Washington International Law Review*, 2016, vol. 48.

Petr Muzny, "Bayatyan v Armenia: The Grand Chamber Renders a Grand Judgment", *Human Rights Law Review*, vol. 12, no. 1, 2012, pp. 135 – 147.

Philip McDermot, "Language Rights and the Council of Europe: A Failed Response to a Multilingual Continent?" *Ethnicities*, vol. 17, no. 5, 2017, pp. 603 – 626.

Philip Vuciri Ramaga, "Relativity of the Minority Concept", *Human Rights Quarterly*, vol. 14, no. 1, 1992, pp. 104 – 119.

Rajnaara Akhtar, "The Human Right to Marry: a Refugee's Perspective", *Journal of Social Welfare and Family Law*, vol. 40, no. 2, 2018, pp. 262 – 269.

Ramon Grosfoguel, "Decolonizing Post-colonial Studies and Paradigms of Political-economy: Transmodernity, Decolonial Thinking and Global Coloniality", *Transmodernity: Journal of Peripheral Cultural Production of the Luso-Hispanic World*, vol. 1, no. 1, 2011, pp. 1 – 38.

Ramon Grosfoguel, "What is Racism?" *Jorunal of World-Systems Research*, vol. 22, no. 1, 2016, pp. 9 – 15.

Rodoljub Etinski, "Concept of Indirect Discrimination under Article 14 of the European Convention on Human Rights", *Зборник радова Правног факултета у Нишу*, Број 70, 2015.

Roger Ballard, "Negotiating Race and Ethnicity: Exploring the Implications of the 1991 Census", *Patterns of Prejudice*, vol. 30, no. 3, 1996, pp. 3 – 33.

Ronan McCrea, "The Ban on the Veil and European Law", *Human Rights Law Review*, vol. 13, no. 1, 2013, pp. 57 – 97.

Rory O'Connell, "Cinderella Comes to the Ball: Article 14 and the Right to Non-discrimination in the ECHR", *Legal Studies*, no. 2, 2009, pp. 211 – 229.

Samantha Besson, "Evolutions in Antidiscrimination law in Europe and North America: Evolutions in Non-Discrimination Law within the ECtHR and the ESC Systems: It Takes Two to Tango in the Council of Europe", *The American Journal of Comparative Law*, Winter 2012, pp. 147 – 180.

Stuart Hall, "The Question of Cultural Identity", in S. Hall, D. Held and T. McGrew ed., *Modernity and Its Futures: Understanding Modern Societies*, Polity Press, 1992, pp. 273 – 316.

Stuart Hall, "Cultural Identity and Diaspora", in J. Rutherford ed., *Identity – Community, Culture, Difference*, Lawrence and Wishart, 1990, pp. 222 – 237.

S. van der Jeught, "The Protection of Linguistic Minorities in Italy: A Clean Break with the Past", *Journal on Ethnopolitics and Minority Issues in Europe (JEMIE)*, vol 15, no 3, 2016, pp. 57 – 81.

Sia Spiliopoulou Åkermark, "the Limits of Pluralism – Recent Jurisprudence of the European Court of Human Rights with Regard to Minorities: Does the Prohibition of Discrimination Add Anything?" *Journal on Ethnopolitics and Minority Issues in Europe* (JEMIE), no. 3, 2002.

Spasimir Domaradzki, Margaryta Khvostova, David Pupovac, "Karel Vasak's Generations of Rights and the Contemporary Human Rights Discourse", *Human Rights Review*, vol. 20, no. 4, 2019, pp. 423 – 443.

Stefania Baroncelli, "Linguistic Pluralism and European Studies", in Stefania Baroncelli, Roberto Farnetim, Ioan Horga, Sophie Vanhoonacker ed., *Teaching and Learning the European Union: Traditional and Innovative Methods, Innovation and Change in Professional Education*, Springer Dordrecht Heiderberg, 2014, pp. 133 – 156.

Steven Wheatley, "Democracy, Minorities and International Law", *Legal Studies*, vol. 26, no. 4, 2006, pp. 609 – 613.

T. A. Aleinikoff, "Constitutional Law in the Age of Balancing", *Yale Law Journal*, vol. 96, no. 5, 1987, pp. 943 – 1005.

Tania Pagotto, "The 'Living Together' Argument in the European Court of Human Rights Case-law", *Studia z Prawa Wyznaniowego*, vol. 20, 2017, pp. 9 – 34.

Timo Koivurova, Vladimir Masloboev, Kamrul Hossain, Vigdis Nygaard, Anna Petre'tei, Svetlana Vinogradova, "Legal Protection of Sami Traditional Livelihoods from the Adverse Impacts of Mining: A Comparison of the Level of Protection Enjoyed by Sami in Their Four Home States", *Arctic Review on Law and Politics*, vol. 6, no. 1, 2015, pp. 11 – 51.

Tomasz Kamusella, "Poland and the Silesians: Minority Rights à la carte?" *Journal on*

Ethnopolitics and Minority Issues in Europe, vol 11, no 2, 2012, pp. 42 – 74.

Tomasz Kamusella, "Ethnic Cleansing in Silesia 1950 – 89 and the Ennationalizing Policies of Poland and Germany", *Patterns of Prejudice*, vol. 33, no. 2, 1999, pp. 51 – 74.

Urszula Swadźba, Monika Żak, "kształtowanie się identyfikacji etnicznej i tożsamości ś-lązaków Analiza Socjologiczna", *Sociológia a Spoločnost*, no. 1/2, 2016.

Usana Sanz Caballero, "The European Social Charter As an Instrument to Eradicate Poverty: Failure or Success", *Cuadernos Constitucionales de la Cátedra Fadrique Furió Ceriol*, no. 64/65, 2009.

Will Kymlicka, "The *Internationalization of Minority Rights*", *International Journal of Constitutional Law*, vol. 6, no. 1, 2008, pp. 1 – 32.

Wojciech Janicki, Minority Recognition in Nation-States—The Case of Silesians in Poland, in Tomáš Drobík, Monika Šumberová ed. , *Chapters of Modern Human Geographical Thought*, Cambridge Scholars Publishing, 2009, pp. 155 – 184.

(三) 其他文件或报告、新闻(部分)

Alexander Stille, "Why French Law Treats Dieudonné and Charlie Hebdo Differently", *the New Yorker*, January 15, 2015.

Amnesty International, "Annual Report: Czech Republic 2015/2016", March 2016.

Anna Maria Biro and Petra Kovacs ed. , *Diversity in Action*, *Local Public Management of Multiethnic Communities in Central and Eastern Europe*, LGI, 2001.

Panayote Elias Dimitras, "Recognition of Minorities in Europe: Protecting Rights and Dignity", *briefing of Minority Rights Group International*, April 2004.

Anja Stichs, "Wie Viele Muslime Leben in Deutschland? Eine Hochrechnung über die Anzahl der Muslime in Deutschland zum Stand 31", Bundesamt für Migration und Flüchtlinge Working Paper, no. 71, December 2015.

Elisa Ruozzi, "Indigenous Rights and International Human Rights Courts: between Specificity and Circulation of Principles", APSA 2011 Annual Meeting Paper.

James Anaya, "The situation of the Sami People in the Sámi region of Norway, Sweden and Finland", Report of the Special Rapporteur on the Rights of Indigenous Peoples, 6 June 2011.

Jonathan Burton, Alita Nandi, Lucinda Platt, "Who are the UK's mMinority Ethnic Groups? Issues of Identification and Measurement in a Longitudinal Study", Understanding Society Working Paper Series, no. 2, 2008.

Jules Deschênes, Proposal Concerning a Definition of the Term "Minority", UN Document E/CN. 4/Sub. 2/1985/31, 1985).

Lilla Farkas, Segregation of Roma Children in Education: Addressing Structural Discrimination through the Race Equality Directive, a report of the European Commission, Directorate-General for Employment, Social Affairs and Equal Opportunities, July 2007.

Max van der Stoel, "CSCE Human Dimension Seminar on 'Case Studies on National Minority Issues: Positive Results", 24 May 1993.

Patricia Wiater, "Intercultural Dialogue in the Framework of European Human Rights Protection", published by Council of Europe, White Paper Series, vol. 1, 2010.

Pieter Cannoot, "Partei Die Friesen v. Germany: Federalism Trumps Uniform Protection of National Minority Rights", Strasbourg Observers, February 16, 2016.

"Regional and Minority Languages in the European Union, briefing of European Parliament, September 2016.

Reinhard Kohlhofer, "The ECHR and the Status of Religious of Belief Communities", *Human Dimension Meeting* on Freedom of *Religion or Belief*, Vienna, 9 - 10 *July*, 2009.

Report Prepared by ESRC Centre on Dynamics of Ethnicity, "How has Ethnic Diversity Grown 1991 - 2001 - 2011?", December 2012.

Report of International Expert Meeting on the UNESCO Programme Safeguarding of Endangered Languages Language Vitality and Endangerment, no. 5, 2003.

Report of Society for Threatened Peoples, "Minorities in Europe: Legal Instruments of Minority Protection in Europe-An overview", Bolzano/Bozen, November 30, 2006.

Sandrine Amiel, "Who are Europe's Indigenous Peoples and What are Their Struggles?" *Euronews*, September 08, 2019.

"The Lund Recommendations on the Effective Participation of National Minorities in Public Life & Explanatory Note", the OSCE High Commissioner on National Minorities, September 1999.

Turgut Kerem Tuncel, "The European Court of Human Rights' Approach to Negationism and Revisionism and Some Deductions on Pericek v Switzerland Case", Analysis No2015/ 29, Centre for Eurasian Studies, November 16, 2015.

UN Committee on the Elimination of Racial Discrimination, "Seventy-Third Session, Concuding Observations of the CERD Committee", Sweden, August 21, 2008.

UNESCO's Atlas of the World's Languages in Danger, 2010.

Virginie Guiraudon, Karen Phalet and Jessika ter Wal, "Monitoring Ethnic Minorities in the Netherlands", UNESCO report, 2005.

OSCE Review Conference, Working Session 7, "Tolerance and non-discrimination", Warsaw, October 6, 2010.

致　谢

　　本书的写作缘起于2016年，因为当时感到在研究欧洲少数群体权利保护制度时，一直有雾里看花之感。直到看到一些争端案例的司法裁决，才发现很多问题、疑惑的答案，都十分具体地体现在这些争端案例的辩论之中，于是萌生了从案例着手分析少数民族权利保护理念的想法。这对我来说是个巨大的挑战，也需要很大的勇气。但如果不想继续云里雾里，就必须突破这关，于是硬着头皮坚持了下来，至今历经八年。其间，我经历了江西财经大学、英国访学、上海政法学院等地点和身份的转换，以及母亲的去世、新冠病毒疫情的袭击，这些都使我对很多问题进行了新的思考，也使本书得以逐渐完善。虽然仍存在众多不足，但为今后的深入研究作了铺垫。著作初稿是2017—2018年在英国访学期间完成的，至今已反复修改六年。其中不足之处仍然在所难免——例如由于本著作研究时间较长，使得一些案例有陈旧之嫌——这点一些专家曾经提出过意见。当然，因笔者水平有限，本书仍然存在着很多问题，欢迎各方面专家、读者提出批评和建议。

　　我的研究主要聚焦在欧洲民族问题、中东欧政治与国际关系、欧洲一体化等。但如果要问我研究什么，我觉得最准确的回答是研究公平正义。我所有喜欢的东西都和实现公平正义有关，我的所有工作都是希望能推进公平正义。我的研究也同样如此，我研究少数群体，研究中小国家，关注弱势群体，主要缘于与生俱来的悲天悯人情怀和对实现公平正义的强烈愿望。如果本研究能推动理论界对公平正义的研究，促使实践工作者能更多地思考公平正义问题，使大家更多关注那些边缘性个体和群体的命运，就实现了本研究的核心目标。

来自各方面的关注和支持,是我完成本书的重要助力,也是推动我在学术路上不断前进的动力。

感谢中国社会科学院民族学与人类学研究所周少青研究员对本书的修改建议。本书初步成型后,周少青老师重点对本书的结构调整和详略处理方面提出了具体意见,对本书的结构完善大有裨益。不过,鉴于个人学术能力十分有限,对周少青老师提出的部分建议未能很好完成,只得在今后学习和研究中继续加强。

感谢上海海事大学法学院吴鹏飞教授的支持。吴老师是我在江西财经大学时的同事和朋友,近年我们先后来到上海工作。他在很多方面均为我提供了很多有益建议,对本书构思和修改也提出了具体的意见、建议,使我受益匪浅。

感谢原国家民委民族问题研究中心副主任李红杰老师、中国社科院俄罗斯东欧中亚研究所朱晓中老师、中国社科院欧洲研究所孔田平老师,他们对我长期的关心、肯定和鼓励,使我坚定了研究信心,并不断取得进步。

感谢原江西财经大学研究生卢文娟、姜瑜、曾一丹、余秀红,以及上海政法学院研究生谢诚、石京仙、任宇祥等对本书前前后后的多轮校对工作。

感谢爱人尹春娇的支持,她除了做好家务、后勤工作,还扮演着学术秘书身份,负责所有材料的打印、财务报销工作,也参与了部分文献整理和写作建议。

感谢江西财经大学、英国考文垂大学、上海政法学院为我完成本研究提供良好的工作条件、学术环境和图书资源等方面的支持。感谢上海政法学院对本著作出版的资助!感谢上海三联书店对本著作的出版、校对工作!

感谢一切关心和支持我的良师益友,让我在学术路上逐渐成长,使学术之路不再孤单。

杨友孙
2024 年 1 月 1 日于上海

图书在版编目(CIP)数据

欧洲少数群体权利保护理念探析/杨友孙著.—上海：上海三联书店,2024.2
ISBN 978 - 7 - 5426 - 8354 - 0

Ⅰ.①欧…　Ⅱ.①杨…　Ⅲ.①边缘群体−权益保护−研究−欧洲　Ⅳ.①D950.31

中国国家版本馆 CIP 数据核字(2024)第 011768 号

欧洲少数群体权利保护理念探析

著　　者 / 杨友孙

责任编辑 / 陈马东方月
装帧设计 / 徐　徐
监　　制 / 姚　军
责任校对 / 王凌霄

出版发行 / 上海三联书店
　　　　　(200030)中国上海市漕溪北路 331 号 A 座 6 楼
邮　　箱 / sdxsanlian@sina.com
邮购电话 / 021 - 22895540
印　　刷 / 上海惠敦印务科技有限公司

版　　次 / 2024 年 2 月第 1 版
印　　次 / 2024 年 2 月第 1 次印刷
开　　本 / 710 mm × 1000 mm　1/16
字　　数 / 440 千字
印　　张 / 26.75
书　　号 / ISBN 978 - 7 - 5426 - 8354 - 0/D・619
定　　价 / 98.00 元

敬启读者,如发现本书有印装质量问题,请与印刷厂联系 021 - 63779028